中财传媒版

2020年注册会计师全国统一考试辅导系列丛书——名师点拨

会计

重难点点拨

注册会计师考试编写组　编

中国财经出版传媒集团
中国财政经济出版社

图书在版编目（CIP）数据

会计重难点点拨/注册会计师考试编写组编．—北京：中国财政经济出版社，2020.6

（中财传媒版 2020 年注册会计师全国统一考试辅导系列丛书．名师点拨）

ISBN 978－7－5095－9807－8

Ⅰ.①会… Ⅱ.①注… Ⅲ.①会计学－资格考试－自学参考资料 Ⅳ.①F230

中国版本图书馆 CIP 数据核字（2020）第 077809 号

责任编辑：李　磊　　　　责任印制：党　辉

责任校对：张　凡　　　　封面设计：王　颖

中国财政经济出版社 出版

URL：http：//www.cfeph.cn

E－mail：cfeph@cfeph.cn

社址：北京市海淀区阜成路甲 28 号　邮政编码：100142

营销中心电话：010－88190406　北京财经书店电话：010－64033436

北京鑫海金澳胶印有限公司印装　各地新华书店经销

787×1092 毫米　16 开　39.5 印张　917 000 字

2020 年 6 月第 1 版　2020 年 6 月北京第 1 次印刷

定价：118.00 元

ISBN 978－7－5095－9807－8

（图书出现印装问题，本社负责调换）

本社质量投诉电话：010－88190744

反盗版举报热线：88190492　88190446

前　言

中国注册会计师制度恢复重建至今正好走过40个春秋，40年风雨历程见证着注册会计师事业的辉煌，而注册会计师考试是其很重要的组成部分。注册会计师考试编写组通过对教材的详细阅读与专门研究，对教材中的知识点进行了深度的梳理与分析。在本系列丛书中，我们将教会考生如何备考、如何抓住重难点以及如何理解以前年度真题。通过对本系列丛书的学习，考生可以更加深入地了解历年考试的重点，更好地把握今年教材的新变化。书中还附有相应的练习题，帮助考生巩固所学知识、顺利通过考试。

注册会计师考试科目多、章节内容广、知识点庞杂，考生常常反映考试难度大，甚至有的考生在备考过程中就选择了放弃。其实，考生如果能够把握正确的复习方法和应试技巧，顺利通过考试并没有想象中那么困难。复习时，首先应当按考试大纲规定的范围和相应的辅导教材进行全面、系统的学习；其次抓住重点章节和重点内容强化知识储备；最后有针对性地多做练习，以掌握答题思路和技巧，并加深对重点难点的理解和把握，方法得当，教辅应手，往往事半功倍！

注册会计师考试编写组以注册会计师考试教材为起点，认真剖析知识点与考试的关系，精准把握考试定位，方便考生的理解和记忆，书中主要包含以下五个部分：

第一部分：2020年新教材内容的主要变化。这一部分主要是解读新教材的变化，帮助考生了解今年教材与以往的不同之处，把握教材新动向。

第二部分：近五年的考情统计分析。这一部分主要是对每一章节近五年的考试分值分布与考点分布进行了统计，帮助考生了解重点所在，使考生复习时有的放矢。

第三部分：重难点解析。这一部分是对教材知识点进行深度解析，为了考生使用方便，我们对每个重难点标有不同的星级，以此来对其重要程度进行区分，且重难点后会设有经典真题和经典模拟题，以求更好地帮助考生把握重点难点。

第四部分：进阶练习。这一部分增加配套练习，目的是帮助考生巩固所学知识点，掌握答题的思路和技巧，加深对重点和难点的理解和把握。

第五部分：进阶练习答案及解析。

本系列丛书的撰写倾注了编写团队大量的心血和情感，团队成员经验丰富、熟悉专业、了解考生的需求。我们的最终目标就是希望能真正帮助考生攻克每一个难关，提高考生的应试能力，使考生能轻松通过考试，顺利拿下证书。

预祝各位考生取得好成绩！

目　录

第一章　总　论

第二章　会计政策、会计估计及其变更和差错更正

第三章　存　货

第四章　固定资产

第五章　无形资产

第六章　投资性房地产

第七章　长期股权投资与合营安排

第八章　资产减值

第九章　负　债

第十章　职工薪酬

第十一章　借款费用

第十二章　股份支付

第十三章　或有事项

第十四章　金融工具

第十五章　所有者权益

第十六章　收入、费用和利润

第十七章　政府补助

第十八章　非货币性资产交换

第十九章　债务重组

第二十章　所得税

第二十一章　外币折算

第二十二章　租　赁

第二十三章　财务报告

第二十四章　资产负债表日后事项

第二十五章　持有待售的非流动资产、处置组和终止经营

第二十六章　企业合并

第二十七章　合并财务报表

第二十八章　每股收益

第二十九章　公允价值计量

第三十章　政府及民间非营利组织会计

第一章　总　论

一、2020年新教材内容主要变化

教材第三节会计信息质量要求中的第五个要求实质重于形式要求，举例发生变化，加入新例子：商品已经售出，但企业为确保到期收回债款而暂时保留商品的法定所有权时，该权利通常不会对客户取得对该商品的控制权构成障碍，在满足收入确认的其他条件时，企业确认相应的收入。

二、本章近五年考情统计分析

本章考题以单选题或多选题形式出现，本章属于不重要的考试章节之一，最近五年平均考试分值为2分。

（一）近五年考试分值分布

题型	2015年	2016年	2017年	2018年	2019年
单选题	—	4	4	—	—
多选题	2	—	—	—	—
计算题	—	—	—	—	—
综合题	—	—	—	—	—
合计	2	4	4	0	0

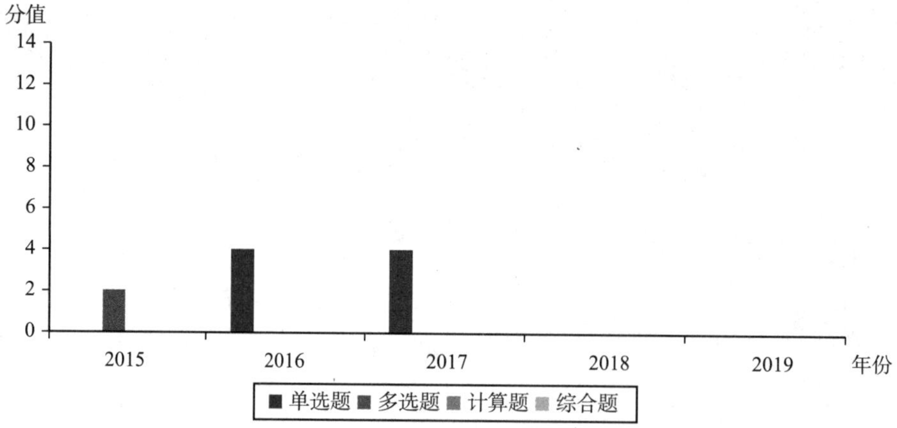

（二）近五年考试考点分布

高频考点内容	年度及题型分布	分值
会计的基本假设	2016年单选题	2
会计信息质量要求	2015年多选题、2016年单选题、2017年单选题	6
会计要素确认与计量	2017年单选题	2

三、重难点解析

本章内容是会计准则中的基本准则，对全书后续章节具有统驭作用。本章主要内容包括：会计的含义、财务报告目标、会计四项基本假设、会计基础、会计信息八条质量要求、六大会计要素的含义及其确认条件、会计要素的五个计量属性。

重难点 1：会计信息质量要求★★★

会计信息质量要求是对企业财务报告中所提供会计信息质量的基本要求，是使财务报告中所提供会计信息对投资者等使用者决策有用应具备的基本特质，它主要包括：可靠性、相关性、可理解性、可比性、实质重于形式、重要性、谨慎性和及时性。

【小贴士】本重难点通常是结合其他章节的具体业务处理方式考核对上述八个信息质量要求的具体理解和应用。

【经典真题】

【单选题·2017】甲公司销售乙产品，同时对售后 3 年内因产品质量问题承担免费保修义务，有关产品更换或修理至达到正常使用状态的支出由甲公司负担。2×16 年，甲公司共销售乙产品 1 000 件，根据历史经验估计，因履行售后保修承诺预计将发生的支出为 600 万元，甲公司确认了销售费用，同时确认为预计负债。甲公司该会计处理体现的会计信息质量要求是（　　）。

A. 可比性　　B. 谨慎性　　C. 及时性　　D. 实质重于形式

【答案】B

【解析】本题 B 选项，售后保修费用没有实际发生之前加以确认表明企业没有低估费用和损失，体现了谨慎性要求。

【经典模拟题】

【多选题】下列各项中，体现会计核算的谨慎性要求的有（　　）。

A. 专门借款辅助费用金额不大时，可以在发生时直接计入财务费用

B. 企业有确凿证据表明未来期间很可能获得足够的应纳税所得额用来抵扣可抵扣暂时性差异时，确认相关的递延所得税资产

C. 符合条件的或有应付金额确认为预计负债

D. 因财务报表列报项目发生变更，企业对报告年度财务报表可比期间的数据按变更后的列报项目进行调整

【答案】BC

【解析】本题选项 A，对于不重要的业务简化处理，体现的是重要性要求；选项 B，表明企业不高估资产，体现了谨慎性要求；选项 C，表明企业没有低估负债，体现了谨慎性要求；选项 D，体现的是可比性要求。

重难点2：会计基本假设★

会计基本假设是企业会计确认、计量和报告的前提，是对会计核算所处时间、空间环境等所作的合理假定。会计基本假设包括会计主体、持续经营、会计分期和货币计量。

【小贴士】本重难点的考核主要是结合其他章节中涉及具体业务的确认、计量和报告，涉及了上述哪个会计基本假设。需要充分理解四项基本假设的具体含义。

【经典真题】

【单选题·2016】甲公司2×14年12月20日与乙公司签订商品销售合同。合同约定甲公司应于2×15年5月20日前将合同标的商品运抵乙公司并经验收，在商品运抵乙公司前灭失、毁损、价值变动等风险由甲公司承担。甲公司该项合同中所售商品为库存W商品，2×14年12月30日，甲公司根据合同向乙公司开具了增值税专用发票并于当日确认了商品销售收入。W商品于2×15年5月10日发出并于5月15日运抵乙公司验收合格。对于甲公司2×14年W商品销售收入确认的恰当性判断，除考虑与会计准则规定的收入确认条件的符合性以外，还应考虑可能违背的会计基本假设是（　　）。

A. 会计主体　　B. 会计分期

C. 持续经营　　D. 货币计量

【答案】B

【解析】本题中，2×14年12月30日如果满足收入确认条件则应在2×14年确认收入，如果不满足收入确认条件，应于2×15年确认收入，也就是收入可能归属不同的会计期间，即应当考虑可能违背会计分期假设。

【经典模拟题】

【单选题】20×7年1月，为奖励并激励高管，上市公司A公司与其管理层成员签署股份支付协议，规定如果管理层成员在其后3年中都在公司中任职服务，管理层成员即可以低于市价的价格购买一定数量的本公司股票。20×8年1月，由于市场环境发生重大变化，A公司取消了该股份支付计划。企业对于该业务的会计处理会涉及下列哪项会计基本假设（　　）。

A. 会计主体　　B. 持续经营

C. 会计分期　　D. 货币计量

【答案】C

【解析】本题中，20×8年1月企业取消股份支付计划，应该作为加速可行权处理，即应该将原本应该在20×8年和20×9年确认的成本费用全部确认为20×8年的成本费用，所以涉及会计分期假设。

重难点3：会计要素确认与计量★

会计要素是根据交易或者事项的经济特征所确定的财务会计对象的基本分类。会计要素按照其性质分为资产、负债、所有者权益、收入、费用和利润。

（一）资产的定义及其确认条件

1. 资产的定义

资产是指企业过去的交易或者事项形成的、由企业拥有或者控制的、预期会给企业带来经济利益的资源。

2. 资产的确认条件

将一项资源确认为资产，需要符合资产的定义，还应同时满足以下两个条件：

（1）与该资源有关的经济利益很可能流入企业；

（2）该资源的成本或者价值能够可靠地计量。

（二）负债的定义及其确认条件

1. 负债的定义

负债是指企业过去的交易或者事项形成的、预期会导致经济利益流出企业的现时义务。

2. 负债的确认条件

将一项现时义务确认为负债，需要符合负债的定义，还需要同时满足以下两个条件：

（1）与该义务有关的经济利益很可能流出企业；

（2）未来流出的经济利益的金额能够可靠地计量。

（三）所有者权益的定义及其确认条件

1. 所有者权益的定义

所有者权益是指企业资产扣除负债后，由所有者享有的剩余权益。公司的所有者权益又称为股东权益。

2. 所有者权益的确认条件

所有者权益体现的是所有者在企业中的剩余权益，因此，所有者权益的确认主要依赖于其他会计要素，尤其是资产和负债的确认；所有者权益金额的确定也主要取决于资产和负债的计量。

（四）收入的定义及其确认条件

1. 收入的定义

收入是指企业在日常活动中形成的、会导致所有者权益增加的、与所有者投入资本无关的经济利益的总流入。

2. 收入的确认条件

企业应当在履行了合同中的履约义务，即在客户取得相关商品控制权时确认收入。取得相关商品控制权，是指能够主导该商品的使用并从中获得几乎全部的经济利益。

（五）费用的定义及其确认条件

1. 费用的定义

费用是指企业在日常活动中发生的、会导致所有者权益减少的、与向所有者分配利润无关的经济利益的总流出。

2. 费用的确认条件

费用的确认除了应当符合定义外，也应当满足严格的条件，即费用只有在经济利益很可能流出从而导致企业资产减少或者负债增加，且经济利益的流出额能够可靠计量时才能予以确认。

（六）利润的定义及其确认条件

1. 利润的定义

利润是指企业在一定会计期间的经营成果。

2. 利润的确认条件

利润反映的是收入减去费用、利得减去损失后的净额的概念，因此，利润的确认主要依赖于收入和费用以及利得和损失的确认，其金额的确定也主要取决于收入、费用、利得和损失金额的计量。

【小贴士】本重难点主要考核结合其他章节的具体业务来判断作为哪一项会计要素加以确认。其中，对于具体业务中涉及的物资是确认资产还是直接列为费用不好辨别，需要通过是否满足对应要素的本质特征来辨别，还需要注意利得和损失的确认。需要掌握六大会计要素的本质特征。

【经典真题】

【单选题·2017】甲公司为啤酒生产企业，为答谢长年经销其产品的代理商，经董事会批准，2×16 年为过去 3 年达到一定销量的代理商每家免费配备一台冰箱。按照甲公司与代理商的约定，冰箱的所有权归甲公司，在预计使用寿命内免费提供给代理商使用，甲公司不会收回，亦不会转作他用。甲公司共向代理商提供冰箱 500 台，每台价值 1 万元，冰箱的预计使用寿命为 5 年，预计净残值为零。甲公司对本公司使用的同类固定资产采用年限平均法计提折旧。不考虑其他因素，下列各项关于甲公司免费提供给代理商使用冰箱会计处理的表述中，正确的是（　　）。

A. 将冰箱的购置成本作为 2×16 年销售费用计入当期利润表

B. 将冰箱的购置成本作为过去 3 年的销售费用，追溯调整以前年度损益

C. 作为本公司固定资产，按照年限平均法在预计使用年限内分期计提折旧

D. 因无法控制冰箱的实物及其使用，将冰箱的购置成本确认为无形资产并分 5 年摊销

【答案】A

【解析】本题主要考核会计要素的确认与计量，题中的冰箱是作为资产要素还是作为费用要素。要依据资产和费用要素的本质特征来判断。

从形式上看，冰箱虽然是甲公司买的，所有权也归甲公司，但是从实质上看，冰箱一直由供应商使用，在预计使用寿命内甲公司不能收回也不能转做他用，所以甲公司不应该将其作为资产确认。此笔支出是为销售发生的，所以应作为销售费用。此笔支出虽然是为过去 3 年销量达到条件的代理商支付的，不属于会计政策变更，也不属于前期差错更正，所以不需要追溯调整以前年度损益，直接将该笔支出计入 2×16 年即可。

【经典模拟题】

【多选题】下列各项中，属于损失的有（　　）。

A. 企业确认的利息费用

B. 长期股权投资的减值

C. 出售固定资产产生的净损失

D. 其他债权投资公允价值下降

【答案】BCD

【解析】本题主要考核损失的确认，要依据损失的本质特征来判断。损失是企业非日常活动中形成的，会导致所有者权益减少。

选项A是企业日常活动中发生的，属于费用；选项B是非日常活动中发生的，企业要确认资产减值损失，会导致所有者权益减少，是损失；选项C是非日常活动中发生的，企业要确认资产处置损失，会导致所有者权益减少，是损失；选项D是非日常活动中发生的，其他债权投资公允价值下降，会使其他综合收益减少，导致所有者权益减少，是损失。

四、进阶练习

因本章练习题的部分内容和后续章节有关，建议初学者学习本书全部内容后，再钻研这些题目。

（一）单选题

1. 下列各项中，体现实质重于形式这一要求的是（　　）。

A. 将符合条件的或有事项确认为预计负债

B. 将附有追索权的商业承兑汇票出售确认为质押贷款

C. 固定资产折旧方法一旦选择不得随意变更

D. 债务人将或有应付金额计入重组债务的账面价值

2. 下列不符合实质重于形式会计信息质量要求的是（　　）。

A. X公司对Y公司投资占Y公司股份的30%，X公司能够控制Y公司的财务和经营政策，X公司对Y公司的长期股权投资采用成本法核算

B. X公司与Y公司签订销售合同，向Y公司销售商品，售价75万元，并承诺于半年后将商品以90万元回购，甲公司于销售时确认收入75万元

C. 甲公司与乙公司签订销售合同，向乙公司销售商品，售价90万元，并承诺于半年后将商品以100万元回购，甲公司销售时不应确认收入

D. 将企业集团作为会计主体编制合并报表

3. 下列选项中，体现实质重于形式这一会计信息质量要求的是（　　）。

A. 将上年漏记，本年补记的某项管理用无形资产摊销额10万元，计入本年度管理费用，上年和本年实现的净利润分别为30 000万元和32 000万元

B. 对企业本年度很可能发生坏账的应收账款计提坏账准备

C. 将企业持股比例未达控制但实际形成控制的结构化主体纳入合并范围

D. 对企业销售产品可能承担的免费保修义务确认预计负债

4. 下列关于会计基本假设的说法中，正确的是（　　）。

A. 分公司不属于法律主体，不需要参与公司的会计业务

B. 会计期间可以分为年度、前期、中期和后期，该中期指的是在会计年度中的5月至8月

C. 企业的固定资产可以依照其价值和使用情况确定折旧方法，该行为依据的是持续经营假设

D. 位于中国境内的公司，不能采用外币作为记账本位币

5. 下列各项中，根据资产定义可以确认为企业资产的是（　　）。

A. 企业盘亏的存货
B. 法定使用期内无使用价值和无转让价值的无形资产
C. 企业筹建期间发生的开办费用
D. 企业购入的采用目的地交货方式的正在运输途中的商品
6. 下列表述中，错误的是（　　）。
A. 历史成本反映的是资产或负债过去的价值
B. 现值是指按照现在购买相同或者相似资产所需支付现金或现金等价物的金额
C. 具有融资性质的分期付款购入固定资产应采用现值计量
D. 企业的存货发生减值应采用可变现净值进行后续计量
7. 下列表述中，错误的是（　　）。
A. 利润表中影响营业利润的项目全部属于收入或费用
B. 企业经济利益流入的方式有借款、接受投资、收入和利得
C. 损失包括直接计入所有者权益的损失和直接计入当期利润的损失
D. 利润是企业一定时间内收入减费用加上利得减损失的净额
8. 下列属于直接计入所有者权益的利得的是（　　）。
A. 其他债权投资公允价值上升
B. 处置固定资产净收益
C. 处置投资性房地产取得的收入
D. 一般纳税人增值税的即征即退
9. 甲公司 2×15 年经批准发行 10 亿元永续中票。其发行合同约定：（1）采用固定利率，当期票面利率 = 当期基准利率 +1.5%，前 5 年利率保持不变，从第 6 年开始，每 5 年重置一次，票面利率最高不超过 8%；（2）每年 7 月支付利息，经提前公告当年应予发放的利息可递延，但付息前 12 个月，如遇公司向普通股股东分红或减少注册资本，则利息不能递延，否则递延次数不受限制；（3）自发行之日起 5 年后，甲公司有权决定是否实施转股；（4）甲公司有权决定是否赎回，赎回前长期存续。根据以上条款，甲公司将该永续中票确认为权益，其所体现的会计信息质量要求是（　　）。
A. 相关性　　B. 可靠性
C. 可理解性　　D. 实质重于形式

（二）多选题

1. 下列各项中，体现实质重于形式这一会计信息质量要求的有（　　）。
A. 对固定资产计提减值准备
B. 将附有追索权的商业承兑汇票出售确认为质押贷款
C. 母公司编制合并财务报表
D. 企业将很可能导致经济利益流出企业的未决诉讼中的赔偿金额 50 000 元确认为预计负债
2. 下列关于会计信息质量要求的表述中，正确的有（　　）。
A. 企业固定资产折旧方法一经确定，不得随意改变，如有变更需要在财务报告中说明，这一做法体现了对可比性要求的遵循

B. 期末对以公允价值计量且其变动计入其他综合收益的债权性金融资产进行减值测试，属于遵循谨慎性要求

C. 低值易耗品作为存货项目列报体现了重要性要求

D. 将购买的小额办公用品支出直接计入当期管理费用，体现了谨慎性要求的应用

3. 下列各项中，体现会计信息质量要求中谨慎性的是（　　）。

A. 企业根据实际情况，采用双倍余额递减法对企业的固定资产进行折旧

B. 将企业发生的应纳税暂时性差异确认为递延所得税负债

C. 企业本年实现利润超过预期，大幅计提企业固定资产减值准备调减利润

D. 企业在进行存货期末计量时采用成本与可变性净值孰低法

4. 下列各项资产和负债中不应采用公允价值进行计量的是（　　）。

A. 交易目的持有的金融资产

B. 盘盈的固定资产

C. 房地产开发企业尚未出售的房屋建筑物

D. 企业间具有商业实质的非货币性资产交换换入或换出的资产

5. 下列表述中不正确的有（　　）。

A. 甲公司、乙公司受同一股东丙公司全资控股，甲公司自丙公司处取得乙公司 100% 的股权，因此乙公司属于会计主体但不属于法律主体

B. 破产清算的企业不能按照持续经营进行会计处理

C. 对企业销售产品可能承担的免费保修义务确认预计负债，体现实质重要形式会计信息质量要求

D. 以外币为记账本位币的企业，编制财务报告时仍采用外币进行编制

6. 下列关于会计要素的表述中，错误的有（　　）。

A. 向投资者分配股票股利会导致所有者权益减少

B. 资产的特征之一是由企业拥有所有权或使用权

C. 利润是企业一定期间内收入减去费用后的净额

D. 企业发出存货采用先进先出法计价，在存货价格上升的情况下，会导致企业高估利润

7. 下列各项中，不属于企业收入的有（　　）。

A. 投资者的出资额大于其在被投资单位注册资本中所占份额的金额

B. 出售投资性房地产取得的收入

C. 转让无形资产产生的收益

D. 增值税的先征后返

8. 下列各项关于会计要素的表述中，正确的有（　　）。

A. 由于赊销而产生的应收账款，在收回账款之后还可以确认为资产

B. 没有成本的资源不能确认为资产

C. 推定义务和法定义务都属于现时义务

D. 当客户获得商品的使用权并可以从中获得几乎全部的经济利益时可确认为收入

9. 下列各项中，属于应计入损益的利得有（　　）。

A. 可转换公司债券中分拆的权益成分的公允价值

B. 长期股权投资后续计量权益法下，初始投资成本小于投资时应享有被投资单位可辨认净资产公允价值的份额的差额的调整

C. 企业无法偿还的应付账款

D. 增值税的先征后返

五、进阶练习答案

（一）单选题

1. **【答案】** B

【解析】 选项 A，将符合条件的或有事项确认为预计负债，体现谨慎性要求；选项 B，将附有追索权的商业承兑汇票出售确认为质押贷款，体现实质重于形式要求；选项 C，固定资产折旧方法一旦选择不得随意变更，体现可比性要求；选项 D，债务人将或有应付金额计入重组债务的账面价值，体现谨慎性要求。

2. **【答案】** B

【解析】 回购价格大于原售价的售后回购交易属于融资交易，商品所有权上的主要风险和报酬没有转移，依据实质重于形式的会计信息质量要求，企业不应确认收入，选项 B 不正确。

3. **【答案】** C

【解析】 选项 A，企业上年无形资产未进行摊销属于会计差错，但补记金额相对于上年和本年的净利润而言整体影响较小，应视为非重大前期差错进行处理，在本年将上年应摊销额计入管理费用，体现了重要性要求；选项 B，体现了谨慎性要求；选项 C，体现了实质重于形式的要求；选项 D，体现了谨慎性要求。

4. **【答案】** C

【解析】 选项 A，分公司不是法律主体但是会计主体，可以参与公司的会计业务；选项 B，中期是指短于一个完整的会计年度的报告期间；选项 C 体现了持续经营假设的要求；选项 D，位于中国境内的公司，可以采用外币作为记账本位币。

5. **【答案】** D

【解析】 资产的概念是指企业过去的交易或者事项形成的、由企业拥有或者控制的、预期会给企业带来经济利益的资源。选项 A，盘亏的存货并不能给企业带来经济利益的流入，不属于资产。选项 B，无形资产也不能带来经济利益的流入。选项 C 属于费用。选项 D，企业购入的采用起运地交货方式的正在运输途中的商品属于企业存货，因此为企业资产。

6. **【答案】** B

【解析】 选项 B，重置成本是指按照现在购买相同或者相似资产所需支付现金或现金等价物的金额；而现值是指对未来现金流量以恰当的折现率进行折现后的价值，是考虑资金时间价值的计量属性。

7. **【答案】** A

【解析】 选项 A，利润表中影响营业利润的项目中，资产处置收益不属于收入或费用，而属于利得或损失。

8. **【答案】** A

【解析】选项A，其他债权投资公允价值上升计入其他综合收益，属于直接计入所有者权益的利得；选项B，处置固定资产净收益属于直接计入当期损益的利得；选项C，处置投资性房地产取得的收入计入其他业务收入；选项D，一般纳税人增值税即征即退，计入其他收益，属于收入。

9.【答案】D

【解析】甲公司发行的永续中票，从形式上看属于债务工具，但是企业可以递延利息，企业有权决定是否实施转股，有权决定是否赎回，从这些经济实质看该永续中票应该确认为权益工具，体现了实质重于形式的会计信息质量要求，选项D正确。

（二）多选题

1.【答案】BC

【解析】选项A，体现谨慎性要求；选项B，将附有追索权的商业承兑汇票出售确认为质押贷款，体现实质重于形式要求；选项C，母公司编制合并财务报表从经济实质来看是为了反映整个企业的财务情况，体现实质重于形式要求；选项D，体现谨慎性要求。

2.【答案】ABC

【解析】选项D，体现了重要性要求。

3.【答案】ABD

【解析】选项A，没有低估折旧费用，体现了谨慎性要求；选项B，同样没有低估负债或者费用，体现了谨慎性要求；选项C，属于违规操作，滥用会计政策；选项D，体现了不应高估资产或者收益，符合谨慎性要求。

4.【答案】BC

【解析】选项A，交易目的持有的金融资产是划分为以公允价值计量且其变动计入当期损益的金融资产，应采用公允价值进行后续计量；选项B，盘盈的固定资产应用重置成本计量；选项C，房地产开发企业尚未出售的房屋建筑物是作为房地产开发企业的存货核算，不应采用公允价值计量；选项D，企业间具有商业实质的非货币性资产交换的资产应当采用公允价值计量。

5.【答案】ACD

【解析】选项A，母公司控制下的子公司既是法律主体，也是会计主体；选项B，破产清算的企业已不能开展正常的持续经营活动，不能按照持续经营进行处理；选项C，对企业销售产品可能承担的免费保修义务确认预计负债，体现谨慎性质量要求；选项D，记账本位币为外币的企业在编制财务报告时应将财务报告折算为人民币。

6.【答案】ABC

【解析】选项A，向投资者分配股票股利，所有者权益不变；选项B，企业只有使用权的经济资源不属于企业的资产；选项C，利润是指企业在一定会计期间的经营成果，包括收入减去费用后的净额、直接计入当期利润的利得和损失。

7.【答案】AC

【解析】收入是指企业在日常活动中形成的、会导致所有者权益增加的、与所有者投入资本无关的经济利益的总流入。选项A，属于实收资本；选项B，计入其他业务收入，属于收入要素；选项C，属于资产处置损益；选项D，属于其他收益，属于收入要素。

8.【答案】CD

【解析】选项 A，收回的应收账款经济利益已经流入企业，不满足资产的确认条件，不能继续确认为资产；选项 B，没有成本但是有公允价值仍然可以确认为资产；选项 C，现时义务是指企业不可推卸的责任，包括推定义务和法定义务；选项 D，满足收入的确认条件。

9.【答案】BC

【解析】选项 A，可转换公司债券中分拆的权益成分的公允价值属于其他权益工具，属于所有者权益，不是利得；选项 B、C，均计入营业外收入，属于应计入损益的利得；选项 D，属于其他收益，不属于利得。

第二章 会计政策、会计估计及其变更和差错更正

一、2020 年新教材内容主要变化

2020 年新教材与 2019 年教材相比，无变化。

二、本章近五年考情统计分析

本章试题多以单选题或多选题形式出现，2016 年和 2017 年出现过计算分析题和综合题，近两年都是以客观性试题为主。本章属于考试必出题的章节，即便是不单独出题，也会将相关内容融入到其他章节中，最近五年平均考试分值 6 分。

（一）近五年考试分值分布

题型	2015 年	2016 年	2017 年	2018 年	2019 年
单选题	2	2	—	2	2
多选题			2	2	—
计算题		12			
综合题			20		
合计	2	14	22	4	2

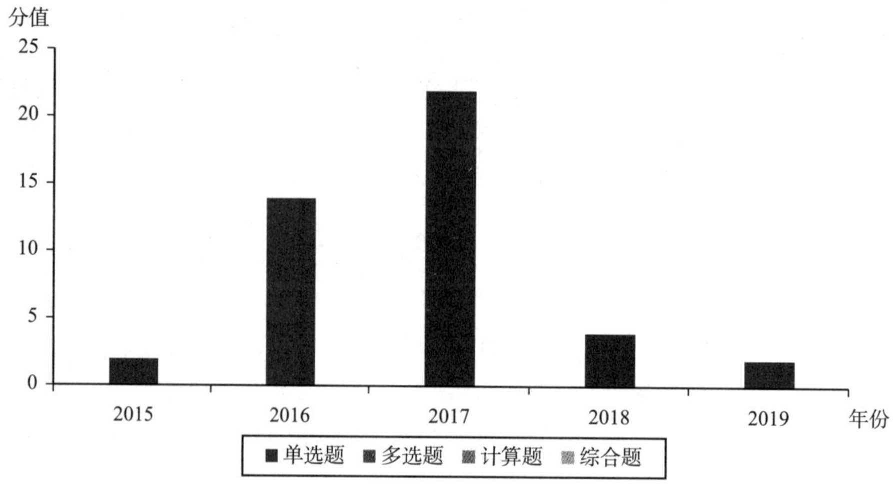

（二）近五年考试考点分布

近五年考试考点分布表

重要考点内容	年度及题型分布
一、会计政策变更判断	2018 年单选题、2019 年单选题、2018 年多选题、2017 年多选题
二、会计政策变更追溯调整	2016 年单选题、2016 年计算题
三、前期差错更正	2017 年综合题

三、重难点解析

本章主要包含三个问题：什么是会计政策，会计政策包含哪些内容，会计政策变更如何处理；什么是会计估计，会计估计包含哪些内容，会计估计变更如何处理；什么是前期差错，前期差错的形成原因，前期差错如何处理。

学习时注意掌握区分政策变更与估计变更的标准，追溯调整法与未来适用法的适用范围，会计处理的一般流程和会计科目的应用方法。

重难点1：会计政策的认定★★

会计政策包含三个层次：

1. 具体的会计原则（比如预计负债的确认原则，借款费用化的处理原则，研发费用的处理原则，收入的确认原则等）；

2. 会计的确认计量基础（如会计确认采用的权责发生制和收付实现制，会计计量采用的历史成本、重置成本、可变现净值、现值、公允价值等计量属性）；

3. 会计处理的具体方法（如存货发出的计价方法、长期股权投资的成本法和权益法等）。

重难点2：会计政策变更的认定★★

会计政策变更强调对相同的交易或事项由原来的一项会计政策改为另一项会计政策。这里特别强调是对"相同的交易或事项"的政策改变，如果因条件或者性质变化而采用新的会计处理方法，不能认定为会计政策变更。（如随着持股比例的不断增加，对股权投资的核算方法由按公允价值计量变成按权益法计量，或者随着持股比例的下降对长期股权投资的核算由成本法变成权益法这都不属于会计政策变更）。

会计政策变更的认定条件是：国家政策改变带来的强制性变更或者企业根据信息有用性的需要所形成的自愿变更，其他情况引起的变更不能加以认定。另外对于初次发生的或不重要的交易或者事项采用新的会计政策也不作为政策变更处理。

【单选题·2019】 甲公司20×8年6月购入境外乙公司60%股权，并能够控制乙公司。甲公司在编制20×8年度合并财务报表时，为使乙公司的会计政策与甲公司保持一致，对乙公司的会计政策进行了调整。下列各项中，不属于会计政策调整的是（　　）。

A. 将固定资产折旧方法由年限平均法调整为双倍余额递减法

B. 按照公历年度统一会计年度

C. 将发出存货成本的计量方法由先进先出法调整为移动加权平均法

D. 将投资性房地产的后续计量由成本模式调整为公允价值模式

【答案】 A

【解析】 选项A，属于会计估计调整，后三项都属于会计政策调整。

【单选题·2018】 2×17年1月1日，甲公司发生的事项如下：（1）因业务模式改变，将某项债券投资由以摊余成本计量的金融资产重分类为以公允价值计量且其变动计入当期损益的金融资产；（2）因不再出租，将某块土地由以公允价值进行后续计量的投资性房地产转换为以成本计量的无形资产；（3）执行新的收入准则，收入确认时点的判断标准则以风险报酬转移变更为以控制权转移；（4）因增资甲公司对乙公司股权投资的后续计量由以公允价值计量且其变动计入当期损益改为按权益法核算。下列各项中，甲公司应当作为会计政策变更进行会计处理的是（ ）。

A. 收入确认时点的判断标准由以风险报酬转移变更为以控制权转移

B. 对乙公司股权投资的后续计量由以公允价值计量且其变动计入当期损益改为按权益法核算

C. 债券投资由以摊余成本计量的金融资产重分类为以允价值计量且其变动计入当期损益的金融资产

D. 以公允价值进行后续计量的投资性房地产转换为以成本计量的无形资产

【答案】 A

【解析】 选项A，属于会计确认标准的变更，应按会计政策变更处理。其余选项都是因为本期发生的交易或事项与以前相比有本质差别而采用的新政策，不能作为会计政策变更处理。

【单选题·2016】 甲公司2×15年3月20日披露2×14年财务报告。2×15年3月3日，甲公司收到所在地政府于3月1日发布的通知，规定自2×13年6月1日起，对装机容量在2.5万千瓦及以上有发电收入的水库和水电站，按照上网电量8厘/千瓦时征收库区基金。按照该通知界定的征收范围，甲公司所属已投产水电站均需缴纳库区基金。不考虑其他因素，下列关于甲公司对上述事项会计处理的表述中，正确的是（ ）。

A. 作为2×15年发生的事项在2×15年财务报表中进行会计处理

B. 作为会计政策变更追溯调整2×14年财务报表的数据并调整相关的比较信息

C. 作为重大会计差错追溯重述2×14年财务报表的数据并重述相关的比较信息

D. 作为资产负债表日后调整事项调整2×14年财务报表的当年发生数及年末数

【答案】 A

【解析】 甲公司于2×14年度报告报出日后期间收到政府文件，这不属于会计准则中规定的"编报前期财务报表时能够合理预计取得并应当加以考虑的可靠信息"，也不属于"前期财务报表批准报出时能够取得的可靠信息"，甲公司在编制2×14年度财务报表时无法取得或预计这一事项，所以该事项不属于前期差错也不属于资产负债表日后调整事项；根据会计准则规定，不属于会计政策变更，甲公司不需要进行追溯调整，但应对此事项进行专项信息披露。

【单选题·2016】 甲公司2×15年2月购置了一栋办公楼，预计使用寿命40年，因此，该公司2×15年4月30日发布公告称：经公司董事会审议通过《关于公司固定资产折旧年限会计估计变更的议案》，决定调整公司房屋建筑物的预计使用寿命，从原定的20~30年调整为20~40年。不考虑其他因素，下列关于甲公司对该公告所述折旧年限调整会计处理的表述中，正确的是（ ）。

A. 对房屋建筑物折旧年限的变更应当作为会计政策变更并进行追溯调整

B. 对房屋建筑物折旧年限变更作为会计估计变更并应当从2×15年1月1日起开始未来适用

C. 对2×15年2月新购置的办公楼按照新的会计估计40年折旧不属于会计估计变更

D. 对因2×15年2月新购置办公楼折旧年限的确定导致对原有房屋建筑物折旧年限的变更应当作为重大会计差错进行追溯重述

【答案】C

【解析】选项A，固定资产折旧年限的改变属于会计估计变更；选项B，会计估计变更按照未来适用法处理，应在变更当期及以后期间确认；选项D，固定资产折旧年限的改变不作为前期差错更正处理。

【多选题·2017】甲公司专门从事大型设备制造与销售，设立后即召开董事会会议，确定有关会计政策和会计估计事项。下列各项关于甲公司董事会确定的事项中，属于会计政策的有（　　）。

A. 投资性房地产采用公允价值模式进行后续计量

B. 建造合同按照完工百分比法确认收入

C. 融资租入的固定资产作为甲公司的固定资产进行核算

D. 按照生产设备预计生产能力确定固定资产的使用寿命

【答案】ABC

【解析】选项D，属于会计估计。

重难点3：会计估计的认定★

会计估计是对结果不确定的交易或者事项在金额和时间上所作出的判断（如资产减值损失或者信用减值损失的判定方法、固定资产使用寿命的确定以及折旧额的计算方法等）。会计估计不会削弱会计确认与计量的可靠性。如果赖以进行估计的基础发生了变化或者取得了新的信息和经验，可以对原估计进行变更。

重难点4：会计政策变更与会计估计变更的划分★★

凡属会计确认、计量基础和报表列报项目发生变更的都属于会计政策变更（如无形资产的开发费用由原记入“管理费用”科目改为记入“无形资产”科目、对投资性房地产后续计量由成本模式改为公允模式、将商业企业的采购费用由记入当期“销售费用”改为记入“存货”项目都属于会计政策变更）。

凡属为了完成会计确认、计量和列报项目需要的数据而采用的与原估算方法不同的都属于会计估计变更（如固定资产折旧计算方法的变更、公允价值计算方法的变更）。

重难点5：会计政策变更和会计估计变更的会计处理原则★

会计政策变更的会计处理原则是：

1. 国家政策调整使得会计政策强制变更的，按国家发布的相关规定处理；没有规定则采用追溯调整法；2. 企业自愿变更会计政策的，采用追溯调整法；3. 无法采用追溯调整法的，则采用未来适用法。

追溯调整法就是把该项业务从发生时至比较报表最早期初这一期间的新旧政策下的净利润额差额计算出来，然后，将该项差额调整列报前期最早期初财务报表的留存收益项目，同时调整受影响的资产负债项目，会计科目使用时，先将该项差额计入“利润分配——未分配利润”科目，然后再按照盈余公积的提取比例调整“盈余公积”科目。

未来适用法就是将变更后的会计政策应用于变更日及以后发生的交易或者事项，或者在会计估计变更当期和未来期间确认会计估计变更影响数的方法。

会计估计变更的会计处理原则是：采用未来适用法处理。不改变以前期间的会计估计，也不调整以前期间的报告结果。难以区分会计政策变更还是会计估计变更的，将其作为会计估计变更处理。

【多选题·2018】下列各项中，可能调整年度所有者权益变动表中“本年年初余额”的交易或事项有（　　）。

A. 会计政策变更

B. 前期差错更正

C. 因处置股权导致对被投资单位的后续计量由成本法转为权益法

D. 同一控制下企业合并

【答案】ABCD

【解析】选项 A、B 进行追溯调整或追溯重述都涉及调整期初留存收益；选项 C 也要进行追溯调整，也会影响期初留存收益；选项 D 在合并报表中按规定应将子公司的资产负债追溯调整到合并方和被合并方同受最终控制方开始控制的时点，也涉及调整期初留存收益问题。

重难点 6：前期差错及其更正★★★

前期差错是指由于计算错误、会计政策应用错误、疏忽或曲解事实以及舞弊所导致的前期财务报表省略或错报，固定资产盘盈也属于前期差错。

对重要的前期差错要采用追溯重述法进行更正，但确定前期差错累积影响数不切实可行的除外。对不重要的前期差错，可采用未来适用法进行更正。采用追溯重述法更正会计差错时，对于比较财务报表期间的重要的前期差错，应调整各该期间的净损益和其他相关项目。对于比较财务报表期间以前的重要的前期差错，应调整比较财务报表最早期间的期初留存收益，财务报表其他相关项目的数字也应一并调整。会计处理借助“以前年度损益调整”科目。

重难点 7：追溯调整或追溯重述中涉及所得税的处理★★

对于会计政策变更，由于不涉及税法调整，应交所得税通常不发生变动。但由于资产、负债项目的账面价值发生变动，会引起账面价值与计税基础的差异发生变化，导致递延所得税资产或递延所得税负债发生变动。因此会计政策变更的追溯调整涉及所得税费用和递延所得税项目。

对于重要的前期差错更正，有可能涉及税法的调整。因此在进行这部分调整时，不仅需考虑资产负债账面价值发生变动所引起的递延所得税问题，还要考虑涉及税法调整引起的应交税金问题。

重难点 8：前期差错更正与资产负债表日后事项关系判定★★

解决这个问题，主要就是观察前期差错发现的时间。如果该项差错是在资产负债表日后事项期间发现的，则无须判定差错是重大的还是非重大的，一律作为资产负债日后事项，调整上期财务报告。如果是在资产负债表日后事项涵盖期间以后发生的，则按照前期差错更正原则进行处理。

【经典真题】

【计算分析题·2016】甲公司为境内上市公司，其2×15年度财务报告于2×16年3月20日经董事会批准对外报出。2×15年，甲公司发生的部分交易或事项以及相关的会计处理如下：

（1）甲公司计划实施一项股权激励计划，拟从2×14年至2×17年间按照工资总额10%计提资金，用于在2×18年从二级市场购买本公司股票奖励给员工，授予的员工具有不确定性，即在2×14年到2×17年间在职的员工在2×18年不一定在职。2×14年甲公司按照当年工资总额的10%计提了3 000万元。会计分录为：

借：管理费用　　3 000

　　贷：应付职工薪酬　　3 000

（2）为加快公司转型，实现产品升级换代，公司鼓励快要退休的员工提前退休，提前退休的给予每人30万元的补偿。该计划已经公告并获得工会同意，该计划中涉及1 000名员工，截至2×14年底有800人表示愿意提前退休。2×14年底该计划还在持续进行。甲公司会计处理如下：

借：长期待摊费用　　24 000

　　贷：预计负债　　24 000

借：营业外支出　　4 800

　　贷：长期待摊费用　　4 800

（3）根据公司利润分享计划的规定，根据公司利润情况，销售部门的员工享有公司净利润的3%的奖励，奖励总额为620万元，甲公司2×15年2月18日确认了2×14年度销售人员的奖励。甲公司的会计处理为：

借：利润分配——未分配利润　　620

　　贷：应付职工薪酬　　620

其他资料，甲公司按照净利润的10%提取法定盈余公积，不计提任意盈余公积。

要求：根据资料（1）～（3），分别说明甲公司的会计处理是否正确，说明理由，并编制相关的更正分录（涉及损益的不通过“以前年度损益调整”科目核算。）

【答案及解析】

（1）该事项的处理不正确。理由：职工行权时，甲公司将回购本公司股票给职工，属于权益结算的股份支付。更正分录为：

借：应付职工薪酬　　3 000

　　贷：资本公积　　3 000

（2）该事项的处理不正确。理由：对于自愿接受裁减建议的辞退福利，甲公司应当根据预计将会接受裁减建议的职工数量和每一位的辞退补偿确认应付职工薪酬，并计入当期损益。更正分录为：

借：管理费用　　24 000
　　贷：应付职工薪酬　　24 000
借：预计负债　　24 000
　　贷：长期待摊费用　　24 000
借：长期待摊费用　　4 800
　　贷：营业外支出　　4 800

（3）该事项的处理不正确。因为对于企业的短期利润分享计划，企业应当在满足相关条件时，确认应付职工薪酬并计入当期损益或相关的资产成本。更正分录为：

借：销售费用　　620
　　贷：利润分配——未分配利润　　620

【综合题·2017】甲公司为境内上市公司，2×16年度，甲公司经注册会计师审计前的净利润为35 000万元。其2×16年度财务报告于2×17年4月25日经董事会批准对外报出。注册会计师在对甲公司2×16年度财务报表审计时，对下列有关交易或事项的会计处理提出质疑：

（1）2×16年1月1日，甲公司以1 000万元购买了乙公司资产支持计划项目发行的收益凭证，根据合同约定，该收益凭证期限为3年，预计年收益率6%，当年收益于下年1月底前支付；收益凭证到期时按资产支持计划所涉及的资产的实际现金流量情况支付全部或部分本金；发行方不保证偿还全部本金和支付按照预计收益率计算的收益。甲公司计划持有该收益凭证至到期，该收益凭证于2×16年12月31日的公允价值为980万元，2×16年度，甲公司的会计处理如下：

借：持有至到期投资（“债权投资”）　　1 000
　　贷：银行存款　　1 000
借：应收账款　　60
　　贷：投资收益　　60

（2）2×16年6月20日，甲公司与丁公司签订售后租回协议，将其使用的一栋办公楼出售给丁公司，出售价格为12 500万元，款项已经收存银行。根据协议约定，甲公司于2×16年7月1日起向丁公司租赁该办公楼，租赁期限为5年，每半年支付租赁费用250万元，该办公楼的原价为8 500万元，2×16年7月1日的公允价值为11 000万元；截至2×16年7月1日该办公楼已提折旧1 700万元，预计该办公楼尚可使用40年。该办公楼所在地按市场价格确定的租赁费用为每年180万元。2×16年，甲公司的会计处理如下：

借：固定资产清理　　6 800
　　累计折旧　　1 700
　　贷：固定资产　　8 500
借：银行存款　　12 500
　　贷：固定资产清理　　12 500
借：固定资产清理　　5 700
　　贷：营业外收入（“资产处置损益”）　　5 700
借：管理费用　　250
　　贷：银行存款　　250

（3）甲公司自2×16年1月1日起将一项尚可用40年的出租土地使用权转为自用并计划在该土地使用权上建造厂房。转换日，该土地使用权的公允价值为2 000万元，账面价值为1 800万元，截至2×16年12月31日，甲公司为建造厂房实际发生除土地使用权外的支出1 800万元，均以银行存款支付。该土地使用权于2×06年1月1日取得，成本为950万元，预计可用50年，取得后立即出租给其他单位。甲公司对该出租土地使用权采用公允模式进行后续计量。2×16年，甲公司的会计处理如下：

借：在建工程　　3 800
　　贷：投资性房地产——成本　　950
　　　　　　　　　　——公允价值变动　　850
　　　　银行存款　　1 800
　　　　公允价值变动损益　　200

（4）2×16年10月8日，经甲公司董事会批准，将以成本模式进行后续计量的出租房产的预计使用年限由50年变更为60年，并从2×16年1月1日开始按新的预计使用年限计提折旧。该出租房产的原价为50 000万元，甲公司对该出租房产采用年限平均法计提折旧，预计净残值为0，截至2×15年12月31日已计提10年折旧。2×16年，甲公司的会计处理如下：

借：其他业务成本　　800
　　贷：投资性房地产累计折旧　　800

其他相关资料：

第一，假定注册会计师对质疑事项提出的调整建议得到甲公司接受。

第二，本题不考虑所得税等相关税费以及其他因素。

要求：

（1）对注册会计师质疑的交易或事项，分别判断甲公司的会计处理是否正确，并说明理由；对不正确的会计处理，编制更正的会计分录（无须通过“以前年度损益调整”或“利润分配——未分配利润”科目，直接使用相关会计科目，也无须编制提取盈余公积、结转利润分配的会计分录）。

（2）计算甲公司2×16年度经审计后的净利润。

【答案及解析】

（1）事项（1）：

甲公司的会计处理不正确。

理由：发行方不保证偿还全部本金和支付按照预计收益率计算的收益，不符合债权投资的确认标准，应确认为交易性金融资产。

更正分录如下：

借：交易性金融资产　　1 000
　　贷：持有至到期投资（债权投资）　　1 000
借：公允价值变动损益　　20
　　贷：交易性金融资产　　20
借：投资收益　　60
　　贷：应收账款　　60

事项（2）：

甲公司的会计处理不正确。

理由：售后租回形成经营租赁，且售价高于公允价值的，售价与公允价值的差额计入递延收益，而公允价值与账面价值的差额则计入当期损益。

更正分录：

借：营业外收入（资产处置损益）　　1 500

　　贷：递延收益　　1 500

借：递延收益　　（1 500/5×6/12）150

　　贷：管理费用　　150

事项（3）：

甲公司会计处理不正确。

理由：出租土地使用权转为自用，应确认为无形资产，而不是在建工程；同时在土地使用权上建造厂房，建造期间土地使用权的摊销额应计入工程成本。

更正分录：

借：无形资产　　2 000

　　贷：累计摊销　　50

　　　　在建工程　　1 950

事项（4）：

甲公司的会计处理不正确。

理由：甲公司将预计使用年限由50年变更为60年，属于会计估计变更，采用未来适用法，不需要进行追溯，甲公司2×16年少确认了折旧149.24万元。

2×16年前9个月计提折旧的金额＝50 000÷50÷12×9＝750（万元）

2×16年后3个月计提折旧的金额＝(50 000－50 000÷50×10－50 000÷50÷12×9)÷(60×12－10×12－9)×3＝199.24（万元）

2×16年一共需要计提折旧的金额＝750＋199.24＝949.24（万元）

甲公司少确认了折旧149.24（949.24－800）万元。

更正分录如下：

借：其他业务成本　　149.24

　　贷：投资性房地产累计折旧　　149.24

（2）甲公司2×16年度经审计后的净利润＝35 000－60－1 500＋150－149.24＝33 440.76（万元）

四、进阶练习

（一）单选题

1. 下列项目属于会计政策的是（　　）。

A. 存货发出的计价采用先进先出法

B. 固定资产折旧采用双倍余额递减法

C. 期末按2%计提信用减值准备

D. 投资性房地产的公允价值采用市价法加以确定

2. 下列项目属于会计估计的是（　　）。

A. 对持股比例超过20%但不超过50%的股权投资采用权益法核算

B. 对存货期末计量采用成本与可变现净值孰低法

C. 计量存货可变现净值时，预计售价首先选取合同价格作为计算基数

D. 合并报表的合并范围以控制权为判断标准

3. 下列不需要调整报告年度财务报表的项目是（　　）。

A. 本年度发现报告年度有重大会计差错

B. 本年度发现报告年度有非重大会计差错

C. 本年度在资产负债表日后事项期间发现报告年度有非重大会计差错

D. 本年度在资产负债表日后事项期间发现报告年度有重大会计差错

4. 甲公司2×20年5月份发现2×19年少提存货跌价准备200万元，该公司所得税率为25%，按净利润的30%发放现金股利，下列说法正确的是（　　）。

A. 调减应交所得税50万元　　B. 调增递延所得税资产50万元

C. 调减递延所得税资产50万元　　D. 调减留存收益105万元

5. 下列事项中，属于会计政策变更的是（　　）。

A. 出售股份后持股比例下降到12%，长期股权投资重分类为交易性金融资产

B. 成本模式后续计量的投资性房地产将其寿命提高5年

C. 金融资产改变业务模式，将一项以摊余成本计量的金融资产重分类为公允价值计量且其变动计入当期损益的金融资产

D. 将研发费用全部费用化改为只将研究费用费用化

6. 甲公司2×16年12月5日购入固定资产，原价105万元，预计使用年限10年，预计净残值5万元，采用年限平均法折旧。2020年初根据需要，公司将折旧方法改为双倍余额递减法，净残值改为3万元，使用寿命不变。据此，甲公司2×20年的年折旧额为（　　）万元。

A. 21.42　　B. 20　　C. 30　　D. 10

7. 甲公司2×19年度利润总额3 000万元，广告费支出2 000万元，税法认可的广告费为1 800万元。该公司按3 200万元计算交纳所得税，所得税率为25%，没有确认可抵扣差异。2×20年5月上年报表报出后，内部审计人员发现了这个问题并要求会计人员加以调整，下列说法正确的是（　　）。

A. 此项调整属于会计估计变更

B. 这是一项非重要的会计差错

C. 应当调减2×19年度的应交所得税50万元

D. 应调增2×20年报期初留存收益50万元

8. 下列关于会计估计说法正确的是（　　）。

A. 会计估计包括会计原则和会计方法

B. 会计估计确定后就不能变更

C. 会计估计不会削弱会计计量的可靠性

D. 会计估计变更后应追溯调整

9. 甲公司2×19年6月发现公司2×17年和2×18年无形资产摊销分别漏记了100万元，采用追溯重述法进行调整。所得税率为25%，按净利润的10%计提盈余公积，甲公司此次调整对2×19年期初资产负债表中“盈余公积”项目的影响数为（　　）万元。

A. 15　　B. 20　　C. 135　　D. 130

10. 下列关于会计政策变更会计处理方法正确的是（　　）。

A. 必须采用追溯调法　　B. 通过“以前年度损益调整”科目处理

C. 累计影响数全部调整未分配利润　　D. 调整列报前期比较报表最早期初留存收益

（二）多选题

1. 下列项目中，属于会计政策范畴的有（　　）。

A. 非货币资产交换换入资产成本的计量方法

B. 离职后福利计划的设定受益计划

C. 以权益结算的股份支付

D. 合并报表中对子公司会计年度不一致的处理原则

2. 关于会计政策变更，下列说法正确的有（　　）。

A. 变更后如果国家有统一的会计处理要求，按国家要求处理

B. 会计政策变更必须调整期初留存收益

C. 会计政策变更必须采用追溯调整法

D. 会计政策变更在某些情况下可以采用未来适用法

3. 企业在财务报告中应披露的会计政策包括（　　）。

A. 借款费用的处理方法　　B. 固定资产折旧的方法

C. 长期股权投资的后续计量　　D. 固定资产的初始计量

4. 下列项目中，属于会计估计的有（　　）。

A. 权益工具公允价值的确定　　B. 预计负债初始计量的最佳估计数的确定

C. 存货可变现净值的确定　　D. 存货发出成本的计量

5. 关于会计估计下列说法正确的有（　　）。

A. 会计估计的存在是由于经济活动中内在的不确定性因素的影响

B. 进行会计估计时应以最近可利用的信息或资料为基础

C. 会计估计变更意味着以前期间会计估计是错误的

D. 会计估计变更应调整变更当期期初留存收益

6. 前期差错形成的原因包括（　　）。

A. 计算错误　　B. 应用会计政策错误

C. 曲解事实　　D. 会计舞弊

7. 关于前期差错说法正确的有（　　）。

A. 对要的前期差错要采用追溯重述法

B. 确定前期差错影响数不切实可行，应从可追溯重述的最早期间开始调整留存收益的期初余额

C. 不重要的前期差错不需调整期初留存收益

D. 前期差错的重要性与资产负债表日后事项无关

8. 甲公司 2×20 年 6 月发现，2×19 年公司漏记一项无形资产的摊销，金额为 200 000 元，所得税申报时也未扣除该项费用。公司 2×19 年适用的所得税税率为 25%，按净利润的 10% 提取法定盈余公积，假定税法允许调整应交所得税。根据上述情况，下列说法正确的有（　　）。

A. 调减应交税金 50 000 元

B. 调增无形资产累计摊销 200 000 元

C. 调减未分配利润 135 000 元

D. 调减盈余公积 15 000 元

9. 下列选项中，应采用未来适用法的会计变更情况有（　　）。

A. 坏账准备的提取比例由 3% 改为 5%

B. 固定资产的折旧方法由年限平均法改为双倍余额递减法

C. 无形资产的摊销年限从 8 年改为 6 年

D. 收入的确认标准从“风险报酬转移”到“控制权转移”

10. 企业会计报表附注中披露的与会计估计变更相关的信息包括（　　）。

A. 会计估计变更的内容和原因

B. 会计估计变更对当期和未来期间的影响数

C. 会计估计变更影响数不能确定的事实和原因

D. 会计估计变更累计影响数对期初留存收益的影响

（三）计算分析题

2×20 年 6 月注册会计师对甲公司 2×19 年年报审计过程中，发现下列问题：

（1）管理部门使用的固定资产在使用寿命的确定上存在问题，正常情况下该资产的寿命应为 10 年，但公司按 5 年计算折旧，导致固定资产折旧多提 30 万元；

（2）工资结算表存在异常。比较 2×18 年和 2×17 年的工资结算表发现 2×19 年的工人人数多出了 50 人，多计工资 200 万元。调阅人事部门的用工记录及用工审批手续，均未发现这 50 人的名单。查阅银行存款发放工资的转账情况，也未发现这些人的转账款项，关于这些人的工资情况，会计处理归纳为：

根据工资费用分配表：

借：生产成本	1 200	
贷：应付职工薪酬		1 200

根据工资结算汇总表：

借：应付职工薪酬	1 200	
贷：银行存款		1 000
其他应付款		200

后经与财务负责人反复沟通发现，这 50 人属虚列人员，公司为了降低成本。经进一步审查发现，虚增生产成本的这些产品，有一半已经出售，另一半还在仓库中待售。

（3）甲公司对应收账款减值采用预期信用损失法，2×19 年末，该公司应收账款余额为 5 000 万元，公司认为该应收款减值情况处于第一阶段，按照未来 12 个月的预期信用损失计提坏账准备。注册会计师认为该应收款已属于第二阶段，即信用风险处初始确认后已显著增加，但未发生减值，应当按整个存续期的预期信用损失计量坏账准备。坏账准备的期初数为300万元，公司本期计提了200万元，注册会计师计算的减值损失为580万元，公司的会计处理为：

借：信用减值损失　　200

　　贷：坏账准备　　200

其他资料：甲公司的所得税率为25%，按10%计提法定盈余公积，题目中的计量单位用万元表示。

要求：根据资料，判断上述相关事项的会计差错性质，说明原因；编制更正的会计分录。调整2×20年财务报表的期初留存收益，假定上述调整项目涉及的所得税问题税务部门都认可。

（四）综合题

甲公司为增值税一般纳税人，增值税税率为13%，所得税税率为25%。注册会计师对2×19年年报审计时，关注到一些会计业务处理并提出一些疑问，主要内容是：

（1）2×19年4月1日，甲公司将其持有的对乙公司的长期股权投资出售了50%，原持有股份比例为80%，账面余额为8 000万元，出售价格为4 500万元。处置后失去了控制权，改为成本法核算。甲公司当时取得乙公司股份时，乙公司可辨认净资产的公允价值为1.1亿元，账面价值与公允价值相同。到2×19年初，乙公司实现净利润500万元，分配过现金股利100万元，2×19年前3个月实现净利润20万元。甲公司的会计处理是：

借：银行存款　　4 500

　　贷：长期股权投资　　4 000

　　　　投资收益　　500

（2）2×19年6月1日，甲公司将已经出租的房屋，由原来的成本模式改为公允价值模式进行后续计量。该栋房屋原值500万元，累计折旧150万元，出租时的公允价值为400万元，甲公司的会计处理是：

借：投资性房地产——成本　　400

　　投资性房地产累计折旧　　150

　　贷：投资性房地产　　500

　　　　公允价值变动损益　　50

（3）2×19年7月5日，甲公司对丙公司销售一批商品，数量为1 000件，单位成本为300元，单位售价为500元。商品已发出但货款未收。根据协议规定，丙公司应在收到商品后的一个月内付款，这期间甲公司必须到丙公司指导客户商品的使用方法及注意事项。甲公司根据过去经验，估计该批商品的退货率为10%，甲公司的会计处理是：

借：应收账款　　56.5

　　贷：主营业务收入　　50

　　　　应交税费——应交增值税　　6.5

借：主营业务成本　　30

　　贷：库存商品　　30

（4）经董事会批准，甲公司2×19年9月30日与乙公司公司签订一项不可撤销的销售合同，将位于城区的办公用房转让给乙公司。合同约定，办公用房转让价格为 3 150 万元，乙公司应于 2 ×20 年 1 月 10 日前支付上述款项；

甲公司办公用房系 2 ×15 年 12 月达到预定可使用状态并投入使用，成本为 4 000 万元，预计使用年限为 20 年，预计净残值为 0，采用年限平均法计提折旧。2 ×19 年度，甲公司对该办公用房共计提了 200 万元折旧，相关会计处理如下：

借：管理费用　　200

　　贷：累计折旧　　200

要求：根据上述资料判断甲公司进行的会计处理是否正确，并说明理由。不正确的编制更正分录。（本题的计量单位用万元表示，涉及损益的项目不必通过“以前年度损益调整”完成，可直接用原损益科目反映。涉及递延所得税的可直接在原题目下反映）

五、进阶练习答案

（一）单选题

1. 【答案】A

【解析】选项 B、选项 C、选项 D 都是用来解决金额数值计算问题的，属于会计估计。

2. 【答案】C

【解析】计算可变现净值最重要的问题就是预计售价的选取方法，而这个方法是解决金额数值计算的，属会计估计范畴，选项 C 正确；选项 A 是股权投资的核算方法；选项 B 是一种计量属性；选项 D 是一种确认标准，它们同属会计政策。

3. 【答案】B

【解析】非重大的前期会计差错不需要调整本年财务报表相关项目的期初数，也不必调整报告年度财务报表，因此，选项 B 正确；选项 A 为重大会计差错，需要追溯调整；选项 C、选项 D 同属资产负债表日后事项，都需对上期财务报表进行调整。

4. 【答案】B

【解析】计提存货跌价准备税法不承认，不影响应纳税所得额，不影响应交所得税，因此选项 A 不正确；由于跌价准备补提，使资产的账面价值小于计税基础，形成可抵扣差异，增加递延所得税资产，因此选项 B 正确，选项 C 不正确；另外追溯调整时不考虑股利分配问题，直接调整净利润即可，因此选项 D 不正确。

5. 【答案】D

【解析】选项 A 的重分类是因为发生了出售股权的情况使现在的持投比例不符合长期股权投资的条件，不能作为会计政策变更；选项 B 属于会计估计变更；选项 C 是因为改变了金融资产的业务模式，发生了新情况也不属于会计政策变更；将研发费用中的研究费用费用化，改变了无形资产的确认标准，属于会计政策变更。

6. 【答案】A

【解析】2 ×20 年折旧额 =（105 −30）×2/7 =21. 24（万元）

7. 【答案】D

【解析】这是一项会计差错，而且金额较大，是一项重大差错，因此选项 A、B 都不正确；广告费是一项暂时性差异，对应交所得税没有影响，此次调整确认递延所得税资产，冲减所得税费用，导致2019年末和2020年初的期初留存收益增加，因此选项D正确。

8.【答案】C

【解析】选项A指的是会计政策；选项B中的会计估计不能变更是错误的，如果赖以估计的基础发生了变化是可以变更的。会计估计变更应采用未来适用法，选项D错误。

9.【答案】A

【解析】甲公司2×19年初调整的盈余公积项目$=200(1-25\%)\times10\%=15$（万元）

10.【答案】D

【解析】会计政策变更不一定采用追溯调整法，也可能采用未来适用法。调整时应直接调整留存收益，不必通过“以前年度损益调整进行”。

（二）多选题

1.【答案】ABCD

【解析】选项A属于计量属性问题；选项B和选项C属于会计处理方法问题；选项D属于会计时间确认问题，它们都属于会计政策范畴。

2.【答案】AD

【解析】会计政策变更如果计算累计影响数不切实可行，则可以采用未来适用法，因而也不必调整期初留存收益，所以选项B和选项C是错误的。

3.【答案】ACD

【解析】选项B属于会计估计。

4.【答案】ABC

【解析】选项D属于会计政策。

5.【答案】AB

【解析】会计估计变更不能说原估计不正确，可能是取得新信息、积累了更多的经验需要对原估计重新估算，因此选项C不正确；会计估计变更采用未来适用法，不需要调整期初留存收益，选项D是错误的。

6.【答案】ABCD

【解析】上述四个选项都是形成会计差错的原因。

7.【答案】ABC

【解析】选项D错误的原因是混淆了资产负债表日后事项的涵义，在日后事项期间内，不分重要程度，一律进行追溯调整。而在日后事项之外，只对重要的前期差错进行更正。

8.【答案】ABCD

【解析】由于上年无形资产少摊销属于前期差错，因此应追溯重述。无形资产补上摊销额200 000元，又因为上年在计算所得税时没有扣除该笔摊销额，导致上年的所得税多交，应在今年应扣减，所以要调减应交所得税。税后净利润在留存收益间分配，其中的未分配利润调减90%，盈余公积调减10%。

9.【答案】ABC

【解析】选项D属于会计政策变更，应采用追溯调整法将累计影响数调整变更当期期初留存收益。其他选项都属会计估计变更，应采用未来适用法进行处理。

10. 【答案】ABC

【解析】选项 D 错误的原因在于会计估计变更不进行追溯调整，不需调整期初留存收益。

(三) 计算分析题

【答案及解析】

(1) 固定资产的寿命超出正常情况，属会计估计错误，由于金额较大，属重要的前期差错，应进行追溯调整。

调整分录为：

借：累计折旧　　30

　　贷：以前年度损益调整　　30

(2) 虚列人数增大费用，是典型的会计舞弊行为，属前期重要会计差错，应当进行追溯调整。因为一部分产品尚未销售，因此这部分费用应调整资产价值，已销部分的费用调整损益。

调整分录为：

借：其他应付款　　200

　　贷：库存商品　　100

　　　　以前年度损益调整　　100

(3) 坏账准备的提取金额采用预期信用损失法，属会计估计。根据注册会计师对未来可能发生的违约事件造成的损失进行估算的期望值为 580 万元，说明坏账准备应提取 580 万元，由于坏账准备的期初为 300 万元，应补提 280 万元。由于已确认 200 万元，因此在补提 80 万元即可。这一业务属会计估计错误形成的差错，但发生的上期财务报告中，因此应追溯重述。

借：以前年度损益调整　　80

　　贷：坏账准备　　80

以前年度损益调整的累计发生额为 $30+100-80=50$（万元）

所得税的影响金额 $=50\times25\%=12.5$（万元）

留存收益的影响金额为 $50-12.5=37.5$（万元）

借：以前年度损益调整　　50

　　贷：应交税费——应交所得税　　12.5

　　　　利润分配——未分配利润　　37.5

借：利润分配——未分配利润　　3.75

　　贷：盈余公积　　3.75

(四) 综合题

【答案及解析】

(1) 不正确。

理由：处置股权后，持股比例下降到 40%，应当采用权益法核算。此项业务不是会计政策变更，但要求进行追溯调整，按照权益法重新追溯。投资当时乙公司可辨认净资产的公允价值按 40% 计算份额应为 4 400 万元，出售股份后的长期股权投资账面余额为 4 000 万元，差额应调整营业外收入，另外对持有期间被投资单位净资产的变动也应进行调整。应补充的会计处理为：

借：长期股权投资　400
　　贷：营业外收入　400
借：长期股权投资　208
　　贷：投资收益　208

（2）不正确。

理由：投资性房地产的计量模式由成本模式改为公允价值模式属于会计政策变更，按要求应进行追溯调整，两种模式的差额应调整留存收益。同时由于计量模式改变后，资产的账面价值发生变动，引起递延所得税负债相应的发生变化，也应调整留存收益。会计处理为：

借：公允价值变动损益　50
　　贷：递延所得税负债　12.5
　　　　利润分配——未分配利润　37.5

（3）不正确。

理由：此项销售是附有退货条件的，企业应当在客户取得商品控制权时，按照转让商品预期收取的对价金额确认收入，将可能因销售退回将退还的金额确认为负债，同时，应将退回商品的成本确认为一项资产。另外，本题的收款限制条件除时间因素外，还有其他因素。因此，债权使用的科目应为合同资产。此项业务的调整处理为：

借：主营业务收入　5
　　贷：预计负债　5
借：应收退货成本　3
　　贷：主营业务成本　3
借：合同资产　56.5
　　贷：应收账款　56.5

（4）不正确。

理由：此项办公用房已经符合持有待售资产的确认条件，应确认为持有待售资产。确认后就不应该计提折旧，该公司按全年计提折旧，存在多计问题。另外确认持有待售资产后，应检查其净残值，如果发生减值情况，还应计提减值准备。会计处理为：

冲销多提的折旧：

借：累计折旧　50
　　贷：管理费用　50

将固定资产转为持有待售资产：

借：持有待售资产　3 250
　　累计折旧　750
　　贷：固定资产　4 000

持有待售资产减值额的处理：

借：资产减值损失　100
　　贷：持有待售资产减值准备　100

第三章　存　货

一、2020 年新教材内容主要变化

2020 年新教材无变化。

二、本章近五年考情统计分析

本章考题以单选题或多选题形式出现，本章属于不重要的考试章节之一，最近五年平均考试分值 1.6 分。

（一）近五年考试分值分布

题型	2015 年	2016 年	2017 年	2018 年	2019 年
单选题	—	2	2	2	—
多选题	—	—	—	—	2
计算题	—	—	—	—	—
综合题	—	—	—	—	—
合计	0	2	2	2	2

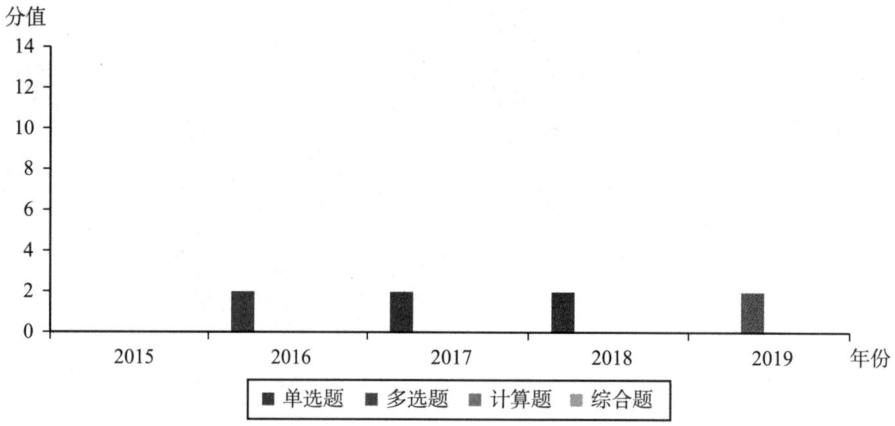

（二）近五年考试考点分布

高频考点内容	年度及题型分布	分值
确定与计算存货可变现净值	2019 年多选题、2018 年单选题	4
存货跌价准备计提金额	2017 年单选题、2016 年单选题	4

三、重难点解析

本章主要内容包括：存货的含义与确认条件、存货的初始计量、发出存货成本的计量方法与结转、存货可变现净值的确定、存货跌价准备的计提和结转、存货的清查盘点。

重难点1：存货的初始计量★

企业取得存货应当按照成本进行计量。存货成本包括采购成本、加工成本和使存货达到目前场所和状态所发生的其他成本三个组成部分。

（一）外购存货的成本

企业外购存货主要包括原材料和商品。外购存货的成本即存货采购成本，指企业物资从采购到入库前所发生的全部支出，包括购买价款、相关税费、运输费、装卸费、保险费以及其他可归属于存货采购成本的费用。

（二）加工取得存货的成本

存货的加工成本，包括直接人工以及按照一定方法分配的制造费用。

（三）其他方式取得存货的成本

企业取得存货的其他方式主要包括接受投资者投资、非货币性资产交换、债务重组、企业合并等。

1. 投资者投入存货的成本应当按照投资合同或协议约定的价值确定，但合同或协议约定价值不公允的除外。在投资合同或协议约定价值不公允的情况下，按照该项存货的公允价值作为其入账价值。

2. 通过非货币性资产交换、债务重组、企业合并等方式取得的存货的成本执行相关准则。

（四）通过提供劳务取得的存货

通过提供劳务取得的存货，所发生的从事劳务提供人员的直接人工和其他直接费用以及可归属于该存货的间接费用，计入存货成本。

【小贴士】本重难点通常是考核存货初始成本的计算。考核不同取得方式下，存货初始入账价值的确定。所以考生要掌握存货在不同的取得方式下，初始入账金额包括哪些内容。

【经典真题】

【单选题·2014】甲公司为制造企业，其在日常经营活动中发生的下列费用或损失，应当计入存货成本的是（　　）。

A. 仓库保管人员的工资　　B. 季节性停工期间发生的制造费用

C. 未使用管理用固定资产计提的折旧　　D. 采购运输过程中因自然灾害发生的损失

【答案】B

【解析】选项A，仓库保管人员的工资计入管理费用；选项B，季节性停工发生的制造费用要计入存货成本；选项C，未使用管理用固定资产计提的折旧计入管理费用；选项D，运输过程中自然灾害发生的损失计入营业外支出。

【经典模拟题】

【多选题】下列项目中，应计入存货成本的有（　　）。

A. 商品流通企业在采购商品过程中发生的运输费

B. 超定额的废品损失

C. 材料入库后发生的储存费用

D. 正常消耗的直接材料、直接人工和制造费用

【答案】AD

【解析】选项 A，商品流通企业在采购商品过程中发生的运输费计入存货成本；选项 B，超定额的废品损失计入当期损益，不影响存货成本；选项 C，采购材料入库后的储存费用，计入到当期损益，不影响存货的成本；选项 D，正常消耗的直接材料、直接人工和制造费用计入存货成本。

重难点 2：存货可变现净值的计算★★

存货可变现净值，是指在日常活动中，存货的估计售价减去至完工时估计将要发生的成本、估计的销售费用以及相关税费后的金额。根据可变现净值的含义，可以列出下列公式，即：

可变现净值 = 估计售价 – 估计完工时发生的成本 – 销售过程中的相关税费。

对上述计算公式的理解要注意以下两点：

（一）不同存货可变现净值的构成不同

1. 产成品、商品和用于出售的材料等直接用于出售的商品存货，其可变现净值为在正常生产经营过程中，该存货的估计售价减去估计的销售费用和相关税费后的金额。

2. 需要经过加工的材料存货，其可变现净值为在正常生产经营过程中，以该材料所生产的产成品的估计售价减去至完工时估计将要发生的成本、销售费用和相关税费后的金额。

（二）存货估计售价的确定

对于企业持有的各类存货，在确定其可变现净值时，最关键的问题是确定估计售价。

企业应当区别如下情况确定存货估计售价：

1. 为执行销售合同或者劳务合同而持有的存货，通常应当以产成品或商品的合同价格作为其可变现净值的计算基础。

2. 如果企业持有存货的数量多于销售合同订购数量，超过部分的存货可变现净值应当以产成品或商品的一般销售价格（即市场销售价格）作为计算基础。

3. 如果企业持有存货的数量少于销售合同订购数量，实际持有与销售合同相关存货应以销售合同所规定的价格作为可变现净值的计算基础。如果合同为亏损合同，应同时按照《企业会计准则第 13 号——或有事项》的规定处理。

4. 没有销售合同约定的存货（不包括用于销售的材料），其可变现净值应当以产成品或商品一般销售价格（即市场销售价格）作为计算基础。

5. 用于销售的材料等，通常以市场价格作为其可变现净值的计算基础。这里的市场价格是指材料等的市场销售价格。如果用于销售的材料存在销售合同约定，应按合同价格作为其可变现净值的计算基础。

（三）确定存货的可变现净值应考虑的因素

企业确定存货的可变现净值，应当以取得的确凿证据为基础，并且考虑持有存货的目的、资产负债表日后事项的影响等因素。

【小贴士】由于存货可变现净值具体的计算公式与持有存货的目的有关，所以当同一种

存货由于持有目的不同时，会导致可变现净值的计算公式不同。例如，企业持有的材料存货，如果直接销售，上述计算公式变为：可变现净值（直接出售材料）= 材料的估计售价 - 估计完工时发生的成本（为零）- 材料销售过程中的相关税费。

如果企业持有材料的目的是为了生产产品，则上述公式变为：可变现净值（生产产品材料）= 产品的估计售价 - 估计完工时发生的成本（将材料加工成产品的成本）- 产品销售过程中的相关税费。

另外，在对材料进行期末计量时，如果持有材料的目的是为了生产产品，所以在判断材料是否减值时首先应判断用材料生产的产品是否减值，如果产品没减值，则材料没减值，期末材料按成本计量，如果产品减值了，再进一步计算材料的可变现净值。

近两年试题中都考核了为了生产产品而持有的材料可变现净值的计算。

【经典真题】

【单选题·2018】甲公司主要从事 X 产品的生产和销售，生产 X 产品使用的主要材料 Y 材料全部从外部购入。20×7 年 12 月 31 日，在甲公司财务报表中库存 Y 材料的成本为 5 600 万元。若将全部库存 Y 材料加工成 X 产品，甲公司估计还需发生成本 1 800 万元，预计加工而成的 X 产品售价总额为 7 000 万元，预计的销售费用及相关税费总额为 300 万元。若将库存 Y 材料全部予以出售，其市场价格为 5 000 万元。假定甲公司持有 Y 材料的目的系用于 X 产品的生产，不考虑其他因素，甲公司在对 Y 材料进行期末计量时确定的可变现净值是（　　）万元。

A. 4 900　　B. 5 000　　C. 5 600　　D. 7 000

【答案】A

【解析】由于持有 Y 材料的目的是生产 X 产品，所以 Y 材料可变现净值的计算依据上述小贴士中的公式：

可变现净值（Y 材料）= X 产品的估计售价 - 估计完工时发生的成本（将 Y 材料加工成 X 产品的成本）- X 产品销售过程中的相关税费 = 7 000 - 1 800 - 300 = 4 900（万元），所以选项 A 正确。

【经典模拟题】

【单选题】甲公司期末原材料的账面余额为 100 万元，数量为 10 吨。该原材料专门用于生产与乙公司所签合同约定的 20 台 Y 产品。该合同约定：甲公司为乙公司提供 Y 产品 20 台，每台售价 10 万元（不含增值税，本题下同）。将该原材料加工成 20 台 Y 产品尚需加工成本总额为 95 万元。估计销售每台 Y 产品尚需发生相关税费 1 万元（不含增值税，本题下同）。本期期末市场上该原材料每吨售价为 9 万元，估计销售每吨原材料尚需发生相关税费 0.1 万元。甲公司对该原材料进行期末计量时确定的可变现净值是（　　）万元。

A. 85　　B. 89　　C. 100　　D. 105

【答案】A

【解析】期末该原材料的可变现净值 = 20 × 10 - 95 - 20 × 1 = 85（万元），所以选项 A 正确。

重难点3：存货跌价准备计提金额的计算★★★

（一）存货减值的判断依据

1. 该存货的市场价格持续下跌，并且在可预见的未来无回升的希望；

2. 企业使用该项原材料生产的产品的成本大于产品的销售价格；

3. 企业因产品更新换代，原有库存原材料已不适应新产品的需要，而该原材料的市场价格又低于其账面成本；

4. 因企业所提供的商品或劳务过时或消费者偏好改变而使市场的需求发生变化，导致市场价格逐渐下跌；

5. 其他足以证明已无使用价值和转让价值的存货。

（二）计提存货跌价准备的基础

1. 企业通常应当按照单个存货项目计提存货跌价准备；

2. 对于数量繁多、单价较低的存货，可以按照存货类别计提存货跌价准备；

3. 以合并存货为基础计提存货跌价准备。

【小贴士】存货的可变现净值低于成本时，要计提存货跌价准备。掌握该重难点时需要注意成本与可变现净值的差额是“存货跌价准备”账户贷方应有的余额数，我们还要结合该账户的期初余额找到本期发生额，也就是存货跌价准备的提取数。

本重难点通常考核材料应该计提的存货跌价准备数。如果持有材料的目的是为了生产产品，在判断材料是否减值时首先应判断用材料生产的产品是否减值，如果产品没减值，则材料没减值，期末材料按成本计量，如果产品减值了，再进一步计算材料的可变现净值。

【经典真题】

【单选题·2019】甲公司20×8年末库存乙材料1 000件，单位成本为2万元。甲公司将乙原材料加工成丙产品对外销售，每2件乙原材料可加工成1件丙产品，20×8年12月31日，乙原材料的市场售价为1.8万元/件，用乙原材料加工的丙产品市场售价为4.7万元/件，将2件乙原材料加工成1件丙产品的过程中预计发生加工费用0.6万元，预计销售每件丙产品发生销售费用的金额为0.2万元。20×9年3月，在甲公司20×8年度财务报表经董事会批准对外报出日前，乙原材料市场价格为2.02万元/件。不考虑其他因素，甲公司20×8年末乙原材料应当计提的存货跌价准备是（　　）万元。

A. 50　　B. 0　　C. 450　　D. 200

【答案】A

【解析】计算原材料减值前先判断产品是否减值，产品的成本=2×1 000+0.6×1 000/2=2 300（万元），产品的可变现净值=4.7×1 000/2−0.2×1 000/2=2 250（万元），成本大于可变现净值，说明该产品减值了。乙原材料的成本=2×1 000=2 000（万元），乙原材料的可变现净值=4.7×1 000/2−0.2×1 000/2−0.6×1 000/2=1 950（万元），因此20×8年末乙原材料应当计提的存货跌价准备=2 000−1 950=50（万元）。

【经典模拟题】

【单选题】甲公司期末存货采用成本与可变现净值孰低计量，于年末资产负债表日一次计提。2019 年 12 月 31 日库存自制半成品 A 的实际成本为 200 万元，预计进一步加工所需费用为 65 万元。甲公司已经就全部 A 自制半成品加工完成后的甲产品与乙公司签订了销售合同，合同约定销售价格为 260 万元，该类产品市场价格为 270 万元，甲公司预计销售该产品还需要支付 6 万元的销售运输费以及税金。则甲公司 2019 年 12 月 31 日应当对该存货计提的跌价准备为（　　）万元。

A. 5　　B. 7　　C. 9　　D. 11

【答案】D

【解析】为执行销售合同或者劳务合同而持有的存货，通常以产成品或商品的合同价格作为其可变现净值的计算基础。材料存货期末价值应当比较所生产的产成品的可变现净值与成本。用于生产产品的材料，可变现净值 = 产品售价 − 至完工估计将要发生成本 − 相关费用和税费。

甲产品可变现净值为 260 − 6 = 254（万元），甲产品的成本为 200 + 65 = 265（万元），甲产品的成本高于可变现净值，则甲产品发生了减值，因此生产甲产品的自制半成品 A 按照可变现净值计量，A 可变现净值为 260 − 65 − 6 = 189（万元），A 的成本为 200 万元，本期应当计提存货低价准备 200 − 189 = 11（万元）。

四、进阶练习

（一）单选题

1. 下列各项中，应当计入存货成本的是（　　）。

A. 季节性停工损失　　B. 超定额的废品损失

C. 新产品研发人员的薪酬　　D. 采购材料入库后的储存费用

2. 甲公司为增值税一般纳税人。2 × 19 年购入了原材料 100 吨，增值税发票上注明的货款为 200 万元，增值税进项税额为 26 万元。原材料在运输途中产生运输费和装卸费 9 万元，在验收入库时发现短缺 5%，经过查验为自然损耗，入库后发生仓储费用 5 万元。甲公司采购的该批原材料每吨的实际成本为（　　）万元。

A. 2.4　　B. 2.14　　C. 2.2　　D. 2.5

3. A 公司为一般纳税人，于 2 × 19 年 11 月 12 日购入一批原材料，支付价款 226 万元（包含 26 万元增值税），同时支付运费 4.36 万元（包含 0.36 万元增值税），共计 10 吨原材料，该材料入库后被用来制作甲设备，直至 2 × 19 年 12 月 31 日，甲设备并未完工，领用该原材料 80%，同时领用其他材料 100 万元。所领用的其他材料在使用的过程中发生 20 万元的非正常损失，5 万元的正常损耗。制造过程中发生人工费 10 万元，制造费用 15 万元，2 × 19 年 12 月 31 日，甲设备的账面价值为（　　）万元。

A. 260　　B. 268.2　　C. 263.2　　D. 265

4. 下列关于存货的表述中正确的是（　　）。

A. 期末存货按照成本与可变现净值孰低法计量体现了实质重于形式会计信息质量要求

B. 存货的成本为 8 000 元，可变现净值为 8 500 元，要将存货的账面价值调增 500 元

C. 存货计提的减值准备是可以转回的

D. 资产负债表中存货项目的金额包括受托代销商品的价值

5. 2×19年10月31日甲公司存有A材料实际成本为10万元，公允价值为8万元，该原材料可用于加工100件B产品，将A材料加工成B产品尚需投入3.5万元，B产品的公允价值为12万元，估计销售过程中将发生销售费用及相关税费1万元，假定A材料月初“存货跌价准备”科目贷方余额为15万元，2×19年10月31日就A材料应计提的存货跌价准备为（　　）万元。

A. 7.5　　B. -7.5　　C. 12.5　　D. -12.5

6. 2×18年12月1日，甲公司与B企业签订了一份销售合同，合同规定2×19年5月1日甲公司应按每台76万元的价格向B企业提供A产品13台。20×8年12月31日，甲公司拥有能生产A产品的乙材料15件，每件62万元，一件乙材料能生产一台A产品。该批材料加工成A产品尚需投入的成本为每台10万元。20×8年12月31日，A产品的市场价值为每台80万元。假定销售A产品将发生的销售费用和税金为每台9万元。则2×18年12月31日，乙材料的账面价值是（　　）万元。

A. 855　　B. 863　　C. 897　　D. 915

7. 甲公司2×19年末持有X原材料150件，其成本为每件4.6万元，每件X原材料可加工为一件Y产品，加工过程中需发生的费用为每件0.7万元，销售过程中预计需发生运输费用为每件0.3万元，2×19年12月31日，X原材料的市场价格为每件5.1万元，Y产品的市场价格为每件5.1万元，X原材料持有期间未计提跌价准备，不考虑其他因素，甲公司2×19年末对X原材料应计提的存货跌价准备是（　　）万元。

A. 0　　B. 50　　C. 60　　D. 75

8. 2×19年10月3日，甲公司与乙公司签订一份不可撤销的销售合同，双方约定：甲公司应于2×20年5月3日前向乙公司发出15件A产品，每件产品售价20万元。2×19年12月31日，甲公司库存B材料15件，成本为每件15万元，该材料全部用于生产A产品，每件B材料可加工一件A产品。加工过程中尚需发生的加工成本为100万元，预计销售每件A产品尚需发生运输费0.2万元。临近年末，B原材料及A产品的市场价格有所波动，2×19年11月20日，B原材料每件售价19万元，A产品每件售价23万元；2×19年12月31日，B材料每件售价20万元，A产品每件售价22万元。不考虑其他因素，甲公司2×19年末所持有的B材料是否发生减值，可变现净值为（　　）万元。

A. 减值，197　　B. 未减值，197　　C. 减值，225　　D. 未减值，225

（二）多选题

1. 下列关于存货成本的表述中正确的有（　　）。

A. 可以资本化的借款费用的利息可以计入存货成本

B. 房地产开发企业生产的商品房购入的土地使用权可以计入存货成本

C. 不能抵扣的增值税进项税额可以计入存货成本

D. 专门为客户设计产品发生的设计费用可以计入存货成本

2. 下列选项中，说法正确的有（　　）。

A. 建造建筑物工程领用的外购原材料对应的税额应计入固定资产成本

B. 企业期末编制资产负债表时，生产成本余额应计入存货项目中

C. 处于季节性修理的固定资产，在修理期间也要继续计提折旧

D. 企业季节性停工费用应计入其他业务成本

3. 下列关于资产减值说法正确的有（　　）。

A. 当企业难以估计某单项资产的可收回金额时，应当以其所属资产组为基础确定资产组的可收回金额

B. 资产负债表日，受托代销商品应按成本与可变现净值孰低计量并计提存货跌价准备

C. 企业每期都应当重新确定存货的可变现净值

D. 在对商誉进行减值测试时，应先将商誉分摊至相关资产组或资产组组合然后进行减值测试

4. 下列各项会计处理中，表述正确的有（　　）。

A. 进口原材料支付的关税和保险费，应计入存货的成本

B. 用于建造厂房的土地使用权摊销金额在厂房建造期间计入在建工程成本

C. 合并以外其他方式取得长期股权投资发生的审计、法律咨询费等计入长期股权投资成本

D. 支付给受托方代收代缴且收回后用于连续生产应税消费品的消费税，应计入存货成本

5. 甲公司为增值税一般纳税人，适用的增值税税率为13%，2×18年12月31日A库存商品的账面余额为220万元，已计提存货跌价准备30万元。2×19年1月20日，甲公司将上述商品全部对外出售，售价为200万元，增值税销项税额为26万元，收到款项存入银行。则下列说法中错误的是（　　）。

A. 2×19年1月20日，甲公司出售A商品影响利润总额的金额为10万元

B. 若仅销售该批存货数量的50%，应按照出售比例结转相应的存货跌价准备15万元

C. 该批存货的存货跌价准备一经计提，在持有期间不得转回

D. 若该批存货因债务重组而转出，则应冲减当期的资产减值损失

6. 下列关于存货处理的表述中，错误的有（　　）。

A. 资产负债表中“存货”项目的金额不包括生产成本账户的余额

B. 原材料的价格降低，则该原材料可以确认减值

C. 生产过程中为达到下一个生产阶段所必需的仓储费用计入存货成本

D. 存货盘亏可能计入的账户有管理费用、其他应收款和营业外支出

7. 2×19年12月31日，甲公司A产品的账面价值（成本）为4 000万元，数量400台，单位成本10万元一台；B产品的账面价值（成本）为2 400万元，数量200台，单位成本12万元一台。2×19年10月3日，甲公司与乙公司签订不可撤销的合同，约定于2×20年5月2日将400台A产品以10.5万元每台的价格交付乙公司，资产负债表日A产品的市场销售价格为每台11万元。B产品未签订任何合同，资产负债表日B产品的市场销售价格为每台11.7万元。预计未来A产品的销售费用及税金为每台0.3万元；B产品的销售费用及税金为每台0.2万元。根据上述信息，下列选项中正确的有（　　）。

A. A产品的可变现净值为4 280万元　　B. A产品本年度未发生减值

C. B产品的可变现净值为2 300万元　　D. 甲公司本年计提存货跌价准备20万元

8. 下列各项中，应计入存货账面价值的有（　　）。

A. 为生产完工时间为三个月的库存商品借入银行借款发生的利息支出

B. 从国外购入材料发生的关税

C. 计提的存货跌价准备

D. 生产成本账户期末借方余额

五、进阶练习答案

（一）单选题

1. **【答案】** A

【解析】 选项 A，季节性停工损失计入制造费用，影响存货成本；选项 B，超定额的废品损失，计入当期损益，不影响存货成本；选项 C，新产品研发人员的薪酬，资本化的部分，计入产品成本，费用化的部分，计入当期损益，不一定计入存货成本；选项 D，采购材料入库后的储存费用，计入当期损益，不影响存货的成本。

2. **【答案】** C

【解析】 原材料每吨的实际成本 =（200 +9）÷（1 −5%）×100 =2.2（万元）。

3. **【答案】** B

【解析】 甲设备的入账价值为 204 ×80% +100 −20 +10 +15 =268.2（万元）。

4. **【答案】** C

【解析】 选项 A，期末存货按照成本与可变现净值孰低法计量体现了谨慎性会计信息质量要求；选项 B，不需要调整存货的账面价值；选项 D，资产负债表中存货项目的金额不包括受托代销商品的价值。只有选项 C 的表述正确。

5. **【答案】** D

【解析】 A 材料是用于生产 B 产品的，要判断 A 材料是否减值，首先应计算 B 产品是否减值。

B 产品成本 =10 +3.5 =13.5（万元），B 产品的可变现净值 =12 −1 =11（万元），所以 B 产品减值；

A 材料的可变现净值 =12 −3.5 −1 =7.5（万元），因此 A 材料应计提的存货跌价准备 = A 材料实际成本 − 可变现净值 − 存货跌价准备科目已有贷方余额 =10 −7.5 −15 = −12.5（万元）。

6. **【答案】** B

【解析】 有合同的部分：A 产品可变现净值为（76 −9）×13 =871（万元），成本为（62 +10）×13 =936（万元），A 产品减值，所以乙材料也减值了，乙材料可变现净值为 76 ×13 −13 ×10 −9 ×13 =741（万元），成本为 62 ×13 =806（万元），所以该部分账面价值是 741 万元。

无合同部分，A 产品可变现净值为（80 −9）×2 =142（万元），成本为（62 +10）×2 =144（万元），A 产品减值，所以乙材料也减值，乙材料可变现净值为 80 ×2 −2 ×10 −9 ×2 =122（万元），成本为 62 ×2 =124（万元），所以该部分账面价值为 122 万元。

因此，2 ×18 年 12 月 31 日乙材料账面价值是 741 +122 =863（万元）。

7. **【答案】** D

【解析】每件 Y 产品的可变现净值 =5.1 −0.3 =4.8（万元），每件 Y 产品的成本 =4.6 + 0.7 =5.3（万元），X 原材料专门生产的产品发生了减值，因此表明 X 原材料应按其可变现净值计量。每件 X 原材料的可变现净值 =5.1 −0.7 −0.3 =4.1（万元），每件 X 原材料的成本为 4.6 万元，因此 X 原材料应计提存货跌价准备的金额 =（4.6 −4.1）×150 =75（万元）。

8.【答案】A

【解析】A 产品成本 =15 ×15 +100 =325（万元），A 产品可变现净值 =20 ×15 −0.2 × 15 =297（万元），成本大于可变现净值，A 产品发生减值，故 B 原材料发生减值；B 原材料成本 =15 ×15 =225（万元），B 原材料的可变现净值 =20 ×15 −0.2 ×15 −100 =197（万元）。

（二）多选题

1.【答案】ABCD

【解析】选项 A、B、C、D 均可以计入存货成本。

2.【答案】BC

【解析】选项 A，建造建筑物工程领用的外购原材料对应的可抵扣的进项增值税额，可以不用计入固定资产成本中。选项 D，企业季节性停工费用应计入制造费用。

3.【答案】AD

【解析】选项 A，资产组是指企业可以认定的最小资产组合，其产生的现金流入应当基本上独立于其他资产或者资产组产生的现金流入。资产组应当由创造现金流入相关的资产构成，选项 A 正确；选项 B，判断存货是否需要计提存货跌价准备，关键取决于存货所有权是否属于本企业，受托代销商品不属于本企业，所以无需计提存货跌价准备。选项 C，存货有减值迹象的，应该计算其可变现净值，没有减值迹象的话不需要重新确定，所以选项 C 错误；选项 D，在对商誉进行减值测试时，应先将商誉分摊至相关资产组或资产组组合，然后进行减值测试，发生的减值损失金额应当先抵减分摊至资产组或者资产组组合中商誉的账面价值，然后再根据资产组或者资产组组合中除商誉之外的其他各项资产的账面价值所占比重，按比例抵减其他各项资产的账面价值，选项 D 正确。

4.【答案】AC

【解析】选项 B，土地使用权的摊销金额在厂房建造期间，计入制造费用；选项 D，支付给受托方代收代缴且收回后用于连续生产应税消费品的消费税，可以抵扣，记入“应交税费——应交消费税”科目借方，不计入存货成本。

5.【答案】CD

【解析】选项 A，甲公司出售 A 商品影响利润总额的金额 =200 −（220 −30）=10（万元）；选项 B，已计提存货跌价准备的存货，未全部对外出售的，应按照出售比例结转相应的存货跌价准备；选项 C，资产负债表日，企业应当重新确定存货的可变现净值，如果以前减记存货的影响因素已经消失，则减记的金额应当予以恢复，并在原已计提的存货跌价准备的金额内转回；选项 D，债务人因债务重组转出存货，视同销售存货，需要对持有期间计提的存货跌价准备进行相应结转。但不冲减当期的资产减值损失。

6.【答案】AB

【解析】选项 A，生产成本账户的余额包含在存货项目的金额中，选项 A 表述错误；选项 B，如果原材料是用来生产商品的，其是否减值应该通过其生产的商品是否减值来判断，所以，尽管材料本身的价格已经下降，但是不能确认该材料减值，选项 B 表述错误。

7. 【答案】BC

【解析】选项 A，错误，A 产品的可变现净值 =（10.5 − 0.3）× 400 = 4 080（万元）；选项 B，正确，A 产品的成本 = 400 × 10 = 4 000（万元），A 产品的可变现净值 =（10.5 − 0.3）× 400 = 4 080（万元），可变现净值大于成本，未发生减值，不需要计提存货跌价准备；选项 C，正确，B 产品的可变现净值 =（11.7 − 0.2）× 200 = 2 300（万元）；选项 D，错误，B 产品的成本 = 200 × 12 = 2 400（万元），B 产品的可变现净值 =（11.7 − 0.2）× 200 = 2 300（万元），可变现净值小于成本，发生减值，B 产品应计提的存货跌价准备 = 2 400 − 2 300 = 100（万元），甲公司本年应计提存货跌价准备 = 0 + 100 = 100（万元）。

8. 【答案】BCD

【解析】选项 A，为生产完工时间为三个月的库存商品借入银行借款发生的利息支出不能计入库存商品的成本，而应计入财务费用；其余三个选项都应计入存货成本，即会计入存货账面价值。

第四章　固定资产

一、2020 年新教材内容主要变化

例题【4－1】中增值税税率改为13%，分录（3）中固定资产入账价值改为534 900 元。

二、本章近五年考情统计分析

本章考题以单选题或多选题形式出现，个别年份，综合题中会涉及少量本章内容。本章属于不重要的考试章节之一，最近五年平均考试分值1.6 分。

（一）近五年考试分值分布

题型	2015 年	2016 年	2017 年	2018 年	2019 年
单选题	—	—	2	—	—
多选题	2	—	—	—	—
计算题	—	—	—	—	—
综合题	—	—	—	2	2
合计	2	—	2	2	2

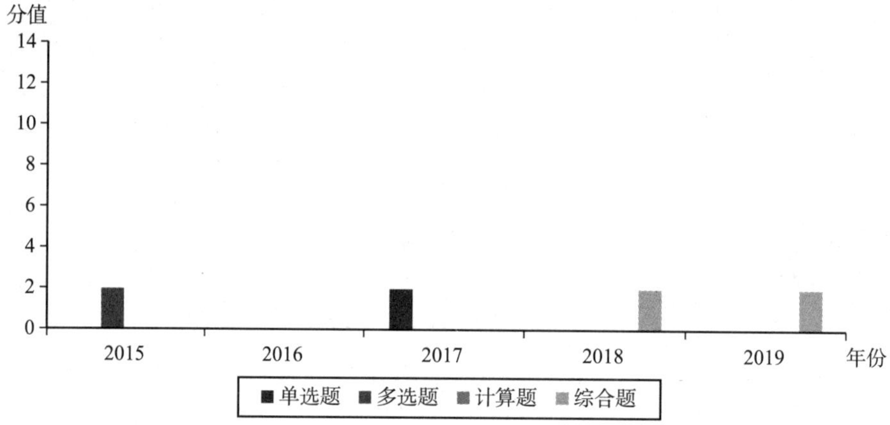

（二）近五年考试考点分布

高频考点内容	年度及题型分布	分值
固定资产初始计量	2017 年单选题	2
固定资产折旧	2018 年综合题、2015 年多选题	4
固定资产处置	2019 年综合题	2

三、重难点解析

本章内容是固定资产确认条件、不同方式取得固定资产入账价值的确定；固定资产折旧

的计算、核算，后续支出的核算；固定资产的处置。

重难点1：固定资产初始计量★

（一）外购固定资产

企业外购固定资产的成本，包括购买价款、相关税费（不含可抵扣的增值税进项税额）、使固定资产达到预定可使用状态前所发生的可归属于该项资产的运输费、装卸费、安装费和专业人员服务费等。

在实务中，企业可能以一笔款项同时购入没有单独标价的固定资产，可以按照各项固定资产公允价值的比例对总成本进行分配，分别确定各项固定资产的成本。

购买固定资产的价款超过正常信用条件延期支付，实质上具有融资性质的，固定资产的成本以购买价款的现值为基础确定。实际支付的价款与购买价款的现值之间的差额，应当在信用期间内采用实际利率法进行摊销，摊销金额除满足借款费用资本化条件的应当计入固定资产成本外，均应当在信用期间内确认为财务费用，计入当期损益。

（二）自行建造固定资产

1. 自营方式建造固定资产

企业如有以自营方式建造固定资产，其成本应当按照直接材料、直接人工、直接机械施工费等计量。

（1）企业为建造固定资产准备的各种物资应当按照实际支付的买价、运输费、保险费等相关税费作为实际成本，并按照各种专项物资的种类进行明细核算。建设期间发生的工程物资盘亏、报废及毁损，减去残料价值以及保险公司、过失人等赔款后的净损失，计入所建工程项目的成本；盘盈的工程物资或处置净收益，冲减所建工程项目的成本。工程完工后发生的工程物资盘盈、盘亏、报废、毁损，计入当期损益。

（2）建造固定资产领用工程物资、原材料或库存商品，应按其实际成本转入所建工程成本。自营方式建造固定资产应负担的职工薪酬、辅助生产部门为之提供的水、电、修理、运输等劳务，以及其他必要支出等也应计入所建工程项目的成本。符合资本化条件，应计入所建造固定资产成本的借款费用按照《企业会计准则第17号——借款费用》的有关规定处理。

（3）所建造的固定资产已达到预定可使用状态，但尚未办理竣工决算的，应当自达到预定可使用状态之日起，根据工程预算、造价或者工程实际成本等，按暂估价值转入固定资产，并按有关计提固定资产折旧的规定，计提固定资产折旧。待办理了竣工决算手续后再调整原来的暂估价值，但不需要调整原来的折旧额。

（4）企业以自营方式建造固定资产，发生的工程成本应通过“在建工程”科目核算，工程完工达到预定可使用状态时，从“在建工程”科目转入“固定资产”科目。

（5）高危行业企业按照国家规定提取的安全生产费。

提取安全费用时：

借：生产成本（或当期损益）

　　贷：专项储备

使用提取的安全生产费，形成固定资产的：

借：在建工程

贷：银行存款

工程物资

应付职工薪酬

借：固定资产

贷：在建工程

借：专项储备

贷：累计折旧

2. 出包方式建造固定资产

企业以出包方式建造固定资产，其成本由建造该项固定资产达到预定可使用状态前所发生的必要支出构成，包括发生的建筑工程支出、安装工程支出、以及需分摊计入各固定资产价值的待摊支出。

（三）其他方式取得的固定资产的成本

1. 投资者投入的固定资产

投资者投入固定资产的成本，应当按照投资合同或协议约定的价值确定，但合同或议约定价值不公允的除外。

2. 非货币性资产交换、债务重组、企业合并等方式取得固定资产的成本

企业通过非货币性资产交换、债务重组、企业合并等方式取得的固定资产，其成本应当分别按照《企业会计准则第7号——非货币性资产交换》《企业会计准则第12号——债务重组》《企业会计准则第20号——企业合并》等的规定确定。但是，其后续计量和披露应当执行固定资产准则的规定。

3. 盘盈固定资产的成本

盘盈固定资产，作为前期差错处理，在按管理权限报经批准处理前，先通过"以前年度损益调整"科目核算。

（四）存在弃置费用的固定资产

对于特殊行业的特定固定资产，确定其初始成本时，还应考虑弃置费用。弃置费用通常是指根据国家法律和行政法规、国际公约等规定，企业承担的环境保护和生态恢复等义务所确定的支出，如核电站核设施等的弃置和恢复环境义务。

【小贴士】本重难点主要考核固定资产初始入账价值的确定。考生应当掌握不同的取得方式下，固定资产的初始入账价值的构成是不同的，需要掌握不同的取得方式下，固定资产初始入账价值的计算。

购买固定资产的价款超过正常信用条件延期支付，实质上具有融资性质的，固定资产的成本以购买价款的现值为基础确定。存在弃置费用时需要将弃置费用的现值计入固定资产的入账价值。一般工商企业的固定资产发生的报废清理费用不属于弃置费用。

【经典真题】

【单选题·2017】甲公司2×16年取得一项固定资产，与取得该资产相关的支出包括：（1）支付购买价款300万元、增值税进项税额51万元，另支付购入过程中运输费8万元、相关增值税进项税额0.88万元；（2）为使固定资产符合甲公司特定用途，购入后甲公司对

其进行了改造。改造过程中领用本公司原材料 6 万元，相关增值税 1.02 万元，发生职工薪酬 3 万元。甲公司为增值税一般纳税人。不考虑其他因素，甲公司该固定资产的入账价值是（　　）万元。

A. 317　　B. 317.88　　C. 318.02　　D. 369.90

【答案】A

【解析】企业外购固定资产的成本，包括购买价款、相关税费（不含可抵扣的增值税进项税额）、使固定资产达到预定可使用状态前所发生的可归属于该项资产的运输费、装卸费、安装费和专业人员服务费等。

所以固定资产入账价值 = 300 + 8 + 6 + 3 = 317（万元），答案 A 正确。

【经典模拟题】

【多选题】关于固定资产入账价值的确定表述正确的有（　　）。

A. 存在弃置费用的固定资产，应将弃置费用直接计入固定资产的成本

B. 购入固定资产发生的价税合计数计入固定资产的成本

C. 建造固定资产使用银行借款，符合资本化条件的借款利息计入固定资产成本

D. 自建固定资产期间发生的工程物资盘亏、报废及毁损（自然灾害原因导致除外），减去残料价值以及保险公司、过失人等赔款后的净损失，最终计入固定资产的成本

【答案】CD

【解析】选项 A，不能将弃置费用直接计入固定资产成本，而是将弃置费用的现值计入固定资产成本，选项 A 错误；选项 B，购买固定资产发生的增值税不能计入固定资产成本，只是价款可以计入固定资产成本，选项 B 错误；选项 C，构建固定资产过程中发生的符合资本化条件的借款费用可以资本化计入固定资产的成本，选项 C 正确；选项 D，自建固定资产期间发生的工程物资盘亏、报废及毁损（自然灾害原因导致除外），减去残料价值以及保险公司、过失人等赔款后的净损失，要计入在建工程，最终计入固定资产的成本，选项 D 正确。

重难点 2：固定资产折旧★★★

（一）固定资产折旧的定义

折旧，是指在固定资产使用寿命内，按照确定的方法对应计折旧额进行的系统分摊。应计折旧额，是指固定资产原价扣除其预计净残值后的金额，如果已对固定资产计提减值准备，还应当扣除已计提固定资产减值准备累计金额。

（二）影响固定资产折旧的因素

1. 固定资产原价
2. 固定资产的使用寿命
3. 预计净残值
4. 固定资产减值准备

（三）固定资产折旧范围

企业应当对所有的固定资产计提折旧，但是，已提足折旧仍继续使用的固定资产和单独计价入账的土地除外。

在确定计提折旧的范围时还应注意以下几点：

1. 固定资产应当按月计提折旧。固定资产应自达到预定可使用状态时开始计提折旧，终止确认时或划分为持有待售非流动资产时停止计提折旧。当月增加的固定资产，当月不计提折旧，从下月起计提折旧；当月减少的固定资产，当月仍计提折旧，从下月起不计提折旧。

2. 固定资产提足折旧后，不论能否继续使用，均不再计提折旧，提前报废的固定资产也不再补提折旧。所谓提足折旧是指已经提足该项固定资产的应计折旧额。

3. 已达到预定可使用状态但尚未办理竣工决算的固定资产，应当按照估计价值确定其成本，并计提折旧；待办理竣工决算后再按实际成本调整原来的暂估价值，但不需要调整原已计提的折旧额。

（四）固定资产折旧方法

1. 年限平均法

年折旧额 =（原价 − 预计净残值）÷ 预计使用年限

= 原价 ×（1 − 预计净残值/原价）÷ 预计使用年限

= 原价 × 年折旧率

2. 工作量法

单位工作量折旧额 = 固定资产原价 ×（1 − 预计净残值率）÷ 预计总工作量

某项固定资产月折旧额 = 该项固定资产当月工作量 × 单位工作量折旧额

3. 双倍余额递减法

年折旧额 = 期初固定资产净值 ×2/预计使用年限

最后两年改为年限平均法

固定资产净值 = 固定资产原价 − 累计折旧

4. 年数总和法

年折旧额 =（原价 − 预计净残值）× 年折旧率

年折旧率用一递减分数来表示，将逐期年数相加作为递减分数的分母，将逐期年数倒转顺序分别作为各年递减分数的分子。

（五）固定资产折旧的会计处理

借：制造费用（生产车间计提折旧）

　　管理费用（企业管理部门、未使用的固定资产计提折旧）

　　销售费用（企业专设销售部门计提折旧）

　　其他业务成本（企业出租固定资产计提折旧）

　　研发支出（企业研发无形资产时使用固定资产计提折旧）

　　在建工程（在建工程中使用固定资产计提折旧）

　　贷：累计折旧

（六）固定资产使用寿命、预计净残值和折旧方法的复核

企业至少应当于每年年度终了，对固定资产的使用寿命、预计净残值和折旧方法进行复核：

1. 使用寿命预计数与原先估计数有差异的，应当调整固定资产使用寿命

2. 预计净残值预计数与原先估计数有差异的，应当调整预计净残值

3. 如果固定资产给企业带来经济利益的方式发生重大变化，企业应当改变固定资产折旧方法

固定资产使用寿命、预计净残值和折旧方法的改变应当作为会计估计变更，按照《企业会计准则第 28 号——会计政策、会计估计变更和差错更正》处理。

【小贴士】本重难点主要考核固定资产折旧的计算，计提折旧的固定资产的范围，折旧的账务处理。

固定资产折旧的四种方法中，计算折旧时唯一不考虑净残值的是双倍余额递减法，双倍余额递减法最后两年改成直线法，改成直线法后需要考虑净残值。年数总和法计算每年折旧率时，分母是从 1 开始加到使用年限，而且每年的分母是不变的，分子是把分母中的数按大小顺序依次放在分子上。例如使用年限是 5 年时，分母一直是 1 +2 +3 +4 +5，第一年的分子是 5，第二年分子是 4，依此类推。

当月增加的固定资产，当月不提折旧，下个月开始计提折旧；当月减少的固定资产，当月照提折旧，下个月开始不提折旧。处于更新改造过程停止使用的固定资产，应将其账面价值转入在建工程，不再计提折旧。更新改造项目达到预定可使用状态转为固定资产后，再按重新确定的折旧方法和该项固定资产尚可使用寿命计提折旧。

处于季节性修理过程中的固定资产在修理期间依然要计提折旧；季节性停工的固定资产也要计提折旧；固定资产在定期大修理间隔期间，照提折旧；不需用的房屋建筑物也要计提折旧，计入管理费用。

【经典真题】

【多选题 · 2015】下列关于固定资产折旧会计处理的表述中，正确的有（　　）。

A. 处于季节性修理过程中的固定资产在修理期间应当停止计提折旧

B. 自用固定资产转为成本模式后续计量的投资性房地产后仍应当计提折旧

C. 与固定资产有关的经济利益预期实现方式发生重大改变的，应当调整折旧方法

D. 已达到预定可使用状态尚未办理竣工决算的固定资产应当按暂估价值计提折旧

【答案】BCD

【解析】选项 A，处于季节性修理过程中的固定资产在修理期间应该计提折旧，选项 A 错误；选项 B，成本模式后续计量的投资性房地产应该计提折旧，选项 B 正确；固定资产采取哪种折旧方法取决于固定资产有关经济利益预期实现的方式，所以与固定资产有关的经济利益预期实现方式发生重大改变的，应当调整折旧方法，选项 C 正确；选项 D，已达到预定可使用状态尚未办理竣工决算的固定资产应当按暂估价值入账并计提折旧，选项 D 正确。

【经典模拟题】

【单选题】华丰公司 2 ×17 年 12 月 1 日购入一台买价为 188 万元需安装的生产设备，安装过程中发生安装费 12 万元，12 月 16 日设备安装完毕，投入使用。该设备预计使用寿命为 5 年，预计净残值为 10 万元，按照双倍余额递减法计提折旧。2 ×19 年年末因出现减值迹象，华丰公司对该设备进行减值测试，预计该设备的公允价值为 110 万元，处置费用为 46 万元，如果继续使用，预计未来使用及处置产生的现金流量现值为 70 万元。假定原预计使

用寿命、预计净残值以及选用的折旧方法不变。则 2×20 年该生产设备应计提折旧额为（　　）万元。

A. 29.76　　B. 24　　C. 28　　D. 28.8

【答案】C

【解析】该设备 2018 年计提折旧 = 200 × 40% = 80（万元）

2019 年折旧额 =（200 − 80）× 40% = 48（万元）

2019 年固定资产的账面价值 = 200 − 80 − 48 = 72（万元）

2019 年固定资产的可收回金额为 110 − 46 = 64 与 70 万元两者中的较高者，为 70 万元

2020 年固定资产折旧额 = 70 × 40% = 28（万元），选项 C 正确。

重难点 3：固定资产后续支出★

固定资产后续支出，是指固定资产在使用过程中发生的更新改造支出、修理费用等。后续支出的处理原则为：符合固定资产确认条件的，应当计入固定资产成本或其他相关资产成本（例如，与生产产品相关的固定资产的后续支出计入相关产成品的成本），同时将被替换部分的账面价值扣除；不符合固定资产确认条件的，应当计入当期损益。

（一）资本化的后续支出

与固定资产有关的更新改造等后续支出，符合固定资产确认条件的，应当计入固定资产成本，同时将被替换部分的账面价值扣除。企业将固定资产进行更新改造的，应将相关固定资产的原价、已计提的累计折旧和减值准备转销，将固定资产的账面价值转入在建工程，并停止计提折旧。固定资产发生的可资本化的后续支出，通过“在建工程”科目核算。待固定资产发生的后续支出完工并达到预定可使用状态时，再从在建工程转为固定资产，并按重新确定的使用寿命、预计净残值和折旧方法计提折旧。

（二）费用化的后续支出

与固定资产有关的修理费用等后续支出，不符合固定资产确认条件的，应当根据不同情况分别在发生时计入当期管理费用或销售费用。

除与存货的生产和加工相关的固定资产的修理费用按照存货成本原则进行处理外，行政管理部门、企业专设的销售机构等发生的固定资产修理费用等后续支出计入管理费用或销售费用；企业固定资产更新改造支出不满足资本化条件的，在发生时直接计入当期损益。

【小贴士】本重难点主要考核固定资产后续支出的会计处理，也就是资本化和费用化的问题，具体看是否满足固定资产的确认条件，满足的资本化，不满足的费用化。

企业对固定资产进行定期检查发生的大修理费用，符合资本化条件的，可以计入固定资产成本或其他相关资产的成本，不符合资本化条件的，应当费用化，计入当期损益。固定资产在定期大修理间隔期间，照提折旧；

固定资产账面价值 = 固定资产原值 − 累计折旧 − 固定资产减值准备。

【经典真题】

【多选题 · 2019】下列各项关于固定资产会计处理的表述中，正确的有（　　）。

A. 为保持固定资产使用状态而发生的日常修理支出予以资本化计入固定资产成本

B. 达到预定可使用状态但尚未办理竣工决算的固定资产以暂估价值为基础计提折旧

C. 为提升性能进行更新改造的固定资产停止计提折旧

D. 已签订不可撤销合同，拟按低于账面价值的价格出售的固定资产，停止计提折旧并按账面价值结转固定资产清理

【答案】BC

【解析】选项 A，应予以费用化，不计入固定资产成本；选项 B，达到预定可使用状态但尚未办理竣工决算的固定资产以暂估价值为基础计提折旧，正确，选项 C，更新改造的固定资产停止折旧，正确。选项 D 符合持有待售的条件，应停止计提折旧并按账面价值转入持有待售资产，错误。

【经典模拟题】

【单选题】甲公司一条生产线于 2×18 年 5 月 6 日投入改扩建，该生产线原值 200 000 元，累计计提折旧 80 000 元，没有计提减值准备。设备改扩建过程中领用工程物资 79 100 元，其中价款 70 000 元，应交增值税 9 100 元，领用库存材料一批，实际成本 6 000 元，增值税 780 元，领用库存产成品若干件，实际成本 8 100 元；辅助生产部门为工程提供水、电等劳务支出共计 5 000 元；工程应负担直接人工费 10 260 元。2×18 年 10 月 6 日扩建结束，则该生产线的入账价值为（　　）元。

A. 309 240　　B. 229 240　　C. 219 360　　D. 228 460

【答案】C

【解析】本题中改扩建过程中发生的后续支出属于资本化的后续支出，要计入生产线的成本。固定资产投入改扩建后，相当于新的固定资产的形成，所以要把原固定资产的账面价值转入到在建工程中，在此基础上归集改扩建过程中发生的支出，最后形成改扩建后固定资产的入账价值。

改扩建中最终计入固定资产成本的金额中只包括领用物资的成本，不包括增值税。生产线的入账价值 =（200 000 − 80 000）+ 70 000 + 6 000 + 8 100 + 5 000 + 10 260 = 219 360（元）

答案 C 正确。

重难点 4：固定资产处置★

（一）固定资产终止确认条件

固定资产满足下列条件之一的，应当予以终止确认：

1. 该固定资产处于处置状态

2. 该固定资产预期通过使用或处置不能产生经济利益

（二）固定资产处置的账务处理

固定资产处置：是指由于各种原因使企业固定资产需退出生产经营过程所做的处理活动。如出售、报废、毁损等。

（三）使用账户

企业出售、转让固定资产划归为持有待售类别的，按照持有待售非流动资产、处置组的相关章内容进行会计处理；未划归为持有待售类别而出售、转让的，通过“固定资产清理”

科目核算。

核算内容：核算企业因出售、报废、毁损、对外投资、非货币性资产交换、债务重组等原因转出的固定资产价值以及在清理过程中发生的费用。

账务处理步骤：

固定资产处置的第一步是转清理，把固定资产账面价值转入“固定资产清理”科目的借方，同时注销和固定资产有关账户的余额，如固定资产科目、累计折旧科目、固定资产减值准备科目。

固定资产清理过程中的收入，残料等收益计入“固定资产清理”科目的贷方，固定资产清理过程中的支出计入“固定资产清理”科目的借方。清理过程结束，“固定资产清理”科目不留余额。

具体的账务处理如下：

1. 固定资产转入清理

借：固定资产清理（账面价值）

　　累计折旧

　　固定资产减值准备（已提数）

　　贷：固定资产

2. 发生清理费用

借：固定资产清理

　　贷：银行存款等

3. 出售收入和残料等的处理

借：银行存款（原材料）

　　贷：固定资产清理

　　　　应交税费——应交增值税（销项税额）

4. 保险赔偿的处理

借：其他应收款（银行存款）

　　贷：固定资产清理

5. 结转出售固定资产净收益或损失

收益：借：固定资产清理

　　　　贷：资产处置损益（或营业外支出，报废或自然灾害）

损失：借：资产处置损益（或营业外支出，报废或自然灾害）

　　　　贷：固定资产清理

【小贴士】属于正常出售、转让所得产生的利得或损失，借记或贷记“资产处置损益”科目，贷记或借记“固定资产清理”科目。属于已丧失用功能正常报废所产生的利得或损失，借记或贷记“营业外支出”科目，贷记或借记“固定资产清理”科目。属于自然灾害等非常原因造成的损失，借记或贷记“营业外支出”科目，贷记或借记“固定资产清理”科目。

【经典真题】

【综合题·2019】

乙公司是一家建筑施工企业，甲公司持有其80%股权。20×6年2月10日，甲公司与乙公司签订一项总金额为55 000万元的固定造价合同，将A办公楼工程出包给乙公司建造，该合同不可撤销。A办公楼于20×6年3月1日开工，预计20×7年12月完工。乙公司预计建造A办公楼的总成本为45 000万元。甲公司和乙公司一致同意按照乙公司累计实际发生的成本占预计总成本的比例确定履约进度。

20×6年度，乙公司为建造A办公楼实际发生成本30 000万元；乙公司与甲公司结算合同价款25 000万元，实际收到价款20 000万元。由于材料价格上涨等因素，乙公司预计为完成工程尚需发生成本20 000万元。

20×7年度，乙公司为建造A办公楼实际发生成本21 000万元；乙公司与甲公司结算合同价款30 000万元，实际收到价款35 000万元。

20×7年12月10日，A办公楼全部完工，达到预定可使用状态。20×8年2月3日，甲公司将A办公楼正式投入使用。甲公司预计A办公楼使用50年，预计净残值为零，采用年限平均法计提折旧。

20×9年6月30日，甲公司以70 000万元的价格（不含土地使用权）向无关联关系的第三方出售A办公楼，款项已收到。

要求：计算甲公司因出售A办公楼应确认的损益，并编制相关会计分录。

【答案】

出售A办公楼应确认的损益=70 000－(55 000－1 100－550)=16 650（万元）

借：固定资产清理	53 350	
累计折旧	1 650	
贷：固定资产		55 000
借：银行存款	70 000	
贷：固定资产清理		70 000
借：固定资产清理	16 650	
贷：资产处置损益		16 650

【解析】办公楼的原始价值为55 000万元，出售时，折旧一年半，使用年限为50年，净残值为零，直线法提折旧，20×8年折旧额=55 000÷50=1 100（万元），20×9年上半年折旧额=550万元。所以处置损益为70 000－(55 000－1 100－550)=16 650（万元）

【经典模拟题】

【单选题】甲公司销售一台旧设备，原值为200万元，计提折旧150万元，计提固定资产减值准备20万元，发生清理费用0.5万元，销售价款为28万元，不考虑处置过程中的其他税费，该设备处置损益为（　　）。

A. 处置损失2.5万元　　B. 处置收益2.5万元

C. 处置损失2万元　　D. 处置损失22.5万元

【答案】A

【解析】处置损益 =28 -（200 -150 -20）-0.5 = -2.5（万元）。

四、进阶练习

（一）单选题

1. 2×17 年 10 月 20 日，甲公司购入一条需要安装的生产线，取得的增值税专用发票上注明的金额为 2 000 万元，增值税税额为 260 万元，生产线运送过程中，发生运杂费 3 万元，包装费 2 万元，款项均以银行存款支付，无其他相关税费。2×17 年 11 月 1 日，甲公司以自营方式安装该生产线，安装期间领用本公司原材料 300 万元，增值税 39 万元，公允价值 400 万元（不含增值税）；领用外购材料 5 万元，该批材料购入时的进项税额为 0.65 万元；专业人员服务费 100 万元；2×17 年 12 月 1 日，该设备达到预定可使用状态，其入账价值为（　　）万元。

A. 2 410　　B. 2 310　　C. 2 408　　D. 2 410.65

2. M 公司为增值税一般纳税人，2×19 年 1 月 1 日开始自行建造一条生产线。由于该生产线符合国家部门政策，因此政府给予其 200 万元的建造补贴款；为建造该项生产线占用一笔专门借款，该借款为 2×18 年 1 月 1 日借入，本金为 1 000 万元，年利率为 5%，期限为 5 年；2×19 年 1 月 1 日为建造该项生产线发生支出 800 万元，其中占用政府补助 100 万元，占用专门借款 700 万元。假定 2×19 年没有发生其他支出，该生产线预计 2×20 年 10 月 31 日完工，不考虑专门借款闲置资金的收益等因素。M 公司采用总额法核算其政府补贴款。2×19 年年末 M 公司“在建工程”项目余额为（　　）万元。

A. 800　　B. 850　　C. 835　　D. 1 000

3. 甲公司对生产设备进行改良，该设备账面原值 1 500 万元，采用年限平均法计提折旧，预计使用年限为 10 年，预计无净残值，在第五个折旧年度对其进行改良，发生如下支出：（1）购买新的发动装置 200 万元；（2）发生职工薪酬 350 万元；（3）发生专门借款利息 80 万元；（4）领用本企业原材料 100 万元。拆除原发动装置的账面原值是 500 万元，拆除后残料收入 5 万元，不考虑增值税等因素，新设备的入账价值是（　　）万元。

A. 1 230　　B. 1 225　　C. 1 025　　D. 950

4. 下列有关固定资产处理的表述中，正确的有（　　）。

A. 固定资产盘亏产生的损失计入当期损益

B. 企业使用提取的安全生产费构建的固定资产，使用过程中按估计的使用寿命，采用一定的方法计提折旧

C. 处于季节性维修中的固定资产，在维修期间应暂停计提折旧

D. 暂估入账的固定资产，待办理了竣工决算手续后再调整原来的暂估价值和折旧

5. 下列各项会计处理中，表述错误的是（　　）。

A. 固定资产因已丧失使用功能而报废清理产生的利得或损失，应计入资产处置损益

B. 对于以公允价值进行后续计量的金融负债，其公允价值变动形成的利得或损失，应计入当期损益

C. 高危行业企业按照国家规定提取的安全生产费时计入生产成本或当期损益

D. 生产车间固定资产发生的日常修理费，应计入制造费用

6. 甲企业的某项固定资产原价为2 000万元，采用年限平均法计提折旧，预计使用寿命为10年，预计净残值为0。在第4个折旧年度末，甲企业对该项固定资产的某一主要部件进行更换，发生支出合计1 000万元，符合准则规定的固定资产确认条件，被更换部件的账面原价为800万元，出售取得变价收入1万元。下列关于该固定资产的说法中正确的是（　　）。

A. 该固定资产在更换部件过程中发生支出1 000万元属于费用化支出

B. 该固定资产在更换部件过程中应直接通过“固定资产”科目调整其价值

C. 该固定资产更新改造后的入账价值为1 401万元

D. 该固定资产更新改造后的入账价值为1 720万元

7. 甲公司管理层于2×19年11月制定了一项关闭A产品生产线的业务重组计划。为了实施上述业务重组计划，甲公司预计将发生以下支出或损失：因辞退员工将支付补偿款700万元；因撤销厂房租赁合同将支付违约金50万元；因将用于A产品生产的固定资产等转移至仓库将发生运输费5万元；因推广新款B产品将发生广告费用300万元；因对留用员工进行培训将发生支出2万元；因处置用于A产品生产的固定资产将发生减值损失150万元。至2×19年12月31日，上述业务重组计划尚未实施，员工补偿及相关支出尚未支付。甲公司因该事项影响损益的金额为（　　）万元。

A. －900　　B. －1 200　　C. －1 205　　D. －905

8. 下列关于固定资产的表述中，正确的是（　　）。

A. 不需用的房屋建筑物不需要计提折旧

B. 由于重大人为过失或舞弊原因而造成固定资产使用寿命、预计净残值或折旧方法错误的，经复核后进行的变更处理叫作会计估计变更

C. 企业应根据与固定资产有关的经济利益的预期消耗方式来选择固定资产折旧方法

D. 以公允价值模式进行后续计量的已出租厂房也要计提折旧

（二）多选题

1. 甲公司为增值税一般纳税人。2×17年1月1日通过增发本公司股票募集9 000万元进行生产线建设。生产线建设期间发生了如下费用或支出：（1）生产线建设工程于2×17年1月1日开始施工，至2×17年6月30日，募集资金已全部投入；（2）为弥补资金缺口，甲公司于7月1日，借入一笔一般借款1 000万元（全部用于该设备的更新改造），年利率6%；（3）发生人工费用300万元；（4）领用本公司原材料一批，成本为100万元，购入时的增值税为进项税13万元；该批材料公允价值120万元；（5）外购工程物资200万元（全部用于该生产线），增值税26万元；生产线建设期间，领用的外购工程物资因管理不善盘亏10万元，相关过失人员赔付2万元。该生产线于2×17年12月31日达到预定可使用状态，不考虑其他因素，下列说法中正确的是（　　）。

A. 使用募集资金支出9 000万元应当资本化计入所建造生产线成本

B. 将一般借款发生的所有利息计入所建造生产线成本

C. 将生产线建设期间盘亏的工程物资净损失计入生产线成本

D. 该生产线的入账价值为 9 628 万元

2. 下列有关折旧的表述中，正确的有（　　）。

A. 更新改造过程中的房屋建筑物停止计提折旧

B. 固定资产在定期大修理间隔期间，照提折旧

C. 因产品市场不景气尚未投入使用的外购机器设备不需要计提折旧

D. 已经完工投入使用但尚未办理竣工决算的自建厂房不计提折旧

3. 下列各项关于固定资产会计处理的表述中，正确的有（　　）。

A. 为保持固定资产使用状态而发生的日常修理支出予以资本化计入固定资产成本

B. 达到预定可使用状态但尚未办理竣工决算的固定资产以暂估价值为基础计提折旧

C. 为提升性能进行更新改造的固定资产停止计提折旧

D. 已签订不可撤销合同，拟按低于账面价值的价格出售的固定资产，停止计提折旧并按账面价值结转固定资产清理

4. 关于固定资产的初始计量，下列说法中错误的有（　　）。

A. 盘盈的固定资产，发现时计入营业外收入

B. 生产线建造过程中发生的联合试车费用计入生产线初始入账价值

C. 具有融资性质分期付款购入的固定资产按现值金额计入固定资产成本

D. 因弃置费用确认的预计负债，后续按照实际利率和预计负债的摊余成本确认利息，确认的利息依据资产的性质不同，可能记入“财务费用”科目，也可能记入“管理费用”科目

5. 下列项目中可能影响企业当期损益的有（　　）。

A. 具有融资性质的分期付款购入的固定资产未确认融资费用的摊销

B. 可转换公司债券转换股份前负债成分计提的利息费用

C. 企业作为债务人进行债务重组获得的重组收益

D. 符合资本化条件的固定资产改良支出

6. 关于固定资产，下列各项表述错误的有（　　）。

A. 工程物资在建设期间由于非自然原因导致的盘亏、报废损毁的损失，应计入营业外支出

B. 高危行业使用提取的安全费用，形成固定资产的，应在固定资产的使用年限内计提折旧并计入专项储备账户

C. 固定资产的清查中盘亏的净损失，应计入营业外支出

D. 采用成本模式进行后续计量的投资性房地产转换为固定资产时，按投资性房地产的账面价值转入“固定资产”账户

7. 下列关于固定资产的说法中，正确的是（　　）。

A. 固定资产账户反映的是固定资产的历史成本

B. 年数总和法计算固定资产折旧时应该考虑净残值

C. 企业生产车间发生的固定资产日常修理费用应计入管理费用

D. 固定资产达到预定可使用状态前进行负荷联合试车发生的费用予以资本化

8. 下列关于固定资产折旧会计处理的表述中，正确的有（　　）。

A. 已划分为持有待售的固定资产不需要计提折旧

B. 已达到预定可使用状态但尚未办理竣工决算的固定资产应当按暂估价值计提折旧

C. 自用固定资产转为成本模式后续计量的投资性房地产后仍应当计提折旧

D. 处于季节性修理过程中的固定资产在修理期间应当停止计提折旧

9. 下列关于固定资产的会计处理中，不正确的有（　　）。

A. 企业工程建设期间工程物资盘亏报废的损毁，应计入营业外支出

B. 固定资产大修理费用一定予以费用化

C. 双倍余额递减法计提固定资产折旧时不需要考虑净残值

D. 存在弃置义务的固定资产，应将弃置费用直接计入固定资产成本中

10. 下列关于固定资产折旧的表述中，错误的是（　　）。

A. 固定资产在定期大修理间隔期间照提折旧

B. 以固定资产单独计价而入账的土地也需要计提折旧

C. 已达到预定可使用状态但尚未办理竣工结算的固定资产按照暂估价值入账，后期得出决算价值后调整固定资产的入账金额的同时也要调整已经计提的折旧

D. 政府会计准则和企业会计准则中固定资产的折旧原则有所不同

11. 下列关于固定资产处置的表述中，正确的有（　　）。

A. 固定资产出售、转让未划归为持有待售类别的，通过“固定资产清理”科目核算

B. 固定资产正常出售、转让所产生的利得或损失，记入“资产处置损益”科目

C. 固定资产属于已丧失使用功能正常报废产生的利得和损失记入“营业外支出”科目

D. 固定资产属于自然灾害等非正常原因造成的损失记入“营业外支出”科目

五、进阶练习答案

（一）单选题

1. **【答案】**A

【解析】生产线的入账价值 =2 000 +3 +2 +300 +5 +100 =2 410（万元）。

2. **【答案】**B

【解析】取得的政府补助属于与资产相关的政府补助，在取得时应记入“递延收益”科目，实际占用的部分计入在建工程成本；专门借款占用的本金应计入在建工程，专门借款2019 年全年的利息费用均应资本化，不能仅考虑被占用部分的利息费用；因此 2019 年年末 M 公司“在建工程”科目余额 =100 +700 +1 000 ×5% =850（万元），选项 B 正确。

3. **【答案】**A

【解析】被替换部分的账面价值 =500 -500 ×5/10 =250（万元），新设备的入账价值 =1 500 -1 500 ×5/10 +200 +350 +80 +100 -250 =1 230（万元），被替换部分无论是否有残料收入都不影响新设备的入账价值。选项 A 正确。

4. **【答案】**A

【解析】选项 A 盘亏产生的净损失通过营业外支出计入当期损益。选项 B 企业使用提取的安全生产费构建的固定资产折旧一次性计入专项储备，不需按使用年限计提折旧。选项 C

处于季节性维修中的固定资产在维修期间也应计提折旧。选项D暂估入账的固定资产，待办理了竣工决算手续后再调整原来的暂估价值，但是折旧不能调。

5.【答案】A

【解析】选项A，因已丧失使用功能而报废清理产生的利得或损失，应计入营业外支出。

6.【答案】D

【解析】选项A，与固定资产有关的更新改造等后续支出，符合固定资产确认条件的，应当计入固定资产成本；选项B，固定资产发生的可资本化的后续支出，通过“在建工程”科目核算，在后续支出完工并达到预定可使用状态时，再从在建工程转为固定资产；选项C、D，固定资产进行更新改造后的入账价值＝改造前账面价值＋发生的资本化后续支出－被更换部件账面价值＝(2 000－2 000÷10×4)＋1 000－(800－800÷10×4)＝1 720（万元）。

7.【答案】A

【解析】与重组义务相关的直接支出包括：自愿遣散、强制遣散（如果自愿遣散目标未满足）；不再使用的厂房的租赁撤销费。而对于自愿遣散、强制遣散的情况，虽然属于与预计负债相关的直接支出，但是因与职工相关，所以该部分进行账务处理时应该在应付职工薪酬中进行核算。虽然对固定资产进行减值测试不属于与重组义务相关的直接支出，但是应该按照资产减值准则的规定对固定资产计提减值。2×19年12月31日，甲公司由于该重组事项影响损益的金额＝－(700＋50＋150)＝－900（万元）。

8.【答案】C

【解析】本题选项A，不需用的房屋建筑物，其计提的折旧应计入管理费用；选项B，固定资产使用寿命、预计净残值和折旧方法的改变应当作为会计估计变更，但是由于重大人为过失或舞弊原因而改变应叫作差错更正；选项D，以公允价值模式进行后续计量的已出租厂房属于投资性房地产，需要反映其公允价值发生的变动，不需要计提折旧。

（二）多选题

1.【答案】AC

【解析】选项A，正确，因建设生产线所募集的9 000万元属于筹建资产支出，应计入生产线的成本；选项B，错误，为建造生产线支出的一般借款，其在2×17年7月1日至2×17年12月31日资本化期间所产生的利息，应计入生产线成本，资本化利息＝1 000×6%×1/2＝30（万元），建设期外的利息费用应计入费用，不再资本化。因此该选项表述不准确，应说明“本年度”或者“建设期内”的一般借款利息计入所建造生产线成本；选项C，正确，盘亏、报废、毁损的工程物资，减去残料价值以及保险公司、过失人等的赔款后的差额，在生产线建设期间应计入相关资产成本；选项D，错误，因建造生产线借入的1 000万元一般借款，应当资本化计入所建造生产线的成本。生产线的入账价值＝9 000＋1 000＋30＋300＋100＋200－10＋(10－2)＝10 628（万元）。

2.【答案】AB

【解析】选项C，因产品市场不景气尚未投入使用的外购机器设备要计提折旧；选项D，已经完工投入使用但尚未办理竣工决算的自建厂房要计提折旧。

3.【答案】BC

【解析】选项A，应予以费用化，不计入固定资产成本；选项D，符合持有待售的条件，应停止计提折旧并按账面价值转入持有待售资产。

4.【答案】AD

【解析】选项A，错误。盘盈的固定资产，作为前期差错处理，在按管理权限报经批准处理前，应先通过“以前年度损益调整”科目核算；选项D，错误。预计负债的摊余成本和实际利率计算确定的利息费用应当在发生时计入财务费用。

5.【答案】ABC

【解析】选项D，符合资本化条件的固定资产改良支出，应计入固定资产成本，不影响当期损益。

6.【答案】ABD

【解析】选项A，工程物资在建设期间由于非自然原因导致的盘亏、报废损毁的损失，应计入工程成本；选项B，高危行业使用提取的安全费用，形成固定资产的，一次全额计提折旧，计入专项储备科目。选项D，采用成本模式进行后续计量的投资性房地产转换为固定资产时，按投资性房地产的原值转入“固定资产”科目。

7.【答案】ABD

【解析】选项A，固定资产账户按固定资产取得时的历史成本计量；选项B，年数总和法计算固定资产折旧时应考虑净残值；选项C，企业生产车间发生的固定资产日常修理费用应计入制造费用；选项D，固定资产达到预定可使用状态前进行负荷联合试车发生的费用予以资本化，计入固定资产成本。

8.【答案】ABC

【解析】选项D，处于季节性修理过程中的固定资产在修理期间应该继续计提折旧。

9.【答案】ABD

【解析】选项A，企业工程建设期间工程物资盘亏报废的损毁应记入“在建工程”科目；选项B，固定资产大修理费用符合固定资产确认条件的时候应该资产化；选项D，存在弃置义务的固定资产，应将弃置费用现值计入固定资产成本中。

10.【答案】BC

【解析】选项A，固定资产在定期大修理间隔期间，应该计提折旧；选项B，以固定资产单独计价入账的土地是特殊情况，不需要计提折旧；选项C，已达到预定可使用状态但尚未办理竣工结算的固定资产按照暂估价值入账，后期得出决算价值后要调整固定资产的入账金额，但是不需要调整已经计提的折旧；选项D企业会计准则中固定资产当月增加，下月计提折旧，当月减少，当月照提折旧，而政府会计准则中，固定资产当月增加，当月计提折旧，当月减少，当月停止计提折旧。

11.【答案】ABCD

【解析】ABCD四个选项对于固定资产处置的表述全部正确。

第五章　无形资产

一、2020 年新教材内容主要变化

无形资产的初始计量由原来的七点改为六点，原来的第三点通过非货币性资产交换取得的无形资产成本和第四点通过债务重组取得的无形资产成本合并为一点，即企业通过非货币性资产交换、债务重组等方式取得的无形资产的成本。

二、本章近五年考情统计分析

本章考题通常会结合投资性房地产、企业合并及其他章节以单选题或多选题形式出现，个别年份，综合题中会涉及少量本章内容。本章属于比较重要的考试章节之一，最近五年平均考试分值 2 分。

（一）近五年考试分值分布

题型	2015 年	2016 年	2017 年	2018 年	2019 年
单选题	2	2	—	2	—
多选题	—	—	—	—	2
计算题	—	—	—	—	—
综合题	—	—	2	—	—
合计	2	2	2	2	2

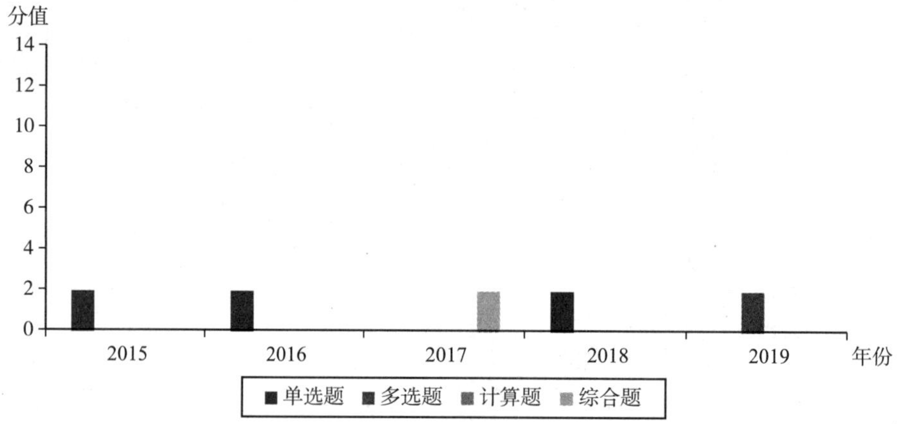

（二）近五年考试考点分布

高频考点内容	年度及题型分布	分值
无形资产初始计量	2019 年多选题、2018 年单选题、2016 年单选题；2015 年单选题	4
内部研究开发支出的确认和计量	2019 年多选题、2017 年综合题；2015 年单选题	3
无形资产后续计量	2019 年多选题、2016 年单选题、2015 年单选题	3

三、重难点解析

本章主要内容包括：无形资产的确认条件、不同取得方式下无形资产初始入账金额的确定；内部研发无形资产的确认和计量；无形资产后续摊销、减值；无形资产出售、出租及报废的会计处理。

重难点1：无形资产初始计量★★★

（一）外购的无形资产成本

外购的无形资产，其成本包括：购买价款、相关税费以及直接归属于使该项资产达到预定用途所发生的其他支出。其中，直接归属于使该项资产达到预定用途所发生的其他支出包括使无形资产达到预定用途所发生的专业服务费用、测试无形资产是否能够正常发挥作用的费用等。

注意：下列各项不包括在无形资产初始成本中：

1. 为引入新产品进行宣传发生的广告费、管理费用及其他间接费用
2. 无形资产已经达到预定用途以后发生的费用

购买无形资产的价款超过正常信用条件延期支付，实质上具有融资性质的，无形资产的成本应以购买价款的现值为基础确定。实际支付的价款与购买价款的现值之间的差额，除按照本书“借款费用”的有关规定应予资本化的以外，应当在信用期间内采用实际利率法进行摊销，计入当期损益。

（二）投资者投入的无形资产成本

投资者投入无形资产的成本，应当按照投资合同或协议约定的价值确定，但合同或协议约定价值不公允的，应按无形资产的公允价值作为无形资产初始成本入账。

（三）通过非货币性资产交换、债务重组、政府补助取得的无形资产的成本，应当分别按照本书“非货币性资产交换”“债务重组”“政府补助”章节的有关规定确定

（四）土地使用权的处理

企业取得的土地使用权通常应确认为无形资产。土地使用权用于自行开发建造厂房等地上建筑物时，土地使用权与地上建筑物分别进行摊销和提取折旧。

但下列情况除外：

1. 房地产开发企业取得的土地使用权用于建造对外出售的房屋建筑物，相关的土地使用权应当计入所建造的房屋建筑物成本。

2. 企业外购房屋建筑物所支付的价款应当按照合理的方法在地上建筑物与土地使用权之间进行分配；难以合理分配的，应当全部作为固定资产处理。

企业改变土地使用权的用途，停止自用土地使用权用于赚取租金或资本增值时，应将其账面价值转为投资性房地产。

（五）企业合并取得无形资产成本

企业合并取得的无形资产，按照企业合并的分类，分别处理：

1. 同一控制下吸收合并，按照被合并企业无形资产的账面价值确认为取得时的初始成

本；同一控制下控股合并，合并方在合并日编制合并报表时，当按照被合并方无形资产的账面价值作为合并基础。

2. 非同一控制下的企业合并中，购买方取得的无形资产应以其在购买日的公允价计量，包括：

（1）被购买企业原已确认的无形资产。

（2）被购买企业原未确认的无形资产，但其公允价值能够可靠计量，购买方就应在购买日将其独立于商誉确认为一项无形资产。例如，被购买方正在进行中的一个研究开发项目，符合无形资产的定义且其公允价值能够可靠计量，则购买方应将其独立于商誉确认为一项无形资产。

【小贴士】本重难点主要考核无形资产初始入账价值的确定。考生应当掌握不同的取得方式下，无形资产的初始入账价值的构成是不同的，需要掌握不同的取得方式下，无形资产初始入账价值的计算。

购买无形资产的价款超过正常信用条件延期支付，实质上具有融资性质的，无形资产的成本以购买价款的现值为基础确定。为引入新产品进行宣传发生的广告费、管理费用及其他间接费用以及无形资产已经达到预定用途以后发生的费用，不计入无形资产的成本中。

坚持楼是楼，地是地的区分原则，企业应将外购房屋建筑物所支付的价款，合理分配于固定资产和无形资产，无法合理区分的，全部计入固定资产。

房地产开发企业取得的土地使用权用于建造对外出售的房屋建筑物，这时的土地使用权相当于一般工商企业的原材料，应将其计入房屋建筑物的成本。

非同一控制下的企业合并中，购买方取得的无形资产包括被购买方原已确认的无形资产和被购买方原未确认的无形资产，前提条件是其公允价值能够可靠计量。

【经典真题】

【单选题·2016】长江公司为一家多元化经营的综合性集团公司，不考虑其他因素，其纳入合并范围的下列子公司对所持有土地使用权的会计处理中，不符合会计准则规定的是（　　）。

A. 子公司甲为房地产开发企业，将土地使用权取得成本计入所建造商品房成本

B. 子公司乙将取得的用于建造厂房的土地使用权在建造期间的摊销计入当期管理费用

C. 子公司丙将持有的土地使用权对外出租，租赁开始日停止摊销并转为采用公允价值进行后续计量

D. 子公司丁将用作办公用房的外购房屋价款按照房屋建筑物和土地使用权的相对公允价值分别确认为固定资产和无形资产，采用不同的年限计提折旧或摊销

【答案】B

【解析】选项A，房地产开发企业，将土地使用权取得成本计入所建造商品房成本是正确的；选项B，建造厂房的土地使用权作为无形资产入账，但是摊销时应该计入制造费用而不是管理费用，所以选项B错误；选项C，土地使用权对外出租，转变为投资性房地产，采用公允模式后续计量，不需要进行摊销，选项C是正确的；选项D，外购房屋价款在楼与地之间进行分配，分别确认为固定资产和无形资产是正确的，选项D是正确的。

【经典模拟题】

【多选题】下列关于无形资产的会计处理中正确的有（　　）。

A. 为引入新产品进行宣传发生的广告费、管理费用不计入无形资产的成本

B. 丙公司将持有的土地使用权对外出租，租赁开始日继续摊销并转为采用成本模式行后续计量

C. 购买无形资产的价款超过正常信用条件延期支付，实质上具有融资性质的，无形资产的成本以购买价款的现值为基础确定

D. 企业应将外购房屋建筑物所支付的价款，合理分配于固定资产和无形资产，无法合理区分的，全部计入无形资产

【答案】ABC

【解析】本题选项 A，为引入新产品进行宣传发生的广告费、管理费用不计入无形资产的成本，正确；选项 B，无形资产转换为成本模式后续计量的投资性房地产应该继续摊销，选项 B 正确；选项 C，购买无形资产的价款超过正常信用条件延期支付，实质上具有融资性质的，无形资产的成本以购买价款的现值为基础确定，正确；选项 D，无法合理区分的应全部计入固定资产，所以选项 D 错误。

重难点 2：内部研究开发支出的确认和计量★★

对于企业自行进行的研究开发项目，应当区分研究阶段和开发阶段两个部分分别进行核算。研究阶段的支出，不能资本化，在发生时全部计入当期损益。开发阶段的支出，应该满足一定的条件才能予以资本化，计入无形资产的价值。

【小贴士】(1) 如果确实无法区分研究阶段和开发阶段的支出，应当在发生时费用化计入管理费用。

(2) 内部开发无形资产的成本仅包括在满足资本化条件的时点至无形资产达到预定用途前发生的支出总额，满足资本化条件以前，达到预定用途后发生的支出不计入无形资产的成本。

(3) 无形资产达到预定用途前发生的可辨认的无效和初始运作损失、为运行该无形资产发生的培训支出等，不构成无形资产的开发成本。

(4) 资产负债表日，即便无形资产研发没有结束，“研发支出——费用化支出”明细账的余额也转入管理费用账户，“研发支出——资本化支出”余额计入资产负债表中的“开发支出”项目。

【经典真题】

【多选题·2019】下列各项关于无形资产会计处理的表述中，错误的有（　　）。

A. 外包无形资产开发活动在实际支付价款时确认无形资产

B. 无法区分研究阶段和开发阶段的支出，全部费用化计入当期损益

C. 使用寿命不确定的无形资产只在存在减值迹象时进行减值测试

D. 在无形资产达到预定用途前为宣传新技术发生的费用，计入无形资产成本

【答案】ACD

【解析】选项 A，外包无形资产开发活动应该在满足资本化时点时确认无形资产，选项 A 表述错误；选项 B，无法区分研究阶段和开发阶段的支出，全部费用化计入当期损益是对的，选项 B 表述正确；选项 C，使用寿命不确定的无形资产每年年末都要进行减值测试，不是只在存在减值迹象时才进行测试，所以选项 C 表述错误；选项 D，在无形资产达到预定用途前为宣传新技术发生的费用不计入无形资产的成本，选项 D 表述错误。

【经典模拟题】

【单选题】2×13 年 6 月，长江公司研发部门准备研究开发一项专利技术。在研究阶段，企业为了研究成果的应用研究、评价，以银行存款支付了相关费用 500 万元。2×13 年 8 月，上述专利技术经研究具有可开发性，转入开发阶段。开发过程中，直接发生的研发人员工资、材料费以及相关设备折旧费分别为 700 万元、1 100 万元和 300 万元。以上开发支出均满足无形资产的确认条件。2×13 年 10 月，企业用银行存款 100 万元支付专利技术用于产品生产的宣传费用，上述专利技术的研究开发项目达到预定用途。长江公司预计该专利技术的预计使用年限为 10 年，预计净残值为零，采用直线法按年摊销。2×13 年该专利技术的摊销额为（　　）万元。

A. 52.5　　B. 55

C. 67.5　　D. 70

【答案】A

【解析】本题中，自行研发的专利技术的入账价值包括开发阶段中发生的符合无形资产确认条件的金额，2×13 年 10 月支付的引入专利技术的宣传费 100 万元不能计入专利技术的成本。专利技术的入账价值 =700 +1 100 +300 =2 100（万元）。2×13 年摊销额 =2 100 ÷10 ÷12 ×3 =52.5（万元），选项 A 正确。

重难点 3：无形资产后续计量★★

无形资产初始确认和计量后，在其后使用该项无形资产期间内应以成本减去累计摊销额和累计减值损失后的余额计量。需要强调的是，确定无形资产在使用过程中的累计摊销额，基础是估计其使用寿命，只有使用寿命有限的无形资产才需要在估计的使用寿命内采用系统合理的方法进行摊销，对于使用寿命不确定的无形资产，每年进行减值测试。

（1）企业至少应当于每年年度终了，对使用寿命有限的无形资产的使用寿命及摊销方法进行复核。如果有证据表明无形资产的使用寿命及摊销方法与以前估计不同的，应当改变其摊销期限和摊销方法，并按照会计估计变更进行处理。

（2）企业应当在每个会计期间对使用寿命不确定的无形资产的使用寿命进行复核。如果有证据表明无形资产的使用寿命是有限的，视为会计估计变更，应当估计其使用寿命，并按使用寿命有限的无形资产的处理原则进行处理。

【小贴士】本重难点主要考核使用寿命有限的无形资产的摊销及使用寿命无限的无形资产的减值测试。

当月增加的无形资产，当月开始摊销；当月减少的无形资产，当月不再摊销。无形资产减值以后，需要重新核定无形资产的使用寿命和摊销方法，并按新的寿命和摊销方法继续摊销。无形资产的摊销金额一般应当计入当期损益（管理费用、其他业务成本等）。但如果某项无形资产包含的经济利益是通过转入到所生产的产品或其他资产实现的，其摊销金额应当计入制造费用。

【经典真题】

【单选题·2015】下列各项关于无形资产会计处理的表述中，正确的是（　　）。

A. 自行研究开发的无形资产在尚未达到预定用途前无须考虑减值

B. 使用寿命不确定的无形资产在持有过程中不应摊销也不考虑减值

C. 同一控制下企业合并中，合并方应确认被合并方在该项交易前未确认的无形资产

D. 非同一控制下企业合并中，购买方应确认被购买方在该项交易前未确认但可单独辨认且公允价值能够可靠计量的无形资产

【答案】D

【解析】选项A，自行研究开发的无形资产在尚未达到预定用途前也需要考虑减值，所以选项A表述不正确；选项B，使用寿命不确定的无形资产在持有过程中不需要摊销但是每年年末要进行减值测试，所以选项B的表述不正确；选项C，同一控制下企业合并中，合并方只确认被合并方在该项交易前已经确认的无形资产，不确认被合并方在该项交易前未确认的无形资产，所以选项C的表述不正确；选项D，非同一控制下企业合并中，购买方应确认被购买方在该项交易前未确认但可单独辨认且公允价值能够可靠计量的无形资产，表述正确。

【经典模拟题】

【单选题】2×16年7月，甲公司购入一项商标权，入账价值1 000万元，预计使用年限8年，法律有效年限为10年，按直线法摊销，无残值。2×17年12月31日因存在减值迹象，甲公司对该商标权进行减值测试，其公允价值减去处置费用后的净额为500万元，预计未来现金流量的现值为600万元。计提减值后，该商标权原预计使用年限、净残值及摊销方法不变，则2×18年该商标权的摊销金额为（　　）万元。

A. 70.59　　　　B. 125

C. 92.31　　　　D. 62.5

【答案】C

【解析】本题中的无形资产应该按照预计使用年限8年摊销。2×16年7月开始摊销，至2×17年12月已摊销金额=1 000÷8÷12×18=187.50（万元）。

2×17年年末无形资产的账面价值=1 000－187.5=812.5（万元）。

可收回金额=600万元，所以无形资产减值，减值后无形资产的账面价值为可收回金额，即600万元。

计提减值后，无形资产预计使用寿命为6.5年。2×18年摊销额=600÷6.5=92.31（万元），选项C正确。

四、进阶练习

（一）单选题

1. 下列各项关于无形资产会计处理的表述中，正确的是（　　）。

A. 自行研究开发的无形资产在尚未达到预定用途前无须考虑减值

B. 使用寿命不确定的无形资产在持有过程中不应摊销也不考虑减值

C. 同一控制下企业合并中，合并方应确认被合并方在该项交易前未确认的无形资产

D. 非同一控制下企业合并中，购买方应确认被购买方在该项交易前未确认但可单独辨认且公允价值能够可靠计量的无形资产

2. 甲上市公司2×18年1月8日，从乙公司购买一项商标权，经与乙公司协议采用分期付款方式支付款项。合同规定，该项商标权总计4 000 000元，每年末付款2 000 000元，两年付清。假定银行同期贷款利率为6%。已知：（P/A，6%，2）=1.8334。2×18年12月31日摊销的“未确认融资费用”的金额是（　　）元。

A. 200 000　　B. 220 008　　C. 200 010　　D. 240 000

3. 甲公司于2×18年1月1日购入一项专利权，初始入账价值为500万元，预计使用年限为25年，无净残值，采用直线法摊销，2×18年12月30日，该专利权出现减值迹象，预计可收回金额为475万元；2×19年1月1日将其出租给乙公司，年租金150万元，租期一年；2×19年12月31日，甲公司估计该项专利权可收回金额为450万元。不考虑其他因素，针对上述内容下列各项正确的是（结果保留两位小数）（　　）。

A. 2×18年12月31日该项专利权应计提的减值准备是-5万元

B. 2×19年12月31日该项专利权的账面价值是455万元

C. 因该项专利权影响甲公司2019年度利润总额金额是125万元

D. 2×20年6月30日该项专利权的账面价值是430万元

4. 下列有关无形资产会计处理说法正确的是（　　）。

A. 资产负债表中的“开发支出”项目的金额应根据“研发支出”总账的余额填列

B. 无法预见无形资产为企业带来经济利益期限的，应按照10年期限对无形资产进行摊销

C. 同一控制下的企业合并中，合并方不应确认被合并方在该项交易前未确认的无形资产

D. 用于建造厂房的土地使用权摊销金额在厂房建造期间应计入在建工程成本

5. 甲公司于2×19年7月20日购入一项专利使用权用于研发新产品，购买价款560万元，款项已付清。该专利使用权预计使用年限为14年，法律规定有效期为10年。采用直线法摊销，无残值。2×19年12月31日，甲公司估计该项专利使用权的可收回金额为500万元，不考虑其他因素，该项无形资产减少甲公司2×19年度利润总额为（　　）万元。

A. 32　　B. 60　　C. 28　　D. 20

6. 甲公司2×18年6月自行研发一项新技术，累计发生研究开发支出800万元，其中研究阶段支出200万元，开发阶段符合资本化条件前支出140万元，符合资本化条件后到2×18年末的支出为400万元，无形资产2×19年1月末研发结束，1月份发生研发支出60万元。按照税法规定，研发费用未形成资产计入当期损益的，在规定据实扣除的基础上，按照研究开

发费用的50%加计扣除，形成无形资产的，按照无形资产成本的150%摊销。甲公司适用的所得税税率为25%，则下列说法中正确的是（　　）。

A. 2×18年末，资产负债表中开发项目反映的金额为740万元

B. 该项技术的计税基础为690万元

C. 研发该技术形成可抵扣暂时性差异190万元

D. 应确认递延所得税资产47.5万元

7. 下列关于无形资产会计处理的表述中，正确的有（　　）。

A. 将预期不能给企业带来经济利益的无形资产账面价值计入管理费用

B. 企业合并中形成的商誉应确认为无形资产

C. 将以转让所有权的无形资产的账面价值计入其他业务成本

D. 将以支付土地出让金方式取得的自用土地使用权单独确认为无形资产

8. 20×8年6月30日甲公司自行研发成功一项专利技术，并于20×8年7月1日起投入使用，满足资本化条件研发支出为120万元，该无形资产的法律保护年限为30年，预期能为企业带来20年的经济利益，并打算12年以后将其出售。该无形资产无残值，采用直线法按月摊销。20×8年末，该无形资产的可回收金额为100万元。假定不考虑其他因素，20×8年度甲公司对该项无形资产应计提减值准备（　　）万元。

A. 20　　B. 18　　C. 17　　D. 15

9. 甲公司2×18年1月为降低生产成本，经董事会批准自行研发某项新产品专利技术。2×18年3月1日以前发生各项研究、调查、试验等费用200万元；2×18年3月1日，该公司证实该项工艺研究成功，进入开发阶段。2×18年3月至11月，又发生材料费2 000万元，人工工资费1 000万元，其他相关费用2 000万元，总计5 000万元；其中，符合资本化条件的支出占比70%；2×18年11月10日，该项专利技术达到预定可使用状态，公司当月又发生了专利注册费3万元，律师费2万元；为运行该无形资产，发生培训费5万元，不考虑其他因素，下列说法正确的是（　　）。

A. 将开发阶段前发生的各项研究、调查、试验等费用200万元计入无形资产的初始入账成本

B. 2×18年12月31日因该项专利技术研究增加利润表上研发费用金额1 500万元

C. 该专利技术的入账价值为3 510万元

D. 为运行该资产发生的培训费应计入当期损益

（二）多选题

1. 下列各项交易产生的费用中，不应计入相关资产成本或负债初始确认金额的有（　　）。

A. 外购无形资产发生的交易费用

B. 购入交易性金融资产发生的交易费用

C. 发行以摊余成本计量的公司债券时发生的交易费用

D. 合并方在非同一控制下企业合并中发生的中介费用

2. 下列会计处理正确的有（　　）。

A. 同一控制下控股合并，合并方在合并日编制合并报表时，需要确认被合并方在该项

交易前未确认的无形资产

B. 具有商业实质的非货币性资产交换中，以无形资产的公允价值作为入账基础

C. 非同一控制下企业合并产生的商誉无论是否有减值迹象，至少于每年年末进行减值测试

D. 和产品生产有关的无形资产的摊销额计入生产成本

3. 新华公司与20×7年8月开始研发一项新技术，20×8年1月进入开发阶段，20×8年12月底完成开发。该项目截至20×8年底累计发生研发费用1 800万元，符合资本化条件的金额为1 300万元，20×9年1月该技术申请国家专利共发生有关费用100万元。按照税法规定，研发支出可按实际支出的150%加计扣除，不考虑其他因素，下列各项关于公司研发费用会计处理正确的有（　　）。

A. 该无形资产的入账价值为1 400万元

B. 实际发生的研发费用与其可予税前抵扣金额之间的差额确认递延所得税资产

C. 该无形资产允许税前扣除的金额为2 100万元，产生700万元的暂时性差异

D. 该无形资产允许税前扣除的金额为1 950万元，产生650万元的暂时性差异

4. 关于无形资产的会计处理，下列表述中正确的有（　　）。

A. 为运行该无形资产发生的培训支出计入无形资产的成本

B. 企业通过非货币性资产交换取得的无形资产，应区分非货币性资产交换是否具有商业实质以及公允价值是否能够可靠计量，来确定无形资产的成本计量原则

C. 外购土地使用权及建筑物的价款难以在两者之间进行分配时，全部价款计入固定资产成本

D. 企业合并中，如果取得的无形资产本身可以单独辨认，但其计量或处置必须与有形的或其他无形的资产一并作价，如果该无形资产及其相关的资产各自的公允价值不能可靠计量，则不应该单独确认为一项无形资产

5. 下列各项会计处理中，可能影响营业利润的有（　　）。

A. 高危行业企业按照国家规定提取的安全生产费

B. 处置长期股权投资时，长期股权投资账面价值与实际取得价款的差额

C. 成本模式和公允价值模式进行后续计量的投资性房地产的处置收入

D. 无形资产预期不能为企业带来未来经济利益的，转销无形资产的账面价值

6. 下列关于无形资产会计处理的表述中，正确的有（　　）。

A. 使用寿命不确定的无形资产，不应该摊销

B. 使用寿命有限的无形资产，摊销方法由直线法变更为产量法，按会计估计变更处理

C. 超过正常信用期分期付款且具有融资性质的购入无形资产，应按购买价款的现值确定其成本

D. 无形资产计提的减值准备，在以后期间可以转回

7. 下列关于无形资产的表述中，错误的有（　　）。

A. 为建造固定资产而购入的土地使用权确认为无形资产

B. 已经划分为持有待售的无形资产采用直线法进行摊销

C. 企业所拥有的无形资产在没有发生减值迹象时，不需要进行减值测试

D. 无形资产的残值高于账面价值时停止摊销，待残值低于账面价值后再继续摊销

8. 奔腾公司是一家多元化经营的综合性集团公司，不考虑其他因素，其纳入合并范围的下列子公司对所持有的土地使用权的会计处理中，符合会计准则规定的是（　　）。

A. 子公司甲为房地产开发企业，将取得的用于建造对外出售房屋建筑物的土地使用权的相关成本计入无形资产

B. 子公司乙也是房地产开发企业，其建造的用于出售商品房所在地块的土地使用权在建设期间的摊销金额计入商品房开发成本

C. 子公司丙外购房屋建筑物所支付的价款中包括土地使用权和建筑物价值的，由于实际支付的价款确实无法在土地使用权和地上建筑物之间进行合理分配，因而丙企业将其全部确认为固定资产进行计量

D. 子公司丁将持有的土地使用权对外出租，租赁期开始日停止摊销并转为采用公允价值进行后续计量

五、进阶练习答案

（一）单选题

1. **【答案】**D

【解析】选项 A，自行研究开发的无形资产在尚未达到预定用途前也要考虑减值；选项 B，使用寿命不确定的无形资产在持有过程中不应摊销但每年年末要进行减值测试；选项 C，同一制下企业合并中，合并方不应确认被合并方在该项交易前未确认的无形资产。

2. **【答案】**B

【解析】2×18 年 1 月 8 日，无形资产购买价款的现值 =2 000 000×（P/A，6%，2）=3 666 800（元），未确认融资费用 =4 000 000 -3 666 800 =333 200（元）；2×18 年 12 月 31 日，未确认融资费用摊销金额 =3 666 800×6% =220 008（元）

3. **【答案】**C

【解析】2×18 年 12 月 31 日该项专利权的账面价值 =500 -500/25 =480（万元）

2×18 年 12 月 31 日该项专利权应计提的减值准备 =480 -475 =5（万元）

2×19 年 1 月 1 日该项专利权的账面价值 =475（万元）

2×19 年 12 月 31 日该项专利权的账面价值 =475 -475/24 =455.20（万元）

2×19 年 12 月 31 日该项专利权应计提的减值准备 =455.2 -450 =5.2（万元）

因该项专利权影响甲公司 2×19 年度利润总额金额 =150 -475/24 -5.2 =125（万元）

2×20 年 6 月 30 日该项专利权的账面价值 =450 -450/23×6/12 =440.22（万元）

4. **【答案】**C

【解析】选项 A，资产负债表中的“开发支出”项目的金额应根据“研发支出——资本化支出”明细账户的余额填列；选项 B 无法预见无形资产为企业带来经济利益期限的，应视为使用寿命不确定的无形资产，不进行摊销。选项 D，用于建造厂房的土地使用权摊销金额在厂房建造期间计入制造费用。

5. **【答案】**B

【解析】2×19年无形资产摊销金额=560÷10÷12×6=28（万元）

2×19年计提减值准备前无形资产的账面价值=560－28=532（万元）

2×19年应计提减值准备金额=532－500=32（万元）

该项无形资产减少甲公司2×19年度利润总额=28+32=60（万元）

6.【答案】B

【解析】选项A，2×18年末资产负债表中开发支出项目反映的金额应该为400万元，不符合资本化条件的支出240万元2×18年末转入管理费用；选项B，该项技术的计税基础为460×150%=690（万元）；选项C，研发该项技术形成可抵扣暂时性差异=690－460=230（万元）；选项D，研发新技术不是企业合并，发生时不影响会计利润与应纳税所得额，不应确认递延所得税资产。

7.【答案】B

【解析】选项A，应计入营业外支出；选项B，商誉不属于无形资产；选项C，应将无形资产按账面价值结转，然后按照公允价值与账面价值之间的差额，计入资产处置损益。

8.【答案】D

【解析】20×8年无形资产的摊销额=120÷12÷2=5（万元），20×8年末无形资产的账面价值=120－5=115（万元）。年末无形资产的可收回金额为100万元，所以，无形资产发生减值，应计提的减值准备金额=115－100=15（万元），选项D正确。

9.【答案】D

【解析】选项A，错误，开发阶段前的研究、调查、试验不属于资本化支出，不应计入无形资产的初始入账成本；选项B，错误，研发支出不符合资本化条件的支出应计入管理费用，在利润表中的“研发费用”项目列示，因该项专利技术研究增加利润表上研发费用金额=200+5 000×30%=200+1 500=1 700（万元）；选项C，错误，该无形资产入账价值=5 000×70%+3+2=3 505（万元）；选项D，正确，培训支出，是为了运行该项无形资产发生的支出而不是为使无形资产达到预定用途发生的支出，应在发生当期确认为费用，不计入无形资产的成本。

（二）多选题

1.【答案】BD

【解析】选项B，购入交易性金融资产发生的交易费用计入投资收益，不计入交易性金融资产的成本；选项D，合并方在非同一控制下企业合并中发生的中介费用，计入管理费用。

2.【答案】BCD

【解析】选项A，同一控制下企业合并中，合并方不需要确认被合并方在该项交易前未确认的无形资产，只需要确认已确认的体现在资产负债表中的无形资产。

3.【答案】AC

【解析】选项B，实际发生的研发费用与其可予税前抵扣金额之间存在暂时性差异，但不确认相应的递延所得税资产，选项B错误；选项D，该无形资产允许税前扣除的金额为2 100万元，产生700万元的暂时性差异，选项D错误。

4.【答案】BCD

【解析】选项A，为运行该无形资产发生的培训支出不计入无形资产的成本，计入当期损益。

5.【答案】ABC

【解析】选项 D，无形资产预期不能为企业带来经济利益的，应当将该无形资产的账面价值予以转销计入营业外支出。

6.【答案】ABC

【解析】选项 D，无形资产计提的减值准备在以后持有期间不可以转回。

7.【答案】BC

【解析】选项 B，已经划分为持有待售的无形资产不再是非流动资产，而是流动资产，不能继续摊销；选项 C，使用寿命不确定的无形资产在持有期间不需要摊销，但是每年年末要进行减值测试，自行研发的无形资产在达到预定可使用状态之前，期末也要进行减值测试，以上两种情况都可以没有减值迹象的发生。

8.【答案】CD

【解析】选项 A，错误，房地产开发企业取得的土地使用权用于建筑对外出售的房屋建筑物，相关土地使用权应当计入所建造的房屋建筑物的成本，而非计入无形资产；选项 B，错误，乙公司建造的用于出售商品房所在地块的土地使用权属于存货，不进行摊销，无摊销额；选项 C，正确，企业外购房屋建筑物所支付的价款中包括土地使用权和建筑物价值的，由于实际支付的价款确实无法在土地使用权和地上建筑物之间进行合理分配，因而丙企业将其全部确认为固定资产进行计量；选项 D，正确，企业将持有的土地使用权对外出租，租赁期开始日应停止摊销并转为采用公允价值进行后续计量。

第六章　投资性房地产

一、2020 年新教材内容主要变化

2020 年新教材无变化

二、本章近五年考情统计分析

本章近五年四种题型都有出现，在计算分析题和综合题中会有一问涉及本章，分值不高。本章属于比较重要的考试章节之一，最近五年平均考试分值 3.8 分。

（一）近五年考试分值分布

题型	2015 年	2016 年	2017 年	2018 年	2019 年
单选题	—	6	—	—	2
多选题	2	—	—	2	—
计算题	—	—	3	—	—
综合题	2	—	—	2	—
合计	4	6	3	4	2

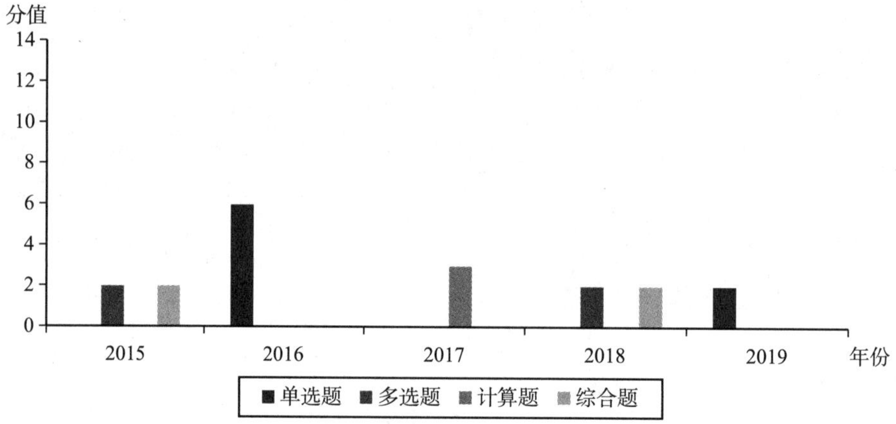

（二）近五年考试考点分布

高频考点内容	年度及题型分布	分值
投资性房地产的后续计量	2018 年、2015 年综合题；2017 年计算分析题；2016 年单选题	7.5
投资性房地产的转换	2018 年、2015 年综合题；2017 年计算分析题； 2019 年单选题；2018 年多选题；2016 年单选题（两个）；2015 年多选题	11.5

三、重难点解析

本章主要内容是投资性房地产特征及范围；投资性房地产的确认及后续资本化和费用化

的支出；投资性房地产两种后续计量模式及具体会计核算；投资性房地产的转换及处置。

重难点1：投资性房地产的后续计量★★★

投资性房地产的后续计量可以采用成本模式也可以采用公允价值模式，采用公允价值模式对投资性房地产进行后续计量必须满足有确凿证据表明投资性房地产的公允价值能够持续可靠取得。但是，同一企业只能采用一种模式对所有投资性房地产进行后续计量，不得同时采用两种计量模式。即不得对一部分投资性房地产采用成本模式进行后续计量，对另一部分投资性房地产采用公允价值模式进行后续计量。

（一）采用成本模式进行后续计量的投资性房地产

在后续计量采用成本模式的情况下，账务处理和固定资产或无形资产的有关规定相似，对投资性房地产要计提折旧或摊销；存在减值迹象的，还应当按照资产减值的有关规定进行处理，具体的账务处理模式如下：

1. 折旧或摊销时

借：其他业务成本

　　贷：投资性房地产累计折旧（摊销）

2. 计提减值准备时

借：资产减值损失

　　贷：投资性房地产减值准备

3. 取得租金收入

借：银行存款

　　贷：其他业务收入

（二）采用公允价值模式进行后续计量的投资性房地产

企业只有存在确凿证据表明投资性房地产的公允价值能够持续可靠取得的，才可以采用公允价值模式对投资性房地产进行后续计量。

投资性房地产采用公允价模式进行后续计量的，不计提折旧或摊销，应当以资产负债表日的公允价值计量，具体账务处理模式如下：

1. 资产负债表日，投资性房地产的公允价值高于其账面余额

借：投资性房地——公允价值变动

　　贷：公允价值变动损益

2. 公允价值低于其账面余额

借：公允价值变动损益

　　贷：投资性房地——公允价值变动

（三）投资性房地产后续计量模式的变更

企业对投资性房地产的计量模式一经确定，不得随意变更。以成本模式转为公允价值模式的，应当作为会计政策变更处理，将计量模式变更时公允价值与账面价值的差额，调整期初留存收益。

已采用公允价值模式计量的投资性房地产，不得从公允价值模式转为成本模式。

投资性房地产后续计量由成本模式变更为公允价值模式的账务处理如下：

借：投资性房地产——成本（变更日公允价值）
　　投资性房地产累计折旧（摊销）
　　投资性房地产减值准备
　　贷：投资性房地产（原值）
　　　　利润分配——未分配利润（或借记）
　　　　盈余公积（或借记）

【小贴士】投资性房地产后续计量通常会结合投资性房地产的转换进行考核。考核内容是自用房地产转换为对外出租，后续计量采用成本或公允价值模式，其中采用公允价值模式的考题更多。

成本模式后续计量的投资性房地产，其账务处理与固定资产、无形资产相似，要折旧、要摊销、如果有减值，还需计提减值准备。

公允价值模式后续计量的投资性房地产，不折旧、不摊销、不需要计提减值准备，但资产负债表日需要反映其公允价值的变化。

投资性房地产后续计量模式的变更不是互逆的，成本模式可以转换成公允价值模式，但是公允价值模式不可以转换成成本模式。而且成本模式转换成公允价值模式属于会计政策变更。变更中涉及所得税影响的，还要调整递延所得税负债（或递延所得税资产）。

【经典真题】

【多选题·2015】下列资产分类或转换的会计处理方法中，符合会计准则规定的有（　　）。

A. 将投资性房地产的后续计量由公允价值模式转为成本模式

B. 对子公司失去控制或重大影响导致将长期股权投资转换为持有至到期投资

C. 因出售具有重要性的债券投资导致持有至到期投资转换为可供出售金融资产

D. 因签订不可撤销的出售协议，将对联营企业投资终止采用权益法并作为持有待售资产列报

【答案】CD

【解析】选项A，投资性房地产采用公允模式进行后续计量是不能再转为成本模式后续计量，所以选项A不符合会计准则规定；选项B，长期股权投资是股票，持有至到期投资是债券，两者不能相互转换，选项B不符合会计准则规定；选项C，出售具有重要性的债券投资，导致持有至到期投资持有意图发生变化，可以将其转换为可供出售金融资产，所以选项C符合会计准则规定；选项D，因为签订不可撤销的出售协议，可以将对联营企业投资终止采用权益法并作为持有待售资产列报，所以选项D符合会计准则规定。

【经典模拟题】

【单选题】甲公司对投资性房地产采用公允价值模式进行后续计量。自2×17年1月1日起，甲公司将一项自用房地产出租给某单位，租期为4年，每年收取租金650万元，该投资性房地产原价为1 200万元，预计使用年限为40年，预计净残值为零；至2×17年1月1日已使用10年，累计折旧为300万元。转换日该投资性房地产的公允价值为920万元，2×17

年 12 月 31 日，该投资性房地产的公允价值为 950 万元，则该投资性房地产对甲公司 2×17 年利润总额的影响金额为（　　）万元。

A. 680　　B. 700　　C. 670　　D. 650

【答案】A

【解析】转换日投资性房地产的账面价值 =1 200 -300 =900（万元），投资性房地产采用公允模式进行后续计量，转换日投资性房地产的公允价值大于原账面价值的差额 920 -900 =20（万元）计入其他综合收益。不影响利润。2×17 年末，投资性房地产公允价值上升的 30 万元要计入公允价值变动损益，影响 2×17 年利润，租金收入 650 万元影响利润。所以，该投资性房地产对甲公司 2×17 年利润总额的影响金额 =650 +30 =680（万元），选项 A 正确。

重难点 2：投资性房地产的转换★★★

KJ200602

（一）投资性房地产转换形式和转换日

1. 房地产转换

房地产转换，是因房地产的用途发生改变而对房地产进行的重新分类。企业必须有确凿证据表明房地产的用途发生了改变，才能进行房地产的转换。这里确凿证据包括两个方面：一是企业董事会或类似机构应当就改变房地产的用途形成正式的书面决议；二是房地产因用途改变而发生实际状态上的改变，如从自用状态改为出租状态。

2. 房地产转换形式如下表所示：

投资性房地产	固定资产或无形资产
投资性房地产	存货
固定资产或无形资产	投资性房地产
存货	投资性房地产

3. 转换日的确定

投资性房地产转换时，需要在转换日做会计处理，这涉及资产入账价值的确定，所以要正确确认转换日。

转换形式	转换日
固定资产、无形资产、存货转为投资性房地产	租赁期开始日
自用土地停止自用，用于赚取租金或资本增值	用于资本增值的日期
空置建筑物或在建建筑物转为投资性房地产	董事会或类似机构作出书面决议的日期
投资性房地产转为固定资产或无形资产	房地产达到自用状态的日期
投资性房地产转为存货	租赁期届满，企业董事会或类似机构作出书面决议明确表明将其重新开发用于对外出售的日期

（二）房地产转换的会计处理

1. 采用成本模式进行后续计量的投资性房地产与自用房地产的相互转换

（1）由固定资产、无形资产或存货转为投资性房地产时，要按转换日上述资产的账面价值转为投资性房地产，也就是说将固定资产、无形资产及存货相关的账户清零，将余额转入投资性房地产对应的账户中去，具体账务处理如下：

借：投资性房地产（原值或开发产品的成本）

累计折旧（摊销）

固定（无形）资产减值准备、存货跌价准备

贷：固定资产、无形资产（原值）、开发产品

投资性房地产累计折旧（摊销）

投资性房地产减值准备

（2）由投资性房地产转换为固定资产、无形资产或存货时，要按转换日投资性房地产的账面价值转为上述资产，也就是说将投资性房地产相关的账户清零，将余额转入固定资产、无形资产或存货对应的账户中去，具体账务处理如下：

借：固定资产、无形资产（原值）、开发产品

投资性房地产累计折旧（摊销）

投资性房地产减值准备

贷：投资性房地产（原值或开发产品的成本）

累计折旧（摊销）

固定（无形）资产减值准备、存货跌价准备

2. 采用公允价值模式进行后续计量的投资性房地产与自用房地产相互转换

（1）由固定资产、无形资产或存货转为投资性房地产时，要按转换日上述资产的公允价值转为投资性房地产，也就是说将固定资产、无形资产及存货相关的账户清零，按转换日的公允价值计入投资性房地产账户，公允价值大于账面价值的差额计入其他综合收益，公允价值小于账面价值的差额计入公允价值变动损益。具体账务处理如下：

借：投资性房地产（转换日的公允价值）

累计折旧（摊销）

固定（无形）资产减值准备、存货跌价准备

公允价值变动损益（公允价值小于账面价值）

贷：固定资产、无形资产（原值）、开发产品

其他综合收益（公允价值大于账面价值）

（2）由投资性房地产转为固定资产、无形资产或存货时，要按转换日投资性房地产的公允价值转为上述资产，也就是说将投资性房地产相关的账户清零，按转换日的公允价值计入固定资产、无形资产或存货，公允价值与账面价值的差额均计入公允价值变动损益账户。具体账务处理如下：

借：固定资产、无形资产、开发产品（转换日的公允价值）

公允价值变动损益（公允价值小于账面价值）

贷：投资性房地产——成本

投资性房地产——公允价值变动（可能在借方）

公允价值变动损益（公允价值大于账面价值）

【小贴士】本重难点主要考核投资性房地产转换时的账务处理，通常是结合本章的重难点1一起出题，主要考核非投资性房地产转换为投资性房地产，结合后续计量出题。

掌握本重难点需要注意非投资性房地产转换为采用公允价值模式进行后续计量的投资性房地产时，按转换日的公允价值计入投资性房地产，转换日的公允价值大于非投资性房地产账面价值的差额计入其他综合收益，而公允价值小于账面价值的差额计入公允价值变动损益科目。

采用公允模式进行后续计量的投资性房地产转换为非投资性房地产时，按转换日的公允价值计入非投资性房地产，转换日的公允价值无论是大于还是小于账面价值均将公允价值与账面价值的差额计入公允价值变动损益科目。

【经典真题】

【单选题·2016】甲公司发生的下列交易或事项中，相关会计处理将影响发生当年净利润的是（　　）。

A. 因重新计算设定受益计划净负债产生的保险精算收益

B. 因联营企业其他投资方单方增资导致应享有联营企业净资产份额的变动

C. 根据确定的利润分享计划，基于当年度实现利润计算确定应支付给职工的利润分享款

D. 将自用房屋转为采用公允价值进行后续计量的投资性房地产时，公允价值大于账面价值的差额

【答案】C

【解析】选项A，因重新计算设定受益计划净负债产生的保险精算收益，计入其他综合收益，不影响发生当年的净利润；选项B，因联营企业其他投资方单方增资导致应享有联营企业净资产份额的变动计入其他资本公积，不影响发生当年的净利润；选项C，根据确定的利润分享计划，基于当年度实现利润计算确定应支付给职工的利润分享款，会导致利润减少，影响发生当年的净利润；选项D，将自用房屋转为采用公允价值进行后续计量的投资性房地产时，公允价值大于账面价值的差额计入其他综合收益，不影响发生当年的净利润。所以只有选项C影响当年的净利润。

【经典模拟题】

【多选题】企业发生的下列交易或事项中，相关会计处理将影响发生当年净利润的有（　　）。

A. 房地产开发企业将作为存货的商品房转换为采用公允价值模式进行后续计量的投资性房地产时，转换日商品房公允价值大于账面价值的差额

B. 其他债权投资处置时，持有期间因为公允价值变动计入所有者权益中的金额

C. 采用成本模式进行后续计量的投资性房地产计提的减值准备

D. 投资性房地产的处置净损益

【答案】BCD

【解析】选项A，房地产开发企业将作为存货的商品房转换为采用公允价值模式进行后续计量的投资性房地产时，转换日商品房公允价值大于账面价值的差额计入其他综合收益，

不影响当年净利润；选项 B，其他债权投资处置时，持有期间因为公允价值变动计入所有者权益中的金额要转入投资收益中，所以会影响当年净利润；选项 C，采用成本模式进行后续计量的投资性房地产计提的减值准备会影响当年净利润；选项 D，投资性房地产的处置净损益是通过其他业务收入和其他业务成本实现的，所以影响当年净利润。

四、进阶练习

（一）单选题

1. 下列有关投资性房地产进行初始计量的说法中，不正确的是（　　）。

A. 无论采用公允价值模式还是成本模式计量的投资性房地产，均应按其成本进行初始计量

B. 采用公允价值模式计量的投资性房地产，自行建造取得时按其公允价值进行初始计量

C. 自行建造投资性房地产的成本，由建造该项资产达到预定可使用状态前所发生的必要支出构成

D. 外购投资性房地产的成本，包括购买价款、相关税费和可直接归属于该资产的其他支出

2. 长江公司为一家多元化经营的综合性集团公司，不考虑其他因素，其纳入合并范围的下列子公司对所持有土地使用权的会计处理中，不符合会计准则规定的是（　　）。

A. 子公司甲为房地产开发企业，将土地使用权取得成本计入所建造商品房成本

B. 子公司乙将取得的用于建造厂房的土地使用权在建造期间的摊销计入当期管理费用

C. 子公司丙将持有的土地使用权对外出租，租赁开始日停止摊销并转为采用公允价值进行后续计量

D. 子公司丁将用作办公用房的外购房屋价款按照房屋建筑物和土地使用权的相对公允价值分别确认为固定资产和无形资产，采用不同的年限计提折旧或摊销

3. 甲公司及子公司对投资性房地产采用不同的会计政策。具体为：子公司乙对作为投资性房地产核算的房屋采用公允价值模式进行后续计量；子公司丙对作为投资性房地产核算的土地使用权采用成本模式计量，按剩余 15 年期限分期摊销计入损益；子公司丁对出租的房屋采用成本模式计量，并按房屋仍可使用年限 10 年计提折旧；子公司戊对在建的投资性房地产采用公允价值模式进行后续计量。甲公司自身对作为投资性房地产的房屋采用成本模式进行后续计量，并按房屋仍可使用年限 20 年计提折旧。不考虑其他因素，下列关于甲公司在编制合并财务报表时，对纳入合并范围的各子公司投资性房地产的会计处理中，正确的是（　　）。

A. 将投资性房地产的后续计量统一为成本模式，同时统一有关资产的折旧或摊销年限

B. 对于公允价值能够可靠计量的投资性房地产采用公允价值计量，其他投资性房地产采用成本模式计量

C. 区分在用投资性房地产与在建投资性房地产，在用投资性房地产统一采用成本模式计量，在建投资性房地产采用公允价值模式计量

D. 子公司的投资性房地产后续计量均应按甲公司的会计政策进行调整，即后续计量采

用成本模式并考虑折旧或摊销，折旧或摊销年限根据实际使用情况确定

4. 2×16 年 12 月甲公司购入一栋办公楼用于出租，购入价格为 1 000 万元，预计使用年限为 40 年，预计净残值为 200 万元，采用年限平均法计提折旧。2×17 年 1 月 1 日甲公司将该办公楼出租给乙公司，并采用成本模式进行后续计量。2×19 年 1 月 1 日出租给乙公司的写字楼所在的房地产交易市场发展较为成熟，决定将成本模式转换为公允价值计量模式进行后续计量。2×19 年 1 月 1 日该写字楼的公允价值是 1 200 万元，假设甲公司不存在其他的投资性房地产，按净利润的 10% 提取盈余公积，不考虑其他因素，则转换日当天应提取盈余公积（　　）万元。

A. 240　　B. 260　　C. 24　　D. 25

5. 甲公司 2×12 年 1 月 1 日购入一幢建筑物出租给乙公司，取得发票上注明的价款为 2 200 万元，甲公司将其作为投资性房地产核算，并采用公允价值模式计量，租期为 5 年，每年末收取租金 100 万元。2×12 年 12 月 31 日，该幢厂房的公允价值为 2 250 万元。甲公司 2×12 年因该投资性房地产对营业利润的影响为（　　）万元。

A. -50　　B. 150　　C. 200　　D. -200

6. 甲公司采用公允价值模式对投资性房地产进行后续计量，2×18 年 12 月 31 日购入一栋房地产，与当日进行出租，该建筑物取得的实际成本为 1 000 万元，预计使用年限 20 年，预计净残值为 200 万元。2×19 年 12 月 31 日，该房地产的公允价值为 900 万元。2×20 年 2 月 1 日将该房地产出售，售价为 1 050 万元。不考虑其他因素，该投资性房地产出售时影响营业成本的金额为（　　）万元。

A. 1 050　　B. 1 000　　C. 900　　D. 960

7. 2×18 年 1 月 1 日，甲公司将一栋自用的办公楼转换为采用公允价值模式进行后续计量的投资性房地产。当日，该办公楼的账面原值为 3 000 万元，已计提折旧为 1 800 万元，未计提减值准备，公允价值为 1 700 万元。2×18 年 12 月 31 日，该办公楼的公允价值为 1 800 万元。2×19 年 12 月 31 日，该办公楼的公允价值为 1 960 万元。2×20 年 2 月 1 日，甲公司将该办公楼以 2 100 万元出售，出售款项已收讫。不考虑其他因素，甲公司 2×20 年度因出售该办公楼应确认的损益金额为（　　）万元。

A. 400　　B. 900　　C. 640　　D. 140

8. 甲公司于 2×18 年 6 月 30 日决定将自用房地产转为出租，且以公允价值模式对投资性房地产进行后续计量，租期 2 年，月租金 30 万元。甲公司于 2×14 年 12 月 31 日取得该房地产，该自用房地产的取得成本为 3 000 万元，预计使用年限为 20 年，预计净残值为 0，采用年限平均法计提折旧，未计提减值准备。2×18 年 6 月 30 日为租赁期开始日，当日该房地产的公允价值为 2 600 万元，2×18 年 12 月 31 日公允价值为 2 700 万元。假设税法对该房地产以成本计量，且与房地产自用时的折旧政策一致。甲公司适用的所得税税率为 25%，不考虑其他因素，下列说法中，正确的是（　　）。

A. 投资性房地产在转换日的入账价值为 2 475 万元

B. 应计入公允价值变动损益的金额为 125 万元

C. 该事项属于会计政策变更

D. 2×18 年 12 月 31 日递延所得税负债余额 75 万元

9. 甲公司2×16年发生以下交易或事项：（1）销售商品确认收入24 000万元，结转成本19 000万元；（2）采用公允价值模式进行后续计量的投资性房地产取得出租收入2 800万元。2×16年交易性金融资产公允价值变动损益1 000万元；（3）报废固定资产损失600万元；（4）因持有以公允价值计量且其变动计入其他综合收益的金融资产确认公允价值变动损益800万元；（5）确认商誉减值损失2 000万元，不考虑其他因素，甲公司2×16年营业利润是（　　）万元。

A. 5 200　　B. 8 200　　C. 6 200　　D. 6 800

10. 甲公司对投资性房地产采用成本模式计量，2×16年12月31日，甲公司花费5 000万元购买一栋写字楼用于出租给B企业，该写字楼使用寿命为10年，净残值为0。2×18年12月31日，该写字楼可回收金额为3 000万元。2×19年1月1日，因该写字楼具备采用公允价值计量模式的条件，因此由成本模式变更为公允价值模式计量，当日该写字楼公允价值为4 500万元。假设甲公司按净利润的10%计提盈余公积，企业所得税税率25%。2×19年1月1日因投资性房地产计量模式转换而确认的盈余公积为（　　）万元。

A. 150　　B. 125　　C. 112.5　　D. 100

（二）多选题

1. 下列有关投资性房地产的表述不正确的有（　　）。

A. 企业持有的准备增值后转让的土地使用权属于投资性房地产

B. 企业出租给本企业职工居住的房屋属于投资性房地产

C. 作为存货的房地产改为出租，转换日通常为决定出租的日期

D. 存货转换为采用公允模式进行后续计量的投资性房地产时，公允价值小于账面价值的差额，计入公允价值变动损益科目

2. 下列各项中，应当计入发生当期损益的有（　　）。

A. 以现金结算的股份支付形成的负债，在结算前资产负债表日公允价值的变动

B. 原分类为权益工具的金融工具重分类为金融负债时，公允价值与账面价值的差额

C. 自用房地产转换为采用公允价值模式计量的投资性房地产时，公允价值小于原账面价值的差额

D. 以摊余成本计量的金融资产重分类为以公允价值计量且其变动计入当期损益的金融资产时，公允价值与原账面价值的差额

3. 某企业2×17年12月31日在境外购入一栋办公楼，当日美元与人民币汇率为1∶6.2，购入价格为800万元人民币，预计使用年限为20年，预计净残值为零，未计提减值准备，采用年限平均法计提折旧。2×19年1月1日该办公楼出租，租期2年，每年租金为150万元人民币，采用公允价值计量模式对其进行后续计量。签订协议当日该办公楼的公允价值是750万元人民币。2×19年12月31日，该办公楼的公允价值是680万元。不考虑其他因素，2×21年1月1日租赁协议到期，1月31日该企业将办公楼出售并签订协议以640万元人民币出售，当日美元与人民币汇率为1∶6.4，款项未收到，账款于3月13日收回，当日美元与人民币为1∶6.8。下列表述中，正确的有（　　）。

A. 2×19年对该投资性房地产计提折旧40万元

B. 2×19年1月1日应确认公允价值变动损益10万元

C. 2×19 年该投资性房地产增加当期营业利润 80 万元

D. 因出售办公楼而取得的外币债权到 3 月 13 日结算时产生的汇兑收益是 40 万元人民币

4. 下列有关投资性房地产的会计处理，不正确的有（　　）。

A. 以成本模式计量的投资性房地产转化为自用固定资产，固定资产应按转换日的公允价值计量，公允价值小于原账面价值的差额计入当期损益

B. 以公允价值模式进行后续计量的投资性房地产，若改扩建后继续用于出租，那么改扩建期间应继续作为投资性房地产

C. 企业原本用于经营出租的房地产改为用于经营管理的自用房地产，则该房地产转换日为董事会作出决议的日期

D. 如果已经计提减值准备的投资性房地产的价值以后期间又得以恢复，应在原计提范围里转回

5. 下列各项关于投资性房地产会计处理的表述中，错误的有（　　）。

A. 将采用公允价值模式计量的投资性房地产转为成本模式

B. 以公允价值模式进行后续计量的投资性房地产转换为固定资产，该固定资产应按照转换日的公允价值计量，公允价值大于账面价值的差额计入其他综合收益

C. 企业出售投资性房地产时，应当将处置收入扣除其账面价值和相关税费后的金额计入当期损益

D. 投资性房地产改扩建期间不计提折旧或摊销

6. 2×19 年 7 月 1 日，甲公司将一项按照成本模式进行后续计量的投资性房地产转换为固定资产，该资产在转换前的账面原价为 4 000 万元，至转换日已计提折旧 200 万元，已计提减值准备 100 万元，转换日的公允价值为 3 850 万元，不考虑税费等因素，则下列说法中正确的有（　　）。

A. 对于此项业务的会计处理中，计入“固定资产”账户的金额为 4 000 万元

B. 该房地产的转换日为该投资性房地产达到自用状态，企业开始将房地产用于生产商品、提供劳务或者经营管理的日期

C. 转换日，固定资产的账面价值为 3 850 万元

D. 转换日，投资性房地产账面价值与公允价值的差额计入当期损益

7. 下列有关投资性房地产的会计处理中，正确的有（　　）。

A. 以成本模式后续计量的投资性房地产转换为固定资产，计入“固定资产”账户的金额为“投资性房地产”账户的金额。

B. 以公允价值模式后续计量的投资性房地产转换为固定资产，固定资产应按转换日的公允价值计量，公允价值大于原账面价值的差额确认为其他综合收益

C. 企业将原本用于生产商品的房地产改为用于出租，则该房地产的转换日为承租人有权行使其租赁资产权利的日期

D. 企业将原本用于经营管理的土地使用权改用于资本增值，则该房地产的转换日应确定为自用土地使用权停止自用后，确定用于资本增值的日期

8. 甲公司采用成本模式对投资性房地产进行后续计量。2×19 年 1 月 1 日甲公司在债务重组时取得一项处于建设中的房产，公允价值为 2 500 万元，甲公司又发生建造和装修支出

1 000 万元（均符合资本化条件），应予资本化的借款利息 500 万元，该房产于 2×19 年 6 月 30 日达到预定可使用状态，考虑自身生产经营需要，当日甲公司董事会决议将该房产 40% 留作办公自用，另外 60% 与 A 企业签订长期租赁合同。合同规定租赁期开始日为 2×19 年 6 月 30 日，年租金 180 万元。该项房产预计使用 20 年，预计净残值为 0，采用年限平均法计提折旧，不考虑相关税费等其他因素。甲公司下列会计处理中正确的有（　　）。

A. 2×19 年 6 月 30 日固定资产初始计量金额为 1 600 万元

B. 2×19 年 6 月 30 日投资性房地产初始计量金额为 2 400 万元

C. 2×19 年应确认租金收入 90 万元

D. 2×19 年甲公司上述业务影响利润总额的金额为 -20 万元

9. 下列关于投资性房地产的表述中，错误的有（　　）。

A. 投资性房地产在满足条件时可以由公允价值模式变更为成本模式

B. 采用成本模式进行后续计量的投资性房地产，按月计提的折旧或摊销应计入管理费用

C. 存货转换为采用公允价值模式计量的投资性房地产时，其公允价值大于账面价值的差额计入其他综合收益

D. 投资性房地产由成本模式变更为公允价值模式时，不需要进行追溯调整

10. 甲公司为增值税一般纳税人，出租和出售投资性房地产的适用税率为 9%，2×15 年 12 月 31 日购入一栋管理用办公楼，支付价款 16 350 万元，（含增值税 1 350 万元）。该办公楼预计使用年限为 30 年，预计净残值为 0，采用年限平均法计提折旧。因经营重心改变，甲公司决定迁址，2×19 年 5 月 1 日于乙公司签订协议租赁协议，以经营租赁方式将该办公楼出租给乙公司，并以公允价值模式对投资性房地产进行后续计量，租赁期开始日为 6 月 30 日，租期为 2 年，年租金为 400 万元，该办公楼至租赁期开始日未计提减值准备。协议签订日该办公楼公允价值为 15 200 万元，租赁期开始日的公允价值 16 000 万元，2×19 年 12 月 31 日公允价值为 16 500 万元，不考虑其他因素，下列说法正确的有（　　）。

A. 投资性房地产的转换日为 2×19 年 5 月 1 日

B. 该办公楼至租赁期开始日的累计折旧额 1 750 万元

C. 上述交易或事项对甲公司 2×19 年度营业利润的影响金额为 450 万元

D. 转换日应计入其他综合收益的金额为 2 750 万元

五、进阶练习答案

（一）单选题

1. 【答案】B

【解析】选项 B，无论采用公允价值模式还是成本模式进行后续计量的投资性房地产，均应按照成本进行初始计量。

2. 【答案】B

【解析】选项 B，取得的用于建造厂房的土地使用权在建造期间的摊销应计入当期制造费用。

3. 【答案】D

【解析】编制合并财务报表时，母子公司采用的会计政策不一致时，应当按照母公司所采用的会计政策调整子公司的会计报表。选项 A，将投资性房地产的后续计量统一为成本模式，折旧或摊销年限根据实际使用情况确定，不能统一有关资产的折旧或摊销年限；选项 B、C 没有实现母、子公司会计政策的统一，应该都采用成本模式进行后续计量。

4. 【答案】C

【解析】2×19 年该投资性房地产的账面价值 = 1 000 - (1 000 - 200)/40 ×2 = 960（万元），转换日应提取盈余公积 = (1 200 - 960) ×10% = 24（万元）。

5. 【答案】B

【解析】租金收入 100 万元计入其他业务收入，对营业利润有影响，公允价值增加 50 万元，计入公允价值变动损益，对营业利润有影响，所以对营业利润影响的金额 = 100 + 50 = 150（万元），选项 B 正确。

6. 【答案】B

【解析】出售时的账务处理如下：

借：银行存款	1 050	
投资性房地产——公允价值变动	100	
其他业务成本	1 000	
贷：投资性房地产——成本		1 000
公允价值变动损益		100
其他业务收入		1 050

影响营业成本的金额为 1 000，选项 B 正确。

7. 【答案】C

【解析】甲公司 2×20 年度因出售该办公楼应确认的损益金额 = (2 100 - 1 960) + [1 700 - (3 000 - 1 800)] = 640（万元）。转换日公允价值大于账面价值的部分计入其他综合收益，出售日应将该部分金额结转到当期损益，因为其他综合收益属于所有者权益项目，所以该结转会影响出售的损益金额；而出售时公允价值变动损益结转至其他业务成本，这属于损益类科目的内部结转，不影响损益总额。

8. 【答案】D

【解析】选项 A，错误，该房地产至 2×18 年 6 月 30 日的累计折旧 = 3 000/20 ×3.5 = 525（万元），账面价值 = 3 000 - 525 = 2 475（万元），但甲公司以公允价值对投资性房地产进行后续计量，应使用转换日的公允价值作为投资性房地产的入账价值，即入账价值为 2 600 万元；选项 B，错误，自用房地产转为采用公允价值模式计量的投资性房地产时，其公允价值大于账面价值的差额应计入其他综合收益；选项 C，错误，该事项属于房地产用途的转换，不属于会计政策变更；选项 D，正确，2×18 年 12 月 31 日投资性房地产的计税基础 = (3 000 - 3 000/20 ×3.5) - 3 000/20 ×6/12 = 2 400（万元），2×18 年 12 月 31 日，递延所得税负债余额 = (2 700 - 2 400) ×25% = 75（万元）。

9. 【答案】D

【解析】甲公司 2×16 年营业利润 = 24 000 - 19 000 + 2 800 + 1 000 - 2 000 = 6 800（万元），选项 D 正确。

10.【答案】C

【解析】2×18年年末，写字楼计提减值准备5 000－5 000/10×2－3 000＝1 000（万元），当日写字楼计税基础为4 000万元，账面价值为3 000万元，所以要确认递延所得税资产250万元。2×19年1月1日转换日，写字楼的计税基础为4 000万元，账面价值为4 500万元，计算确认递延所得税负债为125万元。写字楼在转换日应作会计分录如下：

借：投资性房地产——成本	4 500	
投资性房地产累计折旧	1 000	
投资性房地产减值准备	1 000	
贷：投资性房地产		5 000
递延所得税负债		125
递延所得税资产		250
盈余公积		112.5
未分配利润		1 012.5

所以，因计量模式转换而提取的盈余公积为112.5万元。

（二）多选题

1.【答案】BC

【解析】选项B，企业出租给本企业职工居住房屋目的不是为了赚取租金，不属于投资性房地产；选项C，作为存货的房地产改为出租，转换日不是决定出租的日期，而是租赁期开始日。

2.【答案】ACD

【解析】选项A、C、D均计入公允价值变动损益；选项B，计入资本公积。

3.【答案】BD

【解析】选项A，采用公允价值计量模式的投资性房地产不计提折旧或摊销，选项A错误；选项B，该办公楼初始入账价值是800万元，2×18年计提的折旧＝800/20＝40（万元），办公楼出租前的账面价值＝800－40＝760（万元），出租日公允价值为750万元，将自用房地产转换为以公允价值计量模式的投资性房地产账面价值和公允价值的借方差额计入公允价值变动损益，选项B正确；选项C，2×19年的营业利润＝150－（750－680）－10＝70（万元），因此2×19年增加营业利润80万元，选项C正确；选项D，1月31日以640万元人民币即100万美元出售办公楼，该项外币债权到3月13日结算时产生的汇兑收益＝100×（6.8－6.4）＝40（万元），选项D正确。

4.【答案】ACD

【解析】选项A，以成本模式计量的投资性房地产转化为自用固定资产，固定资产应按房地产转换前的账面价值作为其入账价值，不存在差额；选项C，企业原本用于经营出租的房地产改为用于经营管理的自用房地产，转换日为该房地产达到管理使用状态，即企业开始将房地产用于经营管理的日期；选项D，投资性房地产计提减值准备，一经计提不得转回。

5.【答案】AB

【解析】选项A，采用公允价值模式计量的投资性房地产，不得从公允价值模式转为成本模式；选项B，以公允价值模式进行后续计量的投资性房地产转换为固定资产，该固定资产应按照转换日的公允价值计量，公允价值大于账面价值的差额计入公允价值变动损益。

6. 【答案】AB

【解析】选项A，固定资产应按原值入账，即计入“固定资产”账户的金额为4 000万元；选项C，固定资产的入账价值为4 000 − 200 − 100 = 3 700（万元）；选项D，成本模式下投资性房地产按照账面价值转换，不涉及公允价值模式下的当期损益。

7. 【答案】ACD

【解析】选项B，公允价值与原账面价值的差额计入当期损益，无须区分该差额是借方或贷方。

8. 【答案】ABC

【解析】选项A，2×19年6月30日固定资产的初始确认金额 = (2 500 + 1 000 + 500) × 40% = 1 600（万元），正确；选项B，2×19年6月30日投资性房地产的初始确认金额 = (2 500 + 1 000 + 500) × 60% = 2 400（万元），正确；选项C，2×18年应确认租金收入90万元，正确；选项D，2×19年对利润总额的影响金额 = 租金收入 − 当期折旧金额 = 90 − 4 000/20 × 6/12 = −10（万元），不正确。

9. 【答案】ABD

【解析】本题选项A，成本模式在满足条件时可以变更为公允价值模式，公允价值模式不能变更为成本模式；选项B，采用成本模式进行后续计量的投资性房地产，按月计提的折旧或摊销应计入“其他业务成本”等科目；选项D，投资性房地产成本模式变更为公允价值模式计量的，应当作为会计政策变更处理，需要进行追溯调整。

10. 【答案】BCD

【解析】选项A，错误，自用房地产转换为投资性房地产的转换日是租赁期开始日，即为6月30日，而非租赁协议签订日；选项B，正确，该办公楼至2×19年6月30日的累计折旧额 = (16 350 − 1350)/30 × 3.5 = 1 750（万元）；选项C，正确，2×19年租金收入 = 400/2 = 200（万元），2×19年由于自用办公楼转换为公允价值模式计量的投资性房地产所产生的其他综合收益2 750万元不影响当年营业利润，上述交易或事项对甲公司2×19年度营业利润的影响金额 = −(16 350 − 1 350)/30/2 + 400/2 + (16 500 − 16 000) = 450（万元）；选项D，正确，转换日该办公楼的账面价值 = 15 000 − (16 350 − 1 350)/30 × 3.5 = 13 250（万元）；账面价值与公允价值的差额 = 16 000 − 13 250 = 2 750（万元），自用房地产转为采用公允价值模式计量的投资性房地产时，其账面价值小于公允价值的差额应计入其他综合收益，因此，转换日应计入其他综合收益的金额为2 750万元。

第七章 长期股权投资与合营安排

一、2020 年新教材内容主要变化

本章无实质变化。

二、本章近五年考情统计分析

本章既可以考客观题，也可以考主观题，主观题既可以单独考，也可以与企业合并、合并财务报表结合考综合题，属于非常重要的章节，最近五年平均考试分值9.8分。

（一）近五年考试分值分布

题型	2015 年	2016 年	2017 年	2018 年	2019 年
单选题	2	2	2	2	—
多选题	—	2	2	—	—
计算题	—	—	6	—	10
综合题	7	6	4	4	—
合计	9	10	14	6	10

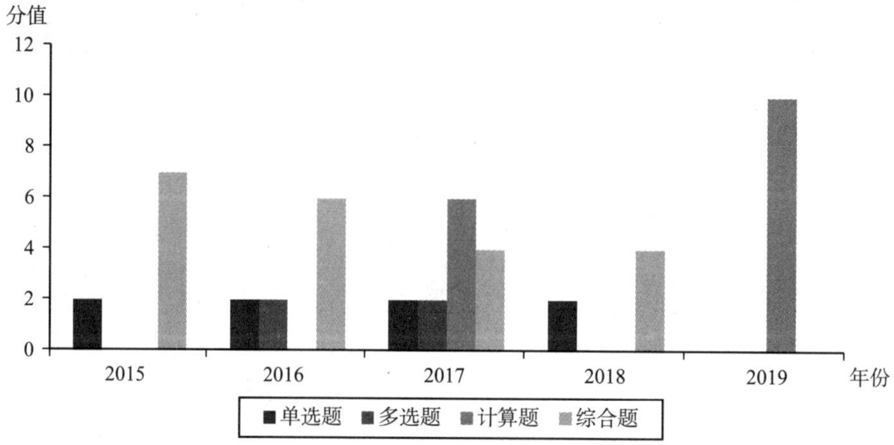

（二）近五年考试考点分布

近五年考试考点分布表

高频考点内容	年度及题型分布
权益法	2017 年单选题、2017 年计算题、2018 年单选题、2019 年计算题
合营安排	2015 年单选题、2016 年多选题
核算方法转换	2015 年综合题
与合并报表结合	2015 年综合题、2016 年综合题、2017 年综合题、2018 年综合题、2019 年综合题
后续计量方法选择	2017 年多选题

三、重难点解析

本章讲解长期股权投资的初始计量、后续计量、核算方法转换与处置等内容，考试时各种题型均可能出现，主观题既可以单独出，也可以与金融工具、企业合并、合并财务报表等章节内容结合，在考试中占有举足轻重的地位。

重难点1：对联营企业、合营企业投资的初始计量★

（一）以支付现金方式取得

1. 初始成本：实际支付的购买价款，包括直接相关的费用、税金及其他必要支出，不包括被投资单位已宣告但尚未发放的现金股利或利润

2. 账务处理

借：长期股权投资

　　应收股利

　　贷：银行存款

（二）以发行权益性证券方式取得

1. 初始成本：权益性证券的公允价值；发行费用冲减"资本公积——股本溢价"

2. 账务处理

借：长期股权投资

　　贷：股本

　　　　资本公积——股本溢价

借：资本公积——股本溢价（发行费用）

　　贷：银行存款

（三）债务重组方式取得

1. 初始成本：放弃债权的公允价值加上可直接归属于该资产的税金等其他成本

2. 账务处理

借：长期股权投资

　　坏账准备

　　贷：应收账款等

　　　　投资收益（倒挤差额，或借）

（四）以非货币性资产交换方式取得

1. 初始成本：按照非货币性资产交换准则计量（具有商业实质、公允价值计量）

2. 账务处理

（1）付出的对价是无形资产。

借：长期股权投资（无形资产的公允价值 + 销项税额）

　　累计摊销

　　无形资产减值准备

　　贷：无形资产（账面余额）

应交税费——应交增值税（销项税额）

资产处置损益（倒挤差额，或借）

（2）付出的对价是固定资产。

借：固定资产清理

累计折旧

固定资产减值准备

贷：固定资产

借：长期股权投资（固定资产的公允价值＋销项税额）

贷：固定资产清理

应交税费——应交增值税（销项税额）

资产处置损益（倒挤差额，或借）

（3）付出的对价是存货。

借：长期股权投资（存货的含增值税公允价值）

贷：主营业务收入

应交税费——应交增值税（销项税额）

借：主营业务成本

存货跌价准备

贷：库存商品

（4）付出的对价是金融资产。

借：长期股权投资（金融资产的公允价值）

贷：其他债权投资/交易性金融资产/其他权益工具投资等

投资收益/留存收益（倒挤差额，或借）

【经典真题】

【单选题·2014】 2×14年2月1日，甲公司以增发1 000万股普通股和一台设备为对价，取得乙公司25%股权。普通股面值为每股1元，公允价值为每股10元。为发行股份支付佣金和手续费400万元。设备账面价值为1 000万元，公允价值为1 200万元，当日乙公司可辨认净资产公允价值为40 000万元。投资后甲公司能够对乙公司施加重大影响，不考虑其他因素，甲公司该项长期股权投资初始投资成本是（　　）万元。

A. 10 000　　B. 10 400　　C. 11 600　　D. 11 200

【答案】D

【解析】甲公司该项长期股权投资的初始投资成本＝1 000×10＋1 200＝11 200（万元）。

【多选题·2013】 甲公司与丙公司签订一项资产置换合同，甲公司以其持有的联营企业30%的股权作为对价，另以银行存款支付补价100万元，换取丙公司生产的一大型设备，该设备的总价款为3 900万元，该联营企业30%股权的取得成本为2 200万元；取得时该联营企业可辨认净资产公允价值为7 500万元（可辨认资产、负债的公允价值与账面价值相等）。

甲公司取得该股权后至置换大型设备时，该联营企业累计实现净利润3 500万元，分配现金股利400万元，其他综合收益增加650万元。交换日，甲公司持有该联营企业30%股权的公允价值为3 800万元，不考虑税费及其他因素，下列各项对上述交易的会计处理中，正确的有（　　）。

A. 甲公司处置该联营企业股权确认投资收益620万元

B. 丙公司确认换入该联营企业股权入账价值为3 800万元

C. 丙公司确认换出大型专用设备的营业收入为3 900万元

D. 甲公司确认换入大型专用设备的入账价值为3 900万元

【答案】ABCD

【解析】长期股权投资处置时的账面价值 = 2 200 + (7 500 × 30% − 2 200) + (3 500 − 400) × 30% + 650 × 30% = 3 375（万元），甲公司处置该联营企业股权确认投资收益 = 3 800 − 3 375 + 650 × 30% = 620（万元），选项A正确；丙公司换入该联营企业股权按其公允价值3 800万元入账，选项B正确；丙公司换出其生产的大型专用设备应按其公允价值3 900万元确认营业收入，选项C正确；甲公司确认换入大型专用设备的入账价值 = 3 800 + 100 = 3 900（万元），选项D正确。

【经典模拟题】

【多选题】以发行权益性证券取得对联营企业、合营企业的长期股权投资，初始投资成本包括（　　）。

A. 发行权益性证券的账面价值

B. 发行权益性证券的公允价值

C. 与股份发行相关的相关税费

D. 为取得长期股权投资支付的相关税费

【答案】BD

【解析】以发行权益性证券取得对联营企业、合营企业的长期股权投资，应当按照发行权益性证券的公允价值与为取得长期股权投资相关税费之和作为初始投资成本。与股份发行相关的相关税费冲减“资本公积——股本溢价”。

重难点2：对子公司投资的初始计量★★

（一）非同一控制下企业合并

1. 一次交易实现控股合并

（1）处理原则。

项目	会计处理原则
长期股权投资初始成本	合并成本，即付出对价的公允价值
对价的处理	按照公允价值计量，对价如果是非现金资产视同销售，公允价值与账面价值的差额计入当期损益
合并价差的处理	个别报表不处理，合并报表层面，合并成本超过被购买方可辨认净资产公允价值份额的差额，确认为商誉
评估费、法律费、审计费等直接相关费用	管理费用
作为对价发行权益性证券的发行费用	冲减“资本公积——股本溢价”

续表

项目	会计处理原则
作为对价发行债务性证券的发行费用	记入“应付债券——利息调整”科目
支付的对价中包含的已宣告尚未发放的现金股利	记入“应收股利”科目

（2）账务处理。

①付出的对价是无形资产。

借：长期股权投资［无形资产的含税公允价值］

　　累计摊销

　　无形资产减值准备

　　贷：无形资产［账面余额］

　　　　应交税费——应交增值税（销项税额）

　　　　资产处置损益［或借］

②付出的对价是固定资产。

借：固定资产清理

　　累计折旧

　　固定资产减值准备

　　贷：固定资产

借：长期股权投资［固定资产的含税公允价值］

　　贷：固定资产清理

　　　　应交税费——应交增值税（销项税额）

　　　　资产处置损益［或借］

③付出的对价是存货。

借：长期股权投资［存货的含税公允价值］

　　贷：主营业务收入

　　　　应交税费——应交增值税（销项税额）

借：主营业务成本

　　存货跌价准备

　　贷：库存商品

④付出的对价是发行权益性证券。

借：长期股权投资［按股份的公允价值入账］

　　贷：股本［按股票面值入账］

　　　　资本公积——股本溢价［倒挤］

另付发行费用时：

借：资本公积——股本溢价

　　贷：银行存款

⑤直接相关费用的处理。

借：管理费用

贷：银行存款

2. 多次交易实现控股合并

（1）处理原则。

非同一控制下多次交易实现控股合并在个别报表的处理原则如下表所示。

项目	内容
原投资为金融资产	原投资按照公允价值重新计量（先卖后买），“其他综合收益”转“投资收益”或“留存收益”
原投资为长期股权投资（权益法）	原投资个别报表上维持其账面价值，“其他综合收益”“资本公积——其他资本公积”在购买日不进行结转，将来在投资处置时转“投资收益”或“留存收益”

（2）账务处理。

①原投资为金融资产。

借：长期股权投资（原公允+新公允）

　　贷：交易性金融资产/其他权益工具投资

　　　　投资收益/留存收益（原投资公允与账面之差，或借）

　　　　银行存款等

借：其他综合收益

　　贷：盈余公积

　　　　利润分配——未分配利润

或相反。

②原投资为长期股权投资（权益法）。

借：长期股权投资（原账面+新公允）

　　贷：长期股权投资

　　　　银行存款等

（二）同一控制下企业合并

1. 一次交易实现控股合并

（1）处理原则。

项目	会计处理原则
长期股权投资初始成本	被合并方子公司的可辨认净资产在最终控制方合并报表中的账面价值份额×合并方母公司持股比例+最终控制方收购被合并方形成的商誉
对价的处理	按账面价值计量，账面余额反向结转
合并价差的处理	调整“资本公积——资本溢价（股本溢价）”，余额不足，冲减留存收益
评估费、法律费、审计费等直接相关费用	管理费用
作为对价发行权益性证券的发行费用	冲减“资本公积——股本溢价”
作为对价发行债务性证券的发行费用	记入“应付债券——利息调整”科目
支付的对价中包含的已宣告尚未发放的现金股利	记入“应收股利”科目

（2）账务处理。

①合并方以支付现金、转让非现金资产或承担债务方式作为合并对价。

借：长期股权投资

　　贷：相关负债科目［账面价值］

　　　　相关资产科目［账面价值］

　　　　资本公积——股本（资本）溢价［差额，或借方］

②发行权益性证券作为合并对价。

借：长期股权投资

　　贷：股本［发行股票的数量×每股面值］

　　　　资本公积——股本溢价（差额）

　　　　权益性证券的发行费用冲减“资本公积——股本溢价”

借：资本公积——股本溢价

　　贷：银行存款

③直接相关费用的处理。

借：管理费用

　　贷：银行存款

2. 多次交易实现控股合并

（1）处理原则。

长期股权投资的成本按照被合并方的可辨认净资产在最终控制方合并报表中的账面价值乘以累计持股比例，再加上最终控制方收购被合并方形成的商誉确定。付出的对价为原股权投资的账面价值加上追加投资付出对价的账面价值。形成的差额调整“资本公积——资本溢价”或“股本溢价”，余额不足，冲减留存收益。

（2）账务处理。

借：长期股权投资

　　贷：长期股权投资/交易性金融资产/其他权益工具投资［账面价值］

　　　　相关资产、负债等［账面价值］

　　　　资本公积——股本（资本）溢价［倒挤差额，或借方］

【经典真题】

【多选题·2014年改编】下列各项交易费用中，应当于发生时直接计入当期损益的有（　　）。

A. 与取得交易性金融资产相关的交易费用

B. 同一控制下企业合并中发生的审计费用

C. 取得一项以摊余成本计量的金融资产发生的交易费用

D. 非同一控制下企业合并中发生的资产评估费用

【答案】ABD

【解析】选项A，交易费用计入投资收益借方；选项B和D，相关费用计入管理费用；选项C，交易费用计入以摊余成本计量的金融资产的成本。

【单选题·2014】甲公司2×18年7月1日自母公司（丁公司）取得乙公司60%股权，当日，乙公司个别财务报表中净资产账面价值为3 200万元。该股权系丁公司于2×16年6月自公开市场购入，丁公司在购入乙公司60%股权时确认了800万元商誉。2×18年7月1日，以丁公司取得该股权时乙公司可辨认净资产公允价值为基础持续计算的乙公司可辨认净资产价值为4 800万元。为进行该项交易，甲公司支付有关审计等中介机构费用120万元。不考虑其他因素，甲公司应确认对乙公司股权投资的初始投资成本是（　　）万元。

A. 1 920　　B. 2 040　　C. 2 880　　D. 3 680

【答案】D

【解析】甲公司应确认对乙公司股权投资的初始投资成本 = 4 800×60% + 800 = 3 680（万元）

【经典模拟题】

【单选题】企业发生的下列支出，不计入资产成本或负债初始确认金额的是（　　）。

A. 承租人在融资租赁中发生的初始直接费用

B. 合并方在非同一控制下的企业合并中发生的中介费用

C. 发行以摊余成本计量的公司债券时发生的交易费用

D. 外购无形资产发生的交易费用

【答案】B

【解析】选项B，企业进行非同一控制下企业合并时支付的中介费用应计入当期损益（管理费用）。

【多选题】下列各项涉及交易费用会计处理的表述中，正确的有（　　）。

A. 购买子公司股权发生的初始直接费用计入当期损益

B. 定向增发普通股支付的券商手续费直接计入当期损益

C. 购买交易性金融资产发生的手续费直接计入当期损益

D. 购买以摊余成本计量的金融资产发生的手续费直接计入当期损益

【答案】AC

【解析】选项B，定向增发普通股支付的券商手续费冲减发行股票的溢价收入；选项D，购买以摊余成本计量的金融资产发生的手续费直接计入其初始入账价值。

【单选题】A公司持有B公司40%股权，对乙公司具有重大影响，截至2×18年12月31日，长期股权投资的账面价值为1 250万元，2×19年1月5日，甲公司又以账面价值为500万元、公允价值为650万元的固定资产购入乙公司20%股权。新增股权后，甲公司能够对乙公司实施控制，当日乙公司可辨认净资产公允价值为3 200万元，乙公司40%股权的公允价值为2 000万元。甲公司对乙公司投资前两者不具有关联方关系，该项交易不属于一揽子交易，不考虑相关税费。增资后长期股权投资的初始投资成本为（　　）万元。

A. 1 750　　B. 2 500　　C. 2 650　　D. 1 900

【答案】D

【解析】增资后采用成本法进行后续计量，原投资保持账面价值不变，增资后长期股权投资的初始投资成本为原股权投资的账面价值与新增投资成本之和。长期股权投资初始投资

成本 =1 250 +650 =1 900（万元）。

【单选题】A 公司和 B 公司为同一集团甲公司下的两个子公司。A 公司 2×18 年初支付银行存款 20 万元取得乙公司 10% 的股权，分类为以公允价值计量且其变动计入当期损益的金融资产，当年年末公允价值为 30 万元。2×18 年初，A 公司又支付银行存款 100 万元从母公司甲手中取得 B 公司 45% 的股权，对 B 公司实现控制。当日乙公司可辨认净资产公允价值为 420 万元，所有者权益账面价值为 400 万元；假定不考虑其他因素，已知该项交易不属于一揽子交易。形成合并之后，A 公司应确认的对 B 公司长期股权投资入账价值为（　　）万元。

A. 130　　B. 125　　C. 220　　D. 231

【答案】C

【解析】同一控制下多次交易分步实现企业合并，合并日以应享有被投资方所有者权益账面价值的份额作为长期股权投资的入账价值。A 公司应确认的长期股权投资入账价值 = 400×（10% +45%）=220（万元）。

相应的会计分录为：

2×18 年初：

借：交易性金融资产——成本	20	
贷：银行存款		20

2×18 年末：

借：交易性金融资产——公允价值变动	10	
贷：公允价值变动损益		10

2×19 年初：

借：长期股权投资	220	
贷：交易性金融资产——成本		20
——公允价值变动		10
银行存款		100
资本公积——股本溢价		90

重难点 3：长期股权投资权益法★★★

（一）一般会计处理

1. 初始成本调整

初始投资成本小于投资时点享有被投资单位可辨认净资产公允价值份额，按照差额：

借：长期股权投资——投资成本

　　贷：营业外收入

2. 投资损益的确认

按照被投资单位调整之后的净损益乘以投资方的持股比例：

借：长期股权投资——损益调整

　　贷：投资收益

或相反。

3. 现金股利的处理

按照被投资单位宣告发放的现金股利乘以投资方持股比例：

借：应收股利

  贷：长期股权投资——损益调整

4. 超额亏损的处理

投资企业确认被投资单位发生的净亏损，应当以长期股权投资的账面价值以及其他实质上构成对被投资单位净投资的长期权益减记至零为限，投资企业负有承担额外损失义务的除外。

（1）确认投资损失。

借：投资收益/其他综合收益

  贷：长期股权投资——损益调整/其他综合收益

    长期应收款

    预计负债

（2）将来被投资方实现盈利（或增加其他综合收益税后净额）时，先冲备查簿中的亏损额，再将上述分录反做。

5. 其他综合收益的处理

按照被投资单位其他综合收益的变动额乘以持股比例：

借：长期股权投资——其他综合收益

  贷：其他综合收益

或相反。

6. 被投资单位所有者权益其他变动的处理

按照被投资单位除了净损益、利润分配、其他综合收益以外的所有者权益变动额乘以持股比例：

借：长期股权投资——其他权益变动

  贷：资本公积——其他资本公积

或相反。

7. 股票股利的处理

不做会计处理，但应于除权日注明所增加的股数，以反映股份的变化情况（同成本法）。

（二）被投资方账面净利润的调整

	存货	固定资产、无形资产（直线法）
投资时点公允价值调整	调整后的净利润 = 被投资方当期实现净利润 –（投资时点存货公允价值 – 存货账面价值）× 当期出售比例	调整后的净利润 = 被投资方当期实现净利润 –（资产公允价值 – 资产账面价值）/尚可使用年限 ×（当年折旧、摊销月数/12）
内部交易调整	（1）交易发生当年 调整后的净利润 = 被投资方当期实现净利润 –（存货内部交易售价 – 存货账面价值）×（1 – 当期出售比例） （2）后续期间 调整后的净利润 = 被投资方当期实现净利润 +（内部交易存货售价 – 存货账面价值）× 当期出售比例	（1）交易发生当年 调整后的净利润 = 被投资方当期实现净利润 –（资产售价 – 资产账面价值）+（资产售价 – 资产账面价值）/预计尚可使用年限 ×（当年折旧、摊销月数/12） （2）后续期间 调整后的净利润 = 被投资方当期实现净利润 +（资产售价 – 资产账面价值）/预计尚可使用年限 ×（当期折旧、摊销月数/12）

（三）合并报表层面投资方与其联营企业、合营企业之间内部交易的调整

1. 逆流交易

投资方在个别报表层面确认对联营企业、合营企业投资收益后，如果投资方有子公司，需要编制合并报表，针对未实现内部交易损益对应投资方持股比例部分，在合并报表层面需要做如下调整分录：

借：长期股权投资

　　贷：存货等

以后年度如果投资方仍然有结存的、从联营企业、合营企业购进的存货，按照结存存货包含的未实现内部交易损益金额对应投资方持股比例部分，仍然需要做上述调整分录。

2. 顺流交易

投资方在个别报表层面确认对联营企业、合营企业投资收益后，如果投资方旗下有子公司，需要编制合并报表，针对未实现内部交易损益对应投资方持股比例部分，在合并报表层面需要做如下调整分录：

借：营业收入

　　贷：营业成本

　　　　投资收益

或

借：资产处置收益

　　贷：投资收益

【小贴士】上述调整分录中的金额，与被投资方是否将内部购进的资产对外出售无关。该调整分录只需要在交易发生当年做，以后年度不需要再进行调整。

【经典真题】

【多选题·2017】甲公司为境内上市的非投资性主体，其持有其他企业股权或权益的情况如下：

（1）持有乙公司30%的股权并能对其施加重大影响；（2）持有丙公司50%股权并能与丙公司的另一投资方共同控制丙公司；（3）持有丁公司5%股权但对丁公司不具有控制、共同控制和重大影响；（4）持有戊结构化主体的权益并能对其施加重大影响。

下列各项关于甲公司持有其他企业股权或权益会计处理的表述中，正确的有（　　）。

A. 甲公司对乙公司的投资采用权益法进行后续计量

B. 甲公司对丙公司的投资采用成本法进行后续计量

C. 甲公司对丁公司的投资采用公允价值进行后续计量

D. 甲公司对戊公司的投资采用公允价值进行后续计量

【答案】AC

【解析】甲公司持有丙公司50%股权，能够与其他企业共同控制丙公司，采用权益法核算，选项B不正确；甲公司持有戊公司结构化主体的权益，并能够对其施加重大影响，采用权益法核算，选项D不正确。

【单选题·2018】2×16年1月1日，甲公司以1 500万元的价格购入乙公司30%股权，

能对乙公司施加重大影响。当日，乙公司可辨认净资产的公允价值为4 800万元，与其账面价值相同。2×16年度，乙公司实现净利润800万元，其他综合收益增加300万元；乙公司从甲公司购入某产品并形成年末存货900万元（未发生减值），甲公司销售该产品的毛利率为25%。2×17年度，乙公司分派现金股利400万元，实现净利润1 000万元，上年度从甲公司购入的900万元产品全部对外销售。甲公司投资乙公司前，双方不存在关联方关系。不考虑税费及其他因素，甲公司对乙公司股权投资在其2×17年末合并资产负债表中应列示的金额是（　　）万元。

A. 1 942.50　　B. 2 062.50　　C. 2 077.50　　D. 2 010.00

【答案】D

【解析】甲公司对乙公司股权投资在其2×17年末合并资产负债表中应列示的金额 = 1 500 + [（800 − 900×25%）+ 300] ×30% + [（1 000 + 900×25%）− 400] ×30% = 2 010（万元）。

【计算分析题（节选）·2017】甲股份有限公司（以下简称"甲公司"）2×16年发生的有关交易和事项如下：

1月2日，甲公司支付3 600万元银行存款，取得丙公司30%的股权，当日丙公司可辨认净资产公允价值为14 000万元，有关可辨认资产、负债的公允价值与账面价值相同。甲公司取得该股权后，向丙公司董事会派出一名成员，参与丙公司的日常经营决策。

2×16年丙公司实现净利润2 000万元，持有其他债权投资当年市场价格下跌300万元。

2×16年12月31日丙公司引入新投资者，新投资者向丙公司投入4 000万元，新投资者加入后，甲公司持有丙公司的股权比例降至25%，但仍能够对丙公司施加重大影响。

其他相关资料：本题中不考虑所得税等相关税费影响以及其他因素。

【答案及解析】上述事项影响其他综合收益。

借：长期股权投资　　4 200
　　贷：银行存款　　3 600
　　　　营业外收入　　600
借：长期股权投资（2 000×30%）　　600
　　贷：投资收益　　600
借：其他综合收益（300×30%）　　90
　　贷：长期股权投资　　90

因股权稀释导致增加的净资产份额 =（14 000 + 2 000 − 300 + 4 000）×25% −（14 000 + 2 000 − 300）×30% = 215（万元），或 = 4 000×25% −（14 000 + 2 000 − 300）×（30% − 25%）= 215（万元）

借：长期股权投资——其他权益变动　　215
　　贷：资本公积——其他资本公积　　215

【综合题（节选、改编）·2017】甲股份有限公司（旗下有子公司）2×15年、2×16年发生的有关交易或事项如下：

（1）2×15年6月30日，甲公司以4 800万元取得丙公司20%股权。当日，交易各方办理完成股权变更登记手续，丙公司可辨认净资产公允价值为28 000万元，其中除一项土地使用权的公允价值为 2 400 万元、账面价值为 1 200 万元外，其他资产、负债的公允价值与账面价值相同。该土地使用权未来仍可使用 10 年，丙公司采用直线法摊销，预计净残值为零。

当日，根据丙公司章程规定，甲公司向丙公司董事会派出一名成员，参与财务和生产经营决策。

（2）2×16 年，甲公司与丙公司发生的交易或事项如下：

7 月 20 日，甲公司将其生产的一台设备销售给丙公司。该设备在甲公司的成本为 600 万元，销售给丙公司的售价为 900 万元，有关款项已通过银行存款收取。丙公司将取得的设备作为存货。至 2×16 年末，尚未对外销售。丙公司 2×16 年实现净利润 4 000 万元。

要求：

（1）计算甲公司 2×16 年合并利润表中应当确认的投资收益，编制甲公司 2×16 年个别财务报表中与持有丙公司投资相关的会计分录。

（2）编制甲公司 2×16 年合并财务报表时与丙公司未实现内部交易损益相关的调整或抵销分录。

【答案及解析】

（1）合并利润表中确认的投资收益 =3 580×20% +（900 -600）×20% =776（万元）。丙公司调整后的净利润 =4 000 - 评估增值无形资产补提摊销（2 400 -1 200）/10 -（900 -600）=3 580（万元）

借：长期股权投资　　　　（3 580×20%）716

　贷：投资收益　　　　　716

（2）与丙公司内部交易的调整分录。

借：营业收入　　　　（900×20%）180

　贷：营业成本　　　　（600×20%）120

　　投资收益　　　　60

【经典模拟题】

【单选题】甲公司持有乙公司 30% 的股权，能对乙公司施加重大影响。20×2 年度乙公司实现净利润 8 000 万元，当年 6 月 20 日，甲公司将成本为 600 万元的商品以 1 000 万元的价格出售给乙公司，乙公司将其作为管理用固定资产并于当月投入使用，预计使用 10 年，净残值为零，采用年限平均法计提折旧。甲公司在其 20×2 年度的个别财务报表中应确认对乙公司投资的投资收益为（　　）万元。

A. 2 100　　B. 2 280　　C. 2 286　　D. 2 400

【答案】C

【解析】甲公司在其 20×2 年度的个别财务报表中应确认对乙公司投资的投资收益 =［8 000 -（1 000 -600）+（1 000 -600）/10×6/12］×30% =2 286（万元）。

【单选题】甲公司 2×13 年 7 月以 860 万元取得 100 万股乙公司普通股，占乙公司发行在外普通股股份的 0.5%，作为其他权益工具投资核算。乙公司股票 2×13 年年末收盘价为每股 10.2 元。2×14 年 4 月 1 日，甲公司又出资 27 000 万元取得乙公司 15% 的股份，按照乙公司章程规定，自取得该股份之日起，甲公司有权向乙公司董事会派出成员；当日，乙公司股票价格为每股9元。2×15年5月，乙公司经股东大会批准进行重大资产重组（接受其他股东出资），甲公司在该项重大资产重组后持有乙公司的股权比例下降为10%，但仍能向乙公司董事会派出董事并对乙公司施加重大影响。不考虑其他因素，下列关于因持有乙公司股权对甲公司各期间利润影响的表述中，正确的有（　　）。

A. 2×14年持有乙公司15.5%股权应享有乙公司净利润的份额影响2×14年利润

B. 2×13年持有乙公司股权期末公允价值相对于取得成本的变动额影响2×13年利润

C. 2×15年因重大资产重组，相应享有乙公司净资产份额的变动额影响2×15年利润

D. 2×14年增持股份时，原所持100万股乙公司股票公允价值与账面价值的差额影响2×14年利润

【答案】A

【解析】选项B，乙公司股权公允价值相对于取得成本的变动计入其他综合收益不影响利润；选项C，2×15年因重大资产重组，相应享有乙公司净资份额的变动计入资本公积，不影响利润。选项D，原所持100万股乙公司股票公允价值与账面价值的差额计入留存收益。

【多选题】甲公司20×3年1月2日取得乙公司30%的股权，并与其他投资方共同控制乙公司，甲公司、乙公司20×3年发生的下列交易或事项中，会对甲公司20×3年个别财务报表中确认对乙公司投资收益产生影响的有（　　）。

A. 乙公司股东大会通过发放股票股利的议案

B. 甲公司将成本为50万元的产品以80万元出售给乙公司作为固定资产

C. 投资时甲公司投资成本小于应享有乙公司可辨认净资产公允价值的份额

D. 乙公司将账面价值200万元的专利权作价360万元出售给甲公司作为无形资产

【答案】BD

【解析】选项A，由于对乙公司所有者权益没有影响，甲公司不做会计处理；选项B和D属于内部交易，影响调整后的净利润，因此影响投资收益；选项C，确认营业外收入，不影响投资收益。

重难点4：长期股权投资核算方法转换★★★

（一）公允价值计量的金融资产转为权益法

1. 转换后长期股权投资初始投资成本=转换日原投资公允价值（先卖后买）+新增投资的公允价值

2. 原股权投资于转换日的公允价值与账面价值之间的差额，计入改按权益法核算当期的损益（投资收益）或留存收益。

3. 比较初始投资成本与获得重大影响或共同控制时应享有被投资单位可辨认净资产公允价值份额之间的差额，前者大于后者的，不调整长期股权投资的账面价值；前者小于后者的，差额应调整长期股权投资的账面价值，并计入当期营业外收入。

会计分录如下：

借：长期股权投资

　　贷：交易性金融资产

　　　　银行存款等

投资收益［倒挤差额，或借］

或

借：长期股权投资

贷：其他权益工具投资

银行存款等

盈余公积、利润分配［倒挤差额，或借］

借：其他综合收益

贷：盈余公积、利润分配［或相反］

借：长期股权投资

贷：营业外收入［负商誉调整］

（二）金融资产或权益法转为成本法

按照多次交易实现控股合并的原则处理。

（三）成本法转权益法

1. 处置部分

借：银行存款

贷：长期股权投资

投资收益［差额］

2. 剩余部分的追溯调整

（1）原投资时点负商誉的追溯。

比较剩余长期股权投资的投资成本与按剩余持股比例计算原投资时点应享有被投资单位可辨认净资产公允价值份额，如果前者小于后者，按照差额调整长期股权投资账面价值，同时调整留存收益。调整分录如下：

借：长期股权投资

贷：盈余公积

利润分配——未分配利润

（2）调原投资时点至处置投资交易日之间被投资单位净资产价值变动中投资方按剩余持股比例享有的份额。

按权益法调整剩余股权投资的思路如下表所示：

情况分类	会计处理	
被投资方实现净损益	取得原投资时至处置投资当期期初的部分（以前年度）	调整留存收益
	处置投资当期期初至处置投资交易日之间的部分（当年）	计入当期损益
被投资方实现其他综合收益	调整其他综合收益	
被投资方发生其他权益变动	调整资本公积——其他资本公积	

调整分录如下：

借：长期股权投资

贷：盈余公积、利润分配［取得原投资时点至处置投资当期期初被投资方的留存收

益变动（扣除现金股利）×剩余持股比例]

投资收益［处置投资当期期初至处置日被投资方的净损益变动（扣除现金股利）×剩余持股比例]

其他综合收益（投资持有期间被投资单位其他综合收益变动×剩余持股比例）

资本公积——其他资本公积（投资持有期间被投资单位其他净资产变动×剩余持股比例）

（四）权益法转为公允价值计量的金融资产

1. 确认处置部分的损益

借：银行存款

　　贷：长期股权投资

　　　　投资收益

2. 原权益法核算确认的其他综合收益全部转投资收益或留存收益

借：其他综合收益

　　贷：投资收益

　　　　盈余公积

　　　　利润分配——未分配利润

或相反。

3. 原权益法核算确认的资本公积（其他资本公积）全部转投资收益

借：资本公积——其他资本公积

　　贷：投资收益

或相反。

4. 剩余股权投资转为公允价值计量的金融资产

借：其他权益工具投资/交易性金融资产［剩余部分的公允价值]

　　贷：长期股权投资［剩余部分的账面价值]

　　　　投资收益［差额]

（五）成本法转公允价值计量的金融资产

1. 确认处置部分的损益

借：银行存款

　　贷：长期股权投资［出售部分账面价值]

　　　　投资收益

2. 剩余股权投资转为公允价值计量的金融资产

借：其他权益工具投资/交易性金融资产［剩余部分公允价值]

　　贷：长期股权投资［剩余部分账面价值]

　　　　投资收益［差额]

【经典真题】

【单选题·2018】2×17年1月，甲公司出售所持子公司（乙公司）80%股权，出售后剩余5%股权不能再对乙公司进行控制、共同控制或施加重大影响。下列各项关于甲公司出售乙公司股权时对剩余5%股权进行会计处理的表述中，正确的是（　　）。

A. 按成本进行计量

B. 按公允价值与其账面价值的差额确认为资本公积

C. 视同取得该股权投资时即采用权益法核算并调整其账面价值

D. 按金融工具确认和计量准则进行分类和计量

【答案】 D

【解析】 出售后剩余5%股权不能再对乙公司进行控制、共同控制或施加重大影响，应按照金融工具确认和计量准则进行分类和计量，按照该时点公允价值进行计量，其公允价值与账面价值的差额计入投资收益，选项D正确。

【计算分析题·2019】 甲公司没有子公司，不编合并报表。甲公司相关年度发生与投资有关的交易或事项如下：

（1）20×7年1月1日，甲公司通过发行普通股2 500万股（1元/股）取得乙公司30%股权，能对乙公司产生重大影响。甲公司发行股票的公允价值为6元/股，甲公司取得投资时，乙公司可辨认净资产的账面价值为50 000万元，公允价值为55 000万元，除A办公楼外，乙公司其他资产负债的账面价值均等于公允价值。A办公楼的账面余额为30 000万元，累计计提折旧15 000万元，公允价值为20 000万元。乙公司对该办公楼预计总使用年限为40年，已用20年，自甲公司取得乙公司股权投资日起确定尚可使用20年，预计净残值为0。

（2）20×7年6月3日，甲公司以300万元的价值自乙公司购入产品一批，该批产品成本为250万元，至20×7年底，乙公司已将该产品销售50%，其余50%产品尚未销售形成存货。

20×7年度，乙公司实现净利润3 600万元，因分类为以公允价值计量且其变动计入其他综合收益的金融资产公允价值变动确认其他综合收益100万元。

（3）20×8年1月1日，甲公司以12 000万元的价格将所持乙公司15%股权对外出售，股权出售后，甲公司对乙公司不再具有重大影响，将所持乙公司剩余15%股权指定为以公允价值计量且其变动计入其他综合收益的金融资产，公允价值为12 000万元。

（4）20×8年12月31日，甲公司所持乙公司15%股权公允价值为14 000万元。

（5）20×9年1月1日，甲公司将所持乙公司15%股权对外出售，取得价款14 000万元。

其他资料：第一，甲公司按净利润的10%提取盈余公积；第二，不考虑相关税费及其他因素。

要求：

（1）根据资料（1），计算甲公司所持乙公司长期股权投资的初始投资成本，并编制相关会计分录。

（2）根据资料（1）和（2），计算甲公司所持乙公司股权投资20×7年应确认的投资收益，并编制相关会计分录。

（3）根据资料（3），计算甲公司出售所持乙公司15%股权产生的损益，并编制相关会计分录。

（4）根据资料（4）和（5），编制甲公司持有并出售乙公司剩余15%股权的会计分录。

【答案及解析】

（1）甲公司所持乙公司长期股权投资的初始投资成本 =2 500 ×6 =15 000（万元）

初始投资成本 15 000 万元，享有被投资单位可辨认净资产公允价值份额 =55 000 ×30% =16 500（万元），初始投资成本小于享有被投资单位可辨认净资产公允价值份额，应按差额 1 500 万元调增长期股权投资，同时计入营业外收入。

借：长期股权投资——投资成本　　15 000
　　贷：股本　　2 500
　　　　资本公积——股本溢价　　12 500
借：长期股权投资——投资成本　　1 500
　　贷：营业外收入　　1 500

（2）乙公司 20 ×7 年调整后的净利润 =3 600 -［20 000 -（30 000 -15 000）］/20 -（300 -250）×（1 -50%）=3 325（万元）

甲公司 20 ×7 年应确认的投资收益 =3 325 ×30% =997. 5（万元）

借：长期股权投资——损益调整　　997. 5
　　贷：投资收益　　997. 5

甲公司 20 ×7 年确认的乙公司其他综合收益变动份额 =100 ×30% =30（万元）

借：长期股权投资——其他综合收益　　30
　　贷：其他综合收益　　30

（3）甲公司出售所持乙公司 15% 股权投资产生的损益 =（12 000 +12 000）-（16 500 +997. 5 +30）+30 =6 502. 5（万元）

借：银行存款　　12 000
　　贷：长期股权投资——投资成本（16 500 ×15%/30%）　　8 250
　　　　　　　　　　——损益调整（997. 5 ×15%/30%）　　498. 75
　　　　　　　　　　——其他综合收益（30 ×15%/30%）　　15
　　　　投资收益　　3 236. 25
借：其他权益工具投资——成本　　12 000
　　贷：长期股权投资——投资成本　　8 250
　　　　　　　　　　——损益调整　　498. 75
　　　　　　　　　　——其他综合收益　　15
　　　　投资收益　　3 236. 25
借：其他综合收益　　30
　　贷：投资收益　　30

（4）20 ×8 年 12 月 31 日：

借：其他权益工具投资——公允价值变动　　2 000
　　贷：其他综合收益　　2 000

20 ×9 年 1 月 1 日：

借：银行存款　　14 000
　　贷：其他权益工具投资——成本　　12 000

——公允价值变动　　2 000

借：其他综合收益　　2 000

　贷：盈余公积　　200

　　利润分配——未分配利润　　1 800

【经典模拟题】

【多选题】下列关于长期股权投资权益法与公允价值计量的金融资产之间相互转换的会计处理的表述中，不正确的有（　　）。

A. 投资方因追加投资由金融资产转换为长期股权投资权益法，应当按照原金融资产的账面价值加上新增投资成本之和，作为改按权益法核算的初始投资成本

B. 投资方因追加投资由金融资产转换为长期股权投资权益法，原持有的股权投资指定为以公允价值计量且其变动计入其他综合收益的金融资产，其公允价值与账面价值之间的差额，以及原累计计入其他综合收益的公允价值变动应当转入当期损益

C. 投资方因处置部分股权投资等原因由长期股权投资权益法转换为公允价值计量的金融资产，处置后的剩余股权应当改按金融工具确认和计量准则核算，按照其在丧失共同控制或重大影响之日的账面价值作为初始投资成本

D. 投资方因处置部分股权投资等原因由长期股权投资权益法转换为公允价值计量的金融资产，原股权投资因采用权益法核算而确认的其他综合收益（允许重分类进损益的其他综合收益）在处置日应按照处置部分的比例转为投资收益

【答案】ABCD

【解析】选项A，应当按照原持有的股权投资的公允价值加上新增投资成本之和，作为改按权益法核算的初始投资成本；选项B，公允价值与账面价值之间的差额，以及原累计计入其他综合收益的公允价值变动应当转入留存收益；选项C，处置后的剩余股权应当改按金融工具确认和计量准则核算，按其在丧失共同控制或重大影响之日的公允价值作为初始投资成本，公允价值与账面价值之间的差额计入当期损益；选项D，由于终止权益法，所以原股权投资因采用权益法核算而确认的其他综合收益（允许重分类进损益的其他综合收益）在处置日应全部转入投资收益。

【计算分析题】2×18年1月1日，甲公司以2 800万元取得乙公司70%的股权，款项以银行存款支付，乙公司2×18年1月1日可辨认净资产公允价值总额为4 500万元（假定其公允价值等于账面价值），假设合并前甲公司与乙公司不存在任何关联方关系。甲公司对该项投资采用成本法核算。

2×18年乙公司实现净利润800万元，其他债权投资公允价值变动计入其他综合收益的金额是200万元，乙公司当年未分派现金股利。

2×19年1月3日，甲公司出售乙公司40%的股权，取得出售价款2 000万元，当日乙公司可辨认净资产公允价值总额为6 000万元。

要求：

（1）编制甲公司取得以及处置乙公司股权相关的会计分录；

（2）计算甲公司处置乙公司股权后剩余长期股权投资的账面价值。

【答案及解析】

（1）会计分录为：

2×18 年 1 月 1 日：

借：长期股权投资　　2 800

　　贷：银行存款　　2 800

2×19 年 1 月 3 日：

借：银行存款　　2 000

　　贷：长期股权投资　　（2 800/70%×40%）1 600

　　　　投资收益　　400

对剩余投资按照权益法追溯调整：

初始投资成本的调整：

借：长期股权投资——投资成本　　（4 500×30%－2 800×30%/70%）150

　　贷：盈余公积　　15

　　　　利润分配——未分配利润　　135

对净利润和其他综合收益的调整：

借：长期股权投资——损益调整　　（800×30%）240

　　贷：盈余公积　　24

　　　　利润分配——未分配利润　　216

借：长期股权投资——其他综合收益　　60

　　贷：其他综合收益　　（200×30%）60

（2）剩余股权调整之后的账面价值＝2 800－1 600＋150＋240＋60＝1 650（万元）

【计算分析题】甲公司 2×18 年至 2×19 年对乙公司股票投资的有关资料如下：

资料一：2×18 年 1 月 1 日，甲公司定向发行每股面值为 1 元、公允价值为 4.5 元的普通股 1 000 万股作为对价取得乙公司 30%有表决权的股份。交易前，甲公司与乙公司不存在关联方关系且不持有乙公司股份；交易后，甲公司能够对乙公司施加重大影响。取得投资日，乙公司可辨认净资产的账面价值为 16 000 万元，除行政管理用 W 固定资产外，其他各项资产、负债的公允价值分别与其账面价值相同。该固定资产原价为 500 万元，原预计使用年限为 5 年，预计净残值为零，采用年限平均法计提折旧，已计提折旧 100 万元；当日，该固定资产公允价值为 480 万元，预计尚可使用 4 年，与原预计剩余年限相一致，预计净残值为零，继续采用原方法计提折旧。

资料二：2×18 年 8 月 20 日，乙公司将其成本为 900 万元的 M 商品以不含增值税的价格 1 200 万元出售给甲公司。至 2018 年 12 月 31 日，甲公司向非关联方累计售出该商品 50%，剩余 50%作为存货，未发生减值。

资料三：2×18 年度，乙公司实现的净利润为 6 000 万元，因其他权益工具投资公允价值变动增加其他综合收益 200 万元，未发生其他影响乙公司所有者权益变动的交易或事项。

资料四：2×19 年 1 月 1 日，甲公司将对乙公司股权投资的 80%出售给非关联方，取得价款 5 600 万元，相关手续于当日完成，剩余股份当日公允价值为 1 400 万元，出售部分股份后，甲公司对乙公司不再具有重大影响，将剩余股权投资转为其他权益工具投资。

资料五：甲公司和乙公司所采用的会计政策、会计期间相同，盈余公积提取比例为10%，假定不考虑增值税、所得税等其他因素。

要求：

（1）判断说明甲公司2×18年度对乙公司长期股权投资应采用的核算方法，并编制甲公司取得乙公司股权投资的会计分录。

（2）计算甲公司2×18年度应确认的投资收益和应享有乙公司其他综合收益变动的金额，并编制相关会计分录。

（3）计算甲公司2×19年1月1日处置部分股权投资交易对公司营业利润的影响额，并编制相关会计分录。

【答案及解析】

（1）甲公司对乙公司的股权投资，应该采用权益法核算。

借：长期股权投资——投资成本　4 500
　贷：股本　1 000
　　资本公积——股本溢价　3 500

借：长期股权投资——投资成本　【[16 000＋（480－400）]×30%－4 500】324
　贷：营业外收入　324

（2）甲公司2×18年应确认的投资收益＝[6 000－（480－400）/4－（1 200－900）×50%]×30%＝1 749（万元）

甲公司2×18年应享有乙公司其他综合收益变动的金额＝200×30%＝60（万元）

借：长期股权投资——损益调整　1 749
　　　　　　　　——其他综合收益　60
　贷：投资收益　1 749
　　其他综合收益　60

（3）甲公司2×19年初处置部分股权对营业利润的影响金额＝（5 600＋1 400）－（4 500＋324＋1 749＋60）＋60＝367（万元）。

借：银行存款　5 600
　贷：长期股权投资——投资成本　[（4 500＋324）×80%]3 859.2
　　　　　　　　　——损益调整　（1 749×80%）1 399.2
　　　　　　　　　——其他综合收益　（60×80%）48
　　投资收益　293.6

借：其他权益工具投资——成本　1 400
　贷：长期股权投资——投资成本　[（4 500＋324）×20%]964.8
　　　　　　　　　——损益调整　（1 749×20%）349.8
　　　　　　　　　——其他综合收益　（60×20%）12
　　投资收益　73.4

借：其他综合收益　60
　贷：盈余公积　6
　　利润分配——未分配利润　54

四、进阶练习

（一）单选题

1. 乙公司为丙公司和丁公司共同投资设立。2×17 年 1 月 1 日，乙公司增资扩股，甲公司出资 450 万元取得乙公司 30% 股权并能够对其施加重大影响。甲公司投资日，乙公司可辨认净资产的公允价值和账面价值均为 1 600 万元。2×17 年，乙公司实现净利润 900 万元，其他综合收益增加 120 万元。甲公司拟长期持有对乙公司的投资。甲公司适用的所得税税率为 25%。不考虑其他因素，下列各项关于甲公司 2×17 年对乙公司投资相关会计处理的表述中，正确的是（　　）。

A. 按照实际出资金额确定对乙公司投资的投资资本

B. 将按持股比例计算应享有乙公司其他综合收益变动的份额确认为投资收益

C. 投资时将实际出资金额与享有乙公司可辨认净资产份额之间的差额确认为其他综合收益

D. 对乙公司投资年末账面价值与计税基础不同产生的应纳税暂时性差异，不应确认递延所得税负债

2. A 公司持有 B 公司 5% 的有表决权股份，指定为以公允价值计量且其变动计入其他综合收益的非交易性权益工具投资。2×18 年 12 月 31 日该股权的账面价值为 2 000 万元（其中成本 1 500 万元，公允价值变动 500 万元）。2×19 年 4 月 1 日甲公司又以账面价值为 5 000 万元、公允价值为 8 000 万元的无形资产为对价自非关联方处取得乙公司 50% 的股权，至此持股比例达到 55%，能够对乙公司施加控制。2×19 年 3 月 1 日乙公司可辨认净资产公允价值与账面价值均为 15 000 万元，原股权在当日的公允价值为 2 500 万元，假定该交易不属于“一揽子交易”。购买日，长期股权投资的入账价值为（　　）万元。

A. 8 250　　B. 7 000

C. 10 000　　D. 10 500

3. 2017 年 1 月 1 日 A 公司自母公司处取得 B 公司 30% 股权，能够对乙公司生产经营决策施加重大影响。截至 2019 年 12 月 31 日，A 公司持有 B 公司 30% 股权的账面价值为 600 万元（其中，投资成本 500 万元，损益调整 50 万元，其他综合收益 50 万元），公允价值为 700 万元。2020 年 1 月 1 日，A 公司又以一批存货（其账面价值为 300 万元，公允价值为 400 万元）和一项固定资产（其账面价值为 600 万元，公允价值为 800 万元）从母公司手中取得 B 公司 40% 的股权，当天办理完毕资产转移手续并取得对 B 公司的控制权。合并日乙公司所有者权益的账面价值为 2 000 万元，公允价值为 2 200 万元。不考虑其他因素的影响。假设此交易不属于一揽子交易，A 公司增资后计入资本公积的金额为（　　）万元。

A. －100　　B. －400

C. 40　　D. －500

4. 下列关于长期股权投资后续计量方法的表述中，错误的是（　　）。

A. 甲公司取得乙公司 40% 的股权投资，对其具有重大影响，应按照权益法进行后续计量

B. 甲公司取得乙公司 45% 有表决权股份，能够控制乙公司，应按照成本法进行后续计量

C. 甲、乙公司共同设立丙公司，双方对丙公司具有共同控制，且能够对丙公司的净资产享有权利，则甲、乙公司均应按照权益法对各自的股权投资进行后续计量

D. 甲公司为投资性主体，从证券市场购入乙上市公司30%股份，对其具有重大影响，甲公司将其划分为长期股权投资并按照权益法核算

5. 关于成本法与权益法的转换，下列说法中不正确的是（　　）。

A. 因追加投资等原因导致对被投资单位由公允价值计量转为控制的，应由权益法改为成本法核算

B. 因处置投资导致对被投资单位的影响能力由控制转为具有重大影响的，应由成本法转换为权益法核算

C. 因追加投资等原因导致对被投资单位由重大影响转为控制的，应由权益法核算改为成本法核算，并进行追溯调整

D. 因子公司少数股东对子公司增资，导致母公司股权被稀释进而丧失控制权但保留重大影响的，应由成本法转换为权益法核算

（二）多选题

1. 权益法下，被投资单位发生的下列交易或事项中，会导致长期股权投资账面价值发生的有（　　）。

A. 被投资单位实现净利润

B. 被投资单位宣告分派现金股利

C. 被投资单位以公允价值计量且其变动计入其他综合收益的金额资产发生公允价值变动

D. 发放股票股利

2. 下列关于追加投资由金融资产转换为长期股权投资权益法核算的会计处理中，正确的有（　　）。

A. 对于原股权，应按照公允价值重新计量

B. 原股权的公允价值与新增投资成本之和作为长期股权投资的初始投资成本

C. 原持有的股权投资分类为其他权益工具投资的，其公允价值与账面价值之间的差额，应计入改按权益法核算的投资收益

D. 原累计确认的其他综合收益应在增资日转入投资收益

3. 母公司因处置部分子公司股权导致丧失了控制权，下列会计处理中，正确的有（　　）。

A. 处置后的剩余股权能够对被投资单位实施共同控制或施加重大影响的，应当改按权益法核算，并按照剩余股权的公允价值作为长期股权投资权益法的初始入账价值

B. 处置后的剩余股权能够对被投资单位实施共同控制或施加重大影响的，应当改按权益法核算，并对该剩余股权视同自取得时即采用权益法进行追溯调整

C. 处置后的剩余股权不能对被投资单位实施共同控制或施加重大影响的，应当改按《企业会计准则第22号——金融工具确认和计量》的有关规定进行会计处理，并按其在丧失控制权之日的账面价值作为金融资产的成本

D. 处置后的剩余股权不能对被投资单位实施共同控制或施加重大影响的，应当改按《企业会计准则第22号——金融工具确认和计量》的有关规定进行会计处理，并按其在丧失

控制之日的公允价值作为金融资产的成本，其在丧失控制权之日的公允价值与账面价值间的差额计入投资收益

4. 确定非同一控制下企业合并的购买日，以下必须同时满足的条件是（　　）。

A. 合并合同或协议已获董事会等内部权力机构通过

B. 已获得国家有关主管部门审批，已办理了必要的财产权交接手续

C. 购买方实际上已经控制了被购买方的财务和经营政策，并享有相应的收益和风险

D. 购买方已支付了购买价款的大部分（一般应超过50%），并且有能力支付剩余款项

5. 下列事实或情况可以判断属于共同经营的是（　　）。

A. 合营安排未通过单独主体达成

B. 单独主体的法律形式赋予各参与方享有与安排相关资产的权利，并承担与安排相关负债的义务

C. 合同安排的条款约定各参与方享有与安排相关资产的权利，并承担与安排相关负债的义务

D. 参与方为合营安排提供担保（或提供担保的承诺）

（三）计算分析题

1. 甲公司为生产加工企业，其在20×6年度发生了以下与股权投资相关的交易：

其他资料：本题中不考虑所得税等税费及其他相关因素。

（1）甲公司在若干年前参与设立了乙公司并持有其30%的股权，将乙公司作为联营企业，采用权益法核算。20×6年1月1日，甲公司自A公司（非关联方）购买了乙公司60%的股权并取得了控制权，购买对价为3 000万元，发生与合并直接相关费用100万元，上述款项均以银行存款转账支付。

20×6年1月1日，甲公司原持有对乙公司30%长期股权投资的账面价值为600万元（长期股权投资账面价值的调整全部为乙公司实现净利润，乙公司不存在其他综合收益及其他影响权益变动的因素）；当日乙公司净资产账面价值为2 000万元，可辨认净资产公允价值为3 000万元，乙公司100%股权的公允价值为5 000万元，30%股权的公允价值为1 500万元，60%股权的公允价值为3 000万元。

（2）20×6年6月20日，乙公司股东大会批准20×5年度利润分配方案，提取盈余公积10万元，分配现金股利90万元，以未分配利润200万元转增股本。

（3）20×6年1月1日，甲公司与B公司出资设立丙公司，双方共同控制丙公司。丙公司注册资本2 000万元，其中甲公司占50%。甲公司以公允价值为1 000万元的土地使用权出资，B公司以公允价值为500万元的机器设备和500万元现金出资。该土地使用权系甲公司于10年前以出让方式取得，原值为500万元，期限为50年，按直线法摊销，预计净残值为零，至投资设立丙公司时账面价值为400万元，后续仍可使用40年。丙公司20×6年实现净利润为220万元。

（4）20×6年1月1日，甲公司自C公司购买丁公司40%的股权，并派人参与丁公司生产经营决策，购买对价为4 000万元，以银行存款转账支付。购买日，丁公司净资产账面价值为5 000万元，可辨认净资产公允价值为8 000万元，3 000万元增值均来自于丁公司的一栋办公楼。该办公楼的原值为2 000万元，预计净残值为零，预计使用寿命为40年，采用年

限平均法计提折旧，自甲公司取得丁公司股权之日起剩余使用寿命为20年。

丁公司20×6年实现净利润900万元，实现其他综合收益200万元。

要求：

（1）根据资料（1），计算甲公司在进一步取得乙公司60%股权后，个别财务报表中对乙公司长期股权投资的账面价值，并编制相关会计分录；计算甲公司合并财务报表中与乙公司投资相关的商誉金额，计算该交易对甲公司合并财务报表损益的影响。

（2）根据资料（2），针对乙公司20×5年利润分配方案，说明甲公司个别财务报表中的相关会计处理，并编制相关会计分录。

（3）根据资料（3），编制甲公司对丙公司出资及确认20×6年投资收益相关的会计分录。

（4）根据资料（4），计算甲公司对丁公司的初始投资成本，并编制相关会计分录。计算甲公司20×6年因持有丁公司股权应确认的投资收益金额，并编制调整长期股权投资账面价值相关的会计分录。

2. 甲公司为境内上市公司且属于增值税一般纳税人。2×15年和2×16年，甲公司发生的有关交易或事项如下：

（1）2×15年6月30日，甲公司以2 400万元购入乙公司26%股权，能够对乙公司施加重大影响，采用权益法核算；款项通过银行转账支付，股权过户登记手续于当日办理完成。当日，乙公司可辨认净资产公允价值为10 000万元，各项可辨认资产、负债的公允价值与其账面价值相同。

2×15年9月30日，甲公司出售其生产的丙产品给乙公司，增值税专用发票上注明的销售价款为2 000万元，增值税额为340万元。截至2×15年12月31日，乙公司已对外出售所购丙产品的50%。甲公司生产该批丙产品的成本为1 300万元。

（2）2×15年，乙公司按其净资产账面价值计算实现的净利润为2 200万元，其中7至12月实现的净利润为1 200万元；2×15年7至12月其他综合收益增加700万元。

要求：

（1）计算2×15年12月31日甲公司持有的乙公司股权在其个别财务报表中列报的长期股权投资金额，编制甲公司取得及持有乙公司投资相关的会计分录。

（2）计算2×15年12月31日合并报表投资收益的列示金额。

（四）综合题

甲公司和乙公司20×8年度和20×9年度发生的有关交易或事项如下：

（1）20×8年5月20日，乙公司的客户（丙公司）因产品质量问题向法院提起诉讼，请求法院裁定乙公司赔偿损失120万元，截至20×8年6月30日，法院尚未对上述案件作出判决，在向法院了解情况并向法院顾问咨询后，乙公司判断该产品质量诉讼案件发生赔偿损失的可能性小于50%。

20×8年12月31日，乙公司对丙公司产品质量诉讼案件进行了评估，认定该诉讼案状况与20×8年6月30日相同。

20×9年6月5日，法院对丙公司产品质量诉讼案件作出判决，驳回丙公司的诉讼请求。

（2）因丁公司无法支付甲公司货款3 500万元，甲公司20×8年6月8日与丁公司达成债务重组协议。协议约定，双方同意丁公司以其持有乙公司的60%股权用以抵偿其欠付甲公司货款3 500万元。甲公司对上述应收账款已计提坏账准备1 300万元。经评估甲公司该应收账款在6月30日的公允价值为3 300万元。

20×8年6月20日，上述债务重组协议经甲公司、丁公司董事会和乙公司股东会批准。20×8年6月30日，办理完成了乙公司的股东变更登记手续。同日，乙公司的董事会进行了改选，改选后董事会由7名董事组成，其中甲公司委派5名董事。乙公司章程规定，其财务和经营决策需经董事会1/2以上成员通过才能实施。

20×8年6月30日，乙公司可辨认净资产的账面价值为4 500万元，除下列项目外，其他可辨认资产、负债的公允价值与其账面价值相同。

单位：万元

项目	账面价值	公允价值
固定资产	1 000	1 500
或有负债	—	20

上述固定资产的成本为3 000万元，原预计使用30年，截至20×8年6月30日已使用20年，预计尚可使用10年。乙公司对上述固定资产采用年限平均法计提折旧，预计净残值为零。上述或有负债为乙公司因丙公司产品质量诉讼案件而形成的。

（3）20×8年12月31日，甲公司对乙公司的商誉进行减值测试。在进行商誉的减值测试时，甲公司将乙公司的所有资产认定为一个资产组，而且判断该资产组的所有可辨认资产不存在减值迹象。甲公司估计乙公司资产组的可收回金额为5 375万元。

（4）20×9年6月28日，甲公司与戊公司签订股权置换合同，合同约定：甲公司以其持有乙公司60%股权与戊公司所持有辛公司30%股权进行置换；甲公司所持有乙公司60%股权的公允价值为4 000万元，戊公司所持有辛公司30%股权的公允价值为2 800万元，戊公司另支付补价1 200万元。20×9年6月30日，办理完成了乙公司、辛公司的股东变更登记手续，同时甲公司收到了戊公司支付的补价1 200万元。

（5）其他资料如下：

①甲公司与丁公司、戊公司不存在任何关联方关系。甲公司在债务重组取得乙公司60%股权前，未持有乙公司股权。乙公司未持有任何公司的股权。

②乙公司20×8年7月1日至12月31日期间实现净利润200万元。20×9年1月1日至6月30日期间实现净利润260万元。除实现的净利润外，乙公司未发生其他影响所有者权益变动的事项。

③本题不考虑税费及其他影响事项。

要求：

（1）对丙公司产品质量诉讼案件，判断乙公司在其20×8年12月31日资产负债表中是否应当确认预计负债，并说明判断依据。

（2）计算甲公司通过债务重组取得乙公司60%股权的交易应当确认的债务重组损益，并编制取得股权的会计分录。

（3）确定甲公司通过债务重组合并乙公司购买日，并说明确定依据。

（4）计算甲公司通过债务重组取得乙公司股权时应当确认的商誉。

（5）判断甲公司20×8年12月31日是否应当对乙公司的商誉计提减值准备，并说明判断依据（需要计算的，列出计算过程）。

（6）判断甲公司与戊公司进行的股权置换交易是否构成非货币性资产交换，并说明判断依据。

（7）计算甲公司因股权置换交易而应分别在其个别财务报表和合并财务报表中确认的损益。

五、进阶练习答案

（一）单选题

1. 【答案】D

【解析】甲公司取得乙公司30%股权投资并能够施加重大影响，属于不形成控股合并的长期股权投资，应该按照付出对价的公允价值作为其初始投资成本，计入营业外收入，并采用权益法进行后续计量。初始投资成本450万元小于应享有乙公司可辨认净资产公允价值的份额（1 600×30%）480万元的差额调整初始投资成本，计入营业外收入，即按照应享有乙公司可辨认净资产公允价值的份额确认其投资成本，选项A、C不正确；应享有乙公司实现其他综合收益的份额确认为其他综合收益，选项B不正确；甲公司拟长期持有对乙公司的投资，形成的暂时性差异不需要确认递延所得税，选项D正确。

2. 【答案】D

【解析】金融资产增资转为成本法核算的长期股权投资，长期股权投资的初始投资成本为金融资产的公允价值加上新支付对价的公允价值，因此购买日长期股权投资入账价值等于初始投资成本，即=2 500+8 000=10 500（万元）。

3. 【答案】A

【解析】A公司增资后长期股权投资的账面价值=2 000×70% =1 400（万元）。应冲减资本公积的金额=原30%股权的账面价值为600万元+追加投资付出对价的账面价值900（300+600）-1 400=100（万元）。

分录为：

借：长期股权投资	1 400	
资本公积——股本溢价	100	
贷：长期股权投资——投资成本		500
——损益调整		50
——其他综合收益		50
库存商品		300
固定资产清理		600

4. 【答案】D

【解析】甲公司为投资性主体，应该按照金融工具准则，将从证券市场购入乙上市公司

30%股份确认为公允价值计量且其变动计入当期损益的金融资产，选项D错误。

5.【答案】C

【解析】因追加投资等原因导致对被投资单位由重大影响转为控制的，应按照通过多次交易实现控股合并进行处理，由权益法核算改为成本法核算，不需要进行追溯调整。

（二）多选题

1.【答案】ABC

【解析】选项D，被投资单位发放股票股利不影响被投资单位的所有者权益，投资方是不对长期股权投资的账面价值进行调整的。

2.【答案】AB

【解析】选项C，原累计确认的其他综合收益应在改按权益法核算时转入留存收益。原持有的股权投资分类为其他权益工具投资的，其公允价值与账面价值之间的差额，应计入改按权益法核算的留存收益收益；选项D，原股权投资作为金融资产核算，确认过其他综合收益，说明原股权投资为其他权益工具投资，转为长期股权投资时，原确认的其他综合收益转入留存收益。

3.【答案】BD

【解析】选项A，处置后的剩余股权能够对被投资单位实施共同控制或施加重大影响的，应当改按权益法核算，并按照剩余股权的账面价值作为长期股权投资权益法的初始成本，并按照权益法进行追溯调整；选项C，处置后的剩余股权不能对被投资单位实施共同控制或施加重大影响的，应当改按《企业会计准则第22号——金融工具确认和计量》的有关规定进行会计处理，并按其在丧失控制权之日的公允价值作为金融资产的成本（先卖后买）。

4.【答案】BCD

【解析】选项A，合并合同或协议已获股东大会等内部权力机构通过。

5.【答案】ABC

【解析】参与方为合营安排提供担保（或提供担保的承诺）的行为本身并不直接导致一项安排被分类为共同经营，选项D错误。

（三）计算分析题

1.【答案及解析】（1）甲公司个别财务报表中长期股权投资的账面价值＝600＋3 000＝3 600（万元）

会计分录如下：

借：长期股权投资	3 000	
贷：银行存款		3 000
借：管理费用	100	
贷：银行存款		100

甲公司合并财务报表中的商誉计算过程如下：

商誉＝甲公司原持有股权的公允价值＋新增的购买成本－乙公司可辨认净资产公允价值的份额＝（1 500＋3 000）－3 000×90%＝4 500－2 700＝1 800（万元）该交易对甲公司合并财务报表的损益影响＝－100＋（1 500－600）＝800（万元）

（2）自20×6年1月1日起，甲公司对乙公司持股90%并采用成本法核算。对乙公司宣告分配的现金股利按照应享有的份额确认投资收益。

对乙公司提取盈余公积和以未分配利润转增股本，不属于分配现金股利或利润，甲公司不进行会计处理。

甲公司应确认的投资收益为 81 万元（90×90%），会计分录如下：

借：应收股利——乙公司　　81

　　贷：投资收益　　81

（3）

借：长期股权投资　　1 000

　　累计摊销　　100

　　贷：无形资产——土地使用权成本　　500

　　　　资产处置损益　　600

借：投资收益　　182.5

　　贷：长期股权投资　　[（220－600＋600/40）×50%]　182.5

（4）

甲公司购买丁公司 40% 股权的初始投资成本为 4 000 万元。

会计分录如下：

借：长期股权投资　　4 000

　　贷：银行存款　　4 000

甲公司应确认投资收益＝（900－3 000/20）×40%＝750×40%＝300（万元）。

甲公司在权益法下应享有的丁公司其他综合收益的份额＝丁公司合并报表其他综合收益×甲公司的持股比例＝200×40%＝80（万元）。

会计分录如下：

借：长期股权投资　　300

　　贷：投资收益　　300

借：长期股权投资　　80

　　贷：其他综合收益　　80

或：

借：长期股权投资　　380

　　贷：投资收益　　300

　　　　其他综合收益　　80

2. **【答案及解析】**

（1）2×15 年甲公司持有的乙公司股权在其个别报表中列示的长期股权投资金额为 3 003 万元。

取得乙公司股权的分录：

借：长期股权投资——投资成本　　2 400

　　贷：银行存款　　2 400

初始投资成本 2 400 万元小于应享有乙公司投资时点可辨认净资产公允价值份额 2 600 万元（10 000×26%），需要调整长期股权投资的初始投资成本。

借：长期股权投资——投资成本　　200
　　贷：营业外收入　　200

子公司调整后的净利润 = 1 200 - (2 000 - 1 300) × (1 - 50%) = 850（万元）

借：长期股权投资——损益调整　　（850 × 26%）221
　　贷：投资收益　　221

借：长期股权投资——其他综合收益　　（700 × 26%）182
　　贷：其他综合收益　　182

2 × 15 年 12 月 31 日长期股权投资的余额 = 2 400 + 200 + 221 + 182 = 3 003（万元）

（2）2 × 15 年 12 月 31 日合并报表投资收益的列示金额：221 + 182 = 403（万元）

合并报表层面的调整分录如下：

借：营业收入　　（2 000 × 26%）520
　　贷：营业成本　　338
　　　　投资收益　　[(2 000 - 1 300) × 26%] 182

（四）综合题

【答案及解析】

（1）对于丙公司产品质量诉讼案件，乙公司在其 20 × 8 年 12 月 31 日资产负债表中不应当确认预计负债。

判断依据：乙公司判断发生赔偿损失的可能性小于 50%，不是很可能导致经济利益流出企业，不符合预计负债确认条件。

（2）甲公司应当确认的债务重组损益 = 3 300 - (3 500 - 1 300) = 1 100（万元）。

会计分录为：

借：长期股权投资　　3 300
　　坏账准备　　1 300
　　贷：应收账款　　3 500
　　　　投资收益　　1 100

（3）甲公司通过债务重组合并乙公司的购买日为 20 × 8 年 6 月 30 日。

判断依据：在 20 × 8 年 6 月 20 日上述债务重组协议经甲公司、丁公司董事会和乙公司股东会批准。20 × 8 年 6 月 30 日，办理完成了乙公司的股东变更登记手续，且甲公司向丁公司收取应收款项的权利终止，表明甲公司已支付全部购买价款；同日，乙公司的董事会进行了改选，甲公司能够控制乙公司财务和经营政策。

（4）乙公司可辨认净资产公允价值 = 4 500 + [(1 500 - 1 000) - 20] = 4 980（万元）；

实际付出的成本为 3 300 万元，按照持股比例计算得到的享有份额 = 4 980 × 60% = 2 988（万元）；应确认的商誉金额 = 3 300 - 2 988 = 312（万元）。

（5）甲公司 20 × 8 年 12 月 31 日应当对乙公司的商誉计提减值准备。

判断依据：乙公司可辨认净资产按照购买日的公允价值持续计算的账面价值 = 4 500 + [(1 500 - 1 000) - 20] + 200 - (1 500 - 1 000)/10 × 6/12 = 5 155（万元）。

包括完全商誉的乙公司可辨认资产的账面价值 = 5 155 + 312/60% = 5 675（万元）；

由于可收回金额 5 375 万元小于 5 675 万元，所以商誉发生了减值，因减值损失总额为

300 万元，而完全商誉金额 =312 ÷60% =520（万元），所以减值损失均应冲减商誉。

甲公司应确认的商誉减值的金额 =300 ×60% =180（万元）。

（6）甲公司与戊公司进行的股权置换交易不构成非货币性资产交换。

判断依据：甲公司收取的货币性资产占换出资产公允价值的比例 =1 200/4 000 ×100% = 30%，该比例超过了 25%。

（7）甲公司在个别财务报表上确认的股权置换损益 =4 000 −3 300 =700（万元）；

甲公司因股权置换交易而应在其合并财务报表中确认的损益 =4 000 −［5 155 +260 −(1 500 −1 000)/10 ×6/12 +20］×60% −(312 −180) =622（万元）。

第八章　资产减值

一、2020 年新教材内容主要变化

删除与建造合同准则有关的表述。

二、本章近五年考情统计分析

本章属于基础性章节，以客观题为主，也可以与所得税、合并报表、差错更正以及其他资产章节的内容结合出主观题，最近五年平均考试分值为 2 分，建议结合其他资产章节进行学习。

（一）近五年考试分值分布

	2015 年	2016 年	2017 年	2018 年	2019 年
单选题	2	—	—	—	2
多选题	—	2	2	—	—
计算题	—	—	—	—	—
综合题	—	2	—	—	—
合计	2	4	2	0	2

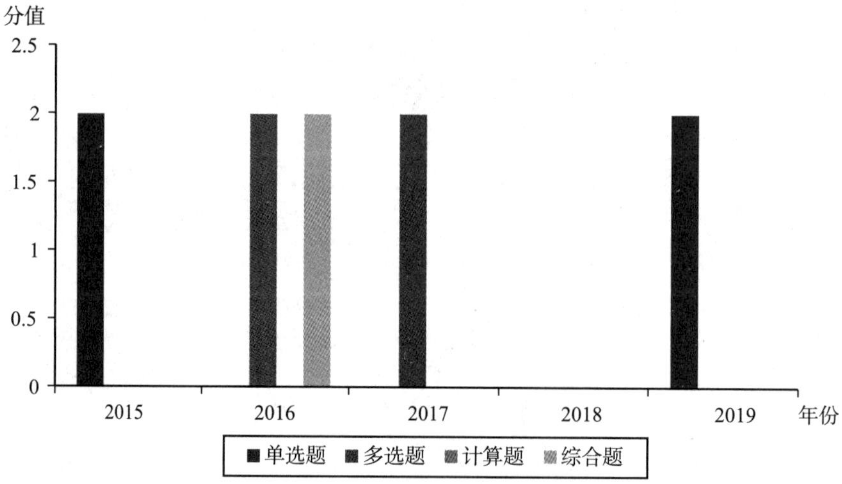

（二）近五年考试考点分布

近五年考试考点分布表

高频考点内容	年度及题型分布
可收回金额的计量	2015 年单选题、2016 年综合题
资产组减值	2017 年多选题
商誉减值	2016 年多选题、2019 年商誉减值

三、重难点解析

本章介绍了资产减值的范围与测试、可收回金额的计算、资产减值损失的确认与计量、资产组减值测试与处理，以及商誉减值的处理等内容，重点关注资产组减值与商誉减值。

重难点1：资产减值的范围与测试原则★

（一）资产减值的范围

资产减值准则涉及七类非金融长期资产：

1. 对子公司、联营企业和合营企业的长期股权投资
2. 采用成本模式进行后续计量的投资性房地产
3. 固定资产
4. 生产性生物资产
5. 无形资产
6. 商誉
7. 探明石油天然气矿区权益和井及相关设施、辅助设备及设施

（二）资产减值的测试

1. 有确凿证据表明资产存在减值迹象的，应当在资产负债表日进行减值测试，估计资产的可收回金额，如低于账面价值，计提减值准备，确认减值损失

2. 至少应当于每年年度终了进行减值测试的三项资产（不依据减值迹象）

（1）因企业合并形成的商誉；

（2）使用寿命不确定的无形资产；

（3）尚未达到预定可使用状态的无形资产。

【经典真题】

【多选题·2014】下列各项中，无论是否有确凿证据表明资产存在减值迹象，均应至少于每年年末进行减值测试的有（　　）。

A. 对联营企业的长期股权投资　　B. 使用寿命不确定的专有技术

C. 非同一控制下企业合并产生的商誉　　D. 尚未达到预定可使用状态的无形资产

【答案】BCD

【解析】使用寿命不确定的无形资产和因企业合并所形成的商誉，由于不摊销，为防止价值虚增，无论是否存在减值迹象，至少每年年末进行减值测试。另外，对于尚未达到预定可使用状态的无形资产，由于其价值具有较大的不确定性，也应当每年进行减值测试。

重难点2：资产可收回金额的估计★★

（一）估计资产可收回金额的基本方法

资产可收回金额为公允价值减去处置费用后的净额与未来现金流量现值两者中的较高者。

（二）资产的公允价值减去处置费用后的净额的估计

资产的公允价值减去处置费用后的净额，通常反映的是资产如果被出售或者处置时可以收回的净现金收入。处置费用是指可以直接归属于资产处置的增量成本，包括与资产处置有关的法律费用、相关税费、搬运费以及为使资产达到可销售状态所发生的直接费用等，但是，不包括财务费用和所得税费用。

（三）资产预计未来现金流量现值的估计

应当综合考虑的因素：资产预计未来现金流量、资产的使用寿命、折现率。

1. 资产未来现金流量的预计

（1）资产预计未来现金流量应当包括的内容。

①资产持续使用过程中预计产生的现金流入；

②为实现资产持续使用过程中产生的现金流入所必须的预计的现金流出，包括为使资产达到预定可使用状态所发生的现金流出；

③资产使用寿命结束时，处置资产所收到或者支付的净现金流量；

每期净现金流量 = 该期现金流入 − 该期现金流出

（2）预计资产未来现金流量应当考虑的因素。

①以资产的当前状况为基础预计资产未来现金流量。不包括与将来可能会发生的、尚未作出承诺的重组事项或与资产改良有关的预计未来现金流量；

②预计资产未来现金流量不包括筹资活动和所得税收付产生的现金流量（息税前）；

③对通货膨胀因素的考虑应当和折现率一致；

④内部转移价格应当予以调整。

（3）预计资产未来现金流量的方法。

①传统法。根据资产未来每期最有可能产生的现金流量进行预测。使用单一的未来每期预计现金流量和单一的折现率计算。

②期望现金流量法。根据资产未来每期现金流量的期望值进行预计。每期现金流量的期望值按照在各种可能情况下的现金流量与其发生的概率进行加权计算。

2. 折现率的预计

折现率应当是反映货币时间价值和特定风险的税前利率。

3. 外币未来现金流量及其现值的预计

（1）计算外币现值（外币未来现金流量 × 外币折现系数）。

（2）计算以记账本位币表示的现值（外币现值 × 减值测试当日的即期汇率）。

（3）确定可收回金额、资产减值损失（现金流量现值与公允价值减处置费用后的净额比较；可收回金额与账面价值比较）。

【经典真题】

【综合题（节选）·2016】 由于出现减值迹象，2 × 15 年 6 月 30 日，甲公司对一栋专门用于出租给子公司戊公司的办公楼进行减值测试。该出租办公楼采用成本模式进行后续计量，原值为 45 000 万元，已计提折旧 9 000 万元，以前年度未计提减值准备，预计该办公楼的未来现金流量现值为 30 000 万元，公允价值减去处置费用后的净额为 32 500 万元。甲公司的会计处理如下：

借：资产减值损失　　6 000

　　贷：投资性房地产减值准备　　6 000

要求：根据上述资料判断甲公司的会计处理是否正确，并说明理由；如果甲公司的会计处理不正确，编制更正的会计分录（无须通过“以前年度损益调整”科目，答案以万元为单位）。

【答案及解析】甲公司的会计处理不正确。

理由：投资性房地产的减值金额是账面价值与可收回金额进行比较确定的，可收回金额以预计未来现金流量的现值与公允价值减去处置费用后的净额孰高计量，办公楼的可收回金额是32 500万元，应计提的减值损失 =（45 000 − 9 000）− 32 500 = 3 500（万元）。更正分录为：

借：投资性房地产减值准备　　2 500

　　贷：资产减值损失　　2 500

【单选题·2015】下列关于固定资产减值的表述中，符合会计准则规定的是（　　）。

A. 预计固定资产未来现金流量应当考虑与所得税收付相关的现金流量

B. 固定资产的公允价值减去处置费用后的净额高于其账面价值，但预计未来现金流量现值低于其账面价值的，应当计提减值

C. 在确定固定资产未来现金流量现值时，应当考虑将来可能发生的与改良有关的预计现金流量的影响

D. 单项固定资产本身的可收回金额难以有效估计的，应当以其所在的资产组为基础确定可收回金额

【答案】D

【解析】选项A，不需要考虑与所得税收付相关的现金流量；选项B，公允价值减去处置费用后的净额与预计未来现金流量现值中有一个高于账面价值，则不需要计提减值；选项C，不需要考虑与改良有关的预计现金流量。

【经典模拟题】

【单选题】企业在计量资产可收回金额时，下列各项中，不属于资产预计未来现金流量的是（　　）。

A. 为维持资产正常运转发生的现金流出

B. 资产持续使用过程中产生的现金流入

C. 未来年度为改良资产发生的现金流出

D. 未来年度因实施已承诺重组减少的现金流出

【答案】C

【解析】预计未来现金流量的内容及考虑因素不包括未来年度与资产改良有关的现金流量和尚未作出承诺的重组事项影响的现金流量。

【计算分析题】2×18年12月31日，甲公司自行研发尚未完成但符合资本化条件的开发项目的账面价值为3 500万元，预计至开发完成尚需投入300万元。该项目以前未计提减值

准备。由于市场出现了与其开发相类似的项目，甲公司于年末对该项目进行减值测试，经测试表明：扣除继续开发所需投入因素预计可收回金额为 2 800 万元，未扣除继续开发所需投入因素预计的可收回金额为 2 950 万元。2×18 年 12 月 31 日，该项目的市场出售价格减去相关费用后的净额为 2 500 万元。

要求：计算甲公司于 2×18 年末对开发项目应确认的减值损失金额，并说明确定可收回金额的原则。

【答案及解析】 该开发项目应确认的减值损失 =3 500 −2 800 =700（万元）。

可收回金额应当按照其公允价值减去处置费用后的净额与资产预计未来现金流量的现值两者较高者确定；在预计未来现金流出时，应考虑为使资产达到预定可使用状态所发生的现金流出。

重难点 3：资产减值损失的确认与计量★★

（一）资产减值损失确认与计量的一般原则

1. 确认减值

将资产的账面价值减记至可收回金额，减记的金额确认为资产减值损失，计入当期损益，同时计提相应的资产减值准备。

2. 确认减值以后

减值资产的折旧或者摊销费用应当在未来期间做相应调整，以使该资产在剩余使用寿命内，系统地分摊调整后的资产账面价值（扣除预计净残值）。

3. 减值可否转回

资产减值损失一经确认，在以后会计期间不得转回，在将来处置时将减值准备予以转销。

（二）资产减值损失的账务处理

1. 计提减值

借：资产减值损失

　　贷：××资产减值准备

2. 转销减值准备

资产将来处置（终止确认）时，减值准备的余额与资产的余额一同转销。

【经典模拟题】

【单选题】 甲公司于 2×17 年 12 月以银行存款 8 000 万元购入一栋房地产，于当月达到预定可使用状态并对外出租，年租金为 500 万元，采用成本模式进行后续计量。该房地产的预计使用年限为 10 年，净残值为零，采用直线法计提折旧。2×18 年 12 月 31 日预计该投资性房地产的可收回金额为 6 300 万元。该房地产发生减值后，原折旧方法、预计使用年限不变。甲公司 2×19 年因该投资性房地产对当年营业利润的影响为（　　）万元。

A. −700　　B. 500　　C. −200　　D. −300

【答案】 C

【解析】 2×18 年 12 月 31 日的账面净值 =8 000 −8 000/10 =7 200（万元），可收回金额 =

6 300 万元，应计提减值 900 万元，提完减值后的账面价值 = 6 300 万元；2 × 19 年 12 月 31 日计提的折旧 = 6 300/（10 - 1）= 700（万元），计入其他业务成本，减少营业利润；租金收入 = 500 万元，增加营业利润，所以该投资性房地产对当年营业利润的影响金额 = -700 + 500 = -200（万元）。

重难点 4：资产组的认定及减值处理★★★

（一）资产组的认定

认定资产组应当考虑的因素：

（1）该资产组能否独立产生现金流入（最关键的因素）；

（2）企业对生产经营活动的管理或者监控方式、企业对资产使用或者处置的决策方式等。

（二）资产组减值测试

1. 资产组账面价值和可收回金额的确定基础（保持一致）

资产组账面价值包括可直接归属的部分和可合理和一致地分摊的部分。

（1）可以合理和一致地分摊的部分。

主要包括两项内容：总部资产和商誉。

（2）分摊的方法。通常按照各个资产组的账面价值的比例分摊。但如果各资产组使用寿命不一样，需要用加权的账面价值比例进行分摊。

（3）是否包含负债的账面价值。资产组的账面价值通常是不包括负债的账面价值的，但是如果某一项负债的价值在确定可收回金额的时候考虑了，那么资产组的账面价值也应该包括这个负债的价值。

2. 资产组减值的会计处理

减值损失金额应当按照以下顺序分摊：

（1）减值分摊至资产组中商誉的账面价值。

（2）根据资产组中除商誉之外的其他各项资产的账面价值所占比重，按比例抵减其他各项资产的账面价值。

（3）根据资产组中除商誉之外的其他各项资产的账面价值所占比重，按比例抵减其他各项资产的账面价值。

注意：抵减后各资产的账面价值不得低于以下三者之中的最高者：

①该资产的公允价值减去处置费用后的净额（如可确定）；

②该资产预计未来现金流量的现值（如可确定）；

③零。

由于抵减后各资产的账面价值不得低于上述三者之中的最高者，所以可能存在某个单项资产无法按照其账面价值比重分摊资产组减值损失的情况，此时企业应当将该单项资产未能分摊的那部分资产减值损失在其他单项资产之间进行二次分摊。

【经典模拟题】

【多选题】下列各项关于资产组认定及减值处理的表述中，正确的有（　　）。

A. 主要现金流入是否独立于其他资产或资产组是认定资产组的依据

B. 资产组账面价值的确定基础应当与其可收回金额的确定方式一致

C. 资产组的认定与企业管理层对生产经营活动的管理或者监控方式密切相关

D. 资产组的减值损失应当首先抵减分摊至该资产组中商誉（如果有的话）的账面价值

【答案】ABCD

【解析】四个选项均正确。

【单选题】甲公司属于矿产资源开发企业，假定该公司取得矿山时针对弃置费用确认的预计负债的账面价值为500万元（假定不考虑计提利息）。2×19年12月31日，该公司对矿山进行减值测试，整座矿山被认定为一个资产组。甲公司如果对外出售，买方愿意出价4 100万元，这一价格已经考虑了复原表土覆盖层的成本，预计处置费用为100万元；矿山预计未来现金流量的现值为5 500万元，不包括应负担的恢复费用；矿山的账面价值为6 100万元。该资产组2×19年12月31日应计提的减值准备金额为（　　）万元。

A. 0　　B. 100　　C. 900　　D. 600

【答案】D

【解析】预计未来现金流量现值在考虑应负担的恢复费用后的价值＝5 500－500＝5 000（万元），大于该资产组的公允价值减去处置费用后的净额4 700（4 800－100）万元，所以该资产组的可收回金额为5 000万元，因为计算可收回金额时，把弃置费用这个因素剔除了，为了遵循可比性，其账面价值中也应该把这个弃置费用的因素剔除掉，因此，资产组的账面价值＝6 100－500＝5 600（万元），所以该资产组计提的减值准备＝5 600－5 000＝600（万元）。

重难点5：商誉减值测试与处理★★★

Kj200801

（一）非同一控制下吸收合并形成的商誉（个别报表）

首先，对不包含商誉的资产组或者资产组组合进行减值测试，确认相应的减值损失；

其次，再对包含商誉的资产组或者资产组组合进行减值测试，确认相应的减值损失，损失先抵减分摊的商誉价值，然后在资产组中其他资产之间按比例分摊。

会计处理如下：

借：资产减值损失

　　贷：商誉减值准备

（二）非同一控制下控股合并形成的商誉（合并报表）

首先，将归属于少数股东权益的商誉价值补充到资产组账面价值中，计算子公司按照购买日公允价值持续计算的净资产（包括可辨认和不可辨认的完全商誉）；

其次，确定减值总额，先冲减商誉价值，然后在资产组中可辨认资产之间分配；

最后，将归属于少数股东权益的商誉减值剔除，使合并报表中反映的是母公司商誉减值金额。

会计分录如下：

借：资产减值损失

　　贷：商誉——商誉减值准备

【经典真题】

【单选题·2019】2×19年1月1日，甲公司以非同一控制下企业合并的方式购买了乙公司60%的股权，支付价款1 800万元。在购买日，乙公司可辨认资产的账面价值为2 300万元，公允价值为2 500万元，没有负债和或有负债。2×19年12月31日，乙公司可辨认资产的账面价值为2 500万元，按照购买日的公允价值持续计算的金额为2 600万元，没有负债和或有负债。甲公司认定乙公司的所有资产为一个资产组，确定该资产组在2×19年12月31日的可收回金额为2 700万元。经评估，甲公司判断乙公司资产组不存在减值迹象。不考虑其他因素，甲公司在2×19年度合并利润表中应当列报的资产减值损失金额是（　　）万元。

A. 0　　B. 200　　C. 240　　D. 400

【答案】C

【解析】合并商誉 = 1 800 - 2 500 × 60% = 300（万元）

包含商誉的资产组账面价值 = 2 600 + 300/60% = 3 100（万元）

包含商誉的资产组的可收回金额 = 2 700万元

所以资产组减值 = 3 100 - 2 700 = 400（万元）

应全部冲减商誉的账面价值，又因为合并报表只反映母公司的商誉，所以合并报表中列示的资产减值损失 = 400 × 60% = 240（万元）。

【多选题·2017】2×16年末，甲公司某项资产组（均为非金融长期资产）存在减值迹象，经减值测试，预计资产组的未来现金流量现值为4 000万元，公允价值减去处置费用后的净额为3 900万元；该资产组的账面价值为5 500万元，其中商誉的账面价值为300万元。2×17年末，该资产组的账面价值为3 800万元。预计未来现金流量现值为5 600万元，公允价值减去处置费用后的净额为5 000万元。该资产组2×16前未计提减值准备，不考虑其他因素，下列各项关于甲公司对该资产组减值会计处理的表述中，正确的有（　　）。

A. 2×16年末应计提资产组减值准备1 500万元

B. 2×17年末资产组的账面价值为3 800万元

C. 2×16年末应对资产组包含的商誉计提300万元的减值准备

D. 2×17年末资产组中商誉的账面价值为300万元

【答案】ABC

【解析】选项D，至2×16年年末，商誉全额减值，虽然2×17年价值回升，但商誉减值不允许转回，因此以后每年年末该商誉的账面价值均为0。

【多选题·2016】下列关于商誉的会计处理中，正确的有（　　）。

A. 商誉应当结合与其相关的资产组或资产组组合进行减值测试

B. 商誉于资产负债表日不存在减值迹象的，无须进行减值测试

C. 有关商誉的资产组或资产组组合存在减值迹象的，应当首先对不包含商誉的资产组或资产组组合进行减值测试

D. 与商誉有关的资产组或资产组组合的减值损失应首先抵减分摊至资产组或资产组组合中商誉的账面价值

【答案】ACD

【解析】选项 B，对于商誉、使用寿命不确定的无形资产以及尚未达到预定可使用状态的无形资产，企业至少应当于每年年度终了进行减值测试。

【经典模拟题】

【单选题】甲公司 20×8 年 5 月通过非同一控制下企业合并的方式取得乙公司 60% 的股权，并能够对乙公司实施控制。甲公司因该项企业合并确认了商誉 7 200 万元。20×8 年 12 月 31 日，乙公司可辨认净资产的账面价值为 18 000 万元，按照购买日的公允价值持续计算的金额为 18 800 万元。甲公司将乙公司认定为一个资产组，确定该资产组在 20×8 年 12 月 31 日的可收回金额为 22 000 万元。经评估，甲公司判断乙公司资产组不存在减值迹象。不考虑其他因素，甲公司在 20×8 年度合并财务报表中应确认的商誉减值损失金额是（　　）万元。

A. 3 200　　B. 4 000　　C. 8 800　　D. 5 280

【答案】D

【解析】乙公司完全商誉 = 7 200/60% = 12 000（万元），包含完全商誉的净资产 = 18 800 + 12 000 = 30 800（万元），可收回金额为 22 000 万元，该资产组应计提减值的金额为 8 800 万元（30 800 - 22 000），应全额冲减完全商誉 8 800 万元，合并报表中只反映归属于母公司的商誉，所以合并报表中应确认的商誉减值损失金额 = 8 800 × 60% = 5 280（万元）。

四、进阶练习

（一）单选题

1. 下列不属于《企业会计准则第 8 号——资产减值》规范的是（　　）。

A. 投资性房地产（采用成本模式后续计量）

B. 长期股权投资（对子公司、联营、合营企业的投资）

C. 固定资产

D. 融资租赁中出租人未担保余值

2. 下列关于 8 号资产减值准则规范的资产减值，下列表述中，符合会计准则规定的是（　　）。

A. 预计资产未来现金流量应当考虑与筹资活动和所得税收付的相关的现金流量

B. 资产的公允价值减去处置费用后的净额高于其账面价值，但预计未来现金流量现值低于其账面价值的，应当计提减值

C. 在确定资产未来现金流量现值时，应当考虑将来可能发生与改良有关的预计现金流量的影响

D. 单项资产本身的可收回金额难以有效估计的，应当以其所在的资产组为基础确定可收回金额

3. 甲公司是由 A 设备、B 设备、C 设备组成的一条生产线，专门用于生产 W 商品。2×19 年 12 月 31 日，甲公司对有关资产进行减值测试。有关资产组资料如下：（1）该资产组的账

面价值为1 000万元，其中A设备、B设备、C设备的账面价值分别为200万元、500万元、300万元。(2) 资产组的未来现金流量现值为900万元，资产组的公允价值为850万元，如将其处置，预计将发生相关费用50万元。(3) B设备的公允价值为490万元，如将其处置，预计将发生相关费用10万元，无法独立确定其未来现金流量现值；B设备和C设备的公允价值减去处置费用后的净额以及预计未来现金流量的现值均无法确定。下列有关2×19年计提减值准备的表述，不正确的是（　　）。

A. 资产组计提的减值准备为200万元　　B. A设备应分摊的减值损失为32万元

C. B设备应分摊的减值损失为50万元　　D. C设备应分摊的减值损失为48万元

4. 下列资产计提的减值损失，不得转回的是（　　）。

A. 其他债权投资的减值损失　　B. 存货跌价准备

C. 坏账准备　　D. 商誉减值准备

（二）多选题

1. 在判断资产减值迹象时可以不估计可收回金额的有（　　）。

A. 以前报告期间的计算结果表明，资产可收回金额远高于其账面价值，之后又没有发生消除这一差异的交易或者事项的

B. 以前报告期间的计算与分析表明，资产可收回金额对于资产减值准则中所列示的一种或者多种减值迹象反应不敏感，在本报告期间又发生了这些减值迹象的

C. 当期其他市场投资报酬率提高，企业计算现金流量时所采用的折现率不大可能受其他市场投资报酬率影响的资产

D. 当期市场利率提高，企业计算现金流量时所采用的折现率不大可能受该市场利率影响的资产

2. 预计资产未来现金流量时应包括的内容有（　　）。

A. 因筹资活动和所得税收付产生的现金流量

B. 与资产维护支出相关的预计未来现金流量

C. 尚未做出承诺的重组义务支出相关的预计未来现金流量

D. 资产使用寿命结束时处置资产所收到的现金净流量

3. 下列有关资产减值的说法中，不正确的有（　　）。

A. 资产组的账面价值通常应当包括已确认负债的账面价值

B. 资产的可收回金额低于其账面价值，表明资产发生了减值，应当确认相应的资产减值损失

C. 资产组的可收回金额低于其账面价值的，应当确认相应的减值损失，并将减值损失按照一定的顺序进行分摊

D. 在估计资产可收回金额时，只能以单项资产为基础加以确定

4. 关于资产组的认定下列说法正确的有（　　）。

A. 资产组一经确定后，在各个会计期间应当保持一致，不得变更

B. 资产组的各项资产构成通常不能随意变更

C. 企业管理层由于特定原因确需变更的，企业管理层应当证明该变更是合理的

D. 资产组的认定进行变更的，企业应当在附注中作相应说明

（三）计算分析题

甲公司为一家物流企业，经营国内、国际货物运输业务。由于拥有的货轮出现了减值迹象，甲公司于2×18年12月31日对其进行减值测试。相关资料如下：

（1）甲公司以人民币为记账本位币，国内货物运输采用人民币结算，国际货物运输采用美元结算。

（2）货轮采用年限平均法计提折旧，预计使用为20年，预计净残值率为5%。2×18年12月31日，货轮的账面原价为人民币38 000万元，已计提折旧为人民币27 075万元，账面价值为人民币10 925万元。货轮已使用15年，尚可使用5年，甲公司拟继续经营使用货轮直至报废。

（3）甲公司将货轮专门用于国际货物运输。由于国际货物运输业务受宏观经济形势的影响较大，甲公司预计货轮未来5年产生的净现金流量（假定使用寿命结束时处置货轮产生的净现金流量为零，有关现金流量均发生在年末）如下表所示。

甲公司预计货轮未来5年产生的净现金流量　　单位：万美元

年份	业务好时（20%的可能性）	业务一般时（60%的可能性）	业务差时（20%的可能性）
第1年	500	400	200
第2年	480	360	150
第3年	450	350	120
第4年	480	380	150
第5年	480	400	180

（4）由于不存在活跃市场，甲公司无法可靠估计货轮的公允价值减去处置费用后的净额。

（5）在考虑了货币时间价值和货轮特定风险后，甲公司确定10%为人民币适用的折现率，确定12%为美元适用的折现率。相关复利现值系数如下：

(P/F，10%，1) =0.9091；(P/F，12%，1) =0.8929

(P/F，10%，2) =0.8264；(P/F，12%，2) =0.7972

(P/F，10%，3) =0.7513；(P/F，12%，3) =0.7118

(P/F，10%，4) =0.6830；(P/F，12%，4) =0.6355

(P/F，10%，5) =0.6209；(P/F，12%，5) =0.5674

（6）2×18年12月31日的汇率为1美元=6.85元人民币。甲公司预测以后各年末的美元汇率如下：第1年末为1美元=6.80元人民币；第2年末为1美元=6.75元人民币；第3年末为1美元=6.70元人民币；第4年末为1美元=6.65元人民币；第5年末为1美元=6.60元人民币。

要求：

（1）使用期望现金流量法计算货轮未来5年每年的现金流量；

（2）计算货轮按照记账本位币表示的未来5年现金流量的现值，并确定其可收回金额；

（3）计算货轮应计提的减值准备，并编制相关会计分录；

（4）计算货轮 2×19 年应计提的折旧，并编制相关会计分录。

五、进阶练习答案

（一）单选题

1.【答案】D

【解析】选项 D，融资租赁中出租人未担保余值适用《企业会计准则第 21 号——租赁》。《企业会计准则第 8 号——资产减值》包括：（1）对子公司、联营企业和合营企业的长期股权投资；（2）采用成本模式进行后续计量的投资性房地产；（3）固定资产；（4）生产性生物资产；（5）无形资产；（6）商誉；（7）探明石油天然气矿区权益和井及相关设施。

2.【答案】D

【解析】选项 A，预计未来现金流量不应当包括与所得税收付相关的现金流量；选项 B，资产的公允价值减去处置费用后的净额与预计未来现金流量现值中存在一个大于账面价值的，则不应该计提减值；选项 C，不需要考虑与改良有关的预计现金流量。

3.【答案】D

【解析】计提减值前，该资产组的账面价值 = 1 000（万元）；资产组的预计未来现金流量现值 900 万元大于公允价值减去处置费用后的净额（850 − 50）800 万元，判断其可收回金额为 900 万元；资产组计提的减值准备 = 1 000 − 900 = 100（万元）。

如果按照账面价值比例，B 设备应分摊的减值损失 = 100 × 500/1 000 = 50（万元），而 B 设备的公允价值减去处置费用后的净额 = 490 − 10 = 480（万元），B 设备最多分摊减值 20 万元（500 − 480），因此其余损失由 A 设备和 C 设备分摊。计算过程如下：

A 设备分摊的减值损失 =（100 − 20）× 200/500 = 32（万元）

C 设备分摊的减值损失 =（100 − 20）× 300/500 = 48（万元）。

4.【答案】D

【解析】商誉减值属于 8 号准则规范的，减值一经计提，以后期间不得转回。

（二）多选题

1.【答案】ABCD

【解析】以上四个选项均正确。

2.【答案】BD

【解析】预计资产未来现金流量应以资产的当前状况为基础，不应当包括与将来可能会发生的、尚未作出承诺的重组事项或者与资产改良有关的预计未来现金流量，也不应当包括筹资活动和所得税收付产生的现金流量。企业未来发生的现金流出如果是为了维持资产正常运转或者资产正常产出水平而必要的支出或者属于资产维护支出，应当在预计资产未来现金流量时将其考虑在内。

3.【答案】AD

【解析】选项 A，资产组的账面价值通常不应当包括已确认负债的账面价值，但如不考虑该负债金额就无法确定资产组可收回金额的除外；选项 D，原则上应以单项资产为基础，如果企业难以对单项资产的可收回金额进行估计的，应当以该资产所属的资产组为基础确定资产组的可收回金额。

4. 【答案】BCD

选项A，资产组一经确定后，在各个会计期间应当保持一致，不得随意变更；但是，由于企业重组、变更资产用途等原因，导致资产组构成确需变更的，企业可以变更，但企业管理层应当证明变更是合理的，并应当在附注中作相应说明。

（三）计算分析题

【答案及解析】

（1）货轮未来5年每年的现金流量如下：

第1年期望现金流量 = 500 × 20% + 400 × 60% + 200 × 20% = 380（万美元）

第2年期望现金流量 = 480 × 20% + 360 × 60% + 150 × 20% = 342（万美元）

第3年期望现金流量 = 450 × 20% + 350 × 60% + 120 × 20% = 324（万美元）

第4年期望现金流量 = 480 × 20% + 380 × 60% + 150 × 20% = 354（万美元）

第5年期望现金流量 = 480 × 20% + 400 × 60% + 180 × 20% = 372（万美元）

（2）未来5年现金流量的现值 =（380 × 0.8929 + 342 × 0.7972 + 324 × 0.7118 + 354 × 0.6355 + 372 × 0.5674）× 6.85 = 8 758.48（万元），因无法可靠估计货轮的公允价值减去处置费用后的净额，所以可收回金额为8 758.48万元。

（3）应计提减值准备 = 10 925 − 8 758.48 = 2 166.52（万元）

会计分录如下：

借：资产减值损失　　2 166.52

　　贷：固定资产减值准备　　2 166.52

（4）2 × 19年应计提折旧 = 8 758.48 ÷ 5 = 1 751.70（万元）

会计分录如下：

借：主营业务成本　　1 751.70

　　贷：累计折旧　　1 751.70

第九章　负　债

一、2020 年新教材内容主要变化

教材【例 9－1】关于增值税的会计处理发生变化。因为企业购入不动产，增值税不需要分两次抵扣计入进项税额了。

二、本章近五年考情统计分析

本章考题以单选题、多选题形式出现。其中，一般公司债券通常会与借款费用结合出计算分析题；本章属于不重要的考试章节之一，最近五年平均考试分值 1.2 分。

（一）近五年考试分值分布

题型	2015 年	2016 年	2017 年	2018 年	2019 年
单选题	—	—	—	—	2
多选题	—	2	2	—	—
计算题	—	—	—	—	—
综合题	—	—	—	—	—
合计	0	2	2	0	2

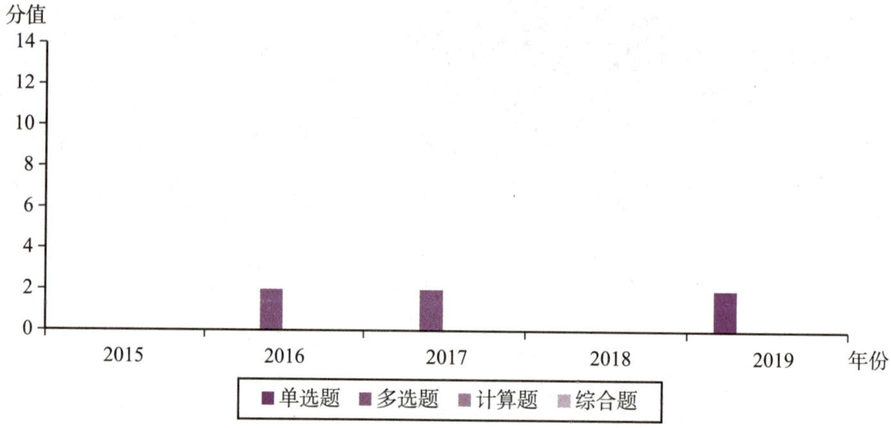

（二）近五年考试考点分布

高频考点内容	年度及题型分布	分值
流动负债	2016 年多选题、2017 年多选题、2019 年单选题	6

三、重难点解析

本章内容是流动负债和非流动负债的核算。流动负债中，重点掌握应交税费中的消费税的核算；非流动负债中，重点掌握一般公司债券和可转换公司债券的核算。

重难点1：应交税费——应交消费税★

“应交税费——应交消费税”科目核算企业应该交纳的消费税。应交的消费税，应按照权责发生制核算，应交消费税在尚未交纳之前，形成负债，通过“应交税费——应交消费税”科目核算。

（一）消费税

（1）企业将生产的产品直接对外销售的，对外销售的产品应交纳的消费税，记入“税金及附加”科目；

（2）在建工程或非生产机构等其他方面领用自产产品（应税消费品），应交纳的消费税计入在建工程成本；

（3）企业委托加工的应税消费品，委托方收回后直接出售，由受托方代收代缴的消费税计入委托加工物资成本；委托加工的应税消费品收回后用于连续生产应税消费品，按规定准予抵扣的金额，记入“应交税费——应交消费税”科目的借方。

【小贴士】重难点1消费税结合委托加工物资进行考核。考生需要掌握委托加工物资收回后直接出售还是继续生产应税消费品后再出售，由受托方代收代缴的消费税的会计处理是不一样的。

【经典模拟题】

【单选题】甲企业发出实际成本为280万元的原材料，委托乙企业加工成半成品，收回后直接对外出售。甲企业根据乙企业开具的增值税专用发票向其支付加工费8万元和增值税1.04万元，另支付消费税32万元。假定不考虑其他相关税费，甲企业收回该批半成品的入账价值为（　　）万元。

A. 288　　B. 289.04　　C. 320　　D. 321.04

【答案】C

【解析】本题中甲企业收回的半成品直接对外出售，所以由受托方代收代缴的消费税直接计入半成品的成本。甲企业收回半成品的入账价值 = 280 + 8 + 32 = 320（万元），答案C正确。

重难点2：一般公司债券★

企业发行的超过一年期以上的债券（包括企业发行的归类为金融负债的优先股、永续债等），构成了企业的长期负债。

一般公司债券核算时使用的科目是“应付债券”，该一级账户下设置“面值”、“利息调整”和“应计利息”三个二级科目。“面值”核算的是发行债券的票面金额，利息调整核算债券发行时的溢折价及后续溢折价的摊销，“应计利息”核算的是到期付息的应付债券的计息。应付债券具体的账务处理如下：

1. 发行债券

借：银行存款

　　贷：应付债券——面值（债券面值）

——利息调整（差额）（可能在借方）

2. 期末计提利息

每期计入“在建工程”“制造费用”“财务费用”等科目的利息费用 = 期初摊余成本 × 实际利率；每期确认的“应付利息”或“应付债券——应计利息” = 债券面值 × 票面利率。

借：在建工程、制造费用、财务费用等科目

应付债券——利息调整（可能在贷方）

贷：应付利息（分期付息债券利息）

应付债券——应计利息（到期一次还本付息债券利息）

3. 到期归还本金和利息

借：应付债券——面值

——应计利息（到期一次还本付息债券利息）

应付利息（分期付息债券的最后一次利息）

贷：银行存款

【小贴士】“应付利息”是一级科目，而“应计利息”是“应付债券”下的二级科目。如果利息是分期付，使用“应付利息”科目；如果利息是到期付，使用“应计利息”这个二级科目。债券溢折价发行时，利息费用和应付利息（或应计利息）是不相等的。

利息费用 = 期初摊余成本 × 实际利率；每期确认的“应付利息”或“应付债券——应计利息” = 债券面值 × 票面利率。

债券溢价发行时，“应付债券——利息调整”计入贷方，按实际利率法摊销时利息调整计入借方；债券折价发行时，“应付债券——利息调整”计入借方，按实际利率法摊销时利息调整计入贷方。

发行债券的发行费用应计入发行债券的初始成本，反映在“应付债券——利息调整”明细科目中。

本重难点通常与借款费用一起进行考核。以计算分析题题型出现，本章只列示选择题，计算分析题参考本辅导教材借款费用章节。

【经典模拟题】

【单选题】某股份有限公司于2×10年1月1日发行3年期，每年1月1日付息、到期一次还本的公司债券，债券面值为200万元，票面年利率为5%，实际利率为6%，发行价格为194.65万元。按实际利率法确认利息费用。该债券2×11年度确认的利息费用为（　　）万元。

A. 11.78　　B. 12　　C. 10　　D. 11.68

【答案】A

【解析】2×10年债券的利息费用为194.65×6% = 11.679（万元），2×10年债券的应付利息 = 200×5% = 10（万元），折价摊销额 = 11.679 − 10 = 1.679（万元），2×11年末应付债券的摊余成本 = 194.65 + 1.679 = 196.329（万元），2×11年应确认的利息费用 = 196.329×6% = 11.78（万元），选项A正确。

重难点3：可转换公司债券★

我国发行可转换公司债券采用记名式无纸化发行方式。企业发行的可转换公司债券在“应付债券”科目下设置“可转换公司债券”明细科目核算。企业发行的可转换公司债券，应当在初始确认时将其包含的负债成分和权益成分进行分拆，将负债成分确认为应付债券，将权益成分确认为其他权益工具。

在进行分拆时，应当对负债成分的未来现金流量进行折现确认为负债成分的初始确认金额，再按发行价格总额扣除负债成分初始确认金额后的金额确定为权益成分的初始确认金额。发行可转换公司债券发生的交易费用，应当在负债成分和权益成分之间按照各自的相对公允价值进行分摊。

1. 发行可转换公司债券时

借：银行存款

　　应付债券——可转换公司债券（利息调整）（可在贷方）

　　贷：应付债券——可转换公司债券（面值）

　　　　其他权益工具（权益成分公允价值）

2. 转换股份前

可转换公司债券的负债成分，在转换为股份前，其会计处理与一般公司债券相同，即按照实际利率和摊余成本确认利息费用，按面值和票面利率确认应付利息，差额作为利息调整进行摊销。

3. 转换股份时

借：应付债券——可转换公司债券（面值）

　　应付利息

　　其他权益工具（转换部分权益成分的公允价值）

　　贷：股本（股票面值×转换的股数）

　　　　应付债券——可转换公司债券（利息调整）（可能在借方）

　　　　资本公积——股本溢价（差额）

【小贴士】本重难点主要考核结合可转换公司债券发行、转股前及转换股份的会计处理，通常会与其他章节的内容结合在一起出计算分析题。

发行可转换公司债券发生的交易费用，应当在负债成分和权益成分之间按照各自的相对公允价值进行分摊。负债成分承担的交易费用计入“应付债券——可转换公司债券（利息调整）”，权益成分承担的交易费用计入“其他权益工具”。

可转换公司债券转为股份时，应该将原计入“应付债券”和“其他权益工具”科目的金额清零，贷方计入股本里的金额为转换股份的面值，借贷方差额计入“资本公积——股本溢价”。

【经典真题】

【计算分析题·2019】20×9年7月1日，甲公司从二级市场购入丙公司发行的5年期可转换债券10万张，以银行存款支付价款1 050万元，另支付交易费用15万元，根据丙公司可转换债券的募集说明书，该可转换债券每张面值为100元，票面年率利为1.5%，利息每年支付一次，于可转换债券发行之日起每满1年的当日支付；可转换债券持有人可于可转换债券发行之日满3年后第一个交易日起至到期日止，按照20元/股的转股价格将持有的可转换债券转换为丙公司的普通股。20×9年12月31日，甲公司所持上述丙公司可转债的公允价值为1 090万元。

要求：判断甲公司所持丙公司可转换债券应予以确认的金融资产类别，说明理由，并编制与购入和持有丙公司可转换债券相关的分录。

【答案与解析】本计算分析题中涉及可转换公司债券，但不是从债券发行方的角度进行考核，是从购买方角度进行考核的。

对于可转换公司债券的发行方丙公司来说发行可转换公司债券应记入“应付债券——可转换公司债券”科目，甲公司所持丙公司可转换债券应确认为以公允价值计量且其变动计入当期损益的金融资产。理由：可转换债券中嵌入了转股权，作为一个整体进行评估，其不符合本金加利息的合同现金流量特征，所以应当分类为以公允价值计量且其变动计入当期损益的金融资产。

相关会计分录：

20×9年7月1日：

借：交易性金融资产——成本　　1 050

　　投资收益　　15

　　贷：银行存款　　1 065

20×9年12月31日：

借：应收利息　　（10×100×1.5%×6/12）7.5

　　贷：投资收益　　7.5

借：交易性金融资产——公允价值变动　　40

　　贷：公允价值变动损益　　40

【经典模拟题】

【单选题】华丰公司2×19年1月1日发行3年期可转换公司债券，实际发行价款为100 000万元，其中负债成分的公允价值为90 000万元。假定发行债券时另支付发行费用为1 200万元。华丰公司发行债券时应确认的“应付债券”的金额为（　　）万元。

A. 99 200　　B. 10 000　　C. 89 880　　D. 88 920

【答案】D

【解析】发行费用应在负债成分和权益成分之间按公允价值比例分摊；负债成分应承担的发行费用＝1 200×90 000÷100 000＝1 080（万元），应确认的“应付债券”的金额＝90 000－1 080＝88 920（万元）。

四、进阶练习

（一）单选题

1. 甲公司和乙公司均为增值税一般纳税人，适用的增值税税率均为13%。甲公司委托乙公司加工一批材料，材料收回后用于连续生产应税消费品。发出材料的实际成本为60万元，应支付的加工费为20万元，增值税进项税额为2.6万元（已取得增值税专用发票），由受托方代收代缴的消费税为2万元。假定不考虑其他相关税费，加工完毕后甲公司收回该批材料的实际成本为（　　）万元。

A. 60　　B. 80　　C. 83.4　　D. 85.4

2. 下列事项不需通过“库存股”核算的有（　　）。

A. 回购股票用于以权益结算的股份支付

B. 股东因对股东大会作出的公司合并、分立决议持有异议而要求企业收购该公司股份

C. 回购股票用于减资

D. 可转换公司债券行权

3. 新华公司由于疫情停工造成资金短缺，决定于2×20年2月1日按面值发行分期付款、到期一次还本的可转换公司债券500万份，每份面值为100元。可转换公司债券发行总额为50 000万元，另发生发行费用为800万元，该可转换公司债券的期限为3年，票面年利率为2%，募集的资金已经到账。发生时二级市场与之类似没有附带转换权的债券的市场利率为5%。已知（P/F，5%，1 =0.9524）；（P/F，5%，2 =0.9070）；（P/F，5%，3 =0.8638）。下列说法不正确的是（　　）。

A. 发生的可转换债券的发行费用800万元，应按比例分配计入负债成分和权益成分

B. 发行公司可转换债券应确认其他权益工具4 086.8万元

C. 负债成分承担的发行费用754.6万元

D. 实际利率大于5%

4. 甲公司于2×18年1月1日发行五年期、每年1月1日付息、到期一次还本的公司债券，该债券面值5 000万元，票面年利率5%，实际年利率5.5%，发行价格为4 900万元，扣除发行费用50万元的发行收入已存入银行。甲公司按照实际利率法确认利息费用。不考虑其他因素，2×19年度应确认的利息费用为（　　）万元。

A. 266.75　　B. 267.67　　C. 250　　D. 269.5

5. 甲公司2×17年1月1日发行1 000万份可转换公司债券，每份面值为100元、每份发行价格为100.5元。可转换公司债券发行2年后，每份可转换公司债券可以转换4股甲公司普通股（每股面值1元）。甲公司发行该可转换公司债券确认的负债初始计量金额为100 150万元。2018年12月31日，与该可转换公司债券相关负债的账面价值为100 050万元。2019年1月2日，该可转换公司债券全部转换为甲公司股份。则下列说法中正确的是（　　）。

A. 发行可转换公司债券发生的手续费应计入当期损益

B. 甲公司因可转换公司债券的转换应确认资本公积为96 040万元

C. 可转换公司债券在进行分拆时，应当对负债成分的未来现金流量进行折现确定负债成分的初始金额

D. 可转换公司债券的面值总额减去负债成分的公允价值得出权益成分的公允价值

6. 甲公司2×19年1月1日按面值发行分期付息，到期还本的公司债券150万张，另支付发行手续费25万元。该债券每张面值为100元，期限为5年，票面年利率为4%。下列会计处理中正确的是（　　）。

A. 发行的公司债券按面值总额确认为负债

B. 应付债券初始确认金额为 14 975 万元

C. 2×19 年应确认的利息费用为 400 万元

D. 发行公司债券时支付的手续费直接计入财务费用

7. 甲公司（一般纳税人）在 20×8 年 12 月委托 A 加工厂（一般纳税人）加工一批应税消费品，计划收回后按不高于受托方计税价格的金额直接对外销售。甲公司发出原材料成本为 8 000 元，支付加工费 2 800 元（不含增值税），加工完成的应税消费品已验收入库，双方适用的增值税税率均为 13%，消费税税率为 10%，则该委托加工物资的入账价值为（　　）元。

A. 11 080　　B. 12 000　　C. 12 364　　D. 11 444

8. 下列关于公司债券的说法中，正确的是（　　）。

A. 应付（计）利息应按期初摊余成本和实际利率确认

B. 发行可转换公司债券时发生的交易费用应当在负债成分和权益成分之间按初始确认金额比例进行分摊

C. 发行债券时支付的手续费应计入当期损益

D. 可转换公司债券属于复合金融工具

（二）多选题

1. 下列税金中，一般纳税人应计入存货成本的有（　　）。

A. 由受托方代收代交的委托加工直接用于对外销售的商品负担的消费税

B. 由受托方代收代交的委托加工继续用于生产应纳消费税的商品负担的消费税

C. 购买材料发生的运输费及增值税

D. 支付委托加工物资加工费及增值税

2. 下列关于税金处理的表述中，错误的有（　　）。

A. 购置用于不动产扩建的工程材料支付的增值税计入相应资产成本中

B. 在建工程领用自产应税消费品，应交纳的消费税计入在建工程成本

C. 委托加工应税消费品回收后以不高于受托方计税价格的金额直接对外出售的，委托方应将受托方代收代缴的消费税冲减当期应交税费

D. 企业交纳的印花税应借记“管理费用”科目，贷记“应交税费”科目

3. 甲公司 2019 年按面值发行三年期可转换公司债券，每年 6 月 30 日付息、到期一次还本，票面利率 3%，实际利率 5%，面值为 1 000 万元，另支付发行费用 20 万元，其中负债成分的公允价值为 600 万元，不考虑其他因素，下列表述中正确的是（　　）。

A. 应确认应付债券 588 万元

B. 应确认应付债券 400 万元

C. 应确认其他权益工具 392 万元

D. 应确认应付债券——利息调整 400 万元

4. 下列关于可转换债券的说法，不正确的有（　　）。

A. 发行时发生的交易费用应当计入当期损益

B. 可转换公司债券应将其价值在负债和权益之间进行分配

C. 可转换公司债券的面值总额，减掉负债成分的公允价值后的余额为权益成分的公允

价值

D. 可转换公司债券的权益成分应记入“资本公积——其他资本公积”科目

5. 下列各项关于应付债券会计处理的表述中，不正确的有（　　）。

A. 发行公司债券时支付的佣金及手续费直接计入当期损益

B. 在资产负债表日，将发行的一次还本付息债券按票面利率计算应付未付的利息增加应付债券的账面价值

C. 溢价发行的分期付息、到期一次还本的债券，每期期末摊余成本和利息费用均会逐期减少

D. 折价发行的分期付息、到期一次还本的债券，每期期末摊余成本和利息费用均会逐期减少

6. 甲公司2×19年1月1日发行面值为2 000万元，期限为3年，票面年利率为5%，按年付息的可转换公司债券，债券发行一年后可转换为普通股股票。该批债券实际发行价格为2 020万元，发行可转换公司债券支付的手续费佣金为50万元，同期没有转换权的普通债券市场年利率为8%。（P/A，8%，3）=2.5771，（P/F，8%，3）=0.7938。不考虑其他因素，则下列说法中不正确的有（　　）。

A. 该可转换公司债券负债成分的公允价值为1 845.31万元

B. 甲公司应确认该可转换公司债券权益成分的初始入账价值为170.37万元

C. 甲公司应将负债成分的公允价值记入“其他权益工具”科目

D. 将发行可转换债券的手续费佣金50万元记入“应付债券——可转换公司债券（利息调整）”科目

7. 下列关于一般公司债券发行的表述中，正确的有（　　）。

A. 溢价是企业以后各期多付利息而事先得到的补偿

B. 溢价或折价是债券发行企业在债券存续期间内对利息费用的一种调整

C. 债券面值与实际收到的款项之间的差额，应记入“应付债券——应计利息”科目

D. 折价是企业以后各期少付利息而预先给予投资者的补偿

8. 甲公司2×19年7月1日按面值发行分期付息、到期还本的公司债券200万张，另支付发行手续费70万元。该债券每张面值为100元，期限为5年，票面利率为5%。下列会计处理中正确的有（　　）。

A. 发行公司债券时支付的手续费冲减资本公积

B. 应付债券的初始计量金额为19 930万元

C. 2×19年应确认应付利息500万元

D. 发行的公司债券按面值总额确认为负债

9. 甲公司于2×17年1月1日发行到期一次还本付息的可转换公司债券1 000万份，每份面值为100元，发行费用1 200万元，实际募集资金已存入银行专户。可转换公司债券的期限3年，自2×17年1月1日起至2×19年12月31日为止，可转换公司债券的票面年利率：第一年2%，第二年2.5%，第三年3%；可转换公司债券自发行之日起每年支付一次利息，起息日为2×17年1月1日，付息日为次年1月1日；可转换债券发行1年后，每份可转换公司债券可以转换5股甲公司普通股票（每股面值1元）。2×18年7月1日，由于甲公

司股票大涨，甲公司全体债券持有人将其持有的可转换公司债券全部进行转股。甲公司发行可转换债券时二级市场上与之类似的没有附带转股权的债券市场利率为6%；考虑发行费用后的实际年利率为6.59%；（P/F，6%，1）=0.9434，（P/F，6%，2）=0.8900，（P/F，6%，3）=0.8396；不考虑其他因素，计算结果保留两位小数，下列说法正确的是（　　）。

A. 甲公司可转换债券权益成分应分担的发行费用112.91万元

B. 甲公司发行可转换公司债券时应确认的应付债券的金额为89 503.51万元

C. 甲公司2×18年度该公司债券应确认应计利息金额为2 500万元

D. 甲公司2×18年7月1日可转换公司债券转换为普通股股票时应确认的资本公积（股本溢价）为100 775.87万元

五、进阶练习答案

（一）单选题

1.【答案】B

【解析】委托加工应税消费品收回后用于连续生产应税消费品，由受托方代收代缴的消费税记入“应交税费——应交消费税”科目的借方。

实际成本=60+20=80（万元）。会计分录如下：

（1）发出委托加工材料：

借：委托加工物资　　60

　　贷：原材料　　60

（2）支付加工费用等：

借：委托加工物资　　20

　　应交税费——应交增值税（进项税额）　　2.6

　　　　　　——应交消费税　　2

　　贷：银行存款　　24.6

（3）加工完毕后甲公司收回该批材料：

借：原材料　　80

　　贷：委托加工物资　　80

2.【答案】D

【解析】选项D，可转换公司债券行权仅涉及股本和资本公积，不涉及库存股，正确。

3.【答案】C

【解析】选项A，发生的可转换债券的发行费用800万元，应按比例分配进负债成分和权益成分；选项B，不考虑交易费用，负债成分的公允价值=50 000×2%×0.9524+50 000×2%×0.9070+（50 000+50 000×2%）×0.8638=45 913.2（万元），权益成分=50 000-45 913.2=4 086.8（万元）；选项C，负债成分承担的发行费用=800×45 913.2/50 000=734.6（万元）；选项D，发生时二级市场与之类似没有附带转换权的债券的市场利率为5%，没有考虑发行时负债公允价值的折现率，考虑发行费用负债的公允价值会变少，实际利率越大，负债的公允价值会越小，所以实际利率应大于5%。

4. 【答案】B

【解析】该债券 2×18 年度应确认的利息费用 =（4 900 －50）×5.5% =266.75（万元）。

该债券 2×19 年度应确认的利息费用 =（4 900 －50 +266.75 －5 000 ×5%）×5.5% =267.67（万元）

会计分录如下：

2×18 年 1 月 1 日

借：银行存款	4 850	
应付债券——利息调整	150	
贷：应付债券——面值		5 000

2×18 年 12 月 31 日

借：财务费用	266.75	
贷：应付利息		250
应付债券——利息调整		16.75

2×19 年 12 月 31 日

借：财务费用	267.67	
贷：应付利息		250
应付债券——利息调整		17.67

5. 【答案】C

【解析】选项 A，为发行可转换公司债券发生的手续费应在权益成分与负债成分之间按照公允价值比例进行分配，并计入各自的入账价值；选项 B，甲公司因可转换公司债券的转换应确认的资本公积（股本溢价）的金额 =100 050 +（1 000 ×100.5 －100 150）－1 000 ×4 =96 400（万元）；选项 D，应按照可转换公司债券按发行价格总额减去负债成分的公允价值算出权益成分的公允价值。

6. 【答案】B

【解析】应付债券初始确认金额 =150 ×100 －25 =14 975（万元），选项 B 正确，选项 A 错误；选项 C，错误，2×19 年应确认应付利息 600 万元（面值 15 000 ×票面利率 4%），利息费用应按期初摊余成本和实际利率计算确认；选项 D，错误，发行公司债券时支付的手续费计入应付债券的初始入账金额。

7. 【答案】B

【解析】该批委托加工物资在委托加工环节应缴纳的消费税 =（8 000 +2 800）/（1 －10%）×10% =1 200（元）。

该委托加工物资收回后按不高于受托方计税价格的金额直接对外销售，消费税计入委托加工物资的成本中，所以委托加工物资的入账价值 =8 000 +2 800 +1 200 =12 000（元），答案 B 正确。

8. 【答案】D

【解析】选项 A，错误，无论是一般公司债券还是可转换公司债券，应付（计）利息应按照债券面值和票面利率确认，利息费用应按照实际利率和摊余成本确认，注意区分利息费用和应付（计）利息的计算；选项 B，错误，发行可转换公司债券时的交易费用应当按照负债成分和权益成分各自的公允价值比例进行分摊，而非初始确认金额比例；选项C，错误，发行公司债券时支付的手续费应计入应付债券的初始入账金额；选项D，正确，可转换公司债券属于复合金融工具。

（二）多选题

1.【答案】ACD

【解析】选项A，由受托方代收代交的委托加工直接用于对外销售的商品负担的消费税计入委托加工物资的成本；选项B，由受托方代收代交的委托加工继续用于生产应纳消费税的商品负担的消费税应记入“应交税费——应交消费税”科目的借方；选项C，购买材料发生的运输费及增值税计入增值税进项税额，不计入存货成本；选项D，支付委托加工物资加工费及增值税计入增值税进项税额，不计入存货成本。

2.【答案】ACD

【解析】选项A，购置用于不动产扩建的工程材料支付的增值税允许抵扣，不计入资产成本中；选项C，委托加工应税消费品回收后以不高于受托方计税价格的金额直接对外出售的，委托方应将受托方代收代缴的消费税计入委托加工物资的成本；选项D，企业交纳的印花税应借记“税金及附加”科目，贷记“银行存款”等科目。

3.【答案】AC

【解析】选项A，发行费用应该在可转换债券的权益成分和负债成分公允价值比例进行分摊，负债成分应承担的发行费用 $=20\times600/1\ 000=12$（万元），因此应确认的应付债券金额 $=600-12=588$（万元），正确；会计处理为：

借：银行存款	980	
应付债券——利息调整	412	
贷：应付债券——面值		1 000
其他权益工具		392

所以，选项C正确。

4.【答案】ACD

【解析】选项A，应将交易费用按比例分配进负债成分和权益成分；选项C，应用可转换公司的发行总额减去负债成分的公允价值后的余额作为权益成分的公允价值；选项D，应该记入“其他权益工具”科目。

5.【答案】AD

【解析】选项A，发行公司债券支付的佣金及手续费计入债券的初始入账金额；选项C，债券无论是溢价发行还是折价发行，其到期时摊余成本都会与面值相等，因此，随着各期债券溢价的摊销，债券的摊余成本会逐期减少且接近其面值，利息费用（期初摊余成本×实际利率）也随之减少，所以选项C正确；选项D，随着各期债券折价的摊销，债券的摊余成本会逐期的增加且接近其面值，利息费用（期初摊余成本×实际利率）也随之增加，所以选项D错误。

6.【答案】CD

【解析】选项A，发行可转换公司债券发生的手续费佣金应在权益成分与负债成分之间按照相对公允价值比例进行分配，负债成分的公允价值 $=2\ 000\times5\%\times(P/A,\ 8\%,\ 3)+2\ 000\times$

(P/F，8%，3) = 1 845.31（万元）；选项 B，权益成分的公允价值 = 2 020 − 1 845.31 = 174.69（万元），交易费用应在权益成分和负债成分之间分摊，因此，权益成分的入账价值 = 174.69 − 50 × 174.69 ÷ 2 020 = 170.37（万元）；选项 C，负债成分公允价值按面值记入“应付债券——可转换公司债券”科目，选项 D，可转换公司债券发行费用的负债成分承担的发行费用记入“应付债券——可转换公司债券（利息调整）”科目，权益成分部分负担的发行费用记入“其他权益工具”科目。

7.【答案】ABD

【解析】债券面值与实际收到的款项之间的差额，应记入“应付债券——利息调整”科目，选项 C 错误。

8.【答案】BC

【解析】选项 A，错误，发行公司债券时支付的手续费应计入应付债券的初始入账金额，而非冲减资本公积或计入当期损益；选项 B，正确，应付债券初始确认金额 = 200 × 100 − 70 = 19 930（万元）；选项 C，正确，2 × 19 年应确认应付利息 500 万元（面值 20 000 × 票面利率 5% × 1/2）；选项 D，错误，存在手续费的情况下，不应按面值总额确认为负债，应付债券初始确认金额 = 200 × 100 − 70 = 19 930（万元）。

9.【答案】ABD

【解析】选项 A，正确，不考虑发行费用的情况下，负债成分的公允价值 = 100 000 × 2% × (P/F，6%，1) + 100 000 × 2.5% × (P/F，6%，2) + 100 000 × 3% × (P/F，6%，3) + 100 000 × (P/F，6%，3) = 90 590.6（万元），权益成分的公允价值 = 10 0000 − 90 590.6 = 9 409.4（万元），发行费用应在负债成分和权益成分之间按公允价值比例分摊；选项 B，正确负债成分应承担的发行费用 = 1 200 × (90 590.6/100 000) = 1 087.0872（万元）≈ 1 087.09（万元），权益成分应承担的发行费用 = 1200 × (9 409.4/100 000) = 112.9128（万元）≈ 112.91（万元）；选项 C，错误，应确认的“应付债券”金额 = 90 590.6 − 1 087.09 = 89 503.51（万元），应确认的“其他权益工具”金额 = 9 409.4 − 112.91 = 9 296.49（万元），因为 2 × 18 年 7 月 1 日，该债券全部转股，所以应计息期应为半年，而非一年应确认应计利息 = 100 000 × 2.5%/2 = 1 250（万元）；选项 D，正确，2 × 17 年 12 月 31 日该可转换公司债券的摊余成本 = {100 000 − [100 000 − (90 590.6 − 1 087.09)]} × (1 + 6.59%) − 100 000 × 2% ≈ 93 401.79（万元）。结转的“应付债券——利息调整” = {100 000 − [100 000 − (90 590.6 − 1 087.09)]} × 6.59% − 100 000 × 2% = 3 898.28（万元）。2 × 18 年 6 月 30 日，结转的“应付债券——利息调整” = 93 401.79 × 6.59%/2 − 100 000 × 2.5%/2 = 1 827.59（万元）。2 × 18 年 6 月 30 日，该可转换债券可转股数量 = 1 000 × 5 = 5 000（万股）

借：应付债券——可转换公司债券（面值）　　100 000
　　　　　　——应计利息　　1 250
　　其他权益工具　　9 296.49
　　贷：应付债券——可转换公司债券（利息调整）
　　　　　　(10 496.49 − 3 898.28 − 1 827.59) 4 770.62
　　　　股本　　(5 000 × 1) 5 000
　　　　资本公积——股本溢价　　100 775.87

第十章　职工薪酬

一、2020 年新教材内容主要变化

2020 年新教材无变化。

二、本章近五年考情统计分析

本章考题以单选题、多选题及计算分析题形式出现，本章属于重要的考试章节之一，最近五年平均考试分值 5.2 分。

（一）近五年考试分值分布

题型	2015 年	2016 年	2017 年	2018 年	2019 年
单选题	2	—	—	2	—
多选题		—	—	—	2
计算题	—	10	10	—	—
综合题	—	—	—	—	—
合计	2	10	10	2	2

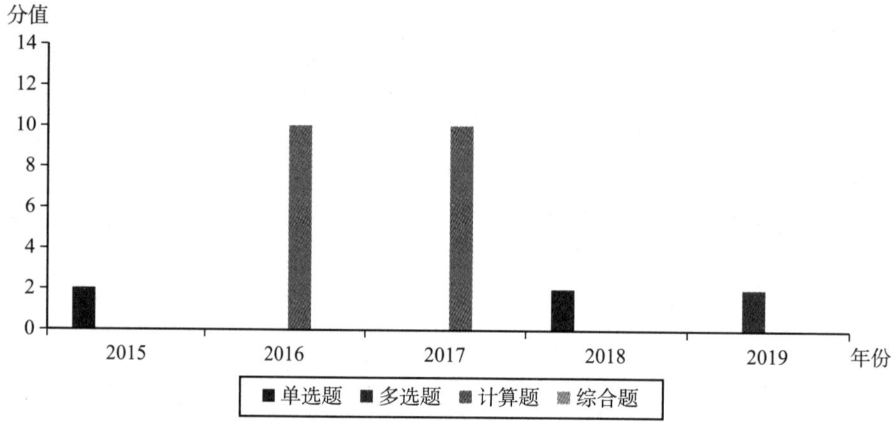

（二）近五年考试考点分布

高频考点内容	年度及题型分布	分值
短期薪酬的确认与计量	2017 年、2016 年计算题、2019 年多选题	11
离职后福利的确认与计量	2019 年多选题、2018 年单选题、2015 年单选题	4
辞退福利的确认与计量	2017 年、2016 年计算题、2019 年多选题	11

三、重难点解析

本章的主要内容是短期职工薪酬、离职后福利、辞退福利及其他长期职工福利的确认与

计量。

重难点1：短期薪酬的确认与计量★★★

（一）货币性短期薪酬

按受益对象原则，不同人员的薪酬计入不同的账户，具体的账务处理模式如下：

借：生产成本（生产工人）

　　制造费用（车间管理人员）

　　管理费用（行政管理人员）

　　销售费用（销售人员）

　　在建工程（基建人员）

　　研发支出——资本化支出（研发人员）

　　贷：应付职工薪酬——工资

　　　　　　　　　　——职工福利

　　　　　　　　　　——社会保险费

　　　　　　　　　　——住房公积金

　　　　　　　　　　——工会经费

　　　　　　　　　　——职工教育经费等

（二）带薪缺勤

带薪缺勤应当分为累积带薪缺勤和非累积带薪缺勤两类。

1. 累积带薪缺勤

累积带薪缺勤是指带薪权利可以结转下期的带薪缺勤，本期尚未用完的带薪缺勤权可以在未来期间使用。企业应当在职工提供服务从而增加了其未来享有的带薪缺勤权利时，确认与累积带薪缺勤相关的职工薪酬，并以累积未行使权利而增加的预期支付金额计量。

有些累积带薪缺勤在职工离开企业时，对未行使权利的职工有权获得现金支付。如果职工在离开企业时能够获得现金支付，企业就应当确认企业必须支付的、职工全部累积未使用权利的金额。如果职工在离开企业时不能得到现金支付，则企业应当根据资产负债表日因累积未使用权利而导致的预期支付的追加金额，作为累积带薪缺勤费用进行预计。

2. 非累积带薪缺勤

非累积带薪缺勤是指带薪权利不能结转下期的带薪缺勤，本期尚未用完的带薪缺勤权利将予以取消，并且职工离开企业时也无权获得现金支付。

企业应当在职工实际发生缺勤的会计期间确认与非累积带薪缺勤相关的职工薪酬。

（三）短期利润分享计划

企业制定有利润分享计划的，如规定当职工在企业工作了特定期限后，能够享有按照企业净利润的一定比例计算的薪酬，如果职工在企业工作到特定期末，其提供的服务就会增加企业应付职工薪酬金额，或者尽管企业没有支付这类薪酬的法定义务，但是有支付这类薪酬的惯例，或者说企业除了支付此类薪酬外没有其他现实的选择，企业应当及时按照本准则的规定，进行有关会计处理。

短期利润分享计划同时满足下列条件的，企业应当确认相关的应付职工薪酬，并计入当期损益或相关资产成本。

（1）企业因过去事项导致现在具有支付职工薪酬的法定义务或推定义务；

（2）因利润分享计划所产生的应付职工薪酬义务能够可靠估计。

如果企业预期在职工为其提供相关服务的年度报告期间结束后十二个月内，不需要全部支付利润分享计划产生的应付职工薪酬，该利润分享计划应当适用本准则其他长期职工福利的有关规定。

（四）非货币性福利

企业向职工提供非货币性福利的，按照公允价值计量。公允价值不能可靠取得的，可以采用成本计量。

1. 企业以其自产产品或外购商品发放给职工作为福利的

（1）以自产产品发放给职工作为福利的。

决定发放时：

借：管理费用

　　生产成本

　　制造费用等

　　贷：应付职工薪酬

实际发放时：

借：应付职工薪酬

　　贷：主营业务收入

　　　　应交税费——应交增值税（销项税额）

同时：

借：主营业务成本

　　贷：库存商品

（2）以外购商品发放给职工作为福利。

①购入时：

借：存货

　　应交税费——应交增值税（进项税额）

　　贷：银行存款

②决定发放非货币性福利时：

借：生产成本

　　管理费用等

　　贷：应付职工薪酬——非货币性福利

③发放时：

借：应付职工薪酬——非货币性福利

　　贷：存货

　　　　应交税费——应交增值税（进项税额转出）

2. 将拥有的房屋等资产无偿提供给职工使用或租赁住房等资产供职工无偿使用

借：管理费用

生产成本
制造费用等
贷：应付职工薪酬
同时：
借：应付职工薪酬
贷：累计折旧
租赁住房等资产供职工无偿使用的，按每期应支付的租金。
借：管理费用
生产成本
制造费用等
贷：应付职工薪酬
同时：
借：应付职工薪酬
贷：其他应付款

3. 向职工提供企业支付了补贴的商品或服务

（1）如果合同规定职工在取得住房等商品或服务后至少应提供服务的年限，企业应将出售商品或服务的价格与其成本间的差额，作为长期待摊费用处理。

（2）如果合同没有规定职工在取得住房等商品或服务后至少应提供服务的年限，企业应将出售商品或服务的价格与其成本间的差额，作为对职工过去提供服务的一种补偿，直接计入向职工出售商品或服务当期的损益。

【小贴士】重难点1主要考核短期职工薪酬的确认与计量。该重难点在历年考题中既以单选、多选形式出现，又结合后面要讲的重难点3辞退福利的确认与计量以计算分析题的形式出现，在2016和2017年都考了计算分析题。

对于货币性职工薪酬，要按受益对象原则进行处理，即不同人员的薪酬计入不同的账户。

对于累积带薪确认需要掌握是在职工提供服务的会计期间进行账务处理，正是因为职工该休息的时候依然提供服务才会有未来期间的带薪缺勤，累积带薪缺勤应当以累积未行使权利而增加的预期支付金额计量。对于非累积带薪缺勤，企业不需要做专门的会计处理。

非货币性福利账务处理主要有两个时点：一是决定发放非货币福利时，此时计入应付职工薪酬账户的贷方；二是实际发放时，此时计入应付职工薪酬账户的借方。

【经典真题】

【计算分析题·2017】甲股份有限公司（以下简称“甲公司”）2×16年发生的与职工薪酬相关的事项如下：

（1）4月10日，甲公司董事会通过决议，以本公司自产产品作为奖品，对乙车间全体员工超额完成一季度生产任务进行奖励，每名员工奖励一件产品。该车间员工总数为200人，其中车间管理人员30人，一线生产工人170人，发放给员工的本公司产品市场售价为3 000元/件，成本为1 800元/件。4月20日，200件产品发放完毕。

（2）甲公司共有2 000名员工，从2×16年1月1日起，该公司实行累积带薪休假制度，规定每名职工每年可享受7个工作日带薪休假，未使用的年休假可向后结转1个年度，超过期限未使用的作废，员工离职时也不能取得现金支付。2×16年12月31日，每名职工当年平均未使用带薪休假为2天。根据过去的经验并预期该经验将继续适用，甲公司预计2×17年有1 800名员工将享受不超过7天带薪休假，剩余200名员工每人将平均享受8.5天休假，该200名员工中150名为销售部门人员，50名为总部管理人员。甲公司平均每名员工每个工作日工资为400元。甲公司职工年休假以后进先出为基础，即有关休假首先从当年可享受的权利中扣除。

（3）甲公司正在开发丙研发项目，2×16年共发生项目研发人员工资200万元，其中自2×16年1月1日研发开始至6月30日期间发生的研发人员工资120万元属于费用化支出，7月1日至11月30日研发项目达到预定用途前发生的研发人员工资80万元属于资本化支出，有关工资以银行存款支付。

（4）2×16年12月20日，甲公司董事会做出决议，拟关闭设在某地区的一分公司，并对该分公司员工进行补偿，方案为：对因尚未达到法定退休年龄提前离开公司的员工给予一次性离职补偿30万元，另外自其达到法定退休年龄后，按照每月1 000元的标准给予退休后补偿。涉及员工80人、每人30万元的一次性补偿2 400万元已于12月26日支付。每月1 000元的退休后补偿将于2×17年1月1日起陆续发放，根据精算结果，甲公司估计该补偿义务的现值为1 200万元。

其他有关资料：

甲公司为增值税一般纳税人，适用的增值税税率为17%。本题不考虑其他因素。

要求：

就甲公司2×16年发生的与职工薪酬有关的事项，逐项说明其应进行的会计处理并编制相关会计分录。

【答案及解析】就甲公司2×16年发生的与职工薪酬相关的事项，逐项说明其应进行的会计处理并编制相关会计分录。

事项（1）：

甲公司应将发放给员工的本企业产品视同销售，并作为对员工的薪酬处理。

会计分录：

借：生产成本	59.67	
制造费用	10.53	
贷：应付职工薪酬		70.2
借：应付职工薪酬	70.2	
贷：主营业务收入		60
应交税费——应交增值税（销项税额）		10.2
借：主营业务成本	36	
贷：存货（库存商品）		36

事项（2）：

甲公司应将由于职工累积未使用的带薪年休假权利而导致预期将支付的工资在2×16年确认。

借：销售费用　　9

　管理费用　　3

　贷：应付职工薪酬　　[(8.5-7)×200×400] 12

事项（3）：

甲公司为进行研发项目发生的研发人员工资应当按照内部研究开发无形资产的有关条件判断其中应予资本化或费用化的部分，并确认为应付职工薪酬。

借：研发支出——费用化支出　　120

　　——资本化支出　　80

　贷：应付职工薪酬　　200

借：管理费用　　120

　贷：研发支出——费用化支出　　120

借：无形资产　　80

　贷：研发支出——资本化支出　　80

借：应付职工薪酬　　200

　贷：银行存款　　200

事项（4）：

甲公司向员工支付每人30万元的补偿款为辞退福利，应于发生时计入当期损益。对于员工在达到退休年龄后所支付的补偿款，虽然其于退休后支付，但由于该补偿与部分员工因分公司关闭离开公司有关，因此该退休后补偿也应于发生时计入当期损益。

借：管理费用　　3 600

　贷：银行存款　　2 400

　　应付职工薪酬　　1 200

【解析】本题结合自行研发的无形资产有关内容，考核非货币性职工薪酬、累积带薪确认及辞退福利的会计处理。

【经典模拟题】

【单选题】20×8年1月，乙公司购买了100套全新的公寓拟以优惠价格向职工出售，该公司共有100名职工，其中80名为直接生产人员，20名为公司总部管理人员。乙公司拟向直接生产人员出售的住房平均每套购买价为100万元，向职工出售的价格为每套80万元；拟向管理人员出售的住房平均每套购买价为180万元，向职工出售的价格为每套140万元。假定该100名职工均在20×8年度中陆续购买了公司出售的住房，售房协议规定，职工在取得住房后必须在公司服务10年（含20×8年1月）。不考虑相关税费。20×8年12月31日，乙公司长期待摊费用的余额为（　　）万元。

A. 2 400　　B. 2 240　　C. 2 320　　D. 2 160

【答案】D

【解析】本题主要考核重难点1短期薪酬确认与计量中的非货币福利的确认与计量，本题中的非货币性福利是对职工未来提供服务的补偿，所以应将企业承担的非货币性福利计入长期待摊费用，在职工未来提供服务的会计期间进行摊销，计入相关成本费用。

乙公司为职工住房时形成的长期待摊费用 =（100 × 80 + 180 × 20）-（80 × 80 + 140 × 20）= 2 400（万元），20 × 8 年长期待摊费用摊销 = 2 400 ÷ 10 = 240（万元），20 × 8 年 12 月 31 日，乙公司长期待摊费用的余额 = 2 400 - 240 = 2 160（万元）。

重难点 2：离职后福利的确认与计量★★

离职后福利计划是指企业与职工就离职后福利达成的协议或者企业为向职工提供离职后福利制定的规章或办法等。企业按照承担的风险和义务情况，将离职后福利计划分类为设定提存计划和设定受益计划两种类型。

（一）设定提存计划

设定提存计划，是指向独立的基金缴存固定费用后，企业不再承担进一步支付义务的离职后福利计划。企业应在资产负债表日确认为换取职工在会计期间内为企业提供的服务而应付给设定提存计划的提存金，并作为一项费用计入当期损益或相关资产成本。

（二）设定受益计划的确认和计量

设定受益计划，是指除设定提存计划以外的离职后福利计划。

在设定提存计划下，企业的义务以企业应向独立主体缴存的提存金金额为限，职工未来所能取得的离职后福利金额取决于向独立主体支付的提存金金额，以及提存金所产生的投资回报，从而精算风险和投资风险实质上要由职工来承担。

在设定受益计划下，企业的义务是为现在及以前的职工提供约定的福利，并且精算风险和投资风险实质上由企业来承担。

当企业通过以下方式负有法定义务时，该计划就是一项设定受益计划：

（1）计划福利公式不仅仅与提存金金额相关，且要求企业在资产不足以满足该公式的福利时提供进一步提存金；

（2）通过计划间接地对提存金的特定回报作出担保。

设定受益计划核算涉及四个步骤：

步骤一：确定设定受益义务现值和当期服务成本。

（1）根据预期累计福利单位法，采用无偏且相互一致的精算假设对有关人口统计变量和财务变量等作出估计，计量设定受益计划所产生的义务，并确定相关义务归属期。

（2）根据资产负债表日与设定受益计划义务期限和币种相匹配的国债或活跃市场上高质量公司债券的市场收益率确定折现率，将设定受益计划所产生的义务予以折现，以确定设定受益计划义务的现值和当期服务成本。

步骤二：确定设定受益计划净资产或净负债。

设定受益计划资产的公允价值 - 设定受益计划义务现值。（大于零，为净资产；小于零，为净负债）

设定受益计划存在盈余的，企业应当以设定受益计划的盈余和资产上限两项的孰低者计量设定受益计划净资产。

其中，资产上限，是指企业可以从设定受益计划退款或减少未来对设定受益计划缴存资金而获得的经济利益的现值。

步骤三：确定应当计入当期损益的金额。

报告期末，企业应当在损益中确认的设定受益计划产生的职工薪酬成本包括：服务成本和设定受益净负债或净资产的利息净额。

（1）服务成本包括当期服务成本、过去服务成本和结算利得或损失。

（2）过去服务成本，是指设定受益计划修改所导致的与以前期间职工服务相关的设定受益计划义务现值的增加或减少。

过去服务成本不包括下列各项：

①以前假定的薪酬增长金额与实际发生金额之间的差额，对支付以前年度服务产生的福利义务的影响；

②企业对支付养老金增长金额具有推定义务的，对可自行决定养老金增加金额的高估和低估；

③财务报表中已确认的精算利得或计划资产回报导致的福利变化的估计；

④在没有新的福利或福利改进的情况下，职工达到既定要求之后导致既定福利（即并不取决于未来雇佣的福利）的增加。

（3）结算利得和损失。企业应当在设定受益计划结算时，确认一项结算利得或损失。

设定受益计划结算利得或损失是下列两项的差额：

①在结算日确定的设定受益计划义务现值；

②结算价格，包括转移的计划资产的公允价值和企业直接发生的与结算相关的支付。

（4）设定受益计划净负债或净资产的利息净额。设定受益计划净负债或净资产的利息净额，是指设定受益净负债或净资产在所处期间由于时间流逝产生的变动。包括计划资产的利息收益、设定受益计划义务的利息费用以及资产上限影响的利息。

步骤四：确定应当计入其他综合收益的金额。

设定受益净负债或净资产的重新计量应当计入其他综合收益，且在后续期间不应重分类计入损益，但是企业可以在权益范围内转移这些在其他综合收益中确认的金额。

重新计量设定受益计划净负债或净资产所产生的变动包括下列部分：

（1）精算利得和损失。

（2）计划资产回报，扣除包含在设定受益净负债或净资产的利息净额中的金额。

（3）资产上限影响的变动，扣除包括在设定受益计划净负债或净资产的利息净额中的金额。

【小贴士】本重难点中的设定受益计划涉及的内容比较难，近五年主要以单选题、多选题题型出现。

注意区分应当计入当期损益的金额和应当计入其他综合收益的金额：

（1）计入当期损益金额包括：①当期服务成本；②过去服务成本；③设定受益计划净负债或净资产的利息净额；④结算利得和损失。

（2）计入其他综合收益的金额包括：①精算利得和损失；②资产上限影响的变动，扣除包括在设定受益计划净负债或净资产的利息净额中的金额；③计划资产回报，扣除包括在设定受益净负债或净资产的利息净额中的金额。

【经典真题】

【单选题·2018】 下列各项因设定受益计划产生的职工薪酬成本中，应当计入其他综合收益的是（　　）。

A. 精算利得或损失　　B. 结算利得或损失

C. 计划资产的利息收益　　D. 资产上限影响的利息

【答案】 A

【解析】 本题中只有选项A计入其他综合收益，其余三个选项均计入当期损益。

【经典模拟题】

【多选题】 下列各项有关职工薪酬的会计处理中，正确的是（　　）。

A. 设定受益计划净负债或净资产的利息净额应计入当期损益

B. 精算利得和损失应计入其他综合收益

C. 与设定受益计划相关的过去服务成本应计入期初留存收益

D. 因重新计量设定受益计划净负债产生的精算损失应计入当期损益

【答案】 AB

【解析】 选项A，应计入当期损益，正确；选项B应计入其他综合收益，正确；选项C，应计入当期损益，错误；选项D应计入其他综合收益，错误。

重难点3：辞退福利的确认与计量★★★

辞退福利是指企业在在职工劳动合同到期之前解除与职工的劳动关系，或者为鼓励职工自愿接受裁减而给予职工的补偿。

辞退福利通常采取在解除劳动关系时一次性支付补偿的方式，也有通过提高退休养老金或其他离职后福利的标准，或将职工工资支付至辞退后未来某一期间的方式。

辞退福利包括两方面内容：一是在职工劳动合同尚未到期前不论职工本人是否愿意，企业决定解除与职工劳动关系而给予的补偿；二是在职工劳动合同尚未到期前，为鼓励职工自愿接受裁减而给予的补偿，职工有权利选择继续在职或接受补偿离职。辞退福利还包括当公司控制权发生变动时，对辞退的管理层人员进行补偿的情况。

确定辞退福利时应注意：

（一）辞退福利与正常退休应当区分开来

辞退福利应当在辞退时进行确认和计量，退休时的养老金应当在职工提供服务的会计期间确认和计量。

（二）职工虽然没有与企业解除劳动合同，但未来不再为企业提供服务的，为此企业承诺提供实质上具有辞退福利性质的经济补偿，比照辞退福利处理。

企业向职工提供辞退福利的，应当在以下两者孰早日确认辞退福利产生的职工薪酬负债，并计入当期损益：

（1）企业不能单方面撤回解除劳动关系计划或裁减建议所提供的辞退福利时；

（2）企业确认涉及支付辞退福利的重组相关的成本或费用时。

辞退福利的计量。

辞退福利的计量因辞退计划中职工有无选择权而有所不同：

（1）对于职工没有选择权的辞退计划，应当根据计划条款规定拟解除劳动关系的职工数量、每一职位的辞退补偿等计提应付职工薪酬。

（2）对于自愿接受裁减的建议，因接受裁减的职工数量不确定，企业应当根据《企业会计准则第 13 号——或有事项》规定，预计将会接受裁减建议的职工数量，根据预计的职工数量和每一职位的辞退补偿等计提应付职工薪酬。

（3）企业应当按照辞退计划条款的规定，合理预计并确认辞退福利产生的应付职工薪酬。辞退福利预期在其确认的年度报告期间期末后 12 个月内完全支付的，应当适用短期薪酬的相关规定。

（4）对于辞退福利预期在年度报告期间期末后 12 个月内不能完全支付的，应当适用本准则关于其他长期职工福利的有关规定。即实质性辞退工作在一年内实施完毕但补偿款项超过一年支付的辞退计划，企业应当选择恰当的折现率，以折现后的金额计量应计入当期损益的辞退福利金额。

【小贴士】（1）对于分期或分阶段实施的解除劳动关系计划或自愿裁减建议，企业应当将整个计划看作是由各单项解除劳动关系计划或自愿裁减建议组成，在每期或每阶段计划符合预计负债确认条件时，将该期或该阶段计划中由提供辞退福利产生的预计负债予以确认，计入该部分计划满足预计负债确认条件的当期管理费用，不能等全部计划都符合确认条件时再予以确认。

（2）对于企业实施职工内部退休计划，由于这部分职工不再为企业带来经济利益，企业应当比照辞退福利处理。在内退计划符合职工薪酬准则规定的确认条件时，按照内退规定，将自职工停止服务日至正常退休日期间，企业拟支付的内退人员工资和缴纳的社会保险费等确认为应付职工薪酬，一次性计入当期管理费用。

（3）实质性辞退工作在一年内实施完毕但补偿款项超过一年支付的辞退计划，企业应当选择恰当的折现率，以折现后的金额计量应计入当期损益的辞退福利金额。

（4）辞退福利在做账务处理时不考虑受益对象原则，即无论什么人员的辞退福利，均应记入“管理费用”科目。

【经典真题】

【多选题·2019】下列各项关于职工薪酬会计处理的表述中，错误的有（　　）。

A. 重新计量设定受益计划净负债或净资产而产生的变动计入其他综合收益

B. 以本企业生产的产品作为福利提供给职工的，按照该产品的成本和相关税费计量应付职工薪酬

C. 将租赁的汽车无偿提供高级管理人员使用的，按照每期应付的租金计量应付职工薪酬

D. 因辞退福利计划而确认的应付职工薪酬，按照辞退职工提供服务的对象计入当期损益或相关资产的成本

【答案】BD

【解析】选项 B，应按照产品的公允价值和相关税费计量应付职工薪酬；选项 D，辞退

福利，不需要区分辞退职工提供服务的对象，均计入管理费用。

【经典模拟题】

【单选题】下列职工薪酬中，不应当根据职工提供服务的受益对象计入成本费用的是（　　）。

A. 因解除与职工的劳动关系给予的补偿

B. 构成工资总额的各组成部分

C. 工会经费和职工教育经费

D. 社会保险费

【答案】A

【解析】选项 A，辞退福利，不应当根据职工提供服务的受益对象计入成本费用。选项 BCD 都属于短期职工薪酬，要根据职工提供服务的受益对象计入成本费用。所以选项 A 正确。

四、进阶练习

（一）单选题

1. 甲公司发生的下列交易或事项中，相关会计处理将影响发生当年净利润的是（　　）。

A. 因重新计算设定受益计划净负债产生的保险精算收益

B. 因联营企业其他投资方单方增资导致应享有联营企业净资产份额的变动

C. 根据确定的利润分享计划，基于当年度实现利润计算确定应支付给职工的利润分享款

D. 将自用房屋转为采用公允价值进行后续计量的投资性房地产时，公允价值大于账面价值的差额

2. 下列各项有关职工薪酬的会计处理中，正确的是（　　）。

A. 与设定受益计划相关的当期服务成本应计入当期损益

B. 与设定受益计划相关的过去服务成本应计入期初留存收益

C. 与设定受益计划负债相关的利息费用应计入其他综合收益

D. 因重新计量设定受益计划净负债产生的精算损失应计入当期损益

3. 下列有关非货币性福利的计量的说法中，正确的有（　　）。

A. 将拥有的房屋无偿提供给职工使用的，应当将折旧额计入其他业务成本

B. 将外购产品发放给职工作为福利的，计入应付职工薪酬账户的金额为外购商品的买价

C. 向职工提供企业支付补贴的商品，如果合同规定了服务年限的，应当将补贴计入长期待摊费用

D. 企业已自产产品向职工提供非货币性福利的，计入应付职工薪酬账户的金额为产品的售价总额

4. 下列关于职工薪酬的项目中不会影响到企业当期损益的是（　　）。

A. 满足负债确认条件的辞退福利

B. 补偿款超过一年的辞退计划

C. 设定受益计划的精算利得和损失

D. 以权益结算的股份支付

5. 下列各项关于职工薪酬的会计处理中，正确的是（　　）。

A. 与设定收益计划相关的当期服务成本，应计入当期损益

B. 因重新计算设定收益计划净负债产生的保险精算收益，应计入当期损益

C. 设定收益计划修改所导致的与以前期间职工服务相关的设定收益计划义务现值的增加或减少，应计入其他综合收益

D. 设定收益计划净负债或净资产的利息净额，应计入其他综合收益

6. 企业向职工提供的其他长期职工福利，符合设定受益计划条件的，企业应按照受益计划的相关规定，确认其他长期职工福利的（　　）。

A. 管理费用或制造费用　　B. 利得或支出

C. 净负债或净资产　　D. 营业成本

7. 2×18 年 12 月 22 日，甲公司董事会做出诀议，拟关闭设在某地区的一分公司，并对该分公司员工进行补偿，方案为：对因尚未达到法定退休年龄提前离开公司的员工给予一次性离职补偿 60 万元，另外自其达到法定退休年龄后，按照每月 2 000 元的标准给予退休后补偿。涉及员工 50 人、每人 60 万元的—次性补偿 3 000 万元已于 12 月 26 日支付。每月 2 000 元的退休后补偿将于 2×19 年 1 月 1 日起陆续发放，根据精算结果，甲公司估计该补偿义务的现值为 2 200 万元。甲公司 2×18 年计入管理费用的金额为（　　）万元。

A. 2 200　　B. 3 000　　C. 5 200　　D. 0

8. 甲公司实行累积带薪缺勤制度，未使用的年休假只能向后结转一个日历年度，甲公司共有 500 名职工，每个职工每年可享受 10 个工作日带薪年休假。2×17 年 12 月 31 日，每个职工当年平均未使用带薪年休假为 3 天。甲公司预计 2×18 年有 80% 的职工将享受不超过 10 天的带薪年休假，剩余职工每人将平均享受 12 天休假。该公司平均每名职工每个工作日工资为 300 元。甲公司 20×7 年因带薪缺勤确认的应付职工薪酬为（　　）元。

A. 300 000　　B. 90 000　　C. 60 000　　D. 0

9. 关于设定受益计划，下列会计处理中正确的是（　　）。

A. 设定受益计划的结算利得和损失计入其他综合收益

B. 设定受益计划精算利得和损失计入当期损益

C. 过去服务成本计入其他综合收益

D. 当期服务成本计入当期损益

10. 甲公司共有 3 000 名员工，从 2×17 年 1 月 1 日起，该公司实行累积带薪缺勤制度。该制度规定，每个职工每年可享受 8 个工作日的带薪休假，未使用的年休假可向后结转 1 个年度，超过期限未使用的作废，员工离职时也不能取得现金支付。2×17 年 12 月 31 日，每名职工当年平均未使用带薪休假 3 天。根据过去的经验并预期该经验将继续适用，甲公司预计 2×18 年度有 2 600 名员工将享受不超过 8 天带薪休假，剩余 200 名员工将享受 10 天休假，其中 120 名为生产人员，80 为总部管理人员。甲公司平均每名员工每个工作日工资为 500 元。甲公司职工年休假以后进先出为基础，即有关休假首先从当年可享受权利中扣除。假定至 2×18 年 12 月 31 日，上述部门 200 名人员中，尚有 20% 的总部管理人员未使用该累计带薪休假，剩余人员全部使用。不考虑其他因素，下列说法中正确的是（　　）。

A. 甲公司 2×17 年末因累计带薪缺勤计入管理费用的金额为 200 000 万元

B. 2×18 年已享受的累计带薪缺勤休假的相关费用应在本年度确认工资费用时扣除

C. 2×18 年末将 20% 的总部管理人员尚未使用的累积带薪缺勤休假继续结转下年

D. 2×18 年末，由于 20% 的总部管理人员未享受累计带薪缺勤休假而原多预计的负债应作为会计差错追溯重述上年财务报表相关项目的金额

11. 乙公司为一家空调制造企业，2×18 年 6 月为精简机构，降低人工成本，拟辞退部分空调生产车间员工，具体辞退计划如下：自 2×19 年 1 月 1 日起，企业将以职工自愿方式进行其柜式空调生产车间的人员削减。辞退计划的详细内容均已和员工进行沟通，并达成一致，辞退计划于 2×18 年 12 月 1 日经董事会正式批准，并将于 2×19 年度实施完毕，至 2×18 年 12 月 31 日，按照《企业会计准则第 13 号 – 或有事项》的相关办法，预计愿意接受辞退职工的最佳估计数为 150 名，预计补偿总额为 2 300 万元，不考虑其他因素，则下列说法中正确的是（　　）。

A. 将空调生产车间员工的预计补偿总额 2 300 万元一次性计入 2×18 年度制造费用

B. 空调生产车间员工的预计补偿金额应一次性计入 2×19 年度管理费用，并确认应付职工薪酬

C. 2×18 年度因该事项确认的应付职工薪酬为 2 300 万元

D. 空调生产车间员工的预计补偿总额应于职工离职后各期分期确认

（二）多选题

1. 2019 年 7 月 1 日 A 公司（房地产开发企业）将 100 套全新的公寓以优惠价格向职工出售，出售房屋增值税税率为 9%，购买房产的职工共计 100 名，其中 20 名为销售业务骨干，80 名为公司总部管理人员。该公司向管理人员出售的住房平均每套市场价为 100 万元，出售的价格为每套 80 万元，每套成本为 40 万元；向销售业务骨干出售的住房平均每套市场价为 180 万元，向职工出售的价格为每套 150 万元，每套成本为 60 万元。假定该 100 名职工均在 2019 年 7 月 1 日购买了公司出售的住房，售房协议规定，职工在取得住房后必须在公司服务 10 年。下列有关 100 套全新公寓向职工出售的会计处理，正确的是（　　）。

A. 出售住房时计入长期待摊费用的金额为 3 244 万元

B. 出售住房时计入长期待摊费用的金额为 2 200 万元

C. 本年摊销时，借记“管理费用”科目，贷记“应付职工薪酬”科目 87.2 万元

D. 本年摊销时，借记“销售费用”科目，贷记“应付职工薪酬”科目 32.7 万元

2. 甲公司是一家加工制造企业，2019 年制定了一项辞退计划，该项计划职工没有选择权，并已与职工工会达成一致，且经董事会正式批准，将于下一年度正式实施，但根据协议，补偿款 300 万元全部在计划实施两年后支付，假定当时折现率为 7%，则下列表述中正确的是（　　）。

A. 2019 年应计入管理费用 300 万元

B. 2019 年应计入管理费用 262.02 万元

C. 2021 年应确认财务费用 37.98 万元

D. 2021 年应确认财务费用 19.64 万元

3. 下列哪项关于职工薪酬的会计处理是正确的（　　）。

A. 企业发生的职工福利费，应该在实际发生时根据实际发生额计入当期损益或资产成本

B. 公司在重新计量受益计划的净负债时，发现由于一些调整导致该受益计划的现值增加，形成精算损失 10 万元，产生的精算损失应计入其他综合收益。

C. 向员工提供非货币性福利的，应按照非货币性资产的账面价值确认薪酬费用

D. 对符合确认条件的辞退福利，应确认辞退福利产生的应付职工薪酬并计入当期损益或资产成本

4. 下列各项中，设定受益计划应计入当期损益的是（　　）。

A. 因职工当期服务导致的设定收益义务现值的增加额

B. 计划资产的利息收益

C. 设定受益计划义务的利息费用

D. 资产上限影响的利息

5. 企业在重新计量设定受益计划净负债或净资产所产生的变动时，影响计划资产回报的因素有（　　）。

A. 计划资产产生的利息

B. 计划资产已实现的利得和损失

C. 管理计划资产以外的其他管理费用

D. 计量设定受益计划时所采用的精算假设所包括的税款

6. 2×19 年 12 月 20 日，甲公司董事会做出诀议，拟关闭设在某地区的一分公司，并对该分公司员工进行补偿，方案为：对因尚未达到法定退休年龄提前离开公司的员工给予一次性离职补偿 20 万元，另外自其达到法定退休年龄后，按照每月 1 000 元的标准给予退休后补偿。涉及员工 90 人、每人 20 万元的一次性补偿 1 800 万元已于 12 月 26 日支付。每月 1 000 元的退休后补偿将于 2×20 年 1 月 1 日起陆续发放，根据精算结果，甲公司估计该补偿义务的现值为 900 万元。下列说法正确的有（　　）。

A. 应调整当期留存收益 1 800 万元

B. 应计入当期管理费用 2 700 万元

C. 不计入资产成本

D. 应从应付职工薪酬转出计入资本公积

7. 下列关于职工薪酬的表述中，正确的有（　　）。

A. 企业发生的职工福利费，应当在实际发生时根据实际发生额计入当期损益或相关资产成本

B. 企业应当在职工实际发生缺勤的会计期间确认与累计带薪缺勤相关的职工薪酬

C. 如果职工的累积带薪缺勤在离开企业时不能获得现金支付，则企业应当根据资产负债表日因累积未使用权利而导致的预期支付的追加金额，作为累积带薪缺勤费用进行预计

D. 企业根据企业经济效益增长的实际情况提取的奖金，属于奖金计划，应当比照利润分享计划进行处理

8. 甲公司共有 2 000 名员工，从 2×18 年 1 月 1 日起，该公司实行累积带薪缺勤制度。该制度规定，每个职工每年可享受 6 个工作日的带薪休假，未使用的年休假可向后结转 1 个年度，超过期限未使用的作废，员工离职时也不能取得现金支付。2×18 年 12 月 31 日，每

名职工当年平均未使用带薪休假3天。根据过去的经验并预期该经验将继续适用，甲公司预计2×19年度有1 700名员工将享受不超过6天带薪休假，剩余300名员工将享受9天休假，其中120名为销售人员，180为总部管理人员。甲公司平均每名员工每个工作日工资为300元。甲公司职工年休假以后进先出为基础，即有关休假首先从当年可享受权利中扣除。假定至2×19年12月31日，上述300名人员中，120名销售人员中尚有20%未享受带薪休假，180名总部管理人员中，只有70%享受了带薪休假。假定不考虑相关税费等因素影响，下列会计处理中，正确的有（　　）。

A. 2×18年12月31日因累计带薪缺勤计入管理费用的金额为162 000万元

B. 2×19年由于部分人员未享受带薪缺勤休假使得2×18年多预计的负债不做会计处理

C. 2×19年由于部分总部管理人员未享受带薪缺勤休假冲减管理费用48 600万元

D. 2×19年年末结转当年销售人员未享受的累计带薪休假而原多预计的负债应计入资本公积

9. 2×18年12月10日，甲公司董事会作出决议，拟遣散某销售部门员工，并对该部门员工进行补偿，辞退计划为：对尚未达到法定退休年龄提前离开公司的员工给予一次性离职补偿80万元。涉及员工60人，经与相关离职人员协商后签订补偿协议，实质性辞退工作于2×18年12月31日完成，但规定离职补偿款分两年支付，于2×19年和2×20年各支付2 400万元，确认的实际利率为4%，（P/A，4%，2）=1.886。不考虑其他因素，结果保留两位小数，下列说法正确的有（　　）。

A. 2×18年度因该事项增加管理费用4 800万元

B. 2×19年第一次支付款项时应确认财务费用181.06万元

C. 该销售部门员工的离职补偿款应按现值计入销售费用

D. 2×18年因该事项确认应付职工薪酬4 800万元

（三）计算分析题

1.（本小题10分）甲股份有限公司（以下简称“甲公司”）2×15年更换年审会计师事务所，新任注册会计师在对其2×15年度财务报表进行审计时，对以下事项的会计处理存在质疑：

（1）自2×14年开始，甲公司每年年末均按照职工工资总额的10%计提相应资金计入应付职工薪酬，计提该资金的目的在于解决后续拟实施员工持股计划的资金来源，但有关计提金额并不对应于每一在职员工。甲公司计划于2×18年实施员工持股计划，以2×14年至2×17年四年间计提的资金在二级市场购买本公司股票，授予员工持股计划范围内的管理人员，员工持股计划范围内的员工与原计提时在职员工的范围很可能不同。如员工持股计划未能实施，员工无权取得该部分计入职工薪酬的提取金额。该计划下，甲公司2×14年计提了3 000万元。2×15年末，甲公司就当年度应予计提的金额进行了以下会计处理：

借：管理费用　　3 600

　　贷：应付职工薪酬　　3 600

（2）为调整产品结构，去除冗余产能，2×15年甲公司推出一项鼓励员工提前离职的计划。该计划范围内涉及的员工共有1 000人，平均距离退休年龄还有5年。甲公司董事会于10月20日通过决议，该计划范围内的员工如果申请提前离职，甲公司将每人一次性地支付补偿款 30 万元。根据计划公布后与员工达成的协议，其中的 800 人会申请离职。截至 2×15 年 12 月 31 日，该计划仍在进行当中。甲公司进行了以下会计处理：

借：长期待摊费用　　24 000

　　贷：预计负债　　24 000

借：营业外支出　　4 800

　　贷：长期待摊费用　　4 800

（3）2×15 年甲公司销售快速增长，对当年度业绩起到了决定性作用。根据甲公司当年制定并开始实施的利润分享计划，销售部门员工可以分享当年度净利润的 3% 作为奖励。2×16 年 2 月 10 日，根据确定的 2×15 年度利润，董事会按照利润分享计划，决议发放给销售部门员工奖励 620 万元。甲公司于当日进行了以下会计处理：

借：利润分配——未分配利润　　620

　　贷：应付职工薪酬　　620

其他有关资料：

甲公司按照净利润的 10% 提取法定盈余公积，不计提任意盈余公积。

不考虑所得税等相关税费因素的影响。甲公司 2×15 年度报告于 2×16 年 3 月 20 日对外报出。

要求：判断甲公司对事项（1）至事项（3）的会计处理是否正确并说明理由；对于不正确的会计处理，编制更正的会计分录（无须通过“以前年度损益调整”科目，不考虑当期盈余公积的计提）。

2.（1）2018 年 12 月，甲公司当月应发工资总额为 8 600 万元，其中，生产直接人工工资 6 000 万元，生产管理人员工资 1 000 万元，管理人员工资 600 万元，销售人员工资 1 000 万元。根据当地政府规定，公司分别按照职工工资总额的 10%、8%、2%、1.5% 计提医疗保险金、住房公积金、工会经费、职工教育经费。此外，总部兼职管理人员工资 120 万元。

年末，甲公司支付了职工的工资 8 600 万元，并支付了医疗保险金 860 万元，住房公积金 688 万元，工会经费 172 万元，职工教育经费 60 万元。

（2）甲公司从 2018 年 1 月 1 日起，实行累积带薪缺勤制度，每个职工可享受 7 个工作日的带薪休假，未使用的年休假只能向后结转一个日历年度，超过 1 年未使用的权利作废，职工在离开公司时不能获得现金支付，职工休年休假是以后进先出为基础，2018 年 12 月 31 日，每个职工当年平均未使用带薪缺勤年休假为 3 天，甲公司预计 2019 年有 700 名员工每人将平均享受 7 天的带薪休假，100 名员工每人将平均享受 10 天的带薪休假。假定该公司平均每名职工每个工作日的工资为 320 元。

（3）2018 年 1 月 1 日，甲公司决定将自建宿舍免费提供给出差在外总部管理人员 60 人使用，每间自建宿舍每年折旧额为 1.8 万元，出租此房产每年收取租金为 2.2 万元。此外公司为 8 名副总经理每人租赁一套公寓，每套公寓每年支付租金 3 万元。

要求：基于上述事项，逐项说明甲公司每项业务如何处理，并编制相关的会计分录。

3. 甲公司是一家生产笔记本电脑的企业，适用的增值税税率为 13%，共有职工 1 200 人，其中直接参加生产的员工 800 人；行政管理人员 100 人；销售人员 300 人。2×19 年 12 月发生如下经济业务：

（1）本月应支付的应付职工薪酬总额为 1 200 万元，根据甲公司所在当地政府规定，甲公司应当按照职工工资的 10% 和 8% 计提并缴存医疗保险费和住房公积金，按 12.5% 计提养老保险和失业保险，按照职工工资总额的 2% 和 8% 计提工费经费和职工教育经费。

（2）甲公司将其生产的成本为 8 000 元的高级笔记本电脑作为年末福利发放给 100 名行政管理人员，该型号笔记本电脑的售价为 12 000 元，同时外购 1 200 件不含税价格为 800 元的智能音箱同样作为年终福利发放给全体职工，企业以银行存款支付智能音箱相关费用，取得增值税专用发票，适用税率 13%。

（3）2×19 年 12 月 1 日作出决议，外购了 100 套公寓拟以优惠价格出售给职工，其中 60 名生产人员，10 名管理人员，30 名销售人员。公司拟向直接生产人员和销售人员出售的住房购买价 80 万元，向职工出售价格为 60 万元；拟向管理人员出售的住房每套买价 120 万元，向职工出售的价格为每套 100 万元，假定 2×19 年 12 月 15 日收到售房款并办理完成产权过户手续，售房协议规定，生产人员和销售人员在取得住房后必须在公司服务 10 年，未对管理人员规定服务期限。

（4）甲公司有一项利润分享计划，要求甲公司将其至 2×19 年 12 月 31 日止会计年度的税前利润的指定比率支付给在 2×19 年 10 月 1 日至 2×20 年 9 月 30 日为甲公司提供服务的职工，该奖励于 2×20 年 9 月 30 日支付，2×15 年度实现的税前利润为 2 000 万元人民币。如果甲公司当年销售额达 70%，则当年的利润分享计划支付总额为税前利润的 4%（其中直接参加生产人员享有 1.5%，行政管理人员享有 1%，销售人员享有 1.5%），2×19 年的销售额为 71%，不考虑个人所得税影响。

其他有关资料：本题不考虑其他因素。

要求：

（1）就甲公司 2×19 年发生的与职工薪酬有关的事项，逐项说明其应进行的会计处理并编制相关会计分录（金额单位用万元表示）。

（2）根据事项 1 计算本月应确认的短期薪酬。

（3）计算由于事项 2 确认的管理费用金额。

（4）企业将事项 3 中低价买房给职工产生的款项差额全部计入管理费用，评价企业的做法是否正确。

（5）事项 4 中，企业于 2×19 年 12 月 31 日确认"应付职工薪酬－利润分享计划"金额 80（2 000×4%）万元，这种会计处理方式是否恰当。

五、进阶练习答案

（一）单选题

1.【答案】C

【解析】选项 A，计入其他综合收益；选项 B，计入资本公积；选项 C，计入成本费用；选项 D，计入其他综合收益。只有选项 C，影响当年净利润。

2.【答案】A

【解析】选项 B，与设定受益计划相关的过去服务成本计入当期损益；选项 C，与设定受益计划负债相关的利息费用计入当期损益；选项D，因重新计量设定受益计划净负债产生的精算损失应计入其他综合收益。

3. 【答案】C

【解析】选项A，将拥有的房屋无偿提供给职工使用的，应当将折旧额计入应付职工薪酬；选项B，将外购产品发放给职工作为福利的，计入应付职工薪酬账户的金额为外购商品的价税合计；选项D，企业以自产产品向职工提供非货币性福利的，计入应付职工薪酬账户的金额为产品的价税合计。

4. 【答案】C

【解析】A选项，满足负债确认条件的辞退福利应计入当期损益中；B选项，补偿款超过一年的辞退计划，企业应选择恰当的折现率，以折现后的金额计入当期损益；C选项，设定受益计划的精算利得和损失应计入其他综合收益中；D选项，权益结算的股份支付企业应在等待期内的每个资产负债表日，以对可行权权益工具数量的最佳估计为基础，按照权益工具在授予日的公允价值，将当期取得的服务计入相关资产成本或当期费用，同时计入资本公积中的其他资本公积。

5. 【答案】A

【解析】选项B，因重新计算设定收益计划净负债产生的保险精算收益，应计入其他综合收益；选项C，属于过去服务成本，应计入当期损益；选项D，设定收益计划净负债或净资产的利息净额，应计入当期损益。

6. 【答案】C

【解析】企业向职工提供的其他长期职工福利，符合设定受益计划条件的，企业应按照受益计划的相关规定，确认其他长期职工福利的净负债或净资产。

7. 【答案】C

【解析】甲公司向员工支付每人60万元的补偿款为辞退福利，应于发生时计入当期损益。对于员工在达到退休年龄后所支付的补偿款，虽然其于退休后支付，但由于该补偿与部分员工因分公司关闭离开公司有关，因此该退休后补偿也应于发生时计入当期损益。

借：管理费用	5 200	
贷：应付职工薪酬		5 200
借：应付职工薪酬	3 000	
贷：银行存款		3 300

8. 【答案】C

【解析】本题中甲公司20×7年因带薪缺勤而确认的应付职工薪酬为500×20%×2×300=60 000（元）。

9. 【答案】D

【解析】选项A，设定受益计划的结算利得和损失计入当期损益；选项B，设定受益计划精算利得和损失计入其他综合收益；选项C，过去服务成本计入其当期损益。

10. 【答案】B

【解析】A选项，错误，2×17年末因累计带薪缺勤计入管理费用的金额=80×（10－8）×500=80 000（万元）；B选项，正确，2×18年已享受的累计未使用的带薪年休假，应在2×18年末确认工资费用时扣除上年度该部分已确认的累积带薪费用；C选项，错误，甲公司规定未使用的年休假只可向后结转1个年度，2×18年已经到期，不能继续结转；D选项，错误，甲公司规定未使用的年休假只能结转1个年度，因此原2×17年年末预计的将于2×18年使用的带薪休假在2×18年未使用的部分应当冲回，冲减当期管理费用，而非追溯重述上年财务报表相关项目金额。

11. 【答案】C

【解析】A选项，错误，由于被辞退的职工不再为企业带来未来经济利益，因此，对于所有的辞退福利，均应当于辞退计划满足负债确认条件的当期一次计入费用，不计入资产成本，本题中应一次性计入2×18年度管理费用；B选项，错误，对于分期实施的自愿裁减建议，企业应当将整个计划看作是由各单项自愿裁减建议组成，在每期计划符合预计负债确认条件时，将该期计划中由于提供辞退福利产生的预计负债予以确认，计入当期管理费用，不能等全部计划都符合确认条件时再予以确认，将空调生产车间员工的预计补偿金额应一次性计入2×18年度管理费用，并确认应付职工薪酬；C选项，正确，因该事项确认的2×18年度应付职工薪酬为2 300万元；D选项，错误，因辞退福利产生的应付职工薪酬应一次性计入当期损益，不能分期确认。

（二）多选题

1. 【答案】CD

【解析】公司出售住房时应对该房屋视同销售处理，应做如下会计分录：

借：银行存款　　[（80×80＋20×150）×1.09］10 246
　　长期待摊费用　　[（80×20＋20×30）×1.09］2 398
　　贷：主营业务收入　　（80×100＋20×180）11 600
　　　　应交税费——应交增值税（销项税额）　　1 044

同时结转主营业务成本4 400万元（80×40＋20×60），分录略。

公司应当按照直线法在未来10年内摊销长期待摊费用，本年应做如下会计分录：

借：销售费用　　（30×20×1.09/10÷2）32.7
　　管理费用　　（20×80×1.09/10÷2）87.2
　　贷：应付职工薪酬　　119.9
借：应付职工薪酬　　119.9
　　贷：长期待摊费用　　119.9

2. 【答案】BD

【解析】本题中补偿款项的辞退福利计划超过一年，因此应该选择恰当的折现率对补偿款折现，经计算折现系数为 $1\div(1+7\%)^2=0.8734$，因此300万元折现后的金额 $=300\times0.8734=262.02$（万元），会计处理如下：（单位：万元）

借：管理费用　　262.02
　　未确认融资费用　　37.98
　　贷：应付职工薪酬——辞退福利　　300

2020年会计处理

借：财务费用　　18.34

贷：未确认融资费用　　18.34

2021 年实际支付款项时，会计处理如下：

借：应付职工薪酬——辞退福利　　300

　　贷：银行存款　　300

借：财务费用　　19.64

　　贷：未确认融资费用　　19.64

3.【答案】AB

【解析】选项 C 向员工提供非货币性福利的，应按照非货币性资产的公允价值进行确认，公允价值不能可靠获取的，应按成本计量。选项 D 对符合确认条件的辞退福利，应确认辞退福利产生的应付职工薪酬并计入当期损益（管理费用），不计入资产成本。

4.【答案】ABCD

【解析】本题主要考核对设定受益计划的理解，选项全部计入当期损益。

5.【答案】AB

【解析】计划资产的回报包括计划资产产生的利息、股利和其他收入，以及计划资产已实现和未实现的利得和损失。企业在确定计划资产回报时，应当扣除管理该计划资产的成本以及计划本身的应付税款，但计量设定受益义务时所采用的精算假设所包括的税款除外。管理该计划资产以外的其他管理费用不需从计划资产回报中扣减，所以选项 C、D 属于不影响计划资产回报的因素。

6.【答案】BC

【解析】甲公司应将因为分公司关闭计划产生的支付给员工的辞退福利，一次性计入确认当期费用。对于预计以后期间陆续支付的补偿金额，按照其现值确认应当计入当期损益的职工薪酬金额。

借：管理费用　　（1 800 +900）2 700

　　贷：应付职工薪酬　　2 700

借：应付职工薪酬　　1 800

　　贷：银行存款　　1 800

7.【答案】ACD

【解析】选项 B，企业应当在职工提供服务从而增加了其未来享有的带薪缺勤权利时，确认与累计带薪缺勤相关的职工薪酬。

8.【答案】AC

【解析】A 选项，正确，因累计带薪缺勤计入管理费用的金额 $=180\times(9-6)\times300=$ 162 000（万元），销售人员产生的累计带薪缺勤费用计入销售费用，因累计带薪缺勤计入销售费用的金额 $=120\times(9-6)\times300=108\ 000$（万元）；B 选项，错误，由于销售人员未享受带薪缺勤休假使得 2×18 年多预计的负债应在 2×18 年年末冲减销售费用，由于管理人员产生的冲减管理费用；C 选项，正确，由于部分总部管理人员未享受带薪缺勤休假而冲减的管理费用 $=180\times(9-6)\times300\times(1-70\%)=48\ 600$（万元），冲减的销售费用 $=120\times(9-6)\times300\times20\%=21\ 600$（万元）；D 选项，错误，甲公司规定未使用的年休假只能结转 1 个年度，因此原 2×18 年年末预计的将于 2×19 年使用的带薪休假在 2×19 年未使用的部分应当冲回，冲减当期管理费用和销售费用，而非计入资本公积。

9.【答案】BD

【解析】选项 A，错误，实质性辞退工作在一年内实施完毕但补偿款项超过一年支付的辞退计划，企业应当选择恰当的折现率，以折现后的金额计量应计入当期损益的辞退福利金额，2×18 年度因该事项确认的管理费用 = 2 400 ×（P/A，4%，2）= 2 400 × 1.886 = 4 526.4（万元）；选项 B，正确，实际计入管理费用的辞退福利金额与实际支付的辞退福利之间的差额，应计入未确认融资费用，在实际支付时确认的财务费用 = 4 526.4 × 4% = 181.056 ≈ 181.06（万元）；选项 C，错误，该销售部门员工的离职补偿款应按现值计入管理费用；选项 D，正确，应于 2×18 年确认应付职工薪酬 4 800 万元。

（三）计算分析题

1.【答案与解析】

判断甲公司对事项（1）至事项（3）的会计处理是否正确并说明理由；对于不正确的会计处理，编制更正的会计分录（无须通过“以前年度损益调整”科目，不考虑当期盈余公积的计提）。

事项（1）：

甲公司该项会计处理不正确。

理由：该部分金额不是针对特定员工需要对象化支付的费用，即不是当期为了获取员工服务实际发生的费用，准则规定不能予以计提。涉及员工持股计划拟授予员工的股份，应当根据其授予条件等分析是获取的哪些期间的职工服务，并将与股份支付相关的费用计入相应期间。

更正分录：

借：应付职工薪酬	6 600	
贷：盈余公积		300
未分配利润		2 700
管理费用		3 600

事项（2）：

甲公司该项交易的会计处理不定确。

理由：该项计划原则上应属于会计准则规定的辞退福利，有关一次性支付的辞退补偿金额应于计划确定时作为应付职工薪酬，相关估计应支付的金额全部计入当期损益，而能在不同年度间分期摊销。

更正分录：

借：管理费用	24 000	
贷：营业外支出		4 800
长期待摊费用		19 200
借：预计负债	24 000	
贷：应付职工薪酬——辞退福利		24 000

事项（3）：

甲公司该项会计处理不正确。

理由：利润分享计划下员工应分享的部分应作为职工薪酬并计入有关成本费用，因涉及的是销售部门，甲公司应计入 2×15 年销售费用。

借：销售费用　620

　贷：利润分配——未分配利润　620

2.【答案与解析】

（1）应公司应按照工资总额，以及按照工资总额分别计算的医疗保险金、住房公积金、工会经费、职工教育经费确认职工薪酬。

借：生产成本　[6 000×(1+10%+8%+2%+1.5%)] 7 290

　制造费用　[1 000×(1+10%+8%+2%+1.5%)] 1 215

　管理费用　[600×(1+10%+8%+2%+1.5%)] 729

　销售费用　[1 000×(1+10%+8%+2%+1.5%)] 1 215

　贷：应付职工薪酬——工资　8 600

　　——医疗保险　860

　　——公积金　688

　　——工会经费　172

　　——职工教育经费　129

借：管理费用　120

　贷：应付职工薪酬——工资　120

借：应付职工薪酬——工资　8 600

　——医疗保险　860

　——公积金　688

　——工会经费　172

　——职工教育经费　60

　贷：银行存款　10 337

（2）甲公司应根据本年剩余假期中预计下年将使用的部分，预计累积带薪缺勤的金额，并在 2018 年末确认为应付职工薪酬。

应确认的累积带薪缺勤金额 =100×3×320 =96 000（万元）

借：管理费用　96 000

　贷：应付职工薪酬　96 000

（3）甲公司应将为职工提供宿舍以及为副总经理租赁公寓作为非货币性福利，按折旧和租金确认应付职工薪酬。

借：管理费用　132

　贷：应付职工薪酬　132

借：应付职工薪酬　132

　贷：累计折旧　（1.8×60）108

　　其他应付款/银行存款　（3×8）24

3.（1）【答案与解析】

事项（1）：

应计入生产成本的职工薪酬金额 =1 200×(800/1 200) +1 200×(800/1 200)×(10% +

8% +2% +8%) =1 024（万元）

应计入管理费用的职工薪酬金额 =1 200 ×(100/1 200) +1 200 ×(100/1 200) ×(10% +8% +2% +8%) =128（万元）

应计入销售费用的职工薪酬金额 =1 200 ×(300/1 200) +1 200 ×(300/1 200) ×(10% +8% +2% +8%) =384（万元）

公司应根据上述业务，做如下账务处理（金额单位用万元表示）：

借：生产成本　1 024

　管理费用　128

　销售费用　384

　贷：应付职工薪酬——工资　1 200

　　　　　——医疗保险费　120

　　　　　——住房公积金　96

　　　　　——工会经费　24

　　　　　——职工教育经费　96

计提养老保险和失业保险（金额单位用万元表示）：

借：生产成本　(1 200 ×(800/1 200) ×12.5%) 100

　管理费用　(1 200 ×(100/1 200) ×12.5%) 12.5

　销售费用　(1 200 ×(300/1 200) ×12.5%) 37.5

　贷：应付职工薪酬——设定提存计划　(1 200 ×12.5%) 150

事项（2）：

企业以自产产品作为非货币性福利提供给职工的，应当按照该产品的公允价值和相关税费，计量计入成本费用的职工薪酬金额，相关收入的确认、销售成本的结转和相关税费的处理，与正常销售商品相同。

笔记本电脑的售价总额 =12 000 ×100 =120（万元）

笔记本电脑的增值税销项税额 =120 ×13% =15.6（万元）

公司决定发放非货币性福利时，应做如下账务处理（金额单位用万元表示）：

借：管理费用　135.6

　贷：应付职工薪酬——非货币性福利　135.6

实际发放笔记本电脑时，应做如下账务处理：

借：应付职工薪酬——非货币性福利　135.6

　贷：主营业务收入　120

　　应交税费——应交增值税（销项税额）　15.6

借：主营业务成本　80

　贷：库存商品　80

智能音箱的售价总额 =1 200 ×800 =96（万元）

智能音箱的进项税额 =96 ×13% =12.48（万元）

借：生产成本　(108.48 ×800/1 200) 72.32

　管理费用　(108.48 ×300/1 200) 27.12

销售费用　　　　　　　　　　　　　　　　(108.48×100/1 200) 9.04
　　贷：应付职工薪酬——非货币性福利　　　　　　　　　108.48

购买手机时，应做如下账务处理：

借：库存商品　　　　　　　　　　　　　　　　96
　　应交税费——应付职工薪酬（进项税额）　　　12.48
　　贷：银行存款　　　　　　　　　　　　　　　108.48

实际发放智能音箱时，应做如下账务处理（金额单位用万元表示）：

借：应付职工薪酬——非货币性福利　　　　　　　108.48
　　贷：库存商品　　　　　　　　　　　　　　　96
　　　　应交税费——应付职工薪酬（进项税额）　　12.48

事项（3）：

公司向生产人员和销售人员出售住房时，协议约定服务期限10年，应做如下账务处理（金额单位用万元表示）：

借：银行存款　　　　　　　　　　　(60×90) 5 400
　　长期待摊费用　　　　　　　　　(20×90) 1 800
　　贷：固定资产　　　　　　　　　　(80×90) 7 200

出售住房后的每年，甲公司应当按照直线法在10年服务期内摊销长期待摊费用，并做如下账务处理（金额单位用万元表示）：

借：生产成本　　　　　　　　　　(1 800/10×2/3) 120
　　销售费用　　　　　　　　　　(1 800/10×1/3) 60
　　贷：应付职工薪酬——非货币性福利　　(1 800/10) 180

借：应付职工薪酬——非货币性福利　　　　　　180
　　贷：长期待摊费用　　　　　　　　　　　　180

如果出售住房的协议中未规定职工在购得住房后必须服务年限，企业应当将该项差额直接计入出售住房当期相关资产成本或当期损益。

公司向管理人员出售房子，未规定服务期限，应做如下账务处理（金额单位用万元表示）：

借：银行存款　　　　　　　　　　(100×10) 1 000
　　管理费用　　　　　　　　　　(20×10) 200
　　贷：固定资产　　　　　　　　　(120×10) 1 200

事项（4）：

2×19年的销售额为71%，达到利润分享计划条件。

甲公司2×19年12月31日的账务处理如下（金额单位用万元表示）：

借：生产成本　　　　　　　　(2 000×1.5%×1/4) 7.5
　　管理费用　　　　　　　　(2 000×1%×1/4) 5
　　销售费用　　　　　　　　(2 000×1.5%×1/4) 7.5
　　贷：应付职工薪酬——利润分享计划　　(2 000×4%×1/4) 20

（2）根据事项1，本月应确认的短期薪酬=1 200+120+96+24+96=1 536（万元），养老保险和失业保险不包括在短期薪酬中。

（3）根据事项2，应确认的管理费用金额 = 135.6 + 27.12 = 162.72（万元）

（4）企业将事项3中低价买房给职工产生的款项差额全部计入管理费用，这种做法不正确。对于出售住房的协议中规定了职工在购得住房后应该至少提供服务的年限的，应将该项差额作为“长期待摊费用”处理，并在协议规定的服务期限内平均摊销，根据收益对象分别计入相关资产成本或当期损益；如果出售住房的协议中未规定职工在购得住房后必须服务年限，企业应当将该项差额直接计入出售住房当期相关资产成本或当期损益。因此，应将出售住房给生产人员和销售人员产生的差额计入长期待摊费用，并于规定服务期内进行摊销，而非计入管理费用。

（5）企业的这种行为不恰当，企业于2×19年12月31日确认“应付职工薪酬——利润分享计划”金额 = 2 000 × 4% × 1/4 = 20（万元），因为该项利润分享计划的期间是2×19年10月1日至2×20年9月30日，至2×19年12月31日，只占其中3个月，应确认利润分享计划金额的25%。

第十一章　借款费用

一、2020 年新教材内容主要变化

2020 年新教材与 2019 年教材相比，无变化。

二、本章近五年考情统计分析

本章考题以单选题或多选题形式出现，由于借款费用内容相对单一主观问题涉及不多，以客观问题为主，最近五年平均考试分值 2 分左右。

（一）近五年考试分值分布

题型	2015 年	2016 年	2017 年	2018 年	2019 年
单选题				2	2
多选题			2	2	—
合计			2	4	2

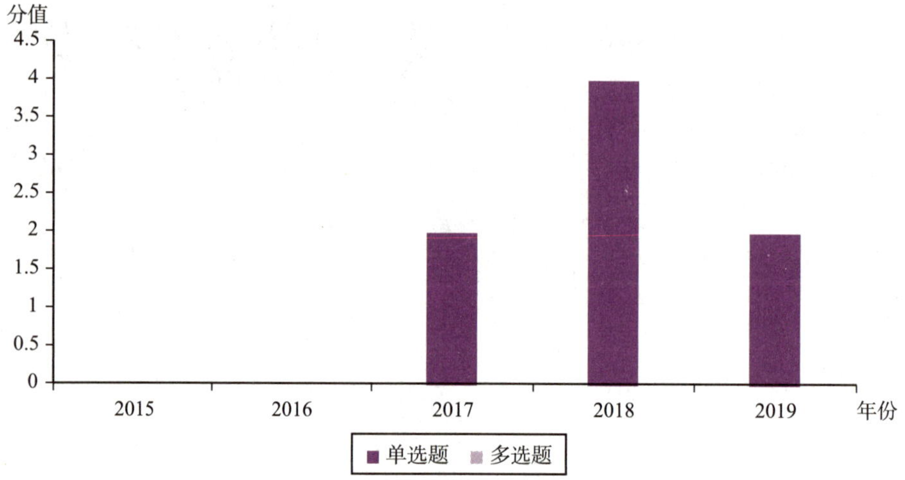

（二）近五年考试考点分布

近五年考试考点分布表

重要考点内容	年度及题型分布
一、借款费用的范围	2017 年多选题
二、借款费用资本化金额计算	2018 年单选题、2019 年单选题
三、借款费用资本化的条件	2017 年多选题

三、重难点解析

本章主要介绍借款费用的会计处理方法。主要内容包括借款费用的构成内容；借款费用

的承担对象；借款费用资本化的条件及借款费用资本化金额的计算方法。其中，借款费用资本化金额的计算方法是重点内容。

重难点1：借款费用的构成范围★★

借款费用是企业因借入资金所付出的代价，它的构成范围包括：

（1）因借款而发生的利息，包括从金融机构借款、发行债券以及为购建或者生产符合资本化条件的资产而发生的带息债务所承担的利息；

（2）因借款而发生的折价或溢价的摊销，主要指企业发行债券产生的溢价额和折价额摊销对利息的影响；

（3）因外币借款而发生的汇兑差额，主要是因汇率变动对外币借款本金及利息的记账本位币调整形成的差额；

（4）因借款而发生的辅助费用，主要是指企业在借款过程中发生的手续费、佣金、印刷费等。

（5）承租人按照固定的周期性利率计算租赁负债在租赁期内各期间的利息费用。

注意：企业发生的权益性融资费用不包含在借款费用中。

【单选题·2018】下列各项中，不属于借款费用的是（　　）。

A. 外币借款发生的汇兑收益

B. 承租人融资租赁发生的融资费用

C. 发行股票支付的承销商佣金及手续费

D. 以咨询费的名义向银行支付的借款利息

【答案】C

【解析】发生股票支付的承销商佣金及手续费属于权益性融资费用，不属于借款费用。

重难点2：符合资本化条件的资产★

符合资本化条件的资产是指需要经过相当长时间的购建或者生产活动才能达到预定可使用可销售状态的固定资产、投资性房地产和存货等，也包括租入资产和自行开发形成的无形资产。

这里的相当长时间是指建造期或生产期应当在1年及以上，不包括人为或故意因素。企业的借款只有用于建造符合资本化条件的资产，其借款费用才能资本化，这实质上是对借款费用资本化的对象限制。

重难点3：借款费用资本化的时间界定★★

借款费用能够资本化，需符合两个条件：一是对象；二是时间。对象条件就是借款必须用于符合资本化条件资产的建造或生产，借款费用才能资本化；时间条件就是借款必须在资本化区间内产生的借款费用才能资本化。资本化区间的规定：

（一）资本化开始

同时满足下列条件的，资本化开始：

（1）资产支出已经发生（支付现金；转移非现金资产；承担带息债务）；

（2）借款费用已经发生；

（3）为使资产达到预定可使用或者或销售状态所必要的购建活动或者生产活动已经开始。

（二）资本化停止

购建或者生产符合资本化条件的资产达到预定可使用或者可销售状态时，借款费用停止资本化。其判断迹象包括：

（1）符合资产化条件资产的实体建造或者生产活动已经全部完成。

（2）所建造资产符合设计要求或者合同要求。

（3）继续发生在所购建或者生产的符合资本化条件的资产上的支出金额很少或者几乎不再发生。

如果所购建或者生产的资产是分别建造、分别完工的，则应根据其独立性判断资本化停止的时点。

（三）资本化暂停

在资本化区间内，符合资本化条件的资产在购建或者生产过程中发生非正常中断，且中断时间连续超过 3 个月的，应当暂停借款费用资本化。

非正常中断，是由于企业管理决策失误或者其他不可预见的原因导致的中断。中断时间注意是连续超过 3 个月，不含 3 个月。

重难点 4：借款利息资本化金额的确定★★★

由于会计准则要求对利息费用的计算采用实际利率法，因此，因借款所发生的折溢价以及辅助费用对利息的影响都包含在利率中了，不必对其进行专门的核算。

对于借款利息资本化金额的计算，须分别专门借款和一般借款，采用不同的计算方法。

（一）专门借款利息资本化金额的计算方法

由于专门借款就是用来建造符合资本化条件资产的，因此，其在资本化区间的全部借款利息都需资本化。如果闲于资金用于投资或者有利息收入，可将其冲减资本化金额。

专门借款的利息资本化金额 = 本期借款的实际利息支出 − 存款收益

本期借款的实际利息支出 = 借款期初的摊余成本 × 实际利率

【单选题 · 2019】20×8 年 1 月 1 日，甲公司为购建生产线借入 3 年期专门借款 3 000 万元，年利率为 6%，当年度发生与购建生产线相关的支出包括：1 月 1 日支付材料款 1 800 万元，3 月 1 日支付工程进度款 1 600 万元，9 月 1 日支付工程进度款 2 000 万元。甲公司将暂时未使用的专门借款用于货币市场投资，月利率为 0.5%，除专门借款外，甲公司尚有两笔流动资金借款：一笔是 20×7 年 10 月借入的 2 年期借款 2 000 万元，年利率为 5.5%；另一笔为 20×8 年 1 月 1 日借入的 1 年期借款 3 000 万元，年利率为 4.5%。假定上述借款的实际利率与名义利率相同，不考虑其他因素，甲公司 20×8 年度应予资本化的一般借款利息金额是（　　）万元。

A. 49　　B. 45　　C. 60　　D. 55

【答案】A

【解析】20×8 年度一般借款资本化率 =（2 000×5.5% +3 000×4.5%）/（2 000 +3 000）×

100% =4.9%，累计资产支出超过专门借款部分的资产支出加权平均数 =（1 800 +1 600 -3 000）×10/12 +2 000 ×4/12 =1 000（万元），因此甲公司 20 ×8 年度应予资本化的一般借款利息金额 =1 000 ×4.9% =49（万元）。

【单选题 · 2018】 20 ×6 年 3 月 5 日，甲公司开工建设一栋办公大楼，工期预计为 1.5 年。为筹集办公大楼后续建设所需要的资金，甲公司于 2 ×17 年 1 月 1 日向银行专门借款 5 000 万元，借款期限为 2 年，年利率为 7%（与实际利率相同），借款利息按年支付。20 ×7 年 4 月 1 日、20 ×7 年 6 月 1 日、20 ×7 年 9 月 1 日，甲公司使用专门借款分别支付工程进度款 2 000 万元、1 500 万元、1 500 万元。借款资金闲置期间专门用于短期理财，共获得理财收益 60 万元。办公大楼于 20 ×7 年 10 月 1 日完工，达到预定可使用状态。不考虑其他因素，甲公司 2 ×17 年度应予资本化的利息金额是（　　）万元。

A. 202.50　　B. 262.50　　C. 290.00　　D. 350.00

【答案】 A

【解析】 专门借款的利息资本化金额应是借款的全部利息减去存款收益即 5 000 ×7% ×9/12 -60 =202.50（万元）。

【经典模拟题】

【单选题】 甲公司 2 ×19 年 1 月 1 日发行债券，所筹资金用来建造厂房，厂房的建造期为 2 年。债券的面值为 1 000 万元，发行价格 1 060 万元，期间为 3 年，分年付息，利息的支付时间为下年 1 月 5 日。票面利率 8%，实际利率为 6%。厂房建造在 2 ×19 年 1 月 1 日开工，并于当日支出 400 万元，其余资金存入银行，银行存款利率为 2%。该公司按年计息，甲公司 2 ×19 年 12 月 31 日计息，其利息资本化金额为（　　）万元。

A. 84.8　　B. 80　　C. 50.4　　D. 66.8

【答案】 C

【解析】 专门借款的资本化金额是指其实际的利息支出减去存款收益，2 ×19 年的资本化金额 =1 060 ×6% -660 ×2% =50.4（万元）。

（二）一般借款利息资本化金额的计算方法

一般借款不是用来建造符合资本化条件资产的，其利息原本和资本化无关。但如果在建造符合资本化条件的资产时，占用了一般借款，则占用的这部分借款利息应该资本化。注意的问题是，一般借款的存款收益与资本化无关，也就是说其存款收益都冲减费用。

一般借款的利息资本化金额 = 一般借款的累计占用数 × 资本化率

一般借款的累计占用数 = $\sum$ 每笔占用的一般借款 × 占用时间权重

资本化率 = 所占用一般借款至期末利息之和 / $\sum$ 所占用一般借款的本金 × 占用的时间权重

【多选题 · 2018】 甲公司为房地产开发企业，主要从事商品房的开发和销售。2 ×17 年度，甲公司发生的有关交易或事项如下：（1）1 月 10 日，经拍卖取得一块 70 年使用权的土地，用于建造自用的实验室；（2）为开发商品房占用了一般借款；（3）将未使用的一般借款用于短期投资。甲公司没有专门借款，按开发商品房发生的累计支出加权平均数乘以一般借款的资本化率计算确定资本化利息金额。不考虑其他因素，下列各项中关于甲公司上述交易或事项会计处理的表述中，正确的有（　　）。

A. 将一般借款的资本化利息金额计入所开发商品房的成本

B. 将一般借款用于短期投资获得的收益冲减所开发商品房的成本

C. 将建造自用实验室的土地 2×17 年度的摊销额计入所开发商品房的成本

D. 将建造自用实验室的土地确认为无形资产并按 70 年摊销

【答案】AD

【解析】一般借款短期投资收益应冲减利息费用，不能冲减商品房的成本，选项 B 是错误的；土地使用权是用来建造实验室用的，和商品房无关，不能将其在 2×17 的摊销额计入所开发的商品房成本，选项 C 是错误的。

【多选题·2017】甲公司为境内上市公司，2×16 年 3 月 10 日为筹集生产线建设资金，通过定向增发本公司股票，募集资金 30 000 万元。生产线建造工程于 2×16 年 4 月 1 日开工，至 2×16 年 10 月 31 日募集资金已全部投入。为补充资金缺口，11 月 1 日甲公司以一般借款（甲公司仅有一笔年利率为 6% 的一般借款）补充生产线建设资金 3 000 万元，建造过程中甲公司领用本公司原材料一批，成本为 1 000 万元。至 2×16 年 12 月 31 日，该生产线建造工程仍在进行当中，不考虑税费及其他因素。下列各项甲公司 2×16 年所发生的支出中，应当资本化并计入所建造生产线成本的有（　　）。

A. 领用本公司原材料 1 000 万元

B. 2×16 年 11 月 1 日至年底占用一般借款所发生的利息

C. 使用募集资金支出 30 000 万元

D. 使用一般借款资金支出 3 000 万元

【答案】ABCD

【解析】ABCD 这四个项目都符合资本化条件。

【经典模拟题】

【单选题】乙公司在建造符合资本化条件的仓库过程中占用了一般借款，其占用时间分别为 2×19 年 6 月 1 日 200 万元和 9 月 1 日 300 万元。该笔一般借款为 2×19 年 1 月 1 日从银行借入的，金额为 800 万元，借款的利率为 7%，存款的利率为 2%。该笔借款除用于建造仓库发生支出外，其余款项尚未支出。该公司按年计息，2×19 该笔借款的利息资本化金额为（　　）万元。

A. 56　　　　B. 40　　　　C. 15.17　　　　D. 10.17

【答案】C

【解析】一般借款的利息资本化金额只考虑占用部分的，而且不需要将其存款的利息收益扣除，因此，该公司 2×19 年一般借款的利息资本化金额 = 200×7%×7/12 + 300×7%×4/12 = 15.17（万元）。

注意：每一会计期间的利息资本化金额不应当超过当期相关借款的实际发生的利息金额。

重难点 5：外币专门借款汇兑差额资本化金额的确定★★

在借款费用资本化期间内，为购建固定资产而专门借入的外币借款所产生的汇兑差额，应当予以资本化，计入资产成本。这个差额可能产生于本金，也可能产生于利息。除外币专门借款之外的其他外币借款本金及利息产生的汇兑差额应当作为财务费用，计入当期损益。

四、进阶练习

（一）单选题

1. 下列项目中，不属于借款费用的项目是（　　）。

A. 借款的折溢价摊销额　　B. 借款发生的辅助费用

C. 发生权益性工具的发生费用　　D. 租入固定资产的融资费用

2. 借款费用开始资本化始点判断中，不符合“资产支出已发生”这一条件的是（　　）。

A. 支付现金　　B. 转移非现金资产

C. 承提带息债务　　D. 承担不带息债务

3. 下列说法正确的是（　　）。

A. 符合资本化条件的资产在建造期内停工达 3 个月的，借款费用暂停资本化

B. 事先可预计的不可抗力因素引起的中断属于非正常中断

C. 事先可预计的不可抗力因素引起的中断属于正常中断

D. 暂停资本化后又恢复施工的，暂停期间的借款费用应该转入资本化

4. 关于借款利息资本化金额确定问题上，下列说法正确的是（　　）。

A. 计算专门借款利息资本化金额不必考虑未动用存款的利息收入

B. 一般借款的利息资本化金额需考虑未动用存款的利息收入

C. 专门借款的利息资本化金额是指其合同利息或票面利息

D. 计算专门借款的利息资本化金额是指其实际利息支出减去存款收益

5. 下列说法正确的是（　　）。

A. 专门借款就是专门用来建造固定资产的借款

B. 计算专门借款利息资本化金额应采用加权平均利率

C. 一般借款不能用于建造符合资本化条件的资产

D. 一般借款应根据符合资本化条件资产建造所占用的金额计算利息资本化金额

6. 2×19 年 4 月 1 日，甲公司为购建厂房借入专门借款 6 000 万元，借款期限 3 年，年利率 8%。2×19 年 4 月 1 日，甲公司购建活动开始并向施工方支付了第一笔款项 2 000 万元。在施工过程中，甲公司与施工方发生了质量纠纷，施工活动从 2×19 年 8 月 1 日起发生中断。至年末尚未开工。假定甲公司闲置借款资金均用于固定收益债券短期投资，月收益率为 0.5%。不考虑其他因素，甲公司该在建厂房 2×19 年度资本化的利息费用为（　　）万元。

A. 360　　B. 180　　C. 240　　D. 80

7. 甲企业于 2×19 年 1 月 1 日从银行取得一笔 5 年期专门借款 2 000 万元用于固定资产的建造，年利率为 7%，两年期。2×19 年 1 月 1 日该固定资产建造发生资产支出 900 万元。该企业还于 2×18 年 7 月 1 日从银行取得 3 年期一般借款 700 万元，年利率为 6%，借入款项已存入银行。工程预计于 2×20 年年底达到预定可使用状态。2×19 年 3 月 1 日用银行存款支付工程价款 300 万元，2×19 年 10 月 1 日用银行存款支付工程价款 100 万元。工程建造

期间企业没有发生新的一般借款，银行存款的月收益率为0.2%，2×19年借款费用的资本化金额为（　　）万元。

A. 140　　B. 139.6　　C. 182　　D. 151.1

8. 2×19年1月1日，甲公司开工建造一栋厂房，工期预计为2年。该工程没有专门借款，该公司目前有两笔一般借款，借款的情况为：向当地工商银行借入长期借款2 000万元，期限为2×18年7月1日至2×20年7月1日，年利率为7%，按年支付利息；按面值发行公司债券5 000万元，于2×19年1月1日发行，期限为5年，年利率为8%，按年支付利息。工程的支出情况为：2×19年1月1日支付工程款800万元；2×19年8月1日支付工程款1 200万元。不考虑其他因素，则甲公司2×19年为建造厂房所发生的一般借款利息资本化金额为（　　）万元。

A. 140　　B. 540　　C. 400　　D. 100.23

9. 甲公司于2×19年1月1日正式动工兴建一栋办公楼，工期预计为2年，工程采用出包方式，甲公司于2×19年1月1日和10月1日分别支付工程进度款3 000万元和2 000万元。建造办公楼在2×19年1月1日专门借款2 500万元，期限3年，利率为6%。甲公司为建造办公楼占用了一般借款500万元，该笔借款为2×18年1月1日借入，金额5 000万元，期限为3年，年利率为7%，按年支付利息，到期还本；一般借款全年利息收入20万元。甲公司上述借款2×19年计入财务费用的金额是（　　）万元。

A. 350　　B. 35　　C. 70　　D. 260

10. 甲公司2×19年1月1日借入专门借款1 000万元建造办公栋，借款当天存入银行。2月5日，购入建造所需材料支出300万元。3月15日，办理各种开工手续支付费用20万元，手续办理完毕。4月15日开工建造。9月1日，因与施工方发生纠纷而停工，至年末未开工。甲公司专门借款利息资本化的区间是（　　）。

A. 2×19年1月1日至12月31日　　B. 2×19年2月5日至9月1日

C. 2×19年4月15日至9月1日　　D. 2×19年3月15日至9月1日

（二）多选题

1. 下列项目中属于借款费用的项目有（　　）。

A. 因借款发生的利息　　B. 因借款发生的折价摊销额

C. 专门借款发生的外币折算差额　　D. 一般借款发生的外币折算差额

2. 下列资产中，属于符合资本化条件的包括（　　）。

A. 建设期为8个月的房屋　　B. 生产周期为14个月的产品

C. 开发时间为2年的某药品　　D. 租赁期为3年而建设期为1年的租入资产

3. 借款费用资本化可能计入的会计科目包括（　　）。

A. 在建工程　　B. 研发支出

C. 制造费用　　D. 合同履约成本

4. 借款费用开始资本化需满足的条件包括（　　）。

A. 借款费用已发生　　B. 转移了非现金资产

C. 施工准备已完成　　D. 工程开始动工

5. 有关利息资本化金额计算，下列说法正确的有（　　）。

A. 外币专门借款的汇兑差额一律资本化

B. 一般外币借款的汇兑差额在资本化区间内应当资本化

C. 一般外币借款的汇兑差额全部应计入财务费用

D. 外币专门借款的汇兑差额在资本化区间应当资本化

6. 甲公司于2×19年1月1日动工兴建一幢自用办公楼，在该办公楼建造过程中发生的下列支出或者费用中，属于规定的资产支出已发生的情况包括（　　）。

A. 以承担带息票据购入工程用料　　B. 用银行存款支付外包工程费用

C. 月末计算建筑工人的工资尚未发放　　D. 赊购钢板50 000元，款未付

7. 下列各种情形中，在所建造的符合资本化区间内应该暂停资本化的有（　　）。

A. 因台风导致停工4个月　　B. 因工程质量问题停工4个月

C. 因材料缺乏停工5个月　　D. 因工程质量需要停工5个月

（三）计算分析题

甲公司自建厂房，该厂房的建造期间为2年，符合资本化条件。与该厂房建造相关的资料如下：

（1）2×19年1月1日，甲公司发行债券，专门筹集厂房建设资金。该债券为3年期分期付息、到期还本债券。面值为5 000万元，票面年利率为5%，发行价格为5 400万元，发行过程中支付中介机构佣金300万元，实际募集资金净额为5 100万元，实际利率4%。企业每年末计息，下年1月5日付息。

（2）甲公司还存在一笔一般借款：该项借款为2×18年10月1日借入，本金为8 000万元，年利率为6%，期限2年。每年末计息，下年初付息。

（3）厂房建造工程于2×19年4月1日开工，采用外包方式进行，2019年有关建造支出情况如下：

2×19年1月1日，支付建造商2 000万元；

2×19年5月1日，支付建造商4 000万元；

2×19年8月1日，支付建造商3 000万元。

（4）2×19年9月1日，因资金周转发生了困难厂房建造工程发生中断，至2×20年1月1日恢复建造，当日向建造商支付工程款2 000万元。建造工程于2×20年4月30日完成。

其他资料：

假定不考虑专门借款的收益情况，不考虑所得税等相关税费以及其他因素。

要求：

（1）确定甲公司厂房建造借款费用的资本化期间，并说明理由。

（2）编制甲公司发行债券的会计分录。

（3）编制2×19年支付工程款及计息的会计分录。

（4）编制2×20年支付工程款、2×20年4月末计息及厂房完工的会计分录。（保留整数，计量单位：万元）

（四）综合题

（1）甲公司2×19年1月1日，为建造厂房专门按面值发行美元债券2 000万元，年利率为8%，期限2年，发行当日汇率为1美元=6.50元人民币。合同约定每年付息一次，付

息日为下年1月5日，该企业每年计息一次。厂房的建设期为2年。

（2）为解决生产用资金不足问题，经批准于2×19年1月1日以4 020万元的价格（不考虑相关税费）发行面值总额为4 000万元的可转换公司债券。该可转换公司债券期限为3年，票面年利率为5%，实际年利率为6%。自2×20年起，每年1月1日支付上年度利息，且该可转换公司债券持有人可以申请按债券面值转为甲公司的普通股股票（每股面值为1元），初始转换价格为每股10元，即按债券面值每10元转换1股股票。2×20年1月1日支付利息后，债券持有者将可转换公司债券全部转为甲公司的普通股股票，相关手续已于当日办妥。

（3）2×19年1月1日，购买工程用物资，支付1 500万美元。款已付，物资入库。

（4）2×19年4月1日开工，领用上述物资开始建造。

（5）2×19年6月1日，支付500万美元用于其他建造费用，当日汇率为1美元=6.60元人民币。

（6）2×19年8月1日，支付外部建筑人员劳务费600万元人民币，资金来源为可转债。

其他资料：（P/A，6%，3）=2.6730；（P/F，6%，3）=0.8396。计量单位：万元，假定不考虑增值税，不考虑专门借款的存款收益。2×19年12月31日的汇率为1美元=7元人民币。

要求：

（1）根据资料（1），作出甲公司发行美元债券的会计分录；

（2）判断资料（2）企业发行的金融工具的性质，作出发行可转债的会计分录；

（3）根据资料（3）~（6）指出借款费用资本化的区间，作出相应的会计分录；

（4）计算2×19年借款费用资本化的金额，并作出相关的会计分录；

（5）可转债转股的会计分录。

五、进阶练习答案

（一）单选题

1.【答案】C

【解析】发行权益性工具不是借款行为，其发行费不构成借款费用。

2.【答案】D

【解析】不带息债务在偿付前不需要承担利息，也没有占用借款资金。不符合资产支出已发生这一条件，选项D正确。

3.【答案】C

【解析】符合资本化条件的资产在建造期间停工需超过3个月的才符合借款费用暂停资本化条件，选项A错误；事先可预计不可抗力因素导致的中断是正确中断。选项B错误；借款费用暂停资本化后又恢复施工的，原计入到财务费用中的那部分不需要转出，继续费用化即可，选项D错误。

4.【答案】D

【解析】专门借款的资本化利息指的是计算期的实际利息费用，如果有存款收益还需要减掉，因此选项 D 正确。

5.【答案】D

【解析】专门借款不仅是用来建造固定资产，其他符合资本化条件的都可以，选项 A 错误；计算专门借款利息资本化金额应采用个别利率法，不需要进行加权平均；选项 B 错误；一般借款也可以用来建造符合资本化条件的资产，选项 C 错误。

6.【答案】D

【解析】8 月 1 日到 12 月 31 日因与施工方发生质量纠纷暂停资本化，资本化区间为 4 月至 7 月共 4 个月。在建厂房 2×19 年度资本化的利息费用 =6 000×8% ×4/12 −4 000×0.5% ×4 =80（万元）。

7.【答案】D

【解析】固定资产的建造首先使用专门借款，之后，如果占用了一般借款的，按照占用额的加权平均数乘以资本化率计算其资本化金额。因此，2×19 年资本化金额为（140 −0.4）+（200×10/12 +100×3/12）×6% =151.1（万元）。

8.【答案】D

【解析】符合资本化条件的资产占用了一般借款的，按照占用的加权平均数乘以资本化率，本题包括两笔一般借款，因此，需要先计算一般借款加权平均资本化率（2 000×7% +5 000×8%）/（2 000 +5 000）×100% =7.71%。建造厂房所发生的一般借款利息资本化金额 =（800×12/12 +1 200×5/12）×7.71% =100.23（万元），答案 D 正确。

9.【答案】D

【解析】一般借款的全年利息 350 万元，资本化部分 =（500 +2 000×3/12）×7% =70 万元，2×19 年计入财务费用的金额 =350 −70 −20 =260（万元）。选项 D 正确。

10.【答案】C

【解析】借款费用资本化开始需具备三个条件，中间若发生非正常中断且连续超过 3 个月的资本化应暂停，因此选项 C 正确。

（二）多选题

1.【答案】ABCD

【解析】选项 C 和选项 D 都是外币借款产生的汇率差额，同属于借款费用。差别是专门借款发生的在资本化区间内可以资本化，而一般借款发生的则全部费用化。

2.【答案】BCD

【解析】建设期为 8 个月的房屋没有超过 1 年，这不符合资本化条件，选项 A 错误。

3.【答案】ABCD

【解析】如果借款用于建造固定资产，其资本化金额计入在建工程；如果用于从事无形资产开发业务，资本化金额计入研发支出；如果用于产品生产，资本化金额计入制造费用；如果用于建筑施工，资本化金额计入合同履约成本。因此四个选项全都正确。

4.【答案】ABD

【解析】施工准备已完成，不符合资本化条件，选项 C 错误。

5.【答案】CD

【解析】外币专门借款汇兑差额如果资本化也必须在资本化区间内，选项 A 错误；一般外币借款的汇兑差额根本就不能资本化，即使是在资本化区间内也不能资本化，选项 B 错误。

6. 【答案】AB

【解析】建筑工人工资应计入建筑成本，但尚未发放，不属于资产支出已发生，选项 C 错误；赊购钢板款未付，又没承担利息，不属于资产支出已发生，选项 D 错误。

7. 【答案】AD

【解析】通风为可预见的不可抗力因素，因台风导致的中断属正常中断，资本化正常进行，答案 A 正确；因工程质量需要停工也属正常中断，选项 D 正确。选项 B 和选项 C 均为非正常中断，停工期间不能资本化。

（三）计算分析题

【答案】

（1）厂房建造借款费用资本化的区间为 2019 年 4 月 1 日至 2020 年 4 月 30 日，理由是在 2019 年 4 月 1 日，借款费用资本化开始的条件都具备，2020 年 4 月 30 日完工，借款费用资本化停止。

（2）借：银行存款	5 100	
贷：应付债券——面值		5 000
——利息调整		100

（3）2×19 年 1 月 1 日，支付建造商 2 000 万元：

借：在建工程	2 000	
贷：银行存款		2 000

2×19 年 5 月 1 日，支付建造商 4 000 万元：

借：在建工程	4 000	
贷：银行存款		4 000

2×19 年 8 月 1 日，支付建造商 3 000 万元：

借：在建工程	3 000	
贷：银行存款		3 000

专门借款实际利息 = 5 100 × 4% = 204（万元）

其中资本化部分 = 5 100 × 4% × 5/12 = 85（万元）

费用化部门 = 204 − 85 = 119（万元）

专门借款的票面利息 = 5 000 × 5% = 250（万元）

专门借款的利息摊销额 = 250 − 204 = 46（万元）

借：在建工程	85	
财务费用	119	
应付债券——利息调整	46	
贷：应付利息		250

一般借款的利息总数 = 8 000 × 6% = 480（万元）

其中资本化部分 = (900 × 4/12 + 3 000 × 1/12) × 6% = 33（万元）

费用化部分 = 480 − 33 = 447（万元）

借：在建工程	33	

财务费用　　447

贷：应付利息　　480

（4）支付工程款：

借：在建工程　　2 000

贷：银行存款　　2 000

专门借款的资本化利息金额 =5 100 ×4% ×/12 =68（万元）

一般借款的利息资本化金额 =（900 +3 000 +2 000）×6% ×4/12 =118（万元）

借：在建工程　　186

贷：应付利息　　186

厂房完工，其总成本 =2 000 +4 000 +3 000 +85 +33 +2 000 +186 =11 304（万元）

借：固定资产　　11 304

贷：在建工程　　11 304

（四）综合题

【答案】

（1）借：银行存款——美元户　　13 000

贷：应付债券——面值　　（2 000 ×6.5）13 000

（2）属于复合金融工具，企业发行的可转换公司债券同时包含负债成分和权益成分。

负债成分的公允价值 =4 000 ×5% ×（P/A，6%，3）+4 000 ×（P/F，6%，3）

=4 000 ×5% ×2.673 +4 000 ×0.8396 =3 893

权益成分的公允价值 =4 020 －3 893 =127（万元）

借：银行存款　　4 020

应付债券——可转换公司债券（利息调整）　　107

贷：应付债券——可转换公司债券（面值）　　4 000

其他权益工具　　127

（3）资本化的区间为 2 ×19 年 4 月 1 日至 2 ×21 年 4 月 1 日。理由是在 2 ×19 年 4 月 1 日，借款费用资本化的三个条件全都具备，而 2 ×21 年 4 月 1 日厂房完工，达到预期可使用状态。

根据资料（3），会计分录为：

借：工程物资　　1 500

贷：银行存款　　1 500

根据资料（4），会计分录为：

借：在建工程　　1 500

贷：工程物资　　1 500

根据资料（5），会计分录为：

借：在建工程　　（500 ×6.6）3 300

贷：银行存款　　3 300

根据资料（6），会计分录为：

借：在建工程　　600

贷：银行存款 600

（4）借款费用资本化金额。

外币专门借款发行债券全部利息 =2 000×8%×7 =1 120（万元）

外币专门借款发行债券资本化的利息 =2 000×8%×7×9/12 =840（万元）

外币专门借款发行债券本金的汇兑差额 =2 000×7 -2 000×6.5 =1 000（万元）

借：在建工程 1 840

财务费用 280

贷：应付债券——可转换公司债券（面值） 1 000

应付利息 1 120

一般借款可转债计息：

全年实际利息 =3 893×6% =233.58（万元）

资本化部分 =600×6%×5/12 =15（万元）

费用化部分 =233.58 -15 =218.58（万元）

一般借款的票面利息 =4 000×5% =200（万元）

利息调整的摊销额 =200 -233.58 = -33.58（万元）

一般借款计息的会计分录为：

借：在建工程 15

财务费用 218.58

贷：应付利息 200

应付债券——可转换债券（利息调整） 33.58

（5）①2×20 年 1 月 1 日支付债券利息：

借：应付利息 200

贷：银行存款 200

②2×20 年 1 月 1 日债转股：

转换的普通股股数 =4 000÷10 =400（万股）

借：应付债券——可转换公司债券（面值） 4 000

其他权益工具 127

贷：股本 400

应付债券——可转换公司债券（利息调整） （107 -33.58）73.42

资本公积——股本溢价 3 653.58

第十二章　股份支付

一、2020 年新教材内容主要变化

2020 年教材本章无实质变动。

二、本章近五年考情统计分析

本章属于基础性章节，属于客观题和主观题的高频考点，最近五年平均考试分值 7.2 分。

（一）近五年考试分值分布

题型	2015 年	2016 年	2017 年	2018 年	2019 年
单选题	—	—	2	—	2
多选题	—	—	—	2	—
计算题	—	—	—	—	—
综合题	6	6	—	—	18
合计	6	6	2	2	20

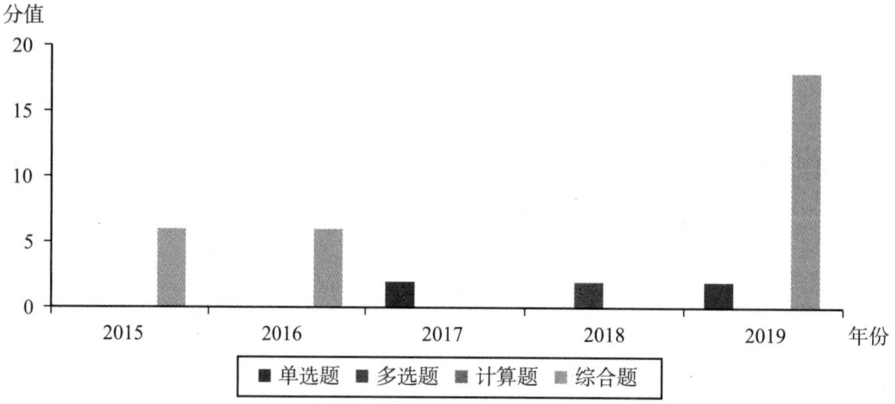

（二）近五年考试考点分布

近五年考试考点分布表

高频考点内容	年度及题型分布
集团股份支付	2016 年综合题、2018 年多选题、2019 年单选题、2019 年多选题
股份支付概念	2018 年多选题、2019 年多选题
权益结算股份支付的计量	2017 年单选题
一次授予分次行权	2015 年综合题
限制性股票	2016 年综合题、2019 年综合题

三、重难点解析

本章介绍《企业会计准则第11号——股份支付》以及《企业会计准则解释第7号》的部分内容，主要内容包括一般性的权益结算股份支付和现金结算股份支付业务的会计处理，限制性股票的股权激励的会计处理，集团股份支付的会计处理等。本章内容较为抽象，对初学者有一定难度。

重难点1：一般股份支付业务的处理★★★

（一）授予日

除了立即可行权的股份支付外，企业在授予日不作会计处理。

（二）等待期内每个资产负债表日

股份支付在等待期的会计处理如下表所示。

项目	计量	会计处理
权益结算的股份支付	授予日权益工具的公允价值（一次计量），不确认其后续公允价值变动	借：管理费用等 　贷：资本公积——其他资本公积
现金结算的股份支付	每个资产负债表日金融工具的公允价值（重新计量）	借：管理费用等 　贷：应付职工薪酬

各期成本费用的计算思路：当期确认的成本费用＝截至当期累计成本费用－以前期间累计已确认的成本费用

1. 累计成本费用（权益结算股份支付）＝预计可行权权益工具数量×授予日权益工具公允价值×已过等待期/等待期

2. 累计成本费用（现金结算股份支付）＝预计可行权权益工具数量×每个资产负债表日金融工具公允价值×已过等待期/等待期

【小贴士】现金结算股份支付在可行权日至行权日期间每期计入损益的金额＝应付职工薪酬期末余额＋当期支付的职工薪酬－应付职工薪酬期初余额。

（三）可行权日之后

1. 权益结算的股份支付

不再调整已确认的成本费用和资本公积。

2. 现金结算股份支付

负债公允价值的变动：

借：公允价值变动损益

　　贷：应付职工薪酬

或相反。

（四）行权日

行权日的会计处理如下表所示。

权益结算股份支付	现金结算股份支付
1. 发行新股授予激励对象 借：银行存款［收到的股票价款］ 　　资本公积——其他资本公积［等待期内资本公积的余额］ 　　贷：股本［付给职工的股份面值］ 　　　　资本公积——股本溢价 2. 回购股份授予激励对象 （1）回购股份： 借：库存股 　　贷：银行存款［实际支付的回购款］ （2）职工行权： 借：银行存款［收到的股票价款］ 　　资本公积——其他资本公积［等待期内资本公积的余额］ 　　贷：库存股［支付给职工的库存股成本］ 　　　　资本公积——股本溢价［倒挤差额］	借：应付职工薪酬 　　贷：银行存款

【经典真题】

【多选题·2018】乙公司、丙公司和丁公司均为甲公司的子公司。甲公司及其相关子公司经各自董事会批准，于2×17年1月1日对甲公司以及相关子公司管理人员或员工进行激励：（1）甲公司以自身普通股授予乙公司管理人员；（2）丙公司按照上年实现净利润的5%分配给在职员工；（3）丁公司以自身普通股授予其管理人员；（4）甲公司以其生产的产品分配给在职员工。下列各项关于甲公司及其相关子公司对其管理人员或员工进行激励的安排中，应按股份支付会计准则进行会计处理的有（　　）。

A. 甲公司以其生产的产品分配给员工

B. 丙公司按上年净利润的5%分配给员工

C. 甲公司以自身普通股授予乙公司管理人员

D. 丁公司以自身普通股授予其管理人员

【答案】CD

【解析】丙公司按上年净利润的5%分配给员工属于利润分享计划，甲公司以其生产的产品分配给员工属于非货币性职工福利，选项A和B应按照职工薪酬准则进行会计处理。

【单选题·2017】2×16年1月1日，甲公司经股东大会批准与其高管人员签订股份支付协议，协议约定：等待期为自2×16年1月1日起两年，两年期满有关高管人员在甲公司工作且每年净资产收益率不低于15%的，高管人员每人可无偿取得10万股甲公司股票。甲公司普通股按董事会批准该股份支付协议前20天平均市场价格计算的公允价值为20元/股，授予日甲公司普通股的公允价值为18元/股。2×16年12月31日，甲公司普通股的公允价值为25元/股。根据甲公司生产经营情况及市场价格波动等因素综合考虑，甲公司预计该股份支付行权日其普通股的公允价值为24元/股。不考虑其他因素，下列各项中，属于甲公司在计算2×16年因该股份支付确认费用时应使用的普通股的公允价值是（　　）。

A. 预计行权日甲公司普通股的公允价值

B. 2×16年1月1日甲公司普通股的公允价值

C. 2×16年12月31日甲公司普通股的公允价值

D. 董事会批准该股份支付协议前20天按甲公司普通股平均市场价格计算的公允价值

【答案】B

【解析】本题中高管人员可以获得企业的股票，因此结算工具为自身权益工具，属于权益结算的股份支付；权益结算的股份支付计算等待期内的成本费用时应该采用权益工具在授予日的公允价值计量，即授予日甲公司普通股的公允价值 18 元/股。授予日为 2×16 年 1 月 1 日，因此本题选 B。

【单选题·2014】下列各项中，应当作为以现金结算的股份支付进行会计处理的是（　　）。

A. 以低于市价向员工出售限制性股票的计划

B. 授予高管人员低于市价购买公司股票的期权计划

C. 公司承诺达到业绩条件时向员工无对价定向发行股票的计划

D. 授予研发人员以预期股价相对于基准日股价的上涨幅度为基础支付奖励款的计划

【答案】D

【解析】选项 A、B、C 均应当作为以权益结算的股份支付进行处理。

【经典模拟题】

【单选题】20×6 年 1 月 1 日，经股东大会批准，甲公司向 50 名高管人员每人授予 1 万份股票期权。根据股份支付协议规定，这些高管人员自 20×6 年 1 月 1 日起在甲公司连续服务 3 年，即可以每股 5 元的价格购买 10 000 股甲公司普通股。20×6 年 1 月 1 日，每份股票期权的公允价值为 15 元。20×6 年没有高管人员离开公司，甲公司预计在未来两年将有 5 名高管离开公司。20×6 年 12 月 31 日，甲公司授予高管的股票期权每份公允价值为 13 元。甲公司因该股份支付协议在 20×6 年应确认的职工薪酬费用金额是（　　）万元。

A. 195　　B. 216.67　　C. 225　　D. 250

【答案】C

【解析】甲公司因该股份支付协议在 20×6 年应确认的职工薪酬费用金额 =（50－5）×1×15×1/3 = 225（万元）。

【单选题】2017 年 1 月 1 日，甲公司向其 80 名中层以上管理人员每人授予 1 000 份股票期权，可行权日为 2019 年 12 月 31 日，该期权应在 2021 年年末之前行使完毕。甲公司授予日股票期权的公允价值为 9 元，2017 年末、2018 年年末、2019 年末该股票期权的公允价值分别为 11 元、13 元和 15 元。2017 年有 4 人离职，2018 年有 5 人离职，2019 年有 1 人离职，本年末职工全部未行权。该项股份支付累计确认的管理费用金额是（　　）元。

A. 800 000　　B. 630 000　　C. 840 000　　D. 650 000

【答案】B

【解析】该股份支付累计确认的管理费用 = 9×（80－4－5－1）×1 000×3/3 = 630 000（元）。

重难点 2：限制性股票股权激励的会计处理★★★

KJ201202

（一）授予日的会计处理

1. 收到认股款

借：银行存款（履行了增资手续）

贷：股本

资本公积——股本溢价

2. 就回购义务确认负债

借：库存股（限制性股票的数量×回购价格）

贷：其他应付款——限制性股票回购义务

（二）等待期内的会计处理

1. 股权激励成本费用的确认与计量

参照权益结算股份支付确认与计量原则处理。

2. 分配现金股利的会计处理

（1）现金股利可撤销。

①预计未来可解锁的部分。

分配现金股利时：

借：利润分配——应付现金股利

贷：应付股利——限制性股票股利

同时，按分配的现金股利金额。

借：其他应付款—限制性股票回购义务

贷：库存股

实际支付时：

借：应付股利——限制性股票股利

贷：银行存款

②预计未来不可解锁的部分。

分配现金股利时：

借：其他应付款——限制性股票回购义务

贷：应付股利——限制性股票股利

实际支付时：

借：应付股利——限制性股票股利

贷：银行存款

（2）现金股利不可撤销。

①预计未来可解锁。

分配现金股利时：

借：利润分配——应付现金股利

贷：应付股利——限制性股票股利

实际支付时：

借：应付股利——限制性股票股利

贷：银行存款

②预计未来不可解锁。

分配现金股利时：

借：管理费用等

贷：应付股利——限制性股票股利

实际支付时：

借：应付股利——限制性股票股利

贷：银行存款

（三）解锁日的会计处理

1. 对未达到限制性股票解锁条件而需回购的股票

借：其他应付款——限制性股票回购义务（应支付的金额）

贷：银行存款

同时：

借：股本

资本公积——股本溢价（差额）

贷：库存股（注销的限制性股票数量对应的库存股的账面余额）

2. 对达到限制性股票解锁条件而无需回购的股票

借：其他应付款——限制性股票回购义务（解锁的股票对应的账面余额）

贷：库存股（解锁的股票对应的账面余额）

【经典真题】

【综合题（节选）·2019】甲公司是一家上市公司，为建立长效激励机制，吸引和留住优秀人才，制定和实施了限制性股票激励计划，甲公司发生的与该计划相关的交易或有事项如下：

（1）20×6 年 1 月 1 日，甲公司实施经批准的限制性股票激励计划，通过定向发行股票的方式向 20 名管理人员每人授予 50 万股限制性股票，每股面值 1 元，发行所得款项 8 000 万元已存入银行。限制性股票的登记手续已办理完成。甲公司以限制性股票授予日公司股票的市价减去授予价格后的金额确定限制性股票在授予日的公允价值为 12 元/股。

上述限制性股票激励计划于 20×6 年 1 月 1 日经甲公司股东大会批准，根据该计划，限制性股票的授予价格为 8 元/股。限制性股票的限售期为授予的限制性股票登记完成之日起 36 个月，激励对象获授的限制性股票在解除限售前，不得转让、用于担保或偿还债务。限制性股票的解锁期为 12 个月，解锁期内，同时满足下列条件的，激励对象获授的限制性股票方可解除限售：激励对象自授予的限制性股票登记完成之日起工作满 3 年；以上年度营业收入为基数，甲公司 20×6 年度、20×7 年度、20×8 年度 3 年营业收入增长率的算术平均值不低于 30%。限售期满后，甲公司为满足解除限售条件的激励对象办理解除限售事宜，未满足解除限售条件的激励对象持有的限制性股票由甲公司按照授予价格回购并注销。

（2）20×6 年度，甲公司实际有 1 名管理人员离开，营业收入增长率为 35%，甲公司预计，20×7 年度及 20×8 年度还有 2 名管理人员离开，每年营业收入增长率均能够达到 30%。

（3）20×7 年度 5 月 3 日，甲公司股东大会批准董事会制定的利润分配方案，即以 20×6 年 12 月 31 日包括上述限制性股票在内的股份 45 000 万股为基数，每股分配现金股利 1 元，共计分配现金股利 45 000 万元。根据限制性股票激励计划，甲公司支付给限制性股票持有者的现金股利可撤销。20×7 年 5 月 25 日，甲公司以银行存款支付股利 45 000 万元。

（4）20×7 年度，甲公司实际有 1 名管理人离开，营业收入增长率为 33%。甲公司预计，20×8 年度还有 1 名管理人员离开，营业收入增长率能够达到 30%。

（5）20×8 年度，甲公司没有管理人员离开，营业收入增长率为 31%。

（6）20×9 年 1 月 10 日，甲公司对于符合解锁条件的 900 万股限制性股票解除限售，并办理完成相关手续。20×9 年 1 月 20 日，甲公司对不符合解锁的 100 万股限制性股票，按照授予价格回购，并办理完成相关注销手续。在扣除已支付给相关管理人员股利 100 万元之后，回购限制性股票的款项 700 万元，以银行存款支付给相关管理人员。

本题不考虑相关税费及其他因素。

要求：

（1）根据资料（1），编制甲公司与定向发行限制性股票相关的会计分录；

（2）根据上述资料，计算甲公司 20×6、20×7 及 20×8 年度因限制性股票激励计划分别应予确认的损益，并编制甲公司 20×6 年度相关的会计分录；

（3）根据上述资料，编制甲公司 20×7 年度及 20×8 年度与利润分配相关的会计分录；

（4）根据资料（6），编制甲公司解除限售和回购并注销限制性股票的会计分录。

【答案及解析】

（1）20×6 年 1 月 1 日：

借：银行存款　　8 000

　　贷：股本　　（20×50×1）1 000

　　　　资本公积——股本溢价　　7 000

同时，就回购义务确认负债：

借：库存股　　8 000

　　贷：其他应付款——限制性股票回购义务　　（20×50×8）8 000

（2）20×6 年 12 月 31 日应确认损益的金额 = 12×(20－1－2)×50×1/3 = 3 400（万元）

20×7 年 12 月 31 日应确认损益的金额 = 12×(20－1－1－1)×50×2/3－3 400 = 3 400（万元）

20×8 年 12 月 31 日应确认损益的金额 = 12×(20－1－1)×50×3/3－3 400－3 400 = 4 000（万元）

20×6 年 12 月 31 日确认损益的分录：

借：管理费用　　3 400

　　贷：资本公积——其他资本公积　　3 400

（3）20×7 年 5 月 3 日，预计未来可解锁限制性股票股利持有者的现金股利（以 20×6 年预计行权人数为基础）=(20－1－2)×50×1 = 850（万元），预计未来不可解锁限制性股票股利持有者的现金股利 = 3×50×1 = 150（万元）。

①对于预计未来可解锁限制性股票持有者：

借：利润分配　　850

　　贷：应付股利　　850

同时：

借：其他应付款　　850

贷：库存股　850

②对于预计未来不可解锁限制性股票持有者：

借：其他应付款　150

　贷：应付股利　150

③其他普通股股份发放的现金股利：

借：利润分配　44 000

　贷：应付股利　44 000

20×7 年 5 月 25 日，实际发放现金股利：

借：应付股利　45 000

　贷：银行存款　45 000

20×8 年年末，按照实际离职情况（实际离职 2 人），上年度分配现金股利少算了 1 名管理人员的股利，本年进行调整：

①对于预计未来可解锁限制性股票持有者：

借：利润分配　（1×50×1）50

　贷：应付股利　50

同时：

借：其他应付款　50

　贷：库存股　50

②对于预计未来不可解锁限制性股票持有者：

借：应付股利　50

　贷：其他应付款　50

（4）20×9 年 1 月 1 日，达到限制性股票解锁条件而无须回购的股票：

借：其他应付款——限制性股票回购义务　（900×8－850－50）6 300

　贷：库存股　6 300

借：资本公积——其他资本公积　（3 400＋3 400＋4 000）10 800

　贷：资本公积——股本溢价　10 800

20×9 年 1 月 20 日，未达到限制性股票解锁条件而需回购的股票：

借：其他应付款——限制性股票回购义务　［100×（8－1）］700

　贷：银行存款　700

同时：

借：股本　100

　资本公积——股本溢价　700

　贷：库存股　（100×8）800

【经典模拟题】

【计算分析题】甲股份有限公司（以下简称“甲公司”）2×19 年发生了下列交易或事项：

2×19 年 1 月 2 日，甲公司股东大会通过向高管人员授予限制性股票的方案。方案规定：

30名高管人员每人以每股5元的价格购买甲公司10万股普通股，自方案通过之日起，高管人员在甲公司服务满3年且3年内公司净资产收益率平均达到15%或以上，3年期满即有权利拥有相关股票。服务期未满或未达到业绩条件的，3年期满后，甲公司将以每股5元的价格回购有关高管人员持有的股票。3年等待期内，高管人员不享有相关股份的股东权力。

2×19年1月2日，甲公司普通股的市场价格为每股10元；当日，被授予股份的高管人员向甲公司支付价款并登记为相关股票的持有人。

2×19年，该计划涉及的30名高管人员中没有人离开甲公司，且预计未来期间不会有高管人员离开。2×19年甲公司净资产收益率为18%，预计未来期间仍有上升空间，在3年期间内平均净资产收益率达到20%的可能性较大。

本题不考虑增值税等相关税费及其他因素。

要求：说明甲公司2×19年应进行的会计处理并说明理由（包括应如何确认及相关理由，并编制会计分录）。

【答案及解析】

甲公司所授予高管的限制性股票应作为股份支付处理，取得高管支付的价款应当确认为负债。

会计分录：

借：银行存款　　1 500

　　贷：股本　　300

　　　　资本公积——股本溢价　　1 200

借：库存股　　1 500

　　贷：其他应付款　　1 500

2×15年确认的成本费用＝(10－5)×10×30×1/3＝500（万元）

借：管理费用　　500

　　贷：资本公积　　500

理由：授予日有关限制性股票的市场价格高于高管实际支付的价格，其差额未来3年内应作为股份支付费用计入相关期间损益。对于取得的限制性股票，因未来期间在没有达到行权条件时甲公司将以原价回购，不符合权益界定，应作为金融负债。

重难点3：集团股份支付的处理★★★

（一）结算企业（如母公司）以其本身权益工具结算，接受服务企业（如子公司）没有结算义务

1. 结算企业

借：长期股权投资

　　贷：资本公积（按权益结算股份支付计量原则计量）

2. 接受服务企业

借：管理费用等

　　贷：资本公积（按权益结算股份支付计量原则计量）

3. 合并财务报表中应编制如下抵销分录（合并报表层面为权益结算的股份支付）

借：资本公积

　　贷：长期股权投资

（二）结算企业（如母公司）以现金或其他企业股份结算，接受服务企业（如子公司）没有结算义务

1. 结算企业

借：长期股权投资

　　贷：应付职工薪酬（按现金结算股份支付计量原则计量）

2. 接受服务企业

借：管理费用等

　　贷：资本公积（按权益结算股份支付计量原则计量）

3. 合并财务报表中应编制如下抵销分录（合并报表层面通常为现金结算的股份支付）

借：资本公积

　　管理费用等（差额，也可能在贷方）

　　贷：长期股权投资

【经典真题】

【单选题·2019】 甲公司是一家上市公司，经股东大会批准，向其子公司（乙公司）的高级管理人员授予其自身的股票期权。对于上述股份支付，在甲公司和乙公司的个别报表中，正确的会计处理方法是（　　）。

A. 均作为以现金结算的股份支付处理

B. 甲公司作为以权益结算的股份支付处理，乙公司作为以现金结算的股份支付处理

C. 甲公司作为以现金结算的股份支付处理，乙公司作为以权益结算的股份支付处理

D. 均作为以权益结算的股份支付处理

【答案】 D

【解析】 本题属于集团股份支付，甲公司在职工行权时，最终付出的是自身股票，所以属于权益结算的股份支付；乙公司没有结算义务，所以也是权益结算的股份支付。

【多选题·2019】 甲公司在集团内实施了以下员工持股计划：（1）甲公司将其持有的部分对子公司（乙公司）股份以5元/股的价格出售给乙公司员工持股平台，出售日乙公司股份的市场价值为20元/股；（2）乙公司授予本公司部分员工股票期权，行权价格为6元/股，授予日每份股票期权的公允价值为15元；（3）甲公司的另一子公司（丙公司）将其持有乙公司2%的股份无偿赠予乙公司员工持股平台，赠予日乙公司2%股份的公允价值为800万元；（4）乙公司授予本公司部分研发人员限制性股票，授予价格为6元/股，授予日乙公司限制性股票的公允价值为12元/股。不考虑其他因素，上述交易或事项中，构成乙公司股份支付的有（　　）。

A. 乙公司授予本公司员工股票期权

B. 乙公司授予本企业研发人员限制性股票

C. 甲公司出售给乙公司员工持股平台股份

D. 丙公司赠予乙公司员工持股平台股份

【答案】ABCD

【解析】乙公司授予本企业员工股票期权和限制性股票属于权益结算的股份支付；甲公司将其持有的部分对子公司（乙公司）股份低价出售给乙公司员工持股平台，差价部分相当于集团股份支付，乙公司作为权益结算股份支付处理；丙公司将其持有乙公司2%的股份无偿赠予乙公司员工持股平台，相当于集团股份支付，乙公司作为权益结算股份支付处理。

【经典模拟题】

【多选题】甲公司为母公司，其所控制的企业集团内2×19年发生以下与股份支付相关的交易或事项：（1）甲公司与其子公司（乙公司）高管签订协议，授予乙公司高管100万份股票期权，待满足行权条件时，乙公司高管可以每股4元的价格自甲公司购买乙公司股票；（2）乙公司授予其研发人员20万份现金股票增值权，这些研发人员在乙公司连续服务2年，即可按照乙公司股价的增值幅度获得现金；（3）乙公司自市场回购本公司股票100万股，并与销售人员签订协议，如未来3年销售业绩达标，销售人员将无偿取得该部分股票；（4）乙公司向丁公司发行500万股本公司股票，作为支付丁公司为乙公司提供咨询服务的价款。

不考虑其他因素，下列各项中，乙公司应当作为以权益结算的股份支付的有（　　）。

A. 乙公司高管与甲公司签订的股份支付协议

B. 乙公司与本公司销售人员签订的股份支付协议

C. 乙公司与本公司研发人员签订的股份支付协议

D. 乙公司以定向发行本公司股票取得咨询服务的协议

【答案】ABD

【解析】母公司授予子公司激励对象股票期权，乙公司应当作为以权益结算的股份支付处理，选项A正确；乙公司回购本公司股票授予本公司销售人员和以定向发行本公司股票取得咨询服务，属于以权益结算的股份支付，选项B和D正确；授予本公司研发人员的现金股票增值权属于现金结算的股份支付，选项C错误。

【计算分析题】2×15年7月1日，甲公司实施一项向乙公司（甲公司的子公司）20名高管人员每人授予20 000份乙公司股票期权的股权激励计划。甲公司与相关高管人员签订的协议约定：每位高管人员自期权授予之日起在乙公司连续服务4年，即可以从甲公司购买20 000股乙公司股票，购买价格为8元/股。该股票期权在授予日（2×15年7月1日）的公允价值为14元/份。2×15年12月31日的公允价值为16元/份。

截至2×15年年末，20名高管人员中没有人离开乙公司，估计未来3.5年内将有2名高管人员离开乙公司。甲公司的会计处理如下：

借：管理费用　　63

　　贷：资本公积——其他资本公积　　63

要求：判断甲公司的会计处理是否正确，并说明理由；如果甲公司的会计处理不正确，编制更正的会计分录（无须通过“以前年度损益调整”科目）。

【答案及解析】甲公司的会计处理不正确。

理由：母公司授予子公司员工的股份支付，母公司应确认为长期股权投资；甲公司支付的股票为乙公司的股票，站在甲公司的角度，需先以现金购入其他方的股权，然后再进行股份支付，应作为现金结算的股份支付进行处理；2×15 年应确认的成本费用 =（20 - 2）×2×16×1/4×6/12 = 72（万元）。更正分录为：

借：资本公积——其他资本公积　　63

　　贷：管理费用　　63

借：长期股权投资　　72

　　贷：应付职工薪酬　　72

四、进阶练习

（一）单选题

1. 2×17 年 1 月 1 日，A 公司为其 12 名管理人员每人授予 2 000 份股票期权：第一年年末的可行权条件为净资产收益率增长达到 20%；第二年年末的可行权条件为净资产收益率两年平均增长 16%；第三年年末的可行权条件为净资产收益率三年平均增长 10%。该期权在 2×17 年 1 月 1 日的公允价值为 30 元。2×17 年 12 月 31 日，销售业绩增长了 18%，同时有 2 名管理人员离开，企业预计 2×18 年将以同样速度增长，因此预计将于 2×18 年 12 月 31 日可行权。另外，企业预计 2×18 年 12 月 31 日又将有 3 名管理人员离开企业。2×18 年 12 月 31 日，企业净资产收益率仅增长了 12%，因此无法达到可行权状态，但企业预计 2×19 年 12 月 31 日可达到行权状态。另外，2×18 年实际有 2 名管理人员离开，预计第三年将有 1 名管理人员离开企业。2×19 年 12 月 31 日，企业净利润增长了 12%，因此达到可行权状态。当年有 3 名管理人员离开。2×19 年 A 公司因该股份支付应该确认的费用为（　　）元。

A. 20 000　　B. 300 000　　C. 70 000　　D. 90 000

2. 甲公司 2×19 年 1 月 1 日，公司向其 100 名管理人员每人授予 100 份股票期权，这些员工从 2×19 年 1 月 1 日起在该公司连续服务 3 年，即可以每股 5 元的价格购买 100 股甲公司股票，从而获益。该期权需要在 2×23 年 12 月 31 日之前行使完毕。公司估计该期权在授予日的公允价值为 30 元。至 2×21 年 12 月 31 日，有 10 名管理人员的离开企业。假设剩余 90 名职员在 2×22 年 12 月 31 日全部行权，甲公司股票面值为 1 元。因职工行权甲公司应确认的资本公积（股本溢价）金额为（　　）元。

A. 36 000　　B. 300 000　　C. 306 000　　D. 291 000

3. 下列条件中，属于市场业绩条件的是（　　）。

A. 净利润增长率　　B. 最低股价增长率

C. 最低盈利目标　　D. 最低销售目标

4. 下列关于企业授予职工限制性股票的相关会计处理，表述不正确的是（　　）。

A. 上市公司在锁定期内发放现金股利的，现金股利可撤销，对于预计未来可解锁限制性股票持有者，上市公司应分配给限制性股票持有者的现金股利应当作为利润分配进行会计处理，借记“利润分配——应付现金股利或利润”科目，贷记“应付股利——限制性股票股利”科目；同时，按分配的现金股利金额，借记“其他应付款——限制性股票回购义务”等科目，贷记“库存股”科目

B. 上市公司在锁定期内发放现金股利的，现金股利可撤销，对于预计未来不可解锁限

制性股票持有者，上市公司应分配给限制性股票持有者的现金股利应当冲减相关的负债，借记“其他应付款——限制性股票回购义务”等科目，贷记“应付股利——限制性股票股利”科目

C. 上市公司在锁定期内按照权益结算股份支付原则确认成本费用

D. 向职工发行的限制性股票按有关规定履行了注册登记等增资手续的，上市公司应当按照职工缴纳的认股款，借记“银行存款”等科目，按照股本金额，贷记“股本”科目，按照其差额，贷记“资本公积——股本溢价”科目目；同时，针对回购义务，借记“股本”，贷记“其他应付款”

（二）多选题

1. 下列各项关于附等待期的股份支付会计处理的表述中，正确的有（　　）。

A. 以权益结算的股份支付，相关权益性工具的公允价值在授予日后不再调整

B. 现金结算的股份支付在授予日不作会计处理，但权益结算的股份支付应予处理

C. 附市场条件的股份支付，应在所有市场及非市场条件均满足时确认相关成本费用

D. 业绩条件为非市场条件的股份支付，等待期内应根据后续信息调整对可行权情况的估计

2. 下列关于股份支付计量原则的表述中，正确的有（　　）。

A. 权益结算的股份支付，应按授予日权益工具的公允价值计量

B. 不管是权益结算还是现金结算的股份支付，除了授予后立即可行权的股份支付外，在授予日均不做会计处理

C. 现金结算的股份支付，应按等待期内的每个资产负债表日金融工具的公允价值重新计量

D. 现金结算的股份支付，可行权日至行权日之间应付职工薪酬公允价值发生的变动计入相关成本费用

3. 下列各项附等待期的股份支付，属于现金结算的股份支付的有（　　）。

A. 授予研发人员虚拟股票的计划

B. 以低于市价向员工出售限制性股票的计划

C. 授予高管人员以股票的市场价格支付价款的计划

D. 公司承诺达到生产要求，授予销售人员按照股票市价涨幅无条件支付奖励款的计划

4. 下列有关股份支付条款和条件的有利修改的处理，表述正确的有（　　）。

A. 如果修改增加了所授予的权益工具的公允价值，企业应按照权益工具公允价值的增加相应地确认取得服务的增加

B. 如果修改减少了所授予权益工具的公允价值，企业应按照权益工具公允价值的减少相应地冲减已确认的成本费用

C. 如果修改增加了所授予的权益工具的数量，企业应将增加的权益工具的公允价值相应地确认为取得服务的增加

D. 如果企业按照有利于职工的方式修改可行权条件，如缩短等待期、变更或取消业绩条件（非市场条件），企业在处理可行权条件时，应当考虑修改后的可行权条件

（三）计算分析题

1. 甲股份有限公司（以下简称“甲公司”）于 20×3 年开始对高管人员进行股权激励。具体情况如下：

（1）20×3 年 1 月 2 日，甲公司与 50 名高管人员签订股权激励协议并经股东大会批准。协议约定：甲公司向每名高管授予 120 000 份股票期权，每份期权于到期日可以 8 元/股的价格购买甲公司 1 股普通股。该股票期权自股权激励协议签订之日起 3 年内分三期平均行权，即该股份支付协议包括等待期分别为 1 年、2 年和 3 年的三项股份支付安排：

20×3 年年末甲公司实现的净利润较上一年度增长 8%（含 8%）以上，在职的高管人员持有的股票期权中每人可行权 40 000 份；20×4 年年末，如果甲公司 20×3、20×4 连续两年实现的净利润增长率达到 8%（含 8%）以上，在职的高管人员持有的股票期权中每人可行权 40 000 份；20×5 年末，如果甲公司连续三年实现的净利润增长率达到 8%（含 8%）以上，则高管人员持有的剩余股票期权可以行权。当日甲公司估计授予高管人员的股票期权公允价值为 5 元/份。

（2）20×3 年，甲公司实现净利润 12 000 万元，较 20×2 年增长 9%，预计股份支付剩余等待期内净利润仍能够以同等速度增长。20×3 年甲公司普通股平均市场价格为 12 元/股。20×3 年 12 月 31 日，甲公司的授予股票期权的公允价值为 4.5 元/份。20×3 年，与甲公司签订了股权激励协议的高管人员没有离职，预计后续期间也不会离职。

（3）20×4 年，甲公司 50 名高管人员将至 20×3 年年末到期可行权的股票期权全部行权。20×4 年，甲公司实现净利润 13 200 万元，较 20×3 年增长 10%。20×4 年没有高管人员离职，预计后续期间也不会离职。

20×4 年 12 月 31 日，甲公司所授予股票期权的公允价值为 3.5 元/份。

其他有关资料：甲公司 20×3 年 1 月 1 日发行在外普通股为 5 000 万股，假定各报告期未发生其他影响发行在外普通股股数变动的事项，且公司不存在除普通股外其他权益工具。不考虑相关税费及其他因素。

要求：

（1）确定甲公司该项股份支付的授予日。计算甲公司 20×3 年、20×4 年就该股份支付应确认的费用金额，并编制相关会计分录。

（2）编制甲公司高管人员 20×4 年就该股份支付行权的会计分录。

（3）计算甲公司 20×3 年基本每股收益。

2. 20×6 年 1 月 1 日，经股东大会批准，甲上市公司（以下简称甲公司）与 50 名高级管理人员签署股份支付协议。协议规定：①甲公司向 50 名高级管理人员每人授予 10 万份股票期权，行权条件为这些高级管理人员从授予股票期权之日起连续服务满 3 年，公司 3 年平均净利润增长率达到 12%；②符合行权条件后，每持有 1 份股票期权可以自 20×9 年 1 月 1 日起 1 年内，以每股 5 元的价格购买甲公司 1 股普通股股票，在行权期间内未行权的股票期权将失效。甲公司估计授予日每份股票期权的公允价值为 15 元。20×6 年至 20×9 年，甲公司与股票期权有关的资料如下：

（1）20×6 年 5 月，甲公司自市场回购本公司股票 500 万股，共支付款项 4 025 万元，作为库存股待行权时使用。

（2）20×6 年，甲公司有 1 名高级管理人员离开公司，本年净利润增长率为 10%。该年末，甲公司预计未来两年将有 1 名高级管理人员离开公司，预计 3 年平均净利润增长率将达到 12%；每份股票期权的公允价值为 16 元。

（3）20×7 年，甲公司没有高级管理人员离开公司，本年净利润增长率为 14%。该年末，甲公司预计未来 1 年将有 2 名高级管理人员离开公司，预计 3 年平均净利润增长率将达到 12.5%；每份股票期权的公允价值为 18 元。

（4）20×8 年，甲公司有 1 名高级管理人员离开公司，本年净利润增长率为 15%。该年末，每份股票期权的公允价值为 20 元。

（5）20×9 年 3 月，48 名高级管理人员全部行权，甲公司共收到款项 2 400 万元，相关股票的变更登记手续已办理完成。

要求：

（1）编制甲公司回购本公司股票时的相关会计分录。

（2）计算甲公司 20×6 年、20×7 年、20×8 年因股份支付应确认的费用，并编制相关会计分录。

（3）编制甲公司高级管理人员行权时的相关会计分录。

（四）综合题

经董事会批准，甲公司 20×7 年 1 月 1 日实施股权激励计划，其主要内容为：甲公司向其子公司乙公司 50 名管理人员每人授予 10 000 份现金股票增值权，行权条件为乙公司 20×7 年度实现的净利润较前 1 年增长 6%，截至 20×8 年 12 月 31 日 2 个会计年度平均净利润增长率为 7%，截至 20×9 年 12 月 31 日 3 个会计年度平均净利润增长率为 8%；从达到上述业绩条件的当年末起，每持有 1 份现金股票增值权可以从甲公司获得相当于行权当日甲公司股票每股市场价格的现金，行权期为 3 年。本题不考虑税费和其他因素。

（1）乙公司 20×7 年度实现的净利润较前一年增长 5%，本年度没有管理人员离职。该年末，甲公司预计乙公司截至 20×8 年 12 月 31 日 2 个会计年度平均净利润增长率将达到 7%，未来一年将有 2 名管理人员离职。每份现金股票增值权公允价值如下：20×7 年 1 月 1 日为 9 元；20×7 年 12 月 31 日为 10 元。

（2）20×8 年度，乙公司有 3 名管理人员离职，实现的净利润较前一年增长 7%。该年末，甲公司预计乙公司截至 20×9 年 12 月 31 日 3 个会计年度平均净利润增长率将达到 10%，未来 1 年将有 4 名管理人员离职。20×8 年 12 月 31 日现金股票增值权为 12 元。

（3）20×9 年 10 月 20 日，甲公司经董事会批准取消原授予乙公司管理人员的股权激励计划，同时以现金补偿原授予现金股票增值权且尚未离职的乙公司管理人员 600 万元。20×9 年初至取消股权激励计划前，乙公司有 1 名管理人员离职。20×9 年 10 月 20 日该现金股票增值权的公允价值为 11 元。

要求：

（1）根据上述资料，计算股权激励计划的实施对甲公司 20×7 年度合并财务报表的影响，并简述相应的会计处理。

（2）根据上述资料，计算股权激励计划的实施对甲公司 20×8 年度合并财务报表的影响，并简述相应的会计处理。

（3）根据上述资料，计算股权激励计划的取消对甲公司20×9年度合并财务报表的影响，并简述相应的会计处理。

五、进阶练习答案

（一）单选题

1.【答案】A

【解析】20×7年应该确认的费用=(12－2－3)×2 000×30×1/2=210 000（元）；20×8年应该确认的费用=(12－2－2－1)×2 000×30×2/3－210 000=70 000（元）；20×9年应该确认的费用=(12－2－2－3)×2 000×30－210 000－70 000=20 000（元）。

2.【答案】C

【解析】在等待期内确认的管理费用，即“资本公积——其他资本公积”的金额=100×90×100×30=270 000（元），所以记入“资本公积——股本溢价”科目的金额=90×5×100+270 000－90×100×1=306 000（元）。相关的账务处理：

借：银行存款	45 000	
资本公积——其他资本公积	270 000	
贷：股本		9 000
资本公积——股本溢价		306 000

3.【答案】B

【解析】选项A、C、D属于非市场业绩条件。

4.【答案】D

【解析】向职工发行的限制性股票按有关规定履行了注册登记等增资手续的，上市公司应当按照职工缴纳的认股款，借记“银行存款”等科目，按照股本金额，贷记“股本”科目，按照其差额，贷记“资本公积——股本溢价”科目；同时，针对回购义务，借记“库存股”科目，贷记“其他应付款”科目。

（二）多选题

1.【答案】AD

【解析】选项B，除非是立即可行权的处理，否则不论是现金结算的股份支付还是权益结算的股份支付，在授予日均不作处理；选项C，员工没有满足市场条件时，只要满足了其他非市场条件，企业也应当确认相关成本费用。

2.【答案】ABC

【解析】现金结算的股份支付，可行权日至行权日之间应付职工薪酬公允价值发生的变动计入公允价值变动损益。

3.【答案】ACD

【解析】以权益结算的股份支付最常用的工具有两类：限制性股票和股票期权，选项B为权益结算的股份支付；以现金结算的股份支付最常用的工具有两类：虚拟股票和现金股票增值权，选项A、C、D最终支付的是现金，属于现金结算的股份支付。

4.【答案】ACD

【解析】对于不利修改（对职工不利，对企业有利），进行会计处理时不考虑可行权条件的修改，选项B错误。

（三）计算分析题

1. **【答案及解析】**

（1）授予日：20×3年1月2日。因为甲公司与高管人员在当日签订了股权激励协议并经股东大会批准。

20×3年，甲公司应确认的管理费用＝(50×40 000×5×1/1＋50×40 000×5×1/2＋50×40 000×5×1/3)/10 000＝1 833.33（万元）

相关会计分录为：

借：管理费用　　1 833.33

　贷：资本公积——其他资本公积　　1 833.33

20×4年，甲公司应确认的管理费用＝(50×40 000×5×1/1＋50×40 000×5×2/2＋50×40 000×5×2/3)/10 000－1 833.33＝833.34（万元）

相关会计分录为：

借：管理费用　　833.34

　贷：资本公积——其他资本公积　　833.34

（2）因职工行权增加的股本＝50×40 000/10 000×1＝200（万元）

确认的“资本公积——股本溢价”金额＝(50×40 000×8＋50×40 000×5)/10 000－200＝2 400（万元）

借：银行存款　　（50×40 000×8/10 000）1 600

　资本公积——其他资本公积　　（50×40 000×5/10 000）1 000

　贷：股本　　200

　　资本公积——股本溢价　　2 400

（3）甲公司20×3年的基本每股收益＝12 000/5 000＝2.4（元/股）

2. **【答案及解析】**

（1）回购库存股的分录：

借：库存股　　4 025

　贷：银行存款　　4 025

（2）20×6年应确认的费用＝(50－1－1)×10×15×1/3＝2 400（万元）

借：管理费用　　2 400

　贷：资本公积——其他资本公积　　2 400

20×7年应确认的费用＝(50－1－2)×10×15×2/3－2 400＝2 300（万元）

借：管理费用　　2 300

　贷：资本公积——其他资本公积　　2 300

20×8年应确认的费用＝(50－1－1)×10×15－2 400－2 300＝2 500（万元）

借：管理费用　　2 500

　贷：资本公积——其他资本公积　　2 500

（3）行权时的相关的会计分录为：

借：银行存款　2 400

资本公积——其他资本公积　7 200

贷：库存股　［4 025/500 × (48 × 10)］3 864

资本公积——股本溢价　5 736

（四）综合题

【答案与解析】

（1）20×7 年度行权条件为乙公司 20×7 年度实现的净利润较前一年增长 6%，实际上乙公司 20×7 年度实现的净利润较前一年增长 5%，没有达到可行权条件，但是预计第二年有望达到可行权条件。所以等待期为 2 年。

股权激励计划的实施对甲公司 20×7 年度合并财务报表的影响 =（50 – 0 – 2）×1 ×10 ×1/2 =240（万元）。

相应的会计处理：甲公司在其 20×7 年度合并财务报表中，确认应付职工薪酬和管理费用 240 万元。

（2）20×8 年度行权条件为截至 20×8 年 12 月 31 日 2 个会计年度平均净利润增长率为 7%，实际上乙公司平均净利润增长率为（5% +7%）/2 =6%，没有达到可行权条件，但是预计第 3 年有望达到可行权条件。所以等待期为 3 年。

20×8 年度合并财务报表的影响 =（50 –0 –3 –4）×1 ×12 ×2/3 –240 =104（万元）。

相应的会计处理：甲公司在其 20×8 年度合并财务报表中，确认应付职工薪酬和管理费用 104 万元。

（3）20×9 年 10 月 20 日因为股权激励计划取消合并报表应确认的应付职工薪酬余额 =（50 –0 –3 –1）×1 ×11 ×3/3 =506（万元），同时确认当期的应付职工薪酬和管理费用为 162（506 –240 –104）万元。

以现金补偿 600 万元高于该金融工具在回购日公允价值 506 万元的差额部分，应该计入当期损益（管理费用）94 万元。

因此，股权激励计划的取消对甲公司 20×9 年度合并财务报表的影响金额 =162 +94 =256（万元）。

相应的会计处理：

①甲公司在其 20×9 年度合并财务报表中应作为加速行权处理，原应在剩余期间内确认的相关费用应在 20×9 年度全部确认。

②补偿的现金与因股权激励计划确认的应付职工薪酬之间的差额计入当期损益。

第十三章　或有事项

一、2020 年新教材内容主要变化

2020 年教材本章没有实质的变化。

二、本章近五年考情统计分析

本章考题以单选题或多选题形式出现，本章属于不重要的考试章节之一，最近五年考试分值大多为 2 分。

（一）近五年考试分值分布

题型	2015 年	2016 年	2017 年	2018 年	2019 年
单选题	2	—	—		—
多选题		2	—	2	2
合计	2	2	—	2	2

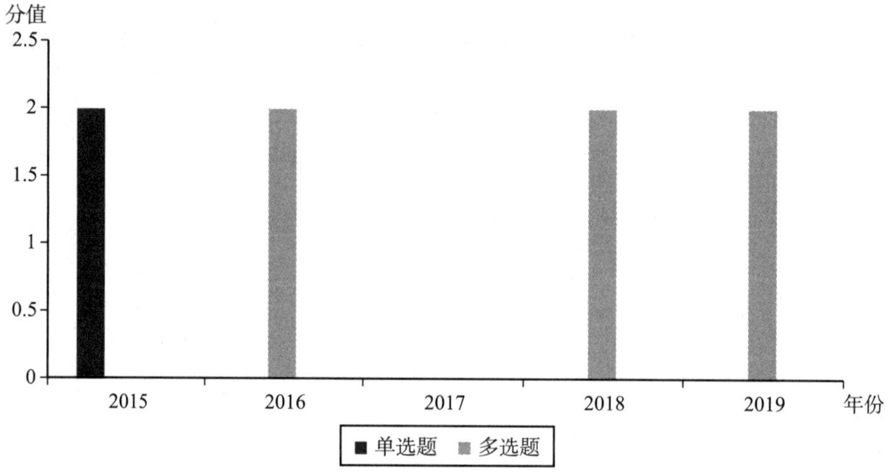

（二）近五年考试考点分布

近五年考试考点分布表

高频考点内容	年度及题型分布
或有事项的确认和计量	2015 年单选题、2019 年多选题
或有事项会计的具体应用	2015 年多选题 + 综合题、2016 年、2018 年多选题，2019 年单选题

三、重难点解析

本章重难点主要包括：或有事项的确认、预计负债的计量、对预计负债账面价值的复核方法，未决诉讼或未决仲裁、债务担保、产品质量保证、亏损合同和重组义务等或有事项的

会计处理，或有事项的列报。

重难点1：或有事项的确认★★

（一）或有资产的确认

或有事项形成的或有资产只有在企业基本确定能够收到的情况下，才转变为真正的资产，从而予以确认。

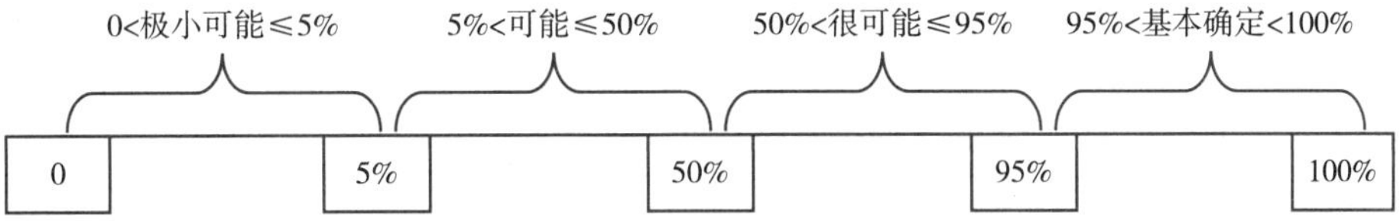

或有资产是潜在的资产，不符合资产确认条件，因而不能确认；只有在很可能导致经济利益流入企业时才能在附注中披露；只有在企业基本确定能够收到的情况下，才转变为真正的资产，从而予以确认。

（二）预计负债的确认

根据企业会计准则的规定，与或有事项相关的义务（或有负债）同时满足下列条件时，作为预计负债进行确认和计量。

1. 该义务是企业承担的现时义务

2. 履行该义务很可能导致经济利益流出企业

即履行与或有事项相关的现时义务时，导致经济利益流出企业的可能性超过50%，但小于或等于95%。

3. 该义务的金额能够可靠地计量

【小贴士】预计负债应当与应付账款、应计项目等其他负债进行严格区分，预计负债应单独进行列报。

【经典真题】

【多选题·2019】或有事项是一种不确定事项，其结果具有不确定性。下列各项中，属于或有事项直接形成的结果有（　　）。

A. 预计负债　　　　B. 或有负债

C. 或有资产　　　　D. 因预期获得补偿而确认的资产

【答案】BC

【解析】或有事项，是指过去的交易或者事项形成的，其结果须由某些未来事件的发生或不发生才能决定的不确定事项。或有事项满足一定条件的情况下，需要确认预计负债或相关资产。

【单选题·2015】下列关于或有事项的表述中，正确的是（　　）。

A. 或有事项形成的预计负债是企业承担的现时义务

B. 或有事项形成的或有资产应当在很可能收到时予以确认

C. 预计负债计量应考虑与其相关的或有资产预期处置产生的损益

D. 预计负债应当与其相关的或有资产相抵后在资产负债表中以净额列报

【答案】A

【解析】选项 B，基本确定收到时才能确认为资产；选项 C，预计负债计量不应考虑与其相关的或有资产预期处置产生的损益；选项 D，预计负债与或有资产不能相互抵销。

重难点 2：预计负债的计量★★★

当与或有事项有关的义务符合确认为负债的条件时应当将其确认为预计负债，预计负债应当按照履行相关现时义务所需支出的最佳估计数进行初始计量。此外，企业清偿预计负债所需支出还可能从第三方或其他方获得补偿。因此，或有事项的计量主要涉及两个问题：一是最佳估计数的确定；二是预期可获得补偿的处理。

（一）最佳估计数的确定

【小贴士】预计负债的计量有：上、下限平均，最可能金额，按照概率加权平均。

预计负债应当按照履行相关现时义务所需支出的最佳估计数进行初始计量。最佳估计数的确定应当分别两种情况处理：

1. 所需支出存在一个连续范围（或区间，下同），且该范围内各种结果发生的可能性相同，则最佳估计数应当按照该范围内的中间值，即上下限金额的平均数确定。

【经典模拟题】

【单选题】众诚公司于 2×19 年 12 月收到法院通知，被告知大华公司状告众诚公司侵犯专利权，要求众诚公司赔偿 120 万元。众诚公司根据法律诉讼的进展情况以及专业人士的意见，认为对原告进行赔偿的可能性在 90% 以上，最有可能发生的赔偿金额为 80 万元至 90 万元之间，并承担诉讼费用 5 万元。为此，众诚公司应在 2×19 年末应确认的预计负债是（　　）万元。

A. 120　　B. 86　　C. 85　　D. 90

【答案】D

【解析】应确认的预计负债 = (80 + 90)/2 + 5 = 90（万元）。

2. 所需支出不存在一个连续范围，或者虽然存在一个连续范围，但该范围内各种结果发生的可能性不相同，则最佳估计数按以下标准认定：

（1）如果或有事项涉及单个项目，最佳估计数按照最可能发生金额确定；如一项未决诉讼、一项未决仲裁或一项债务担保等。

【经典模拟题】

【单选题】海天公司由于生产污水排放导致周边生活区环境受到污染。2×19 年 12 月被诉讼至法院要求给予赔偿。2×19 年 12 月 31 日根据法律诉讼的进展情况以及专业人士的意见，估计败诉的可能性为 90%。公司赔偿金额 400 万元的可能性为 70%，而赔偿金额 350 万元的可能性为 30%（假定诉讼费 20 万元）。海天公司 2×19 年 12 月 31 日确定预计负债金额为（　　）万元。

A. 400　　B. 350　　C. 385　　D. 0

【答案】A

【解析】如果或有事项涉及单个项目，最佳估计数按照最可能发生金额确定。海天公司的预计负债为400万元。

（2）如果或有事项涉及多个项目，最佳估计数按照各种可能结果及相关概率计算确定，即“加权平均数”；如产品质量保证。在产品质量保证中，提出产品保修要求的可能有许多客户，相应地，企业对这些客户负有保修义务。

【经典模拟题】

【单选题】众诚公司是生产并销售某产品的企业，2×19年第一季度，共销售某产品5 000件，销售收入为4 000万元。根据公司的产品质量保证条款，该产品售出后一年内，如发生正常质量问题，公司将负责免费维修。根据以前年度的维修记录，如果发生较小的质量问题，发生的维修费用为销售收入的5%；如果发生较大的质量问题，发生的维修费用为销售收入的8%。根据公司技术部门的预测，本季度销售的产品中，70%不会发生质量问题；20%可能发生较小质量问题；10%可能发生较大质量问题。据此，2×19年第一季度末，众诚公司应在资产负债表中确认的预计负债金额为（　　）万元。

A. 16　　B. 160　　C. 80　　D. 72

【答案】D

【解析】众诚公司应在资产负债表中确认的预计负债金额为=4 000×（0×70%+5%×20%+8%×10%）=72（万元）。

（二）预期可获得补偿的处理

如果企业清偿因或有事项而确认的负债所需支出全部或部分预期由第三方或其他方补偿，则此补偿金额只有在基本确定能收到时，才能作为资产单独确认，且确认的补偿金额不能超过所确认负债的账面价值。

预期可能获得补偿的情况通常有：发生交通事故等情况时，企业通常可从保险公司获得合理的赔偿；在某些索赔诉讼中，企业可对索赔人或第三方另行提出赔偿要求；在债务担保业务中，企业在履行担保义务的同时，通常可向被担保企业提出追偿要求。

【小贴士】1. 预期可能获得补偿的会计处理应注意以下几点：（1）相关义务已确认为预计负债；（2）从第三方获得的补偿基本确定能够收到；（3）通过“其他应收款”科目核算（即不能冲减原来的预计负债）；（4）补偿金额不能超过与其匹配的负债的账面价值。2. 预计负债的费用归属有：管理费用、销售费用或营业外支出。

【经典真题】

【单选题·2019】20×8年7月，甲公司因生产产品使用的非专利技术涉嫌侵权，被乙公司起诉。20×8年12月31日，案件仍在审理过程中。律师认为甲公司很可能败诉。预计赔偿金额在200万至300万元之间，如果败诉，甲公司需要支付诉讼费20万元，甲公司认为，其对非专利技术及其生产的产品已经购买了保险，如果败诉，保险公司按照保险合同的约定很可能对其进行赔偿。预计赔偿金额为150万元。不考虑其他因素，甲公司在其20×8年度财务报表中对上述诉讼事项应当确认的负债金额是（　　）万元。

A. 200　　B. 250　　C. 150　　D. 270

【答案】D

【解析】因未决诉讼确认预计负债的金额 = (200 + 300)/2 + 20 = 270（万元）。很可能收到的补偿，尚未达到基本确定，无须处理。

重难点3：对预计负债账面价值的复核★★

企业应当在资产负债表日对预计负债的账面价值进行复核。有确凿证据表明该账面价值不能真实反映当前最佳估计数的，应当按照当前最佳估计数对该账面价值进行调整。

【小贴士】企业对已经确认的预计负债在实际支出发生时，应当仅限于最初为之确定该预计负债的支出，即只有与该预计负债有关的支出才能冲减该预计负债，否则将会混淆不同预计负债确认事项的影响。

（1）如果属于产品质量保证情况的，则不必转“其他应付款”，而是直接对冲“预计负债”；

（2）质量担保费用如果出现实际发生数与预估数相差较大，应及时调整预计比例；

（3）针对特定批次产品确认的预计负债，在保修期满时应将其对应的“预计负债”冲为零，同时冲减“销售费用”；

（4）不再生产的产品所提取的“预计负债”在保证期满时冲销为零，同时冲减“销售费用”。

【经典模拟题】

【多选题】企业应当在资产负债表日对预计负债的账面价值进行复核。下列各项表述中，正确的有（　　）

A. 有确凿证据表明该账面价值不能真实反映当前最佳估计数的，应当按照当前最佳估计数对该账面价值进行调整

B. 有确凿证据表明企业无力支付原已确认预计负债的，应当按照当前企业有能力支付的金额对该账面价值进行调整

C. 企业对已经确认的预计负债在实际支出发生时，应当仅限于最初为之确定该预计负债的支出

D. 只有与该预计负债有关的支出才能冲减该预计负债

【答案】ACD

【解析】有确凿证据表明该账面价值不能真实反映当前最佳估计数的，应当按照当前最佳估计数对该账面价值进行调整；企业对已经确认的预计负债在实际支出发生时，应当仅限于最初为之确定该预计负债的支出，即只有与该预计负债有关的支出才能冲减该预计负债，否则将会混淆不同预计负债确认事项的影响。选项B错误。

重难点4：未决诉讼或未决仲裁★★★

因未决诉讼或未决仲裁形成的现实义务，符合确认条件应该确认为预计负债。

借：管理费用（属于诉讼费部分）

　　营业外支出

贷：预计负债

【小贴士】应当注意未决诉讼实际发生的诉讼损失金额与已计提的相关预计负债之间的差额的处理：

1. 企业在前期资产负债表日，依据当时实际情况和所掌握的证据合理预计了预计负债，应当将当期实际发生的诉讼损失金额与已计提的相关预计负债之间的差额，直接计入或冲减当期营业外支出。

【经典模拟题】

【计算分析题】 众诚公司 2×19 年 12 月 31 日涉及一项诉讼案件，众诚公司估计败诉的可能性为 80%，如败诉，据预计众诚公司赔偿金额 180 万元的可能性为 70%，而赔偿金额 120 万元的可能性为 30%（假定诉讼费 20 万元）。

借：管理费用　　20

　　营业外支出　　160

　　贷：预计负债　　180

（1）如果 2×20 年 6 月 3 日法院做出判决，众诚公司支付赔偿 200 万元，众诚公司不再上诉，赔偿已经支付。众诚公司 2×20 年 6 月 3 日的会计处理如下：

借：预计负债　　180

　　营业外支出　　20

　　贷：银行存款　　200

（2）如果 2×20 年 6 月 3 日法院做出判决，众诚公司支付赔偿 160 万元，众诚公司不再上诉，赔偿已经支付。众诚公司 2×20 年 6 月 3 日的会计处理如下：

借：预计负债　　180

　　贷：银行存款　　160

　　　　营业外支出　　20

2. 企业在前期资产负债表日，依据当时实际情况和所掌握的证据，原本应当能够合理估计诉讼损失，但企业所作的估计却与当时的事实严重不符（如未合理预计损失或不恰当地多计或少计损失），应当按照重大会计差错更正的方法进行处理。

【经典模拟题】

【计算分析题】 众诚公司于 2×19 年 8 月收到法院通知，被告知大华公司状告众诚公司侵犯专利权，要求众诚公司赔偿 200 万元。众诚公司根据法律诉讼的进展情况以及专业人士的意见，估计败诉的可能性为 90%，赔偿金额估计为 200 万元。公司实际确认预计负债为 40 万元（诉讼费用 20 万元）。

（1）众诚公司 2×19 年 8 月会计处理：

借：管理费用　　20

　　营业外支出　　20

　　贷：预计负债　　40

（2）2×19 年 12 月 31 日发现 8 月份（本年）的会计差错。按照重大会计差错更正，众诚公司更正会计分录如下：

借：营业外支出　　160

　贷：预计负债　　160

（3）2×20 年 2 月 29 日（2×19 年财务报告尚未报出前）发现 2019 年 8 月份（上年）的会计差错。众诚公司更正会计分录如下（不考虑所得税）：

借：以前年度损益调整　　160

　贷：预计负债　　160

【注】调整 2×19 年资产负债表年末数。

（4）2×20 年 5 月 20 日（2×19 年财务报告已经报出后）发现上年的会计差错。按照重大会计差错更正，众诚公司更正会计分录如下（不考虑所得税）：

借：以前年度损益调整　　160

　贷：预计负债　　160

【注】调整 2×20 年资产负债表年初数。

3. 企业在前期资产负债表日，依据当时实际情况和所掌握的证据，确实无法合理预计诉讼损失，因而未确认预计负债，则在该项损失实际发生的当期，直接计入当期营业外支出。

【经典模拟】

【计算分析题】众诚公司 2×19 年 12 月 31 日涉及一项诉讼案件，众诚公司估计败诉的可能性为 80%，败诉赔偿金额无法确定。2×20 年 5 月 20 日法院做出判决，众诚公司支付赔偿 200 万元（其中诉讼费 20 万元），众诚公司不再上诉，赔偿已经支付。

（1）众诚公司 2×19 年 12 月 31 日，众诚公司涉及未决诉讼：是现实义务，赔款很可能发生，但金额不能可靠计量，众诚公司不确认预计负债。但是需要披露。

（2）2×20 年 5 月 20 日法院做出判决，众诚公司支付赔偿。事实已经确定，不属于或有事项，按照正常业务处理：

借：管理费用　　20

　　营业外支出　　180

　贷：银行存款　　200

4. 资产负债表日后至财务报告批准报出日之间发生的需要调整或说明的未决诉讼，按照资产负债表日后事项的有关规定进行会计处理。

【经典真题】

【多选题·2015】20×4 年 1 月 1 日，甲公司为乙公司的 800 万元债务提供 50% 担保。20×4 年 6 月 1 日，乙公司因无力偿还到期债务被债权人起诉。至 20×4 年 12 月 31 日，法院尚未判决，但经咨询律师，甲公司认为有 55% 的可能性需要承担全部保证责任，赔偿 400 万元，并预计承担诉讼费用 4 万元；有 45% 的可能无须承担保证责任。20×5 年 2 月 10 日，法院做出判决，甲公司需承担全部担保责任和诉讼费用。甲公司表示服从法院判决，于当日履行了担保责任，并支付了 4 万元的诉讼费。20×5 年 2 月 20 日，20×4 年度财务报告经董事会批准报出。不考虑其他因素，下列关于甲公司对该事件的处理正确的有（　　）。

A. 在 20×5 年实际支付担保款项时才需进行会计处理

B. 在 20×4 年的利润表中将预计的诉讼费用 4 万元确认为管理费用

C. 在 20×4 年的利润表中确认营业外支出 400 万元

D. 在 20×4 年的财务报表附注中披露或有负债 400 万元

【答案】BC

【解析】选项 A，应该在 20×4 年年末确认预计负债；选项 D，应披露预计负债 404 万元。

重难点 5：债务担保★★★

作为提供担保的一方，在被担保方无法履行合同的情况下，使担保方承担连带责任，且金额能够可靠计量时确认为预计负债。

借：营业外支出

　　贷：预计负债

不符合预计负债确认条件，应在报表附注中披露。

【小贴士】税法不允许债务担保在税前列支，所以该预计负债与所得税核算时，不形成暂时性差异。

【经典真题】

【单选题·2016】甲公司 2×12 年 10 月为乙公司的银行贷款提供担保。银行、甲公司、乙公司三方签订的合同约定：（1）贷款本金为 4 200 万元，自 2×12 年 12 月 21 日起 2 年，年利率 5.6%；（2）乙公司以房产为该项贷款提供抵押担保；（3）甲公司为该贷款提供连带责任担保。2×14 年 12 月 22 日，该项贷款逾期未付，银行要求甲公司履行担保责任。2×14 年 12 月 30 日，甲公司、乙公司与贷款银行经协商签订补充协议，约定将乙公司的担保房产变现用以偿付该贷款本息。该房产预计处置价款可以覆盖贷款本息，甲公司在其 2×14 年财务报表中未确认相关预计负债。

2×15 年 5 月，因乙公司该房产出售过程中出现未预期到的纠纷导致无法出售，银行向法院提起诉讼，判决甲公司履行担保责任。经庭外协商，甲公司需于 2×15 年 7 月和 2×16 年 1 月分两次等额支付乙公司所欠借款本息，同时获得对乙公司的追偿权，但无法预计能否取得。不考虑其他因素，甲公司对需履行的担保责任应进行的会计处理是（　　）。

A. 作为 2×15 年事项将需支付的担保款计入 2×15 年财务报表

B. 作为会计政策变更将需支付的担保款追溯调整 2×14 年财务报表

C. 作为重大会计差错更正将需支付的担保款追溯重述 2×14 年财务报表

D. 作为新发生事项，将需支付的担保款分别计入 2×15 年和 2×16 年财务报表

【答案】A

【解析】选项 B，该业务不属于会计政策变更，所以不需追溯调整 2×14 年财务报表；选项 C，2×14 年会计处理不存在差错，不需要追溯重述 2×14 年财务报表；选项 D，该业务不是新发生的事项。

重难点6：产品质量保证★★

产品质量保证，通常指销售商或制造商在销售产品或提供劳务后，对客户提供服务的一种承诺。在约定期内（或终身保修），若产品或劳务在正常使用过程中出现质量或与之相关的其他属于正常范围的问题，企业负有更换产品、免费或只收成本价进行修理等责任。为此，企业应当在符合确认条件的情况下，于销售成立时确认预计负债。

【经典真题】

【计算分析题·2017】甲公司为境内上市公司，2×16年度财务报表于2×17年2月28日经董事会批准对外报出。2×16年，甲公司发生的有关交易或事项如下：

（1）甲公司历年来对所售乙产品实行“三包”服务，根据产品质量保证条款，乙产品出售后两年内如发生质量问题，甲公司将负责免费维修、调换等（不包括非正常损坏）。甲公司2×16年年初与“三包”服务相关的预计负债账面余额为60万元，当年实际发生“三包”服务费用45万元。

按照以往惯例，较小质量问题发生的维修等费用为当期销售乙产品收入总额的0.5%；较大质量问题发生的维修等费用为当期销售乙产品收入总额的2%；严重质量问题发生的维修等费用为当期销售乙产品收入总额的1%。根据乙产品质量检测及历年发生“三包”服务等情况，甲公司预计2×16年度销售乙产品中的75%不会发生质量问题，20%可能发生较小质量问题，4%可能发生较大质量问题，1%可能发生严重质量问题。甲公司2×16年销售乙产品收入总额为50 000万元。

（2）2×17年1月20日，甲公司收到其客户丁公司通知，因丁公司所在地于2×17年1月18日发生自然灾害，导致丁公司财产发生重大损失，无法偿付所欠甲公司货款1 200万元的60%。甲公司已对该应收账款于2×16年末计提200万元的坏账准备。

（3）根据甲公司与丙公司签订的协议，甲公司应于2×16年9月20日向丙公司销售一批乙产品，因甲公司未能按期交付，导致丙公司延迟向其客户交付商品而发生违约损失1 000万元。为此，丙公司于2×16年10月8日向法院提起诉讼，要求甲公司按合同约定支付违约金950万元以及由此导致的丙公司违约损失1 000万元。

截至2×16年12月31日，双方拟进行和解，和解协议正在商定过程中。甲公司经咨询其法律顾问后，预计很可能赔偿金额在950万元至1 000万元。为此，甲公司于年末预计975万元损失并确认为预计负债。2×17年2月10日，甲公司与丙公司达成和解，甲公司统一支付违约金950万元和丙公司的违约损失300万元，丙公司同意撤诉。甲公司于2×17年3月20日通过银行转账支付上述款项。

本题不考虑相关税费及其他因素。

要求：

（1）根据资料（1），说明甲公司“三包”服务有关的预计负债确定最佳估计数时的原则，计算甲公司2×16年应计提的产品“三包”服务费用；并计算甲公司2×16年12月31日与产品“三包”服务有关的预计负债年末余额。

（2）根据资料（2）和（3），分别说明与甲公司有关的事项属于资产负债表日后调整事项还是非调整事项，并说明理由；如为调整事项，分别计算甲公司应调整 2×16 年年末留存收益的金额；如为非调整事项，说明其会计处理方法。

【答案及解析】

（1）该或有事项涉及多个项目，最佳估计数应按照各种可能结果及相关概率加权计算确定。

2×16 年应计提的产品“三包”服务费用 = 50 000 × 0.5% × 20% + 50 000 × 2% × 4% + 50 000 × 1% × 1% = 50 + 40 + 5 = 95（万元）

甲公司 2×16 年 12 月 31 日与产品“三包”服务有关的预计负债的年末余额 = 60 − 45 + 95 = 110（万元）

（2）事项（2）属于日后非调整事项。

理由：2×17 年 1 月 20 日甲公司得知丁公司所在地区于 2×17 年 1 月 18 日发生自然灾害，导致丁公司发生重大损失，无法支付货款 1 200 万元的 60%，这个自然灾害是在 2×17 年发生的，甲公司在日后期间得知，在资产负债表日及以前并不存在，所以属于日后非调整事项。

会计处理：对于无法偿还部分，应当确认坏账准备，直接计入 2×17 年当期损益，会计分录如下：

借：资产减值损失　　520

　　贷：坏账准备　　520

事项（3）属于日后调整事项。

理由：该未决诉讼发生在 2×16 年，甲公司在 2×16 年年末确认了预计负债 975 万元，2×17 年 2 月 10 日，甲公司和丙公司达成了和解，确定了最终支付的金额，2×16 年的财务报表于 2×17 年 2 月 28 日对外报出，这里是日后期间确定了最终支付的金额，所以属于日后调整事项。

调整 2×16 年留存收益的金额：−[（950 + 300）−（1 000 + 950）/2] = −275（万元）

重难点 7：待执行合同、亏损合同★★

（一）待执行合同

待执行合同，是指合同各方未履行任何合同义务，或部分履行了同等义务的合同。

【小贴士】1. 企业与其他企业签订的商品销售合同、劳务提供合同、租赁合同等，均属于待执行合同，待执行合同不属于或有事项。

2. 待执行合同变为亏损合同的，应当作为或有事项。待执行合同变为亏损合同，同时该亏损合同产生的义务满足预计负债的确认条件的，应当确认为预计负债。

（二）亏损合同

1. 定义

亏损合同，是指履行合同义务不可避免发生的成本超过预期经济利益的合同。

2. 计量

预计负债的计量应当反映退出该合同的最低净成本，即履行该合同的成本与未能履行该合同而发生的补偿或处罚两者之中的较低者。

3. 内容

企业与其他单位签订的商品销售合同、劳务合同、租赁合同等，均可能变为亏损合同。

4. 会计处理

企业对亏损合同进行会计处理，需要遵循以下两点原则：

（1）如果与亏损合同相关的义务不需支付任何补偿即可撤销，企业通常就不存在现时义务，不应确认预计负债；如果与亏损合同相关的义务不可撤销，企业就存在了现时义务，同时满足该义务很可能导致经济利益流出企业且金额能够可靠地计量的，应当确认预计负债。

（2）待执行合同变为亏损合同时，合同存在标的资产的，应当对标的资产进行减值测试并按规定确认减值损失，在这种情况下，企业通常不需确认预计负债，如果预计亏损超过该减值损失，应将超过部分确认为预计负债；合同不存在标的资产的，亏损合同相关义务满足预计负债确认条件时，应当确认预计负债。

【小贴士】对于企业的未来经营亏损，不应确认预计负债。

【经典模拟题】

【计算分析题】众诚公司2×19年10月与凯丽公司签订商品购销合同，合同规定众诚公司在2×20年3月以每件8 000元的价格向凯丽公司销售2 000件产品，若不能按时交货，将对众诚公司处以总价款20%的违约金，签订合同时产品尚未开始生产，众诚公司准备生产产品时，原材料价格突然上涨，预计生产产品的成本将超过合同单价。

要求：

（1）如果产品预计单位成本为8 500元，如何进行会计处理；

（2）如果产品预计单位成本为9 700元，如何进行会计处理。

【答案及解析】

（1）如果产品预计单位成本为8 500元。

分析：众诚公司每件预计成本8 500元，每件售价8 000元，待执行合同变为亏损合同。合同因其不存在标的资产，故应确认预计负债。

执行合同发生损失 = 2 000 ×（8 500 − 8 000）= 1 000 000（元）

不执行合同的违约金损失 = 2 000 × 8 000 × 20% = 3 200 000（元）

3 200 00 > 1 000 000，因此，选择执行合同，确认预计负债为：1 000 000元。

借：营业外支出　　1 000 000

　　贷：预计负债　　1 000 000

产品完工后（实际单位成本为8 600元）：

借：库存商品　　（2 000 × 8 600）17 200 000

　　贷：生产成本　　17 200 000

借：预计负债　　1 000 000

　　贷：库存商品　　1 000 000

销售商品时：

确认收入 = 2 000 × 8 000 = 16 000 000（元）

结转销售成本 = 17 200 000 − 1 000 000 = 16 200 000（元）

（2）如果产品预计单位成本为 9 700 元。

分析：众诚公司每件预计成本 9 700 元，每件售价 8 000 元，待执行合同变为亏损合同。合同因其不存在标的资产，故应确认预计负债。

执行合同发生损失 = 2 000 ×（9 700 − 8 000）= 3 400 000（元）

不执行合同的违约金损失 = 2 000 × 8 000 × 20% = 3 200 000（元）

3 400 000 > 3 200 00 因此，选择不执行合同，确认预计负债为：3 200 000 元。

借：营业外支出　　3 200 000

　　贷：预计负债　　3 200 000

支付时：

借：预计负债　　3 200 000

　　贷：银行存款　　3 200 000

重难点 8：重组义务★★

（一）重组的定义

重组是指企业制定和控制的，将显著改变企业组织形式、经营范围或经营方式的计划实施行为。属于重组的事项主要包括：

1. 出售或终止企业的部分业务；
2. 对企业的组织结构进行较大调整；
3. 关闭企业的部分营业场所，或将营业活动由一个国家或地区迁移到其他国家或地区。

【小贴士】企业应当将重组与企业合并、债务重组区别开。因为重组通常是企业内部资源的调整和组合，谋求现有资产效能的最大化；企业合并是在不同企业之间的资本重组和规模扩张；而债务重组是债权人对债务人作出让步，债务人减轻债务负担，债权人尽可能减少损失。

（二）重组义务形成预计负债的确认

企业因重组而承担了重组义务，并且同时满足预计负债的三项确认条件时，才能确认预计负债。

1. 同时存在下列情况的，表明企业承担了重组义务：

（1）有详细、正式的重组计划，包括重组涉及的业务、主要地点、需要补偿的职工人数、预计重组支出、计划实施时间等；

（2）该重组计划已对外公告。

2. 需要判断重组义务是否同时满足预计负债的三个确认条件，即判断其承担的重组义务是否是现时义务、履行重组义务是否很可能导致经济利益流出企业、重组义务的金额是否能够可靠计量。只有同时满足这三个确认条件，才能将重组义务确认为预计负债。

（三）重组义务的计量

企业应当按照与重组有关的直接支出确定预计负债金额，计入当期损益。其中，直接支出是企业重组必须承担的直接支出，不包括留用职工岗前培训、市场推广、新系统和营销网络投入等支出。

【小贴士】重组义务形成负债的支出范围包括：自愿遣散、强制遣散支出和不再使用的厂房的租赁撤销费；在计量与重组义务相关的负债时，企业应当按照与重组有关的直接支出确定预计负债金额。

【经典真题】

【多选题·2018】根据《企业会计准则第13号——或有事项》的规定，重组是指企业制定和控制的，将显著改变企业组织形式、经营范围或经营方式的计划实施行为，下列各项中，符合上述重组定义的交易或事项有（　　）。

A. 对组织结构进行较大的调整

B. 为扩大业务链条购买数家子公司

C. 出售企业的部分业务

D. 营业活动从一个国家迁移到其他国家

【答案】ACD

【解析】属于重组的事项主要包括：（1）出售或终止企业的部分业务；（2）对企业的组织结构进行较大调整；（3）关闭企业的部分营业场所，或将营业活动由一个国家或地区迁移到其他国家或地区。选项B，属于企业合并。

重难点9：或有事项的列报★★★

（一）预计负债的列报

因多项或有事项确认的预计负债，在资产负债表通过“预计负债”项目进行总括反映。而对应的费用支出，在利润表“管理费用”、“销售费用”和“营业外支出”项目中反映；同时，还应在报表附注中披露。

【小贴士】1. 预计负债在资产负债表中，应与其他负债项目区别开单独列示；2. 预计负债要报表中总括反映，同时还要在报表附注中披露。

披露内容：预计负债的种类、形成原因及经济利益流出不确定性说明；各类预计负债的期初、期末余额和本期变动情况；与预计负债有关的预期补偿金额和本期已经确认的预期补偿金额。

（二）或有负债披露

或有负债无论作为潜在义务还是现时义务，都不符合负债的确认条件，因而不予确认。在会计上只作披露。

1. 披露的范围

除可能性极小的或有负债不作披露外，其余或有负债均作披露。

2. 披露内容

（1）或有负债的种类及其形成的原因；

（2）经济利益流出不确定性的说明；

（3）预计产生的财务影响，以及获得补偿的可能性，如无法预计的，应说明理由。

【小贴士】例外情况：如果披露未决诉讼或仲裁的全部或部分信息预期会对企业造成重大不利影响，则企业无须披露这些信息，但是企业至少应披露该未决诉讼、未决仲裁的性质，以及没有披露这些信息的事实和原因。

（三）或有资产披露

企业通常不应当披露或有资产。但或有资产很可能会给企业带来经济利益的，应当披露。披露其形成的原因、预计产生的财务影响等。

【经典真题】

【多选题·2015】20×4 年 1 月 1 日，甲公司为乙公司的 800 万元债务提供 50% 担保。20×4 年 6 月 1 日，乙公司因无力偿还该笔到期债务被债权人起诉。至 20×4 年 12 月 31 日，法院尚未判决，但经咨询律师，甲公司认为有 55% 的可能性需要承担全部保证责任，赔偿 400 万元，并预计承担诉讼费用 4 万元；有 45% 的可能无须承担保证责任。20×5 年 2 月 10 日，法院做出判决，甲公司需承担全部担保责任和诉讼费用。甲公司表示服从法院判决，于当日履行了担保责任，并支付了 4 万元的诉讼费。20×5 年 2 月 20 日，甲公司 20×4 年度财务报告经董事会批准报出。不考虑其他因素，下列关于甲公司对该事件的处理正确的有（　　）。

A. 在 20×5 年实际支付担保款项时确认预计负债

B. 在 20×4 年的利润表中将预计的诉讼费用 4 万元确认为管理费用

C. 在 20×4 年的利润表中确认营业外支出 400 万元

D. 在 20×4 年的财务报表附注中披露或有负债 400 万元

【答案】BC

【解析】因该担保事项产生的或有负债在 20×4 年年末满足预计负债确认条件，甲公司应于 20×4 年年末确认预计负债 404 万元，分别计入管理费用（诉讼费用）及营业外支出（赔偿）选项 A 和 D 错误。

四、进阶练习

（一）单选题

1. 下列经济业务中，不属于或有事项的是（　　）。

A. 为已经销售的商品实行售后三包

B. 公司以自己的房屋作抵押向银行借款

C. 母公司为其子公司提供贷款担保

D. 企业对已发生的环境重污染进行整治

2. 下列不属于或有事项基本特征的是（　　）。

A. 由过去的交易或事项形成　　B. 结果具有不确定性

C. 结果须由未来事项决定　　D. 可以确认为资产或负债

3. 众诚公司由于生产过程中产生的废料污染了环境，2019 年末有关环保部门进行调查，估计很可能支付赔偿金额 200 万元；同时众诚公司检查发现废料污染时由于购买的环保设备不达标造成的，预计 80% 从第三方得到补偿金额，补偿金额 140 万元。假定不考虑其他因素，众诚公司 2019 年末应确认的资产和预计负债的金额分别为（　　）。

A. 140 万元；200 万元　　B. 112 万元；200 万元

C. 0；200 万元　　D. 0；60 万元

4. 下列关于最佳估计数的表述中，不正确的是（　　）。

A. 预计负债应当按照履行相关现时义务所需支出的最佳估计数进行初始计量

B. 企业在确定最佳估计数时，应当综合考虑与或有事项有关的风险、不确定性和货币时间价值等因素，货币时间价值影响重大的，应当通过对相关未来现金流出进行折现后确定最佳估计数

C. 资产负债表日有确凿证据表明预计负债账面价值不能真实反映当前最佳估计数的，不需要对预计负债进行调整

D. 企业清偿预计负债所需支出全部或部分预期由第三方补偿的，补偿金额只有在基本确定能够收到时才能作为资产单独确认，确认的补偿金额不应当超过预计负债的账面价值

5. 众诚公司于 2×19 年 8 月收到法院通知，被告知大华公司状告众诚公司侵犯专利权，要求众诚公司赔偿 200 万元。2×19 年 12 月 31 日根据法律诉讼的进展情况以及专业人士的意见，估计败诉的可能性为 90%。公司赔偿金额 380 万元的可能性为 80%，而赔偿金额 300 万元的可能性为 20%（假定诉讼费 20 万元）。众诚公司 2×19 年 12 月 31 日确定预计负债金额为（　　）万元。

A. 380　　B. 300　　C. 364　　D. 0

6. 庆丰公司是一家造纸企业，其产生的化工废料严重影响了当地环境。由于其治污不力，被当地居民起诉，要求其赔偿损失共计 500 万元。庆丰公司经咨询，预计很可能赔偿金额为 400 万元。至 2×19 年年末，该未决诉讼尚未判决。2×20 年 2 月 1 日，法院开庭审理，判决庆丰公司应向当地居民支付赔偿款 480 万元，庆丰公司与当地居民均服从判决，并于 2 月底结算赔偿款。税法规定，该赔偿金额在实际发生时允许税前扣除。庆丰公司 2×19 年的财务报告于 2×20 年 4 月 30 日批准对外报出。庆丰公司适用的所得税税率为 25%，不考虑其他因素，下列处理中正确的是（　　）。

A. 2×19 年，庆丰公司确认预计负债 500 万元

B. 2×20 年 2 月 1 日，庆丰公司确认其他应付款 480 万元

C. 2×20 年 2 月 1 日，庆丰公司确认递延所得税资产 100 万元

D. 庆丰公司不应进行账务处理，应对上述事项在财务报表附注中进行披露

7. 20×2 年 12 月 1 日，甲公司与乙公司签订一项不可撤销的产品销售合同，合同规定：甲公司于 3 个月后提交乙公司一批产品，合同价格（不含增值税额）为 500 万元，如甲公司违约，将支付违约金 100 万元。至 20×2 年年末，甲公司为生产该产品已发生成本 20 万元，因原材料价格上涨，甲公司预计生产该产品的总成本为 580 万元。不考虑其他因素，20×2 年 12 月 31 日，甲公司因该合同确认的预计负债为（　　）万元。

A. 20　　B. 60　　C. 80　　D. 100

8. 20×2 年 12 月，经董事会批准，甲公司自 20×3 年 1 月 1 日起撤销某营销网点，该业务重组计划已对外公告。为实施该业务重组计划，甲公司预计发生以下支出或损失：因辞退职工将支付补偿款 100 万元，因撤销门店租赁合同将支付违约金 20 万元，因处置门店内设备将发生损失 65 万元，因将门店内库存存货运回公司本部将发生运输费 5 万元。该业务重组计划对甲公司 20×2 年度利润总额的影响金额为（　　）万元。

A. −120　　B. −165　　C. −185　　D. −190

9. 甲公司由于受国际金融危机的不利影响，决定对乙事业部进行重组，将相关业务转移到其他事业部。经履行相关报批手续，甲公司对外正式公告其重组方案。甲公司根据该重组方案预计很可能发生的下列各项支出中，不应当确认为预计负债的是（　　）。

A. 自愿遣散费　　B. 强制遣散费

C. 剩余职工岗前培训费　　D. 不再使用厂房的租赁撤销费

10. 下列关于或有事项的表述中，正确的是（　　）。

A. 或有事项形成的预计负债是企业承担的现时义务

B. 预计负债应当与其相关的或有资产相抵后在资产负债表中以净额列报

C. 或有事项形成的或有资产应当在很可能收到时予以确认

D. 预计负债计量应考虑与其相关的或有资产预期处置产生的损益

（二）多选题

1. 下列事项中，属于或有事项的有（　　）。

A. 以自有不动产作抵押向银行贷款

B. 待执行合同变成了亏损合同

C. 销售产品提供质量保证

D. 为某单位或个人提供债务担保

2. 下列有关或有事项的表述中，不正确的有（　　）。

A. 或有负债与或有资产是同一事项的两个方面，同一企业有或有负债与或有资产应该同时存在

B. 或有负债和或有资产本身就不符合负债和资产的定义，均不能确认

C. 债务重组中涉及的或有应付金额，不符合或有事项的定义

D. 根据谨慎性要求，只有对本单位产生不利影响的事项，才能作为或有事项

3. 众诚公司 2×19 年发生下列事项，应该确认预计负债的有（　　）。

A. 众诚公司被 A 公司状告侵犯其专利权，法院已受理，至 2×19 年 12 月 31 日，法院尚未判决。众诚公司的法律顾问对该事项进行分析，认为该案件败诉的可能性为 80%，如果败诉，按照目前类似案件的情况分析，估计很可能赔偿金额 60 万元，并承担诉讼费用 3 万元

B. 众诚公司因没有及时向客户提供商品造成客户经济损失，被客户起诉了，法院已受理，但尚未判决。众诚公司法律顾问认为该诉讼败诉的可能性为 80%，但按目前有关法律规定，赔偿金额不能确定

C. 众诚公司为子公司提供债务担保。因被担保人（众诚公司的子公司）财务状况恶化，无法支付逾期的银行借款，2×19 年 12 月 1 日，贷款银行要求甲公司按照合同约定履行债务担保责任 500 万元。银行尚未起诉众诚公司。众诚公司预计子公司很可能违约无法支付逾期的银行借款

D. 众诚公司生产过程，造成某职工伤残。就赔偿一事，双方没有达成一致意见，2×19 年 12 月，对方起诉了本公司，要求本公司赔偿各种损失 150 万元。法律顾问建议本案不要公开审理，最后庭下协商，与对方协商解决。法律顾问和当事人接触后，经过双方讨价还

价，最后商定为130万元。原告撤诉，130万元已支付给对方

4. 2×19年10月甲公司从工商银行取得2个月期限借款100万元，众诚公司对借款本息全额担保。2×19年末甲公司无力还款，被银行诉讼，同时众诚公司成为第二被告。银行要求众诚公司与甲公司共同偿还贷款本息108万元，并支付罚息2万元，承担诉讼费用4万元；年末该诉讼仍在审理中。众诚公司估计承担担保责任的可能性为90%，并在未来基本确定能收到甲公司补偿80万元。2×19年末众诚公司应进行的会计处理有（　　）。

A. 借：营业外支出　108
　　贷：预计负债　108

B. 借：其他应收款　80
　　贷：营业外支出　80

C. 借：销售费用　108
　　贷：预计负债　108

D. 借：营业外支出　28
　　贷：预计负债　28

5. 下列关于或有事项的计量的说法中，正确的有（　　）。

A. 所需支出不存在一个连续范围，且或有事项涉及多个项目的，应按照最可能发生金额确定预计负债的金额

B. 所需支出存在一个连续范围，且该范围内各种结果发生的可能性相同，则最佳估计数应当按照该范围内的中间值确定

C. 如果或有事项涉及单个项目，最佳估计数按照最可能发生金额确定

D. 如果或有事项涉及多个项目，最佳估计数按照各种可能结果及相关概率计算确定，即“加权平均数”

6. 众诚公司和大华公司有关诉讼资料如下：(1) 众诚公司2×19年8月2日起诉大华公司违约，根据大华公司法律顾问的职业判断，认为大华公司胜诉的可能性为30%，败诉的可能性为70%。如果败诉，需要赔偿的金额在400万~500万元之间，同时还应承担诉讼费10万元。(2) 众诚公司根据其掌握的信息判断，认为胜诉的可能性为80%，如果胜诉，预计可获赔偿500万元。(3) 该诉讼案至2×19年12月31日尚未判决。大华公司2×19年有关未决诉讼的处理，正确的有（　　）。

A. 确认营业外支出450万元

B. 确认管理费用10万元

C. 确认预计负债460万元

D. 2×19年会计报表不需要披露该未决诉讼

7. 2×19年众诚公司为其子公司海天公司的2 000万元债务提供90%的担保，海天公司因到期无力偿还债务被起诉，至12月31日，法院尚未做出判决，众诚公司根据有关情况预计很可能承担相关担保责任。2×20年2月6日甲公司财务报告批准报出之前法院做出判决，众诚公司承担全部担保责任，需为海天公司偿还债务的90%，众诚公司已执行。众诚公司所得税汇算清缴于2×20年4月15日完成，所得税税率为25%。下列有关众诚公司对此事项处理表述，正确的有（　　）。

A. 2×19 年末，众诚公司确认预计负债：

借：营业外支出　　(2 000×90%) 1 800

　贷：预计负债　　1 800

B. 2×19 年末，众诚公司确认递延所得税资产：

借：递延所得税资产　　(1 800×25%) 450

　贷：所得税费用　　450

C. 此事项影响众诚公司 2×19 年利润总额 1 800 万元

D. 2×20 年判决时，众诚公司应做的处理为：

借：预计负债　　1 800

　贷：其他应付款　　1 800

8. 2×19 年 11 月，海英公司与凯丽公司签订一份甲产品销售合同，约定在 2×20 年 2 月末以每件 3 万元的价格向凯丽公司销售 8 000 件甲产品。若违约需支付违约金为违约部分合同的价款的 40%。至 2×19 年 12 月 31 日，海英公司只生产了甲产品 5 000 件，每件成本 3.6 万元，其余 3 000 件产品因原材料原因停产，由于生产甲产品所用原材料需要从某国进口，而该国社会动荡，所需 3 000 件原材料预计 2×20 年 3 月末以后才能进口，恢复生产的日期很可能于 2×20 年 4 月份以后。不考虑其他因素，该销售合同影响海英公司 2×19 年损益表述正确的有（　　）。

A. 借：资产减值损失　　3 000

　　贷：存货跌价准备　　3 000

B. 借：资产减值损失　　3 000

　　贷：预计负债　　3 000

C. 借：营业外支出　　3 600

　　贷：预计负债　　3 600

D. 该销售合同使海英公司 2×19 年利润金额为减少 6 600 万元

9. 海天公司（海顺公司的子公司）从建设银行取得贷款，海顺公司为其担保本息和罚息的 70%，其余部分海天公司以自身不动产作为抵押。截至 2×19 年末海天公司逾期无力偿还借款，被建设银行起诉，海顺公司成为第二被告，建设银行要求海顺公司与被担保单位共同偿还贷款本息 580 万元，并支付罚息 12 万元，承担诉讼费用 18 万元，会计期末该诉讼正在审理中。海顺公司估计承担担保责任的可能性为 90%，且海天公司无偿还能力，2×19 年末海顺公司会计处理正确的有（　　）。

A. 确认预计负债 580 万元

B. 2×19 年末海顺公司会计处理：

借：营业外支出　　580

　贷：预计负债　　580

C. 确认预计负债 414.4 万元

D. 借：营业外支出　　414.4

　　贷：预计负债　　414.4

10. 企业应当在附注中披露与或有负债有关的信息有（　　）。

A. 或有负债的种类及其形成原因，包括未决诉讼、未决仲裁、对外提供担保等形成的或有负债

B. 经济利益流出不确定性的说明

C. 或有负债预计产生的财务影响

D. 或有负债预计获得补偿的可能性

五、进阶练习答案

（一）单选题

1.【答案】B

【解析】本题主要考核对或有事项特征的理解。对于选项 B，属于正常事项；对于选项 A、C、D 属于或有事项。

2.【答案】D

【解析】或有事项的基本特征有：（1）由过去交易或事项形成；（2）结果具有不确定性；（3）结果须由未来事项决定。

3.【答案】C

【解析】或有资产在基本确定能够收到时才能确认为一项资产，材料中获得的补偿是很可能（80%）发生而不是基本可以确定，不满足资产确认条件，资产确认金额为 0；众诚公司很可能支付的赔偿金额为 200 万元，应确认为预计负债。

4.【答案】C

【解析】选项 C，应当按照当前最佳估计数对预计负债的账面价值进行调整。

5.【答案】A

【解析】如果或有事项涉及单个项目，最佳估计数按照最可能发生金额确定。海天公司的预计负债为 380 万元。

6.【答案】B

【解析】2×19 年末，庆丰公司应对该未决诉讼确认预计负债，并确认相关的递延所得税影响；分录为：

借：营业外支出		400	
贷：预计负债			400
借：递延所得税资产	（480×25%）	120	
贷：所得税费用			120

2×20 年 2 月 1 日，作为资产负债表日后调整事项：

借：以前年度损益调整——调整营业外支出		80	
预计负债		400	
贷：其他应付款			480
借：以前年度损益调整——调整所得税费用		100	
贷：递延所得税资产			100
借：应交税费——应交所得税	（480×25%）	120	

贷：以前年度损益调整——调整所得税费用 120

7.【答案】B

【解析】执行合同的损失 = 580 - 500 = 80（万元），不执行合同的损失 = 按照市场销售价格计算在产品减值损失 0 + 违约金损失 100 = 100（万元），故选择执行合同。20×2 年 12 月 31 日，甲公司因该合同确认的预计负债 = 80 - 20 = 60（万元）。会计分录为：

借：资产减值损失 20

贷：存货跌价准备 20

借：营业外支出 60

贷：预计负债 60

8.【答案】C

【解析】该业务重组计划对甲公司 20×2 年度利润总额的影响金额 = -100 - 20 - 65 = -185（万元），因将门店内库存存货运回公司本部将发生的运输费 5 万元，该支出与存货继续进行的活动相关，不属于与重组有关的支出，不应予以确认。

9.【答案】C

【解析】企业应当按照与重组有关的直接支出确定预计负债金额。其中，直接支出是企业重组必须承担的直接支出，并且是与主体继续进行的活动无关的支出，不包括留用职工岗前培训、市场推广、新系统和营销网络投入等支出。

10.【答案】A

【解析】对于选项 B，预计负债与或有资产不能相互抵销。选项 C，基本确定收到时才能确认为资产。

（二）多选题

1.【答案】BCD

【解析】选项 A，抵押贷款属于确定的事项。以自身的资产作抵押，属于企业将自己的资产抵押给银行了，这是一个实际发生的行为；取得贷款也是一个实际发生的行为，因此不属于或有事项。

2.【答案】ACD

【解析】选项 A，或有资产和或有负债不一定同时存在，所以选项 A 错误；选项 C 债务重组中涉及的或有应付金额，需要通过未来不确定事项的发生或不发生证实，所以符合或有事项的定义，因此选项 C 错误；选项 D，或有事项指的是过去的交易或事项形成的一种状况，其结果须通过未来不确定事项的发生或不发生予以证实。对企业产生的影响可能是有利影响也可能是不利影响，因此选项 D 错误。

3.【答案】AC

【解析】预计负债的确认，需要同时满足三个条件：即属于现时义务；履行该义务很可能导致经济利益流出公司（从 80% 可以看出）；金额能够可靠计量。

选项 B，虽然属于现时义务，也很可能导致经济利益流出公司，但金额不能可靠计量不能作为负债确认；选项 D，已经是确定的事项，不是或有事项；选项 A，选项 C，同时满足确认预计负债的三个条件，应该作为预计负债允以确认。

4.【答案】AB

【解析】此处的重点是三个：（1）只有在基本确定能收到时，才能作为资产认定；（2）资产的金额不能超过其所匹配的负债的账面价值；（3）资产的入账要单独设账反映即记入“其他应收款”账户，而不能与“预计负债”对冲。

5. 【答案】BCD

【解析】所需支出不存在一个连续范围，且或有事项涉及单个项目的，按照最可能发生金额确定；或有事项涉及多个项目的，按照各种可能结果及相关概率计算确定，所以A不正确。

6. 【答案】ABC

【解析】选项D，应披露该未决诉讼。确认的预计负债＝(400＋500)/2＋10＝460（万元）。

借：管理费用　　10
　　营业外支出　　450
　　贷：预计负债　　460

7. 【答案】ACD

【解析】2×19年末，众诚公司确认预计负债，分录为：

借：营业外支出　　（2 000×90%）1 800
　　贷：预计负债　　1800

2×20年判决时，众诚公司应做的处理为：

借：预计负债　　1 800
　　贷：其他应付款　　1 800
借：其他应付款　　1 800
　　贷：银行存款　　1 800

所以此事项对众诚公司利润总额的影响＝－1 800（万元）。因为企业为其他单位债务提供担保发生的损失不允许在税前扣除，所以确认的营业外支出不能税前扣除，预计负债不确认递延所得税，因此对净利润的影响金额仍应是1 800万元。

8. 【答案】ABD

【解析】与凯丽公司合同一部分存在标的资产，而另一部分不存在标的资产。

（1）存在标的资产的部分：可变现净值＝5 000×3＝15 000（万元）；成本＝5 000×3.6＝18 000（万元）；执行合同损失＝18 000－15 000＝3 000（万元）。不执行合同违约金损失＝8 000×3×40%×5/8＝6 000（万元），因此应选择执行合同方案。计提减值准备3 000万元。

借：资产减值损失　　3 000
　　贷：存货跌价准备　　3 000

（2）不存在标的资产的部分：其余3 000件产品因原材料原因停产，恢复生产的日期很可能于2×19年4月以后。故很可能违约，不执行合同违约金损失＝8 000×3×40%×3/8＝3 600（万元），应确认预计负债3 600万元。

借：营业外支出　　3 600
　　贷：预计负债　　3 600

因此影响海英公司2019年损益金额为3 000＋3 600＝6 600（万元）

9. 【答案】CD

【解析】作为提供担保的一方，在被担保方无法履行合同的情况下，使担保方承担连带责任，且金额能够可靠计量时确认为预计负债。

借：营业外支出

　　贷：预计负债

海顺公司的预计负债就是其承担的担保责任，即贷款本息和罚息的70%。所以，应该确认的预计负债=(580+12)×70%=414.4（万元）。

10.【答案】ABCD

【解析】企业应当在附注中披露与或有负债有关的信息有（不包括极小可能导致经济利益流出企业的或有负债）：（1）或有负债的种类及其形成原因，包括未决诉讼、未决仲裁、对外提供担保等形成的或有负债；（2）经济利益流出不确定性的说明；（3）或有负债预计产生的财务影响，以及获得补偿的可能性；无法预计的，应当说明原因。

第十四章　金融工具

一、2020 年新教材内容主要变化

2020 年教材无实质变动。

二、本章近五年考情统计分析

本章即可以考客观题，也可以考主观题，主观题可以单独考，也可以和长期股权投资、差错更正等内容结合出主观题。本章属于非常重要的章节，最近五年平均考试分值 8.8 分。

（一）近五年考试分值分布

题型	2015 年	2016 年	2017 年	2018 年	2019 年
单选题	2	4	2	2	—
多选题	—	2	2	4	2
计算题	—	—	—	10	10
综合题	6	—	6	—	—
合计	8	6	2	16	12

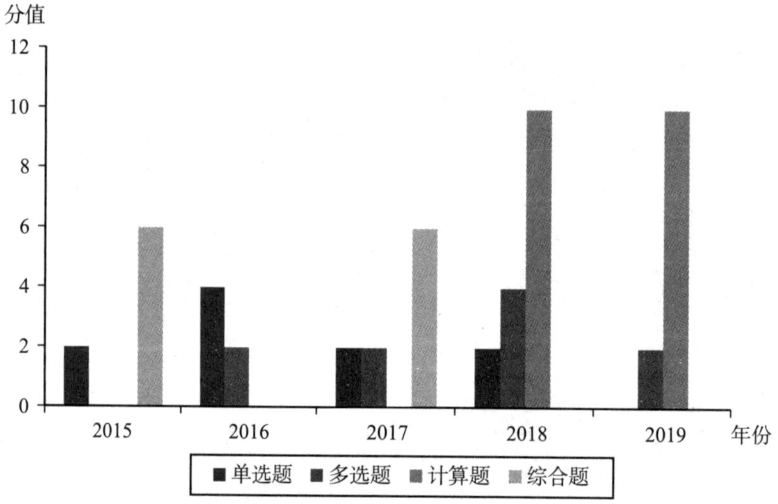

（二）近五年考试考点分布

近五年考试考点分布表

高频考点内容	年度及题型分布
交易性金融资产的计量	2015 年单选题
金融负债的概念	2017 年多选题
交易性金融资产和其他权益工具投资的计量	2018 年计算题、2019 年计算题
金融负债和权益工具的区分	2016 年多选题、2017 年单选题

续表

高频考点内容	年度及题型分布
金融资产的分类	2016 年单选题、2018 年多选题
与差错更正结合考重分类和金融资产转移	2016 年综合题
以摊余成本计量的金融资产的计量、减值	2015 年综合题
与差错更正和外币折算结合	2017 年综合题

三、重难点解析

本章是按照修订后的 22 号、23 号、24 号和 37 号会计准则进行编写的，主要讲解金融资产和金融负债的分类与重分类、金融负债和权益工具的区分、金融工具的计量、金融资产转移和套期会计等。

重难点 1：金融资产和金融负债的分类★★★

（一）金融资产的分类

1. 金融资产的具体分类

类别	合同现金流量特征	金融工具类型	业务模式	核算科目	处理原则
第一类：以摊余成本计量的金融资产	仅为对本金和以未偿付本金金额为基础的利息的支付（本金 + 利息）	债务工具	收取合同现金流量	债权投资、贷款、应收账款等	实际利率法 + 摊余成本 + 减值
第二类：以公允价值计量、且其变动计入其他综合收益的金融资产	一般情形：本金 + 利息	债务工具	收取合同现金流量以及出售	其他债权投资等	实际利率法 + 公允价值 + 减值
	直接指定：不属于以上情形	权益工具	非交易性	其他权益工具投资	公允价值
第三类：以公允价值计量、且其变动计入当期损益的金融资产	不属于以上两类	债务工具、权益工具	不属于以上两类	交易性金融资产	公允价值

2. 公允价值选择权

在初始确认时，为了提供更相关的会计信息，企业可以将一项金融资产、一项金融负债或者一组金融工具（金融资产、金融负债或者金融资产及负债）指定为以公允价值计量且其变动计入当期损益的金融资产或金融负债，该指定一经作出，不得撤销。但该指定应当满足下列条件之一：

（1）金融资产或金融负债能够消除或显著减少会计错配。

（2）根据正式书面文件载明的企业风险管理或投资策略，以公允价值为基础对金融负债组合或金融资产和金融负债组合进行管理和业绩评价，并在企业内部以此为基础向关键管理人员报告。

3. 金融资产分类的特殊规定（直接指定）

初始确认时，企业可以将非交易性权益工具投资指定为以公允价值计量且其变动计入其他综合收益的金融资产，不需计提减值准备。除了获得的股利（明确代表投资成本部分收回的股利除外）计入当期损益外，其他相关的利得和损失（包括汇兑损益）均应当计入其他综合收益，且后续不得转入当期损益。当金融资产终止确认时，之前计入其他综合收益的累计利得或损失应当从其他综合收益中转出，计入留存收益。该指定一经作出，不得撤销。

【小贴士】企业在非同一控制下的企业合并中确认的或有对价构成金融资产的，该金融资产应当分类为以公允价值计量且其变动计入当期损益的金融资产，不得指定为以公允价值计量且其变动计入其他综合收益的金融资产。

4. 金融资产分类决策树

在对金融资产进行分类时，可以按照下图的决策树进行。

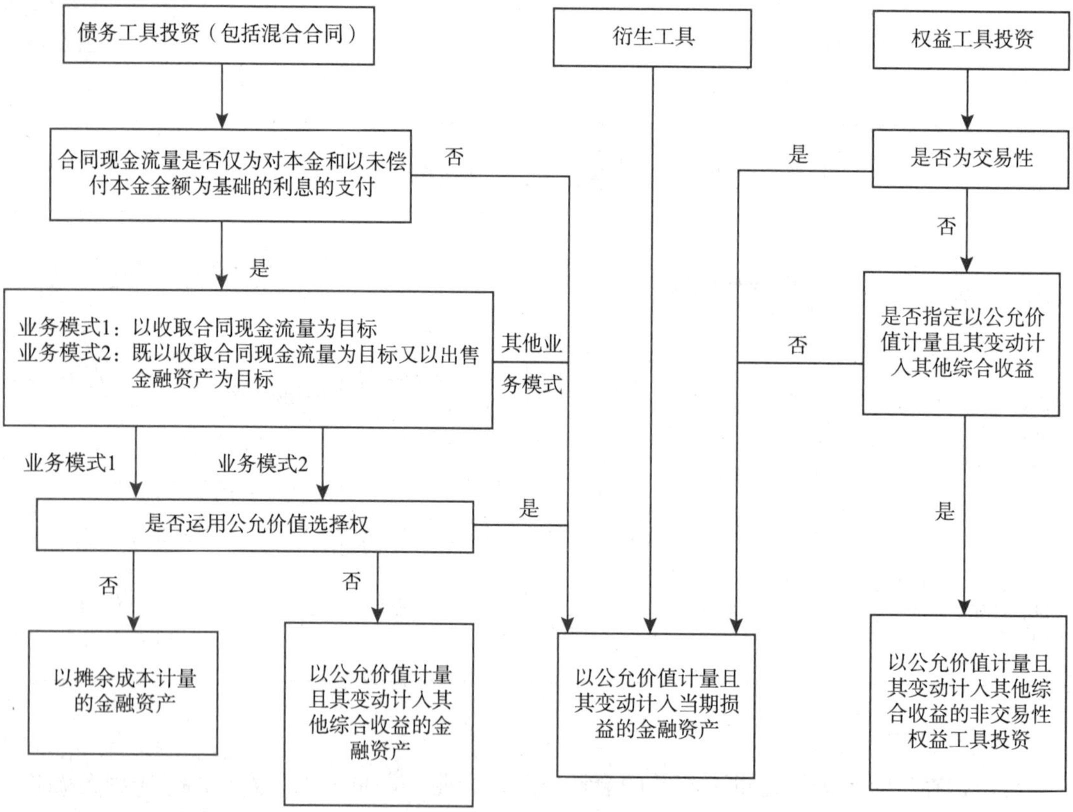

金融资产的分类决策树

（二）金融负债的分类

除下列各项外，企业应当将金融负债分类为以摊余成本计量的金融负债：

（1）以公允价值计量且其变动计入当期损益的金融负债，包括交易性金融负债（含属于金融负债的衍生工具）和指定为以公允价值计量且其变动计入当期损益的金融负债。

（2）金融资产转移不符合终止确认条件或继续涉入被转移金融资产所形成的金融负债。

（3）部分财务担保合同，以及不属于以公允价值计量且其变动计入当期损益的金融负债的以低于市场利率贷款的贷款承诺。

【小贴士】在非同一控制下的企业合并中，企业作为购买方确认的或有对价形成金融负债的，该金融负债应当按照以公允价值计量且其变动计入当期损益进行会计处理。

（三）金融工具的重分类

1. 金融工具重分类的原则

企业改变其管理金融资产的业务模式时，应当按照规定对所有受影响的相关金融资产进行重分类。企业对所有金融负债均不得进行重分类。企业管理金融资产业务模式的变更是一种极其少见的情形。

企业对金融资产进行重分类，应当自重分类日起采用未来适用法进行相关会计处理，不得对以前已经确认的利得、损失（包括减值损失或利得）或利息进行追溯调整。

重分类日，是指导致企业对金融资产进行重分类的业务模式发生变更后的首个报告期间的第一天。企业业务模式的变更必须在重分类日之前生效。

2. 金融资产重分类的计量

金融资产重分类的会计处理，如下表所示。

类型	账务处理
以摊余成本计量的金融资产重分类为以公允价值计量且其变动计入当期损益的金融资产	按该资产在重分类日的公允价值进行计量，原账面价值与公允价值之间的差额计入当期损益。一般会计分录为： 借：交易性金融资产——成本［重分类日公允价值］ 　　债权投资减值准备［余额结平］ 　贷：债权投资——成本/利息调整等［余额结平］ 　　　公允价值变动损益［差额，或借记］
以公允价值计量且其变动计入当期损益的金融资产重分类为以摊余成本计量的金融资产	应以其在重分类日的公允价值作为新的账面余额。一般会计分录为： 借：债权投资——成本［面值］ 　　　　　　——利息调整［重分类日的公允价值－面值］ 　贷：交易性金融资产 　　　公允价值变动损益［重分类日公允价值－原账面价值，或借］
以摊余成本计量的金融资产重分类为以公允价值计量且其变动计入其他综合收益的金融资产	按该金融资产在重分类日的公允价值进行计量，原账面价值与公允价值之间的差额计入其他综合收益。一般会计分录为： 借：其他债权投资——成本［面值］ 　　　　　　　　——利息调整 　　　　　　　　——公允价值变动［重分类日公允价值－面值－利息调整］ 　贷：债权投资［余额结平］ 　　　其他综合收益［差额，或借记］ 借：债权投资减值准备 　贷：其他综合收益——信用减值准备

续表

类型	账务处理
以公允价值计量且其变动计入其他综合收益的金融资产重分类为以摊余成本计量的金融资产	应将之前计入其他综合收益的累计利得或损失转出，调整该金融资产在重分类日的公允价值，并以调整后的金额作为新的账面价值，即视同该金融资产一直以摊余成本计量。该金融资产重分类不影响其实际利率和预期信用损失的计量。一般分录为： 成本、利息调整、应计利息明细科目对应结转： 借：债权投资——成本 ——利息调整 贷：其他债权投资——成本 ——利息调整 将重分类前确认的公允价值变动冲回： 借：其他综合收益——其他债权投资公允价值变动 贷：其他债权投资——公允价值变动 或相反分录。 如果重分类前该金融资产存在预期信用损失而计提了损失准备，则结转其减值准备： 借：其他综合收益——信用减值准备 贷：债权投资减值准备
以公允价值计量且其变动计入其他综合收益的金融资产重分类为以公允价值计量且其变动计入当期损益的金融资产	应继续以公允价值计量该金融资产，同时应将之前计入其他综合收益的累计利得或损失从其他综合收益转入当期损益。一般会计分录为： 借：交易性金融资产 贷：其他债权投资 将持有期间确认的其他综合收益转入当期损益： 借：其他综合收益——其他债权投资公允价值变动 贷：公允价值变动损益 或编制相反分录。 借：其他综合收益——信用减值准备 贷：公允价值变动损益
以公允价值计量且其变动计入当期损益的金融资产重分类为以公允价值计量且其变动计入其他综合收益的金融资产	应继续以公允价值计量该金融资产。 一般会计分录为： 借：其他债权投资 贷：交易性金融资产

【经典真题】

【多选题·2018】下列各项中，应当计入发生当期损益的有（　　）。

A. 以现金结算的股份支付形成的负债在结算前资产负债表日的公允价值变动

B. 将分类为权益工具的金融工具重分类为金融负债时公允价值与账面价值的差额

C. 以摊余成本计量的金融资产重分类为以公允价值计量且其变动计入当期损益的金融资产时公允价值与原账面价值的差额

D. 自用房地产转换为采用公允价值模式计量的投资性房地产时公允价值小于原账面价值的差额

【答案】ACD

【解析】选项A，以现金结算的股份支付形成的负债在结算前资产负债表日公允价值变动计入公允价值变动损益；选项B，将分类为权益工具的金融工具重分类为金融负债时公允价值与账面价值的差额记入“资本公积——股本溢价”科目，不影响损益；选项C，以摊余成本计量的金融资重分类为以公允价值计量且其变动计入当期损益的金融资产时公允价值与原账面价值的差额计入公允价值变动损益；选项 D，自用房地产转换为采用公允价值模式计量的投资性房地产时公允价值小于原账面价值的差额计入公允价值变动损益。

【多选题·2015 年考生回忆】下列资产分类或转换的会计处理中，符合会计准则规定的有（　　）。

A. 将投资性房地产的后续计量有公允价值模式转为成本模式

B. 因签订不可撤销的出售协议，将对联营企业投资终止采用权益法并作为持有待售资产列报

C. 对子公司失去控制或重大影响导致将长期股权投资转换为债权投资

D. 将债权投资重分类为其他债权投资

【答案】BD

【解析】选项 A，投资性房地产不能由公允价值模式转为成本模式；选项 C，股权投资没有固定到期日和固定收回金额，因此不能划分为债权投资。

【经典例题】

【多选题】下列各项资产、负债中，应当采用公允价值进行后续计量的有（　　）。

A. 持有以备出售的商品

B. 为交易目的持有的 5 年期债券

C. 远期外汇合同形成的衍生金融负债

D. 实施以现金结算的股份支付计划形成的应付职工薪酬

【答案】BCD

【解析】选项 A，持有以备出售的商品按历史成本进行后续计量；选项 B，为交易目的持有的 5 年期债券，分类为以公允价值计量且其变动计入当期损益的金融资产；选项 C，远期外汇合同形成的衍生金融负债，分类为以公允价值计量且其变动计入当期损益的金融负债；选项 D，实施以现金结算的股份支付计划形成的应付职工薪酬，按照后续每一个资产负债表日的公允价值重新计量。

重难点 2：金融负债和权益工具的区分★★

（一）金融负债和权益工具区分的基本原则

<table>
<tr><th colspan="2">条件</th><th colspan="2">类型</th></tr>
<tr><td colspan="2">1. 不能无条件避免以交付现金或其他金融资产来履行合同义务，包括不能无条件避免的赎回和强制付息</td><td colspan="2">金融负债（如普通公司债券、强制付息的优先股和永续债等）</td></tr>
<tr><td colspan="2">2. 能够无条件地避免交付现金或其他金融资产（无到期日且无回售权、无限期递延、自主决定是否支付股利）</td><td colspan="2">权益工具（如普通股、符合条件的永续债等）</td></tr>
<tr><td rowspan="4">3. 用自身权益工具结算</td><td rowspan="2">（1）非衍生工具
（如：优先股）</td><td>固定数量</td><td>权益工具</td></tr>
<tr><td>非固定数量</td><td>金融负债</td></tr>
<tr><td rowspan="2">（2）衍生工具
（如：认股权证）</td><td>固定换固定</td><td>权益工具</td></tr>
<tr><td>其他</td><td>金融负债</td></tr>
</table>

（二）永续债的会计处理

1. 永续债发行方会计分类应当考虑的因素

永续债发行方在确定永续债的会计分类是权益工具还是金融负债（以下简称会计分类）时，应当根据本节的规定并同时考虑下列因素：

（1）关于到期日。

永续债发行方在确定永续债会计分类时，应当以合同到期日等条款内含的经济实质为基础，谨慎判断是否能无条件地避免交付现金或其他金融资产的合同义务。当永续债合同其他条款未导致发行方承担交付现金或其他金融资产的合同义务时，发行方应当区分下列情况处理：

①永续债合同明确规定无固定到期日且持有方在任何情况下均无权要求发行方赎回该永续债或清算的，通常表明发行方没有交付现金或其他金融资产的合同义务。

②永续债合同未规定固定到期日且同时规定了未来赎回时间（即“初始期限”）的：

第一，当该初始期限仅约定为发行方清算日时，通常表明发行方没有交付现金或其他金融资产的合同义务。但清算确定将会发生且不受发行方控制，或者清算发生与否取决于该永续债持有方的，发行方仍具有交付现金或其他金融资产的合同义务。

第二，当该初始期限不是发行方清算日且发行方能自主决定是否赎回永续债时，发行方应当谨慎分析自身是否能无条件地自主决定不行使赎回权。如不能，通常表明发行方有交付现金或其他金融资产的合同义务。

（2）关于清偿顺序。

永续债发行方在确定永续债会计分类时，应当考虑合同中关于清偿顺序的条款。当永续债合同其他条款未导致发行方承担交付现金或其他金融资产的合同义务时，发行方应当区分下列情况处理：

①合同规定发行方清算时永续债劣后于发行方发行的普通债券和其他债务的，通常表明发行方没有交付现金或其他金融资产的合同义务。

②合同规定发行方清算时永续债与发行方发行的普通债券和其他债务处于相同清偿顺序的，应当审慎考虑此清偿顺序是否会导致持有方对发行方承担交付现金或其他金融资产合同义务的预期，并据此确定其会计分类。

（3）关于利率跳升和间接义务。

永续债发行方在确定永续债会计分类时，应当考虑“间接义务”。永续债合同规定没有固定到期日、同时规定了未来赎回时间、发行方有权自主决定未来是否赎回且如果发行方决定不赎回则永续债票息率上浮（即“利率跳升”或“票息递增”）的，发行方应当结合所处实际环境考虑该利率跳升条款是否构成交付现金或其他金融资产的合同义务。

①如果跳升次数有限、有最高票息限制（即“封顶”），且封顶利率未超过同期同行业同类型工具平均的利率水平，或者跳升总幅度较小且封顶利率未超过同期同行业同类型工具平均的利率水平，可能不构成间接义务；

②如果永续债合同条款虽然规定了票息封顶，但该封顶票息水平超过同期同行业同类型工具平均的利率水平，通常构成间接义务。

2. 关于永续债持有方会计分类的要求

除符合第七章长期股权投资规定适用范围外，永续债持有方应当按下列规定对永续债进行会计处理：

（1）对于属于权益工具投资的永续债，持有方应当将其分类为以公允价值计量且其变动计入当期损益的金融资产，或在符合条件时对非交易性权益工具投资初始指定为以公允价值计量且其变动计入其他综合收益的金融资产。

（2）对于不属于权益工具投资的永续债，持有方应当将其分类为以摊余成本计量的金融资产，以公允价值计量且其变动计入其他综合收益的金融资产，或以公允价值计量且其变动计入当期损益的金融资产。在判断永续债的合同现金流量特征时，持有方应当谨慎考虑永续债中包含的选择权。

【经典真题】

【多选题·2017】下列各项中，不属于金融负债的有（　　）。

A. 按照销售合同的约定预收的销售款

B. 按照劳动合同约定应支付职工的工资

C. 按照产品质量保证承诺预计的保修费

D. 按照采购合同的约定应支付的设备款

【答案】ABC

【解析】金融负债是一种合同义务，会形成另一方金融资产，需要用现金或者其他金融资产等偿还。预收的销售款产生的负债将来是用存货等偿还，因此不属于金融负债。按照劳动合同约定应支付职工的工资，即应付职工薪酬，以及按照产品质量保证承诺预计的保修费，即预计负债，除了用现金偿还以外，也可以用非现金资产偿还，且未形成另一方的金融资产，故不属于金融负债。按照采购合同的约定应支付的设备款，即应付账款或者长期应付款，属于用现金或其他金融资产偿还的合同义务，故属于金融负债。

【单选题·2017】2017 年 1 月 1 日，甲公司经批准发行 10 亿元优先股，发行合同规定：①期限 5 年，前 5 年票面年利率固定为 6%，从第 6 年起，每 5 年重置一次利率，重置利率为基准利率加上 2%，最高不超过 9%；②如果甲公司连续 3 年不分派优先股股利，投资者有权决定是否回售；③甲公司可根据相应的议事机制决定是否派发优先股股利（非累计），但如果分配普通股股利，则必须先支付优先股股利；④如果因甲公司不能控制的原因导致控股股东发生变更的，甲公司必须按面值赎回该优先股。不考虑其他因素，下列各项关于甲公司上述发行优先股合同设定的条件会导致优先股不能分类为所有者权益的因素是（　　）。

A. 5 年重置利率　　B. 股利推动机制

C. 甲公司控股股东变更　　D. 投资者有回售优先股的决定权

【答案】C

【解析】对于 C，一旦甲公司控股股东发生变更，就意味着甲公司必须按照面值赎回优先股，而且控股股东变更不在甲公司控制之下，因此甲公司有不可避免支付现金的义务，属于 37 号准则第十二条谈到的或有结算条款，所以应该划分为金融负债。

【多选题·2016】2015 年 1 月 3 日，甲公司经批准按面值发行优先股，发行的票面价值总额为 5 000 万元，优先股发行方案规定，该优先股为无期限、浮动利率、非累积、非参与。自发行之日起 5 年期满时，投资者有权要求甲公司按票面价值和基准利率计算的本息合计赎回，优先股的利率确定为：第 1 个 5 年按照发行时基准利率确定，每 5 年调整一次利率，调整的利率为前一次利率的基础上增加 300 个 BP，利率不设上限，优先股股利由董事会批准后按年支付，但如果分配普通股股利，则必须先支付优先股股利，不考虑其他因素，下列关于甲公司发行优先股可以选择的会计处理有（　　）。

A. 确认为所有者权益

B. 指定为以公允价值计量且其变动计入当期损益的金融负债

C. 确认为以摊余成本计量的金融负债

D. 按发行优先股的公允价值确认金融负债，发行价格总额减去金融负债公允价值的差额确认为所有者权益

【答案】CD

【解析】该金融工具涉及发行方和持有方无法控制的或有事项，即投资者有权要求甲公司按票面价值及票面价值和基准利率计算的本息合计金额赎回，将导致甲公司无法避免的使得经济利益流出企业，从而存在支付现金偿还本金的合同义务，应该确认为金融负债，因此选项 C、D 是正确的。

【经典模拟题】

【单选题】关于金融负债和权益工具的区分，下列表述中不正确的是（　　）。

A. 如果一项金融工具须用或可用企业自身权益工具进行结算，且用于结算该工具的自身权益工具是作为现金或其他金融资产的替代品，则该金融工具是发行方的金融负债

B. 如果一项金融工具须用或可用企业自身权益工具进行结算，且用于结算该工具的自身权益工具是为了使该工具持有方享有在发行方扣除所有负债后的资产中的剩余权益，则该金融工具是发行方的权益工具

C. 对于将来须用或可用企业自身权益工具结算的金融工具，若为非衍生工具，且发行方未来有义务交付固定数量的自身权益工具进行结算，则该非衍生工具是发行方的权益工具

D. 对于将来须用或可用企业自身权益工具结算的金融工具，若为衍生工具，且发行方只能通过以固定数量的自身权益工具交换固定金额的现金或其他金融资产进行结算，则该衍生工具是发行方的金融负债

【答案】D

【解析】选项 D，对于将来须用或可用企业自身权益工具结算的金融工具，若为衍生工具，且发行方只能通过以固定数量的自身权益工具交换固定金额的现金或其他金融资产进行结算，则该衍生工具是权益工具。

【多选题】下列各项中，不属于金融负债的有（　　）。

A. 合同负债　　B. 应当缴纳的所得税税款

C. 递延所得税负债　　D. 发行的可转换公司债券

【答案】ABCD

【解析】选项 A，合同负债不是不可避免支付现金的合同义务，需要通过交付商品和提供服务等了结，不是金融负债；选项 B 和 C，企业向国家交税是一种强制性的法定义务，不需要合同约束，不属于金融负债；可转换公司债券初始确认要对负债成分和权益成分进行分

拆，负债成分确认为应付债券，属于金融负债；而权益成分确认为其他权益工具，属于权益工具，不是金融负债，可转债属于混合金融工具。

【多选题】下列合同条款可能不会导致永续债被分类为金融负债的有（　　）。

A. 永续债合同明确规定无固定到期日且持有方在任何情况下均无权要求发行方赎回该永续债或清算

B. 未来赎回时间即初始期限仅约定为发行方清算日

C. 发行方清算时永续债劣后于发行方发行的普通债券和其他债务

D. 利率跳升次数有限、有最高票息限制（即“封顶”），且封顶利率未超过同期同行业同类型工具平均的利率水平

【答案】ABCD

【解析】上述四个选项中的条款均无法说明企业承担交付现金或其他金融资产的合同义务，因此不足以将金融工具分类为金融负债。

重难点3：金融资产的计量★★★

（一）债权投资的计量

1. 初始计量

借：债权投资——成本［面值］

　　　　　　——利息调整［倒挤差额，或贷］

　　应收利息（已到付息期、尚未领取的债券利息）

　　贷：银行存款

2. 后续计量（实际利率法）

借：应收利息［分期付息，面值×票面利率］/债权投资——应计利息［到期一次还本付息，面值×票面利率］

　　贷：投资收益［期初账面余额×实际利率（减值模型前两个阶段），或期初摊余成本×实际利率或经信用调整的实际利率（减值模型的第三个阶段）］

　　　　债权投资——利息调整［差额，倒挤摊销额］

借：银行存款

　　贷：应收利息

【小贴士】对于购入或源生的已发生信用减值的金融资产，企业应当自初始确认起，按照该金融资产的摊余成本（账面余额减去减值准备）和经信用调整的实际利率计算确定其利息收入。其他情况下，用实际利率计算利息收入。

3. 到期收回投资

借：银行存款

　　贷：债权投资——成本［面值］

　　　　应收利息［分期付息，最后一期利息］/债权投资——应计利息［到期一次还本付息，全部利息］

【小贴士】期末摊余成本=期初摊余成本+实际利息（利息收入或利息费用）-现金流量（分期付息时的票面利息）

（二）其他债权投资的计量

1. 初始计量

借：其他债权投资——成本

　　其他债权投资——利息调整［倒挤差额，或贷］

　　应收利息［已到付息期尚未领取的债券利息］

　　贷：银行存款

2. 后续计量

（1）按照实际利率法确认利息收入。

借：应收利息［分期付息，面值×票面利率］/其他债权投资——应计利息［到期一次还本付息，面值×票面利率］

　　贷：投资收益［期初账面余额×实际利率（减值模型前两个阶段），或期初摊余成本×实际利率或经信用调整的实际利率（减值模型的第三个阶段）］

　　　　其他债权投资——利息调整［差额，倒挤摊销额］

借：银行存款

　　贷：应收利息

（2）调整公允价值变动。

借：其他债权投资——公允价值变动

　　贷：其他综合收益

或做相反分录。

3. 处置

借：银行存款

　　贷：其他债权投资——成本

　　　　　　　　　　——利息调整［或借］

　　　　　　　　　　——公允价值变动［或借］

　　　　应收利息［出售时已计提但尚未实际收到的分期付息额］/其他债权投资——应计利息［到期一次还本付息债券计提的利息］

　　　　投资收益［倒挤差额，或借］

借：其他综合收益

　　贷：投资收益

或做相反分录。

（三）交易性金融资产的计量

1. 初始计量

借：交易性金融资产——成本

　　应收股利［已宣告尚未发放的现金股利］/应收利息［已到付息期尚未领取的利息］

　　投资收益［交易费用］

　　贷：银行存款

借：银行存款

　　贷：应收股利/应收利息

2. 后续计量
(1) 确认投资收益。
借：应收股利［被投资方宣告发放的现金股利］/应收利息［面值×票面利率］
贷：投资收益
(2) 调整公允价值变动。
借：交易性金融资产——公允价值变动
贷：公允价值变动损益
或做相反分录。
3. 处置
借：银行存款
贷：交易性金融资产——成本
——公允价值变动［或借］
投资收益［倒挤差额，或借］

(四) 其他权益工具投资的计量

1. 初始计量
借：其他权益工具投资——成本
应收股利［已宣告但尚未发放的现金股利］
贷：银行存款
借：银行存款
贷：应收股利
2. 后续计量
(1) 确认投资收益。
借：应收股利［被投资方宣告发放现金股利］
贷：投资收益
借：银行存款
贷：应收股利
(2) 调整公允价值变动。
借：其他权益工具投资——公允价值变动
贷：其他综合收益——其他权益工具投资公允价值变动
或做相反分录。
3. 处置
借：银行存款
贷：其他权益工具投资——成本
——公允价值变动［或借］
盈余公积［倒挤差额的10%，或借］
利润分配——未分配利润［倒挤差额的90%，或借］
借：其他综合收益
贷：盈余公积

利润分配——未分配利润

或做相反分录。

【经典真题】

【计算分析题·2018】甲公司20×7年、20×8年发生如下业务：

（1）甲公司20×7年1月1日以银行存款2 600万元购买丙公司2%股权，持有时将其指定为以公允价值计量且其变动计入其他综合收益的金融资产，至20×7年12月31日，该项股权的公允价值为2 800万元，当日丙公司当年宣告分配现金股利500万元，20×8年1月1日甲公司收到该现金股利。20×8年12月31日该项股权的公允价值为3 200万元。

（2）甲公司20×7年7月1日以银行存款2 200万元购买丁公司10%股权，取得股权时另发生的交易费用为1万元，将其划分为以公允价值计量且其变动计入当期损益的金融资产。20×7年12月31日，该项股权的公允价值为2 700万元，20×8年12月31日该股权的公允价值为2 400万元。

20×9年4月1日甲公司将对丙公司的股权进行出售，取得价款3 300万元。同时将对丁公司的股权进行处置，取得价款为2 450万元。

要求：

（1）编制甲公司取得丙公司股权至处置时的会计分录；

（2）编制甲公司取得丁公司股权至处置时的会计分录；

（3）计算因甲公司处置对丙、丁公司的股权对20×9年度净利润和20×9年12月31日所有者权益的影响。

【答案及解析】

（1）取得对丙公司股权时的会计分录：

借：其他权益工具投资——成本　2 600

　　贷：银行存款　2 600

20×7年确认公允价值变动的增加额=2 800－2 600=200（万元）。

借：其他权益工具投资——公允价值变动　200

　　贷：其他综合收益　200

确认现金股利收入：

借：应收股利　10

　　贷：投资收益　10

收到时：

借：银行存款　10

　　贷：应收股利　10

20×8年应确认公允价值变动的增加额=3 200－2 800=400（万元）

借：其他权益工具投资——公允价值变动　400

　　贷：其他综合收益　400

借：银行存款　3 300

　　贷：其他权益工具投资——成本　2 600

——公允价值变动　600

盈余公积　10

利润分配——未分配利润　90

借：其他综合收益　600

贷：盈余公积　60

利润分配——未分配利润　540

（2）取得对丁公司股票时的会计分录：

借：交易性金融资产——成本　2 200

投资收益　1

贷：银行存款　2 201

20×7 年末确认公允价值变动的增加额 =2 700 -2 200 =500（万元）

借：交易性金融资产——公允价值变动　500

贷：公允价值变动损益　500

20×8 年末确认公允价值变动的增加额 =2 400 -2 700 = -300（万元），即公允价值下降 300 万元。

借：公允价值变动损益　300

贷：交易性金融资产——公允价值变动　300

处置对丁公司股票时，处置价款与处置时账面价值的差额 =2 450 -2 400 =50（万元）。

借：银行存款　2 450

贷：交易性金融资产——成本　2 200

——公允价值变动　200

投资收益　50

（3）企业处置对丙公司股权不影响 20×9 年的净利润，增加 20×9 年 12 月 31 日所有者权益总额 100 万元（3 300 -3 200）。

企业处置对丁公司股票增加 20×9 年净利润 50 万元（2 450 -2 400），进而增加 20×9 年 12 月 31 日的所有者权益总额 50 万元。

故甲公司处置对丙、丁公司的股权对 20×9 年度净利润的影响金额为 50 万元，对 20×9 年 12 月 31 日所有者权益的影响金额为 150 万元。

【单选题·2015】20×4 年 2 月 5 日，甲公司以 7 元/股的价格购入乙公司股票 100 万股，支付手续费为 1.4 万元。甲公司将该股票投资分类为以公允价值计量且其变动计入当期损益的金融资产。20×4 年 12 月 31 日，乙公司股票价格为 9 元/股。20×5 年 2 月 20 日，乙公司分配现金股利，甲公司获得现金股利 8 万元；20×5 年 3 月 20 日，甲公司以 11.6 元/股的价格将其持有的乙公司股票全部出售。

不考虑其他因素，甲公司因持有乙公司股票在 20×5 年确认的投资收益是（　　）万元。

A. 260　　B. 468

C. 268　　D. 466.6

【答案】C

【解析】甲公司持有乙公司股票20×5年应确认投资收益的金额=现金股利8+(11.6-9)×100=268(万元)。

【单选题·2014】下列以公允价值计量且其变动计入其他综合收益的金融资产相关的价值变动中，影响发生当期损益的是（　　）。

A. 其他债权投资公允价值的增加

B. 购买金融资产时发生的交易费用

C. 转回以前期间确认的其他债权投资的减值损失

D. 以外币计价的其他权益工具投资公允价值由于汇率变动引起的价值上升

【答案】C

【解析】选项A，计入其他综合收益；选项B，计入金融资产初始入账金额；选项C，冲减信用减值减值损失，影响当期损益；选项D，计入其他综合收益。

【经典模拟题】

【单选题】20×7年1月1日，甲公司从二级市场购入乙公司分期付息、到期还本的债券12万张，以银行存款支付价款1 050万元，另支付相关交易费用12万元。该债券系乙公司于20×6年1月1日发行，每张债券面值为100元，期限为3年，票面年利率为5%，每年年末支付当年度利息。甲公司将其划分为以摊余成本计量的金融资产。

甲公司持有乙公司债券至到期累计应确认的投资收益是（　　）万元。

A. 120　　B. 258　　C. 270　　D. 318

【答案】B

【解析】本题账务处理如下：

①借：债权投资——成本　　1 200

　　贷：银行存款　　(1 050+12) 1 062

　　　　债权投资——利息调整　　138（倒挤）

②确认实际利息收入：

借：应收利息　　(1 200×5%×剩余年限2年) 120

　　债权投资——利息调整　　138（全部摊销掉）

　　贷：投资收益　　258（倒挤）

【单选题】20×1年1月1日，甲公司购入乙公司当日发行的4年期分期付息（于次年初支付上年度利息）、到期还本债券，面值为1 000万元，票面年利率为5%，实际支付价款为1 050万元，另发生交易费用2万元。

甲公司将该债券划分为以摊余成本计量的金融资产，每年年末确认投资收益，20×1年12月31日（第1年年末）确认投资收益35万元。

20×1年12月31日，甲公司该债券的账面余额为（　　）万元。

A. 1 035　　B. 1 037　　C. 1 065　　D. 1 067

【答案】B

【解析】20×1年12月31日，甲公司该债券的账面余额（摊余成本）=期初摊余成本(1 050+2)+实际利息35-现金流入(1 000×5%)=1 037（万元）。

【单选题】甲公司2015年1月1日购入乙公司发行的3年期公司债券作为以摊余成本计量的金融资产核算。该债券公允价值520万元（不考虑交易费用），面值为500万元，每半年付息一次，到期还本，票面利率6%，实际利率4%，采用实际利率法摊销，则甲公司2015年6月30日“债权投资——利息调整”科目的余额为（　　）万元。

A. 10.4　　B. 15.4　　C. 4.6　　D. 20.0

【答案】B

【解析】

借：债权投资——成本　500

　　　　　　——利息调整　20

　　贷：银行存款　520

借：应收利息　（500×6%×6/12）15

　　贷：投资收益　（520×4%×6/12）10.4

　　　　债权投资——利息调整　4.6

甲公司2015年6月30日“债权投资——利息调整”科目的余额=20-4.6=15.4（万元）。

重难点4：金融负债的计量★★

（一）交易性金融负债的计量

1. 初始计量

借：银行存款

　　投资收益［交易费用］

　　贷：交易性金融负债——成本

2. 后续计量（期末计提利息、调整公允价值变动）

借：交易性金融负债——公允价值变动

　　贷：公允价值变动损益

或做相反分录。

借：财务费用

　　贷：应付利息

3. 终止确认

借：交易性金融负债——成本

　　应付利息

　　贷：银行存款

　　　　交易性金融负债——公允价值变动［或借］

　　　　投资收益［倒挤差额，或借］

（二）应付债券的计量

1. 初始计量

借：银行存款

　　贷：应付债券——面值

　　　　　　　　——利息调整［倒挤差额，或借］

2. 后续计量（按照实际利率法确认利息费用）

借：在建工程/财务费用等［期初摊余成本×实际利率］

　　应付债券——利息调整［倒挤差额，或贷］

　　贷：应付利息/应付债券——应计利息［面值×票面利率］

借：应付利息

　　贷：银行存款

3. 到期偿还

借：应付债券——面值

　　贷：银行存款

（三）可转换公司债券的计量

初始确认时将其包含的负债成分和权益成分进行分拆，将负债成分确认为应付债券，将权益成分确认为其他权益工具。

1. 发行可转换公司债券

借：银行存款

　　应付债券——可转换公司债券（利息调整）［倒挤，或贷］

　　贷：应付债券——可转换公司债券（面值）

　　　　其他权益工具［权益成分的公允价值］

2. 转换股份前

可转换公司债券的负债成分，在转换为股份前，其会计处理与一般公司债券相同。

3. 转换股份时

借：应付债券——可转换公司债券（面值、利息调整等）［转股部分冲销的负债成分账面余额］

　　其他权益工具［转股部分冲销的权益成分账面余额］

　　应付利息［若涉及］

　　贷：股本［股票面值×转换的股数］

　　　　资本公积——股本溢价［倒挤差额］

【经典真题】

【单选题·2013】甲公司2×18年1月1日发行1 000万份可转换公司债券，每份面值为100元、每份发行价格为100.5元，可转换公司债券发行2年后，每份可转换公司债券可以转换4股甲公司普通股（每股面值1元）。甲公司发行该可转换公司债券确认的负债初始计量金额为100 150万元。2×19年12月31日，与该可转换公司债券相关负债的账面价值为100 050万元。2×20年1月2日，该可转换公司债券全部转换为甲公司股份。甲公司因可转换公司债券的转换应确认的资本公积（股本溢价）是（　　）万元。

A. 350　　B. 400　　C. 96 050　　D. 96 400

【答案】D

【解析】会计分录如下：

借：应付债券　　100 050

其他权益工具　　　　　　　　　　（1 000 × 100.5 − 100 150）350

贷：股本　　　　　　　　　　　　　　（4 × 1 000）4 000

　资本公积——股本溢价　　　　　　　　96 400［倒挤］

【经典模拟题】

【单选题】2×19 年 10 月 1 日甲公司经批准在全国银行间债券市场按照面值公开发行 10 万张人民币短期融资券，期限为 1 年，票面利率为 6%，每张面值为 58 元，分次付息、到期一次还本，不考虑发行费用。甲公司将该短期融资券指定为以公允价值计量且其变动计入当期损益的金融负债。2×19 年年末，该短期融资券的市场价格为每张 55 元（不含利息）。所得税税率为 25%。该短期融资券 2×19 年对当期损益的影响金额为（　　）万元。

A. −8.7　　B. 30　　C. 13.8　　D. 21.3

【答案】C

【解析】该短期融资券影响当期损益的金额 = 30 − 8.7 − 7.5 = 13.8（万元）。

相关会计分录为：

发行时：

借：银行存款　　　　　　　　　　　　580

　贷：交易性金融负债——成本　　　　　　580

期末：

借：财务费用　　　　　　　　　　　　8.7

　贷：应付利息　　　　　　（580 × 6% × 3/12）8.7

借：交易性金融负债——公允价值变动　　30

　贷：公允价值变动损益　　　　　　　　30

借：所得税费用　　　　　　　　　　　7.5

　贷：递延所得税负债　　　　　　　　　7.5

重难点 5：金融工具减值★★★

（一）金融工具减值的三阶段模型

金融工具减值的预期损失模型如下表所示：

项目	第 1 阶段	第 2 阶段	第 3 阶段
特点	初始确认后信用风险并未显著增加（包括在资产负债表日信用风险较低）	初始确认后信用风险显著增加但不存在表明发生信用损失的客观证据（无减值迹象）	在资产负债表日（含购买或源生）存在已发生信用减值的客观证据（有减值迹象）
损失准备的计量	相当于未来 12 个月内预期信用损失的金额	相当于整个存续期预期信用损失的金额	整个存续期预期信用损失
利息收入计算	账面余额 × 实际利率（总额法）	账面余额 × 实际利率（总额法）	摊余成本 × 实际利率或经信用调整的实际利率（净额法）

（二）金融工具减值的账务处理

金融工具减值的账务处理如下表所示：

项目	确认减值损失会计处	是否可以转回
除以公允价值计量且其变动计入其他综合收益的金融资产以外的适用22号准则减值模型的金融资产	借：信用减值损失 　　贷：债权投资减值准备 　　　　贷款损失准备 　　　　坏账准备 　　　　合同资产减值准备 　　　　租赁应收款减值准备 预计负债（用于贷款承诺及财务担保合同）	是，编制相反分录
以公允价值计量且其变动计入其他综合收益的金融资产	借：信用减值损失 　　贷：其他综合收益——信用减值准备	是，编制相反分录

（三）金融工具减值处理流程图

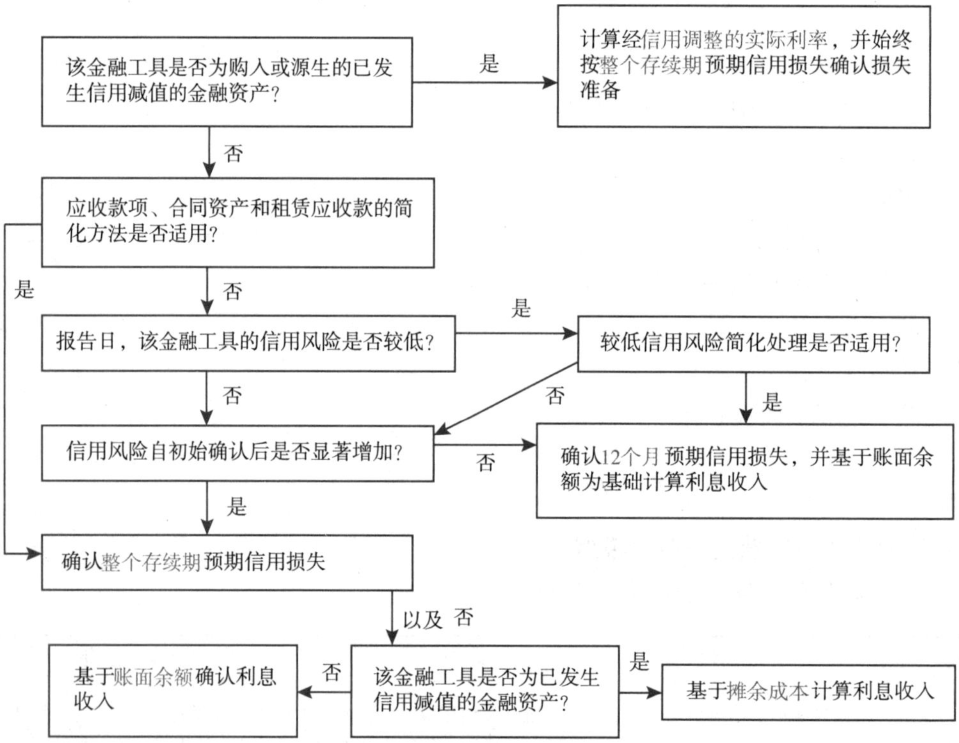

金融工具减值处理流程图

【经典模拟题】

【多选题】下列关于企业评估相关金融工具的信用风险后进行的会计处理，正确的有（　　）。

A. 如果该金融工具的信用风险自初始确认后已显著增加，企业应当按照相当于该金融工具整个存续期内预期信用损失的金额计量其损失准备

B. 如果该金融工具的信用风险自初始确认后并未显著增加，企业应当按照相当于该金融工具未来12个月内预期信用损失的金计量其损失准备

C. 企业在前一会计期间已经按照相当于金融工具整个存续期内预期信用损失的金额计量了损失准备，但在当期资产负债表日，该金融工具已不再属于自初始确认后信用风险显著增加的情形的，企业应当在当期资产负债表日按照相当于未来12个月内预期信用损失的金额计量该金融工具的损失准备

D. 对于分类为以公允价值计量且其变动计入其他综合收益的金融资产，企业应当在其他综合收益中确认其损失准备，并将减值损失或利得抵减金融资产的账面价值

【答案】ABC

【解析】对于分类为以公允价值计量且其变动计入其他综合收益的金融资产，企业应当在其他综合收益中确认其损失准备，减值计提不影响该金融资产的账面价值。

【单选题】A公司于2×19年1月1日购入面值为2 000万元的3年期债券，实际支付的价款为2 000万元。该债券票面利率和实际利率均为8%，每年1月1日付息。A公司将其划分为以公允价值计量且其变动计入其他综合收益的金融资产。2×19年末，该项金融资产的公允价值为1 900万元。A公司经评估认定该项金融工具的信用风险自初始确认后已显著增加，按照预期损失模型计提损失准备400万元。不考虑其他因素，则该项金融资产对A公司2×19年损益的影响金额为（　　）万元。

A. 160　　　　B. -340

C. -100　　　　D. -240

【答案】D

【解析】本题的相关会计分录为：

2×19年1月1日购入时：

借：其他债权投资——成本　　2 000

　　贷：银行存款　　2 000

2×19年末计提利息：

借：应收利息　　160

　　贷：投资收益　　160

2×19年末确认公允价值变动：

借：其他综合收益——其他债权投资公允价值变动　　100

　　贷：其他债权投资——公允价值变动　　100

2×19年末确认损失准备：

借：信用减值损失　　400

　　贷：其他综合收益——信用减值准备　　400

重难点6：金融资产转移★★

（一）金融资产转移终止确认的判断

1. 判断流程

如下图所示：

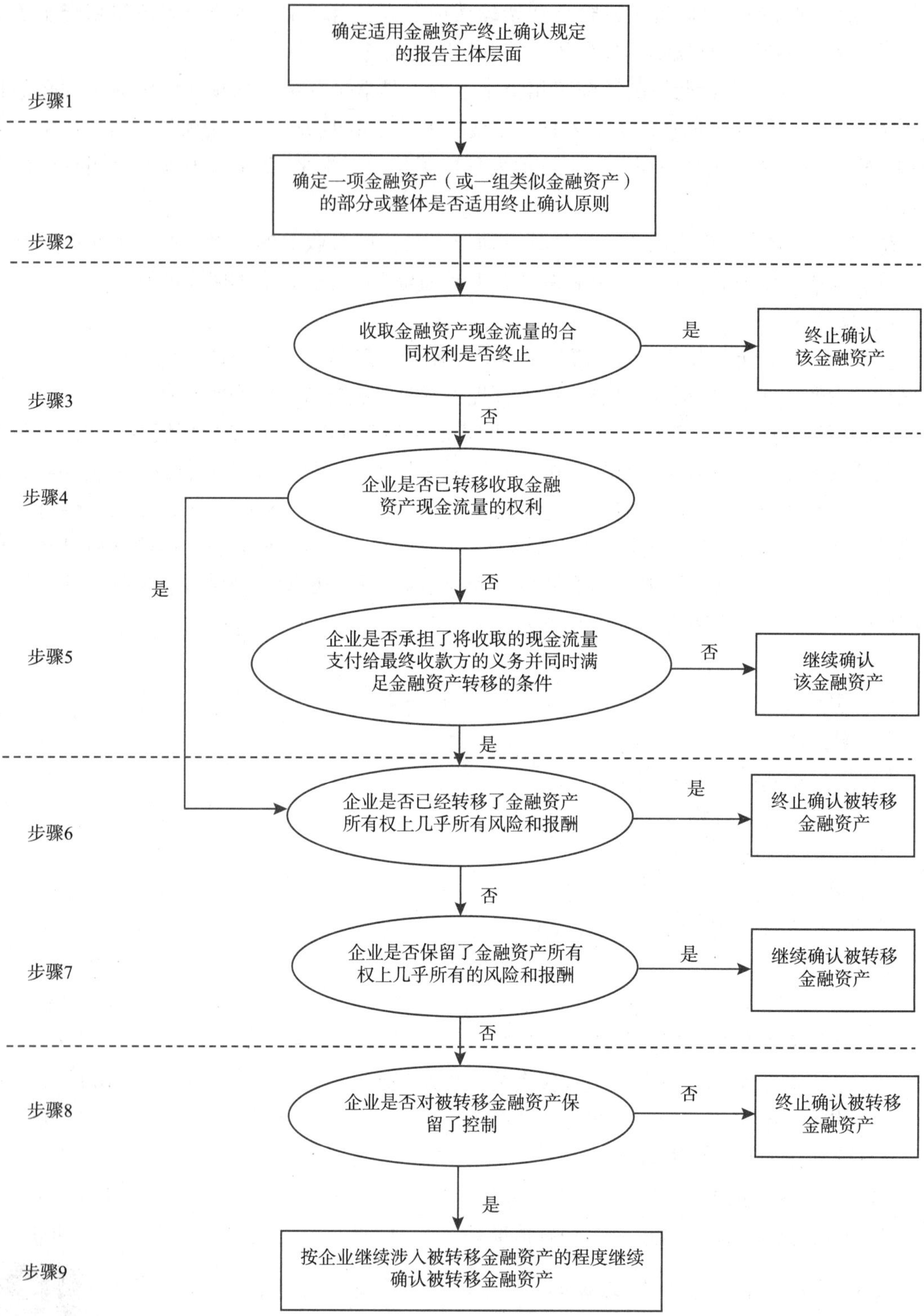

2. 风险报酬转移情况分析

（1）企业转移了金融资产所有权上几乎所有风险和报酬的，应当终止确认该金融资产，并将转移中产生或保留的权利和义务单独确认为资产或负债。

以下情形表明企业已将金融资产所有权上几乎所有的风险和报酬转移给了转入方：

①企业无条件出售金融资产。

②企业出售金融资产，同时约定按回购日该金融资产的公允价值回购。

③企业出售金融资产，同时与转入方签订看跌或看涨期权合约，且该看跌或看涨期权为深度价外期权（即到期日之前不大可能变为价内期权），此时可以认定企业已经转移了该项金融资产所有权上几乎所有的风险和报酬，应当终止确认该金融资产。

（2）企业保留了金融资产所有权上几乎所有风险和报酬的，应当继续确认该金融资产。

以下情形通常表明企业保留了金融资产所有权上几乎所有的风险和报酬：

①企业出售金融资产并与转入方签订回购协议，协议规定企业将按照固定回购价格或是

按照原售价加上合理的资金成本向转入方回购原被转移金融资产，或者与售出的金融资产相同或实质上相同的金融资产。

②企业融出证券或进行证券出借。

③企业出售金融资产并附有将市场风险敞口转回给企业的总回报互换。例：甲将8%的贷款转让给乙银行，担心利率上涨，双方签订协议：甲未来按照利率上升幅度向乙支付利息。

④企业出售短期应收款项或信贷资产，并且全额补偿转入方可能因被转移金融资产发生的信用损失。

⑤企业出售金融资产，同时向转入方签订看跌或看涨期权合约，且该看跌期权或看涨期权为一项深度价内期权。

⑥采用附追索权方式出售金融资产。

依据风险报酬转移情况，金融资产转移确认的三种情形如下：

<table>
<tr><th colspan="2">情形</th><th>确认结果</th></tr>
<tr><td colspan="2">已转移金融资产所有权上几乎所有的风险和报酬</td><td rowspan="2">终止确认该金融资产（确认新资产/负债）</td></tr>
<tr><td rowspan="2">既没有转移也没有保留金融资产所有权上几乎所有的风险和报酬</td><td>未保留对金融资产的控制</td></tr>
<tr><td>保留对金融资产的控制</td><td>按照继续涉入所转移金融资产的程度确认有关金融资产和负债</td></tr>
<tr><td colspan="2">保留了金融资产所有权上几乎所有的风险和报酬</td><td>继续确认该金融资产，并将收到的对价确认为负债</td></tr>
</table>

（二）金融资产转移的会计处理

1. 满足终止确认条件的金融资产转移的会计处理

企业应当按照被转移的金融资产是金融资产的整体还是金融资产的一部分，分别按照以下方式进行会计处理：

（1）金融资产整体转移的会计处理。

金融资产整体转移满足终止确认条件的，应当将下列两项金额的差额计入当期损益：

①被转移金融资产在终止确认日的账面价值。

②因转移金融资产而收到的对价，与原直接计入其他综合收益的公允价值变动累计额（涉及转移的金融资产为分类为以公允价值计量且其变动计入其他综合收益的金融资产的情形）之和。

具体计算公式如下：

金融资产整体转移形成的损益 = 因转移收到的对价 − 所转移金融资产账面价值 +/− 原直接计入其他综合收益的公允价值变动累计利得（或损失）

因转移收到的对价 = 因转移交易实际收到的价款 + 新获得金融资产的公允价值 + 因转移获得的服务资产的价值 − 新承担金融负债的公允价值 − 因转移承担的服务负债的公允价值

（2）金融资产部分转移的会计处理。

企业转移了金融资产的一部分，且该被转移部分满足终止确认条件的，应当将转移前金融资产整体的账面价值，在终止确认部分和继续确认部分之间，按照转移日各自的相对公允价值进行分摊，并将下列两项金额的差额计入当期损益：

①终止确认部分在终止确认日的账面价值。

②终止确认部分收到的对价（包括获得的所有新资产减去承担的所有新负债），与原计入其他综合收益的公允价值变动累计额中对应终止确认部分的金额（涉及部分转移的金融资产分类为以公允价值计量且其变动计入其他综合收益的金融资产的情形）之和。

2. 继续确认被转移金融资产的会计处理

企业应当继续确认所转移的金融资产整体，因资产转移而收到的对价，应当在收到时确认为一项金融负债。

需要注意的是，该金融负债与被转移金融资产应当分别确认和计量，不得相互抵销。在后续会计期间，企业应当继续确认该金融资产产生的收入或利得以及该金融负债产生的费用或损失。

3. 继续涉入被转移金融资产的会计处理

企业既没有转移也没有保留金融资产所有权上几乎所有风险和报酬，且保留了对该金融资产控制的，应当按照其继续涉入被转移金融资产的程度继续确认该被转移金融资产，并相应确认相关负债。

通过对被转移金融资产提供担保方式继续涉入，按下列原则计量资产、负债的价值：

继续涉入资产 = 所转移金融资产的账面价值和担保金额两者之中的较低者

继续涉入负债 = 担保金额 + 担保合同的公允价值（提供担保收取的对价）

这里的担保金额，是指企业所收到的对价中，将可能被要求偿还的最高金额。担保合同的公允价值，通常是指提供担保而收取的费用。

【经典真题】

【综合题（节选）· 2016】 2 × 15 年 12 月 31 日，甲公司与己银行签订应收账款保理协议，协议约定：甲公司将应收大华公司账款 9 500 万元出售给己银行，价格为 9 000 万元；如果己银行无法在应收账款信用期过后六个月内收回款项，则有权向甲公司追索。合同签订日，甲将应收大华公司的有关资料交付己银行，并书面通知大华公司；己银行向甲公司支付了 9 000 万元。转让时，甲公司已对该应收账款计提了 1 000 万元的坏账准备。甲公司的会计处理如下：

借：银行存款	9 000
坏账准备	1 000

贷：应收账款　　　　9 500

营业外收入　　　　500

要求：根据上述资料判断甲公司的会计处理是否正确，并说明理由；如果甲公司的会计处理不正确，编制更正的会计分录（无须通过“以前年度损益调整”科目）。

【答案及解析】甲公司的会计处理不正确。理由：银行对该应收账款有向甲公司追偿的权利，所以应收账款不满足终止确认的条件，应将收到的款项确认为短期借款。

更正分录：

借：应收账款　　　　9 500

营业外收入　　　　500

贷：短期借款　　　　9 000

坏账准备　　　　1 000

【单选题·2016】2×15 年 6 月，甲公司与乙公司签订股权转让框架协议，协议约定：将甲公司持有的丁公司 20% 的股权转让给乙公司，转让价款为 7 亿元，乙公司分为三次支付。2×15 年支付了第一笔款项 2 亿元。为了保证乙公司的利益，甲公司于 2×15 年 11 月将其持有的丁公司的 5% 股权过户给乙公司，但乙公司暂时并不拥有与该 5% 股权对应的表决权和利润分配权。假定甲公司和乙公司不存在关联方关系。不考虑其他因素，下列关于甲公司 2×15 年会计处理的表述中，正确的是（　　）。

A. 将实际收到的价款确认为负债

B. 将甲公司与乙公司签订的股权转让协议作为或有事项在财务报表附注中披露

C. 将实际收到价款与所对应的 5% 股权投资账面价值的差额确认为股权转让损益

D. 将转让总价款与对丁公司 20% 股权投资账面价值的差额确认为股权转让损益，未收到的转让款确认为应收款

【答案】A

【解析】名义上甲公司将 5% 的股权转让给乙公司，但是实质上乙公司并没有取得这部分股权的表决权和利润分配权利，也就是甲公司保留了收取金融资产现金流量的权利，且没有承诺将收取的现金流量支付给乙公司的义务，所以实际上该资产并未转移，不符合资产终止确认的条件，不能确认处置损益。因此选项 A 正确。

【经典模拟题】

【多选题】20×7 年 12 月 1 日，甲公司将某项账面余额为 1 000 万元的应收账款（已计提坏账准备 200 万元）转让给丁投资银行，转让价格为当日公允价值 750 万元；同时与丁投资银行签订了应收账款的回购协议。同日，丁投资银行按协议支付了 750 万元。该应收账款 20×7 年 12 月 31 日的预计未来现金流量现值为 720 万元。假定甲公司按以下不同的回购价格向丁投资银行回购应收账款，则甲公司在转让应收账款时不应终止确认的有（　　）。

A. 以转让日该应收账款的市场价格回购

B. 以高于回购日该应收账款市场价格 20 万元的价格回购

C. 回购日该应收账款的市场价格低于 700 万元的，按照 700 万元回购

D. 以转让价格加上转让日至回购日期间按照市场利率计算的利息回购

【答案】ABCD

【解析】只有以回购日该应收账款的市场价格回购，才能终止确认。

【多选题】甲公司有一项于2×19年年末到期的应收票据，价款总额为3 500万元，20×9年7月1日，甲公司向银行贴现，且银行没有追索权。甲公司贴现收到的净价款为3 400万元。不考虑其他因素，下列关于甲公司应收票据贴现处理的表述中正确的有（　　）。

A. 甲公司应确认短期借款3 400万元

B. 甲公司应将贴现息100万元在贴现期间按照票面利率法确认为利息费用

C. 甲公司应将该票据终止确认

D. 甲公司应确认金融资产转移损益－100万元

【答案】CD

【解析】甲公司应收票据贴现，银行没有追索权，因此应将票据终止确认，贴现净额与账面价值之间的差额计入当期损益。

重难点7：套期会计★★

（一）套期的分类

关于套期的分类和具体实例如下表所示。

分类	举例
1. 公允价值套期：公允价值套期，是指对已确认资产或负债、尚未确认的确定承诺，或上述项目组成部分的公允价值变动风险敞口进行的套期。该公允价值变动源于特定风险，且将影响企业的损益或其他综合收益。 其中，影响其他综合收益的情形，仅限于企业对指定为以公允价值计量且其变动计入其他综合收益的非交易性权益工具投资的公允价值变动风险敞口进行的套期	（1）某企业签订一项以固定利率换浮动利率的利率互换合约，对其承担的固定利率负债的利率风险引起的公允价值变动风险敞口进行套期。 （2）某石油公司签订一项6个月后以固定价格购买原油的合同（尚未确认的确定承诺），为规避原油价格风险，该公司签订一项商品（原油）期货合约，对该确定承诺的价格风险引起的公允价值变动风险敞口进行套期。 （3）某企业购买一项期权合同，对持有的指定为以公允价值计量且其变动计入其他综合收益的非交易性权益工具投资的证券价格风险引起的公允价值变动风险敞口进行套期
2. 现金流量套期：现金流量套期，是指对现金流量变动风险敞口进行的套期。该现金流量变动源于与已确认资产或负债、极可能发生的预期交易，或与上述项目组成部分有关的特定风险，且将影响企业的损益	（1）某企业签订一项以浮动利率换固定利率的利率互换合约，对其承担的浮动利率债务的利率风险引起的现金流量变动风险敞口进行套期。 （2）某橡胶制品公司签订一项期货合约，对3个月后预期极可能发生的与购买橡胶相关的价格风险引起的现金流量变动风险敞口进行套期。 （3）某企业签订一项外汇远期合同，对以固定外币价格买入原材料的尚未确认的确定承诺的外汇风险引起的现金流量变动风险敞口进行套期
3. 境外经营净投资套期：是指对境外经营净投资外汇风险敞口进行的套期	境外经营净投资套期，境外经营净投资，是指企业在境外经营净资产中的权益份额

（二）套期工具和被套期项目

1. 套期工具

套期工具，是指企业为进行套期而指定的、其公允价值或现金流量变动预期可抵销被套期项目的公允价值或现金流量变动的金融工具。下列金融工具可以作为套期工具：

（1）以公允价值计量且其变动计入当期损益的衍生工具，但签出期权除外。

企业只有在对购入期权（包括嵌入在混合合同中的购入期权）进行套期时，签出期权才可以作为套期工具。嵌入在混合合同中但未分拆的衍生工具不能作为单独的套期工具。

（2）以公允价值计量且其变动计入当期损益的非衍生金融资产或非衍生金融负债。

（3）对于外汇风险套期，企业可以将非衍生金融资产（选择以公允价值计量且其变动计入其他综合收益的非交易性权益工具投资除外）或非衍生金融负债的外汇风险成分指定为套期工具。

2. 被套期项目

被套期项目，是指使企业面临公允价值或现金流量变动风险，且被指定为被套期对象的、能够可靠计量的项目。企业可以将下列单个项目、项目组合或其组成部分指定为被套期项目：

（1）已确认资产或负债。

（2）尚未确认的确定承诺。

（3）极可能发生的预期交易。

（4）境外经营净投资。

（5）项目组成部分。

（三）套期关系评估

1. 运用套期会计的条件

公允价值套期、现金流量套期或境外经营净投资套期同时满足下列条件的，才能运用套期会计方法进行处理：

（1）套期关系仅由符合条件的套期工具和被套期项目组成。

（2）在套期开始时，企业正式指定了套期工具和被套期项目，并准备了关于套期关系和企业从事套期的风险管理策略和风险管理目标的书面文件。

（3）套期关系符合套期有效性要求。

套期有效性，是指套期工具的公允价值或现金流量变动能够抵销被套期风险引起的被套期项目公允价值或现金流量变动的程度。

套期工具的公允价值或现金流量变动大于或小于被套期项目的公允价值或现金流量变动的部分为套期无效部分。

套期同时满足下列条件的，企业应当认定套期关系符合套期有效性要求：

①被套期项目和套期工具之间存在经济关系。该经济关系使得套期工具和被套期项目的价值因面临相同的被套期风险而发生方向相反的变动。

②被套期项目和套期工具经济关系产生的价值变动中，信用风险的影响不占主导地位。

③套期关系的套期比率，应当等于企业实际套期的被套期项目数量与对其进行套期的套期工具实际数量之比，但不应当反映被套期项目和套期工具相对权重的失衡，这种失衡会导致套期无效，并可能产生与套期会计目标不一致的会计结果。

2. 套期关系再平衡

套期关系由于套期比率的原因而不再符合套期有效性要求，但指定该套期关系的风险管理目标没有改变的，企业应当进行套期关系再平衡。

套期关系再平衡，是指对已经在套期关系中的被套期项目或套期工具的数量进行调整，以使套期比率重新符合套期有效性要求。

3. 套期关系的终止

终止运用套期会计的情形（下列情形之一）：

（1）因风险管理目标发生变化，导致套期关系不再满足风险管理目标。

（2）套期工具已到期、被出售、合同终止或已行使。

（3）被套期项目与套期工具之间不再存在经济关系，或者被套期项目和套期工具经济关系产生的价值变动中，信用风险的影响开始占主导地位。

（4）套期关系不再满足运用套期会计方法的其他条件。

（四）套期会计的确认和计量

1. 公允价值套期

（1）被套期项目为已确认的资产的账务处理：

①指定套期关系：

借：被套期项目

　　贷：库存商品、其他权益工具投资等

②调公允价值：

借：套期损益或其他综合收益

　　贷：被套期项目

借：套期工具

　　贷：套期损益或其他综合收益

（2）被套期项目为尚未确认的确定承诺（或其组成部分）的账务处理：

①反映被套期项目公允价值变动：

借：套期损益

　　贷：被套期项目

②反映套期工具公允价值变动：

借：套期工具

　　贷：套期损益

③购买存货：

借：原材料等

　　贷：银行存款

④调整该项存货的初始确认金额：

借：被套期项目

　　贷：原材料等

2. 现金流量套期

（1）现金流量套期满足运用套期会计方法条件的，应当按照下列规定处理：

①套期工具产生的利得或损失中属于套期有效的部分，作为现金流量套期储备，应当计入其他综合收益。现金流量套期储备的金额，应当按照下列两项的绝对额中较低者确定：

一是套期工具自套期开始的累计利得或损失；

二是被套期项目自套期开始的预计未来现金流量现值的累计变动额。

②套期工具产生的利得或损失中属于套期无效的部分（即扣除计入其他综合收益后的其他利得或损失），应当计入当期损益。

（2）现金流量套期储备的金额，应当按照下列规定处理：

①被套期项目为预期交易，且该预期交易使企业随后确认一项非金融资产或非金融负债的，或者非金融资产或非金融负债的预期交易形成一项适用于公允价值套期会计的确定承诺时，企业应当将原在其他综合收益中确认的现金流量套期储备金额转出，计入该资产或负债的初始确认金额。

②其他现金流量套期，企业应当在被套期的预期现金流量影响损益的相同期间，将原在其他综合收益中确认的现金流量套期储备金额转出，计入当期损益。

③如果在其他综合收益中确认的现金流量套期储备金额是一项损失，且该损失全部或部分预计在未来会计期间不能弥补的，企业应当在预计不能弥补时，将预计不能弥补的部分从其他综合收益中转出，计入当期损益。

会计分录如下：

反映套期工具价值变动：

借：套期工具

　　贷：其他综合收益［有效套期］

　　　　套期损益［无效套期］

套期项目为预期交易，随后确认一项非金融资产：

借：原材料等

　　应交税费——应交增值税（进项税额）

　　贷：银行存款

借：其他综合收益

　　贷：原材料等

其他现金流量套期，被套期项目影响损益的期间将“其他综合收益”转损益。

3. 境外经营净投资套期

对境外经营净投资的套期，包括对作为净投资的一部分进行会计处理的货币性项目的套期，应当按照类似于现金流量套期会计的规定处理：

（1）套期工具形成的利得或损失中属于有效套期的部分，应当计入其他综合收益。

全部或部分处置境外经营时，上述计入其他综合收益的套期工具利得或损失应当相应转出，计入当期损益。

（2）套期工具形成的利得或损失中属于无效套期的部分，应当计入当期损益。

【经典真题】

【多选题·2018】下列各项中，能够作为公允价值套期的被套期项目的有（　　）。

A. 已确认负债

B. 已确认资产的组成部分

C. 极有可能发生的预期交易

D. 尚未确认的确定承诺

【答案】ABD

【解析】公允价值套期，是指对已确认的资产或负债、尚未确认的确定承诺，或上述项目组成部分的公允价值变动风险敞口进行的套期。极可能发生的预期交易属于现金流量套期的被套期项目。

【经典例题】

【单选题】甲公司为一家大型农业生产企业。2019 年 1 月 1 日，甲公司预期其在 2019 年 6 月 30 日将购买一批绿豆，数量为 2 000 吨。为规避该预期采购有关的现金流量变动风险，甲公司于 2018 年 1 月 1 日在期货市场买入一项期货合约，且将其指定为对该预期商品采购的套期工具。期货合约的标的资产与被套期预期绿豆采购在数量、质量、价格变动和产地等方面相同，并且期货合约的结算日和预期绿豆采购日均为 2019 年 6 月 30 日。

2019 年 1 月 1 日，期货合约的公允价值为零，2 000 吨绿豆的预期市场价格为 2 000 万元。2019 年 3 月 31 日，2 000 吨绿豆采购市场价格上涨了 200 万元（预期损失），期货合约的公允价值上涨了 200 万元（预期收益）。不考虑其他因素，下列说法中正确的是（　　）。

A. 该项套期属于公允价值套期

B. 甲公司应在 2019 年 1 月 1 日将确认“被套期项目”2 000 万元

C. 甲公司应在 2019 年 3 月 31 日确认套期损益 200 万元

D. 甲公司在 2019 年 3 月 31 日所做的会计处理不影响损益

【答案】D

【解析】选项 A，该项套期属于现金流量套期，因为它属于对源于极可能发生的预期交易的现金流量变动风险敞口的套期；选项 B，甲公司在 2018 年 1 月 1 日不需要做会计分录；选项 C，甲公司应当在 2019 年 3 月 31 日确认其他综合收益 200 万元。

【多选题】下列各项金融工具可以作为套期工具的有（　　）。

A. 以公允价值计量且其变动计入当期损益的衍生工具

B. 嵌入在混合合同中但未分拆的衍生工具

C. 以公允价值计量且其变动计入当期损益的非衍生金融资产

D. 发行的优先股，按照 37 号金融工具列报准则被认定为权益工具

【答案】AC

【解析】套期工具通常包括：

（1）以公允价值计量且其变动计入当期损益的衍生工具，但签出期权除外。企业只有在对购入期权（包括嵌入在混合合同中的购入期权）进行套期时，签出期权才可以作为套期工具。嵌入在混合合同中但未分拆的衍生工具不能作为单独的套期工具。

（2）以公允价值计量且其变动计入当期损益的非衍生金融资产或非衍生金融负债，但指定为以公允价值计量且其变动计入当期损益、且其自身信用风险变动引起的公允价值变动计入其他综合收益的金融负债除外。

本题选项 B，嵌入在混合合同中但未分拆的衍生工具，由于无法单独反映公允价值变动，因此不能作为单独的套期工具；选项 D，企业发行的优先股被认定为权益工具，不反映后续公允价值变动，不能作为套期工具。

【多选题】2×19 年 1 月 1 日，某公司为规避所持有的铜存货的公允价值变动风险，决定在期货市场上建立套期保值头寸，并指定某期货合约为 2×19 年上半年铜存货价格变化引起

的公允价值变动风险的套期。该期货合约的标的资产与被套期项目（铜存货）在数量、质次、价格变动和产地方面相同。2×19 年 1 月 1 日，该期货合约的公允价值为零，被套期项目（铜存货）的账面价值和成本均为 3 000 万元，公允价值也是 3 000 万元。

2×19 年 4 月 30 日，该期货合约的公允价值上涨了 300 万元，铜存货的公允价值下降了 300 万元。当日，该公司按公允价值将铜存货出售，并将该期货合约结算。假定该公司经评估认定该套期完全有效。不考虑其他因素，则下列说法中正确的有（　　）。

A. 该公司应在 2×19 年 1 月 1 日将被套期项目自“库存商品”科目转入“被套期项目”科目

B. 该公司应在 2×19 年 4 月 30 日根据套期工具的公允价值变动额贷记“其他综合收益”科目 300 万元

C. 该公司应在 2×19 年 4 月 30 日根据被套期项目公允价值的变动额借记“套期损益”科目 300 万元

D. 该公司应在 2×19 年 4 月 30 日结转主营业务成本 3 000 万元

【答案】 AC

【解析】 选项 B，应当记入“套期损益”科目的贷方。选项 D，应当确认主营业务成本 2 700 万元。会计分录如下：

借：被套期项目	3 000	
贷：库存商品		3 000
借：套期损益	300	
贷：被套期项目		300
借：套期工具	300	
贷：套期损益		300
借：银行存款	2 700	
贷：主营业务收入		2 700
借：主营业务成本	2 700	
贷：被套期项目		2 700
借：银行存款	300	
贷：套期工具		300

四、进阶练习

（一）单选题

1. 2×19 年 4 月 1 日，A 公司支付 5 500 万元购入 B 公司当日发行的一项一般公司债券，期限为 5 年，面值为 5 000 万元，票面年利率为 6%，每年年末付息、到期一次还本。A 公司购入该项债券投资后，拟长期持有，按期收取利息、到期收回本金，但如果未来市场利率大幅变动时，甲公司不排除将该项债券投资出售以实现收益最大化。不考虑其他因素，A 公司应将该项金融资产划分为（　　）。

A. 以摊余成本计量的金融资产

B. 以公允价值计量且其变动计入其他综合收益的金融资产

C. 以公允价值计量且其变动计入当期损益的金融资产

D. 以公允价值计量且其变动计入其他综合收益的非交易性权益工具投资

2. 关于金融负债和权益工具区分的基本原则表述中，不正确的是（　　）。

A. 企业发行的优先股，能够根据相应的议事机制自主决定是否支付股息，同时所发行的优先股没有到期日且持有方没有回售权、或虽有固定期限但发行方有权无限期递延，则该优先股属于权益工具

B. 如果发放股利由发行方根据相应的议事机制自主决定，则股利是累积股利还是非累积股利本身均不会影响该金融工具被分类为权益工具

C. 对于非衍生工具，如果发行方未来有义务交付可变数量的自身权益工具进行结算，则该非衍生工具是金融负债

D. 如果企业不能无条件地避免以交付现金或其他金融资产来履行一项合同义务，则该合同应该被认定为权益工具

3. 甲公司利用自有资金购买银行理财产品。该理财产品为非保本非固定收益型，根据合同约定，该理财产品期限为3年，预计年化收益率6%，当年收益于下年1月底前支付；理财产品到期时按资产的实际现金流量情况支付全部或部分本金；银行不保证偿还全部本金和支付按照预计收益率计算的收益。甲公司计划持有该理财产品至到期。不考虑其他因素，甲公司持有该银行理财产品应分类为（　　）。

A. 以公允价值计量且其变动计入其他综合收益的金融资产

B. 以公允价值计量且其变动计入当期损益的金融资产

C. 以摊余成本计量的金融资产

D. 以公允价值计量且其变动计入其他综合收益的非交易性权益工具投资

4. 下列关于金融工具和权益工具的分类和确认，表述正确的是（　　）。

A. 企业对全部现有同类别非衍生自身权益工具的持有方同比例发行配股权、期权或认股权证，使之有权按比例以固定金额的任何货币交换固定数量的该企业自身权益工具的，该类配股权、期权或认股权证应当分类为金融负债

B. 对于附有或有结算条款的金融工具，发行方不能无条件地避免交付现金、其他金融资产或以其他导致该工具成为金融负债的方式进行结算的，应当分类为金融负债

C. 对于存在结算选择权的衍生工具，发行方通常应当将其确认权益工具

D. 发行方原分类为金融负债的金融工具，自不再被分类为金融负债之日起，发行方应将其重分类为权益工具，以重分类日该金融工具的公允价值计量，后续不再确认该工具公允价值变动

5. 甲公司2×19年1月1日按照面值购入一批债券，购买价款为1 000万元，票面年利率为6%（与实际利率相等），期限为3年，甲公司将其作为以摊余成本计量的金融资产核算。截至2×19年12月31日，该债券的信用风险自初始确认后没有显著增加，甲公司按照未来12个月的预期信用损失计量损失准备，其金额为100万元。假定不考虑其他因素，甲公司下列会计处理不正确的是（　　）。

A. 2×19年末应确认信用减值损失100万元

B. 2×19 年末该债券投资账面余额为 1 000 万元

C. 2×19 年末该债券投资摊余成本为 900 万元

D. 2×20 年末应确认利息收入 54 万元

（二）多选题

1. 下列各项交易费用中，应计入相关金融资产或金融负债初始确认金额的有（　　）。

A. 取得以摊余成本计量的金融资产时发生的交易费用

B. 取得以公允价值计量且其变动计入当期损益的金融资产时发生的交易费用

C. 取得以公允价值计量且其变动计入其他综合收益的金融资产时发生的交易费用

D. 取得以公允价值计量且其变动计入当期损益的非交易性权益工具投资时发生的交易费用

2. 下列企业出售金融资产的情形中，企业管理金融资产的业务模式仍然可能是“以收取合同现金流量为目标”的有（　　）。

A. 在信用风险增加时出售金融资产

B. 在金融资产到期前将其出售，但该出售只是偶然发生

C. 在金融资产到期前将其出售，但出售的价值非常小

D. 在金融资产临近到期时将其出售，但出售所得价款接近收取的剩余合同现金流量

3. 下列各种投资产品中，企业应当划分为以公允价值计量且其变动计入当期损益的金融资产的有（　　）。

A. 以短期交易为目的从二级市场购入的债券

B. 从二级市场购入的基金

C. 从二级市场购入的可转换公司债券

D. 被指定为有效套期工具的衍生工具

4. 2×19 年 4 月 1 日，A 公司经批准按面值发行优先股，以 5 年为一个股息率调整期，即股息率每 5 年调整一次，每个股息率调整期内每年以约定的相同票面股息率支付股息。首个股息率调整期的股息率，由股东大会授权董事会通过询价方式确定为 4%。优先股的股息发放条件为：有可分配税后利润的情况下，可以向优先股股东分配股息。A 公司有权全部或部分取消优先股股息的宣派和支付，且不构成违约事件。A 公司可以自由支配取消的优先股股息用于偿付其他到期债务，本次发行的优先股采取非累积股息支付方式，本次优先股股东不参与剩余利润分配。不考虑其他因素，下列关于 A 公司发行优先股可以选择的会计处理不正确的有（　　）。

A. 确认为其他权益工具

B. 指定为以公允价值计量且其变动计入当期损益的金融负债

C. 确认为以摊余成本计量的金融负债

D. 确认为复合金融工具

5. 下列金融工具的重分类的表述中正确的有（　　）。

A. 企业改变其管理金融资产的业务模式时，应当按照规定对所有受影响的相关金融资产进行重分类

B. 企业对所有金融负债均不得进行重分类

C. 符合条件的债务工具投资可以在以摊余成本计量、以公允价值计量且其变动计入其他综合收益和以公允价值计量且其变动计入当期损益之间进行重分类

D. 符合条件的权益工具投资可以在以公允价值计量且其变动计入其他综合收益和以公允价值计量且其变动计入当期损益之间进行重分类

（三）计算分析题

1. 2×14 年 1 月 1 日，甲公司支付价款 1 000 万元（含交易费用）从上海证券交易所购入 A 公司同日发行的 5 年期公司债券 12 500 份，债券票面价值总额为 1 250 万元，票面年利率为 4.72%，于年末支付本年度债券利息（即每年利息为 59 万元），本金在债券到期时一次性偿还。合同约定，该债券的发行方在遇到特定情况时可以将债券赎回，且不需要为提前赎回支付额外款项。甲公司在购买该债券时，预计发行方不会提前赎回。甲公司根据其管理该债券的业务模式和该债券的合同现金流量特征，将该债券分类为以摊余成本计量的金融资产。

假定不考虑所得税等因素，该债券的实际利率为 10%。

要求：

（1）编制甲公司各年与该债券有关的分录。

（2）假设在 2×14 年末该金融资产的信用风险未显著增加，甲公司按照相当于该金融工具未来 12 个月内预期信用损失的金额计提了 30 万元的信用减值准备，计算 2×15 年的利息收入。

（3）假设在 2×14 年末该金融资产的信用风险显著增加，但未出现发生信用减值的客观证据，甲公司按照相当于该金融工具整个存续期预期信用损失的金额计提了 150 万元的信用减值准备，计算 2×15 年的利息收入。

（4）假设 A 公司在 2×14 年末发生重大财务困难，甲公司评估该金融资产已发生信用减值，按照相当于该金融工具整个存续期预期信用损失的金额计提了 200 万元的信用减值准备，计算 2×15 年的利息收入。

2. 甲公司为一家上市公司，相关年度发生与金融工具有关的交易或事项如下：

（1）20×8 年 7 月 1 日，甲公司购入乙公司同日按面值发行的债券 50 万张，该债券每张面值为 100 元，面值总额为 5 000 万元，款项已以银行存款支付，根据乙公司债券的募集说明书，该债券的年利率为 6%（与实际利率相同），自发行之日起开始计息，债券利息每年支付一次，于每年 6 月 30 日支付；期限为 5 年，本金在债券到期日一次性偿还。甲公司管理乙公司债券的目标是在保证日常流动性需求的同时，维持固定的收益率。

20×8 年 12 月 31 日，甲公司所持乙公司债券的公允价值为 5 200 万元。

20×9 年 1 月 1 日，甲公司基于流动性需求将所持乙公司债券全部出售，取得价款 5 202 万元。

（2）20×9 年 7 月 1 日，甲公司从二级市场购入丙公司发行的 5 年期可转换债券 10 万张，以银行存款支付价款 1 050 万元，另支付交易费用 15 万元，根据丙公司可转换债券的募集说明书，该可转换债券每张面值为 100 元，票面年率利为 1.5%，利息每年支付一次，于可转换债券发行之日起每满 1 年的当日支付；

可转换债券持有人可于可转换债券发行之日满 3 年后第一个交易日起至到期日止，按照 20 元/股的转股价格将持有的可转换债券转换为丙公司的普通股。

20×9 年 12 月 31 日，甲公司所持上述丙公司可转债的公允价值为 1 090 万元。

（3）20×9 年 9 月 1 日，甲公司向特定的合格投资者按面值发行优先股 100 万份，每股面值 100 元，扣除发行费用 3 000 万元后的发行收入净额已存入银行。根据甲公司发行优先股的募集说明书，本次发行优先股的票面股息率为 5%，甲公司在有可分配利润的情况下，可向优先股股东派发股息；

在派发约定的优先股当期股息前，甲公司不得向普通股股东分配股利；除非股息支付日前 12 个月发生甲公司向普通股股东支付股利强制付息事件，甲公司有权取消支付优先股当期股息，且不构成违约，优先股股息不累积；优先股股东按照约定的票面股息率分配股息后，不再同普通股股东一起参加剩余利润分配；甲公司有权按照优先股票面金额加上当期已决议但尚未支付的优先股股息之和赎回并注销本次发行的优先股；本次发行的优先股不设置投资者回售条款，也不设置强制转换为普通股的条款；甲公司清算时，优先股股东的清偿顺序劣后于普通债务的债权人，但在普通股股东之前，甲公司根据相应的议事机制，能够自主决定普通股股利的支付。

本题不考虑相关税费及其他因素。

要求：

（1）根据资料（1），判断甲公司所持乙公司债券应予以确认的金融资产类别，从业务模式和合同现金流量两方面说明理由，并编制与购入、持有及出售乙公司债券相关的分录。

（2）根据资料（2）判断甲公司所持丙公司可转换债券应予以确认的金融资产类别，说明理由，并编制与购入和持有丙公司可转换债券相关的分录。

（3）根据资料（3），判断甲公司发行的优先股是负债还是权益工具，说明理由，并编制发行优先股的分录。

（四）综合题

甲股份有限公司（以下简称“甲公司”）拟自建一条生产线，与该生产线建造相关的情况如下：

（1）20×2 年 1 月 2 日，甲公司发行公司债券，专门筹集生产线建设资金。该公司债券为 3 年期分期付息、到期还本债券，面值为 3 000 万元，票面年利率为 5%，发行价格为 3 069.75 万元，另在发行过程中支付中介机构佣金 150 万元，实际募集资金净额为 2 919.75 万元。

（2）甲公司除上述所发行公司债券外，还存在两笔流动资金借款：一笔于 20×1 年 10 月 1 日借入，本金为 2 000 万元，年利率为 6%，期限 2 年【注：到期日 20×3 年 9 月 30 日】；另一笔于 20×1 年 12 月 1 日借入，本金为 3 000 万元，年利率为 7%，期限 18 个月【注：到期日 20×3 年 5 月 31 日】。

（3）生产线建造工程于 20×2 年 1 月 2 日开工，采用外包方式进行，预计工期 1 年。有关建造支出情况如下：

20×2 年 1 月 2 日，支付建造商 1 000 万元；

20×2 年 5 月 1 日，支付建造商 1 600 万元；

20×2 年 8 月 1 日，支付建造商 1 400 万元。

（4）20×2 年 9 月 1 日，生产线建造工程出现人员伤亡事故，被当地安监部门责令停工整改，至 20×2 年 12 月底整改完毕。工程于 20×3 年 1 月 1 日恢复建造，当日向建造商支付工程款 1 200 万元。建造工程于 20×3 年 3 月 31 日完成，并经有关部门验收，试生产出合格产品。

为帮助职工正确操作使用新建生产线，甲公司自20×3年3月31日起对一线员工进行培训，至4月30日结束，共发生培训费用120万元。该生产线自20×3年5月1日起实际投入使用。

（5）甲公司将闲置专门借款资金投资固定收益理财产品，月收益率为0.5%。

其他资料：本题中不考虑所得税等相关税费以及其他因素。

（P/A，5%，3）=2.7232，（P/A，6%，3）=2.6730，（P/A，7%，3）=2.6243

（P/F，5%，3）=0.8638，（P/F，6%，3）=0.8396，（P/F，7%，3）=0.8163

要求（建议考生学完借款费用，再做此题）：

（1）确定甲公司生产线建造工程借款费用的资本化期间，并说明理由。

（2）计算甲公司发行公司债券的实际利率，并对发行债券进行会计处理。

（3）分别计算甲公司20×2年专门借款、一般借款利息应予资本化的金额，并对生产线建造工程进行会计处理。

（4）分别计算甲公司20×3年专门借款、一般借款利息应予资本化的金额，并对生产线建造工程进行会计处理，编制结转固定资产的会计分录。

五、进阶练习答案

（一）单选题

1.【答案】B

【解析】该项金融资产的合同现金流量为本金及利息，甲公司管理该项金融资产的业务模式既以收取合同现金流量为目标，又有出售的动机，因此应将该项金融资产划分为以公允价值计量且其变动计入其他综合收益的金融资产。

2.【答案】D

【解析】如果企业不能无条件地避免以交付现金或其他金融资产来履行一项合同义务，则该合同应该被认定为金融负债。

3.【答案】B

【解析】该理财产品的合同现金流量并非为本金和利息，且企业管理该理财产品的业务模式也不是收取利息、收回本金，所以甲公司应将该理财产品划分为以公允价值计量且其变动计入当期损益的金融资产。

4.【答案】B

【解析】选项A，应分类为权益工具；选项C，发行方通常应当将其确认衍生金融负债；选项D，重分类日，应以金融负债的账面价值计量。

5.【答案】D

【解析】由于2×19年末信用风险自初始确认后未显著增加，属于减值模型第一个阶段，因此应按其账面余额（即未扣除减值准备）和实际利率计算利息收入，2×19年末利息收入为60（1 000×6%）万元，选项D错误。

（二）多选题

1.【答案】ACD

【解析】选项B，相关交易费用应计入投资收益。

2. 【答案】ABCD

【解析】如果企业出售金融资产是为了减少信用损失，或者出售只是偶然发生，或者出售的价值非常小，或者几乎收回大部分现金流量，不影响其“以收取合同现金流量为目标”的业务模式。

3. 【答案】ABC

【解析】以短期交易为目的从二级市场购入的债券，业务模式不是收取合同现金流量，也不是既收取合同现金流量又以出售为目的；投资者从基金中获得的现金流量既包括基础资产产生的现金流量，也包括处置基础资产的现金流量，一般不符合本金加利息的合同现金流量特征。可转换公司债券由于嵌入衍生品“转股权”，整体评估，不符合本金加利息的合同现金流量特征，故选项 ABC 均分类为以公允价值计量且其变动计入当期损益的金融资产。衍生工具通常划分为以公允价值计量且其变动计入当期损益的金融资产，但符合财务担保合同定义的、以及被指定为有效套期工具的衍生工具除外。

4. 【答案】BCD

【解析】对于甲公司发行的该项优先股，甲公司有权全部或部分取消优先股股息的宣派和支付，且不构成违约事件，甲公司可以自由支配取消的优先股股息用于偿付其他到期债务，说明甲公司能够无条件地避免以交付现金或其他金融资产来履行相关合同义务，因此应当将该项优先股归类为权益工具（科目为其他权益工具）。

5. 【答案】ABC

【解析】只有债务工具性质的金融资产，满足条件时才可以进行重分类；权益工具由于不符合本金加利息的合同现金流量特征，不能分类为第一类和第二类，而以公允价值计量且其变动计入其他综合收益的非交易性权益工具投资，只能在初始确认时指定，不得撤销，故权益工具性质的金融资产不得重分类。

（三）计算分析题

1. 【答案及解析】

（1）甲公司的有关账务处理如下（金额单位：元）：

①2×14 年 1 月 1 日，购入 A 公司债券。

借：债权投资——成本　　12 500 000

　贷：银行存款　　10 000 000

　　债权投资——利息调整　　2 500 000

资产负债表日按照实际利率法计算利息收入和摊余成本，如下表所示：

日期	期初摊余成本（A）	实际利息收入（B = A × 10%）	现金流入（C）	期末摊余成本（D = A + B − C）
2×14 年	1 000	100	59	1 041
2×15 年	1 041	104	59	1 086
2×16 年	1 086	109	59	1 136
2×17 年	1 136	114	59	1 191
2×18 年	1 191	118 *	1 250 + 59	0

注：* 尾数调整 1 250 + 59 − 1 191 = 118。

②2×14 年 12 月 31 日，确认 A 公司债券实际利息收入、收到债券利息。

借：应收利息　　590 000

　　债权投资——利息调整　　410 000

　　贷：投资收益　　1 000 000

借：银行存款　　590 000

　　贷：应收利息　　590 000

③2×15 年 12 月 31 日，确认 A 公司债券实际利息收入、收到债券利息。

借：应收利息　　590 000

　　债权投资——利息调整　　450 000

　　贷：投资收益　　1 040 000

借：银行存款　　590 000

　　贷：应收利息　　590 000

④2×16 年 12 月 31 日，确认 A 公司债券实际利息收入、收到债券利息。

借：应收利息　　590 000

　　债权投资——利息调整　　500 000

　　贷：投资收益　　1 090 000

借：银行存款　　590 000

　　贷：应收利息　　590 000

⑤2×17 年 12 月 31 日，确认 A 公司债券实际利息收入、收到债券利息。

借：应收利息　　590 000

　　债权投资——利息调整　　550 000

　　贷：投资收益　　1 140 000

借：银行存款　　590 000

　　贷：应收利息　　590 000

⑥2×18 年 12 月 31 日，确认 A 公司债券实现利息收入、收到债券利息和本金。

借：应收利息　　590 000

　　债权投资——利息调整　　590 000

　　贷：投资收益　　1 180 000

借：银行存款　　590 000

　　贷：应收利息　　590 000

借：银行存款　　12 500 000

　　贷：债权投资——成本　　12 500 000

（2）由于初始确认后至 2×14 年末，金融资产的信用风险没有显著增加，处于减值模型第一个阶段，因此按照金融资产期初账面余额乘以实际利率计算利息收入，2×15 年利息收入 =1 041×10% =104.1（万元）。

（3）由于 2×14 年末甲公司评估该金融资产的信用风险显著增加，但没有出现发生信用减值的客观证据，属于减值模型的第二个阶段，应按照金融资产期初账面余额乘以实际利率计算利息收入，2×15 年利息收入 =1 041×10% =104.1（万元）。

(4) 由于2×14年A公司发生重大财务困难，金融资产出现了已发生信用减值的客观证据，属于减值模型的第三个阶段，应按照金融资产期初摊余成本乘以实际利率计算利息收入，2×15年利息收入 = (1 041 - 200) × 10% = 84.1（万元）。

2.【答案及解析】

(1) 应确认为以公允价值计量且其变动计入其他综合收益的金融资产。

理由：购入乙公司债券的年利率为6%，故其合同现金流量特征是本金加利息；甲公司管理乙公司债券的目标是在保证日常流动性需求的同时，维持固定的收益率，说明甲公司管理该债券的业务模式既以收取合同现金流量为目标，又以出售为目的。

相关会计分录：

20×8年7月1日：

借：其他债权投资——成本　　5 000

　　贷：银行存款　　5 000

20×8年12月31日计提利息、调整公允价值变动：

借：应收利息　　(5 000×6%×6/12) 150

　　贷：投资收益　　150

20×8年12月31日公允价值调整：

期末公允价值含利息

借：其他债权投资——公允价值变动　　(5 200 - 150 - 2 000) 50

　　贷：其他综合收益　　50

20×9年1月1日处置：

处置价款含利息

借：银行存款　　5 202

　　贷：其他债权投资——成本　　5 000

　　　　　　　　——公允价值变动　　50

　　　　应收利息　　150

　　　　投资收益　　2

借：其他综合收益　　50

　　贷：投资收益　　50

(2) 应确认为以公允价值计量且其变动计入当期损益的金融资产。

理由：可转换债券中嵌入了转股权，作为一个整体进行评估，其不符合本金加利息的合同现金流量特征，所以应当分类为以公允价值计量且其变动计入当期损益的金融资产。

相关会计分录：

20×9年7月1日：

借：交易性金融资产——成本　　1 050

　　投资收益　　15

　　贷：银行存款　　1 065

20×9年12月31日：

借：应收利息　　(10×100×1.5%×6/12) 7.5

贷：投资收益　　7.5

借：交易性金融资产——公允价值变动　　(1 090 - 1 050) 40

贷：公允价值变动损益　　40

(3) 甲公司发行的优先股是权益工具。

理由：甲公司有权取消支付优先股当期股息，优先股股息不累积；优先股不设置投资者回售条款，也不设置强制转换为普通股的条款；甲公司清算时，优先股股东的清偿顺序劣后于普通债务的债权人，甲公司根据相应的议事机制，能够自主决定普通股股利的支付。表明甲公司没有交付现金或其他金融资产的合同义务，所以属于权益工具。

相关会计分录：

借：银行存款　　(100 × 100 - 3 000) 7 000

贷：其他权益工具——优先股　　7 000

(四) 综合题

【答案及解析】

(1) 甲公司生产线建造工程借款费用的资本化期间为：20×2 年 1 月 2 日至 20×2 年 8 月 31 日 (9 月 1 日至 12 月 31 日期间暂停)、20×3 年 1 月 1 日至 20×3 年 3 月 31 日。

理由：20×2 年 1 月 2 日资产支出发生、借款费用发生、有关建造活动开始，符合借款费用开始资本化的条件；9 月 1 日至 12 月 31 日期间 (4 个月) 因事故停工且超过 3 个月，应暂停资本化；20×3 年 3 月 31 日试生产出合格产品，已达到预定可使用状态，应停止借款费用资本化。

(2) 3 000 × 5% × (P/A, r, 3) + 3 000 × (P/F, r, 3) = 2 919.75

当 r = 6% 时：

3 000 × 5% × (P/A, 6%, 3) + 3 000 × (P/F, 6%, 3) = 3 000 × 5% × 2.6730 + 3 000 × 0.8396 = 2 919.75

计算得出实际利率 r = 6%。

借：银行存款　　2 919.75

应付债券——利息调整　　80.25

贷：应付债券——面值　　3 000

(3)

日期	每期资产支出金额	资产支出累计金额	闲置专门借款利息收入	占用一般借款的资产支出
20×2 年 1 月 2 日 (借款 2 919.75)	1 000	1 000	(2 919.75 - 1 000) × 0.5% × 4 = 38.395	—
20×2 年 5 月 1 日	1 600	2 600	(2 919.75 - 2 600) × 0.5% × 3 = 4.79625	—
20×2 年 8 月 1 日	1 400	4 000		4 000 - 2 919.75 = 1 080.25
20×3 年 1 月 1 日	1 200			1 200 (一般借款 5 000)

①20×2 年专门借款利息资本化金额 = 2 919.75 × 6% × 8/12 - (2 919.75 - 1 000) × 0.5% ×

4 -（2 919.75 - 1 000 - 1 600）×0.5% ×3 = 73.60（万元）

②20 ×2 年专门借款利息费用化金额 = 2 919.75 ×6% ×4/12 = 58.39（万元）

③20 ×2 年一般借款资本化率 =（2 000 ×6% +3 000 ×7%）/（2 000 +3 000）= 6.6%

④20 ×2 年累计资产支出加权平均数 =（1 000 + 1 600 + 1 400 - 2 919.75）×（5 - 4）/12 = 90.02（万元）

【提示】非正常停工，在计算一般借款资产支出加权平均数时，应扣除 4 个月；而在计算一般借款资本化率时，不应扣除 4 个月。

⑤20 ×2 年一般借款利息资本化金额 = 90.02 ×6.6% = 5.94（万元）

⑥20 ×2 年一般借款利息总额 = 2 000 ×6% +3 000 ×7% = 330（万元）

⑦20 ×2 年一般借款利息费用化金额 = 330 - 5.94 = 324.06（万元）

账务处理如下：

①生产线资产支出。

借：在建工程	4 000	
贷：银行存款		4 000

②专门借款利息资本化。

借：在建工程	73.60	
财务费用	58.39	
应收利息	43.19	
贷：应付利息		（3 000 ×5%）150
应付债券——利息调整		25.18

【注：20 ×2 年年末摊余成本 = 2 919.75 + 25.18 = 2 944.93】

③一般借款利息资本化。

借：在建工程	5.94	
财务费用	324.06	
贷：应付利息（或银行存款）		330

（4）

①20 ×3 年专门借款利息资本化金额 = 2 944.93 ×6% ×3/12 = 44.17（万元）

②20 ×3 年专门借款利息费用化金额 = 2 944.93 ×6% ×9/12 = 132.52（万元）

③20 ×3 年一般借款利息资本化率 =（2 000 ×6% ×3/12 +3 000 ×7% ×3/12）/（2 000 ×3/12 +3 000 ×3/12）= 6.6%

④20 ×3 年一般借款资产支出加权平均数 =（1 080.25 + 1 200）×3/12 = 570.06（万元）

⑤20 ×3 年一般借款利息资本化金额 = 570.06 ×6.6% = 37.62（万元）

⑥20 ×3 年一般借款利息总额 = 2 000 ×6% ×9/12 +3 000 ×7% ×5/12 = 177.5（万元）

⑦20 ×3 年一般借款利息费用化金额 = 177.5 - 37.62 = 139.88（万元）

账务处理如下：

①发生资产支出。

借：在建工程	1 200	
贷：银行存款		1 200

②专门借款利息资本化。

借：在建工程　44.17

　　财务费用　132.52

　　贷：应付利息　（3 000 ×5%）150

　　　　应付债券——利息调整　26.69

③一般借款利息资本化。

借：在建工程　37.62

　　财务费用　139.88

　　贷：应付利息　177.5

④结转在建工程、确认固定资产。

借：固定资产　5 361.33

　　贷：在建工程　5 361.33

固定资产 =4 000 +73.60 +5.94 +1 200 +44.17 +37.62 =5 361.33（万元）

第十五章　所有者权益

一、2020年新教材内容主要变化

本章根据新准则修改了部分知识点的表述，但没有发生实质性的变化。

二、本章近五年考情统计分析

本章考题以单选题或多选题形式出现，本章属于不重要的考试章节之一，最近五年考试分值均为2分。

（一）近五年考试分值分布

题型	2015年	2016年	2017年	2018年	2019年
单选题	2	—	2		2
多选题		2		2	—
合计	2	2	2	2	2

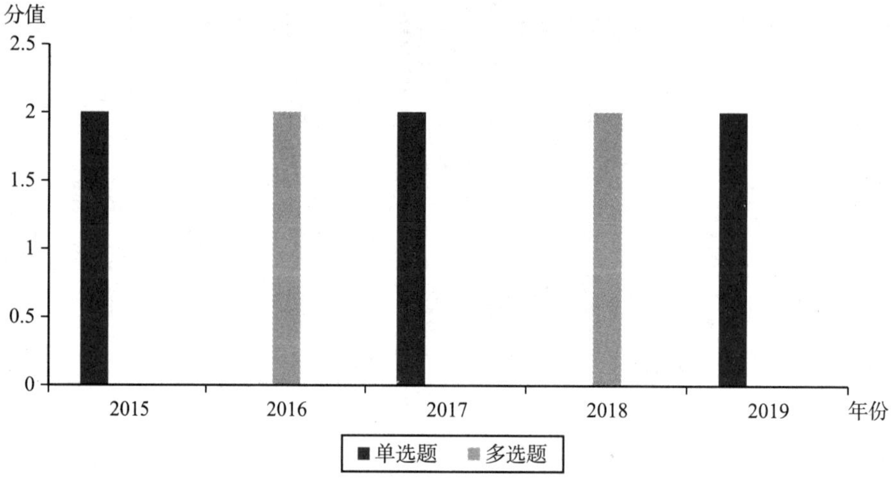

（二）近五年考试考点分布

近五年考试考点分布表

高频考点内容	年度及题型分布
资本公积和其他综合收益	2015年单选题，2016年多选题，2017年单选题，2018年多选题，2019年单选题

三、重难点解析

本章重难点主要包括：其他权益工具，资本公积、其他综合收益和留存收益的确认与计量。

重难点1：其他权益工具★★

（一）其他权益工具的概念和会计处理原则

其他权益工具的概念	其他权益工具的会计处理原则
企业发行的除普通股以外的归类为权益工具的各种金融工具	（1）企业发行的金融工具应当按照金融工具准则进行初始确认和计量； （2）参照相关的具体准则，于每个资产负债表日计提利息或分派股利； （3）归类为权益工具的金融工具，无论其名称中是否包含“债”，其利息支出或股利分配都应当作为发行企业的利润分配，其回购、注销等作为权益的变动处理； （4）归类为金融负债的金融工具，无论其名称中是否包含“股”，其利息支出或股利分配原则上按照借款费用进行处理，其回购或赎回产生的利得或损失等计入当期损益； （5）企业发行金融工具，其发生的手续费用、佣金等交易费用，债务工具且以摊余成本计量的，其发行费用计入所发行工具的初始计量金额。权益工具的发行费用则从权益（其他权益工具）中扣除

（二）其他权益工具的账务处理

<table>
<tr><th>业务内容</th><th>会计处理</th></tr>
<tr><td rowspan="3">发行方的账务处理</td><td>（1）归类为债务工具并以摊余成本计量的。
①发行时：
借：银行存款
　　贷：应付债券——优先股、永续债（面值）
　　　　　　　——优先股、永续债（利息调整）
②后续处理：
按摊余成本后续计量的会计原则处理。</td></tr>
<tr><td>（2）归类为权益工具的。
①发行时：
借：银行存款
　　贷：其他权益工具——优先股、永续债等
②分派股利（含分类为权益工具的工具所产生的利息）：
借：利润分配——应付优先股股利、应付永续债利息
　　贷：应付股利——优先股股利、永续债利息等</td></tr>
<tr><td>（3）归类为复合金融工具的。
①发行时：
借：银行存款
　　贷：应付债券——优先股、永续债（面值）
　　　　　　　——优先股、永续债（利息调整）
　　　　其他权益工具——优先股、永续债等
②发行费用在负债与权益成分之间按各自占总发行价款的比例进行分摊。</td></tr>
<tr><td colspan="2">发行的金融工具本身是衍生金融负债或衍生金融资产或者内嵌了衍生金融负债或衍生金融资产的，按照金融工具确认和计量准则中有关衍生工具的规定进行处理。</td></tr>
<tr><td rowspan="2">权益工具与金融负债之间的重分类</td><td>（1）权益工具重分类金融负债。
借：其他权益工具——优先股、永续债等（账面价值）
　　贷：应付债券——优先股、永续债等（面值）
　　　　应付债券——优先股、永续债等（利息调整）
　　　　资本公积——资本溢价（或股本溢价）
如果资本公积不够冲减时，应依次冲减盈余公积和未分配利润。</td></tr>
<tr><td>（2）金融负债重分类为权益工具。
借：应付债券——优先股、永续债等（面值）
　　　　　　——优先股、永续债等（利息调整）
　　贷：其他权益工具——优先股、永续债等</td></tr>
</table>

续表

业务内容	会计处理
赎回金融工具	(1) 赎回所发行的除普通股以外的分类为权益工具的金融工具。 ①按照赎回价格： 借：库存股——其他权益工具 　　贷：银行存款 ②注销所购回的金融工具： 借：其他权益工具 　　贷：库存股——其他权益工具 　　　　资本公积——资本溢价（或股本溢价） 如果资本公积不足，应依次冲减盈余公积和未分配利润。
	(2) 赎回所发行的分类为金融负债的金融工具。 借：应付债券 　　财务费用 　　贷：银行存款
	(3) 普通股以外的金融工具转换为普通股。 借：应付债券或其他权益工具 　　贷：股本（或实收资本） 　　　　资本公积——股本溢价（或资本溢价） 　　　　库存现金（不够转 1 股的以现金支付）

【经典模拟题】

【多选题】下列各项中，关于“其他权益工具”核算正确的有（　　）。

A. 企业发行的除普通股以外的各种金融工具为“其他权益工具”

B. 其他权益工具，其利息支出或股利分配都应当作为发行企业的利润分配，其回购、注销等作为权益的变动处理

C. 以权益结算的股份支付在等待期内确认的成本费用

D. 企业发行的作为权益工具核算的永续债

【答案】BD

【解析】企业发行的除普通股以外的归类为权益工具的各种金融工具为“其他权益工具”，选项 A 错误；以权益结算的股份支付在等待期内确认的成本费用，应记入“资本公积——其他资本公积”科目，选项 C 错误。

重难点 2：资本公积★★

项目	资本公积内容
资本公积内容	(1) 资本溢价。 资本溢价（或股本溢价）是企业收到投资者的超出其在企业注册资本（或股本）中所占份额的投资。 形成资本溢价（或股本溢价）的原因有溢价发行股票、投资者超额缴入资本等。

续表

项目	资本公积内容
资本公积内容	（2）其他资本公积。 其他资本公积，是指除资本溢价（或股本溢价）项目以外所形成的资本公积。 ①以权益结算的股份支付换取职工或其他方提供服务 ②采用权益法核算的长期股权投资 被投资单位除净损益、其他综合收益以及利润分配以外的所有者权益的其他变动。
资本公积转增资本的会计处理	按照《公司法》的规定，法定公积金（资本公积和盈余公积）作为资本时，所留存的该项公积金不得少于转增前公司注册资本的25%，经股东大会或类似机构决议，用资本公积转增资本时，应冲减资本公积，同时按照转增前的实收资本（或股本）的结构或比例，将转增的金额记入“实收资本”（或股本）科目各所有者的明细分类账。

【经典真题】

【单选题·2019】20×8年5月，甲公司以固定资产和无形资产作为对价，自独立第三方购买了丙公司80%股权，由于作为支付对价的固定资产和无形资产发生增值，甲公司产生大额应交企业所得税的义务，考虑到甲公司的母公司（乙公司）承诺为甲公司承担税费，甲公司没有计提因上述企业合并产生的相关税费。20×8年12月，乙公司按照事先承诺为甲公司支付了因企业合并产生的相关税费。不考虑其他因素，对于上述乙公司为甲公司承担相关税费的事项，甲公司应当进行的会计处理的是（　　）。

A. 确认费用，同时确认收入

B. 确认费用，同时确认所有者权益

C. 不作账务处理，但在财务报表中披露

D. 无须进行会计处理

【答案】B

【解析】企业接受控股股东或非控股股东直接或间接代为偿债，经济实质表明属于控股股东或非控股股东对企业的资本性投入，应当将相关利得计入所有者权益（资本公积）。

重难点3：其他综合收益的确认与计量★★

其他综合收益，是指企业根据其他会计准则规定未在当期损益中确认的各项利得和损失。包括以后会计期间不能重分类进损益的其他综合收益和以后会计期间满足规定条件时将重分类进损益的其他综合收益两类。

以后会计期间不能重分类进损益的其他综合收益项目	主要包括重新计量设定受益计划净负债或净资产导致的变动、按照权益法核算因被投资单位重新计量设定受益计划净负债或净资产变动导致的权益变动；投资企业按持股比例计算确认的该部分其他综合收益项目；以及在初始确认时，企业可以将非交易性权益工具指定为以公允价值计量且其变动计入其他综合收益的金融资产，该指定后不得撤销，即当该类非交易性权益工具终止确认时原计入其他综合收益的公允价值变动损益不得重分类进损益。

续表

以后会计期间有满足规定条件时将重分类进损益的其他综合收益项目	（1）符合金融工具准则规定，同时符合两个条件的金融资产应当分类为以公允价值计量且其变动计入其他综合收益： ①企业管理该金融资产的业务模式既以收取合同现金流量为目标又以出售该金融资产为目标； ②该金融资产的合同条款规定，在特定日期产生的现金流量，仅为对本金和以未偿付本金金额为基础的利息的支付。当该类金融资产终止确认时，之前计入其他综合收益的累计利得或损失应当从其他综合收益中转出，计入当期损益。 （2）按照金融工具准则规定，对金融资产重分类按规定可以将原计入其他综合收益的利得或损失转入当期损益的部分。 （3）采用权益法核算的长期股权投资 （4）存货或自用房地产转换为投资性房地产 （5）现金流量套期工具产生的利得或损失中属于有效套期的部分 （6）外币财务报表折算差额

【经典真题】

【多选题 · 2019】下列各项中，属于在以后会计期间满足规定条件时将重分类进损益的其他综合收益的有（　　）。

A. 分类为以公允价值计量且其变动计入其他综合收益的金融资产公允价值变动

B. 分类为以公允价值计量且其变动计入其他综合收益的金融资产信用减值准备

C. 外币财务报表折算差额

D. 指定为以公允价值计量且其变动计入当期损益的金融负债因企业自身信用风险变动引起的公允价值变动

【答案】ABC

【解析】选项 A，在该资产处置时转入投资收益；选项 B，计提信用减值准备时，借记“信用减值损失”科目、贷记“其他综合收益”科目，处置资产时，其他综合收益转入投资收益，所以也属于以后期间可以重分类进损益的情况；选项 C，企业处置境外经营时，应转出对应的外币报表折算差额，计入投资收益；选项 D，以后期间应转入留存收益。

重难点 4：留存收益的核算★★

（一）盈余公积

项目	具体内容
盈余公积的来源	从税后利润提取： （1）提取法定公积金：①公司制企业的法定公积金按照税后利润的 10% 的比例提取，非公司制企业也可按照超过 10% 的比例提取。②公司法定公积金累计额为公司注册资本的 50% 以上时，可以不再提取法定公积金。③公司从税后利润中提取法定公积金后，经股东会或者股东大会决议，还可以从税后利润中提取任意公积金。 （2）提取任意公积金
盈余公积的用途	（1）弥补亏损，（2）转增资本，（3）扩大生产经营
盈余公积的会计处理	提取盈余公积： 借：利润分配——提取法定盈余公积 　　　　　　——提取任意盈余公积 　贷：盈余公积——法定盈余公积 　　　　　　　——任意盈余公积

项目	具体内容
盈余公积的会计处理	外商投资企业提取储备基金、企业发展基金和职工奖励及福利基金 借：利润分配——提取储备基金 ——提取企业发展基金 ——提取职工奖励及福利基金 贷：盈余公积——储备基金 ——企业发展基金 应付职工薪酬
	以盈余公积弥补亏损： 借：盈余公积 贷：利润分配——盈余公积补亏
	以盈余公积转增资本： 借：盈余公积 贷：股本（实收资本）

【经典模拟题】

【单选题】某企业年初未分配利润借方余额90万元（已经超过5年的税前弥补期限），本年度实现利润总额800万元，按10%提取法定盈余公积，该企业适用的所得税税率是25%，假定不考虑其他因素，该企业本年提取的法定盈余公积金额为（　　）万元。

A. 71　　B. 80　　C. 60　　D. 51

【答案】D

【解析】本题计提的法定盈余公积金额＝（800－800×25%－90）×10%＝51（万元）。

（二）未分配利润

项目	具体内容
定义	未分配利润是企业留待以后年度进行分配的结存利润，是企业所有者权益的组成部分。从数量上讲，未分配利润是期初未分配利润加上本期实现的净利润，减去提取的各种盈余公积和分配的利润后的余额
会计处理	1. 分配股利或利润的会计处理 （1）现金股利： 借：利润分配——应付优先股股利 ——应付普通股股利 贷：应付股利 （2）股票股利： 借：利润分配——转作股本的股利 贷：股本
	2. 期末结转的会计处理 （1）期末结转利润，将损益类科目余额转入“本年利润”科目； （2）年度终了，将“本年利润”余额转入“利润分配——未分配利润”； （3）年度终了，将“利润分配”所属其他科目余额转入“利润分配——未分配利润”

续表

项目	具体内容
会计处理	3. 弥补亏损的会计处理 企业弥补亏损的渠道主要有三条： （1）用以后年度税前利润弥补； （2）用以后年度税后利润弥补； （3）以盈余公积弥补： 借：盈余公积 　　贷：利润分配——盈余公积补亏

【小贴士】股票股利分配方案和现金股利分配方案在董事会决议时，不进行账务处理，作为资产负债表日后非调整事项在会计报表附注中披露。现金股利分配方案待股东大会批准后再进行账务处理，股票股利待股东大会批准并办妥增资手续后再进行账务处理；无论是以税前利润还是以税后利润弥补亏损，均不用单独进行会计处理。

【经典模拟题】

【多选题】下列业务中，影响年末未分配利润的有（　　）。

A. 以盈余公积弥补　　　　B. 发放股票股利

C. 资本公积转增资本　　　　D. 当年实现净利润

【答案】ABD

【解析】用资本公积转增资本：

借：资本公积

　　贷：实收资本（股本）

选项 C 不影响未分配利润。

四、进阶练习

（一）单选题

1. 下列不属于所有者权益项目的是（　　）。

A. 实收资本　　　　B. 库存股

C. 其他综合收益　　　　D. 可转换债券

2. 甲公司是 2×19 年 6 月 25 日由 A 公司和 B 公司共同出资设立的，注册资本为 1 000 万元。A 公司是以一台设备进行的投资，该台设备的原价为 500 万元，已计提折旧 75 万元，投资双方经协商确认的价值为 420 万元，设备投资当日公允价值为 430 万元。投资后，A 公司占甲公司注册资本的 40%。假定不考虑其他相关税费，甲公司由于 A 公司设备投资而应确认的实收资本为（　　）万元。

A. 425　　B. 420　　C. 430　　D. 400

3. 发行方原分类为权益工具的金融工具，自不再被分类为权益工具之日起，发行方应将其重分类为金融负债，以重分类日该工具的（　　）计量。

A. 账面价值　　B. 现值　　C. 公允价值　　D. 历史成本

4. 下列关于库存股的列报说法正确的是（　　）。

A. 无须单独列项目列示

B. 应于每期期末作为一项所有者权益在“股本”下面单独设立“库存股”项目以负数列示

C. 只需要在所有者权益变动表中以股本的抵减项目出现，不需要在资产负债表中反映

D. 不需要在报表中列示，而应在附注中予以披露

5. 下列各项中，应通过“其他权益工具”科目核算的是（　　）。

A. 企业发行优先股股票 2 000 万元

B. 重新计量设定受益计划净负债或净资产所产生的变动

C. 以权益结算的股份支付在等待期内确认的成本费用

D. 企业增资扩股发行普通股 1 000 万元

6. 企业发生的下列交易或事项，不会引起当期“资本公积——股本溢价”发生变动的是（　　）。

A. 根据董事会决议，每 2 股股票缩为 1 股

B. 以资本公积转增股本

C. 授予员工股票期权，在等待期内确认相关费用

D. 同一控制下企业合并中取得被合并方净资产在最终控制方合并报表中账面价值的份额小于所支付的对价账面价值

7. 2×19 年，A 公司发生了如下交易或事项：

（1）1 月 1 日，企业发行优先股股票 2 000 万元；

（2）持有的其他权益工具投资的公允价值上升 600 万元；

（3）因持有权益法核算的长期股权投资而确认应享有被投资单位实现其他综合收益的份额 400 万元；

（4）7 月 1 日，企业增发 500 万股股票，收取价款总额为 2 400 万元。

不考虑其他因素，A 公司 2×19 年因上述事项确认的其他综合收益金额为（　　）万元。

A. 2 000　　B. 600　　C. 1 000　　D. 2 900

8. 下列业务会增加留存收益的是（　　）。

A. 计提盈余公积　　B. 盈余公积转增资本

C. 发放股票股利　　D. 实现净利润

9. 下列交易或事项会增加未分配利润的是（　　）。

A. 资本公积转增资本　　B. 盈余公积补亏

C. 宣告分派现金股利　　D. 宣告分派股票股利

10. 下列各项中能够引起企业所有者权益减少的事项是（　　）。

A. 盈余公积补亏　　B. 增资扩股

C. 发放股票股利　　D. 分配现金股利

（二）多选题

1. 下列各项中，可能引起资本公积账面余额发生变化的有（　　）。

A. 非投资性房地产转换为采用公允价值模式计量的投资性房地产

B. 注销库存股

C. 同一控制下企业合并中取得被合并方净资产在最终控制方合并报表中账面价值的份额小于所支付的对价账面价值

D. 以权益结算的股份支付换取职工或其他方提供服务

2. 企业回购库存股用于以权益结算的股份支付，在职工行权时，所有者权益项目产生变化的有（　　）。

A. 库存股　　　　B. 资本公积

C. 其他综合收益　　　　D. 管理费用

3. 甲公司 2×19 年发生下列交易或事项：

（1）以账面价值为 18 200 万元的土地使用权作为对价，取得同一集团内乙公司 100% 股权，合并日乙公司净资产在最终控制方合并报表中的账面价值为 12 000 万元；

（2）为解决现金困难，控股股东代甲公司缴纳税款 4 000 万元；

（3）为补助甲公司当期研发投入，取得与收益相关的政府补助 6 000 万元；

（4）控股股东将自身持有的甲公司 2% 股权赠予甲公司 10 名管理人员并立即行权。不考虑其他因素，与甲公司有关的交易或事项中，会引起其 2×15 年所有者权益中资本性项目发生变动的有（　　）。

A. 大股东代为缴纳税款

B. 取得与收益相关的政府补助

C. 控股股东对管理人员的股份赠予

D. 同一控制下企业合并取得乙公司股权

4. 下列关于金融工具重分类的说法中，正确的有（　　）。

A. 企业将归类为金融负债的金融工具重分类为权益工具的，应该按照重分类日金融负债的账面价值确认其他权益工具

B. 企业将归类为权益工具的金融工具重分类为金融负债的，应该在重分类日，按照该金融工具的面值确认为“应付债券——优先股等（面值）”，面值与公允价值之间的差额确认为利息调整

C. 企业将权益工具重分类为金融负债时，应该将重分类日该金融工具的公允价值与账面价值之间的差额确认为资本公积

D. 企业将金融负债重分类为其他权益工具时，应该将重分类日该金融工具的公允价值与其原账面价值之间的差额确认为资本公积

5. 下列有关长期股权投资的交易或事项中，属于利得的有（　　）。

A. 权益法核算的长期股权投资，初始投资成本小于投资单位应享有被投资单位可辨认净资产公允价值份额的差额

B. 权益法核算的长期股权投资，当被投资单位实现其他综合收益时，投资单位按其份额所确定的金额

C. 因购买子公司少数股权，在合并报表中调整的新增长期股权投资与按新增持股比例应享有持续计算的可辨认净资产份额之间的差额

D. 同一控制下的企业合并中，因付出资产的账面价值高于被合并方相对于最终控制方而言的净资产账面价值的份额的差额

6. 甲公司 20 ×7 年度因相关交易或事项产生以下其他综合收益：（1）以公允价值计量且其变动计入其他综合收益的债务工具投资因公允价值变动形成其他综合收益 3 200 万元；（2）按照应享有联营企业重新计量设定受益计划净负债变动的份额相应确认其他综合收益 500 万元；（3）对子公司的外币财务报表进行折算产生其他综合收益 1 400 万元；（4）指定为以公允价值计量且其变动计入当期损益的金融负债因企业自身信用风险的变动形成其他综合收益 360 万元。不考虑其他因素，上述其他综合收益在相关资产处置或负债终止确认时不应重分类计入当期损益的有（　　）。

A. 对子公司的外币财务报表进行折算产生的其他综合收益

B. 按照应享有联营企业重新计量设定受益计划净负债变动的份额相应确认的其他综合收益

C. 以公允价值计量且其变动计入其他综合收益的债务工具投资因公允价值变动形成的其他综合收益

D. 指定为以公允价值计量且其变动计入当期损益的金融负债因企业自身信用风险的变动形成的其他综合收益

7. 下列各项目中，关于“盈余公积”核算表述正确的有（　　）。

A. 外商投资企业按规定可以提取储备基金

B. 外商投资企业不能提取的企业发展基金

C. 盈余公积可以弥补亏损

D. 盈余公积可以转增资本

8. 下列交易或事项中，可能引起期初留存收益发生变化的有（　　）。

A. 固定资产的盘盈

B. 投资性房地产后续计量由成本模式变为公允价值模式

C. 提取盈余公积

D. 发放股票股利

9. 企业经营亏损弥补的渠道主要有（　　）。

A. 用以后年度税前利润弥补　　B. 用以后年度税后利润弥补

C. 用盈余公积弥补　　D. 以政府补助弥补

10. 甲公司 2 ×15 年发生下列交易或事项：（1）以账面价值为 18 200 万元的土地使用权作为对价，取得同一集团内乙公司 100% 股权，合并日乙公司净资产在最终控制方合并报表中的账面价值为 12 000 万元；（2）为解决现金困难，控股股东代甲公司缴纳税款 4 000 万元；（3）为补助甲公司当期研发投入，取得与收益相关的政府补助 6 000 万元；（4）控股股东将自身持有的甲公司 2% 股权赠予甲公司 10 名管理人员并立即行权。不考虑其他因素，与甲公司有关的交易或事项中，会引起其 2 ×15 年所有者权益中资本性项目发生变动的有（　　）。

A. 大股东代为缴纳税款　　B. 取得与收益相关的政府补助

C. 控股股东对管理人员的股份赠予　　D. 同一控制下企业合并取得乙公司股权

五、进阶练习答案

（一）单选题

1.【答案】D

【解析】选项 D，可转换债券属于负债。

2.【答案】D

【解析】1 000 ×40% =400（万元）。

3.【答案】C

【解析】发行方原分类为权益工具的金融工具，自不再被分类为权益工具之日起，发行方应将其重分类为金融负债，以重分类日该工具的公允价值计量，重分类日权益工具账面价值与金融负债公允价值之间的差额确认为权益。

4.【答案】B

【解析】“库存股”应于每期期末在资产负债表中列示，其作为一项所有者权益在“股本”下面单独设立“库存股”项目以负数列示。

5.【答案】A

【解析】选项 A，应记入“其他权益工具”科目；选项 B，应记入“其他综合收益”科目；选项 C，应记入“资本公积”科目；选项 D，应记入“股本”“资本公积”科目。

6.【答案】C

【解析】授予员工股票期权，在等待期内确认的成本费用应当记入“资本公积——其他资本公积”科目。

7.【答案】C

【解析】事项（1）记入“其他权益工具”科目；事项（2），记入“其他综合收益”科目；事项（3），记入“其他综合收益”科目；事项（4），股票面值计入“股本”、股票发行溢价的金额记入“资本公积”科目。因此，A 公司确认的“其他综合收益” =600 +400 =1 000（万元）。

8.【答案】D

【解析】选项 A，为留存收益内部项目的结转，不会影响留存收益的总额；选项 B，选项 C，减少留存收益。

9.【答案】B

【解析】选项 A，选项 D 不影响未分配利润数额；选项 C，借记“利润分配”科目，贷记“应付股利”科目，未分配利润减少；选项 D，不需要进行账务处理，只需要备查簿中登记，不影响未分配利润。

10.【答案】D

【解析】发放股票股利、盈余公积补亏只是所有者权益的内部变动；增资扩股增加企业的所有者权益，分配现金股利会使所有者权益总额减少。

（二）多选题

1.【答案】BCD

【解析】选项 A，非投资性房地产转换为采用公允价值模式计量的投资性房地产，如果公允价值大于账面价值，贷方差额计入其他综合收益，因此不影响资本公积。

2.【答案】AB

【解析】职工行权时分录为：

借：银行存款

　　资本公积——其他资本公积

　　贷：库存股

　　　　资本公积——股本溢价

3.【答案】ACD

【解析】选项 A，大股东代为缴纳税款，确认资本公积；选项 B，如果是弥补已发生的支出部分，净额法冲减研发支出成本，总额法计入其他收益；如果是弥补以后期间的支出部分，计入递延收益；选项 C，控股股东对管理人员的股份赠予，确认资本公积；选项 D，同一控制下企业合并取得乙公司股权，长期股权投资的初始投资成本与支付对价的差额确认资本公积。

4.【答案】ABC

【解析】选项 D，金融负债重分类为权益工具，以重分类日以金融负债的账面价值计量。

5.【答案】AB

【解析】选项 A，记入“营业外收入”科目，属于利得；选项 B，记入“其他综合收益”科目，属于利得；选项 C、D，属于权益性交易，不属于利得。

6.【答案】BD

【解析】选项 A，选项 C 终止确认时应重分类计入当期损益。

7.【答案】ACD

【解析】外商投资企业按照规定可以提取企业发展基金，选项 B 错误。

8.【答案】AB

【解析】提取盈余公积属于留存收益内部变化，选项 C 不影响期初留存收益；发放股票股利，会使期末留存收益发生变动，选项 D 不影响期初留存收益。

9.【答案】ABC

【解析】企业弥补亏损的渠道主要有三条：一是用以后年度税前利润弥补；二是用以后年度税后利润弥补；三是以盈余公积弥补。

10.【答案】ACD

【解析】选项 B，属于政府补助。

第十六章 收入、费用和利润

一、2020年新教材内容主要变化

2020年教材内容与2019年教材相比，无变化。

二、本章近五年考情统计分析

本章考题以单选题或多选题形式出现，辅以计算分析和综合题。2018年由于实现新的收入准则，因此在本年的考试中本章占有很大比重，包括单选、多选和综合题。本章属于考试必出题的章节，即便是不单独出题，也会将相关内容融入其他章节中，最近五年平均考试分值5分。

（一）近五年考试分值分布

题型	2015年	2016年	2017年	2018年	2019年
单选题	2		2		2
多选题		2		2	—
计算题				10	
综合题				12	
合计	2	2	2	24	2

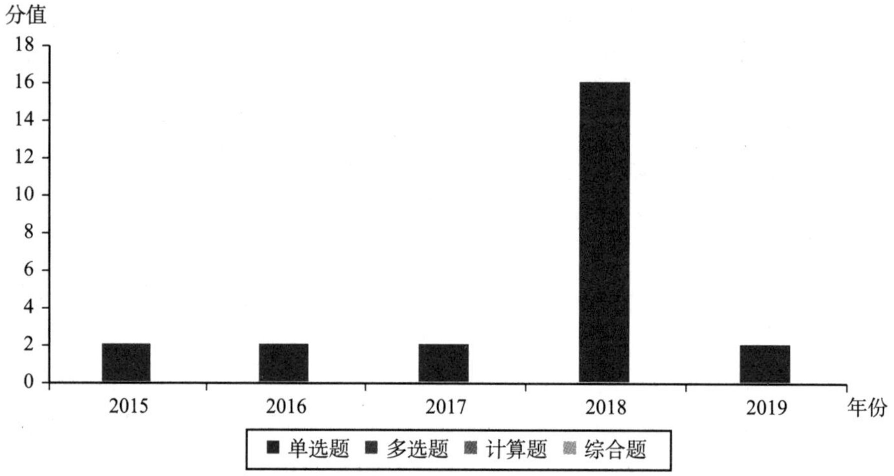

（二）近五年考试考点分布

近五年考试考点分布表

重要考点内容	年度及题型分布
一、收入的确认	2016年多选题、2017年单选题、2019年单选题
二、收入的计量	2015年多选题、2018年单选题、2018年多选题
三、收入的业务处理	2018年综合业务

三、重难点解析

本章主要包含三个问题：一是收入业务处理的五步法；二是收入核算使用的会计科目和一般模式；三是特定交易的会计处理。

学习时请牢记收入处理的五步以及每步的重点内容，将收入业务处理的一般模式掌握好。本章的重点在于收入的计量方法，难点在于对单项履约义务的判定和特定交易的会计处理规定。

重难点1：识别与客户订立的合同★

收入准则规定，企业应当在履行了合同中的履约义务，即在客户取得相关商品控制权时确认收入。这里的商品控制权是指客户能够主导该商品的使用并从中获得几乎全部的经济利益。因此，有没有合同，合同条款是否满足收入的确认条件就成为确认收入的必须条件。在判断合同条件时，特别注意两条：一是该合同是否具有商业实质，即履行该合同将改变企业未来现金流量的风险、时间分布或金额；二是判断企业向客户转让商品有权取得的对价是否很可能收回。

企业与客户订立的合同可以是单个合同，也可以将相关联的合同合并成为一份合同。在某些情况下，还可能发生合同变更。合同变更的处理方法：

（1）合同变更部分作为单独合同。应用条件是变更部分增加的商品与原合同可明确区分且其售价与原合同无关联。

（2）合同变更部分作为原合同终止及新合同订立。应用条件是变更部分增加的商品与原合可明确区分但其售价与原合同相关联。这种情况视为原合同终止，将原合同未履约部分与合同变更部分合并为新合同进行会计处理。

（3）合同变更部分作为原合同的组成部分。应用条件是变更部分增加的商品与合同不可明确区分且其售价与原合同相关联。这种情况将该合同变更部分作为原合同的组成部分，在合同变更日重新计算履约进度，并调整当期收入和相应成本。

【单选题·2018】20×7年2月1日，甲公司与乙公司签订了一项总额为20 000万元的固定造价合同，在乙公司自有土地上为乙公司建造一栋办公楼。截至20×7年12月20日止，甲公司累计已发生成本6 500万元。20×7年12月25日，经协商合同双方同意变更合同范围，增加装修办公楼的服务内容，合同价格相应增加3 400万元。假定上述新增合同价款不能反映装修服务的单独售价，不考虑其他因素，下列各项关于上述合同变更会计处理的表述中，正确的是（　　）。

A. 合同变更部分作为单独合同进行会计处理

B. 合同变更部分作为原合同的组成部分进行会计处理

C. 原合同未履约部分与合同变更部分作为新合同进行会计处理

D. 合同变更部分作为单项履约义务于完成装修服务时确认收入

【答案】B

【解析】合同变更部分商品与价格都不能与原合同明确划分，应当将该合同变更部分作为原合同的组成部分，在合同变更日重新计算履约进度，调整当期收入和费用。

重难点2：识别合同中的单项履约义务★★

合同开始日，企业应识别该合同中包含的各单项履约义务，并确定各单项履约义务是在某一时段内履行，在某一时点履行，然后，在履行了各单项履约义务时分别确认收入。

判断企业向客户转让商品的承诺是否是单项履约义务，主要观察转让的商品是否同时符合两个条件，一是商品可区分，二是承诺可区分，两者缺一不可。如果两者不能同时存在，就不能将该项义务分开，也就是说不能做为单独的义务加以确认，只能合在一起，做为单项履约义务。

【例1】甲公司向乙公司销售设备并提供安装，就是在客户指定的车间将各种零部件组装起来，单独运行。安装过程需根据客户的现场条件对设备进行修改和调整，设备在没有安装的情况下无法运行。

要求：判断销售设备和安装服务是一项义务还是两项义务。

分析：如果销售和安装均均可单独进行，则是两项业务。本题在安装中需对原设备进行修改和调整，不能单独进行销售，也就是说两种商品的承诺无法区分，不能形成两项义务，只能做为一项业务。在确认收入时，按一项义务进行确认，确认收入的时点是设备安装完成，客户取得商品的控制权时。

下列情形通常表明企业向客户转让该商品的承诺与合同中的其他承诺不可明确区分：

（1）企业需提供重大的服务以将该商品与合同中承诺的其他商品进行整合，形成合同约定的某个或某些组合产出转让给客户。

（2）该商品将对合同中承诺的其他商品予以重大修改或定制。

（3）该商品与合同中承诺的其他商品具有高度关联性。

（4）企业向客户转让一系列实质相同且转让模式相同的、可明确区分商品的承诺。

重难点3：确定交易价格★★★

交易价格是指企业向客户转让商品而预期有权收取的对价金额。企业代第三方收取的款项以及企业预期将退还给客户的款项，应当作为负债进行会计处理，不计入交易价格。企业在确定交易价格时，应考虑以下4种情况：

（1）交易价格为可变对价。

合同中规定的交易价格确定方法如果是可变对价的，企业应当按照期望值或最可能发生的金额确定最佳估计数，还要考虑在相关不确定性消除时，累计已确认的收入极可能发生的重大转回金额，所确认的收入不能超过这个金额。每个资产负债表日，企业应当重新估计应计入交易价格的可变对价金额。

【例2】2×18年1月1日，甲公司与乙公司签订合同，向其销售A产品。合同约定，当乙公司在2×18年的采购量不超过2 000件时，每件产品的价格为80元，当乙公司在2×18年的采购量超过2 000件时，每件产品的价格为70元。乙公司在第一季度的采购量为150件，甲公司预计乙公司全年的采购量不会超过2 000件。2×18年4月，乙公司因完成产能升级而增加了原材料的采购量，第二季度共向甲公司采购A产品1 000件，甲公司预计乙公司全年的采购量将超过 2 000 件，因此，全年采购量适用的产品单价均将调整为 70 元。

本例中，2×18 年第一季度，甲公司根据以往经验估计乙公司全年的采购量将不会超过 2 000 件，甲公司按照 80 元的单价确认收入，满足在不确定性消除之后（即乙公司全年的采购量确定之后），累计已确认的收入将极可能不会发生重大转回的要求，因此，甲公司在第一季度确认的收入金额为 12 000 元（80×150）。2×18 年第二季度，甲公司对交易价格进行重新估计，由于预计乙公司全年的采购量将超过 2 000 件，按照 70 元的单价确认收入，才满足极可能不会导致累计已确认的收入发生重大转回的要求。因此，甲公司在第二季度确认收入 68 500 元［70×(1 000+150) -12 000］。

（2）合同中存在重大融资成分。

合同中存在重大融资成分的，企业应当按照假定客户在取得商品控制权时即以现金支付的应付金额确定交易价格，或者将合同对价的名义金额折现为商品的现销价格。企业确定的交易价格与合同承诺的对价金额之间的差额，应当在合同期间内采用实际利率法摊销。

在合同开始日，企业预计客户取得商品控制权与客户支付价款不超过一年的，可以不考虑合同中存在的重大融资成分。此外，客户就其购买的商品支付了预付款，且可以自行决定这些商品的转上时间；或者客户承诺支付的对价中有相当大的部分是可变的；或者合同承诺的对价金额与现销价格之间的差额是由于向客户或企业提供融资利益以外的其他原因所导致的，都不考虑重大融资成分问题。

【例 3】2×18 年 1 月 1 日，甲公司与乙公司签订合同，向其销售一批产品。合同约定，该批产品将于 2 年之后交货。合同中包含两种可供选择的付款方式，即乙公司可以在 2 年后交付产品时支付 449.44 万元，或者在合同签订时支付 400 万元。乙公司选择在合同签订时支付货款。该批产品的控制权在交货时转移。甲公司于 2×18 年 1 月 1 日收到乙公司支付的货款。上述价格均不包含增值税，且假定不考虑相关税费影响。

本例中，按照上述两种付款方式计算的内含利率为 6%。考虑到乙公司付款时间和产品交付时间之间的间隔以及现行市场利率水平，甲公司认为该合同包含重大融资成分，在确定交易价格时，应当对合同承诺的对价金额进行调整，以反映该重大融资成分的影响。假定该融资费用不符合借款费用资本化的要求。甲公司的账务处理为：

（1）2×18 年 1 月 1 日收到货款。

借：银行存款	4 000 000	
未确认融资费用	494 400	
贷：合同负债		4 494 400

（2）2×18 年 12 月 31 日确认融资成分的影响。

借：财务费用	（4 000 000×6%）240 000	
贷：未确认融资费用		240 000

（3）2×19 年 12 月 31 日交付产品。

借：财务费用	（4 240 000×6%）254 400	
贷：未确认融资费用		254 400
借：合同负债	4 494 400	
贷：主营业务收入		4 494 400

（3）客户支付的非现金对价。

这种情况下，交易价格按照非现金对价在合同开始日的公允价值确定，非现金对价的公允价值不能合理估计的，企业应当参照其承诺向客户转让商品的单独售价间接确定交易价格。合同开始日后，非现金对价的公允价值因对价形式以外的原因发生变动的，应当作为可变对价，因对价形式而发生的变动，该变动金额不应计入交易价格。

【例4】甲企业为客户生产一台专用设备。双方约定，如果甲企业能够在30天内交货，则可以额外获得100股客户的股票作为奖励。合同开始日，该股票的价格为每股5元；由于缺乏执行类似合同的经验，当日，甲企业估计，该100股股票的公允价值计入交易价格将不满足累计已确认的收入极可能不会发生重大转回的限制条件。合同开始日之后的第25天，企业将该设备交付给客户，从而获得了100股股票，该股票在此时的价格为每股6元。假定企业将该股票作为以公允价值计量且其变动计入当期损益的金融资产。

本例中，合同开始日，该股票的价格为每股5元，由于缺乏执行类似合同的经验，当日，甲企业估计，该100股股票的公允价值计入交易价格将不满足累计已确认的收入极可能不会发生重大转回的限制条件，因此，甲企业不应将该100股股票的公允价值500元计入交易价格。合同开始日之后的第25天，甲企业获得了100股股票，该股票在此时的价格为每股6元。甲企业应当将股票（非现金对价）的公允价值因对价形式以外的原因而发生的变动，即500元（5×100）确认为收入，因对价形式原因而发生的变动，即100元（600－500）计入公允价值变动损益。

（4）应付客户对价。

企业存在应付客户对价的，应当将该应付对价冲减交易价格。如果是因购买商品而发生的，则应计入商品成本。在将应付客户对价冲减交易价格时，企业应当在确认相关收入与支付客户对价二者孰晚的时点冲减。

重难点4：交易价格在各项履约义务间的分摊★★

企业应当在合同开始日，按照各单项履约义务所承诺商品的单独售价的相对比例，将交易价格分摊至各单项履约义务。单独售价无法直接观察的，可以采用市场调整法、成本加成法、余值法等方法估计单独售价。

（1）合同折扣的分摊。

对于合同折扣，企业应当在各单项履约义务之间按比例分摊。有确凿证据表明合同折扣仅与合同中一项或多项（而非全部）履约义务相关的，企业应当将该合同折扣分摊至相关一项或多项履约义务。

（2）可变对价的分摊。

可变对价的分摊，原则上就是企业将可变对价及可变对价的后续变动额全部分摊至与之相关的某项履约义务，或者构成单项履约义务的一系列可明确区分商品中的某项商品。如果可变对价的指向性不明，则应将其分摊至合同中的各单项履约义务。对于已履行的履约义务，其分摊的可变对价后续变动额应当调整变动当期的收入。

（3）交易价格的后续变动。

交易价格发生后续变动的，企业应当按照在合同开始日所采用的基础将该后续变动金额分摊至合同中的履约义务。如果是单独售价的变动不要重新分摊。

对于因合同变更导致的交易价格后续变动，按照有关合同变更的要求进行会计处理。

重难点5：履行每一单项履约义务时如何确认收入★★

确认原则：首先判断履约义务是否满足在某一时段内履行的条件，如不满足，则该履约义务属于在某一时点履行的履约义务。

满足下列条件之一的，属于在某一时段内履行的履约义务，相关收入应当在该履约义务履行的期间内确认：

（1）客户在企业履约的同时取得并消耗企业履约所带来的经济利益。这主要指各类服务企业。

（2）客户能够控制企业履约过程中在建的商品。这主要指建筑业。

（3）企业履约过程中所产出的商品具有不可替代用途，且该企业在整个合同期间内有权就累计至今完成的履约部分收取款项。这主要指专门生产一些特殊产品或大型产品的工业企业。

按时段确认收入的时间点是资产负债表日

当期收入＝交易价格总额×履约进度－以前期间已确认的收入

当期费用＝预算总成本×履约进度－以前期间已确认的费用

当履约进度不能合理确定时，企业已发生的成本预计能得到补偿的，按照已发生的成本金额确认收入。

履约进度的计算方法包括产出法和投入法。

当一项履约义务不属于某一时段内履行的义务时，应当在某一时点履行履约义务，企业应当在客户取得商品控制权时点确认收入。

【多选题·2016】下列各项有关收入确认时点的表述中，正确的有（　　）。

A. 放映电影的收费，在电影放映结束后确认收入

B. 提供培训服务的收费，在培训服务提供的相应期间确认收入

C. 包括在商品销售价格内可区分的服务费，在提供服务的期间内分期确认收入

D. 提供建筑设计服务的收费，在资产负债表日根据设计的完工进度确认收入

【答案】ABCD

【解析】选项A，宣传媒介的收费，在相关的广告或商业行为开始出现于公众面前时确认为收入；选项B，为客户提供服务的收费，通常应该在相关劳务活动发生时确认收入；选项C，同时销售商品和提供劳务的，如果能够区分且能够单独计量的，应当分别核算，将提供劳务的部分在服务期间分期确认收入；选项D，建造设计，企业应当根据完工百分比法在资产负债表日确认合同收入和费用。

重难点6：关于合同成本★★

（一）合同履约成本

企业为履行合同发生的成本，除属于存货、固定资产、无形资产外符合下列条件的应当确认为一项资产：该成本与一份当期或预期取得的合同直接相关；该成本增加了企业未来用于履行履约义务的资源；该成本预期能够收回。合同履约成本在资产负债表日按履约进度结

转至主营业务成本。

（二）合同取得成本

企业为取得合同发生的增量成本预期能够收回的，应当作为合同取得成本确认为一项资产。增量成本是指企业不取得合同就不会发生的成本，如销售佣金等。合同取得成本应在资产负债表日按履约进度进行摊销，摊至销售费用。为简化操作，该资产的摊销期不超过一年的，可以在发生时直接计入当期损益。

【单选题·2017】甲公司为啤酒生产企业，为答谢长年经销其产品的代理商，经董事会批准，2×16年为过去3年达到一定销量的代理商每家免费配备一台冰箱。按照甲公司与代理商的约定，冰箱的所有权归甲公司，在预计使用寿命内免费提供给代理商使用。甲公司不会收回，也不会转作他用，甲公司共向代理商提供冰箱500台，每台价值1万元，冰箱的预计使用寿命为5年，预计净残值为零。甲公司对本公司使用的同类固定资产采用年限平均法计提折旧。不考虑其他因素，下列各项关于甲公司免费提供给代理商使用冰箱会计处理的表述中，正确的是（　　）。

A. 将冰箱的购置成本作为2×16年销售费用计入当期利润表

B. 因无法控制冰箱的实物及其使用，将冰箱的购置成本确认为无形资产并分5年摊销

C. 将冰箱的购置成本作为过去3年的销售费用，追溯调整以前年度损益

D. 作为本公司固定资产，按照年限平均法在预计使用年限内分期计提折旧

【答案】A

【解析】选项B，把购入的冰箱作为无形资产确认不合理；选项C，这种行为不能作为会计政策变更，也不能作为前期重要差错更正，不必进行追溯调整；选项D，由于提供冰箱是对经销商过去行为一种奖励，不能给企业带来经济利益，不能用为固定资产进行确认。

【多选题·2018】下列各项中，不应作为合同履约成本确认为资产的有（　　）。

A. 为取得合同发生但预期能够收回的增量成本

B. 为组织和管理企业生产经营发生的但非由客户承担的管理费用

C. 为履行合同发生的非正常消耗的直接材料、直接人工和制造费用

D. 无法在尚未履行的与已履行（或已部分履行）的履约义务之间区分的支出

【答案】ABCD

【解析】选项A不计入合同履约成本，应计入合同取得成本；选项BCD都应在发生时计入当期损益。

重难点7：关于特定交易的会计处理★★★

KJ201606

（一）附有销售退回条款的销售

这种销售方式需先预计退货率，将不退部分的售价确认为收入，可能退货部分的售价先暂记入“预计负债”科目；可能退货部分商品的转让时的账面价值，扣除收回该商品预计发生的成本（包括退回商品的价值减损）后的余额记入“应收退货成本”科目。按照所转让商品转让时的账面价值，扣除上述资产成本的净额记入“主营业务成本”科目。

每一资产负债表日，企业应当重新估计未来销售退回的情况，如有变化，应当作为会计估计变更处理。

（二）附有质量保证条款的销售

这种销售方式的主要问题是要判断质量保证是不是单项履约义务。如果是单项履约义务，那就将交易价格在销售商品和质量保证义务间按公允价值进行分配；如果不是单项履约义务，那就判断是否需要对质量保证义务计提预计负债，按《企业会计准则 13 号——或有事项》准则处理。

（三）主要责任人和代理人

这种情况主要是明确销售企业的身份。企业应当根据其在向客户转让商品前是否拥有对该商品的控制权，来判断其从事交易时的身份是主要责任人还是代理人。企业在向客户转让商品前能够控制该商品的，该企业为主要责任人，应当按照已收或应收对价总额确认收入；否则，该企业为代理人，应当按照预期有权收取的佣金或手续费金额确认收入，该金额应当按照已收或应收对价总额扣除应支付给其他相关方的价款后的净额，或者按照既定的佣金金额或比例等确定。

（四）附有客户额外购买选择权的销售

这种销售方式的主要问题是判断提供给客户的额外购买选择权是否为一项重大权利，如果是重大权利，就将其作为单项履约义务，需将交易价格在销售的商品和此项权利间按公允价值进行分配，分别确认为收入和负债。在客户未来行使购买选择权取得相关商品控制权时，或者该选择权失效时，确认相应的收入。

（五）授予知识产权许可

这类销售的主要问题是首先判断该行为是否构成单项履约义务。如果不构成单项履约义务，就不需单独核算；如果构成单项履约义务，就需判断是在某一时段内履行还是在某一时点上履行。同时满足下列条件的，应当作为在某一时段内履行的履约义务确认相关收入：（1）合同要求或客户能够合理预期企业将从事对该项知识产权有重大影响的活动；（2）该活动对客户将产生有利或不利影响；（3）该活动不会导致向客户转让商品。

企业向客户授予知识产权许可，并约定按客户实际销售或使用情况收取特许权使用费的，应当在下列两项孰晚的时点确认收入：一是客户后续销售或使用行为实际发生；二是企业履行相关履约义务。

（六）售后回购

企业因存在与客户的远期安排而负有回购义务或企业享有回购权利的，不做为销售确认。如果回购价格低于原售价，应当视为租赁交易；如果回购价格不低于原售价的，应当视为融资交易，在收到客户款项时确认金融负债，并将该款项和回购价格的差额在回购期间内确认为利息费用等。企业到期未行使回购权利的，应当在该回购权利到期时终止确认金融负债，同时确认收入。

企业负有应客户要求回购商品义务的，应当在合同开始日评估客户是否具有行使该要求权的重大经济动因，如果有，则按上述原则处理，如果没有，企业应当将其作为附有销售退回条款的销售交易进行会计处理。

（七）客户未行使的权利

企业向客户预收销售商品款项的，应当首先将该款项确认为负债，待履行了相关履约义务时再转为收入。当企业预收款项无须退回，且客户可能会放弃其全部或部分合同权利时，企业预期将有权获得与客户所放弃的合同权利相关金额的，应当按照客户行使合同权利的模式按比例将上述金额确认为收入；否则企业只有在客户要求其履行剩余履约义务的可能性极低时，才能将上述负债的相关余额转为收入。

【例5】甲公司经营连锁面包店。2×19 年，甲公司向客户销售了 5 000 张储值卡，每张卡的面值为 200 元，总额为 1 000 000 元。客户可在甲公司经营的任何一家门店使用该储值卡进行消费。根据历史经验，甲公司预期客户购买的储值卡中将有大约相当于储值卡面值金额 5%（即 50 000 元）的部分不会被消费。截至 2×19 年 12 月 31 日，客户使用该储值卡消费的金额为 400 000 元。甲公司为增值税一般纳税人，在客户使用该储值卡消费时发生增值税纳税义务。

本例中，甲公司预期将有权获得与客户未行使的合同权利相关的金额为 50 000 元，该金额应当按照客户行使合同权利的模式按比例确认为收入。因此，甲公司在 2×18 年销售的储值卡应当确认的收入金额为 372 613 元

[（400 000 + 50 000 × 400 000 ÷ 950 000）÷（1 + 13%）]。甲公司的账务处理为：

（1）销售储值卡：

借：库存现金　　1 000 000

　　贷：合同负债　　884 956

　　　　应交税费——待转销项税额　　115 044

（2）根据储值卡的消费金额确认收入，同时将对应的待转销项税额确认为销项税额：

借：合同负债　　372 613

　　应交税费——待转销项税额　　[400 000 ÷（1 + 13%）× 13%] 46 018

　　贷：主营业务收入　　372 613

　　　　应交税费——应交增值税（销项税额）　　46 018

【经典真题】

【单选题·2017】甲公司 2×16 年发生以下交易或事项：（1）销售商品确认收入 24 000 万元，结转成本 19 000 万元；（2）采用公允价值进行后续计量的投资性房地产取得租金收入 2 800 万元。2×16 年公允价值变动收益 1 000 万元；（3）报废固定资产损失 600 万元；（4）因持有以公允价值计量且其变动计入其他综合收益 800 万元；（5）确认商誉减值损失 2 000 万元，不考虑其他因素，甲公司 2×16 年营业利润是（　　）万元。

A. 5 200　　B. 8 200　　C. 6 200　　D. 6 800

【答案】D

【解析】营业利润 = 主营业务收入 − 主营业务成本 + 其他业务收入 + 公允价值变动收益 − 资产减值损失 = 24 000 − 19 000 + 2 800 + 1 000 − 2 000 = 6 800（万元）。

【计算分析题·2018】甲公司是一家投资控股型的上市公司，拥有从事各种不同业务的子公司。

（1）甲公司的子公司——乙公司是一家建筑承包商，专门从事办公楼设计和建造业务。20×7 年 2 月 1 日，乙公司与戊公司签订办公楼建造合同，按照戊公司的特定要求在戊公司的土地上建造一栋办公楼。根据合同的约定，建造该办公楼的价格为 8 000 万元，乙公司分

三次收取款项，分别于合同签订日、完工进度达到50%、竣工验收日收取合同造价的20%、30%、50%。

工程于20×7年2月开工，预计于20×9年底完工。乙公司预计建造上述办公楼的总成本为6 500万元，截至20×7年12月31日止，乙公司累计实际发生的成本为3 900万元。乙公司按照累计实际发生的成本占预计总成本的比例确定履约进度。

（2）甲公司的子公司——丙公司是一家生产通信设备的公司。20×7年1月1日，丙公司与己公司签订专利许可合同，许可己公司在5年内使用自己的专利技术生产A产品。根据合同的约定，丙公司每年向己公司收取由两部分金额组成的专利技术许可费：一是固定金额200万元，于每年末收取；二是按照己公司A产品销售额的2%计算的提成，于第二年初收取。根据以往年度的经验和做法，丙公司可合理预期不会实施对该专利技术产生重大影响的活动。

20×7年12月31日，丙公司收到己公司支付的固定金额专利技术许可费200万元。20×7年度，己公司销售A产品80 000万元。

其他有关资料：

第一，本题涉及的合同均符合企业会计准则关于合同的定义，均经合同各方管理层批准。

第二，乙公司和丙公司估计，因向客户转让商品或提供服务而有权取得的对价很可能收回。

第三，不考虑货币时间价值，不考虑税费及其他因素。

要求：

（1）根据资料（1），判断乙公司的建造办公楼业务是属于在某一时段内履行履约义务还是属于在某一时点履行履约义务，并说明理由。

（2）根据资料（1），计算乙公司20×7年度的合同履约进度，以及应确认的收入和成本。

（3）根据资料（2），判断丙公司授予知识产权许可属于在某一时段内履行履约义务还是属于在某一时点履行履约义务，并说明理由；说明丙公司按照己公司A产品销售额的2%收取的提成应于何时确认收入。

（4）根据资料（2），编制丙公司20×7年度与收入确认相关的会计分录。（2018年真题）

【答案及解析】

（1）根据资料（1），判断乙公司的建造办公楼业务是属于在某一时段内履行履约义务还是属于在某一时点履行履约义务，并说明理由。

属于在某一时段内履行履约义务。

理由：满足下列条件之一的，属于在某一时段内履行履约义务：客户在企业履约的同时即取得并消耗企业履约所带来的经济利益；客户能够控制企业履约过程中在建的商品；企业履约过程中所产出的商品具有不可替代用途，且该企业在整个合同期间内有权就累计至今已完成的履约部分收取款项。本题中，由于乙公司在戊公司的土地上建造办公楼，戊公司能够控制乙公司在建的办公楼，因此，属于在某一时段内履行履约义务。

（2）根据资料（1），计算乙公司20×7年度的合同履约进度，以及应确认的收入和成本。

合同履约进度 =3 900/6 500 ×100% =60%

应确认的收入 =8 000 ×60% =4 800（万元）

应确认的成本 =6 500 ×60% =3 900（万元）

（3）根据资料（2），判断丙公司授予知识产权许可是属于在某一时段内履行履约义务还是属于在某一时点履行履约义务，并说明理由；说明丙公司按照己公司 A 产品销售额的2% 收取的提成应于何时确认收入。

授予知识产权许可是属于在某一时点履行履约义务。

理由：授予知识产权许可同时满足下列条件时，应当作为在某一时段内履行的履约义务确认相关收入；否则，应当作为在某一时点履行的履约义务确认相关收入：合同要求或客户能够合理预期企业将从事对该项知识产权有重大影响的活动；该活动对客户将产生有利或不利影响；该活动不会导致向客户转让商品。本题中，由于丙公司合理预期不会实施对许可己公司使用的专利技术产生重大影响的活动，授予的专利技术属于在某一时点履行履约义务。

企业向客户授予知识产权许可，并约定按客户实际销售或使用情况收取特许权使用费的，应在下列两项孰晚的时点确认收入：一是客户后续销售或使用行为实际发生；二是企业履行相关履约义务。本题中，丙公司按照己公司 A 产品销售额的 2% 收取的提成应于每年末确认收入。

（4）根据资料（2），编制丙公司 20 ×7 年度与收入确认相关的会计分录。

20 ×7 年 1 月 1 日

借：应收账款　　1 000

　　贷：其他业务收入　　1 000

20 ×7 年 12 月 31 日

借：银行存款　　200

　　贷：应收账款　　200

借：应收账款　　（80 000 ×2%）1 600

　　贷：其他业务收入　　1 600

【综合题·2018 年改编】甲公司为境内上市公司且为增值税一般纳税人，销售货物适用的增值税率为 16%。20 ×6 年度及 20 ×7 年度，甲公司发生的有关交易或事项如下：

（1）20 ×6 年 1 月 1 日，甲公司与乙公司签订合同约定：甲公司按照乙公司设计的图纸为乙公司建造厂房，合同价格为 8 000 万元，建造期限为 2 年；厂房建造过程中，乙公司有权修改厂房设计图纸，并与甲公司重新协商设计变更后的合同价格；如果乙公司终止合同，已完成建造的厂房部分归乙公司所有，乙公司应支付已完成合同所发生的成本及合理的毛利；如果合同一方违约，违约的一方按合同价格的 25% 向另一方支付违约金；乙公司于合签订日支付合同价格的 20%，其余分 4 次平均支付，每半年支付 1 次，但最后一次付款于厂房建造完成并办理了竣工决算手续后支付。

20 ×6 年 2 月 1 日起，甲公司开始履行合同义务。20 ×7 年 12 月 31 日，厂房完成建造并办理了竣工决算手续。

（2）20 ×6 年 6 月 20 日，甲公司与丙公司签订合同约定：甲公司向丙公司销售 A、B 两种商品，A 商品于合同签订后的 3 个月内交付，B 商品于 A 商品交付后 6 个月内交付；丙公司于 A、B 商品全部交付并经验收合格后的 2 个月内支付合同价格为 5 000 万元的全部款项。甲公司分别于 20×6 年 9 月 10 日和 20×7 年 2 月 20 日向丙公司交付了 A 商品和 B 商品，商品控制权也随之转移给丙公司。甲公司交付商品给丙公司的同时，开具了增值税专用发票。丙公司于 20×7 年 4 月 10 日支付了全部合同价款及相关的增值税。

甲公司 A 商品单独售价为 2 240 万元；B 商品的单独售价为 3 360 万元。

（3）20×7 年 3 月 30 日，甲公司销售给丁公司一台 C 设备。根据销售协议的约定，甲公司于 20×7 年 10 月 10 日前交付 C 设备，合同价格为 15 000 万元，甲公司提供该设备的质量保证，即在 1 年之内，如果该设备发生质量问题，甲公司负责免费维修，但如果因丁公司员工操作不当等非设备本身质量原因导致的故障，甲公司不提供免费维修服务；另外，甲公司为 C 设备保持期后未来 5 年提供维修和保养服务，合同价格为 600 万元。

甲公司销售 C 设备的单独售价为 15 000 万元；单独对外提供设备维修服务的销售价格为每年每台 100 万元，单独对外提供设备保养服务的销售价格为每年每台 20 万元。

（4）20×7 年 7 月 1 日，甲公司开始推行一项奖励积分计划。根据该计划，甲公司每销售 1 台合同价格为 10 000 万元的 D 设备，客户可获得 625 万个积分，每个积分从购买 D 设备的次年起 3 年内可在该客户再次购买 D 设备时抵减 5 元。20×7 年 7 月 1 日起至 12 月 31 日止期间，甲公司共计销售 D 设备 10 台，合同价格总额 100 000 万元及增值税总额 16 000 万元（假设税法规定按照全部合同价格计算增值税销项税额）已收存银行；销售 D 设备产生的积分为 6 250 万个。该积分是甲公司销售 D 设备向客户提供的一项重大权利，甲公司预计销售 D 设备积分的兑换率为 80%。甲公司负责提供销售 D 设备的质量保证服务，如果 D 设备在 1 年内出现质量问题，甲公司负责免费维修，但如果因客户员工操作不当等非设备本身质量原因导致的故障，甲公司不负责提供免费维修服务。

根据以往经验，甲公司销售的 D 设备 1 年保质期内 70% 不会发生质量问题：20% 可能发生较小质量问题；10% 发生较大质量问题。甲公司预计销售的 D 设备发生较小质量问题的维修费用为销售合同价格总额的 1%；发生较大质量问题的维修费用为销售合同价格的 2%。

本题所涉及的协议或合同均符合企业会计准则关于合同的定义并经各方管理层批准，因向客户转让商品或提供服务而有权取得的对价很可能收回，涉及的销售价格或合同价格均不含增值税。除上述所给资料外，不考虑货币时间价值，不考虑除增值税以外的税费及其他因素。

要求：

（1）根据资料（1），说明甲公司为乙公司建造厂房应采用何种方法确认收入，并陈述理由。

（2）根据资料（2）说明甲公司于合同开始日将交易价格分摊至各单项履约义务的原则和方法，计算各单项履约义务应分摊的合同价格，并编制与 20×6 年销售商品相关的会计分录。

（3）根据资料（3），说明甲公司销售 C 设备合同附有的单项履约义务，并陈述理由；计算每一单项履约义务应分摊的合同价格；分别说明甲公司销售 C 设备在保质期内提供的维修服务和保质期以后所提供的维修服务和保养服务应当如何进行会计处理。

（4）根据资料（4），说明甲公司销售 D 设备合同附有的单项履约义务；计算每一单项履约义务应分摊的合同价格；计算甲公司因销售D设备应确认的质量保证费用；编制甲公司与销售D设备用及相应的质量保证服务相关的会计分录。(2018年真题)

【答案及解析】

(1) 甲公司应选择投入法计算履约进度，确认收入。

理由：计算履约进度，既可以采用投入法，也可以采用产出法，从本题来看，采用投入法资料更为容易获得，采用投入法更为合适。

(2) 甲公司于合同开始日应将交易价格按照A商品和B商品的单独售价比例进行分摊。

分摊至A商品的合同价格 = 5 000 × 2 240/(2 240 + 3 360) = 2 000 (万元)

分摊至B商品的合同价格 = 5 000 × 3 360/(2 240 + 3 360) = 3 000 (万元)

借：合同资产　　　　2 320

　贷：主营业务收入　　　　2 000

　　应交税费——应交增值税（销项税额）　　　　320

(3) 甲公司销售C设备合同分为销售C设备、提供未来5年维修服务和提供未来5年保养服务三个单项履约义务。

理由：1年以内的质量保证与销售C设备无法区分，不能成为单项履约义务。而单独提供5年的维修和5年的保养服务与销售C设备可明确区分，可确认为单项履约义务。

甲公司销售C设备在保质期内提供的维修服务应按照或有事项准则确认为预计负债；

C设备应分摊的合同价格 = (15 000 + 600) × 15 000/(15 000 + 100 × 5 + 20 × 5) = 15 000 (万元)；

保质期后5年提供维修服务应分摊合同价格 = (15 000 + 600) × 500/(15 000 + 100 × 5 + 20 × 5) = 500 (万元)；

保质期后5年提供保养服务应分摊合同价格 = (15 000 + 600) × 100/(15 000 + 100 × 5 + 20 × 5) = 100 (万元)；

销售的C设备在销售时确认为收入，而5年的维修和保养服务先确认为合同负债，然后分时段确认收入。

(4) 甲公司销售D设备和授予客户奖励积分应该确认为两项单项履约义务；

积分的单独售价 = 5 × 6 250 × 80% = 25 000 (万元)；

分摊至商品的合同价格 = 100 000 × 100 000/(100 000 + 25 000) = 80 000 (万元)；

分摊至积分的合同价格 = 100 000 × 25 000/(100 000 + 25 000) = 20 000 (万元)；

甲公司因销售D设备应确认的质量保证费用 = 100 000 × (20% × 1% + 10% × 2%) = 400 (万元)

借：银行存款　　　　116 000

　贷：主营业务收入　　　　80 000

　　合同负债　　　　20 000

　　应交税费 - 应交增值税（销项税额）　　　　16 000

借：销售费用　　　　400

　贷：预计负债　　　　400

四、进阶练习

（一）单选题

1. 以下说法正确的是（　　）。

A. 收入确认的5个条件不要求同时具备，只有符合一条即可确认收入

B. 对于预收的款项先计入负债，期末时可转为收入

C. 没有商业实质的非货币性交换，无论何时，均不能确认收入

D. 企业与客户间合同的会计处理必须按单个合同进行

2. 甲公司为客户建造一栋办公楼，合同总造价为2 000万元，预计合同总成本为1 500万元，属于按时段确认收入的履约义务，2×17年末确认的累计履约进度为60%。2018年初。客户提出变更原设计，按新设计施工需在原基础上增加成本100万元，收入可以增加300万元，经重新计算的2×17年末的履约进度为55%，下列说法正确的是（　　）。

A. 甲公司应将变更后合同作为新合同单独计算收入

B. 甲公司应将未完工部分的合同与合同变更部分组成新合同重新计算收入

C. 甲公司应将合同变更部分作为原合同组成部分，在变更日重新计算履约进度，调整当期收入与成本

D. 在合同变更日追溯调整2×17年收入65万元

3. 下列说法正确的是（　　）。

A. 合同标价就是交易价格

B. 对于可变对价来说，当存在多个不确定性事件影响时，按期望值计算交易价格

C. 资产负债表日无须重新估计可变对价金额，无须考虑其受限情况

D. 合同中如果有重大融资成分，一定按照假定客户在取得商品控制权时即以现金支付的应付金额确定交易价格

4. 交易价格发生后续变动的，下列作法正确的是（　　）。

A. 按合同开始日所采用的基础将该后续变动金额分摊至合同中的履约义务

B. 合同开始日后单独售价的变动也需重新在各项履约义务间分摊

C. 因合同变更导致的交易价格变动一律重新调整原收入

D. 因合同变更导致的交易变动全部作为新收入

5. 2×19年11月，甲公司与客户签订合同，为客户装修一栋办公楼并安装电梯，合同总金额200万元，甲公司预计总成本为160万元，其中包括电梯成本60万元。2×19年12月电梯采购完成并交付安装，预计到2×20年3月能安装完成，电梯归客户所有。至2×19年12月末甲公司累计发生成本80万元，其中包括电梯的采购成本60万元以及采购电梯发生的运输成本10万元。假定该装修（包括安装电梯）构成单项履约义务，甲公司为主要责任人，采用成本法计算履约进度。甲公司2×19年12月末，下列履约进度算法正确的是（　　）。

A. 合同的履约进度为80/160＝50%

B. 合同的履约进度为（80－60）/（160－60）＝20%

C. 合同的履约进度为80/(160－60)＝80%

D. 合同的履约进度为（80－60)/160＝12.5%

6. 下列支出中，应记入“合同履约成本”科目有（　　）。

A. 为完成预期合同而耗费的材料

B. 非正常消耗的直接人工

C. 为取得合同而支付的销售佣金

D. 企业发生的管理费用

7. 甲公司为一家排球俱乐部，2×18年1月与乙公司签订合同，约定乙公司有权在未来两年内在其生产的水杯上使用甲公司球队的图标，甲公司收取固定使用费500万元，以及按照乙公司当年销售额的5%计算提成。乙公司预期甲公司会继续参加当地联赛，并取得优异成绩。乙公司2×18年实现销售收入200万元。假定不考虑其他因素，甲公司2×18年应确认收入的金额为（　　）万元。

A. 260　　B. 500　　C. 10　　D. 250

8. 甲公司2×19年出售1 000张购物卡，每张面值100元，可在其所有营业网点购物。甲公司基于相关历史经验，预计此次发放的购物卡客户放弃行使权利的金额为总额的3%，即3 000元。2×19年，客户兑换了价值60 000元的购物卡，甲公司为一般纳税人，增值税率为13%，则甲公司2×19年应确认的收入为（　　）元。

A. 100 000　　B. 61 800　　C. 54 690　　D. 54 740

9. 甲建筑公司2×19年4月1日开始为客户建造一栋厂房，合同约定的价款为200万元。双方约定，当甲建筑公司不能在签订合同之日起4个月内完工时，须支付10万元的罚款，该罚款从合同价款中扣除。甲公司对合同结果估计为：工程按时完工的概率为90%，工程延期的概率为10%。假定上述金额不含增值税。该公司按时段确认收入，4月30日的履约进度为20%，甲公司在4月30日确认的收入为（　　）万元。

A. 40　　B. 36　　C. 0　　D. 190

10. 甲公司为增值税一般纳税人。2×19年发生的有关交易或事项如下：（1）销售产品确认收入500万元，结转成本300万元；（2）持有的交易性金融资产当期公允价值下降50万元；（3）当期购入的以公允价值计量且其变动计入其他综合收益的金融资产期末公允价值上升100万元；（4）处置一台机器设备产生收益150万元；（5）由于精算假设变动导致之前计量的设定受益计划义务现值增加200万元；（6）长期股权投资因权益法调整取得收益300万元；（7）现金流量套期中有效套期100万元；（8）无形资产报废损失60万元。

甲公司2019年取得的营业利润为（　　）万元。

A. 940　　B. 540　　C. 400　　D. 600

（二）多选题

1. 企业在客户取得商品控制权时确认收入，他们之间签订合同须满足的条件包括（　　）。

A. 合同各方已批准该合同并承诺履行各自义务

B. 合同明确了合同各方与所转让商品相关的权利和义务

C. 该合同具有商业实质

D. 企业因向客户转让商品而有权取得的对价可能收回

2. 下列情形表明企业向客户转让商品的承诺与合同中的其他承诺不可明确区分（　　）。

A. 企业需提供重大的服务以将该商品与合同中承诺的其他商品进行整合，形成合同约定的某个或某些组合产出转让给客户

B. 该商品将对合同中承诺的其他商品予以重大修改或定制

C. 该商品与合同中承诺的其他商品具有高度关联性

D. 企业向客户转让一系列实质相同且转让模式相同的、可明确区分商品的承诺

3. 在确定交易价格时，有关非现金对价的下列做法正确的有（　　）。

A. 非现金对价按实收时的公允价值确定

B. 非现金对价按合同开始日的公允价值确定

C. 合同开始日后非现金对价的公允价值因对价形式以外的原因发生变动的应当作为可变对价计入交易价格

D. 合同开始日后非现金对价的公允价值因对价形式原因发生变动的应当作为可变对价计入交易价格

4. 企业销售时，如果存在应付客户对价的，其处理方法包括（　　）。

A. 冲减交易价格

B. 计入所购商品的成本

C. 超过所购商品成本的冲减交易价格

D. 在确认相关收入与支付客户对价二者孰早的时点冲减当期收入

5. 满足下列条件之一的，属于在某一时段内履行的履约义务（　　）。

A. 客户在企业履约的同时即取得并消耗企业履约所带来的经济利益

B. 客户能够控制企业在履约过程中在建的商品

C. 企业在履约过程中所产出的商品具有不可替代用途，且该企业在整个合同期间内有权就累计至今已完成的履约部分收取款项

D. 企业售出商品同时按法规要求附有 2 年的保修期

6. 按时段法确认收入，下列说法正确的是（　　）。

A. 在资产负债表日，按照交易价格乘以履约进度扣除以前会计期间累计已确认的收入后的金额，确认为当期收入

B. 当履约进度不能合理确定时，按交易价格乘以估算的履约进度计算当期收入

C. 当履约进度不能合理确定时，如果已发生的成本能收回，则按其成本确认收入

D. 客观环境发生变化导致履约进度发生变化时，该变化应按前期差错更正处理

7. “售后代管商品”除具备客户取得商品控制权的判断迹象外，还应该具备下列条件才能表明客户取得了商品控制权（　　）。

A. 该安排具有商业实质

B. 属于客户的商品必须能够单独识别

C. 该商品可以随时交给客户

D. 该商品是通用的、可替换的

8. 企业应当将下列支出计入当期损益（　　）。

A. 与履约义务中已履行部分相关的支出

B. 无法在尚未履行的与已履行的履约义务之间区分的相关支出

C. 为履行当前合同所发生的材料费和人工费

D. 短期借款的利息

9. 附有客户额外购买选择权的销售行为，企业下列作法正确的有（　　）。

A. 提供重大权利的，应当作为单项履约义务

B. 提供非重大权利的可以直接将选择权纳入原合同

C. 企业应在客户实际支付价款与到期应支付款项孰晚时点，将该已收或应收的款项列示为合同负债

D. “合同负债”在资产负债表中作为流动负债列示

10. 授予知识产权许可构成单项履约义务的，按时段确认收入的条件包括（　　）。

A. 合同要求或客户能够合理预期企业将从事对该项知识产权有重大影响的活动

B. 该活动对客户将产生有利或不利影响

C. 该活动不会导致向客户转让商品

D. 该活动伴随转让商品同时发生

（三）计算分析题

甲公司为增值税一般纳税人，增值税税率为13%，该公司2×19年发生以下业务：

（1）2×19年1月1日向乙公司销售A产品100件，单位成本80元，单位售价100元。产品已发出但货款未收。甲公司根据过去经验，估计该批产品的退货率为10%。2×19年1月31日，公司对退货率进行了重新评估，将退货率调整为15%。

（2）2×19年2月15日向丙公司销售B产品200件，每件售价30元，每件成本20元。双方约定的付款时间为客户收到商品2个月内，而且甲公司必须到丙公司给予使用指导后才能付款。甲公司负责提供1年期的质量保证服务，此外，由于客户使用不当等原因造成的产品故障，甲公司也免费提供维修服务。甲公司估计因1年期质量保证可能产生的修理费约为200元。对于因使用不当对产品维修承诺的单独售价为600元。

（3）2×19年3月1日，甲公司开始推行一项奖励积分计划。根据该计划，客户在甲公司每购买10元C产品可获得1个积分，每个积分从次月开始在购入C产品时可以抵减1元。截至2×19年3月31日，客户共购买50 000件C产品，消费500 000元，可获得50 000个积分，根据历史经验，甲公司估计该积分的兑换率为90%。假定上述金额均不包含增值税等的影响。截至2×19年4月30日，客户共兑换了30 000个积分；5月31日客户共兑换了40 000个积分，甲公司对该积分的兑换率进行了重新估计，预计客户总共将会兑换48 000个积分。C产品的单位成本为8元。

（4）甲公司2×19年6月1日与一家超市签订一项销售D产品的一年期合同，客户承诺在合同期内至少购买价值为2 000万元的D产品。合同规定，甲公司在合同开始时，向客户支付200万元的不可返还款项，作为客户改造货架用途。截至6月30日，甲公司当月的销售额为250万元。

（5）2×19年3月1日，甲公司与丁公司签订一项售后回购合同，甲公司向丁公司销售商品，售价为500 000元，增值税65 000元；甲公司应于2×19年12月31日前将所售商品

购回，回购价格为520 000元，增值税为67 600元。2×19年3月1日，甲公司收到乙公司支付的货款，但商品未发出。2019年12月31日，甲公司购回该商品。

（6）2×19年9月1日丙公司委托甲公司代销商品200件，每件成本为75元。合同约定甲公司按每件100元对外销售，甲公司按不含税收入的5%收取手续费，手续费的增值税率为6%。甲公司未能销售的商品可以退给丙公司。甲公司本月销售200件，开出的发票金额20 000元，增值税2 600元，款项已收到，向丙公司开具代销清单，并收到丙公司开来的增值税发票。

（7）2×19年11月20日，甲公司乙公司签订一项设备安装合同，乙公司将其购买的一套大型设备交由甲公司安装。合同规定，安装费总额200 000元，乙公司预付50%，其余在完工时支付。2×19年12月1日，甲公司开始安装，收到乙公司预付的安装费。至2×19年12月31日，发生的安装成本60 000元，其中，支付安装人员工资36 000元，领用原材料5 000元，支付其他费用19 000元。据估计至安装完成，还需发生的成本为90 000元。

要求：根据资料（1）至（7），指出其收入核算涉及的业务内容；收入确认是按时点还是时段；做出相应的会计处理。

（四）综合题

甲公司为增值税一般纳税人，增值税税率为13%，2×19年相关经济业务及会计处理如下：

（1）2×19年1月1日，甲公司向客户承诺销售100件产品，每件售价100元，将于未来3个月内转让。1月20日转让了50件，款已收。2月10日，双方进行了合同变更，甲公司承诺向该客户额外销售20件相同的产品。这些产品与原合同上的产品可明确区分，其售价为每件98元。降价的原因在于本地区同类商品的市场价格有所下调。2月25日，甲公司又向客户转让了40件该产品，属于原合同中的产品，甲公司确认的收入为：

$(100 \times 50 + 98 \times 20) \div 70 \times 40 = 3\ 977.14$（元）

（2）2×19年2月1日，甲公司与乙公司签订合同，向其销售产品A、B两项产品。合同约定，A商品于合同开始日交付，B商品在1个月交付，只有当A、B两项产品全部交付后，甲公司才有权收取3 000元的合同对价。A商品的单独售价为1 200元，B产品的单独售价为2 300元，上述价格不包含增值税。

2×19年2月1日甲公司交付A产品时的会计处理为：

借：应收账款　　1 356

　　贷：主营业务收入　　1 200

　　　　应交税费——应交增值税（销项税额）　　156

（3）2×19年12月31日，与丙公司签订了一份销售合同，约定采用分期收款方式向丙公司销售其生产的设备1套，价款为25万元，分5次于以后的5年内每年年末等额收取。该设备生产成本为20万元，在现销方式下，该设备的销售价格为23万元。2×19年12月31日，甲公司将该设备运抵丙公司且经丙公司验收合格。

甲公司在2×19年12月31日所做的会计处理为：

借：长期应收款　　250 000

　　贷：主营业务收入　　250 000

借：主营业务成本　　200 000

贷：库存商品 200 000

（4）2×19 年 11 月 1 日甲公司与丁公司签订合同为其建造一项大型设备，合同总价款为 300 万元，支付条款为在合同签订之初支付 50% 款；另 50% 的合同对价在完工交付使用时支付；至 2×19 年 12 月 31 日，收取已收取合同价款 150 万元，发生成本为 100 万元，预计这完工尚需发生成本 150 万元；如果丁公司终止合同，甲公司只能获得客户按照相应进度已支付的价款，甲公司没有向丁公司要求获取合同规定以外的进一步补偿的权利。

甲公司在 2019 年 12 月 31 日的会计处理为：

履约进度 = 100/250 × 100% = 40%

本期确认的收入 = 300 万元 × 40% = 120（万元）

本期确认的费用 = 250 万元 × 40% = 100（万元）

借：合同负债 1 200 000

贷：主营业务收入 1 200 000

借：主营业务成本 1 000 000

贷：合同履约成本 1 000 000

要求：根据资料（1）至（4），逐项判断公司的会计处理是否正确，并说明理由，如果会计处理不正确，编制甲公司更正的会计分录。

五、进阶练习答案

（一）单选题

1. 【答案】C

【解析】选项 A 要求收入确认的 5 个条件必须同时具备，缺一不可；选项 B 对于预收款要么在履行合同时，要么在义务结束时才可以转为收入，不能在期末结转；选项 D 不必一定按单个合同为基础，也可以将多份合同合并为一份合同进行处理。

2. 【答案】C

【解析】该项合同变更商品不能单独区分，售价也无法单独区分，因此该项变更既不能作为新合同处理，也不能作为原合同终止及新合同订立，只能是将合同变更部分作为原合同的组成部分，在合并变更日，重新计算履约进度，并调整当期收入和相应成本。因此，只有选项 C 是正确的。

3. 【答案】B

【解析】选项 A 错误在于实际工作影响收取对价的因素有很多，合同标价不能是交易价格；选项 C 的错误在于资产负债表日必须重新估计可变对价金额，其价格受限情况一并估算，以反映报告期末的实际情况；选项 D 的错误在于合同中的重大融资成分如果是在一年之内，可以不考虑。

4. 【答案】A

【解析】选项 B 单独售价的变动就由该项履约义务承担，不必在各项履约义务间分摊；选项 C、选项 D 都是因合同变更引起的，要按合同变更要求去做。视合同变更的三种情况，可能需要调整原收入，也可能作为新收入，但不能绝对化。

5.【答案】B

【解析】企业采用成本法计算履约进度时，如果已发生的成本与企业履约义务不成比例，采用成本法时就不应该包括该成本，而是应当按照其成本金额确认收入。因此，在计算履约进度的分子和分母中都应该将该商品的成本扣除，并作为本期收入和本期费用。

6.【答案】A

【解析】选项A增加了合同未来经济利润的流入，应作为资产进行确认，计入合同履约成本；选项B与未来经济利益流入无关，应作为损失确认；选项C应作为合同取得成本；选项D作为期间费用处理。

7.【答案】A

【解析】甲公司授予乙公司的该使用权许可，属于在某一时段内履行的履约义务，其收取的500万元固定金额的使用费应在2年内平均确认收入，按照销售额5%计算的提成，应在乙公司销售实际完成时确认收入，则甲公司2×18年应确认的收入金额＝500/2＋200×5%＝260（万元）。

8.【答案】D

【解析】2019年甲公司应该确认收入＝（60 000＋60 000×3 000/97 000）÷1.13＝54 740（元）。

9.【答案】A

【解析】本题的交易价格为可变对价。当合同仅有两个结果时，按照最可能发生金额估计可变对价金额，因此4月份的收入额为200×20%＝40（万元）。

10.【答案】D

【解析】根据营业利润的计算公式，甲公司2×19年的营业利润＝500－300－50＋150＋300＝600（万元）。

（二）多选题

1.【答案】ABC

【解析】选项D错误的原因不是可能收回，则是很可能收回。

2.【答案】ABCD

【解析】这4种情况因为商品与承诺无法单独区分，不能将它们分拆成两项或多项履约义务，所以只能作为单项履约义务。

3.【答案】BC

【解析】选项A的确认时点不对，不是实收时，而是合同开始日；选项D因对价形式发生变化的，不计入交易价格，而应由其自身损益承担。

4.【答案】ABC

【解析】选项D错误的原因不是孰早，则是孰晚。

5.【答案】ABC

【解析】选项A、B、C都符合收入准则的规定；选项D属于按时点确认收入的情况，对于保修期来说，由于是按法规要求附带的，不能作为单项履约义务，只能按照或有事项准则处理。

6.【答案】AC

【解析】选项 C 不能对履约进度进行估算，必须据实计算；选项 D 应作为会计估计变更调整当期收入和费用，不必追溯调整。

7. 【答案】ABC

【解析】售后代管商品满足销售条件有一条就是企业不能自行使用该商品或将其提供给其他客户，如果商品是通用的，就很难保证这一条件的存在。因此如果售后代管商品是通用的、可替换的，则不能作为客户取得商品控制权来处理。

8. 【答案】ABD

【解析】选项 A 的支出是为已完成义务发生的支出，不能给企业带来未来的经济利益，不形成资产，应确认为费用；选项 B 由于无法划分此项支出是为未来义务发生的还是为过去义务发生的，采用谨慎原则，计入费用；选项 C 是为当期义务发生的，会给企业带来经济利益，应计入成本；选项 D 短期借款利息应计入财务费用。

9. 【答案】AB

【解析】选项 A 企业如果提供的是重大权利，要作为单项履约义务加以确认；选项 B 企业如果提供非重大权利，只需视作是原合同的组成部分，不必单独核算；选项 C 应按孰早的时点进行核算；选项 D 也可能作为非流动负债在“其他非流动负债”项目列示。

10. 【答案】ABC

【解析】选项 D 如果伴随授予知识产权还有转让商品发生。那就不是单项履约义务，不符合会计准则规定的前提条件。

（三）计算分析题

【答案】

（1）本题涉及收入核算中的附有销售退回条款的销售，按时点确认收入。

2×19 年 1 月 1 日，甲公司的账务处理：

借：应收账款	11 300	
贷：主营业务收入		9 000
预计负债——应付退货款		1 000
应交税费——应交增值税（销项税额）		1 300
借：主营业务成本	7 200	
应收退货成本	800	
贷：库存商品		8 000

2×19 年 1 月 31 日，甲公司的账务处理：

借：主营业务收入	500	
贷：预计负债——应付退货款		500
借：应收退货成本	400	
贷：主营业务成本		400

（2）本题涉及附有质量保证条款的销售，对于质量保证是否应确认为单项履约义务并进行交易价格的分配。如果质量保证为法定要求，通常不作为单项履约义务；如果在法定要求之外实施的，应当作为单项履约义务。

本题涉及两项履约义务，即销售 B 产品和一年期使用不当维修义务，销售 B 产品按时点确认收入，维修服务按时段确认收入。交易价格在两项义务间分摊情况：

B 产品分摊的交易价格 = [6 000 ÷ (6 000 + 600)] × 6 000 = 5 455（元）

一年期保修分摊的交易价格 = [600 ÷ (6 000 + 600)] × 6 000 = 545（元）

2 月 15 日甲公司的账务处理为：

借：合同资产	6 780	
贷：主营业务收入		5 455
合同负债		545
应交税费——应交增值税（销项税额）		780
借：主营业务成本	4 000	
贷：库存商品		4 000
借：销售费用	200	
贷：预计负债		200

（3）本题涉及附有额外购买选择权的销售。向客户提供积分，金额较大，属重大权利，应当作为单项履约义务。本题涉及两项履约义务，销售 C 产品和提供积分，按时点确认收入。由于积分的兑换率为 90%，其单独售价为 45 000 元。甲公司按照商品和积分单独售价的相对比例对交易价格进行分摊：

商品分摊的交易价格 = [500 000 ÷ (500 000 + 45 000)] × 500 000 = 458 716（元）

积分分摊的交易价格 = [45 000 ÷ (500 000 + 45 000)] × 500 000 = 41 284（元）

2 × 19 年 3 月 31 日，甲公司的账务处理为：

借：银行存款	565 000	
贷：主营业务收入		458 716
合同负债		41 284
应交税费——应交增值税（销项税额）		65 000
借：主营业务成本	400 000	
贷：库存商品		400 000

2019 年 4 月 30 日，客户兑换了 30 000 个积分，当有应确认的收入为 27 523 元（30 000 ÷ 45 000 × 41 284），甲公司的账务处理为：

借：合同负债	27 523	
贷：主营业务收入		27 523

2019 年 5 月 31 日，客户共兑换了 40 000 个积分，甲公司对积分兑换率进行了重新估计，5 月份应确认的收入为 6 880 元（40 000 ÷ 48 000 × 41 284 − 27 523），甲公司的账务处理为：

借：合同负债	6 880	
贷：主营业务收入		6 880

（4）本题涉及应付客户对价问题。按收入准则规定，企业存在应付客户对价的，应当将该应付对价冲减交易价格。本题按时点确认收入。

2 × 19 年 6 月 1 日，甲公司支付货架费时的账务处理为：

借：预付账款	200	
贷：银行存款		200

2019年6月30日，按销售比例（200÷2 000）冲减收入，甲公司的账务处理为：

借：银行存款　250

　贷：主营业务收入　225

　　　预付账款　25

（5）本题涉及的销售问题是售后回购。企业因存在与客户的远期安排而负有回购义务或企业享有回购权利的，表明客户在销售时点并未取得相关商品控制权。回购价格不低于原售价的，应当视为融资交易。本题不能确认收入。

2×19年3月1日，甲公司的账务处理为：

借：银行存款　565 000

　贷：应交税费　65 000

　　　其他应付款——丁公司　500 000

2×19年3～12月每月计息时的账务处理为：

借：财务费用　2 000

　贷：其他应付款　2 000

2×19年12月31日购回商品时的账务处理为：

借：其他应付款——乙公司　520 000

　　应交税费　67 600

　贷：银行存款　587 600

（6）本题涉及主要责任人和代理人对收入金额的认定是采用总额法还是将额法问题，如果企业为主要责任人，应当按照已收或应收对价总额确认收入；如果为代理人，应当按照预期有权收取的佣金或续费金额确认收入，本题甲公司为代理人身份，应按手续费确认收入，手续费收入按时点确认。

2×19年9月1日，收到代销商品，甲公司的账务处理为：

借：代理业务资产　20 000

　贷：代理业务负债　20 000

对外销售时的账务处理为：

借：银行存款　22 600

　贷：代理业务资产　20 000

　　　应交税费——应交增值税（销项税额）　2 600

取得增值税发票时的账务处理为：

借：代理业务负债　20 000

　　应交税费　2 600

　贷：应付账款　22 600

支付货款并确认手续费收入时的账务处理为：

借：应付账款　22 600

　贷：银行存款　21 540

　　　主营业务收入　1 000

　　　应交税费——增值税（销项税额）　60

(7) 本题涉及的主要问题是判断收入按时段还是按时点进行。甲公司提供的安装服务属于客户能够控制企业履约过程中在建的商品，符合按时段确认收入的条件。

2×19 年 12 月 1 日收到乙公司预付款时甲公司的账务处理为：

借：银行存款　　100 000

　　贷：合同负债　　100 000

在建造过程中发生各种安装费时的账务处理为：

借：合同履约成本　　60 000

　　贷：应付职工薪酬　　36 000

　　　　原材料　　5 000

　　　　银行存款　　19 000

2×19 年 12 月 31 日，确认收入并转成本

履约进度 =60 000/(60 000 +90 000) ×100% =40%

应确认的收入 =200 000 ×40% =80 000（元）

应结转的成本 =150 000 ×40% =60 000（元）

借：合同负债　　80 000

　　贷：主营业务收入　　80 000

借：主营业务成本　　60 000

　　贷：合同履约成本　　60 000

（四）综合题

【答案及解析】

(1) 不正确。

理由：该项合同变更新增产品与原合同可明确区分，新增合同价款反映了新增商品的售价，应当将该合同作为一份单独合同处理，甲公司应确认的收入为：100 ×40 =4 000（元），调增收入 22.86 元。

(2) 不正确。

理由：一份合同包含两个单项履约义务，合同交易价格需在各单项履约义务间分配。A 产品的交易价格为 1 029 元（1 200 ÷3 500 ×3 000），另外，此项债权不仅包含时间风险，还包含信用风险，因此，该债权应使用“合同资产”账户。

借：合同资产　　1 163

　　主营业务收入　　171

　　应交税费——应交增值税（销项税额）　　22

　　贷：应收账款　　1 356

(3) 不正确。

理由：该项业务含有重大融资性成分，交易价格应按现销价 23 万元确定。

更正分录为：

借：主营业务收入　　20 000

　　贷：未实现融资收益　　20 000

（4）不正确。

理由：按时确认收入应满足公司履约过程中有权就累计至今已完成的履约部分收取能够补偿其已发生成本和合理利润的款项，并且该权利具有法律约束力。本题不能满足收取款项包含合理利润的条件，只能控制权转移时点确认收入。

更正分录：

借：主营业务收入　　1 200 000

　　贷：合同负债　　1 200 000

借：合同履约成本　　1 000 000

　　贷：主营业务成本　　1 000 000

第十七章　政府补助

一、2020 年新教材内容主要变化

2020 年新教材无变化。

二、本章近五年考情统计分析

本章考题以单选题或多选题的形式出现，2019 年、2015 年考题中作为综合题中的一问，本章属于比较重要的考试章节之一，最近五年平均考试分值为 2 分。

（一）近五年考试分值分布

题型	2015 年	2016 年	2017 年	2018 年	2019 年
单选题	—	—	—	2	—
多选题	—	2	—	—	2
计算题	—	—	—	—	—
综合题	2	—	—	—	2
合计	2	2	0	2	4

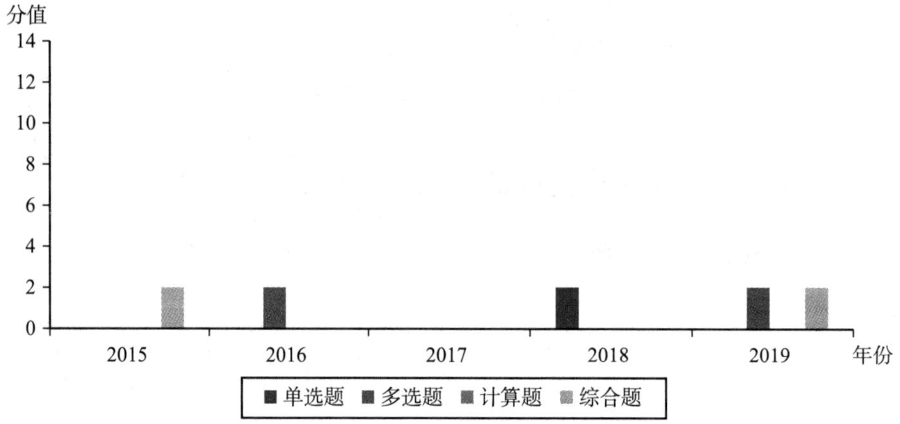

（二）近五年考试考点分布

高频考点内容	年度及题型分布	分值
政府补助的范围	2019 年综合题、2018 年单选题	3
政府补助的总额法	2018 年单选题	3
与收益相关的政府补助	2016 年多选题、2015 年综合题	2
政府补助的退回	2019 年多选题	2

三、重难点解析

本章的重难点有政府补助的范围；政府补助的会计处理方法；与资产相关的政府补助的会计处理；与收益相关的政府补助的会计处理；政府补助的退回；特定业务的会计处理及政府补助的列报。

重难点 1：政府补助的范围★★

（一）政府补助的定义

政府补助是指企业从政府无偿取得货币性资产或非货币性资产。其主要形式包括：政府对企业的无偿拨款、税收返还、财政贴息，以及无偿给予非货币性资产等。

（二）政府补助的特征

政府补助具有如下特征：

1. 政府补助是来源于政府的经济资源

2. 政府补助是无偿的

政府如以企业所有者身份向企业投入资本，享有相应的所有权权益，政府与企业之间是投资者与被投资者的关系，属于互惠交易。

【小贴士】本重难点是政府补助确认和计量的基础，要根据政府补助的定义和特征掌握哪些事项是政府补助，哪些事项不是政府补助。

（1）直接免征、增加计税抵扣额、抵免部分税额等不涉及资产直接转移的经济资源，不适用政府补助准则。增值税出口退税不属于政府补助。

（2）部分减免税款需要按照政府补助准则进行会计处理。

如一般纳税人的加工型企业根据税法规定招用自主就业退役士兵，并按定额扣减的增值税。

企业从政府取得的经济资源，如果与企业销售商品或提供劳务等活动密切相关，且来源于政府的经济资源是企业商品或服务的对价或者是对价的组成部分，应当按照《企业会计准则第 14 号——收入》的规定进行会计处理，不适用政府补助准则。此知识点通常会出现在计算分析题和综合题中，要注意区分此种情况不属于政府补助，应该按照《企业会计准则第 14 号——收入》的规定进行会计处理。

【经典真题】

【单选题·2018】甲公司为从事集成电路设计和生产的高新技术企业，适用增值税先征后返政策。20×7 年 3 月 31 日，甲公司收到政府即征即退的增值税税额 300 万元。20×7 年 3 月 12 日，甲公司收到当地财政部门为支持其购买实验设备拨付的款项 120 万元。20×7 年 9 月 26 日，甲公司购买不需要安装的实验设备一台并投入使用，实际成本为 240 万元，资金来源为财政拨款及借款。该设备采用年限平均法计提折旧，预计使用 10 年，预计无净残值。甲公司采用总额法核算政府补助。不考虑其他因素，甲公司 20×7 年度因政府补助应确认的收益是（　　）万元。

A. 300　　B. 303　　C. 309　　D. 420

【答案】B

【解析】首先需要判断本题中的业务是否属于政府补助，然后才能进行具体的计算。本题涉及增值税先征后返，属于政府补助，还有购买设备的财政拨款属于与资产相关的政府补助。

本题中与资产相关的政府补助采用总额法核算，先将120万元政府补助计入递延收益，随着固定资产的折旧进度递延收益转入其他收益，20×7年固定资产计提折旧3个月，所以20×7年度因政府补助应确认的收益是300+(120÷120×3)=303（万元），答案B正确。

【经典模拟题】

【多选题】关于企业与政府发生交易，下列会计处理中正确的有（　　）。

A. 政府通过招标定制开发某软件系统，政府支付交易对价，软件开发公司中标后开发该软件系统，软件开发公司应当按照收入确认的原则进行会计处理

B. 政府向企业债务豁免，企业将其确认为政府补助

C. 政府对企业出口货物增值税出口退税，企业将其确认为政府补助

D. 一般纳税人的加工型企业根据税法规定招用自主就业退役士兵，按定额扣减增值税的，企业将其确认为政府补助

【答案】AD

【解析】政府通过招标定制开发某软件系统，政府支付交易对价，获得软件产权，是互惠交易，应根据《收入》准则确认收入和成本，选项A正确，选项B属于债务重组；选项C不属于政府补助。

重难点2：与资产相关的政府补助★★

与资产相关的政府补助，是指企业取得的、用于购建或以其他方式形成长期资产的政府补助。会计上有两种处理方法可供选择：

一是总额法，即将与资产相关的政府补助确认为递延收益，随着资产的使用而逐步结转入损益；

二是净额法，将补助冲减资产的账面价值，以反映长期资产的实际取得成本。

实务中存在政府无偿给予企业长期非货币性资产的情况，如无偿给予的土地使用权和天然起源的天然林等。对无偿给予的非货币性资产，企业应当按照公允价值或名义金额对此类补助进行计量。企业在收到非货币性资产时，应当借记有关资产科目，贷记“递延收益”科目，在相关资产使用寿命内按合理、系统的方法分期计入损益，借记“递延收益”科目，贷记“其他收益”等科目。对以名义金额（1元）计量的政府补助，在取得时计入当期损益。

【小贴士】对于总额法：(1) 如果企业先收资金再购建，则应在开始对相关资产计提折旧或摊销时开始将递延收益分期计入损益；(2) 如果企业先购建再收到资金，则应在相关资产剩余使用寿命内按合理、系统的方法将递延收益分期计入损益；(3) 相关资产在使用寿命结束时或结束前被处置（出售、转让、报废等），尚未分摊的递延收益余额应当一次性转入

资产处置当期损益，不再予以递延。

对于净额法：将补助冲减相关资产账面价值，企业按照扣减了政府补助后的资产价值对相关资产计提折旧或进行摊销。

企业对某项经济业务选择总额法或净额法后，应当对该项业务一贯地运用该方法，不得随意变更。

【经典真题】

【单选题·2018】甲公司为从事集成电路设计和生产的高新技术企业，适用增值税先征后返政策。20×7年3月31日，甲公司收到政府即征即退的增值税税额300万元。20×7年3月12日，甲公司收到当地财政部门为支持其购买实验设备拨付的款项120万元。20×7年9月26日，甲公司购买不需要安装的实验设备一台并投入使用，实际成本为240万元，资金来源为财政拨款及借款。该设备采用年限平均法计提折旧，预计使用10年，预计无净残值。甲公司采用总额法核算政府补助。不考虑其他因素，甲公司20×7年度因政府补助应确认的收益是（　　）万元。

A. 300　　B. 303　　C. 309　　D. 420

【答案】B

【解析】本题中与资产相关的政府补助采用总额法核算，先将120万元政府补助计入递延收益，随着固定资产的折旧进度递延收入转入其他收益，20×7年固定资产计提折旧3个月，所以20×7年度因政府补助应确认的收益是300+（120÷120×3）=303（万元），答案B正确。

【经典模拟题】

【单选题】大华公司为增值税一般纳税人，2×16年7月15日取得财政拨款400万元，用于购买专利技术。同日购入专利技术取得增值税专用发票注明的价款1 000万元，增值税税额130万元，甲公司预计该技术使用年限为5年，无净残值，采用直线法摊销。2×18年12月31日该专利技术被其他先进技术替代，提前报废。甲公司采用总额法核算政府补助，不考虑其他因素，则2×18年12月份甲公司因该专利技术提前报废对损益的影响金额为（　　）万元。

A. 200　　B. 700　　C. 765　　D. 0

【答案】B

【解析】无形资产报废时，使用两年半，摊销了500万元，还有500万元没有摊销，计入营业外支出。同时，递延收益中有200万元没有转入其他收益，无形资产报废时，一次性转入营业外收入200万元，所以对损益的影响为200+500=700（万元），答案B正确。

重难点3：与收益相关的政府补助★

与收益相关的政府补助，是指除与资产相关的政府补助之外的政府补助。通常在满足补助所附条件时计入当期损益或冲减相关资产的账面价值。

（一）用于补偿企业以后期间的相关成本费用或损失

在收到时应当先判断企业能否满足政府补助所附条件。根据政府补助准则的规定，只有满足政府补助确认条件的才能予以确认。客观情况通常表明企业能够满足政府补助所附条件，企业应当将补助确认为递延收益，并在确认相关费用和损失的期间，计入当期损益或冲减相关成本。

（二）用于补偿企业已发生的相关成本费用或损失的

直接计入当期损益或冲减相关成本，这类补助通常与企业已经发生的行为有关，是对企业已发生的成本费用或损失的补偿，或是对企业过去行为的奖励，如果企业已经实际收到补助资金，应当按照实际收到的金额计入当期损益或冲减相关成本，如果会计期末企业尚未收到补助资金，但企业在符合了相关政策规定后就相应获得了收款权，且与之相关的经济利益很可能流入企业，企业应当在这项补助成为应收款时按照应收的金额予以确认，计入当期损益或冲减相关成本。

【小贴士】对于与收益相关的政府补助，要区分是补偿以后期间的成本费用或损失还是补偿已发生的相关成本费用或损失。只有补偿以后期间的相关成本费用或损失的才能先计入递延收益，以后再计入当期损益或冲减相关成本。

【经典真题】

【综合题·2015】20×4年7月20日，甲公司取得当地财政部门拨款1 860万元，用于资助甲公司20×4年7月开始进行的一项研发项目的前期研究。该研发项目预计周期为两年，预计将发生研究支出3 000万元。项目自20×4年7月开始启动，至年末累计发生研究支出1 500万元（全部以银行存款支付）。甲公司采用总额法核算政府补助，甲公司对该交易事项的会计处理如下：

借：银行存款	1 860	
贷：营业外收入		1 860
借：研发支出——费用化支出	1 500	
贷：银行存款		1 500
借：管理费用	1 500	
贷：研发支出——费用化支出		1 500

要求：

判断甲公司对有关交易事项的会计处理是否正确，对于不正确的，说明理由并编制更正的会计分录（无须通过“以前年度损益调整”科目）。

【答案】

借：递延收益	930	
贷：其他收益		930

【解析】

该题主要考核与收益相关的政府补助的会计处理。该政府补助资助的是企业的研究项目属于与收益相关的政府补助，应当按照时间进度或已发生支出占预计总支出的比例结转计入损益。本题中时间进度和已发生的支出占预计总支出的比例均为已知，这种情况下我们按已发生支出占预计总支出的比例结转计入损益。

【经典模拟题】

【多选题】下列关于政府补助的表述中，不正确的有（　　）。

A. 采用总额法核算的政府补助，无论是与资产相关的政府补助还是与收益相关的政府补助，只要满足政府补助确认条件，均可以确认递延收益

B. 与收益相关的政府补助，客观情况通常表明企业能够满足政府补助所附条件，企业应当将补助确认为递延收益，并在确认相关费用和损失的期间，计入当期损益或冲减相关成本

C. 难以区分的综合性项目政府补助，企业应当将其整体归类为与收益相关的政府补助进行处理

D. 企业收到政府无偿给与的非货币性资产时，应当按照账面价值借记有关资产科目

【答案】ABD

【解析】选项 A，对于与收益相关的政府补助，只有补偿企业以后期间的相关成本费用或损失的，在满足政府补助所附条件时，才可以计入递延收益，所以选项 A，B 表述均不正确；选项 C，难以区分的综合性项目政府补助，企业应当将其整体归类为与收益相关的政府补助进行处理。表述正确；选项 D，企业企业收到政府无偿给与的非货币性资产时，应当按照公允价值借记有关资产科目。选项 D 表述不正确。

重难点 4：政府补助的退回★

对于政府补助的退回应当分别下列情况进行会计处理：（一）初始确认时冲减相关资产成本的，应当调整资产账面价值；（二）存在尚未摊销的递延收益的，冲减相关递延收益账面余额，超出部分计入当期损益；（三）属于其他情况的，直接计入当期损益。此外，对于属于前期差错的政府补助退回，应当按照前期差错更正进行追溯调整。

【小贴士】发生政府补助退回的，应将原取得政府补助时进行的账务处理进行冲减。因为取得政府补助时，如果当时贷记递延收益账户，所以退回政府补助时，借记递延收益账户，并且把原计入其他收益账户的金额冲减，借记其他收益账户。如果取得时冲减资产账面价值的，应当将原冲减的资产的账面价值进行恢复。初始确认时冲减相关成本费用或营业外支出的以及初始确认时计入其他收益或营业外收入的，发生退回时直接计入当期损益。

【经典真题】

【多选题 · 2019】下列各项关于已确认的政府补助需要退回的会计处理的表述中，正确的有（　　）。

A. 初始确认时冲减资产账面价值的，调整资产账面价值

B. 初始确认时冲减相关成本费用或营业外支出的，直接计入当期损益

C. 初始确认时计入其他收益或营业外收入的，直接计入当期损益

D. 初始确认时确认为递延收益的，冲减相关递延收益账面余额，超过部分计入当期损益

【答案】ABCD

【解析】政府补助退回的，应按以下规定进行处理：（1）初始确认时冲减相关资产账面价值的，调整资产账面价值；（2）存在相关递延收益的，冲减相关递延收益账面余额，超出部分计入当期损益；（3）属于其他情况的，直接计入当期损益。

【经典模拟题】

【多选题】甲公司2×18年12月31日取得财政拨款800万元，用于购买生产设备。同日购入设备取得增值税专用发票注明的价款1 000万元，增值税税额130万元，支付安装调试费用50万元；甲公司预计该设备使用年限为5年，预计净残值为50万元，采用年限平均法计提折旧。甲公司采用总额法进行会计处理。2×19年6月末有关部门检测中发现甲公司不符合申请补助的条件，要求企业退回补助款，则甲公司应该做的会计处理为（　　）。

A. 借记递延收益80万元　　B. 借记其他收益80万元

C. 贷记递延收益720万元　　D. 贷记银行存款800万元

【答案】BD

【解析】本题中，甲公司2×18年12月31日取得政府补助时，贷记递延收益800万元，2×19年6月末发生政府补助退回时，递延收益转入其他收益的金额为800÷5÷2=80（万元），所以递延收益的余额为800－80=720（万元），所以政府补助退回时应该借记递延收益720万元，借记其他收益80万元，贷记银行存款800万元，所以选项B、D正确。

重难点5：特定业务的会计处理★★

（一）综合性项目政府补助

综合性项目政府补助同时包含与资产相关的政府补助和与收益相关的政府补助，企业需要将其进行分解并分别进行会计处理；难以区分的，企业应当将其整体归类为与收益相关的政府补助进行处理。

（二）政策性优惠贷款贴息

企业取得政策性优惠贷款贴息的，应当区分财政将贴息资金拨付给贷款银行和财政将贴息资金直接拨付给企业两种情况，分别进行会计处理。

1. 财政将贴息资金拨付给贷款银行

这种方式下，受益企业按照优惠利率向贷款银行支付利息，没有直接从政府取得利息补助，企业可以选择下列方法之一进行会计处理：

（1）以实际收到的金额作为借款的入账价值，按照借款本金和该政策性优惠利率计算借款费用。

（2）以借款的公允价值作为借款的入账价值并按照实际利率法计算借款费用，实际收到的金额与贷款入账价值之间的差额确认为递延收益。递延收益在贷款存续期内采用实际利率法摊销，冲减相关借款费用。

企业选择了上述两种方法之一后，应当一致地运用，不得随意变更。

2. 财政将贴息资金直接拨付给受益企业

财政将贴息资金直接拨付给受益企业，企业先按照同类贷款市场利率向银行支付利息，财政部门定期与企业结算贴息。在这种方式下，由于企业先按照同类贷款市场利率向银行支付利息，所以实际收到的借款金额通常就是借款的公允价值，企业应当将对应的贴息冲减相关借款费用。

【小贴士】财政将贴息资金拨付给贷款银行的第二种会计处理方法中，按企业实际支付的现金流量的现值作为长期借款的入账价值，通过“长期借款——本金”和“长期借款——利息调整”两个科目进行核算。合同贷款金额和长期借款入账价值的差额计入递延收益，在贷款存续期间内采用实际利率法摊销，冲减借款费用。

【经典模拟题】

【多选题】关于政策性优惠贷款贴息的表述中不正确的有（　　）。

A. 财政将贴息资金拨付给贷款银行时，以借款的公允价值作为借款的入账价值并按照实际利率法计算借款费用，实际收到的金额与贷款入账价值之间的差额确认为财务费用

B. 财政将贴息资金直接拨付给受益企业，企业实际收到的借款金额通常就是借款的公允价值

C. 企业取得政策性优惠贷款贴息用来建造固定资产的，财政将贴息资金直接拨付给受益企业的，企业在建造期间应将对应的贴息计入财务费用

D. 企业应在附注中披露计入递延收益的政府补助的明细表

【答案】AC

【解析】选项 A，实际收到的金额与贷款入账价值之间的差额应当确认为递延收益，所以选项 A 不正确；选项 C，建造期间的贴息符合资本化条件的应该冲减在建工程成本，所以选项 C 不正确。

四、进阶练习

（一）单选题

1. 下列关于政府补助说法不正确的是（　　）。

A. 取得与资产相关的政府补助，表现为非货币性资产的，企业应当在实际取得资产并办妥受让手续时按公允价值确认与计量

B. 与资产相关的政府补助会计处理时一定会计入递延收益账户

C. 与收益相关的政府补助会计处理时一定会计入递延收益账户

D. 综合性项目政府补助难以区分的，企业应当将其整体归类为与收益相关的政府补助进行会计处理

2. 下列有关政府补助说法，正确的是（　　）。

A. 收到的未来购买环保设备的补贴款应该确认为递延收益

B. 与企业日常活动无关的政府补助，计入营业外收入

C. 企业取得综合性项目的政府补助，无须对其进行分解，全部计入与资产相关的政府补助

D. 与企业日常活动相关的政府补助，应计入营业收入或冲减成本费用

3. 甲公司为高新技术企业，适用增值税先征后返政策。2×19 年 5 月 31 日甲公司收到政府即征即返的增值税 500 万元。2×19 年 6 月 1 日，甲公司收到当地政府为支持其购买试验设备的拨款 240 万元。2×19 年 6 月 15 日，甲公司购入该台设备，该设备无需安装并于当月投入使用，设备实际成本为 400 万元，其中 160 万元以自有资金支付。该设备预计使用寿命为 10 年，采用年限平均法计提折旧，预计净残值为零。甲公司对政府补助采用总额法处理。不考虑其他因素，甲公司 2×19 年因政府补助应确认的收益是（　　）万元。

A. 740　　B. 512　　C. 240　　D. 524

4. 2×17 年 2 月，甲公司需购置一台环保设备，预计共需资金 6 000 万元，因资金不足，按照相关规定，甲公司向有关部门提出补助 2 160 万元的申请。2×17 年 3 月 1 日，政府相关部门批准了甲公司的申请并拨付了 2 160 万元财政拨款，同日到账。2×17 年 4 月 30 日，甲公司购入环保设备并投入使用，实际成本为 3 600 万元，使用寿命为 5 年，预计净残值为零，采用年限平均法计提折旧。2×19 年 4 月 30 日，甲公司将该设备出售，取得价款 2 400 万元，支付相关费用 30 万元，不考虑相关税费等因素，则下列说法中正确的是（　　）。

A. 甲公司收到政府补助时应确认当期营业外收入 2 160 万元

B. 收到的政府补助自 2×17 年 3 月 1 日起开始摊销并计入损益

C. 处置环保设备时，尚未分摊的递延收益余额为 1 296 万元

D. 甲公司因处置该环保设备影响营业外收入的金额为 210 万元

5. 2×19 年 1 月 5 日，政府拨付甲企业 780 万元财政拨款（同日到账），要求用于购买一台大型科研设备用于某科研项目，该项目至 2×19 年年末仍处于研究阶段。2×19 年 1 月 31 日，A 企业购入大型设备（假设不需安装）并于当月投入使用，实际成本为 900 万元，其中 120 万元以自有资金支付，预计使用寿命为 10 年，预计净残值为 0，采用年限平均法计提折旧。假定不考虑其他因素，A 企业采用总额法核算政府补助。上述业务影响 2×19 年度利润总额的金额为（　　）万元。

A. －82.5　　B. －88　　C. －71.5　　D. －11

6. 甲公司在 20×7 年 6 月 20 日收到政府补助 1 500 万元，一部分用于为甲公司研究项目购置一台实验设备，一部分用于对该研究项目的人才激励和人才引进奖励。甲公司必须按规定使用该笔资金，并选择总额法进行会计处理。甲公司于 20×7 年 12 月、20×8 年 12 月和 20×9 年 12 月使用了 900 万元、200 万元、400 万元用于购买实验设备和为高管发放奖金。下列会计处理中正确的是（　　）。

A. 20×7 年 12 月应确认固定资产 900 万元

B. 20×7 年 12 月应借记递延收益 900 万元，贷记其他收益 900 万元

C. 20×8 年 12 月花费政府补助资金应借记递延收益 200 万元，贷记管理费用 200 万元

D. 对于政府补助的三次使用均应借记递延收益，贷记管理费用

7. 2×18 年 1 月 20 日，甲房地产开发公司以出让方式取得一宗土地使用权，实际成本为 700 万元，预计使用年限 70 年。2×18 年 3 月 1 日，甲公司在上述地块上开始建造商业设施，建成后作为自营住宿、餐饮的场地。2×18 年 10 月 15 日，商场设施达到预定可使用状态，建造期间，发生人工费 2 000 万元，领用本公司原材料成本 1 000 万元，购进时的进项税 130 万元。该商业设施预计使用年限 20 年，采用年限平均法计提折旧，无残值。因建造

的商业设施部分具有公益性质，甲公司于2×18年6月1日收到国家拨付的补助资金60万元。但有关部门在2×19年6月30日检查时发现，甲企业并未将原认定为具有公益性质的商业设施部分用于公益，要求甲企业退回补助款，假定甲公司采用总额法对政府补助进行核算，则下列各项中，正确的是（　　）。

A. 甲公司应在2×18年10月15日确认递延收益60万元

B. 甲公司因政府补助退回冲减其他收益2万元

C. 2×18年度因政府补助而确认的其他收益为1.5万元

D. 取得该土地使用权时支付的金额700万元计入房地产开发成本

8. 下列表述中，错误的是（　　）。

A. 不论是财政将贴息资金拨付给贷款银行还是拨付给企业，最终的受益人都是企业

B. 企业取得政策性优惠贷款贴息时，以实际收到的金额或借款的公允价值两种方法作为借款的入账价值进行会计处理时，长期借款在资产负债表中反映的账面价值相同

C. 财政将贴息资金拨付给受益企业时，实际收到的借款金额通常就是借款的公允价值

D. 财政将贴息资金拨付给贷款银行并且企业以借款的公允价值作为借款的入账价值进行会计处理时，借款费用应按照实际利率计算而非按照优惠利率计算

（二）多选题

1. 下列各项中可能会影响企业当期营业利润的有（　　）。

A. 与资产相关的政府补助摊销　　B. 交易性金融资产发生的汇兑损益

C. 收到因税收优惠而返还的消费税　　D. 因债务重组产生的收益

2. 甲公司是一家软件开发公司，2018年1月6日，政府拨付480万元给甲公司要求用于购买大型设备用于某项科研项目。2018年1月28日甲公司购入不需要安装的大型设备，实际成本600万元，其中120万元以自有资金支付，预计使用寿命20年，无净残值，采用年限平均法计提折旧。不考虑其他因素，根据上述内容，下列表述正确的有（　　）。

A. 采用总额法计算2018年对该设备计提折旧27.5万元

B. 采用净额法计算2018年对该设备计提折旧5.5万元

C. 采用总额法计算上述业务对2018年利润总额的影响金额是－5.5万元

D. 采用净额法计算上述业务对2018年利润总额的影响金额是－5.5万元

3. 企业应该在政府补助的附注中披露的与政府补助相关的信息有（　　）。

A. 计入当期损益的政府补助金额　　B. 政府补助的列报项目

C. 本期退回政府补助的原因　　D. 上期退回的政府补助金额

4. 下列各项关于政府补助的说法中，正确的有（　　）。

A. 在总额法下，收到政府补助款最终全额确认为收益

B. 在总额法下，如果对应的长期资产在持有期间发生减值损失，递延收益的摊销仍保持不变，不受减值因素的影响

C. 在总额法下，如果企业先收资金再购建，则应在相关资产剩余使用寿命内按合理、系统的方法将递延收益分期计入损益

D. 在总额法下，如果企业先购建再收到的资金，则应在开始对相关资产计提折旧或摊销时开始将递延收益分期计入损益

5. 下列有关与资产相关的政府补助，采用总额法核算的说法中，正确的有（　　）。

A. 与资产有关的政府补助，从资产达到预定可使用状态时起，在资产使用寿命内分期平均计入各期损益

B. 与资产相关的政府补助，收到时确认为递延收益，并从当月起分期平均计入各期损益

C. 与资产相关的政府补助，企业应当在实际取得资产并办妥相关受让手续时按照其公允价值确认和计量，公允价值不能可靠取得的，按照名义金额1元计量

D. 企业收到与资产相关的政府补助，一定会影响收到补助当期的损益

6. 关于企业取得针对综合性项目的政府补助，下列说法中正确的有（　　）。

A. 无须分解而将其全部作为与资产相关的政府补助处理

B. 无须分解而将其全部作为与收益相关的政府补助处理

C. 需将其分解为与资产相关的部分和与收益相关的部分，分别进行处理

D. 难以区分为与资产相关的部分和与收益相关的部分，将政府补助整体归类为与收益相关的政府补助进行会计处理

7. 下列关于政府补助的表述中，错误的有（　　）。

A. 对于构建综合性项目而取得的政府补助，应按照政府的拨款方式和要求进行核算

B. 采用总额法进行会计处理的政府补助，如果对应的固定资产在持有期间发生减值损失，只要减值后固定资产剩余使用年限不变，递延收益就不需要相应进行调整

C. 一般纳税人增值税即征即退可以用净额法和总额法两种方法进行会计处理

D. 关于企业取得针对综合性项目的政府补助，难以区分为与资产相关和与收益相关的，应将政府补助整体归类为与资产相关的政府补助

8. 甲公司为增值税一般纳税人，为采用新技术生产更为先进的环保设备，于2×18年4月1日起对某条生产线进行更新改造。甲公司更新改造该生产线属于国家鼓励并给予补助的项目，经甲公司申请，于12月10日得到相关政府部门批准，可获取政府补助3 000万元，并于12月15日收到政府补贴款。该生产线的原值为20 000万元，已计提折旧13 000万元，旧设备的账面价值为600万元（假定无残值），新安装设备的购进成本为15 000万元；在更新改造期间，发生人工费用90万元；领用本公司原材料一批，成本为100万元，购入时的增值税为进项税13万元，该批材料公允价值120万元；相关支出均通过银行转账支付。生产线更新改造项目于2×18年12月20日达到预定可使用状态，新生产线的预计使用寿命10年，采用直线法计提折旧，无残值。假设2×19年6月30日，有关部门在对甲企业的检查中发现，甲企业不符合申请补助的条件，要求甲企业退回补助款，甲企业当月即退回补助款。甲公司采用净额法对政府补助进行相关会计处理，假定不考虑其他因素，下列说法中正确的有（　　）。

A. 更新改造后的生产线的入账价值为21 590万元

B. 该政府补助属于与收益相关的政府补助

C. 由于政府补助退回导致的固定资产账面价值调整数为3 000万元

D. 实际退回的政府补助金额和固定资产账面价值调整数的差额应计入当期损益

9. 下列各项关于政策性优惠贷款贴息的表述中，正确的有（　　）。

A. 企业取得政策性优惠贷款贴息且财政将贴息资金拨付给贷款银行的，受益企业是没

有直接从政府处取得利息补助的

B. 财政将贴息资金拨付给贷款银行时可以以实际收到的金额或借款的公允价值两种方法作为借款的入账价值进行会计处理，这两种方法下计入在建工程的利息支出是不一致的

C. 企业取得政策性优惠贷款贴息时，贷款期间利息费用若满足资本化条件，应计入相关在建工程的成本

D. 企业取得政策性优惠贷款贴息且财政将贴息资金拨付给企业的，应采用净额法核算

（三）计算分析题

甲企业为生产企业，2×15～2×20 年发生的有关交易和事项如下：

（1）2×15 年 4 月，甲公司购置一台环保设备，支付价款 6 000 万元，增值税为 780 万元，设备购入后立即投入使用，该设备使用年限为 10 年，直线法计提折旧，预计净残值率为 2%。2×17 年 5 月，政府补助政策进行调整，甲企业满足申请政府补助条件，就购买环保设备事宜向政府申请补助资金 3 000 万元，当月政府补助资金到账，企业采用总额法核算政府补助。2×18 年 12 月 31 日，该设备的可收回金额为 3 800 万元，企业重新估计该固定资产的剩余使用寿命为 5 年，折旧方法与预计净残值不变。

（2）2×19 年 12 月甲企业将设备出售，取得价款 3 100 万元（不含税），增值税额为 13%。

（3）政府于 2×16 年 5 月向甲企业提供 1 000 万元奖励资金，用于企业人才引进，同时规定，甲企业自获得奖励起 10 年内注册地址不迁离本区，否则政府有权收回奖励资金。甲企业分别于 2×16 年 12 月、2×17 年 12 月使用了 600 万元、400 万元用于奖励引进的高管人才。

（4）2×20 年有关部门对甲企业的检查中发现，甲企业不符合申请补助的条件，要求甲企业退回资料（1）中的补助款。

要求：

1. 根据资料（1）计算该设备减值金额并做出相应的账务处理；做出取得政府补助及 2×19 年和政府补助有关的会计处理。

2. 根据资料（2）计算固定资产处置损益，并做出和政府补助有关的会计处理。

3. 说明资料（1）和资料（3）涉及的政府补助类型。说明资料（3）的会计处理原则。

4. 做出资料（3）和（4）的会计处理。

五、进阶练习答案

（一）单选题

1.【答案】C

【解析】选项 C 与收益相关的政府补助，用于补偿以后期间相关成本费用或损失的，能够满足政府补助所附条件，会计处理时会计入递延收益账户，用于补偿已发生的相关成本费用或损失的，直接计入当期损益或冲减相关成本，不需要计入递延收益账户。

2.【答案】A

【解析】选项 A 收到的未来购买环保设备的补贴款属于资产类的政府补贴，应计入递延收益。选项 B 与企业日常活动无关的政府补助应计入“营业外收支”。选项 C 企业取得综合

性项目的政府补助应将其分解成与资产相关和与收益相关的政府补助。选项 D 与企业日常活动相关的政府补助应按经济业务实质计入其他收益或冲减相关成本费用。

3. 【答案】B

【解析】即征即返的增值税 500 万元应于收到时计入其他收益；取得的财政拨款 240 万元属于与资产相关的政府补助，且采用总额法核算，应在资产的使用寿命内分摊。当期分摊计入其他收益的金额 =240 ÷ 10 ÷ 12 ×6 = 12（万元），应计入其他收益的金额 =500 + 12 = 512（万元）。

4. 【答案】C

【解析】选项 A，取得与资产相关的政府补助应当计入递延收益；选项 B，递延收益应于资产开始计提折旧时开始摊销，即 2 ×17 年 5 月开始摊销；选项 C，处置环保设备时，尚未分摊的递延收益余额 =2 160 －2 160 ÷5 ×2 =1 296（万元）；选项 D，固定资产处置收益 = 2 400 －(3 600 －3 600 ÷5 ×2) －30 =210（万元），此收益计入资产处置损益，不计入营业外收入。

5. 【答案】D

【解析】2 ×19 年该设备计提折旧计入管理费用的金额 =900/10/12 ×11 =82. 5（万元），递延收益摊销计入其他收益的金额 =780/10/12 ×11 =82. 5（万元），上述业务影响 2 ×19 年度利润总额的金额 =71. 5 －82. 5 = －11（万元）。

6. 【答案】B

【解析】本题政府补助的 1 500 万元，由于难以区分与资产相关和与收益相关的具体金额，因此全部作为与收益相关的政府补助进行会计处理。甲公司选择用总额法进行会计处理，本例中与收益相关的政府补助属于用于补偿企业以后期间的相关成本费用或损失，因此三次使用政府补助资金的会计处理均为借记递延收益，贷记其他收益。

7. 【答案】B

【解析】选项 A 错误，甲公司应在取得与资产相关的政府补助时应计入递延收益，即 2 ×18 年 6 月 1 日；选项 B 正确，甲公司因政府补助退回冲减其他收益 =60/20/12 ×2 +60/20/2 =2（万元）；选项 C 错误，2 ×18 年 10 月 15 日商场设施达到预定可使用状态，因而从 2 ×18 年 11 月开始确认其他收益，2 ×18 年度因政府补助而确认的其他收益 =60/20/12 ×2 = 0. 5（万元）；选项 D 错误，为建造自用商业设施取得的土地使用权应确认为无形资产。

8. 【答案】B

【解析】本题选项 B，企业以实际收到的金额或借款的公允价值两种方法作为借款的入账价值进行会计处理时，长期借款在资产负债表中反映的账面价值是不同的，以借款的公允价值作为入账价值进行会计处理时有递延收益的问题存在。

（二）多选题

1. 【答案】ABCD

【解析】选项 A，与资产相关的政府补助应计入递延收益，并在资产使用寿命内平均摊销计入其他收益或营业外收入，可能会影响营业利润；选项 B，交易性金融资产发生的汇兑损益计入投资收益中，影响营业利润；选项 C，收到政府返还的消费税属于政府补助计入其他收益，影响营业利润；选项 D，债务重组的收益计入投资收益或其他收益，影响营业利润。

2. 【答案】ABCD

【解析】总额法：

1 月 6 日收到政府补助款：（单位：万元）

借：银行存款　　480

　　贷：递延收益　　480

1 月 28 日购入设备

借：固定资产　　600

　　贷：银行存款　　600

2018 年 2 月起每月计提折旧

借：管理费用　　（600/20/12）2.5

　　贷：累计折旧　　2.5

借：递延收益　　（480/20/12）2

　　贷：其他收益　　2

2018 年递延收益摊销计入其他收益的金额 = 480/20/12 × 11 = 22（万元）

影响利润总额的金额 = 22 − 2.5 × 11 = −5.5（万元）

净额法：

1 月 6 日收到政府补助款：（单位：万元）

借：银行存款　　480

　　贷：递延收益　　480

1 月 28 日购入设备

借：固定资产　　600

　　贷：银行存款　　600

借：递延收益　　480

　　贷：固定资产　　480

2018 年 2 月起每月计提折旧

借：管理费用　　（120/20/12）0.5

　　贷：累计折旧　　0.5

影响 2018 年利润总额的金额 = −0.5 × 11 = −5.5（万元）

3. 【答案】ABC

【解析】企业应该在政府补助的附注中披露的与政府补助相关的信息有：（1）政府补助的金额，种类，列报项目；（2）计入当期损益的政府补助金额；（3）本期退回政府补助的金额及原因。

4. 【答案】AB

【解析】选项 C，在总额法下，如果企业先收资金再购建，则应在开始对相关资产计提折旧或摊销时开始将递延收益分期计入损益；选项 D，在总额法下，如果企业先购建再收到的资金，则应在相关资产剩余使用寿命内按合理、系统的方法将递延收益分期计入损益。

5. 【答案】AC

【解析】选项 B，与资产相关的政府补助，其摊销时点与资产计提折旧或摊销的时点相同；选项 D，若资产在当期未达到预定可使用状态，未计提折旧或摊销，则递延收益也不摊销，因此不一定影响当期损益。

6. 【答案】CD

【解析】企业取得针对综合性项目的政府补助，需将其分解为与资产相关和与收益相关部分，分别进行处理，选项 C 正确，选项 A 和 B 错误；难以区分为与资产相关和与收益相关部分的，将政府补助整体归类为与收益相关的政府补助进行会计处理，选项 D 正确。

7. 【答案】CD

【解析】选项 C，按照规定，一般纳税人增值税即征即退是属于与日常活动相关，只能采用总额法进行会计处理。选项 D，关于企业取得针对综合性项目的政府补助，难以区分为与资产相关和与收益相关的，应将政府补助整体归类为与收益相关的政府补助。

8. 【答案】AD

【解析】选项 A 正确，更新改造后的生产线的入账价值 = (20 000 - 13 000) - 600 + 15 000 + 90 + 100 = 21 590（万元）；选项 B 错误，甲公司获取政府补助用于补偿生产线更新改造发生的支出，属于与资产相关的政府补助；选项 C 错误，固定资产账面价值调整数 = 3 000 - (3 000/10 × 1/2) = 2 850（万元）；选项 D 正确，实际退回的政府补助金额和固定资产账面价值调整数的差额应计入当期损益，本题中，应计入制造费用 150 万元。

9. 【答案】ACD

【解析】本题选项 A，企业取得政策性优惠贷款贴息且财政将贴息资金拨付给贷款银行的，受益企业是没有直接从政府处取得利息补助的，而是差额部分直接由财政拨给了贷款银行；选项 B，财政将贴息资金拨付给贷款银行时两种会计处理方法下计入在建工程的利息支出是一致的，都是按照优惠利率计算出的利息支出，选项 B 错误。

（三）计算分析题

【答案及解析】

1. 2×18 年 12 月 31 日计提减值准备前该设备的账面价值为：

6 000 - (6 000 - 120) ÷ 10 ÷ 12 × (8 + 36) = 3 844（万元），可收回金额（2×18 年 12 月 31 日）为 3 800 万元，所以该固定资产减值 44 万元。

借：资产减值损失　　44

　　贷：固定资产减值准备　　44

2×17 年 5 月取得政府补助时

借：银行存款　　3 000

　　贷：递延收益　　3 000

2×17 年 5 月，甲企业取得政府补助时，固定资产的剩余使用寿命为 8 年。所以递延收益按 8 年进行摊销，转入其他收益。

每月摊销递延收益 = 3 000 ÷ 8 ÷ 12 = 31.25（万元）

至 2018 年 12 月 31 日，递延收益摊销金额 = 31.25 × 20 = 625（万元）。尚未摊销金额 = 3 000 - 625 = 2 375（万元）。

2019 年摊销金额 = 2 375 ÷ 5 = 475（万元）。

借：递延收益　　475

贷：其他收益 475

2. 截至2019年12月固定资产的账面价值为

3 800 -（3 800 - 120）÷5 = 3 064（万元）

固定资产处置收益 = 3 100 - 3 064 = 36（万元）

2019年12月尚未摊销的递延收益 = 2 375 - 475 = 1 900（万元），全部转入资产处置损益。

借：递延收益 1 900

贷：资产处置损益 1 900

3. 资料（1）为与资产相关的政府补助；资料（3）为与收益相关的政府补助；资料（3）属于用于补偿企业以后期间的相关成本费用或损失的，企业应当将政府补助确认为递延收益，并在确认相关费用或损失的期间，计入当期损益。

4. 资料（3）的会计分录

2×16年5月，收到补贴款时

借：银行存款 1 000

贷：递延收益 1 000

2×16年12月奖励高管人才时

借：递延收益 600

贷：管理费用 600

2×17年12月奖励高管人才时

借：递延收益 400

贷：管理费用 400

资料（4）的会计分录

借：其他收益 1 100

资产处置损益 1 900

贷：银行存款 3 000

第十八章 非货币性资产交换

一、2020年新教材内容主要变化

2020年教材本章根据2019年修订的《企业会计准则第7号——非货币性资产交换》进行了重新编写。

1. 非货币性资产定义中将收取固定或可确定金额的“资产”改为“权利”；删除非货币性资产示例。

2. 新准则删除以存货进行的交换，与新收入准则的范围协调一致。企业以存货交换其他非货币性资产的交易，应按新收入准则有关“客户支付非现金对价”的规定处理。即以所取得（换入）非现金对价公允价值为首选确认收入。

3. 明确了非货币性资产交换准则的适用范围。

4. 增加换入资产的确认时点，以及换出资产的终止确认时点基本原则。明确换入资产确认时点与换出资产终止确认时点不同的处理。

5. 删除了对非货币性资产交换进行商业实质判断时关注关联方关系影响。

6. 补充了以换入资产公允价值作为初始计量时，涉及支付或收到补价的处理。

7. 新准则澄清以公允价值为基础计量的非货币性资产交换中，同时换入或换出多项资产的分摊方法，强调分摊金额应扣除金融资产，金融资产以其单独公允价值计量，而不是以分摊的金额计量。

【小贴士】尽管历年不是重要章节，但对于变化内容应该作为重点内容学习和掌握。

二、本章近五年考情统计分析

本章考题以单选题或多选题的形式出现，尽管本章不是重要考试章节，但对于变化内容应作为重点学习和掌握，最近五年考试平均分值为2.8分。

（一）近五年考试分值分布

题型	2015年	2016年	2017年	2018年	2019年
单选题	4	—	2	2	2
多选题		2		2	—
合计	4	2	2	4	2

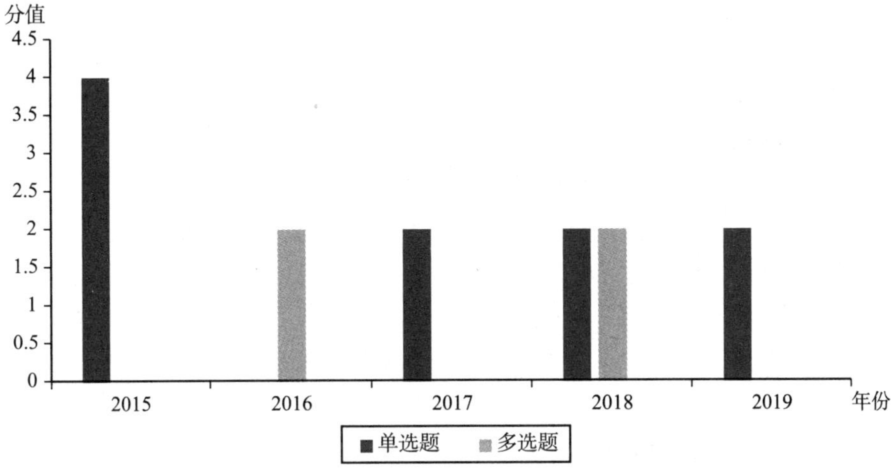

（二）近五年考试考点分布

近五年考试考点分布表

高频考点内容	年度及题型分布
非货币性资产交换的判定	2015 年、2019 年单选题，2016 年、2017 年、2018 年单选题和多选题
非货币性资产交换的会计处理	2015 年单选题、2019 年多选题

三、重难点解析

本章内容是非货币性资产交换，是独立的一章。本章主要内容包括：非货币性资产交换的认定；非货币性资产交换的确认和计量；非货币性资产交换的会计处理。

重难点 1：非货币性资产交换的认定★★

（一）非货币性资产交换的概念

非货币性资产交换，是指企业主要以固定资产、无形资产、投资性房地产和长期股权投资等非货币性资产进行的交换。该交换不涉及或只涉及少量的货币性资产（即补价）。

【小贴士】货币性资产的定义有所变化，考生应该关注；新准则删除以存货进行的交换，与新收入准则的范围协调一致。企业以存货交换其他非货币性资产的交易，应按新收入准则有关“客户支付非现金对价”的规定处理。

【经典真题】

【多选题·2018】下列各项资产中，属于货币性资产的有（　　）。

A. 银行存款

B. 预付款项

C. 应收票据

D. 以公允价值计量且其变动计入当期损益的金融资产

【答案】AC

【解析】选项 B、选项 D 为非货币性资产。

（二）非货币性资产交换具有如下特征：

1. 非货币性资产交换的交易对象主要是非货币性资产

2. 非货币性资产交换是以非货币性资产进行交换的行为

3. 非货币性资产交换一般不涉及货币性资产，但有时也可能涉及少量的货币性资产。

【小贴士】教材新增加了交易双方对于某项交易是否为非货币性资产交换的判断是否一致的说明：

通常情况下，交易双方对于某项交易是否为非货币性资产交换的判断是一致的。需要注意的是，对非货币性资产交换进行判断企业应从自身的角度，根据交易的实质判断相关交易是否属于本章定义的非货币性资产交换，不应基于交易双方的情况进行判断。例如，投资方以一项固定资产出资取得对被投资方的权益性投资，对投资方来说，换出资产为固定资产，换入资产为长期股权投资，属于非货币性资产交换；对于被投资方来说，则是接受换入的实物资产，属于接受权益性投资，不属于非货币性资产交换。

【经典模拟题】

【单选题】下列有关非货币性资产交换的表述正确的是（　　）。

A. 通常情况下，交易双方对于某项交易是否为非货币性资产交换的判断是一致的

B. 投资方以一项固定资产出资取得对被投资方的权益性投资，对投资方来说，不属于非货币性资产交换；对于被投资方来说，属于非货币性资产交换

C. 通常情况下，交易双方对于某项交易是否为非货币性资产交换的判断是不一致的

D. 交易双方对于某项交易是否为非货币性资产交换的判断一定是一致的

【答案】A

【解析】通常情况下，交易双方对于某项交易是否为非货币性资产交换的判断是一致的，选项 A 正确；投资方以一项固定资产出资取得对被投资方的权益性投资，对投资方来说，属于非货币性资产交换；对于被投资方来说，不属于非货币性资产交换；选项 B 错误。

（三）非货币性资产交换的认定

非货币性资产交换一般不涉及货币性资产，或只涉及少量货币性资产即补价。非货币性资产交换准则规定，认定涉及少量货币性资产的交换为非货币性资产交换，通常以补价占整个资产交换金额的比例是否低于25%作为参考比例。具体来说：从收到补价的企业来看，收到的补价的公允价值占换出资产公允价值（或占换入资产公允价值和收到的货币性资产之和）的比例低于25%的，视为非货币性资产交换；从支付补价的企业来看，支付的货币性资产占换出资产公允价值与支付的补价的公允价值之和（或占换入资产公允价值）的比例低于25%的，视为非货币性资产交换；如果上述比例高于25%（含25%）的，则视为货币性资产交换，适用《企业会计准则第 14 号收入》等相关准则的规定。

【经典真题】

【多选题·2019】对甲公司而言，下列各项交易中，应当认定为非货币交换进行会计处理的是（　　）。

A. 甲公司以专利技术换乙公司一辆汽车

B. 甲公司以应收丁公司 2 200 万元银行承兑汇票交换乙公司一栋办公用房

C. 甲公司以一项专利权交换乙公司一项非专利技术，并以银行存款收取补价，所收取补价占换出专利权的公允价值的 30%

D. 甲公司以一台设备换乙公司一台汽车

【答案】AD

【解析】选项 B，乙公司换出银行承兑汇票属于货币性资产，不属于非货币性资产交换；选项 C，收取的补价占换出资产公允价值的比例为 30%，超过了 25%，所以不属于非货币性资产交换。

（四）非货币性资产交换不涉及的交易和事项

本章所指非货币性资产交换不涉及以下交易和事项：

1. 换出资产为存货的非货币性资产交换
2. 在企业合并中取得的非货币性资产
3. 交换的资产包括属于非货币性资产的金融资产
4. 非货币性资产交换中涉及使用权资产或应收融资租赁款
5. 非货币性资产交换构成权益性交易
6. 其他不适用非货币性资产交换准则的交易和事项

（1）企业从政府无偿取得非货币性资产，适用《企业会计准则第 16 号——政府补助》。

（2）企业将非流动资产或处置组分配给所有者的，适用《企业会计准则第 42 号——持有待售的非流动资产、处置组和终止经营》

（3）企业以非货币性资产向职工发放非货币性福利的，适用《企业会计准则第 9 号——职工薪酬》。

（4）企业以发行股票形式取得的非货币性资产，相当于以权益工具换入非货币性资产，其成本确定适用《企业会计准则第 37 号——金融工具列报》。

（5）企业用于非货币性资产交换的非货币性资产应当符合资产的定义并满足资产的确认条件，且作为资产列报于企业的资产负债表上。因此，企业用于交换的资产目前尚未列报于资产负债表上，或不存在或尚不属于本企业的，适用其他相关会计准则。

【小贴士】新准则澄清本准则与其他准则的范围，教材进一步明确了非货币性资产交换不涉及的交易和事项，上述第 4、5、6 条为新增加内容。

【经典模拟题】

【多选题】下列各项交易事项中，不属于非货币性资产交换的有（　　）。

A. 换出资产为存货的非货币性资产交换

B. 在企业合并中取得的非货币性资产

C. 非货币性资产交换构成权益性交易

D. 企业以非货币性资产向职工发放非货币性福利

【答案】ABCD

【解析】选项A，企业以存货换取客户的非货币性资产（如固定资产、无形资产等）的，换出存货的企业相关的会计处理适用《企业会计准则第14号——收入》；选项B，非货币性资产交换中涉及企业合并的，适用《企业会计准则第20号——企业合并》《企业会计准则第2号——长期股权投资》和《企业会计准则第33号——合并财务报表》；选项C，适用权益性交易的有关会计处理规定；选项D，适用《企业会计准则第9号——职工薪酬》。

重难点2：非货币性资产交换的确认原则★★

企业应当分别按照下列原则对非货币性资产交换中的换入资产进行确认，对换出资产终止确认：对于换入资产，应当在其符合资产定义并满足资产确认条件时予以确认；对于换出资产，应当在其满足资产终止确认条件时终止确认。

非货币性资产交换中的资产应当符合资产的定义并满足资产的确认条件，且作为资产列报于企业的资产负债表上。因此，通常情况下，换入资产的确认时点与换出资产的终止确认时点应当相同或相近。在换入资产的确认时点与换出资产的终止确认时点存在不一致的情形下，在资产负债表日，企业当按照下列原则进行会计处理：换入资产满足资产确认条件，换出资产尚未满足终止确认条件的，在确认换入资产的同时将交付换出资产的义务确认为一项负债；换入资产尚未满足资产确认条件，换出资产满足终止确认条件的，在终止确认换出资产的同时将取得换入资产的权利确认为一项资产。

【小贴士】新准则增加换入资产的确认时点，以及换出资产的终止确认时点基本原则。明确换入资产确认时点与换出资产终止确认时点不同的处理。考生应该特别关注。

【经典模拟题】

【多选题】依据《企业会计准则第7号——非货币性资产交换》，下列各项中，关于非货币性资产交换确认表述正确的有（　　）。

A. 对于换入资产，应当在其符合资产定义并满足资产确认条件时予以确认

B. 对于换出资产，应当在其满足资产终止确认条件时终止确认

C. 非货币性资产交换中的资产应当符合资产的定义并满足资产的确认条件，且作为资产列报于企业的资产负债表上

D. 换入资产的确认时点与换出资产的终止确认时点应当相同

【答案】ABC

【解析】通常情况下，换入资产的确认时点与换出资产的终止确认时点应当相同或相近；在换入资产的确认时点与换出资产的终止确认时点存在不一致的情形。选项错误。

重难点3：非货币性资产交换的计量原则★★

（一）以公允价值为基础计量

以公允价值计量的适用条件	以公允价值计量的确认原则	公允价值更加可靠性的判定
非货币性资产交换同时满足下列两个条件的，应当以公允价值和应支付的相关税费作为换入资产的成本，公允价值与换出资产账面价值的差额计入当期损益： （1）该项交换具有商业实质； （2）换入资产或换出资产的公允价值能够可靠地计量。	换入资产和换出资产公允价值均能够可靠计量的，应当以换出资产公允价值作为确定换入资产成本的基础，一般来说，取得资产的成本应当按照所放弃资产的对价来确定，在非货币性资产交换中，换出资产就是放弃的对价，如果其公允价值能够可靠确定，当优先考虑按照换出资产的公允价值作为确定换入资产成本的基础；如果有确凿证据表明换入资产的公允价值更加可靠的，应当以换入资产公允价值为基础确定换入资产的成本。	第一层次输入值为公允价值提供了最可靠的证据，第二层次直接或间接可观察的输入值比第三层次不可观察输入值为公允价值提供更确凿的证据。 实务中，在考虑了补价因素的调整后，正常交易中换入资产的公允价值和换出资产的公允价值通常是一致的。

【经典模拟题】

【多选题】依据《企业会计准则第7号——非货币性资产交换》，企业在判断是否有确凿证据表明换入资产的公允价值更加可靠，表述正确的有（　　）。

A. 企业在判断是否有确凿证据表明换入资产的公允价值更加可靠时，应当考虑确定公允价值所使用的输入值层次

B. 第一层次输入值为公允价值提供了最可靠的证据

C. 第二层次直接或间接可观察的输入值，比第三层次不可观察输入值为公允价值提供更确凿的证据

D. 第二层次间接可观察的输入值，不比第三层次不可观察输入值为公允价值提供更确凿的证据

【答案】ABC

【解析】对于非货币资产交换中换入资产和换出资产的公允价值均能够可靠计量的情形，企业在判断是否有确凿证据表明换入资产的公允价值更加可靠时，应当考虑确定公允价值所使用的输入值层次，企业可以参考以下情况：第一层次输入值为公允价值提供了最可靠的证据，第二层次直接或间接可观察的输入值比第三层次不可观察输入值为公允价值提供更确凿的证据。选项D错误。

（二）以账面价值为基础计量

不具有商业实质或交换涉及资产的公允价值均不能可靠计量的非货币性资产交换，应当按照换出资产的账面价值和应支付的相关税费，作为换入资产的成本，无论是否支付补价，均不确认损益；收到或支付的补价作为确定换入资产成本的调整因素。

【经典模拟题】

【多选题】关于非货币性资产交换的确认和计量原则，下列表述正确的有（　　）。

A. 具有商业实质的非货币性资产交换，换入资产和换出资产公允价值均能够可靠计量的，应当以换出资产公允价值作为确定换入资产成本的基础

B. 不具有商业实质或交换涉及资产的公允价值均不能可靠计量的非货币性资产交换，应当按照换入资产的账面价值作为换入资产的成本

C. 以账面价值计量的非货币性资产交换，无论是否涉及补价，均不确认损益

D. 收到或支付的补价是确定换入资产成本的调整因素

【答案】ACD

【解析】选项B，不具有商业实质或交换涉及资产的公允价值均不能可靠计量的非货币性资产交换，应当按照换出资产的账面价值作为换入资产成本的计量基础。

重难点4：商业实质的判断★

（一）判断条件

企业发生的非货币性资产交换，满足下列条件之一的，视为具有商业实质：

（1）换入资产的未来现金流量在风险、时间分布或金额方面与换出资产显著不同。

（2）使用换入资产所产生的预计未来现金流量现值与继续使用换出资产所产生的预计未来现金流量现值不同，且其差额与换入资产和换出资产的公允价值相比是重大的。

（二）交换涉及的资产类别与商业实质的关系

企业在判断非货币性资产交换是否具有商业实质时，还可以从资产是否属于同一类别进行分析，因为不同类别非货币性资产因其产生经济利益的方式不同，一般来说其产生的未来现金流量风险、时间和金额也不相同，因而不同类别非货币性资产之间的交换是否具有商业实质，通常较易判断。

【小贴士】教材删除了关联方关系对判断商业实质的影响。判断交易是否具有商业实质，应关注于换入换出资产现金流量的变动，无论交易双方是否具有关联方关系。

【经典模拟题】

【多选题】下列各项中，能够据以判断非货币性资产交换具有商业实质的有（　　）。

A. 换入资产与换出资产未来现金流量的风险、金额相同，时间不同

B. 换入资产与换出资产未来现金流量的时间、金额相同，风险不同

C. 换入资产与换出资产未来现金流量的风险、时间相同，金额不同

D. 换入资产与换出资产的预计未来现金流量现值不同，且其差额与换入资产和换出资产的公允价值相比具有重要性

【答案】ABCD

【解析】满足下列条件之一的非货币性资产交换具有商业实质：（1）换入资产的未来现金流量在风险、时间和金额方面与换出资产显著不同；（2）换入资产与换出资产的预计未来现金流量现值不同，且其差额与换入资产和换出资产的公允价值相比是重大的。

重难点5：以公允价值计量的会计处理★★

非货币性资产交换具有商业实质且公允价值能够可靠计量的，应当以换出资产的公允价值和应支付的相关税费作为换入资产的成本，除非有确凿证据表明换入资产的公允价值比换出资产的公允价值更加可靠。其中，计入换入资产的应支付的相关税费应当符合相关会计准

则对资产初始计量成本的规定。例如，换入资产为存货的，包括相关税费、使该资产达到目前场所和状态所发生的运输费、装卸费、保险费以及可归属于该资产的其他成本；换入资产为固定资产的，包括相关税费、使该资产达到预定可使用状态前所发生的可归属于该资产的运输费、装卸费、安装费和专业人员服务费等。

非货币性资产交换的会计处理，视换出资产的类别不同而有所区别：

1. 换出资产为固定资产、在建工程、生产性生物资产、无形资产的，换出资产公允价值和换出资产账面价值的差额，计入资产处置损益。

2. 换出资产为长期股权投资的，换出资产公允价值和换出资产账面价值的差额，计入投资收益。

3. 换出资产为投资性房地产的，按换出资产公允价值或换入资产公允价值确认其他业务收入，按换出资产账面价值结转其他业务成本，二者之间的差额计入当期损益。

换入资产与换出资产涉及相关税费的，按照相关税收规定计算确定。

【小贴士】教材强调了计入换入资产的应支付的相关税费应当符合相关会计准则对资产初始计量成本的规定，并且强调了换出投资性房地产的会计处理。

（一）不涉及补价的情况

【经典真题】

【单选题·2019】经与乙公司协商，甲公司以一台设备换入乙公司的一项专利技术，交换日，甲公司换出设备的账面原始价值为650万元，累计折旧90万元，公允价值为700万元（等于计税价格），甲公司将设备运抵乙公司并向乙公司开具了增值税专用发票，当日双方办妥了专利技术所有权转让手续。经评估确认，该专项技术的公允价值为900万元，甲公司另以银行存款支付乙公司81万元，甲、乙公司均为增值税一般纳税人，适用的增值税税率均为17%，不考虑其他因素，甲公司换入专利技术的入账价值是（　　）万元。

A. 641　　B. 900　　C. 781　　D. 819

【答案】B

【解析】换入资产的入账价值＝换出设备公允价值700＋增值税销项税额700×17%＋支付的银行存款81＝900（万元）。（注：按新准则在2019年考题基础上进行了修改。）

【经典模拟题】

【多选题】海英公司以一台生产设备换入一批商品，换出设备的账面原价为150万元，已计提折旧为60万元，未计提减值准备，公允价值为100万元。换入商品公允价值分别为100万元，海英公司为换入商品支付运费1万元。该交换具有商业实质，增值税率13%，假定不考虑相关税费。海英公司关于此交换会计处理表述正确的有（　　）。

A. 换入商品的入账价值为101万元

B. 换出生产设备确认资产处置损益为10万元

C. 换出汽车确认营业外收入为10万元

D. 此交换以公允价值计量进行会计处理

【答案】ABD

【解析】该交换具有商业实质，且换入、换出资产公允价值能够可靠计量，采用公允价值进行计量；换入商品入账价值总额为 100 + 1 = 101 万元；换出生产设备的转让损益应该做资产处置损益核算。选项 C 错误。

（二）涉及补价

【小贴士】新准则补充了以换入资产公允价值作为初始计量时，涉及支付或收到补价的处理。

支付补价的，有确凿证据表明换入资产的公允价值更加可靠的，以换入资产的公允价值和应支付的相关税费作为换入资产的初始计量金额，换入资产的公允价值减去支付补价的公允价值，与换出资产账面价值之间的差额计入当期损益。

收到补价的，有确凿证据表明换入资产的公允价值更加可靠的，以换入资产的公允价值和应支付的相关税费作为换入资产的初始计量金额，换入资产的公允价值加上收到补价的公允价值，与换出资产账面价值之间的差额计入当期损益。

【经典模拟题】

【综合题】甲公司与丙公司均为增值税一般纳税人，甲公司与丙公司协商，以其拥有的用于经营出租的公寓楼与丙公司的一条生产线交换。甲公司的公寓楼符合投资性房屋地产的定义和确认条件，甲公司对投资性房地产采用成本计量模式进行后续计量。交换日公寓楼的账面原价为 8 200 万元，已经计提折旧 1 500 万元，未计提减值准备，公允价值为 9 000 万元；增值税销项税额为 1 170 万元；丙公司的生产线账面原始价值为 9 000 万元，累计折旧 1 200 万元，公允价值为 8 000 万元，增值税为 1 040 万元，丙公司另向甲公司支付补价 1 130 万元。甲公司安装生产线支付银行存款 50 万元。生产线已达到可使用状态。

要求：

（1）判断甲公司该交换是否为非货币性资产交换。

（2）确定换入生产线的初始成本。

（3）该交换影响利润总额的金额。

（4）做乙公司对业务的会计处理。

【答案及解析】

（1）甲公司：收到补价占交易总额的比重：1 130/（9 000 + 1 170）× 100% = 11% < 25%，此交换为非货币性资产交换。

（2）换入资产与换出资产种类不同，该交换具有商业实质，且换入资产和换出资产公允价值均能可靠计量，采用公允价值计量。

换入生产线的初始成本 = 9 000 − [1 130 − （1 170 − 1 040）] + 50 = 8 050（万元）

（3）借：在建工程——生产线　　8 000

　　　　应交税费——应交增值税（进项税额）　　1 040

　　　　银行存款　　1 130

　　　　贷：其他业务收入　　9 000

　　　　　　应交税费——应交增值税（销项税额）　　1 170

借：其他业务成本　　6 700

投资性房地产累计折旧　　1 500
　　贷：投资性房地产——公寓楼　　8 200
借：在建工程——生产线　　50
　　贷：银行存款　　50
借：固定资产——生产线　　8 050
　　贷：在建工程——生产线　　8 050

影响利润总额 = 其他业务收入 - 其他业务成本 = 9 000 -（8 200 - 1 500）= 2 300（万元）

（4）乙公司：

支付补价 1 130/（8 000 + 1 040 + 1 130）×100% = 11% < 25%，此交换为非货币性资产交换。

换入资产与换出资产种类不同，该交换具有商业实质，且换入资产和换出资产公允价值均能可靠计量，采用公允价值计量。

换入公寓楼的初始成本 = 8 000 + [1 130 -（1 170 - 1 040）] = 9 000（万元）

会计分录：

借：固定资产清理　　7 800
　　累计折旧　　1 200
　　贷：固定资产——生产线　　9 000
借：投资性房地产——公寓楼　　9 000
　　应交税费——应交增值税（进项税额）　　1 170
　　贷：银行存款　　1 130
　　　　固定资产清理　　8 000
　　　　应交税费——应交增值税（销项税额）　　1 040
借：固定资产清理　　200
　　贷：资产处置损益　　200

重难点 6：以换出资产账面价值计量的会计处理★★

非货币性资产交换不具有商业实质，或者虽然具有商业实质但换入资产和换出资产的公允价值均不能可靠计量的，应当以换出资产的账面价值为基础确定换入资产成本，无论是否支付补价，均不确认损益。

（一）不涉及补价

【经典模拟题】

【单选题】众诚公司与海英公司均为增值税一般纳税人，适用的增值税税率为 13%。2×19 年 11 月 18 日，众诚公司以一批商标权和一项管理用无形资产交换海英公司的一辆汽车和一台生产用设备。已知众诚公司换出商标权的账面原值为 500 万元，累计摊销 140 万元，账面价值 360 万元，公允价值为 400 万元；管理用无形资产的账面原价 680 万元，累计摊销 160 万元，账面价值为 520 万元，公允价值为 600 万元。海英公司换出汽车的账面价值为 500 万元，生产用设备的账面价值为 300 万元，公允价值不能可靠计量。众诚公司以银行存款支付换入生产用设备发生运杂费 2 万元、为换入汽车发生手续费 3 万元。假设该项交换不具有商业实质，不考虑无形资产、汽车和设备的增值税。众诚公司换入汽车和生产用设备的入账价值分别为（　　）。

A. 553 万元，332 万元　　B. 550 万元，330 万元

C. 503 万元，302 万元　　D. 500 万元，305 万元

【答案】A

【解析】由于交换不具有商业实质，所以应以换出资产的账面价值确定换入资产的入账金额，并在换入资产之间进行分摊，因此换入资产应分摊的总成本 = 360 + 520 = 880（万元）。换入汽车的入账价值 = 880 × 500/(500 + 300) + 3 = 553（万元）；换入设备的入账价值 = 880 × 300/(500 + 300) + 2 = 332（万元）。

借：固定资产——汽车	553	
——设备	332	
累计摊销	160	
贷：无形资产——商标权		360
——管理用		680
银行存款		5

（二）涉及补价

【经典模拟题】

【多选题】海英公司以一辆汽车交换大华公司生产经营中使用的固定资产，交换前后的用途不变。交换日有关资料如下：

（1）海英公司换出：汽车的账面原值 1 300 万元，累计折旧 320 万元，余额为 980 万元，税务机构核定销项税额为 130 万元；

（2）大华公司换出：固定资产的原值为 1 500 万元，累计折旧为 350 万元；税务机构核定销项税额为 143 万元；

（3）该项交换不具有商业实质。双方协商海英公司另向大华公司支付存款 113 万元（增值税不单独收付）。

下列关于海英公司或大华公司对换入资产的会计处理中，表述正确的有（　　）。

A. 海英公司换入固定资产的入账价值为 1 080 万元

B. 海英公司换出汽车时不确认收入

C. 大华公司换入汽车的入账价值为 1 000 万元

D. 大华公司换出的固定资产确认处置损益

【答案】ABC

【解析】该项交换不具有商业实质，以账面价值进行计量。

海英公司固定资产入账价值 = 980 + 130 − 143 + 113 = 1 080（万元），海英公司会计分录如下：

借：固定资产清理	980	
累计折旧	320	
贷：固定资产		1 300

借：固定资产　1 080
　应交税费——应交增值税（进项税额）　143
　贷：固定资产清理　980
　　应交税费——应交增值税（销项税额）　130
　　银行存款　113

大华公司汽车入账价值 =（1 350 - 250）+ 176 - 100 - 160 = 1 016（万元），大华公司会计分录如下：

借：固定资产清理　1 150
　累计折旧　350
　贷：固定资产　1 500

借：固定资产——汽车　1 000
　应交税费——应交增值税（进项税额）　130
　银行存款　113
　贷：固定资产清理　1 100
　　应交税费——应交增值税（销项税额）　143

重难点7：涉及多项非货币性资产交换的会计处理★★★

企业以一项非货币性资产同时换入另一企业的多项非货币性资产，或同时以多项非货币性资产换入另一企业的一项非货币性资产，或以多项非货币性资产同时换入多项非货币性资产，也可能涉及补价。涉及多项资产的非货币性资产交换，企业无法将换出的某一资产与换入的某一特定资产相对应。与单项非货币性资产交换一样，涉及多项资产的非货币性资产交换的计量，企业也应当首先判断是否符合公允价值计量的两个条件，再分别情况确定各项换入资产的成本。

（一）以公允价值为基础计量的情况

【小贴士】新准则澄清以公允价值为基础计量的非货币性资产交换中，同时换入或换出多项资产的分摊方法，强调分摊金额应扣除金融资产（《企业会计准则第22号——金融工具确认和计量》规范的金融资产），金融资产以其单独公允价值计量，而不是以分摊的金额计量。

1. 以换出资产的公允价值为基础计量

【经典模拟题】

【综合题】甲公司和乙公司均为增值税一般纳税人。2019年3月1日，甲公司与乙公司进行资产交换，甲公司将其持有的汽车、交易性金融资产、专利权同乙公司的机器设备和成本法核算的长期股权投资进行交换，甲公司持有的汽车的账面原始价值为180万元，累计折旧40万元，公允价值为150万元（不含增值税）；交易性金融资产的账面价值为180万元（成本170万元，公允价值变动收益10万元），公允价值为200万元；专利权的账面原价为400万元，已计提累计摊销100万元，已计提减值准备为20万元，公允价值为260万元。乙公司机器设备的账面原始价值为350万元，累计折旧50万元，公允价值为350万元（不含增值税）；长期股权投资的账面价值为210万元，未计提减值准备，公允价值为230万元。

同时，甲公司收到乙公司银行存款4万元（其中包括收取补价30万元，支付增值税进项税额和销项税额的差额26万元）。甲公司为换入资产用银行存款支付各种费用2.9万元，乙公司为换入资产用银行存款支付各种费用4.1万元。

假定该交换具有商业实质，甲公司换入机器设备仍作为固定资产核算，乙公司换入的汽车、交易性金融资产和专利权仍作为固定资产、交易性金融资产和无形资产核算。

假定上述专利权符合税法规定的免征增值税条件，汽车和机器设备增值税率为13%，不考虑增值税以外的其他税费。

要求：

（1）计算甲、乙公司换入资产的总成本。

（2）计算甲、乙公司各项换入资产的入账价值。

（3）计算甲、乙公司此项交换影响利润总额的金额。

【答案及解析】

（1）计算甲、乙公司换入资产的总成本。

甲公司换入资产的总成本 =（150 + 200 + 260）- 30 + 2.9 = 582.9（万元）

或：（150 + 200 + 260）+ 150 × 13% - 350 × 13% - 4 + 2.9 = 582.9（万元）

乙公司换入资产的总成本 =（350 + 230）+ 30 + 4.1 = 614.1（万元）

或：（350 + 230）+ 350 × 13% - 150 × 13% + 4 + 4.1 = 614.1（万元）

（2）计算甲、乙公司各项换入资产的入账价值。

甲公司换入各项资产的入账价值

设备的入账价值 = 582.9 × 350/(350 + 230）= 351.75（万元）

长期股权投资的入账价值 = 582.9 × 230/(350 + 230）= 231.15（万元）

乙公司换入各项资产的入账价值

交易性金融资产的入账价值 = 200万元

汽车的入账价值 =（614.1 - 200）× 150/(150 + 260）= 151.5（万元）

专利权的入账价值 =（614.1 - 200）× 260/(150 + 260）= 262.6（万元）

（3）计算甲、乙公司此项交换影响利润总额的金额。

甲公司会计处理：

借：固定资产清理	140	
累计折旧	40	
贷：固定资产——汽车		180
借：固定资产——机器设备	351.75	
应交税费——应交增值税（进项税额）	45.5	
长期股权投资	231.15	
银行存款	4	
累计摊销	100	
无形资产减值准备	20	
资产处置损益	10	
公允价值变动损益	10	

贷：交易性金融资产——成本　170

交易性金融资产——公允价值变动　10

投资收益　30

无形资产——专利权　400

固定资产清理　140

应交税费——应交增值税（销项税额）　19.5

银行存款　2.9

甲公司此项交换影响利润总额的金额

=[150-(180-40)]+[200-(170+10)]+[260-(400-100-20)]

=10（万元）

乙公司会计处理：

借：固定资产清理　300

累计折旧　50

贷：固定资产——机器设备　350

借：固定资产——汽车　151.5

应交税费——应交增值税（进项税额）　19.5

交易性金融资产——成本　200

无形资产——专利权　262.6

贷：长期股权投资　210

投资收益　20

固定资产清理　300

应交税费——应交增值税（销项税额）　45.5

资产处置损益　50

银行存款　8.1

乙公司此项交换影响利润总额的金额

=[350-(350-50)]+(230-210)

=70（万元）

2. 以换入资产的公允价值为基础计量

【小贴士】对于同时换出的多项资产，由于通常无法将换出资产与换入的某项特定资产相对应，应当按照各项换出资产的公允价值的相对比例（换出资产的公允价值不能够可靠计量的，可以按照各项换出资产的账面价值的相对比例），将换入资产的公允价值总额（涉及补价的，减去支付补价的公允价值或加上收到补价的公允价值）分摊至各项换出资产，分摊额与各项换出资产账面价值之间的差额，在各项换出资产终止确认时计入当期损益。

【经典模拟题】

【多选题】众诚公司以一辆高档汽车和一项专利权换入一台生产设备和一批商品。换出汽车的账面原价为120万元，已计提折旧为60万元，未计提减值准备；换出专利权账面价值20万元，累计摊销12万元。换入生产设备和商品的账面价值分别为50万元和15万元，公允价值分别为60万元和21.6万元。众诚公司为换入资产支付相关费用4.08万元。该交换具有商业实质，不考虑相关税费。众诚公司关于此交换高档汽车和专利权影响利润总额金额分别为（　　）。

A. 高档汽车影响利润总额金额12万元　　B. 高档汽车影响利润总额金额72万元

C. 专利权影响利润总额金额9.6万元　　D. 专利权影响利润总额金额1.6万元

【答案】AD

【解析】该交换具有商业实质，且换入资产公允价值能够可靠计量。采用公允价值进行计量。

换入资产入账价值总额 = 60 + 21.6 + 4.08 = 85.68（万元）。

换入各项资产入账价值 = 换入资产入账价值总额 × 换入各项资产公允价值 ÷ 换入资产公允价值总额

生产设备的入账价值 = 85.68 × 60 ÷ (60 + 21.6) = 63（万元）。

商品的入账价值 = 85.68 × 21.6 ÷ (60 + 21.6) = 22.68（万元）。

换出资产转让损益的确定：

汽车分摊的公允价值 = (60 + 21.6) × (120 − 60)/[(120 − 60) + (20 − 12)]
= 72（万元）

汽车的确认转让损益 = 72 − (120 − 60) = 12（万元）

专利权分摊的公允价值 = (60 + 21.6) × (20 − 12)/[(120 − 60) + (20 − 12)]
= 9.6（万元）

专利权确认的转让损益 = 9.6 − (20 − 12) = 1.6（万元）

（二）以账面价值为基础计量的情况

对于以账面价值为基础计量的非货币性资产交换，如涉及换入多项资产或换出多项资产，或者同时换入和换出多项资产的，应当分别对换入的多项资产、换出的多项资产进行会计处理。

（1）对于换入的多项资产，由于通常无法将换出资产与换入的某项特定资产相对应，应当按照各项换入资产的公允价值的相对比例（换入资产的公允价值不能够可靠计量的，也可以按照各项换入资产的原始账面价值的相对比例或其他合理比例），将换出资产的账面价值总额（涉及补价的，加上支付补价的账面价值或减去收到补价的公允价值）分摊至各项换入资产，加上应支付的相关税费，作为各项换入资产的初始计量金额。

（2）对于同时换出的多项资产，各项换出资产终止确认时均不确认损益。

【小贴士】新准则澄清以账面价值为基础计量的非货币性资产交换中，同时换入或换出多项资产的分摊方法。即以账面价值为基础计量除采用原账面价值相对比例分摊外，也可采用其他合理比例分摊。

【经典模拟题】

【单选题】2019年3月2日，甲公司以账面价值为350万元的厂房和150万元的专利权，换入乙公司账面价值为300万元的在建房屋和100万元的长期股权投资，不涉及补价。上述资产的公允价值均无法获得。不考虑其他因素，甲公司换入在建房屋的入账价值为（　　）

万元。

A. 280　　B. 300　　C. 350　　D. 375

【答案】D

【解析】因为换入资产和换出资产的公允价值不能够可靠计量，所以换入资产的入账价值为换出资产的账面价值。所以甲公司换入资产的入账价值金额 = 350 + 150 = 500（万元），甲公司换入在建房屋的入账价值为 500 × 300/(100 + 300) = 375（万元）。

四、进阶练习

（一）单选题

1. 下列交易或事项而确认的资产中，属于非货币性资产的是（　　）。

A. 预付给客户的购货款　　B. 收到客户开出的商业承兑汇票

C. 企业持有的债权投资　　D. 外埠存款

2. 甲公司与乙公司均为增值税一般纳税人，甲公司与乙公司协商，以其拥有的用于经营出租的公寓楼与乙公司的专利技术交换。甲公司的公寓楼符合投资性房屋地产的定义和确认条件，甲公司对投资性房地产采用成本计量模式进行后续计量。交换日公寓楼的账面原价为 8 200 万元，已经计提折旧 1 500 万元，未计提减值准备，公允价值为 9 000 万元；乙公司的专利技术公允价值为 9 000 万元。不考虑相关税费，甲公司此项交换影响利润总额的金额是（　　）万元。

A. 2 300　　B. 119　　C. 800　　D. 1 340

3. 在不涉及补价的情况下，下列各项交易事项中，属于非货币性资产交换的是（　　）。

A. 开出商业承兑汇票购买原材料　　B. 以拥有股权投资换入专利技术

C. 以应收账款换入对联营企业投资　　D. 以作为债权投资换入机器设备

4. 甲股份有限公司发生的下列非关联交易中，属于非货币性资产交换的是（　　）。

A. 以公允价值为 72 万元的固定资产换入乙公司账面价值为 80 万元的无形资产，并支付补价 8 万元

B. 以账面价值为 300 万元的股权投资换入丙公司公允价值为 200 万元的一项专利权，并收到补价 80 万元

C. 以公允价值为 330 万元的长期股权投资换入丁公司账面价值为 450 万元的交易性金融资产（股票），并支付补价 150 万元

D. 以账面价值为 450 万元的债权投资换入戊公司公允价值为 420 万元的一台设备，并收到补价 30 万元

5. 下列事项可能会造成非货币性资产交换不具有商业实质的是（　　）。

A. 未来现金流量的风险、金额、时间相同以及换入资产和换出资产的预计未来现金流量现值均相同

B. 换入资产与换出资产的预计未来现金流量现值不同，且其差额与换入资产和换出资产的公允价值相比是重大的

C. 未来现金流量的时间、金额相同，风险不同

D. 非货币性资产交换双方具有关联方关系可能会导致该非货币性资产交换不具有商业实质

6. 依据《企业会计准则第7号——非货币性资产交换》，下列各项关于非货币性资产交换以公允价值计量表述正确的是（　　）。

A. 换入资产和换出资产公允价值均能够可靠计量的，应当优先考虑按照换出资产的公允价值作为确定换入资产成本的基础

B. 换入资产和换出资产公允价值均能够可靠计量的，应当以换入资产公允价值作为确定换入资产成本的基础

C. 换入资产和换出资产公允价值均能够可靠计量的，企业自己选择以换出或换出资产公允价值作为确定换入资产成本的基础

D. 非货币性资产交换以公允价值计量，应该以换出资产公允价值作为确定换入资产成本的基础

7. 下列关于非货币性资产交换计量方法的说法中，不正确的为（　　）。

A. 交换双方的非货币性资产公允价值均能够可靠计量情况下，应采用公允价值计量

B. 以账面价值计量的非货币性资产交换，无论是否涉及补价，均不确认损益

C. 交换具有商业实质且换入或换出资产公允价值能够可靠计量的情况下，应采用公允价值计量

D. 交换不具有商业实质或交换资产公允价值不能可靠计量的情况下，应采用账面价值计量

8. 海英公司与大华公司为两个互不关联的独立企业，经协商，海英公司用商标权与大华公司拥有的生产性设备进行交换。海英公司商标权的账面价值为300万元（未计提减值准备），公允价值和计税价格均为420万元；大华公司生产用设备的账面原价为600万元，已计提折旧170万元，已提减值准备30万元，公允价值为400万元，大华公司在资产交换过程中发生设备搬迁费2万元，大华公司另支付20万元给海英公司。海英公司收到换入的设备作为固定资产核算。不考虑增值税及其他相关税费。假设该项交易具有商业实质，在此项交易中海英公司确认的损益金额是（　　）万元。

A. 0　　B. 120　　C. 140　　D. 100

9. 大华公司以一栋办公楼换入一台生产设备和一辆汽车，换出办公楼的账面原价为1 000万元，已计提折旧为460万元，未计提减值准备，公允价值为660万元。换入生产设备和一辆汽车的账面价值分别为530万元和70万元，公允价值分别为580万元和80万元。大华公司为换入生产设备支付安装费用4万元，为换入汽车支付手续费2万元。该交换具有商业实质，且假定不考虑相关税费。该公司换入汽车的入账价值为（　　）万元。

A. 70　　B. 80　　C. 82　　D. 80.73

10. 2019年12月，海英公司为适应经营业务发展的需要，经与众诚公司协商，将其一栋厂房和一项土地使用权与众诚公司的在建工程和商品进行交换。海英公司厂房原价为1 800万元，已提折旧950万元；土地使用权账面原价为750万元，已摊销金额为400万元。众诚公司在建工程截至交换日的成本为700万元；商品账面余额为300万元。假设以上各项资产的公允价值均不能可靠计量，不考虑相关税费等其他因素，海英公司换入商品的成本为

（　　）万元。

A. 360　　　　B. 300　　　　C. 765　　　　D. 350

（二）多选题

1. 甲公司为一部影视视频平台提供商。2×16 年，甲公司以其拥有的一部电影的版权与乙公司一电视剧作品的版权交换。换出版权在甲公司的账面价值为 800 万元，换入版权在乙公司的账面价值为 550 万元。交易中未涉及货币资金收付。不考虑其他因素，下列各项关于甲公司对该交易的会计判断中，符合会计准则规定的有（　　）。

A. 该交易属于非货币性资产交换，应当按非货币性资产交换的原则进行会计处理

B. 因换出电影版权处于使用期间内且无市交易价值可供借鉴，在确定其公允价值时，可参考同类作品的对外版权许可收入并作适当调整

C. 无法可靠确定换入、换出资产公允价值情况下，应按照换出资产的账面价值并考虑相关税费作为换入资产的入账价值

D. 因换入、换出资产内容、制作方法和演团队、适应用户人群等并不相同，其带来的预现金流量存在差异，该交易具有商业实质

2. 按企业会计准则规定，下列各项中，属于非货币性资产交换的有（　　）。

A. 以商品换取土地使用权

B. 以专利技术换取拥有控制权的股权投资

C. 以一项其他权益工具投资换取未到期应收票据

D. 以作为无形资产换取机器设备

3. 甲公司为一家互联网视频播放经营企业，其为减少现金支出而进行的取得有关影视作品播放权的下列交易中，属于非货币性资产交换的有（　　）。

A. 以应收商业承兑汇票换取其他方持有的乙版权

B. 以本公司持有的丙版权换取其他方持有的丁版权

C. 以将于 3 个月内到期的国债投资换取其他方持有的戊版权

D. 以作为其他权益工具投资换取其他方持有的已版权

4. 依据《企业会计准则第 7 号——非货币性资产交换》，在换入资产的确认时点与换出资产的终止确认时点不一致的情形下，下列各项中表述正确的有（　　）。

A. 资产负债表日，换入资产满足资产确认条件，换出资产尚未满足终止确认条件的，在确换入资产的同时将交付换出资产的义务确认为一项负债

B. 资产负债表日，换入资产满足资产确认条件，换出资产尚未满足终止确认条件的，只确认换入资产

C. 资产负债表日，换入资产尚未满足资产确认条件，换出资产满足终止确认条件的，在终止确认换出资产的同时将取得换入资产的权利确认为一项资产

D. 资产负债表日，换入资产尚未满足资产确认条件，换出资产满足终止确认条件的，只终止确认换出资产

5. 2019 年 12 月 10 日，甲公司用一台已使用 2 年的 A 设备从乙公司换入一台 B 设备。甲公司换出 A 设备的账面原价为 800 000 元，原预计使用年限为 5 年，原预计净残值率为 5%，采用直线法计提折旧，未计提减值准备；乙公司换出 B 设备的账面原价为 560 000 元，

已计提折旧 40 000 元。为换入 B 设备甲公司用银行存款支付运杂费用 20 000 元。该资产置换具有商业实质，置换时 A、B 设备的公允价值均不能可靠计量。假定不考虑增值税因素的影响。甲公司对此业务进行的下列会计处理中，正确的有（　　）。

A. 换入 B 设备的入账价值为 516 000 元

B. 对换出的 A 设备不确认处置损益

C. 换入 B 设备的入账价值为 540 000 元

D. 该交换采用公允价值计量

6. 甲公司以一项无形资产换入乙公司公允价值为 640 万元的生产用设备，并收到补价 200 万元。该项无形资产的原价为 960 万元，累计摊销为 160 万元，公允价值无法可靠计量，税务机关核定甲公司换出该项无形资产发生的增值税为 50 万元。甲公司将换入的生产用设备作为固定资产核算（固定资产增值税率为 13%）。假设该项交易不具有商业实质，甲公司换入该项设备的会计处理正确的有（　　）。

A. 甲公司换入设备的初始入账价值为 600 万元

B. 甲公司换入设备的初始入账价值为 566. 8 万元

C. 甲公司换出无形资产不确认损益

D. 甲公司换出无形资产确认 40 万元的处置损益

7. 甲公司以一台生产设备和一项专利权与乙公司的一台机床进行非货币性资产交换。有关资料如下：（1）甲公司换出生产设备的账面原值为 1 200 万元，累计折旧额为 450 万元，未计提减值准备，公允价值为 900 万元；（2）甲公司换出专利权的账面原值为 300 万元，累计摊销额为 50 万元，未计提减值准备，公允价值为 200 万元；（3）乙公司换出机床的账面原值为 1 500 万元，累计折旧额为 650 万元，计提减值准备为 50 万元，公允价值为 780 万元。甲公司另向乙公司收取银行存款 320 万元作为补价。假定该非货币性资产交换不具有商业实质，不考虑增值税等其他因素，甲公司或乙公司对此业务进行的下列会计处理中，不正确的有（　　）。

A. 甲公司换入机床的入账价值 680 万元

B. 甲公司对换出的生产设备确认处置损益 30 万元

C. 乙公司换入生产设备的入账价值为 840 万元

D. 乙公司不确认资产处置损益

8. 下列关于非货币性资产交换的表述中，正确的有（　　）。

A. 非货币性资产交换可以涉及少量的货币性资产，即货币性资产占整个资产交换金额的比例低于 25%

B. 在交易不具有商业实质的情况下，支付补价的企业，应按换出资产账面价值加上支付的补价、为换出资产支付的相关税费和为换入资产支付的相关税费，作为换入资产的成本

C. 在交易具有商业实质、公允价值能能够可靠计量的情况下，收到补价的企业，一般应按换出资产公允价值减去补价，加上为换入资产支付的相关税费，作为换入资产的入账价值

D. 在同时换入多项资产的情况下，均应按换入各项资产的公允价值占换入资产公允价值总额的比例分配换入资产的成本总额

9. 甲公司与乙公司签订了一项资产置换合同，甲公司将其持有的一项大型设备换入乙公

司的一项无形资产。该项设备的账面原值为1 100万元，已计提折旧300万元，固定资产减值准备100万元，公允价值为800万元，甲公司换出该项设备支付的清理费用10万元。乙公司换出的无形资产的账面原值为1 300万元，已计提摊销600万元，未计提减值准备，公允价值为850万元，乙公司为换入设备发生的安装费用20万元，换入后作为固定资产核算。已知税务机关核定大型设备的增值税额100万元，无形资产的增值税额为50万元。假设交换具有商业实质，下列说法中正确的有（　　）。

A. 甲公司换入无形资产的入账价值850万元

B. 乙公司换入设备的入账价值为820万元

C. 甲公司应确认损益90万元

D. 乙公司应确认的损益为130万元

10. A公司和B公司均为增值税一般纳税人，A公司以一辆高档汽车换入B公司一台生产设备、一批商品和一项交易性金融资产。A公司换出汽车的账面原价为200万元，已计提折旧为40万元，未计提减值准备，公允价值为150万元。换入生产设备、商品和交易性金融资产的账面价值分别为75万元、20万元和40万元，公允价值分别为80万元、25万元和45万元。A公司收到B公司支付进项税额与销项税额的差额4.95万元，A公司为换入资产支付相关费用1.05万元。该交换具有商业实质。

A公司换入的生产设备、商品和交易性金融资产仍然以固定资产、商品和交易性金融资产进行管理。

A公司关于此交换会计处理表述正确的有（　　）。

A. 换入生产设备的入账价值为80.8万元

B. 换出汽车确认资产处置损益为－10万元

C. 换出汽车确认营业外收入为10万元

D. 换入交易性金融资产不分摊换入资产发生的费用

五、进阶练习答案

（一）单选题

1. 【答案】A

【解析】选项B、选项C、选项D，属于货币性资产；选项A，预付账款通常是预付的货款或设备款，最终收到的并非是货币而是实物资产，所以属于非货币性资产。

2. 【答案】A

【解析】影响利润总额＝其他业务收入－其他业务成本＝9 000－（8 200－1 500）＝2 300（万元）

3. 【答案】B

【解析】选项A、选项C、选项D中应付票据、应收账款、债权投资均是货币性资产。

4. 【答案】A

【解析】选项A，8/(72＋8)＝10%，小于25%，属于非货币性资产交换；选项B，80/(200＋80)＝28.57%＞25%，不属于非货币性资产交换；选项C，150/(150＋330)＝

31.25% >25%，不属于非货币性资产交换；选项 D，以账面价值为 450 万元的债权投资属于货币性资产，因此，其交易也不属于非货币性资产交换。

5. 【答案】A

【解析】满足下列条件之一的，说明该非货币性资产交换具有商业实质：

（1）换入资产的未来现金流量在风险、时间和金额方面与换出资产显著不同。

（2）换入资产与换出资产的预计未来现金流量现值不同，且其差额与换入资产和换出资产的公允价值相比是重大的。

6. 【答案】A

【解析】换入资产和换出资产公允价值均能够可靠计量的，应当以换出资产公允价值作为确定换入资产成本的基础，一般来说，取得资产的成本应当按照所放弃资产的对价来确定，在非货币性资产交换中，换出资产就是放弃的对价，如果其公允价值能够可靠确定，当优先考虑按照换出资产的公允价值作为确定换入资产成本的基础；如果有确凿证据表明换入资产的公允价值更加可靠的，应当以换入资产公允价值为基础确定换入资产的成本。选项 A 正确。

7. 【答案】A

【解析】交换具有商业实质且换入或换出资产公允价值能够可靠计量的情况下，非货币性资产交换应采用公允价值计量，交换不具有商业实质或交换资产公允价值不能可靠计量的情况下，应采用账面价值计量。选项 A 错误。

8. 【答案】B

【解析】20/420 =4.76% <25%，属于非货币性资产交换；补价是换入资产入账价值的调整因素，与换出资产损益无关。海英公司确认的损益金额 =420 -300 =120（万元）。

9. 【答案】C

【解析】换入资产入账价值总额 =660 +4 +2 =666（万元）

换入生产设备的入账价值 =660 ×580/（580 +80）+4 =584（万元）

换入汽车的入账价值 =660 ×80/（580 +80）+2 =82（万元）

10. 【答案】A

【解析】换入资产总成本 = 换出资产账面价值总额 =（1 800 -950）+（750 -400）=1 200（万元），商品初始入账成本 =1 200 ×300/（700 +300）=360（万元）。

（二）多选题

1. 【答案】ABCD

2. 【答案】BD

【解析】选项 A，以存货换入非货币性资产，应该按照收入准则核算，不属于非货币性资产交换；选项 C，未到期的应收票据属于货币性资产。

3. 【答案】BD

【解析】选项 A 和选项 C，商业承兑汇票与 3 个月内到期的国债均属于货币性项目，不属于非货币性资产交换。

4. 【答案】AC

【解析】在换入资产的确认时点与换出资产的终止确认时点存在不一致的情形下，在资产负债表日，企业当按照下列原则进行会计处理：换入资产满足资产确认条件，换出资产尚未满足终止确认条件的，在确认换入资产的同时将交付换出资产的义务确认为一项负债；换入资产尚未满足资产确认条件，换出资产满足终止确认条件的，在终止确认换出资产的同时将取得换入资产的权利确认为一项资产。

5. 【答案】AB

【解析】该资产置换具有商业实质，但置换时A、B设备的公允价值均不能可靠计量。所以该交换采用账面价值进行计量。甲公司换入B设备的入账价值 = 800 000 - [800 000 × (1 - 5%) × 2/5] + 20 000 = 516 000（元）。

会计处理如下：

借：固定资产清理　　496 000
　　累计折旧　　[800 000 × (1 - 5%) × 2/5] 304 000
　　贷：固定资产　　800 000
借：固定资产　　516 000
　　贷：固定资产清理　　496 000
　　　　银行存款　　20 000

6. 【答案】BC

【解析】200/(200 + 640) = 23.81% < 25%，该交换属于非货币性资产交换。由于该项交易不具有商业实质，故甲公司换入该项固定资产的初始投资成本 = (960 - 160) + 50 - 83.2 - 200 = 566.8（万元），甲公司换出无形资产不确认损益。

甲公司此交换以账面价值计量的会计处理：

借：固定资产——设备　　566.8
　　应交税费——应交增值税（进项税额）　　83.2
　　累计摊销　　160
　　银行存款　　200
　　贷：无形资产　　960
　　　　应交税费——应交增值税（销项税额）　　50

7. 【答案】ACD

【解析】220/(800 + 200) = 22% < 25%，此交换属于非货币性资产交换。

甲公司换入机床的入账价值 = (1 200 - 450) + (300 - 50) - 320 = 680（万元）

乙公司换入生产设备的入账价值 = [(1 500 - 650 - 50) + 320] × [(1 200 - 450) ÷ (1 200 - 450 + 300 - 50)] = 840（万元）

因非货币性资产交换不具有商业实质，所以甲公司与乙公司对换出资产均不确认处置损益。

8. 【答案】ABC

【解析】选项B，是不具有商业实质的情况，这种情况是要按账面价值来处理，不确认换出资产的损益，所以相应的为换出资产而支付的相关税费就不能计入处置损益中，而要计入换入资产的成本中。选项D，需要区分两种情况，非货币性质交换具有商业实质且换入资产的公允价值能够会计可靠计量的，应当按照换入各项资产的公允价值占换入资产公允价值总额的比例对换入资产的成本总额进行分配，确定换入资产的成本；非货币性质交换不具有商业实质或交换资产的公允价值不能够可靠计量的，应当按照换入各项资产的原账面价值占换入资产原账面价值总额的比例对换入资产的成本总额进行分配，确定换入资产的成本。

9. 【答案】ABC

【解析】该交换具有商业实质，换入资产和换出资产的公允价值均能可靠计量，以公允价值计量。

甲公司换入无形资产的入账价值 = 800 + 100 - 50 = 850（万元）；

甲公司应确认的处置损益 = 800 - (1 100 - 300 - 100) - 10 = 90（万元）。

乙公司换入固定资产的入账价值 = 850 + 50 - 100 + 20 = 820（万元）；

乙公司应确认的损益 = 850 - (1 300 - 600) = 150（万元）。

10. 【答案】ABD

【解析】该交换具有商业实质，且换入、换出资产公允价值能够可靠计量。采用公允价值进行计量。

换入资产入账价值总额 = 150 + 1. 05 = 151. 05（万元）

换入交易性金融资产入账价值 = 45 万元

生产设备的入账价值为（151. 05 - 45）× 80 ÷ (80 + 25) = 80. 8（万元）

换入商品的入账价值为（151. 05 - 45）× 25 ÷ (80 + 25) = 25. 25（万元）

换出汽车的转让损益 = 150 - (200 - 40) = -10（万元）

会计处理：

借：固定资产清理	160	
累计折旧	40	
贷：固定资产——汽车		200
借：交易性金融资产	45	
固定资产——生产设备	80. 8	
库存商品	25. 25	
应交税费——应交增值税（进项税额）	13. 65	
银行存款	5. 85	
资产处置损益	10	
贷：固定资产清理		160
应交税费——应交增值税（销项税额）		19. 5
银行存款		1. 05

第十九章　债务重组

一、2020 年新教材内容主要变化

本章按照新准则重新编写。

二、本章近五年考情统计分析

本章以往通常以客观题为主，但是由于准则变化，今年既可以考客观题，也可以考主观题，尤其关注本章内容与非货币性资产交换、金融工具、长期股权投资、差错更正等内容的结合，本章属于比较重要的章节，最近五年平均考试分值为 2.8 分。

（一）近五年考试分值分布

题型	2015 年	2016 年	2017 年	2018 年	2019 年
单选题	—	—	—	2	—
多选题	—	2	2	—	—
计算题	—	—	—	—	—
综合题	4	4	—	—	—
合计	4	6	2	2	0

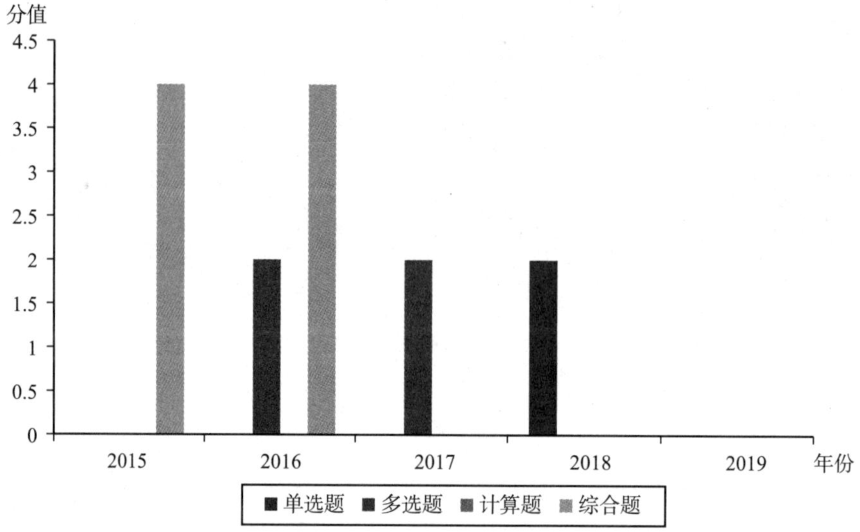

（二）近五年考试考点分布

近五年考试考点分布表

高频考点内容	年度及题型分布
一般债务豁免以及控股股东债务豁免的会计处理	2015 年综合题
资产清偿债务	2016 年多选题
与差错更正结合考查股东债务豁免的会计处理	2016 年综合题

续表

高频考点内容	年度及题型分布
混合重组	2017 年多选题
债务重组损失的计算	2018 年单选题

三、重难点解析

本章内容按照新的《企业会计准则第 12 号——债务重组》重新编写。介绍了债务重组准则的定义、适用范围和重组方式、债权和债务的终止确认、债权人的会计处理、债务人的会计处理等。

重难点 1：债务重组准则适用范围★

（一）债务重组的定义

在不改变交易对手方的情况下，经债权人和债务人协定或法院裁定，就清偿债务的时间、金额或方式等重新达成协议的交易。

（二）债务重组方式

（1）债务人以资产清偿债务；

（2）债务人将债务转为权益工具；

（3）采用调整债务本金、改变债务利息、变更还款期限等方式修改债权和债务的其他条款。

（三）债务重组过程中不适用债务重组准则的项目或情形

（1）债务重组中涉及的债权、重组债权、债务、重组债务和其他金融工具的确认、计量和列报——适用金融工具系列准则；

（2）债务重组中形成的企业合并——适用企业合并准则；

（3）债权人或债务人中的一方直接或间接对另一方持股且以股东身份进行债务重组的，或者债权人与债务人在债务重组前后均受同一方或相同的多方最终控制，且该债务重组的交易实质是债权人或债务人进行了权益性分配或接受了权益性投入的——适用权益性交易的有关会计处理规定。

【经典真题】

【多选题·2016】甲公司 2×15 年发生下列交易或事项：（1）以账面价值为 18 200 万元的土地使用权作为对价，取得同一集团内乙公司 100% 股权，合并日乙公司净资产在最终控制方合并报表中的账面价值为 12 000 万元；（2）为解决现金困难，控股股东代甲公司缴纳税款 4 000 万元；（3）为补助甲公司当期研发投入，取得与收益相关的政府补助 6 000 万元；（4）控股股东将自身持有的甲公司 2% 股权赠予甲公司 10 名管理人员并立即行权。不考虑其他因素，与甲公司有关的交易或事项中，会引起其 2×15 年所有者权益中资本性项目发生变动的有（　　）。

A. 大股东代为缴纳税款
B. 取得与收益相关的政府补助
C. 控股股东对管理人员的股份赠予
D. 同一控制下企业合并取得乙公司股权

【答案】ACD

【解析】选项A，大股东代为缴纳税款视为资本性投入计入资本公积；选项B，取得与收益相关的政府补助，总额法下应当计入其他收益，净额法下冲减研发支出，不影响所有者权益中资本性项目的金额；选项C，控股股东对管理人员的股份赠予视为资本性投入，计入资本公积；选项D，同一控制下企业合并取得乙公司股权产生的合并价差计入资本公积。

【单选题 · 2017】甲公司为境内上市公司，2017年甲公司发生的导致净资产变动的交易或事项如下：①接受其大股东捐赠500万元；②当年将作为存货的商品房改为出租，甲公司对投资性房地产采用公允价值模式进行后续计量，转换日，商品房的公允价值大于其账面价值800万元；③按照持股比例计算应享有联营企业因持有其他债权投资形成的其他综合收益变动份额3 500万元；④现金流量套期工具产生的利得中属于有效套期部分的净额120万元。下列各项中关于甲公司对上述交易或事项产生的净资产变动在以后期间不能转入损益的是（　　）。

A. 接受大股东捐赠

B. 商品房改为出租时公允价值与其账面价值的差额

C. 现金流量套期工具产生的利得中属于有效套期的部分

D. 按照持股比例计算应享有联营企业其他综合收益变动份额

【答案】A

【解析】选项A，接受大股东捐赠，视为资本性投入，记入"资本公积——资本溢价（股本溢价）"，将来不可以转损益。选项B，商品房改为出租时公允价值与其账面价值的差额，如果在借方计入公允价值变动损益，如果出现在贷方计入其他综合收益，将来处置时转其他业务成本（损益）。选项C，现金流量套期工具产生的利得中属于有效套期的部分作为现金流量套期储备计入其他综合收益，以后满足条件时可以转损益。选项D，按照持股比例计算应享有联营企业其他综合收益变动份额计入其他综合收益，长期股权投资处置时转投资收益。

重难点2：债务重组的会计处理★★★

（一）以资产清偿债务的会计处理

1. 债务人的会计处理

以资产清偿债务方式进行债务重组的，债务人应当在相关资产和所清偿债务符合终止确认条件时予以终止确认，所清偿债务账面价值与转让资产账面价值之间的差额计入当期损益。

2. 债权人的会计处理

以资产清偿债务方式进行债务重组的，债权人初始确认受让的金融资产以外的资产时，应当按照下列原则以成本计量：

存货、对联营企业或合营企业投资、投资性房地产、固定资产、无形资产等的成本，包括放弃债权的公允价值和使该资产达到当前位置和状态所发生的可直接归属于该资产相关税费等其他成本。

放弃债权的公允价值与账面价值之间的差额，应当计入当期损益（投资收益）。

（二）债务转为权益工具的会计处理

1. 债务人的会计处理

将债务转为权益工具方式进行债务重组的，债务人应当在所清偿债务符合终止确认条件时予以终止确认。债务人初始确认权益工具时应当按照权益工具的公允价值计量，权益工具的公允价值不能可靠计量的，应当按照所清偿债务的公允价值计量。所清偿债务账面价值与权益工具确认金额之间的差额，应当计入当期损益。

2. 债权人的会计处理

将债务转为权益工具方式进行债务重组导致债权人将债权转为对联营企业或合营企业的权益性投资的，债权人应当按照所放弃债权的公允价值和可直接归属于该资产的税金等其他成本计量其初始投资成本。

【小贴士】如果形成对子公司的长期股权投资，则按照企业合并准则的有关规定处理；如果形成金融资产，则按照金融工具准则的有关规定处理。

放弃债权的公允价值与账面价值之间的差额，应当计入当期损益。

（三）以修改其他条款方式进行债务重组的会计处理

1. 债务人的会计处理

采用修改其他条款方式进行债务重组的，债务人应当按照《企业会计准则第 22 号——金融工具确认和计量》和《企业会计准则第 37 号——金融工具列报》的规定，确认和计量重组债务。

2. 债权人的会计处理

采用修改其他条款方式进行债务重组的，债权人应当按照《企业会计准则第 22 号——金融工具确认和计量》的规定，确认和计量重组债权。

（四）以多项资产清偿债务或者组合方式进行债务重组的会计处理

1. 债务人的相关账务处理

以多项资产清偿债务或者组合方式进行债务重组的，债务人应当按照上述相关规定确认和计量权益工具和重组债务，所清偿债务的账面价值与转让资产的账面价值以及权益工具和重组债务的确认金额之和的差额，应当计入当期损益。

2. 债权人的相关账务处理

以多项资产清偿债务或者组合方式进行债务重组的，债权人应当首先按照《企业会计准则第 22 号——金融工具确认和计量》的规定确认和计量受让的金融资产和重组债权，然后按照受让的金融资产以外的各项资产的公允价值比例，对放弃债权的公允价值扣除受让金融资产和重组债权确认金额后的净额进行分配，并以此为基础按前述规定分别确定各项资产的成本。放弃债权的公允价值与账面价值之间的差额，应当计入当期损益。

【经典真题】

【单选题 · 2018 年改编】甲公司与乙公司均为增值税一般纳税人。经协商，双方进行债务重组，甲公司同意乙公司以库存商品偿还其所欠全部债务。债务重组日，甲公司应收乙公司债权的账面余额为 2 000 万元，已计提坏账准备 1 500 万元，公允价值为 600 万元。乙公司用于偿债商品的账面价值为480万元，公允价值为600万元，增值税税额为96万元。不考虑其他因素，甲公司因上述交易应确认的债务重组损益金额是（　　）万元。

A. 100　　B. -196

C. 196　　D. 1 304

【答案】A

【解析】确认债务重组损益＝放弃债权的公允价值600－放弃债权的账面价值（2 000－1 500）＝100（万元），选项A正确。

【经典模拟题】

【单选题】2×18年3月1日，甲公司就所欠乙公司800万元款项与乙公司进行债务重组，乙公司未对该债权计提坏账准备，债务重组日该债权的公允价值为750万元。经双方协商同意，甲公司以自有的一栋办公楼和一批存货抵偿所欠债务。甲公司用于抵债的办公楼原值为700万元，已提折旧为200万元，公允价值为600万元；用于抵债的存货账面价值为90万元，公允价值为120万元。不考虑税费等其他因素，下列关于该项债务重组的会计处理中，正确的是（　　）。

A. 甲公司确认债务重组损益80万元

B. 甲公司确认商品销售收入90万元

C. 乙公司确认债务重组损益－80万元

D. 乙公司取得抵债资产的入账价值为720万元

【答案】D

【解析】甲公司确认债务重组损益＝800－（700－200）－90＝210（万元），选项A错误；债务人以存货抵偿债务，所欠债务的账面价值与存货的账面价值之间的差额计入其他收益，选项B错误；乙公司确认的债务重组损益＝放弃债权的公允价值750－账面价值800＝－50（万元），选项C错误；乙公司取得抵债资产的入账价值＝放弃债权的公允价值750＋相关税费0＝750（万元），选项D正确。

【单选题】2×18年7月1日，甲公司应收乙公司账款的账面余额为5 000万元，甲公司对该项应收账款计提了坏账准备300万元。经双方协商同意，乙公司以其普通股偿还债务。假定普通股的面值为每股1元，乙公司以1 000万股抵偿该项债务，股票每股市价为4元。股票登记手续已于2×18年8月10日办理完毕，甲公司将其指定为其他权益工具投资，该日甲公司放弃债权的公允价值为4 800万元。甲公司发生与股票相关的手续费20万元。甲公司应确认的债务重组损益为（　　）万元。

A. 100　　B. 800

C. -700　　D. 720

【答案】C

【解析】甲公司通过债务重组方式取得金融资产，按照债务重组日的公允价值计量，取得的抵债资产与放弃债权的账面价值之间的差额计入当期损益。甲公司的会计处理：

借：其他权益工具投资——成本　　4 020

　　投资收益　　700

坏账准备　　300
贷：应收账款　　5 000
　　银行存款　　20

四、进阶练习

（一）单选题

1. 下列关于债务人以资产清偿债务的会计处理表述中，正确的是（　　）。

A. 债务人以存货抵偿债务，视同销售，按照收入准则确认收入、结转成本

B. 债务人以固定资产、无形资产等抵偿债务，视同处置，将所偿债务的账面价值与抵债资产的公允价值之间的差额计入当期损益

C. 债务人以非现金资产抵偿债务，需要区分债务重组收益和资产处置损益分别进行处理

D. 债务人将债务转为权益工具，应当按照权益工具的公允价值来计量，公允价值不能可靠计量的，按照所偿债务的公允价值来计量

2. 下列交易或事项不属于资产负债表日后调整事项的是（　　）。

A. 以前期间销售的商品发生退回

B. 发现的以前期间财务报表的重大差错

C. 资产负债表日存在的诉讼案件结案对原预计负债金额的调整

D. 对于在报告期间已经开始协商、但在报告期资产负债表日后的债务重组

3. 甲公司有一项应付乙公司的账款 3 000 万元，该应付账款系甲公司 2×19 年 7 月 1 日从乙公司购入原材料时形成的。至 2×19 年 10 月 30 日，经协商，甲公司与乙公司达成了协议：甲公司以现金 50 万元、一批成本为 1 500 万元（未计提减值），公允价值为 2 000 万元（等于计税价格）的存货以及一项账面价值为 200 万元（其中成本为 100 万元，公允价值变动为 50 万元）的其他权益工具投资偿还该债务，该其他权益工具投资的公允价值为 300 万元。乙公司对该应收账款计提了 100 万元的坏账准备。不考虑其他因素，计算甲公司应确认的债务重组收益金额为（　　）万元。

A. 650　　B. 750　　C. 1 250　　D. 700

4. 债务人以资产清偿债务或将债务转为权益工具与债权人进行债务重组，下列说法中不正确的是（　　）。

A. 债权人受让金融资产，按照交易日金融资产的公允价值进行初始计量

B. 债权人受让非金融资产，按照放弃债权的公允价值和直接相关税费进行初始计量

C. 债权人受让多项资产，按照各项资产在债务重组合同生效日的公允价值比例，对放弃债权在合同生效日的公允价值进行分配，并以此为基础分别确定各项资产的成本

D. 债权人将受让的处置相关资产或处置组划分为持有待售类别的，债权人应当在初始计量时，比较假定其不划分为持有待售类别情况下的初始计量金额和公允价值减去出售费用后的净额，以两者孰低计量

（二）多选题

1. 下列业务不按照债务重组准则进行会计处理的有（　　）。

A. 债权人接受债务人以发行本公司股票方式抵债，行使对原债务人的控制权

B. 债权人直接或间接对债务人持股，或者债务人直接或间接对债权人持股，且持股方以股东身份进行债务重组

C. 债务重组中涉及的债权、重组债权、债务、重组债务和其他金融工具的确认、计量和列报

D. 债权人与债务人在债务重组前后均受同一方或相同的多方最终控制，且该债务重组的交易实质是债权人或债务人进行了权益性分配或接受了权益性投入

2. 下列债权债务关系的结清，属于债务重组方式的有（　　）。

A. 债务人以资产清偿债务

B. 债务人将债务转为权益工具

C. 调整债务本金、改变债务利息、变更还款期限

D. 债务人以资产清偿债务、债务人将债务转为权益工具、修改其他条款三种方式中一种以上方式的组合清偿债务

3. 关于债权人和债务人进行债务重组，在报表附注中应当披露的重要信息，下列说法正确的有（　　）。

A. 债权人根据债务重组方式，分组披露债权账面价值和债务重组相关损益

B. 债权人由于债务重组导致的对联营企业或合营企业的权益性投资增加额，以及该投资占联营企业或合营企业股份总额的比例

C. 债务人根据债务重组方式，分组披露债务账面价值和债务重组相关损益

D. 债务人由于债务重组导致的股本等所有者权益的增加额

4. 债务人以非现金资产清偿债务时，影响债权人债务重组损益的项目有（　　）。

A. 债权人放弃债权的公允价值

B. 债务人应收债权的账面价值

C. 可抵扣的增值税进项税额

D. 债权人为取得受让资产而支付的运输费用等

（三）计算分析题

2×19 年 1 月 10 日，甲公司从乙公司购买一批原材料，含税价为 2 000 万元，至 2×19 年 11 月 10 日尚未支付货款。2×19 年 12 月 31 日，双方协议甲公司以一项专利技术和投资性房地产偿还债务。该专利技术的账面余额为 500 万元，公允价值为 600 万元，甲公司已对该专利技术计提摊销 100 万元；投资性房地产的账面价值为 800 万元，其中将自用的房地产转为公允价值模式后续计量的投资性房地产时产生其他综合收益 200 万元，公允价值为 1 000 万元。乙公司已对该债权计提坏账准备 50 万元，放弃债权的公允价值为 1 800 万元。乙公司取得专利后作为无形资产核算，取得投资性房地产后继续作为投资性房地产核算。不考虑偿债资产的相关税费。

要求：

（1）计算甲公司债务重组损益，并编制相关的会计分录；

（2）计算乙公司债务重组损益和取得抵债资产的入账价值，并编制相关的会计分录。

五、进阶练习答案

（一）单选题

1. 【答案】D

【解析】债务人以存货抵偿债务，所偿债务的账面价值与存货的账面价值之间的差额，计入其他收益，选项 A 错误；债务人以固定资产、无形资产等抵偿债务，将所偿债务的账面价值与抵债资产的账面价值之间的差额计入其他收益，选项 B 错误；债务人以非现金资产抵偿债务，不需要区分债务重组收益和资产处置损益，选项 C 错误。

2. 【答案】D

【解析】资产负债表日后事项是对资产负债表日已存在的情况提供了新的或进一步证据的事项，选项 A、B、C 均为调整事项；选项 D，报告期间开始协商，经济业务并没有实际发生，因此报告期资产负债表日后完成的债务重组作为新的事项进行处理，不属于资产负债表日后调整事项。

3. 【答案】C

【解析】甲公司应确认的债务重组收益 =3 000 -50 -1 500 -200 =1 250（万元）。

4. 【答案】C

【解析】债权人受让多项非金融资产，或者包括金融资产、非金融资产在内的多项资产的，应当按照《企业会计准则第 22 号——金融工具确认和计量》的规定确认和计量受让的金融资产；按照受让的金融资产以外的各项资产在债务重组合同生效日的公允价值比例，对放弃债权在合同生效日的公允价值扣除受让金融资产当日公允价值后的净额进行分配，并以此为基础分别确定各项资产的成本。选项 C 错误。

（二）多选题

1. 【答案】ABCD

【解析】通过债务重组形成企业合并的，适用《企业会计准则第 20 号——企业合并》，选项 A 正确；债务重组构成权益性交易的，应当适用权益性交易的有关会计处理规定，债权人和债务人不确认构成权益性交易的债务重组相关损益，选项 B 和选项 D 正确；债务重组中涉及的债权、重组债权、债务、重组债务和其他金融工具的确认、计量和列报，适用《企业会计准则第 22 号——金融工具确认和计量》和《企业会计准则第 37 号——金融工具列报》等金融工具相关准则，选项 C 正确。

2. 【答案】ABCD

【解析】债务重组的方式主要包括：债务人以资产清偿债务、将债务转为权益工具、修改其他条款，以及前述一种以上方式的组合。以上四个选项均正确。

3. 【答案】ABCD

【解析】债务重组中涉及的债权、重组债权、债务、重组债务和其他金融工具的披露，应当按照《企业会计准则第 37 号——金融工具列报》的规定处理。此外，债权人和债务人还应当在附注中披露与债务重组有关的额外信息。上述四个选项均正确。

4.【答案】AB

【解析】债权人接受债务人以非现金资产抵债方式进行债务重组的，按照放弃债权的公允价值与相关税费作为取得资产的入账价值，放弃债权的公允价值与账面价值的差额计入当期损益（投资收益）。选项 C 和选项 D 不影响损益。

（三）计算分析题

【答案及解析】

（1）甲公司债务重组损益 =2 000 -（500 -100）-800 +200 =1 000（万元），会计处理如下：

借：应付账款	2 000	
累计摊销	100	
贷：无形资产		500
投资性房地产		800
其他收益——债务重组收益		800
借：其他综合收益	200	
贷：其他收益——债务重组收益		200

（2）乙公司债务重组损益 =1 800 -（2 000 -50）= -150（万元）；取得的无形资产的入账价值 =1 800 ×600/（600 +1 000）=675（万元），取得的投资性房地产入账价值 =1 800 ×1 000/（600 +1 000）=1 125（万元）。会计处理如下：

借：无形资产	675	
投资性房地产	1 125	
坏账准备	50	
投资收益	150	
贷：应收账款		2 000

第二十章　所得税

一、2020 年新教材内容主要变化

本章无实质变化。

二、本章近五年考情统计分析

本章属于重点、难点章节，主观题命题概率很高，最近五年平均考试分值为 11.6 分，考生要引起足够的重视。

（一）近五年考试分值分布

题型	2015 年	2016 年	2017 年	2018 年	2019 年
单选题	—	—	2	—	2
多选题	—	—	—	—	—
计算题	10	10	10	—	—
综合题	—	—	—	18	6
合计	10	10	12	18	8

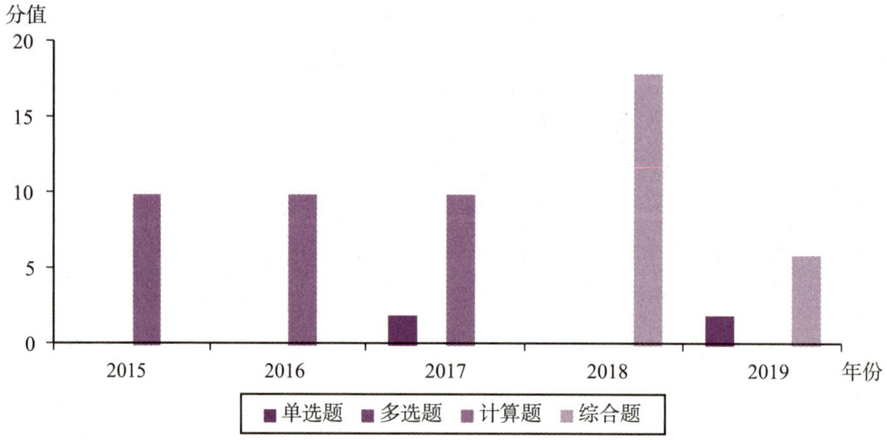

（二）近五年考试考点分布

高频考点内容	年度及题型分布
计税基础与暂时性差异	2018 年综合题
递延所得税负债和递延所得税资产的确认与计量	2015 年计算题、2016 年计算题、2017 年单选题和计算题、2018 年计算题、2019 年综合题
所得税费用的确认与计量	2015 年计算题、2016 年计算题、2017 年计算题、2018 年计算题、2019 年综合题

三、重难点解析

本章介绍所得税的确认与计量，主要关注资产负债的计税基础、应纳税暂时性差异与可抵扣暂时性差异、递延所得税负债和递延所得税资产以及所得税费用的确认与计量等。

重难点1：计税基础和暂时性差异★★

（一）资产的计税基础

资产的计税基础，指企业收回资产账面价值的过程中，计算应纳税所得额时按照税法可以自应税经济利益中抵扣的金额。

一般情况下，资产初始确认时的计税基础 = 取得成本

后续计量时的计税基础 = 资产的取得成本 − 以前期间已税前扣除的金额

1. 固定资产

账面价值 = 实际成本 − 会计累计折旧 − 固定资产减值准备

计税基础 = 实际成本 − 税法累计折旧

2. 无形资产

（1）初始计量产生的税会差异。

主要来自于加计扣除。税法规定，企业为开发新技术、新产品、新工艺发生的研究开发费用，未形成无形资产计入当期损益的，在按照规定据实扣除的基础上，按照研究开发费用的75%加计扣除；形成无形资产的，按照无形资产成本的175%摊销。

①费用化部分形成永久性差异；

②资本化部分（形成无形资产）：

账面价值 = 资本化支出

计税基础 = 账面价值 ×175%

（2）后续计量产生的差异。

主要产生于对无形资产是否需要摊销、无形资产摊销方法、摊销年限、预计净残值的不同以及无形资产减值准备的计提。

①使用寿命确定的无形资产：

账面价值 = 实际成本 − 会计累计摊销 − 无形资产减值准备

计税基础 = 实际成本 − 税法累计摊销

②使用寿命不确定的无形资产：

账面价值 = 实际成本 − 无形资产减值准备

计税基础 = 实际成本 − 税法累计摊销

3. 以公允价值计量的金融资产

（1）以公允价值计量且其变动计入当期损益的金融资产。

账面价值：期末的公允价值

计税基础：取得时的成本

（2）以公允价值计量且其变动计入其他综合收益的金融资产。

账面价值：期末的公允价值

计税基础：取得时的成本

4. 其他资产

（1）投资性房地产。

①成本模式后续计量。

账面价值 = 历史成本 – 会计累计折旧（累计摊销）– 投资性房地产减值准备

计税基础 = 历史成本 – 税法累计折旧（累计摊销）

②公允价值模式后续计量。

账面价值：期末的公允价值

计税基础：历史成本 – 税法累计折旧（累计摊销）

（2）其他各种资产减值准备。

账面价值 = 资产账面余额 – 减值准备账户余额

计税基础 = 资产账面余额

（二）负债的计税基础

负债的计税基础，是指负债的账面价值减去未来期间计算应纳税所得额时按照税法规定可予抵扣的金额。

负债的计税基础 = 账面价值 – 未来期间按照税法规定可予税前扣除的金额

1. 企业因销售商品提供售后服务等原因确认的预计负债

账面价值 = 预计负债账面余额

计税基础 =0

2. 合同负债

账面价值 = 合同负债账面余额

计税基础

（1）合同负债计入当期应纳税所得额，计税基础为0。

（2）合同负债未计入当期应纳税所得额，计税基础与账面价值相等。

3. 应付职工薪酬

应付职工薪酬的计税基础如下表。

应付职工薪酬的计税基础

项目	计税基础
职工教育经费	超过8%的部分在发生当期不允许税前扣除，以后期间可税前扣除：8%以内的部分账面价值等于计税基础，超过8%的部分计税基础为0
现金结算的股份支付	在确认当期不允许税前扣除，未来支付时可税前扣除：计税基础为0

4. 递延收益

（1）对于确认为递延收益的政府补助，如果按税法规定，该政府补助为免税收入，则不计入收到当期的应纳税所得额，未来期间会计上确认为收益时，也同样不计入应纳税所得额，因此，不会产生递延所得税影响（永久性差异）。

（2）对于确认为递延收益的政府补助，如果按税法规定，应收到当期计入应纳税所得额，则该递延收益的计税基础为0。递延收益的账面价值与其计税基础0之间将产生可抵扣暂时性差异。

5. 交易性金融负债

账面价值 = 最新的公允价值

计税基础 = 初始确认金额

6. 其他负债

如企业应交的罚款和滞纳金等，在尚未支付之前按照会计规定确认为费用，同时作为负债反映。税法规定，行政性的罚款和滞纳金不得税前扣除。

计税基础 = 账面价值 - 未来期间计税时可予税前扣除的金额 = 账面价值

（三）特殊交易或事项中产生的资产、负债计税基础的确定

企业合并中产生的资产、负债的账面价值与计税基础可能不同，会形成暂时性差异。

1. 非同一控制下控股合并会产生暂时性差异

（1）合并工作底稿上确认递延所得税的调整分录。

假定被购买方（子公司）可辨认资产在购买日发生评估增值，需要在合并工作底稿中将该资产由账面价值调整为公允价值，调整分录如下（以固定资产为例）：

借：固定资产

　　贷：资本公积

由于上述调整使合并报表层面该资产账面价值大于计税基础（公允价值调整不影响计税基础），形成应纳税暂时性差异，相应确认递延所得税负债，分录如下：

借：资本公积

　　贷：递延所得税负债

如果是子公司可辨认资产在购买日发生评估减值，则恰好相反，形成递延所得税资产。

类似的，如果是子公司可辨认负债在购买日发生评估增值，则形成递延所得税资产，发生评估减值，则形成递延所得税负债。

（2）抵销分录。（母公司长期股权投资与子公司所有者权益抵销）

借：子公司所有者权益［含资本公积］

　　商誉

　　贷：长期股权投资

　　　　少数股东权益

【小贴士】*确认递延所得税资产或递延所得税负债影响了被合并方的可辨认净资产，因此最终会影响商誉金额。*

2. 非同一控制下免税吸收合并会产生暂时性差异

确认递延所得税的会计处理如下：

借：商誉

　　贷：递延所得税负债

或

借：递延所得税资产

　　贷：商誉

3. 同一控制下应税吸收合并会产生暂时性差异

确认递延所得税的会计处理如下：

借：资本公积

　　贷：递延所得税负债

或：

借：递延所得税资产

　　贷：资本公积

（四）应纳税暂时性差异

应纳税暂时性差异，是指在确定未来收回资产或清偿负债期间的应纳税所得额时，将导致产生应税金额的暂时性差异。

应纳税暂时性差异通常产生于以下情况：

（1）资产的账面价值大于其计税基础；

（2）负债的账面价值小于其计税基础。

（五）可抵扣暂时性差异

可抵扣暂时性差异，是指在确定未来收回资产或清偿负债期间的应纳税所得额时，将导致产生可抵扣金额的暂时性差异。

可抵扣暂时性差异一般产生于以下情况：

（1）资产的账面价值小于其计税基础；

（2）负债的账面价值大于其计税基础。

（六）特殊项目产生的暂时性差异

1. 未作为资产、负债确认的项目产生的暂时性差异

如企业发生的符合条件的广告费和业务宣传费支出，会计上计入当期损益。除另有规定外，税法上不超过当期销售收入15%的部分准予扣除，超过部分准予在以后纳税年度结转扣除。

账面价值 =0（可以将支出理解为账面价值为0的资产）

计税基础 = 结转以后纳税年度扣除的金额（超过当期销售收入15%的部分）

两者之间的差额形成可抵扣暂时性差异。

2. 可抵扣亏损及税款抵减产生的暂时性差异

按照税法规定可以结转以后年度的未弥补亏损及税款抵减（未来5年税前利润补亏），虽不是因资产、负债的账面价值与计税基础不同产生的，但与可抵扣暂时性差异具有同样的作用，均能减少未来期间的应纳税所得额和应交所得税，会计处理上视同可抵扣暂时性差异，在符合确认条件的情况下，应确认与其相关的递延所得税资产。

【经典真题】

【单选题·2019】甲公司适用的企业所得税率为25%，20×6年6月30日，甲公司以3 000万元（不含增值税）的价格购入一套环境保护专用设备，并于当月投入使用。按照企业所得税法的相关规定，甲公司对上述环境保护专用设备投资额的10%可以在当年应纳税额中抵免，当年不足抵免的，可以在以后5个纳税年度中抵免，20×9年度，甲公司实现利润总额1 000万元。假定甲公司未来5年很可能获得足够的应纳税所得额用来抵扣可抵扣亏损和税款抵减，不考虑其他因素，甲公司20×9年度利润表中应当列报的所得税费用金额是（　　）万元。

A. 0　　B. 190　　C. 250　　D. －50

【答案】D

【解析】抵免前20×9年应交所得税金额=1 000×25%=250（万元），环境保护专用设备投资额的10%可以从当年应纳税额中抵免，即当年可以抵免的所得税为3 000×10%=300（万元），当年不足抵免的，可以在以后5个纳税年度抵免，即当年应交所得税金额为0，并同时确认递延所得税资产50（300－250）万元（以后少交的税），综上，甲公司在20×9年度利润表中应当列报的所得税费用金额为－50万元。

【经典模拟题】

【多选题】下列关于负债的计税基础说法正确的有（　　）。

A. 企业因产品质量保证费用确认预计负债200万元，税法规定相关支出在实际发生时允许税前扣除，则该项负债的计税基础为200万元

B. 企业收到客户预付的款项100万元，税法规定该款项应计入当期应纳税所得额，企业确认合同负债100万元，则该项合同负债的计税基础为0

C. 企业确定本月的应付职工薪酬80万元，税法规定本月能够扣除70万元，剩余10万元不允许税前扣除，则该项应付职工薪酬的计税基础为60万元

D. 企业本月支付违规罚款50万元，税法规定违规罚款不得税前扣除，则该项负债的计税基础为50万元

【答案】BD

【解析】选项A，预计负债的计税基础=账面价值200－未来期间可以税前扣除的金额200=0（万元）；选项B，合同负债的计税基础=账面价值100－未来期间可以税前扣除的金额100=0（万元）；选项C，应付职工薪酬的计税基础=账面价值80－未来期间可以税前扣除的金额0=80（万元），不允许税前扣除的10万元属于永久性差异；选项D，违约罚款不允许税前扣除，属于非暂时性差异，账面价值等于计税基础。

【多选题】甲公司2×19年1月1日按照面值发行50万份短期融资券，每份面值为100元，年利率为6%。甲公司将该短期融资券指定为以公允价值计量且其变动计入当期损益的金融负债。2×19年12月31日，该项短期融资券公允价值为4 500万元。不考虑其他因素，下列表述正确的有（　　）。

A. 该项交易性金融负债的初始成本为5 000万元

B. 该项交易性金融负债期末的账面价值为4 500万元

C. 该项交易性金融负债期末的计税基础为5 000万元

D. 该项交易性金融负债期末产生的可抵扣暂时性差异为500万元

【答案】ABC

【解析】该项交易性金融负债的初始成本为5 000万元，选项A正确；期末账面价值等于其期末公允价值，即为4 500万元，选项B正确；计税基础等于其初始成本，即5 000万元，选项C正确；交易性金融负债的账面价值小于计税基础，形成应纳税暂时性差异，选项D错误。

【单选题】下列各项业务和交易中，会形成应纳税暂时性差异的有（　　）。

A. 甲公司为其子公司进行债务担保，确认预计负债300万元；税法规定，企业为其他

单位提供债务担保发生的损失不允许在税前扣除

B. 乙公司持有的其他权益工具投资，初始成本为100万元，期末按照公允价值计量确认其账面价值为120万元；税法规定，公允价值变动不计入应纳税所得额

C. 丙公司年初购入的一项无形资产，成本为800万元，使用寿命不确定，年末发生减值，计提减值准备100万元；税法规定，该无形资产按照直线法计提摊销，摊销年限为10年

D. 丁公司上年末购入一项固定资产，成本为1 000万元，预计使用寿命为10年，采用双倍余额递减法计提折旧；税法规定，该项固定资产按照年限平均法计提的折旧允许税前扣除

【答案】 B

【解析】 选项A，形成的是永久性差异；选项B，其他权益工具投资期末账面价值120万元，计税基础100万元，形成应纳税暂时性差异；选项C，无形资产期末账面价值 = 800 - 100 = 700（万元），计税基础 = 800 - 800/10 = 720（万元），形成可抵扣暂时性差异；选项D，固定资产期末账面价值 = 1 000 - 1 000 × 2/10 = 800（万元），计税基础 = 1 000 - 1 000/10 = 900（万元），形成可抵扣暂时性差异。

【多选题】 A公司为上市公司，2019年1月1日支付5 500万元购入B公司100%的净资产，对B公司进行吸收合并，合并前A公司与B公司不存在任何关联方关系。假定该项合并符合税法规定的免税合并条件，购买日B公司可辨认净资产的公允价值为5 000万元，等于其账面价值，合并前B公司资产负债的账面价值与计税基础相等。A公司无其他子公司。下列会计处理中，正确的有（　　）。

A. A公司吸收合并B公司产生的商誉为500万元，应在个别报表中进行确认

B. A公司吸收合并B公司产生的商誉为500万元，应在合并报表中进行确认

C. A公司吸收合并B公司产生的商誉的计税基础为零

D. A公司吸收合并B公司所取得的净资产应按照公允价值入账

【答案】 ACD

【解析】 A公司无其他子公司，吸收合并后不需要编制合并财务报表，吸收合并产生的商誉 = 5 500 - 5 000 = 500（万元），应在A公司个别报表中确认，选项A正确，选项B错误；由于是免税吸收合并，因此商誉的计税基础为零，选项C正确；由于是非同一控制下的企业合并，因此并进来的资产负债按照公允价值计量。

重难点2：递延所得税负债和递延所得税资产的确认与计量★★★

（一）递延所得税负债的确认和计量

1. 递延所得税负债的确认

（1）遵循原则。

除所得税准则中明确规定可不确认递延所得税负债的情况以外，企业对于所有的应纳税暂时性差异均应确认相关的递延所得税负债。

除与直接计入所有者权益的交易或事项以及企业合并中取得资产、负债相关的以外，在确认递延所得税负债的同时，一般应增加利润表中的所得税费用。

账务处理如下：

借：所得税费用（差异产生时影响会计利润或应纳税所得额）

其他综合收益（差异产生时影响其他综合收益）

资本公积（差异产生时影响资本公积，如权益法调整）

留存收益（政策变更追溯调整等）

商誉（非同一控制下企业合并等）

贷：递延所得税负债

转回做相反分录。

（2）不确认递延所得税负债的情况。

①商誉的初始确认。

因该项合并符合税法规定的免税合并条件，当事各方选择进行免税处理的情况下，购买方在免税合并中取得的被购买方有关资产、负债应维持其原计税基础不变。被购买方原账面上未确认商誉，即商誉的计税基础为0。该项合并中所确认的商誉账面价值与其计税基础0之间产生的应纳税暂时性差异。如果确认递延所得税负债，则减少被购买方可辨认净资产公允价值，而合并成本不变，会进一步增加商誉，由此出现无限循环。按照准则中规定，不再进一步确认相关的所得税影响。

需要注意的是，非同一控制下吸收合并形成的商誉，在应税合并情况下，按照所得税法规定商誉在初始确认时计税基础等于账面价值，不产生暂时性差异；该商誉在后续计量过程中因计提减值准备，使得商誉的账面价值小于计税基础，会产生可抵扣暂时性差异，应确认相关的所得税影响。账务处理如下：

借：资产减值损失

贷：商誉减值准备

借：递延所得税资产

贷：所得税费用

②除企业合并以外的其他交易或事项中，如果该项交易或事项发生时既不影响会计利润，也不影响应纳税所得额，则所产生的资产、负债的初始确认金额与其计税基础不同，形成应纳税暂时性差异的，交易或事项发生时不确认相应的递延所得税负债。

③与子公司、联营企业、合营企业投资等相关的应纳税暂时性差异，一般应确认相应的递延所得税负债，但同时满足以下两个条件的除外：

一是投资企业能够控制暂时性差异转回的时间；

二是该暂时性差异在可预见的未来很可能不会转回。

对于采用权益法核算的长期股权投资，其计税基础与账面价值产生的有关暂时性差异是否应确认相关的所得税影响，应当考虑该项投资的持有意图：

①在准备长期持有的情况下，对于采用权益法核算的长期股权投资账面价值与计税基础之间的差异，投资企业一般不确认相关的所得税影响；

②在持有意图由长期持有转变为拟近期出售的情况下，因长期股权投资的账面价值与计税基础不同产生的有关暂时性差异，均应确认相关的所得税影响。

2. 递延所得税负债的计量

递延所得税负债应以相关应纳税暂时性差异转回期间适用的所得税税率计量。无论应纳税暂时性差异的转回期间如何，递延所得税负债的确认不要求折现。

（二）递延所得税资产的确认和计量

1. 递延所得税资产的确认

（1）确认的一般原则。

资产、负债的账面价值与其计税基础不同产生可抵扣暂时性差异的，在估计未来期间能够取得足够的应纳税所得额用以利用该可抵扣暂时性差异时，应当以很可能取得用来抵扣可抵扣暂时性差异的应纳税所得额乘以所得税税率为限，确认相关的递延所得税资产。

①对与子公司、联营企业、合营企业投资相关的可抵扣暂时性差异，同时满足下列条件的，应当确认相关的递延所得税资产：

一是暂时性差异在可预见的未来很可能转回；

二是未来很可能获得用来抵扣可抵扣暂时性差异的应纳税所得额。

②对于按照税法规定可以结转以后年度的未弥补亏损和税款抵减，得到税务部门认可的前提下，形成的可抵扣暂时性差异，要以未来 5 年能够取得的应纳税所得额乘以所得税税率为限确认递延所得税资产。

账务处理如下：

借：递延所得税资产

　　贷：所得税费用（差异产生时影响会计利润或应纳税所得额）

　　　　其他综合收益（差异产生时影响其他综合收益）

　　　　资本公积（差异产生时影响资本公积，如权益法调整）

　　　　留存收益（政策变更追溯调整等）

　　　　商誉（非同一控制下企业合并）

转回做相反分录。

（2）不确认递延所得税资产的特殊情况。

如果企业发生的某项交易或事项不是企业合并，并且交易发生时既不影响会计利润也不影响应纳税所得额，且该项交易中产生的资产、负债的初始确认金额与其计税基础不同，产生可抵扣暂时性差异的，所得税准则中规定在交易或事项发生时不确认相应的递延所得税资产。如内部研发无形资产加计扣除产生的可抵扣暂时性差异不确认递延所得税资产。

2. 递延所得税资产的计量

（1）适用税率的确定。

采用转回期间适用的所得税税率为基础计算确定。无论相关的可抵扣暂时性差异转回期间如何，递延所得税资产均不予折现。

（2）递延所得税资产的减值。

资产负债表日，企业应当对递延所得税资产的账面价值进行复核。如果未来期间很可能无法取得足够的应纳税所得额用以利用可抵扣暂时性差异带来的利益，应当减记递延所得税资产的账面价值。

借：所得税费用等

　　贷：递延所得税资产

递延所得税资产的账面价值减记以后，以后期间根据新的环境和情况判断能够产生足够的应纳税所得额用以利用可抵扣暂时性差异，使得递延所得税资产包含的经济利益能够实现的，应相应恢复递延所得税资产的账面价值。

借：递延所得税资产

　　贷：所得税费用等

（三）特殊交易或事项中涉及递延所得税的确认和计量

1. 与直接计入所有者权益的交易或事项相关的所得税

与当期及以前期间直接计入所有者权益的交易或事项相关的当期所得税及递延所得税应当计入所有者权益。直接计入所有者权益的交易或事项主要有：

（1）会计政策变更采用追溯调整法或对前期差错更正采用追溯重述法调整期初留存收益；

（2）以公允价值计量且其变动计入其他综合收益的金融资产公允价值的变动金额；

（3）同时包含负债及权益成分的金融工具在初始确认时计入所有者权益的金额；

（4）自用房地产转换为采用公允价值模式计量的投资性房地产时公允价值大于原账面价值的差额计入其他综合收益等。

2. 与企业合并相关的递延所得税

与企业合并相关的递延所得税处理，如下表所示。

购买方取得的可抵扣暂时性差异不符合递延所得税资产确认条件未确认递延所得税资产	（1）购买日后12个月内，如取得新的或进一步信息表明购买日的相关情况已经存在，预期被购买方在购买日可抵扣暂时性差异带来的经济利益能够实现的，应当确认相关的递延所得税资产，同时减少商誉，商誉不足冲减的，差额部分确认为当期损益
	（2）除上述情况以外，确认与企业合并相关的递延所得税资产，应当计入当期损益

3. 与股份支付相关的当期及递延所得税

（1）如果税法规定与股份支付相关的支出不允许税前扣除，则不形成暂时性差异；

（2）如果税法规定与股份支付相关的支出允许税前扣除，在按照会计准则规定确认成本费用的期间内，企业应当根据会计期末取得的信息估计可税前扣除的金额计算确定其计税基础及由此产生的暂时性差异，符合确认条件的情况下，应当确认相关递延所得税。账务处理如下：

借：递延所得税资产

　　贷：所得税费用

（四）适用税率变化对已确认递延所得税资产和递延所得税负债的影响

因税收法规的变化，导致企业在某一会计期间适用的所得税税率发生变化的，企业应对已确认的递延所得税资产和递延所得税负债按照新的税率重新计量。

【经典真题】

【单选题·2017】乙公司为丙公司和丁公司共同投资设立。2×17年1月1日，乙公司增资扩股，甲公司出资450万元取得乙公司30%股权并能够对其施加重大影响。甲公司投资日，乙公司可辨认净资产的公允价值和账面价值均为1 600万元。2×17年，乙公司实现净利润900万元，其他综合收益增加120万元。甲公司拟长期持有对乙公司的投资。甲公司适用的所得税税率为25%。不考虑其他因素，下列各项关于甲公司2×17年对乙公司投资相关会计处理的表述中，正确的是（　　）。

A. 按照实际出资金额确定对乙公司投资的入账价值

B. 将按持股比例计算应享有乙公司其他综合收益变动的份额确认为投资收益

C. 投资时将实际出资金额与享有乙公司可辨认净资产份额之间的差额确认为其他综合收益

D. 对乙公司投资年末账面价值与计税基础不同产生的应纳税暂时性差异，不应确认递延所得税负债

【答案】D

【解析】长期股权投资的初始投资成本为付出对价450万元，初始投资成本小于乙公司可辨认净资产公允价值份额480万元（1 600×30%）的差额，调整初始投资成本记入“长期股权投资——投资成本”科目，同时计入营业外收入，即甲公司该项长期股权投资初始投资成本为450万元，入账价值为480万元，选项A不正确；按持股比例计算其应享有乙公司其他综合收益的份额，应该确认为其他综合收益，选项B不正确；投资时，实际出资额和应享有乙公司的可辨认净资产公允价值的份额之间的差额，计入营业外收入，选项C不正确；因该长期股权投资拟长期持有，故不确认递延所得税，选项D正确。

【计算分析题·2016（改编）】甲股份有限公司（以下简称“甲公司”）2×15年发生的有关交易或事项中，会计处理与所得税处理存在差异的包括以下几项：

（1）1月1日，甲公司以3 800万元取得对乙公司20%股权，并自取得当日起向乙公司董事会派出1名董事，能够对乙公司财务和经营决策施加重大影响。取得股权时，乙公司可辨认净资产的公允价值与账面价值相同，均为16 000万元。

乙公司2×15年实现净利润500万元，当年取得的其他权益工具投资2×15年年末市价相对于取得成本上升200万元。甲公司与乙公司2×15年未发生交易。甲公司拟长期持有对乙公司的投资。税法规定，我国境内设立的居民企业间股息、红利免税。

（2）甲公司2×15年发生研发支出1 000万元，其中按照会计准则规定费用化的部分为400万元，资本化形成无形资产的部分为600万元。该研发形成的无形资产于2×15年7月1日达到预定用途，预计可使用5年，采用直线法摊销，预计净残值为零。税法规定，企业为开发新技术、新产品、新工艺发生的研究开发费用，未形成资产计入当期损益的，在据实扣除的基础上，按照研发费用的75%加计扣除；形成资产的，未来期间按照无形资产摊销金额的175%予以税前扣除。该无形资产摊销方法、摊销年限及净残值的税法规定与会计相同。

（3）甲公司2×15年利润总额为5 200万元。

其他有关资料：

本题中有关公司均为我国境内居民企业，适用的所得税税率均为25%；预计甲公司未来期间能够产生足够的应纳税所得额用以抵扣可抵扣暂时性差异。

甲公司2×15年年初递延所得税资产与负债的余额均为零，且不存在未确认递延所得税资产或负债的暂时性差异。

要求：

（1）根据资料（1）、资料（2），分别确定各交易或事项截至2×15年12月31日所形成

资产的账面价值与计税基础，并说明是否应确认相关的递延所得税资产或负债及其理由。

（2）计算甲公司 2×15 年应交所得税，编制甲公司 2×15 年与所得税费用相关的会计分录。

【答案及解析】

（1）资料（1）：

甲公司对乙公司长期股权投资 2×15 年 12 月 31 日的账面价值 =3 800 +500×20% +200×（1 -25%）×20% =3 930（万元），其计税基础为 3 800 万元。该长期股权投资的账面价值与计税基础形成暂时性差异，但不应确认相关递延所得税负债。

理由：在甲公司拟长期持有该投资的情况下，其账面价值与计税基础形成的暂时性差异将通过乙公司向甲公司分配现金股利或利润的方式消除，在双方都是境内居民企业情况下，有关利润在分回甲公司时是免税的，不产生对未来期间的所得税影响。

资料（2）：

该项无形资产 2×15 年 12 月 31 日的账面价值为 540 万元，计税基础为 945 万元。

该无形资产的账面价值与计税基础之间形成的可抵扣暂时性差异为 405 万元，企业不应确认相关的递延所得税资产。

理由：该差异产生于自行研究开发形成无形资产的初始入账价值与其计税基础之间。会计准则规定，有关暂时性差异在产生时（交易发生时）既不影响会计利润，也不影响应纳税所得额，同时亦非产生于企业合并的情况下，不应确认相关暂时性差异的所得税影响。相应地，因初始确认差异所带来的后续影响亦不应予以确认。

（2）应纳税所得额 =5 200 -100（长期股权投资权益法确认的投资收益）-400×75%（内部研究开发无形资产费用化加计扣除）-600/5×6/12×75%（内部研究开发形成的无形资产按照税法规定加计摊销）=4 755（万元）

应交所得税 =4 755×25% =1 188.75（万元）

借：所得税费用　　　　11 887 500

　　贷：应交税费——应交所得税　　　　11 887 500

【经典模拟题】

【多选题】 A 公司为上市公司，2019 年 1 月 1 日支付 6 000 万元购入 B 公司 100% 的净资产，对 B 公司进行吸收合并，合并前 A 公司与 B 公司不存在任何关联方关系。假定该项合并符合税法规定的免税合并条件，购买日 B 公司可辨认净资产的公允价值为 5 000 万元，账面价值为 4 000 万元，合并前 B 公司资产负债的账面价值与计税基础相等。A 公司无其他子公司。所得税税率为 25%。下列会计处理中，正确的有（　　）。

A. A 公司吸收合并 B 公司产生的商誉为 1 250 万元，应在个别报表中进行确认

B. A 公司吸收合并 B 公司产生的商誉账面价值与计税基础的差额应确认递延所得税负债为 312.5 万元

C. A 公司吸收合并 B 公司产生的商誉的计税基础为零

D. A 公司吸收合并 B 公司应确认的递延所得税负债为 250 万元

【答案】 ACD

【解析】A 公司无其他子公司，吸收合并后不需要编制合并财务报表，吸收合并产生的商誉 =6 000 - [5 000 - (5 000 -4 000) ×25%] =1 250（万元），应在 A 公司个别报表中确认，选项 A 正确；商誉的初始确认产生的应纳税暂时性差异，为了防止出现无限循环，不进一步确认递延所得税负债，选项 B 错误；由于是免税吸收合并，因此商誉的计税基础为零，选项 C 正确；由于是非同一控制下的免税吸收合并，并进来的资产负债按照公允价值计量，而计税基础不发生改变，形成的暂时性差异应确认递延所得税负债 =(5 000 -4 000) ×25% =250（万元），选项 D 正确。本题会计分录如下：

借：净资产　　5 000
　　商誉　　1 250
　　贷：银行存款　　6 000
　　　　递延所得税负债　　250

【多选题】甲公司适用所得税税率为 25%，其 20×9 年发生的交易或事项中，会计与税收处理存在差异的事项如下：①当期购入股票投资指定为以公允价值计量且其变动计入其他综合收益的金融资产，期末公允价值大于取得成本 160 万元；②收到与资产相关的政府补助 1 600 万元，相关资产至年末尚未开始计提折旧，采用总额法核算政府补助。甲公司 20×9 年利润总额为 5 200 万元，假定递延所得税资产/负债年初余额为零，未来期间能够取得足够的应纳税所得额利用可抵扣暂时性差异。下列关于甲公司 20×9 年所得税的处理中，正确的有（　　）。

A. 所得税费用为 900 万元　　B. 应交所得税为 1 300 万元
C. 递延所得税负债为 40 万元　　D. 递延所得税资产为 400 万元

【答案】CD

【解析】20×9 年末金融资产的账面价值大于取得成本 160 万元，形成应纳税暂时性差异，应确认递延所得税负债的金额 =160×25% =40（万元），选项 C 正确；与资产相关的政府补助，税法规定在取得的当年全部计入应纳税所得额，会计处理按照总额法分期确认收入（其他收益），所以在收到当期应确认递延所得税资产，确认递延所得税资产的金额 =1 600×25% =400（万元），选项 D 正确；甲公司 20×9 年应交所得税 =(5 200 +1 600) ×25% =1 700（万元），选项 B 错误；所得税费用的金额 =1 700 -400 =1 300（万元），选项 A 错误。

【计算分析题】甲公司适用的所得税税率为 25%，预计以后期间不会变更，未来期间有足够的应纳税所得额用以抵扣可抵扣暂时性差异；2×15 年初递延所得税资产的账面余额为 100 万元，递延所得税负债的账面余额为 0，不存在其他未确认暂时性差异所得税影响的事项。2×15 年，甲公司发生的下列交易或事项，其会计处理与所得税法规规定存在差异：

（1）甲公司持有乙公司 30% 股权并具有重大影响，采用权益法核算，其初始投资成本为 1 000 万元。截至 2×15 年 12 月 31 日，甲公司该股权投资的账面价值为 1 900 万元，其中，因乙公司 2×15 年实现净利润，甲公司按持股比例计算确认增加的长期股权投资账面价值为 300 万元；因乙公司持有以公允价值计量且其变动计入其他综合收益的金融资产（不属于非交易性权益工具投资）产生的其他综合收益增加，甲公司按持股比例计算确认增加的长期股权投资账面价值 80 万元；其他长期股权投资账面价值的调整系按持股比例计算享有乙公司以前年度的净利润。甲公司计划于 2×16 年出售该项股权投资，但出售计划尚未经董事会和股东大会批准。税法规定，居民企业间的股息、红利免税。

（2）1月4日，甲公司经股东大会批准，授予其50名管理人员每人10万份股份期权，每份期权于到期日可以6元/股的价格购买甲公司1股普通股，但被授予股份期权的管理人员必须在甲公司工作满3年才可行权。甲公司因该股权激励于当年确认了550万元的股份支付费用。税法规定，行权时股份公允价值与员工实际支付价款之间的差额，可在行权期间计算应纳税所得额时扣除。针对当期发生的费用，甲公司预计该股份期权行权时可予税前抵扣的金额为1 600万元，预计因该股权激励计划确认的股份支付费用合计数不会超过可税前抵扣的金额。

（3）2×15年，甲公司发生与生产经营活动有关的业务宣传费支出1 600万元。税法规定，不超过当年销售收入15%的部分准予税前全额扣除；超过部分，准予在以后纳税年度结转扣除。甲公司2×15年度销售收入为9 000万元。

（4）甲公司2×15年度利润总额4 500万元，以前年度发生的可弥补亏损400万元尚在税法允许可结转以后年度产生的所得抵扣的期限内。

假定：除上述事项外，甲公司不存在其他纳税调整事项；甲公司和乙公司均为境内居民企业；不考虑中期财务报告及其他因素，甲公司于年末进行所得税会计处理。

要求：

（1）根据资料（1），说明甲公司长期股权投资权益法核算下的账面价值与计税基础是否产生暂时性差异；如果产生暂时性差异，说明是否应当确认递延所得税负债或资产，并说明理由。

（2）分别计算甲公司2×15年12月31日递延所得税负债或资产的账面余额以及甲公司2×15年应交所得税、所得税费用，编制相关的会计分录。

【答案及解析】

（1）长期股权投资的账面价值=1 900（万元），长期股权投资的计税基础=1 000（万元），账面价值与计税基础的差异形成暂时性差异，不需要确认递延所得税；理由：甲公司计划于2×16年出售该项股权投资，但出售计划尚未经董事会和股东大会批准，企业不能确定是否会出售该股权投资，此时说明该长期股权投资属于拟长期持有的股权投资，不能确定其暂时性差异的转回时间和转回方式，因此不需要确认递延所得税。

（2）

①递延所得税负债的期末余额=0。

②根据资料（2），2×15年，A公司根据会计准则规定在当期确认的成本费用为550万元，但预计未来期间可税前扣除的金额为1 600万元，超过了该公司当期确认的成本费用。根据企业会计准则讲解的规定，超过部分的所得税影响应直接计入所有者权益。企业应确认递延所得税资产的金额=1 600×25%=400（万元）。因此，具体的所得税会计处理如下：

借：递延所得税资产　　400

　贷：所得税费用　　（550×25%）137.5

　　资本公积——其他资本公积　　［（1 600－550）×25%］262.5

根据资料（3），企业可以税前扣除的业务宣传费=9 000×15%=1 350（万元）；实际发生金额1 600万元，形成可抵扣暂时性差异250万元，应确认递延所得税资产=250×25%=

62.5（万元）；相关会计分录为：

借：递延所得税资产　　62.5

　　贷：所得税费用　　62.5

根据资料（4），因弥补亏损转回递延所得税资产 = 400 × 25% = 100（万元）；相关会计分录为：

借：所得税费用　　100

　　贷：递延所得税资产　　100

因此，递延所得税资产的期末余额 = 100 + 400 + 62.5 − 100 = 462.5（万元）。

③企业应纳税所得额 = 4 500 − 400 − 300 + 550 + (1 600 − 9 000 × 15%) = 4 600（万元）；

应交所得税（当期所得税） = 4 600 × 25% = 1 150（万元）；

所得税费用 = 当期所得税费用 1 150 + 递延所得税费用（ − 137.5 − 62.5 + 100） = 1 050（万元）。相关会计分录为：

借：所得税费用　　1 150

　　贷：应交税费——应交所得税　　1 150

重难点3：所得税费用的确认和计量★★★

（一）当期所得税

当期所得税，即应交所得税，应以适用的税收法规为基础计算确定。

应交所得税 = 应纳税所得额 × 所得税税率

应纳税所得额 = 税前会计利润 + 纳税调整增加额 − 纳税调整减少额 = 税前会计利润 + 按照会计准则规定计入利润表但计税时不允许税前扣除的费用 ± 计入利润的费用与按照税法规定可予税前抵扣的金额之间的差额 ± 计入利润表的收入与按照税法规定应计入应纳税所得额的收入之间的差额 − 税法规定的不征税收入 ± 其他需要调整的因素

上述纳税调整既包括永久性差异的调整、也包括影响损益的暂时性差异的调整，暂时性差异对应纳税所得额的调整如下：

应纳税所得额 = 税前会计利润 + 本期发生的影响损益的可抵扣暂时性差异 − 本期转回的影响损益的可抵扣暂时性差异 − 本期发生的影响损益的应纳税暂时性差异 + 本期转回的影响损益的应纳税暂时性差异

（二）递延所得税

递延所得税，是指当期确认（含转回）的递延所得税资产和递延所得税负债发生额的综合结果，即递延所得税资产和递延所得税负债在期末应有的金额相对于原已确认金额之间的差额，但不包括计入所得税费用以外的交易或事项的影响。

递延所得税（大于零为费用，小于零为收益） = 当期递延所得税负债的增加额 + 当期递延所得税资产的减少额 − 当期递延所得税负债的减少额 − 当期递延所得税资产的增加额

或递延所得税（大于零为费用，小于零为收益） = (递延所得税负债的期末余额 − 递延所得税负债的期初余额) − (递延所得税资产的期末余额 − 递延所得税资产的期初余额)

（三）所得税费用

计算确定了当期所得税及递延所得税以后，利润表中应予确认的所得税费用为两者之

和，即：

所得税费用＝当期所得税＋递延所得税（费用加、收益减）

【经典真题】

【单选题·2014】20×3年，甲公司实现利润总额210万元，包括：20×3年收到的国债利息收入10万元，因违反环保法规被环保部门处以罚款20万元。甲公司20×3年年初递延所得税负债余额为20万元，年末余额为25万元，上述递延所得税负债均产生于固定资产账面价值与计税基础的差异。甲公司适用的所得税税率为25%。不考虑其他因素，甲公司20×3年的所得税费用是（　　）万元。

A. 52.5　　　　B. 55

C. 57.5　　　　D. 60

【答案】B

【解析】本期因固定资产账面价值和计税基础不一致确认递延所得税负债5（25－20）万元，即产生应纳税暂时性差异＝5/25%＝20（万元），所以本期计算应交所得税时纳税调减20万元，即甲公司20×3年应交所得税＝（210－10＋20－20）×25%＝50（万元），确认递延所得税费用＝25－20＝5（万元），甲公司20×3年确认的所得税费用＝应交所得税＋递延所得税＝50＋5＝55（万元）。

速算技巧：甲公司20×3年的所得税费用＝（210－10＋20）×25%＝55（万元）。

【小贴士】简便算法：所得税费用＝调完永久性差异的应纳税所得额×现行税率

成立条件：所得税税率不发生变化，没有不确认递延所得税的特殊暂时性差异时。

【经典模拟题】

【计算分析题】甲公司2019年度利润总额为2 600万元，其中本年度国债利息收入630万元，税收滞纳金30万元，实际发生的业务招待费250万元（税法核定的业务招待费150万元）。递延所得税负债年初数为40万元，年末数为60万元，递延所得税资产年初数为30万元，年末数为20万元。假定递延所得税资产和递延所得税负债均与所得税费用相关，无其他的纳税调整项目，适用的所得税税率为25%，不考虑其他因素。

要求：计算甲公司2019年度应交所得税、递延所得税以及所得税费用的金额，并编制相关的会计分录。

【答案及解析】甲公司2019年度的应交所得税＝［2 600－630＋30＋（250－100）－应纳税暂时性差异的发生额（60－40）/25%－可抵扣暂时性差异转回的金额（30－20）/25%］×25%＝507.5（万元）；递延所得税＝（60－40）－（20－30）＝30（万元）；所得税费用＝507.5＋30＝537.5（万元）。

借：所得税费用	537.5	
贷：应交税费——应交所得税		507.5
递延所得税负债		20
递延所得税资产		10

四、进阶练习

（一）单选题

1. 关于内部研究开发形成的无形资产加计摊销额的会计处理，下列表述正确的是（　　）。

A. 属于暂时性差异，不确认递延所得税资产

B. 属于非暂时性差异，应确认递延所得税负债

C. 属于非暂时性差异，不确认递延所得税资产

D. 属于暂时性差异，应确认递延所得税资产

2. 2016 年 1 月 1 日，甲公司购入股票作为以公允价值计量且其变动计入其他综合收益的金融资产核算，购买价款为 1 000 万元，另支付手续费及相关税费 4 万元，2016 年 12 月 31 日该项股票公允价值为 1 100 万元，若甲公司适用的企业所得税税率为 25%，则甲公司下列表述中正确的是（　　）。

A. 金融资产计税基础为 996 万元

B. 应确认递延所得税资产 24 万元

C. 应确认递延所得税负债 24 万元

D. 金融资产入账价值为 1 000 万元

3. 甲公司适用的企业所得税税率为 25%，2014 年 12 月 20 日购入一项不需要安装的固定资产，成本为 500 万元，该项固定资产的使用年限为 10 年，采用年限平均法计提折旧，预计净残值为零。税法规定，该项固定资产采用双倍余额递减法计提折旧，预计折旧年限为 8 年，预计净残值为零。则下列表述中，正确的是（　　）。

A. 因该项固定资产 2016 年末的递延所得税负债余额为 29. 69 万元

B. 因该项固定资产 2016 年末应确认的递延所得税负债为 18. 75 万元

C. 因该项固定资产 2015 年末的递延所得税负债余额为 10. 94 万元

D. 因该项固定资产 2015 年末应确认的递延所得税资产为 18. 75 万元

（二）多选题

1. 下列关于递延所得税资产的表述中，正确的有（　　）。

A. 递延所得税资产产生于可抵扣暂时性差异

B. 当期递延所得税资产的确认应当考虑当期是否能够产生足够的应纳税所得额

C. 按照税法规定可以结转以后年度的可弥补亏损应视为可抵扣暂时性差异，不确认递延所得税资产

D. 递延所得税资产的计量应以预期收回该资产期间的适用企业所得税税率确定

2. 下列关于所得税会计处理的表述中，正确的有（　　）。

A. 所得税费用包括当期所得税费用和递延所得税费用

B. 当期应纳所得税额应以当期企业适用的企业所得税税率进行计算

C. 当企业所得税税率变动时，“递延所得税资产”的账面余额应及时进行相应调整

D. 当期所得税费用等于当期应纳企业所得税税额

3. 下列项目中，会产生可抵扣暂时性差异的有（　　）。

A. 企业发生的可用于抵减以后年度应纳税所得额的亏损额

B. 当期发生的广告费和业务宣传费超过营业收入15%的部分

C. 会计计提的折旧小于税法规定的折旧

D. 其他权益工具投资的公允价值上升

(三)计算分析题

1. 甲公司为房地产开发企业，对投资性房地产采用公允价值模式进行后续计量。

(1) 20×6年1月1日，甲公司以20 000万元总价款购买了一栋已达到预定可使用状态的公寓。该公寓总面积为1万平方米，每平方米单价为2万元，预计使用寿命为50年，预计净残值为零。甲公司计划将该公寓对外出租。

(2) 20×6年，甲公司出租上述公寓实现租金收入500万元，发生费用支出(不含折旧) 100万元。由于市场发生变化，甲公司出售了公寓总面积的20%，取得收入4 200万元，所出售公寓于20×6年12月31日办理了房产过户手续。20×6年12月31日，该公寓每平方米的公允价值为2.1万元。

其他资料：

甲公司所有收入与支出均以银行存款结算。

根据税法规定，在计算当期应纳所得税时，持有的投资性房地产可以按照其购买成本、根据预计使用寿命50年按照年限平均法自购买日起至处置时止计算的折旧额在税前扣除，持有期间公允价值的变动不计入应纳税所得额；在实际处置时，处置取得的价款扣除其历史成本减去按照税法规定计提折旧后的差额计入处置或结算期间的应纳税所得额，甲公司适用的所得税税率为25%。

甲公司当期不存在其他收入或成本费用，当期所发生的100万元费用支出可以全部在税前扣除，不存在未弥补亏损或其他暂时性差异。

不考虑除所得税外的其他相关税费。

要求：

(1) 编制甲公司20×6年1月1日、12月31日与投资性房地产的购买、公允价值变动、出租、出售相关的会计分录。

(2) 计算投资性房地产20×6年12月31日的账面价值、计税基础及暂时性差异。

(3) 计算甲公司20×6年当期所得税，并编制与确认所得税费用相关的会计分录。

2. 20×4年1月1日，甲公司递延所得税资产的账面价值为100万元，递延所得税负债的账面价值为零。20×4年12月31日，甲公司有关资产、负债的账面价值和计税基础如下：

项目名称	账面价值(万元)	计税基础(万元)
固定资产	12 000	15 000
无形资产	900	1 350
其他债权投资	5 000	3 000
预计负债	600	0

上表中，固定资产在初始计量时，入账价值与计税基础相同，无形资产的账面价值是当季末新增的符合资本化条件的开发支出形成的，按照税法规定对于研究开发费用形成无形资

产的，按照形成无形资产成本的150%作为计税基础。假定在确定无形资产账面价值及计税基础时均不考虑当季度摊销因素。

20×4年度，甲公司实现净利润8 000万元，发生广告费用1 500万元，按照税法规定准予从当年应纳税所得额中扣除的金额为1 000万元，其余可结转以后年度扣除。

甲公司适用的所得税税率为25%，预计能够取得足够的应纳税所得额用于抵扣可抵扣暂时性差异的所得税影响，除所得税外，不考虑其他税费及其他因素影响。

要求：（1）对上述事项或项目产生的暂时性差异影响，分别说明是否应计入递延所得税负债或递延所得税资产，并分别说明理由。

（2）说明哪些暂时性差异的所得税影响应计入所有者权益。

（3）说明甲公司20×4年度应确认的递延所得税费用。

（四）综合题

1. 甲公司适用的企业所得税税率为25%，经当地税务机关批准，甲公司自20×1年2月取得第一笔生产经营收入所属纳税年度起，享受“三免三减半”的税收优惠政策，即20×1年至20×3年免交企业所得税，20×4年至20×6年减半，按照12.5%的税率交纳企业所得税。甲公司20×3年至20×7年有关会计处理与税收处理不一致的交易或事项如下：

（1）20×2年12月10日，甲公司购入一台不需要安装即可投入使用的行政管理用A设备，成本6 000万元，该设备采用年数总和法计提折旧，预计使用5年，预计无净残值。税法规定，固定资产按照年限平均法计提的折旧准予在税前扣除。假定税法规定的A设备预计使用年限及净残值与会计规定相同。

（2）甲公司拥有一栋五层高的B楼房，用于本公司行政管理部门办公。迁往新建的办公楼后，甲公司20×7年1月1日与乙公司签订租赁协议，将B楼房租赁给乙公司使用。租赁合同约定，租赁期为3年，租赁期开始日为20×7年1月1日，年租金为240万元，于每月末分期支付。B楼房转换为投资性房地产前采用年限平均法计提折旧，预计使用50年，预计无净残值；转换为投资性房地产后采用公允价值模式进行后续计量。转换日，B楼房原价为800万元，已计提折旧为400万元，公允价值为1 300万元。20×7年12月31日，B楼房的公允价值为1 500万元。税法规定，企业的各项资产以历史成本为基础计量；固定资产按照年限平均法计提的折旧准予在税前扣除。假定税法规定的B楼房使用年限及净残值与其转换为投资性房地产前的会计规定相同。

（3）20×7年7月1日，甲公司以1 000万元的价格购入国家同日发行的国债，款项已用银行存款支付。该债券的面值为1 000万元，期限为3年，年利率为5%（与实际利率相同），利息于每年6月30日支付，本金到期一次付清。甲公司根据其管理该国债的业务模式和该国债的合同现金流量特征，将购入的国债分类为以摊余成本计量的金融资产。税法规定，国债利息收入免交企业所得税。

（4）20×7年9月3日，甲公司向符合税法规定条件的公益性社团捐献现金600万元。税法规定，企业发生的公益性捐赠支出不超过年度利润总额12%的部分准许扣除。

其他资料如下：

第一，20×7年度，甲公司实现利润总额4 500万元。

第二，20×3年初，甲公司递延所得税资产和递延所得税负债无余额，无未确认递延所得税资产的可抵扣暂时性差异和可抵扣亏损，除上面所述外，甲公司 20×3 年至 20×7 年无其他会计处理与税收处理不一致的交易或事项。

第三，20×3 年至 20×7 年各年末，甲公司均有确凿证据表明未来期间很可能获得足够的应纳税所得额用来抵扣可抵扣暂时性差异。

第四，不考虑除所得税以外的其他税费及其他因素。

要求：

（1）根据资料（1），分别计算，甲公司 20×3 年至 20×7 年各年 A 设备应计提的折旧，并填写完成下列表格。

项目	20×3 年 12 月 31 日	20×4 年 12 月 31 日	20×5 年 12 月 31 日	20×6 年 12 月 31 日	20×7 年 12 月 31 日
账面价值					
计税基础					
暂时性差异					

（2）根据资料（2），编制甲公司 20×7 年与 B 楼房转换为投资性房地产及其后续公允价值变动相关的会计分录。

（3）根据资料（3），编制甲公司 20×7 年与购入国债及确认利息相关的会计分录。

（4）根据上述资料，计算甲公司 20×3 年至 20×6 年各年末的递延所得税资产或负债余额。

（5）根据上述资料，计算甲公司 20×7 年的应交所得税和所得税费用，以及 20×7 年末递延所得税资产或负债余额，并编制相关会计分录。

2. 甲有限公司（以下简称“甲公司”）为上市公司，该公司 2×16 年发生的有关交易或事项如下：

（1）1 月 2 日，甲公司在天猫开设的专营店上线运行，推出一项新的销售政策，凡在 1 月 10 日之前登录甲公司专营店并注册为会员的消费者，只需支付 500 元会员费，即可享受在未来两年内在该公司专营店购物全部 7 折的优惠，该会员费不退且会员资格不可转让。1 月 2 日至 10 日，该政策共吸引 30 万名消费者成为甲公司天猫专营店会员，有关消费者在申请加入成为会员时已全额支付会员费。

由于甲公司在天猫开设的专营店刚刚开始运营，甲公司无法预计消费者的消费习惯及未来两年可能的消费金额。税法规定，计算所得税时按会计准则规定确认收入的时点作为计税时点。

（2）2 月 20 日，甲公司将闲置资金 3 000 万美元用于购买某银行发售的外汇理财产品。理财产品合同规定：该理财产品存续期为 364 天，预期年化收益率为 3%，不保证本金及收益，持有期间内每月 1 日可开放赎回。甲公司计划将该投资持有至到期。当日美元对人民币的汇率为 1 美元 =6.5 元人民币。

2×16 年 12 月 31 日，根据银行发布的理财产品价值信息，甲公司持有的美元理财产品价值为 3 100 万美元，当日美元对人民币的汇率为 1 美元 =6.70 元人民币。

税法规定对于外币交易的折算采用交易发生时的即期汇率，但对于以公允价值计量的金融资产，持有期间内的公允价值变动不计入应纳税所得额。

（3）甲公司生产的乙产品中标参与国家专项扶持计划，该产品正常市场价格为 1.2 万元/

台，甲公司的生产成本为0.8万元/台。按照规定，甲公司参与该国家专项扶持计划后，将乙产品销售给目标消费者的价格为1万元/台，国家财政另外给予甲公司补助款0.2万元/台。

2×16年，甲公司按照该计划共销售乙产品2 000台，销售价款及国家财政补助款均已收到。

税法规定，有关政府补助收入在取得时计入应纳税所得额。

（4）9月30日，甲公司自外部购入一项正在进行中的研发项目，支付价款900万元，甲公司预计该项目前期研发已经形成一定的技术雏形，预计能够带来的经济利益流入足以补偿外购成本，甲公司组织自身研发团队在该项目基础上进一步研发，当年度共发生研发支出400万元，通过银行存款支付。甲公司发生的有关支出均符合资本化条件，至2×16年末，该项目仍处于研发过程中。

税法规定，企业自行研发的项目，按照会计准则规定资本化的部分，其计税基础为资本化金额的175%；按照会计准则规定费用化的部分，当期可予税前扣除的金额为费用化金额的175%。

其他有关资料：

第一，本题中不考虑除所得税外其他相关税费的影响，甲公司适用的所得税税率为25%，假定甲公司在未来期间能够产生足够的应纳税所得额用以抵扣可抵扣暂时性差异。

第二，甲公司以人民币为记账本位币，外币业务采用业务发生时的即期汇率折算。

要求：就甲公司2×16年发生的有关交易或事项，分别说明其应当进行的会计处理并说明理由；分别说明有关交易或事项是否产生资产、负债的账面价值与计税基础的暂时性差异，是否应确认相关递延所得税，并分别编制与有关交易或事项相关的会计分录。

3. 甲公司采用成本模式对投资性房地产进行后续计量，适用的所得税税率为25%，每年均按净利润的10%计提盈余公积。

（1）2016年12月31日，甲公司将一栋自用办公楼出租给乙公司，租赁期开始日为12月31日，租期3年，年租金240万元，于每年年初支付。该办公楼原值3 000万元，预计使用年限为50年，预计净残值为0，采用直线法计提折旧，至出租时已累计使用10年，累计计提折旧600万元，未计提减值，转为投资性房地产后折旧方法、净残值等与转换前一致。税法与会计规定的折旧年限、折旧方法以及净残值相同。

（2）2017年，由于道路修整，该出租办公楼出现减值迹象，当年末甲公司预计此办公楼未来现金流量的现值为2 000万元，公允价值减去处置费用后的净额为2 150万元。

（3）2018年1月1日，甲公司经调查得到，此办公楼所在地的房产交易市场已经比较成熟，办公楼满足了以公允价值模式计量的条件，决定对该房产由成本模式转为公允价值模式计量，当日该办公楼的公允价值为2 700万元。2018年12月31日的公允价值为2 800万元，2019年12月31日的公允价值为3 100万元。

（4）2020年1月1日甲公司收回租赁期满的办公楼，同日以3 200万元的价格出售给丙公司，取得价款并存入银行。

假定不考虑其他因素。预计未来能够取得足够的应纳税所得额用以抵扣可抵扣暂时性差异。

要求：

（1）根据资料（1），判断投资性房地产的转换日并说明理由，并做出自用房地产转为投资性房地产的分录。

（2）根据资料（2），确定该办公楼2017年末的可收回金额，并说明此办公楼是否应该确认减值，如果需要确认，计算减值金额并编制相关分录。

（3）根据上述资料，编制甲公司2017年收取租金、确认租金收入以及结转成本相关分录；计算甲公司因该项投资性房地产对2017年营业利润的影响金额。

（4）根据资料（3），编制2018年甲公司将投资性房地产由成本模式变为公允价值模式以及期末调整公允价值变动的会计分录。

（5）根据资料（4），编制甲公司出售投资性房地产的分录。

五、进阶练习答案

（一）单选题

1.【答案】A

【解析】形成无形资产的，按照无形资产成本的175%计算每期摊销额。导致税法比会计上摊销的多，也就是账面价值小于计税基础，所以加计摊销额造成的差异属于暂时性差异，但是因为这个暂时性差异既不影响会计利润，也不影响应纳税所得额，所以不确认递延所得税资产。

2.【答案】C

【解析】金融资产的入账价值 = 1 000 + 4 = 1 004（万元），选项D错误。年末，账面价值为1 100万元，计税基础不变，为1 000万元，形成应纳税暂时性差异额 = 1 100 − 1 004 = 96（万元），确认递延所得税负债 96 × 25% = 24（万元）。

3.【答案】A

【解析】本题考查递延所得税资产和递延所得税负债的确认和计量知识点。

2015年末该固定资产的账面价值 = 500 − 500/10 = 450（万元）；

计税基础 = 500 − 500 × 2/8 = 375（万元）；

产生应纳税暂时性差异 = 450 − 375 = 75（万元），

确认递延所得税负债 = 75 × 25% = 18.75（万元），选项C、D错误。

2016年末该固定资产的账面价值 = 500 − 500/10 × 2 = 400（万元）；

计税基础 = 500 − 500 × 2/8 − (500 − 500 × 2/8) × 2/8 = 281.25（万元）；

应纳税暂时性差异的余额 = 400 − 281.25 = 118.75（万元）；

递延所得税负债余额 = 118.75 × 25% = 29.69（万元），选项A正确。

2016年产生的递延所得税负债 = 29.69 − 18.75 = 10.94（万元），选项B错误。

（二）多选题

1.【答案】AD

【解析】选项B，当期递延所得税资产的确认应当考虑将来是否能够产生足够的应纳税所得额；选项C，可以结转到以后年度的可弥补亏损应视为可抵扣暂时性差异，满足条件应确认递延所得税资产。

2.【答案】ABCD

【解析】四个选项均正确。

3.【答案】AB

【解析】选项 A 和 B，因其能够减少未来期间的应纳税所得额，进而减少未来期间的应交所得税，会计处理上视同可抵扣暂时性差异；选项 C、D，会使资产账面价值大于其计税基础，从而产生应纳税暂时性差异。

（三）计算分析题

1.**【答案及解析】**

（1）

①20×6 年 1 月 1 日，甲公司以 20 000 万元购买公寓：

借：投资性房地产——成本　　20 000

　　贷：银行存款　　20 000

②20×6 年 12 月 31 日，公寓的公允价值增加至 21 000 万元（2.1 万元/平方米×1 万平方米），增值 1 000 万元。

借：投资性房地产——公允价值变动　　1 000

　　贷：公允价值变动损益　　1 000

或（剩余 80% 部分）：

借：投资性房地产——公允价值变动　　（1 000×80%）800

　　贷：公允价值变动损益　　800

③甲公司实现租金收入和成本：

借：银行存款　　500

　　贷：其他业务收入（或主营业务收入）　　500

借：其他业务成本（或主营业务成本）　　100

　　贷：银行存款　　100

④甲公司于 20×6 年 12 月 31 日出售投资性房地产的会计分录如下：

借：银行存款　　4 200

　　贷：其他业务收入（或主营业务收入）　　4 200

借：其他业务成本（或主营业务成本）　　（20 000×20%）4 000

　　公允价值变动损益　　（1 000×20%）200

　　贷：投资性房地产——成本　　（20 000×20%）4 000

　　　　　　　　　——公允价值变动　　（1 000×20%）200

或（期末时未确认出售部分公允价值变动损益，则出售时也不涉及转出）：

借：其他业务成本（或主营业务成本）　　（20 000×20%）4 000

　　贷：投资性房地产——成本　　（20 000×20%）4 000

（2）

公寓剩余部分的账面价值＝21 000×80%＝16 800（万元）。

公寓剩余部分的计税基础＝（20 000－20 000/50）×80%＝15 680（万元）。

暂时性差异＝16 800－15 680＝1 120（万元）。

（3）

甲公司的当期所得税计算如下：

甲公司20×6年实现的会计利润=1 000+500-100+4 200-4 000-200=1 400（万元）；应纳税所得额=1 400-400（税法上允许抵扣的折旧额20 000/50）+80［出售部分甲公司账面上结转的成本20 000×20%-税法上允许结转的成本（20 000-20 000/50）×20%］-（1 000-200）（税法规定持有期间公允价值的变动不计入应纳税所得额）=280（万元）。则甲公司的当期所得税=应纳税所得额×适用税率=280×25%=70（万元）。所得税相关分录如下：

借：所得税费用　　350

　　贷：应交税费——应交所得税　　70

　　　　递延所得税负债　　（1 120×25%）280

2.【答案及解析】

（1）①固定资产：需要确认递延所得税资产；因为该固定资产的账面价值小于计税基础，形成可抵扣暂时性差异，所以需要确认递延所得税资产。

②无形资产：不需要确认递延所得税资产或递延所得税负债；因为该无形资产是由于开发支出形成的，其不属于企业合并，且初始确认时既不影响会计利润也不影响应纳税所得额，所以不需要确认递延所得税。

③其他债权投资：需要确认递延所得税负债；因为该资产的账面价值大于计税基础，且是由于公允价值变动造成的，形成应纳税暂时性差异，所以，需要确认递延所得税负债。

④预计负债：需要确认递延所得税资产；因为该负债的账面价值大于计税基础，形成可抵扣暂时性差异，所以，需要确认递延所得税资产。

⑤发生的广告费需要确认递延所得税资产；因为该广告费的金额为1 500万元，其可以税前扣除的金额为1 000万元，允许未来税前扣除的金额为500万元，形成可抵扣暂时性差异，所以，需要确认递延所得税资产。

（2）要求：说明哪些暂时性差异的所得税影响应计入所有者权益。

其他债权投资的暂时性差异产生的所得税影响应该计入所有者权益。因为只有其他债权投资的暂时性差异是因为计入所有者权益产生的，其所得税影响也应该计入所有者权益。

（3）要求：计算甲公司20×4年度应确认的递延所得税费用。

固定资产形成可抵扣暂时性差异期末余额=15 000-12 000=3 000（万元）；

递延所得税资产的期末余额=3 000×25%=750（万元）；

预计负债形成的递延所得税资产期末余额=600×25%=150（万元）；

广告费形成的递延所得税资产的本期发生额=500×25%=125（万元）；

因此递延所得税资产的本期发生额=（750+150）-100+125=925（万元）；

综上所述，甲公司20×4年度应确认的递延所得税费用=0-925=-925（万元）。

（四）综合题

1.**【思路点拨】**（1）本题最大的难点在于针对税率变化，各期递延所得税资产的计算。20×3年产生的800万元暂时性差异分两年转回，20×6年转回400万元（1 200-800），20×7年转回另外400万元。由于20×6年依然享受“三减半”政策，税率为12.5%，而20×7年开始税率为25%，因此，计算20×3年递延所得税资产时，20×6年转回的400万元用12.5%税率计算，20×7年转回的400万元用25%税率计算。

【答案及解析】

20×3 年 A 设备应计提的折旧 =6 000×5/(1+2+3+4+5) =2 000（万元）；

20×4 年 A 设备应计提的折旧 =6 000×4/(1+2+3+4+5) =1 600（万元）；

20×5 年 A 设备应计提的折旧 =6 000×3/(1+2+3+4+5) =1 200（万元）；

20×6 年 A 设备应计提的折旧 =6 000×2/(1+2+3+4+5) =800（万元）；

20×7 年 A 设备应计提的折旧 =6 000×1/(1+2+3+4+5) =400（万元）。

项目	20×3 年 12 月 31 日	20×4 年 12 月 31 日	20×5 年 12 月 31 日	20×6 年 12 月 31 日	20×7 年 12 月 31 日
账面价值	4 000	2 400	1 200	400	0
计税基础	4 800	3 600	2 400	1 200	0
暂时性差异	800	1 200	1 200	800	0

(2)

借：投资性房地产——成本　　1 300

　　累计折旧　　400

　　贷：固定资产　　800

　　　　其他综合收益　　900

借：投资性房地产——公允价值变动　　(1 500 - 1 300) 200

　　贷：公允价值变动损益　　200

(3)

借：债权投资　　1 000

　　贷：银行存款　　1 000

借：应收利息　　(1 000×5%/2) 25

　　贷：投资收益　　25

(4)

20×3 年末的递延所得税资产余额 =400×12.5% +400×25% =150（万元）；

20×4 年末的递延所得税资产余额 =150 +400×25% =250（万元）；

20×5 年末的递延所得税资产余额 =20×4 年余额 =250（万元）；

20×6 年末的递延所得税资产余额 =800×25% =200（万元），或 =250 -400×12.5% =200（万元）。

(5) 甲公司 20×7 年的应交所得税 =[4 500 - 转回固定资产的可抵扣暂时性差异 800 - 投资性房地产应纳税暂时性差异（200 +800/50）- 国债利息免税 25 + 公益性捐赠支出超过限额部分（600 -4 500×12%）]×25% =879.75（万元）；

甲公司 20×7 年的递延所得税费用 = 投资性房地产确认的递延所得税负债（200 +800/50）×25% + 固定资产转回的递延所得税资产 800×25% =254（万元）；

甲公司 20×7 年的所得税费用 =879.75 +254 =1 133.75（万元）；

20×7 年末递延所得税负债余额 =900×25% +(200 +800/50)×25% =279（万元），其中 225（900×25%）计入其他综合收益；递延所得税资产余额为 0。

借：所得税费用　　1 133.75
　贷：应交税费——应交所得税　　879.75
　　递延所得税负债　　54
　　递延所得税资产　　200
借：其他综合收益　　225
　贷：递延所得税负债　　225

2. 【答案及解析】

事项（1）会计处理：甲公司应将收到的会员费作为合同负债处理；理由：甲公司无法预计消费者的消费习惯及未来两年可能的消费金额，收到的会员费作为无须退回的初始费，应作为未来转让商品的预收款，在未来转让商品时确认收入。

会计分录：

借：银行存款　　（30×500）15 000
　贷：合同负债　　15 000

由于税法规定计算所得税时按照会计准则规定确认收入的时点作为计税时点，所以税法和会计确认收入的时点一致，不确认递延所得税。

事项（2）会计处理：该外汇理财产品应当作为以公允价值计量且其变动计入当期损益的金融资产核算，期末确认公允价值变动和期末汇兑差额，均计入公允价值变动损益。

理由：该理财产品不保证本金及收益，持有期间内每月 1 日可开放赎回，其合同现金流量并非仅为对本金和以未偿付本金金额为基础的利息的支付。

会计分录：

借：交易性金融资产　　（3 000×6.5）19 500
　贷：银行存款　　19 500
借：交易性金融资产　　（3 100×6.7－3 000×6.5）1 270
　贷：公允价值变动损益　　1 270
借：所得税费用　　（1 270×25%）317.5
　贷：递延所得税负债　　317.5

交易性金融资产的账面价值大于计税基础，产生暂时性差异，需要确认递延所得税负债。

事项（3）会计处理：甲公司收到的国家财政补助款按照收入准则处理。理由：因为该项补助的受益者并不是企业，而是该项产品的消费者，因此甲公司正常确认收入。

会计分录：

借：银行存款　　2 400
　贷：主营业务收入　　2 400
借：主营业务成本　　1 600
　贷：库存商品　　1 600

收到的国家财政补助款账面价值与计税基础相同，不产生暂时性差异，不需要确认递延所得税。

事项（4），会计处理：甲公司购入的研发项目作为研发支出（资本化支出）核算，发生的研发支出计入研发支出（资本化支出）；理由：该研发项目预计能够带来的经济利益流入足以补偿外购的成本，且后续支出符合资本化条件。

购买时：

借：研发支出——资本化支出　900

　贷：银行存款　900

进一步发生研发支出时：

借：研发支出——资本化支出　400

　贷：银行存款　400

研发支出账面价值 = 900 + 400 = 1 300（万元），计税基础 = 900 + 400 × 175% = 1 600（万元），账面价值小于计税基础，产生暂时性差异，但是不需要确认递延所得税。

3. **【答案及解析】**

（1）投资性房地产的转换日为 2016 年 12 月 31 日；理由：自用房地产改为出租，则转换日通常为租赁期开始日，也就是本题中的 2016 年 12 月 31 日。

自用房地产转换为投资性房地产的分录为：

借：投资性房地产　3 000

　累计折旧　600

　贷：固定资产　3 000

　　投资性房地产累计折旧　600

（2）办公楼 2017 年末的可收回金额为预计未来现金流量的现值与公允价值减去处置费用后的净额中的较高者，所以可收回金额为 2 150 万元；办公楼计提减值前的账面价值 = 3 000 - 600 - (3 000 - 600)/(50 - 10) = 3 000 - 600 - 60 = 2 340（万元），账面价值 > 可收回金额，应该计提减值，减值金额 = 2 340 - 2 150 = 190（万元）。

会计分录：

借：资产减值损失　190

　贷：投资性房地产减值准备　190

借：递延所得税资产　47.5

　贷：所得税费用　47.5

（3）甲公司 2017 年收取租金、确认租金收入以及结转成本的分录为：

借：银行存款　240

　贷：预收账款　240

借：预收账款　240

　贷：其他业务收入　240

借：其他业务成本　60

　贷：投资性房地产累计折旧　60

此业务对甲公司 2017 年营业利润的影响金额 = 240 - 60 - 190 = - 10（万元）。

（4）

①2018 年 1 月 1 日成本模式变更为公允价值模式的分录为：

借：投资性房地产——成本　3 000

　投资性房地产累计折旧　（600 + 60）660

投资性房地产减值准备　　190
贷：投资性房地产　　3 000
投资性房地产——公允价值变动　　300
递延所得税资产　　47.5（转回）
递延所得税负债　　[（2 700 - 2 340）×25%] 90（确认）
盈余公积　　41.25
利润分配——未分配利润　　371.25

②2018 年 12 月 31 日调整公允价值变动：

借：投资性房地产——公允价值变动　　（2 800 - 2 700）100
贷：公允价值变动损益　　100

产生的应纳税暂时性差异 = 100 + 税法折旧 3 000/50 = 160（万元），确认递延所得税负债 = 160 × 25% = 40（万元），会计分录如下：

借：所得税费用　　40
贷：递延所得税负债　　40

③2019 年 12 月 31 日调整公允价值变动：

借：投资性房地产——公允价值变动　　（3 100 - 2 800）300
贷：公允价值变动损益　　300

产生的应纳税暂时性差异 = 300 + 税法折旧 3 000/50 = 360（万元），确认递延所得税负债 = 360 × 25% = 90（万元），会计分录如下：

借：所得税费用　　90
贷：递延所得税负债　　90

（5）2020 年甲公司出售投资性房地产的分录为：

借：银行存款　　3 200
贷：其他业务收入　　3 200

借：其他业务成本　　2 700
公允价值变动损益　　400（转为投资性房地产后累计公允价值变动 400）
贷：投资性房地产——成本　　3 000
——公允价值变动
100 [转为投资性房地产后累计公允价值变动（100 + 300） - 转换时点公允价值变动明细账贷方 300]

转回递延所得税负债：

借：递延所得税负债　　（90 + 40 + 90）220
贷：所得税费用　　220

第二十一章　外币折算

一、2020 年新教材内容主要变化

本章无实质性变化。

二、本章近五年考情统计分析

本章内容较少，结构比较清晰，思路比较简单，难度不大。历年考试分值不高，通常以客观题的形式出现，可能与借款费用、报表折算等结合以主观题的形式出现，最近五年平均考试分值为 2 ~4 分。

（一）近五年考试分值分布

题型	2015 年	2016 年	2017 年	2018 年	2019 年
单选题	0	0	0	0	0
多选题	2	2	2	2	2
综合题	0	0	2	0	0
合计	2	2	4	2	2

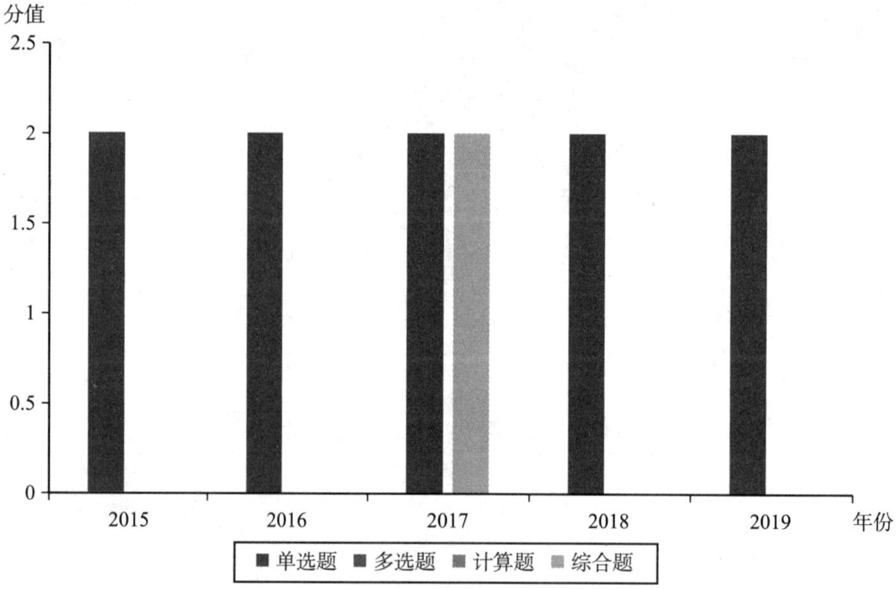

（二）近五年考试考点分布

近五年考试考点分布表

高频考点内容	年度及题型分布	分值
记账本位币的确定	2017 年多选题	2
外币交易的会计处理	2016 年多选题、2017 年综合题、2019 年多选题	6
外币报表折算	2015 年多选题、2018 年多选题	4

三、重难点解析

本章阐述了外币交易的会计处理和外币财务报表折算的方法，本章主要内容包括：记账本位币的确定，外币交易的会计处理、记账方法，境外经营财务报表的折算。应关注外币交易的会计处理；资产负债表日外币货币性项目的折算；外币财务报表折算特殊项目的处理；注意区分外币交易和外币财务报表折算的处理原则，选择正确的汇率。

重难点1：记账本位币的确定★

业务收支以人民币以外的货币为主的单位，可以选定其中一种货币作为记账本位币，但是编报的财务会计报告应当折算为人民币。

企业记账本位币的选定考虑以下因素：

（1）选择货币能够对企业商品和劳务销售价格起主要作用；

（2）选择货币能够对商品和劳务所需人工、材料和其他费用产生主要影响；

（3）融资活动中获得的资金以及保存从经营活动中收取款项所使用的货币。

【经典模拟题】

【单选题】国内A公司涉及本地业务与出口业务，本地业务占30%，欧元业务占30%，美元业务占40%，A公司财务会计报告中选择的币种为（　　）。

A. 人民币　　B. 美元　　C. 欧元　　D. 英镑

【答案】A

【解析】国内公司业务收支以人民币以外的货币为主的单位，可以选定其中一种货币作为记账本位币，但是编报的财务会计报告应当折算为人民币。

重难点2：境外经营记账本位币的确定★★

境外经营通常是指企业在境外的子公司、合营企业、联营企业、分支机构。当企业在境内的子公司、联营企业、合营企业或者分支机构选定的记账本位币不同于企业的记账本位币时，也应当视同境外企业。

境外经营记账本位币选定考虑以下因素：

（1）境外经营对其所从事的活动是否拥有很强的自主性；

（2）境外经营活动中与企业的交易是否在境外经营中占有较大比重；

（3）境外经营活动产生的现金流量是否直接影响企业的现金流量、是否可以随时汇回；

（4）境外经营活动产生的现金流量是否足以偿还其现有债务和可预期债务。

【经典模拟题】

【单选题】国内A公司以人民币作为记账本位币，该公司在美国设有一家子公司，子公司在美国的经营活动有完全的自主权且与母公司除投资被投资之外几乎无交易业务，则子公司应选择的记账本位币为（　　）。

A. 人民币　　B. 欧元　　C. 美元　　D. 加币

【答案】C

【解析】子公司在美国有自主经营权，且与母公司之间无往来交易业务，故选 C。

重难点 3：记账本位币变更★

企业选择的记账本位币一经确定，不得随意变更，除非与确定记账本位币相关的企业经营所处的主要环境发生了重大变化。

企业变更记账本位币时，采用变更当日即期汇率将所有项目折算为变更后的记账本位币，折算后的金额作为新的记账本位币的历史成本，不产生汇兑差额。

【经典模拟题】

【单选题】下列各项关于记账本位币变更会计处理的表述中，正确的是（　　）。

A. 记账本位币变更日所有者权益项目按照历史汇率折算为变更后的记账本位币

B. 记账本位币变更日资产负债项目按照当日的即期汇率折算为变更后的记账本位币

C. 记账本位币变更当年年初至变更日的利润表项目按照交易发生日的即期汇率折算为变更后的记账本位币

D. 记账本位币变更当年年初至变更日的现金流量表项目按照与交易发生日即期汇率近似的汇率折算为变更后的记账本位币

【答案】B

【解析】企业变更记账本位币，应当采用变更当日的即期汇率将所有项目折算为变更后的记账本位币，折算后的金额作为新的记账本位币的历史成本。

重难点 4：即期汇率与即期汇率的近似汇率★★★

汇率是指两种货币相兑换的比率，银行汇率通常有三种表现形式。

（1）买入价：银行买入其他货币的价格；

（2）卖出价：银行出售其他货币的价格；

（3）中间价：银行买入价与卖出价的平均价。

即期汇率是指外币交易时立即交付的结算价格，买入价和卖出价均是即期汇率，准则中企业用于记账的即期汇率一般指当日中国人民银行公布的人民币汇率的中间价。

企业发生的外币交易只涉及人民币与美元、欧元、日元、港元等之间折算的，可直接采用中国人民银行每日公布的人民币汇率的中间价作为即期汇率进行折算；企业发生的外币交易涉及人民币与其他货币之间折算的，应按照国家外汇管理局公布的各种货币对美元折算率采用套算的方法进行折算，发生的外币交易涉及人民币以外的货币之间折算的，可直接采用国家外汇管理局公布的各种货币对美元折算率进行折算。

当汇率变动不大时为简化核算，企业在外币交易日或对外币报表的某些项目进行核算时也可以选择即期汇率的近似汇率折算。即期汇率的近似汇率通常指当期平均汇率或加权平均汇率。

【经典真题】

【多选题·2017】甲公司为我国境内企业，其日常核算以人民币作为记账本位币。甲公司在英国和加拿大分别设有子公司，负责当地市场的运营，子公司的记账本位币分别为英镑和加元。甲公司在编制合并财务报表时，下列各项关于境外财务报表折算所采用汇率的表述中，正确的有（　　）。

A. 英国公司的固定资产采用购入时的历史汇率折算为人民币

B. 加拿大公司的未分配利润采用报告期平均汇率折算为人民币

C. 加拿大公司的加元收入和成本采用报告期平均汇率折算为人民币

D. 英国公司持有的作为可供出售金融资产的股票投资采用期末汇率折算为人民币

【答案】CD

【解析】外币财务报表折算时，对于资产负债表中的资产和负债项目，采用资产负债表日的即期汇率折算，所有者权益项目除“未分配利润”项目外，其他项目采用发生时的即期汇率折算，选项A和B错误，选项D正确；利润表中的收入和费用项目，采用交易发生日的即期汇率折算，也可以采用按照系统合理的方法确定的、与交易发生日即期汇率近似的汇率折算（近似汇率通常为平均汇率），选项C正确。

【多选题·2015】下列各项中，在对境外经营财务报表进行折算时选用的有关汇率，符合会计准则规定的有（　　）。

A. 股本采用股东出资日的即期汇率折算

B. 未分配利润项目采用报告期平均汇率折算

C. 当期提取的盈余公积采用当期平均汇率折算

D. 可供出售金融资产采用资产负债表日即期汇率折算

【答案】ACD

【解析】选项B不正确，资产负债表中所有者权益项目除“未分配利润”项目外，其他项目采用发生时的即期汇率折算。

【多选题·2014】对外币财务报表进行折算时，下列项目中，应当采用期末资产负债表日的即期汇率进行折算的有（　　）。

A. 盈余公积　　B. 未分配利润

C. 长期股权投资　　D. 交易性金融资产

【答案】CD

【解析】资产负债表中的资产和负债项目，采用资产负债表日的即期汇率折算，所有者权益项目除“未分配利润”项目外，其他项目采用发生时的即期汇率折算，故选项C、D正确。

重难点5：外币交易的记账方法★

外币统账制：在企业发生外币交易时，即折算为记账本位币入账

外币分账制：日常核算：分币种记账

资产负债表日：货币性项目按资产负债表日即期汇率折算

非货币性项目按交易日即期汇率折算

【经典模拟题】

【单选题】以下关于外币交易的记账方法不正确的是（　　）。

A. 外币统账制在企业发生外币交易时，折算为记账本位币入账

B. 外币分账制在日常核算时统一记账

C. 外币分账制在资产负债表日时货币性项目按资产负债表日即期汇率折算

D. 外币分账制在资产负债表日时非货币性项目按交易日即期汇率折算

【答案】B

【解析】外币分账制在日常核算时应分币种记账。

重难点6：外币交易的会计处理★★★

初始确认：企业发生外币交易，采用交易日即期汇率或即期汇率的近似汇率将外币金额折算为记账本位币金额。

期末调整与结算：

货币性项目：货币性资产：现金、银行存款、应收账款、其他应收款、长期应收款等

货币性负债：应付账款、其他应付款、短期借款、应付债券、长期借款、长期应付款等

非货币性项目：预付账款、预收账款、存货、长期股权投资、交易性金融资产、固定资产、无形资产等

（1）对于以历史成本计量的外币非货币性项目，已在交易发生日按当日即期汇率折算，资产负债表日不应改变其原记账本位币金额，不产生汇兑差额。

（2）对于以成本与可变现净值孰低计量的存货，如果其可变现净值以外币确定，则在确定存货的期末价值时，应先将可变现净值折算为记账本位币，再与记账本位币的存货成本进行比较。

（3）对于以公允价值计量的股票、基金等非货币性项目，如果期末的公允价值以外币反映，应当先将该外币按照公允价值确定当日的即期汇率折算为记账本位币金额，再与原记账本位币金额进行比较，差额作为公允价值变动损益，计入当期损益。

（4）以公允价值计量且其变动计入其他综合收益的外币货币性金融资产形成的汇兑差额，应当计入当期损益；外币非货币性金融资产形成的汇兑差额，与其公允价值变动一并计入其他综合收益。但是，采用实际利率法计算的金融资产的外币利息产生的汇兑差额，应当计入当期损益；非交易性权益工具投资的外币现金股利产生的汇兑差额，应当计入当期损益。

【经典真题】

【多选题·2018】下列各项资产中，属于货币性资产的有（　　）。

A. 银行存款

B. 预付款项

C. 应收票据

D. 以公允价值计量且其变动计入当期损益的金融资产

【答案】AC

【解析】银行存款、应收票据属于货币性资产，预付款项、以公允价值计量且其变动计入当期资产的金融资产属于非货币性项目，故选 A、C。

【多选题·2016】甲公司 2×15 年发生以下外币交易或事项：（1）取得外币借款 1 000 万美元用于补充外币流动资金，当日即期汇率为 1 美元 =6.34 元人民币；（2）自国外进口设备支付预付款 600 万美元，当日即期汇率为 1 美元 =6.38 元人民币；（3）出口销售确认美元应收账款 1 800 万美元，当日即期汇率为 1 美元 =6.43 元人民币；（4）收到私募股权基金对甲公司投资 2 000 万美元，当日即期汇率为 1 美元 =6.48 元人民币。假定甲公司有关外币项目均不存在期初余额，2×15 年 12 月 31 日美元兑人民币的即期汇率为 1 美元 =6.49 元人民币。不考虑其他因素，下列关于甲公司 2×15 年 12 月 31 日因上述项目产生的汇兑损益会计处理的表述中，正确的有（　　）。

A. 收账款产生汇兑收益应计入当期损益

B. 外币借款产生的汇兑损失应计入当期损益

C. 预付设备款产生的汇兑收益应抵减拟购入资产成本

D. 取得私募股权基金投资产生的汇兑收益应计入资本性项目

【答案】AB

【解析】选项 C，属于外币非货币性项目，期末不产生汇兑差额；选项 D，企业接受外币投入资本，采用交易发生日即期汇率折算，期末该资本投入不产生汇兑差额。

重难点 7：对外币报表的折算方法★★

方法	定义	优点	缺点
流动和非流动法	境外经营的资产负债表中的流动资产和流动负债项目按资产负债表日的现时汇率折算，非流动资产和非流动负债及实收资本等项目按取得时的历史汇率折算	能够反映境外经营的营运资金的报告货币等值，不改变境外经营的流动性	流动性与非流动性的划分与流率的变动无关；对折算处理的结果掩盖了汇率变动对合并净收益的影响，平滑了各期收益，与实际情况不符
货币性与非货币性法	货币性资产和负债按期末现时汇率折算，非货币性资产和负债按历史汇率折算	恰当的考虑了汇率变动对资产和负债的影响	仍然用分类来解决外币报表的折算，没有考虑会计计量的问题，项目分类未必与所选汇率相关
时态法	资产负债表各项目以过去价值计量的，采用历史汇率，以现在价值计量的，采用现时汇率，产生的折算损益应计入当年的合并净收益	考虑了会计计量基础，改正了上述货币性与非货币性的缺点	从报告企业的角度考虑问题，忽视了境外经营作为相对独立实体的情况；各项目使用的折算汇率不同，产生的折算结果不可能保持外币报表在折算前的比率关系
现时汇率法	资产和负债项目均应按现时汇率折算，实收资本按历史汇率折算，利润表各项目按当期平均汇率折算，产生的折算损益作为所有者权益的一个单独项目予以列示	考虑了境外经营作为相对独立实体的情况，着重于汇率变动对报告企业在境外经营的投资净额的影响，折算结果未改变会计报表中的财务关系，仅改变表现形式	对所有资产和负债均以现时汇率折算，对以历史成本计价的固定资产按现时汇率计算不严谨

【经典模拟题】

【单选题】以下关于外币折算方法不正确的是（　　）。

A. 流动和非流动法中流动性项目按期末现行汇率折算，非流动性项目按历史汇率折算

B. 货币性与非货币性法中货币性资产和负债按期末现时汇率折算，非货币性资产和负债按历史汇率折算

C. 时态法中外币报表中的折算不会改变原币报表项目的计量属性

D. 现时汇率法所有项目均按现行汇率折算

【答案】D

【解析】现时汇率法中股本和资本公积项目按历史汇率核算，故选 D。

【经典真题】

【多选题·2019】甲公司发生的外币交易及相应的会计处理如下：（1）为建造固定资产借入外币专门借款，资本化期间将该外币专门借款的利息和汇兑损益计入在建工程成本；（2）自境外市场购入的存货，期末按外币可变现净值与即期汇率计算的结果确定其可变现净值，并以此为基础计提存货跌价准备；（3）以外币计价的交易性金融资产，期末按外币市价与即期汇率计算的结果确定其公允价值，并以此为基础计算确认公允价值变动损益；（4）收到投资者投入的外币资本，按照合同约定汇率折算实收资本。不考虑其他因素，甲公司对上述外币交易进行的会计处理中正确的有（　　）。

A. 以外币计价的存货跌价准备的计提

B. 外币专门借款利息及汇兑损益的处理

C. 以外币计价的交易性金融资产公允价值变动损益的确认

D. 股东作为出资投入的外币资本的折算

【答案】ABC

【解析】企业收到投资者以外币投入的资本，无论是否有合同约定汇率，均不采用合同约定汇率和即期汇率的近似汇率折算，而是采用交易日即期汇率折算，不产生外币资本折算差额，选项 D 错误。

重难点8：特殊项目的处理★

（1）少数股东应分担的外币报表折算差额：按少数股东在境外经营所有者权益中享有的份额计算少数股东应分担的外币报表折算差额，并入少数股东权益列示于合并资产负债表。

（2）实质上构成对境外经营净投资的外币货币性项目产生的汇兑差额的处理。

①实质上构成对子公司净投资的外币货币性项目以母公司或子公司的记账本位币反映，则应在抵销长期应收应付项目的同时，将其产生的汇兑差额转入“其他综合收益”科目。

借：其他综合收益

　　贷：财务费用

②实质上构成对子公司净投资的外币货币性项目以母、子公司的记账本位币以外的货币反映，则应将母、子公司此项外币货币性项目产生的汇兑差额相互抵销，差额转入“其他综

合收益”科目。

【经典模拟题】

【单选题】在企业境外经营为其子公司的情况下，企业在编制合并财务报表时，应按少数股东在境外经营所有者权益中所享受的份额计算少数股东应分担的外币报表折算额，并将其（　　）。

A. 并入少数股东权益列示于合并资产负债表

B. 并入财务费用

C. 不作处理

D. 并入资本公积

【答案】A

【多选题】下列关于母公司含有实质上构成对子公司（境外经营）净投资的外币货币性项目的汇兑差额的会计处理，不正确的有（　　）。

A. 转入合并利润表的财务费用科目

B. 转入合并利润表的投资收益科目

C. 转入合并资产负债表的未分配利润科目

D. 转入合并资产负债表的其他综合收益科目

【答案】ABC

【解析】实质上构成对子公司净投资的外币货币性项目以母、子公司的记账本位币以外的货币反映，则应将母、子公司此项外币货币性项目产生的汇兑差额相互抵销，差额转入“其他综合收益”科目。

四、进阶练习

（一）单选题

1. 某外商投资企业收到外商投入的资本10 000欧元，当日的市场汇率为1欧元 =7.9元人民币，合同约定的汇率为1欧元 =8.0元人民币。企业收到该项投资时应确认的外币资本折算差额为（　　）元。

A. 0　　B. 1 000　　C. 500　　D. 2 000

2. 外币会计报表折算时，子公司外币会计报表中的“财务费用”项目的金额应按（　　）折算为母公司记账本位币。

A. 当年年初的市场汇率　　B. 当年年末市场汇率

C. 交易发生日的即期汇率　　D. 资产负债表日的即期汇率

3. 在进行资产负债表折算时，所有者权益项目除（　　）项目外，均按发生时的（　　）汇率折算为母公司记账本位币。

A. 实收资本；即期　　B. 资本公积；历史

C. 盈余公积；历史　　D. 未分配利润；即期

4. 在企业期末调整与结算时，属于非货币性项目的为（　　）。

A. 应收账款　　B. 应付账款

C. 预付账款　　D. 长期应付款

5. 下列有关外币交易的记账方法中错误的是（　　）。

A. 外币交易的记账方法有外币统账制和外币分账制两种

B. 外币交易频繁，涉及外币币种较多更适合外币统账制

C. 外币分账制中非货币性项目按交易日即期汇率折算

D. 采用外币统账制和外币分账制得出的结果相同

6. 企业在未来某一日交付时结算价格是（　　）汇率。

A. 即期　　B. 即期汇率的近似

C. 套算　　D. 远期

7. 境内某公司在美国注册一子公司，子公司在选择记账本位币时主要考虑的因素是（　　）。

A. 注册地使用的货币　　B. 纳税需缴纳的货币

C. 母公司的记账本位币　　D. 主要影响商品销售价格的货币

8. 某外商投资企业上期期末美元账户余额为100 000美元，上期期末市场汇率为1美元 = 6.50人民币，该企业在本月将其中20 000美元兑换为人民币，兑换当日美元买入价为1美元 = 6.60人民币，卖出价为1美元 = 6.70人民币，该企业本期无其他美元业务，期末市场汇率为1美元 = 6.48人民币，则该企业本期计入财务费用的金额为（　　）元人民币。

A. 1 600　　B. 500　　C. 2 400　　D. 2 100

9. 下列各项外币交易在期末发生的汇兑损益，不计入当期损益的是（　　）。

A. 可供出售的权益工具投资　　B. 银行存款

C. 持有至到期投资　　D. 交易性金融资产

（二）多选题

1. 我国某企业记账本位币为美元，下列说法中错误的有（　　）。

A. 该企业以人民币计价和结算的交易不属于外币交易

B. 该企业以美元计价和结算的交易属于外币交易

C. 该企业以欧元计价和结算的交易属于外币交易

D. 该企业的编报货币为美元

E. 该企业的编报货币为人民币

2. 在确定境外经营记账本位币时需要考虑的因素有（　　）。

A. 所从事的活动是否拥有很强自主性

B. 与企业的交易是否在境外经营中占有较大比重

C. 母公司的记账本位币

D. 活动产生的现金流量是否直接影响企业的现金流量

E. 活动产生的现金流量是否足以偿还债务

3. 以下记账本位币变更中正确的有（　　）。

A. 采用变更当日的即期汇率将所有项目折算为变更后的记账本位币

B. 变更后产生的汇兑损益计入当期损益

C. 企业需提供确凿的证据证明其所处环境发生重大变化

D. 记账本位币变更后之前财务报表各项关系将不能作为参考

4. 现时汇率法的缺点包括以下（　　）。

A. 假设子公司以所在国货币表示的资产和负债项目均承受汇率变动风险

B. 现时汇率折算以历史成本计价的项目会产生歧义

C. 缺乏理论依据，会影响合并财务报表的真实性

D. 改变了原外币会计报表中各项目之间的比例关系，据此计算的结果不符合实际情况

5. 下列关于单项交易观和两项交易观错误的有（　　）。

A. 单项交易观和两项交易观交易发生日汇率相同

B. 单项交易观和两项交易观交易结算日汇率相同

C. 单项交易观和两项交易观报表编制日汇率不同

D. 单项交易观认为由于汇率变动产生的差额应计入汇兑损益

E. 两项交易观认为由于汇率变动产生的差额应调整该交易的成本或收入

6. 根据我国会计制度，企业的哪些业务可能产生汇兑损益（　　）。

A. 企业收到外币投资

B. 企业用外币兑换另一种外币

C. 企业申请外币借款

D. 企业向银行买入外币

E. 企业向银行卖出外币

7. 下列外币报表折算方法描述错误的有（　　）。

A. 我国外币折算准则基本采用现时汇率法

B. 货币性与非货币性法没有考虑汇率变动对资产和负债的影响

C. 时态法的折算结果保持了外币报表的比率关系

D. 现时汇率法对以历史成本计价的固定资产折算会出现歧义

（三）计算题

甲公司按季计算汇兑损益。4 月 1 日从银行借入短期贷款 10 万美元，年利率为 6%，期限为 3 个月，借入款项存入银行。4 月 1 日即期汇率为 1 美元 =6.80 人民币，6 月 30 日即期汇率为 1 美元 =6.75 人民币。7 月 1 日，甲公司按合同还本付息，归还时美元卖出价为 1 美元 =6.65 人民币。根据上述资料，编制甲公司在此过程中有关的会计分录并计算汇兑损益。

五、进阶练习答案

（一）单选题

1. **【答案】** B

【解析】 解析企业收到投资者以外币投入的资本，无论是否有合同约定汇率，均不采用合同约定汇率和即期汇率的近似汇率计算，而是采用交易日期即期汇率计算，这样外币投入资本与相应的货币性项目的记账本位币金额相等，不产生外币资本折算差额。

2. **【答案】** C

【解析】 利润表中的收入和费用项目，采用交易发生日的即期汇率或即期汇率的近似汇率折算。

3.【答案】D

【解析】所有者权益项目除“未分配利润”项目外，其他项目采用发生时的即期汇率折算。

4.【答案】C

【解析】应收账款属于货币性资产，应付账款和长期应付款属于货币性负债，只有预付账款属于非货币性项目。

5.【答案】B

【解析】银行等少数金融企业由于外币交易频繁，涉及外币币种较多，可以采用分账式记账方法进行日常核算。

6.【答案】D

【解析】企业在未来某一日交付时的结算价格是远期汇率。

7.【答案】D

【解析】境外经营记账本位币选定考虑以下因素：

境外经营对其所从事的活动是否拥有很强自主性；境外经营活动中与企业的交易是否在境外经营中占有较大比重；境外经营活动产生的现金流量是否直接影响企业的现金流量、是否可以随时汇回；境外经营活动产生的现金流量是否足以偿还其现有债务和可预期债务。

8.【答案】C

【解析】美元兑换人民币 $20\,000 \times [(6.7 + 6.6)/2 - 6.6] = 1\,000$（元）

期末损失 $= (100\,000 \times 6.5 - 20\,000 \times 6.65) - 80\,000 \times 6.48 = 1\,400$（元）

产生的汇兑损失 $= 1\,000 + 1\,400 = 2\,400$（元人民币）

9.【答案】A

【解析】银行存款和持有至到期资产，计入财务费用；交易性金融资产，计入公允价值变动损益；可供出售权益工具投资，计入其他综合收益，不影响当期损益。

（二）多选题

1.【答案】ABD

【解析】该企业记账本位币为美元即美元交易为本币交易，人民币交易为外币交易，而虽然记账本位币为美元，但是我国企业编报货币必须为人民币。

2.【答案】ABDE

【解析】境外经营记账本位币选定考虑以下因素：

境外经营对其所从事的活动是否拥有很强自主性；境外经营活动中与企业的交易是否在境外经营中占有较大比重；境外经营活动产生的现金流量是否直接影响企业的现金流量、是否可以随时汇回；境外经营活动产生的现金流量是否足以偿还其现有债务和可预期债务。

3.【答案】AC

【解析】记账本位币变更采用变更当日的即期汇率将所有项目折算为变更后的记账本位币，折算后的金额作为新的记账本位币的历史成本，由于采用同一即期汇率进行折算，不会产生汇兑差额，各项目比率也不会发生变化。

4.【答案】ABC

【解析】现时汇率法资产和负债项目均按现时汇率折算，折算结果使境外经营的会计报表中原有的财务关系不因折算而改变。

5. 【答案】ABDE

【解析】单项交易观和两项交易观交易发生日、报表编制日、交易结算日汇率不同而产生的折合为记账本位币的差额如何处理的两种观点。单项交易观认为由于汇率变动产生的差额应调整该交易的成本或收入；两项交易观认为由于汇率变动产生的差额应计入汇兑损益。

6. 【答案】BDE

【解析】企业用外币兑换另一种外币、企业向银行买入外币、企业向银行卖出外币均涉及了外币兑换，汇兑损益可由外币兑换产生。企业收到外币投资、企业申请外币借款未涉及外币兑换，不会产生汇兑损益。

7. 【答案】BC

【解析】货币性与非货币性法恰当的考虑到了汇率变动对资产和负债的影响，改正了流动和非流动性的缺点。现时汇率法的折算结果保持了外币报表在折算前原有的比率关系，时态法的折算汇率不同，折算结果没有保持外币报表在折算前原有的比率关系。

（三）计算题

【答案及解析】

4 月 1 日：

借：银行存款——美元　　（10 ×6.80）68

　　贷：短期借款——美元　　68

6 月 30 日：

汇兑损益：10 ×（6.75 −6.80）= −0.5（万元）

借：短期借款——美元　　0.5

　　贷：财务费用——汇兑损益　　0.5

7 月 1 日：

汇兑损益：10 ×（6.65 −6.75）= −1（万元）

利息：10 ×6% ×3/12 =0.15（万元）

借：短期借款——美元　　67.5

　　贷：财务费用——汇兑损益　　1

　　　　银行存款——人民币　　66.5

利息：10 ×6% ×3/12 ×6.65 =0.9975（万元）

借：财务费用——利息费用　　0.9975

　　贷：银行存款——人民币　　0.9975

第二十二章　租　赁

一、2020 年新教材内容主要变化

取消承租人关于融资租赁与经营租赁的分类，要求承租人对所有租赁（选择简化处理的短期租赁和低价值资产租赁除外）确认使用权资产和租赁负债，并分别确认折旧和利息费用。在出租人方面，基本沿袭了原租赁准则的会计处理规定，但改进了出租人的信息披露，要求出租人披露对其保留的有关租赁资产的权利所采取的风险管理战略、为降低相关风险所采取的措施等。

二、本章近五年考情统计分析

本章考题以单选题或多选题的形式出现，本章属于不重要的考试章节之一，最近五年平均考试分值为 2 分。

（一）近五年考试分值分布

题型	2015 年		2016 年		2017 年		2018 年		2019 年	
	试卷Ⅰ	试卷Ⅱ	试卷Ⅰ	试卷Ⅱ	试卷Ⅰ	试卷Ⅱ	试卷Ⅰ	试卷Ⅱ	试卷Ⅰ	试卷Ⅱ
单选题	—	—	—	—	2	2	2	2	2	2
多选题	2	2	2	2	—	—	—	—	—	—
合计	2	2	2	2	2	2	2	2	2	2

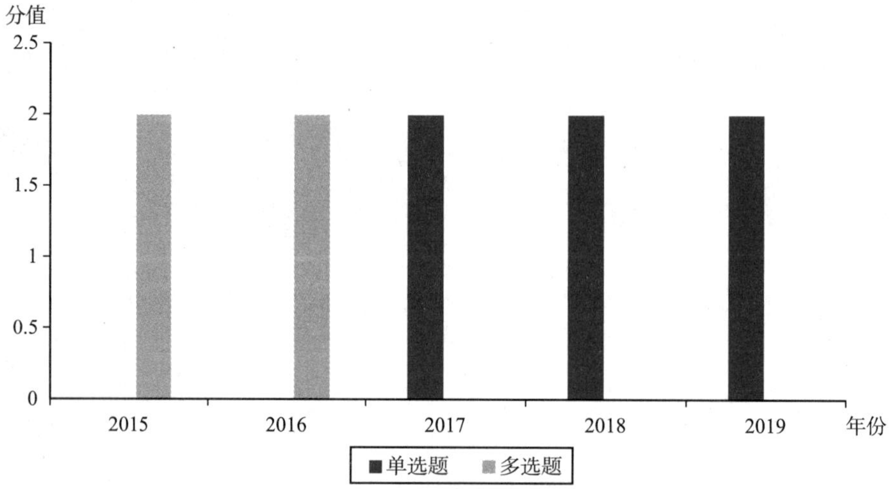

（二）近五年考试考点分布

近五年考试考点分布表

高频考点内容	年度及题型分布	分值
承租人对经营租赁的会计处理	2016 年多选题、2019 年单选题	4
承租人对融资租赁的会计处理	2017 年单选题	2
售后租回的处理	2017 年综合题	3. 5

三、重难点解析

重难点1：承租人的会计处理

（一）租赁负债的初始计量

1. 租赁负债应当按照租赁期开始日尚未支付的租赁付款额的现值进行初始计量

2. 租赁付款额的五项内容

3. 租赁内含利率：是指使出租人的租赁收款额的现值与未担保余值的现值之和等于租赁资产公允价值与出租人的初始直接费用之和的利率

4. 与承租人增量借款利率相关的事项

（二）使用权资产的初始计量

1. 使用权资产包括的四项内容

2. 计算租赁付款额，租赁负债，未确认融资费用

3. 编制会计分录

（三）租赁负债的后续计量

1. 编制关于租赁负债利息的会计分录

2. 租赁负债重新计量的四种情形及会计分录

（四）使用权资产的后续计量

承租人在确定使用权资产的折旧年限时，应遵循的原则

（五）租赁变更的会计处理

租赁变更是否作为一项单独租赁处理

（六）短期租赁和低价值资产租赁

判断某项资产能否作为低价值租赁资产进行会计处理。

历年真题与例题解析

【单选题】2×16年甲公司以融资租赁方式租入一台机器设备，通过比较租赁开始日租赁资产公允价值与最低租赁付款额现值后，以租赁资产公允价值作为租入资产的入账价值。不考虑其他因素，甲公司在分摊未确认的融资费用时，应当采用的分摊率是（　　）。

A. 合同规定利率

B. 使最低租赁付款额的现值等于租赁资产公允价值的折现率

C. 银行同期贷款利率

D. 出租人的租赁内含利率

【答案】B

【解析】融资租入固定资产按照公允价值为基础入账时，需要重新计算未确认融资费用的分摊率，所使用的分摊率应为使最低租赁付款额的现值等于租赁资产公允价值的折现率，选项B正确。

【单选题】某项融资租赁，租赁期开始日为2×17年12月31日，最低租赁付款额现值

为700万元，承租人另发生安装费20万元，设备于2×18年6月20日达到预定可使用状态并交付使用，承租人担保余值为60万元，未担保余值为30万元，租赁期为6年，设备尚可使用年限为8年。承租人对租入的设备采用年限平均法计提折旧，预计净残值为0。该设备在2×18年度应计提的折旧额为（　　）万元。

A. 60　　　　B. 44

C. 65.45　　　　D. 48

【答案】A

【解析】该设备在2×18年度应计提的折旧额=(700+20-60)/(12×6-6)×6=60（万元）

【综合题·准则例题】承租人甲公司与出租人乙公司签订了为期7年的商铺租赁合同。每年的租赁付款额为450 000元，在每年年末支付。甲公司无法确定租赁内含利率，其增量借款利率5.04%。

【答案】甲公司的账务处理为：

借：租赁负债——租赁付款额　　450 000

　　贷：银行存款　　450 000

借：财务费用——利息费　　131 040

　　贷：租赁负债——未确认融资费　　131 040

【解析】在租赁期开始日，甲公司按租赁付款额的现值所确认的租赁负债为2 600 000。在第1年年末，甲公司向乙公司支付第一年的租赁付款额450 000元，其中，131 040元（2 600 000×5.04%）是当年的利息，318 960元（450 000－131 040）是本金，即租赁负债的账面价值减少318 960元。

重难点2：出租人对经营租赁的会计处理

1. 租金的处理

在租赁期内各个期间，出租人应采用直线法或者其他系统合理的方法将经营租赁的租赁收款额确认为租金收入。如果其他系统合理的方法能够更好地反映因使用租赁资产所产生经济利益的消耗模式的，则出租人应采用该方法。

2. 出租人对经营租赁提供激励措施

出租人提供免租期的，出租人应将租金总额在不扣除免租期的整个租赁期内，按直线法或其他合理的方法进行分配，免租期内应当确认租金收入。出租人承担了承租人某些费用的，出租人应将该费用自租金收入总额中扣除，按扣除后的租金收入余额在租赁期内进行分配。

3. 初始直接费用

出租人发生的与经营租赁有关的初始直接费用应当资本化至租赁标的资产的成本，在租赁期内按照与租金收入相同的确认基础分期计入当期损益。

4. 折旧和减值

对于经营租赁资产中的固定资产，出租人应当采用类似资产的折旧政策计提折旧；对于其他经营租赁资产，应当根据该资产适用的企业会计准则，采用系统合理的方法进行摊销。

出租人应当按照《企业会计准则第 8 号——资产减值》的规定，确定经营租赁资产是否发生减值，并对已识别的减值损失进行会计处理。

5. 可变租赁付款额

出租人取得的与经营租赁有关的可变租赁付款额，如果是与指数或比率挂钩的，应在租赁期开始日计入租赁收款额；除此之外的，应当在实际发生时计入当期损益。

6. 经营租赁的变更

本准则规定，经营租赁发生变更的，出租人应自变更生效日开始，将其作为一项新的租赁进行会计处理，与变更前租赁有关的预收或应收租赁收款额视为新租赁的收款额。

历年真题与例题解析

【单选题】下列各项关于出租人会计处理的表述中，正确的是（　　）。

A. 融资租赁下或有租金在租赁期开始日预计并确认为收入

B. 融资租赁下应收融资租赁款按租赁期开始日最低租赁收款额与初始直接费用的差额计量

C. 融资租赁下未担保余值减少的，重新计算租赁内含利率并将由此引起的租赁投资净额的减少确认为其他综合收益

D. 经营租赁下收取的租金在租赁期内的各个期间按直线法确认为收入

【答案】D

【解析】或有租金在实际发生时计入当期损益，选项 A 错误；融资租赁下应收融资租赁款按租赁期开始日最低租赁收款额与初始直接费用之和作为应收融资租赁款的入账价值，选项 B 错误；融资租赁下未担保余值减少的，重新计算租赁内含利率并将由此引起的租赁投资净额的减少确认为当期损失，选项 C 错误。

【多选题】下列关于出租方对经营租赁资产处理中正确的有（　　）。

A. 在经营租赁下，与资产所有权有关的主要风险和报酬已实质上转移给承租方

B. 出租人不应当将出租资产作为自身拥有的资产在资产负债表中列示

C. 出租方应对经营租赁租出的固定资产计提折旧

D. 出租人应采用直线法将收到的租金在租赁期内确认为收入，如果其他方法更合理，也可以采用其他方法

【答案】CD

【解析】在经营租赁下，与资产所有权有关的主要风险和报酬仍然留在出租方，出租人应当将出租资产列示在资产负债表中。

【多选题】甲公司于 2019 年 1 月 1 日从乙公司租入一台全新设备，用于行政管理。租赁合同的主要条款如下：（1）租赁开始日：2019 年 1 月 1 日。（2）租赁期：2019 年 1 月 1 日至 2020 年 12 月 31 日。甲公司应在租赁期满后将设备归还给乙公司。（3）租金总额：120 万元。（4）租金支付方式：在起租日预付租金 80 万元，2019 年年末支付租金 20 万元，租赁期满时支付租金 20 万元。起租日该设备在乙公司的账面价值为 500 万元，公允价值为 500 万元。该设备预计使用年限为 10 年。甲公司在 2019 年 1 月 1 日的资产总额为 1 200 万元。甲公司对于租赁业务所采用的会计政策是：对于融资租赁，采用实际利率法分摊未确认融资费

用；对于经营租赁采用直线法确认租金费用。甲公司按期支付租金，并在每年年末确认与租金有关的费用。乙公司在每年年末确认与租金有关的收入。同期银行贷款年利率为6%。假定不考虑在租赁过程中发生的其他相关税费。关于该项租赁业务，下列说法中正确的有(　　)。

A. 该项租赁业务属于经营租赁

B. 2019年甲公司因租入设备而计入管理费用的金额为60万元

C. 2019年12月31日甲公司长期待摊费用的余额为40万元

D. 2019年乙公司应确认的租赁收入为60万元

【答案】ABCD

【解析】此项租赁未满足融资租赁的任何一项标准，属于经营租赁，选项A正确；2019年因租入设备计入管理费用的金额=120/2=60（万元），选项B正确；2019年1月1日确认长期待摊费用80万元，2019年12月31日计入管理费用金额为60万元，实际支付款项20万元，摊销长期待摊费用40万元，2019年12月31日长期待摊费用余额=80－40=40（万元），选项C正确；2019年乙公司应确认的租赁收入=120/2=60（万元），选项D正确。

重难点3：出租人对融资租赁的会计处理

1. 初始计量

在租赁期开始日，出租人应当对融资租赁确认应收融资租赁款，并终止确认融资租赁资产。出租人对应收融资租赁款进行初始计量时，应当以租赁投资净额作为应收融资租赁款的入账价值。

租赁投资净额为未担保余值和租赁期开始日尚未收到的租赁收款额按照租赁内含利率折现的现值之和。租赁内含利率，是指使出租人的租赁收款额的现值与未担保余值的现值之和（即租赁投资净额）等于租赁资产公允价值与出租人的初始直接费用之和的利率。因此，出租人发生的初始直接费用包括在租赁投资净额中，也即包括在应收融资租赁款的初始入账价值中。租赁收款额，是指出租人因让渡在租赁期内使用租赁资产的权利而应向承租人收取的款项。

2. 融资租赁的后续计量

出租人应当按照固定的周期性利率计算并确认租赁期内各个期间的利息收入。纳入出租人租赁投资净额的可变租赁付款额只包含取决于指数或比率的可变租赁付款额。在初始计量时，应当采用租赁期开始日的指数或比率进行初始计量。出租人应定期复核计算租赁投资总额时所使用的未担保余值。若预计未担保余值降低，出租人应修改租赁期内的收益分配，并立即确认预计的减少额。

出租人取得的未纳入租赁投资净额计量的可变租赁付款额，如与资产的未来绩效或使用情况挂钩的可变租赁付款额，应当在实际发生时计入当期损益。

3. 融资租赁变更的会计处理

融资租赁发生变更且同时符合下列条件的，出租人应当将该变更作为一项单独租赁进行会计处理：

（1）该变更通过增加一项或多项租赁资产的使用权而扩大了租赁范围或延长了租赁

期限；

（2）增加的对价与租赁范围扩大部分或租赁期限延长部分的单独价格按该合同情况调整后的金额相当。

如果融资租赁的变更未作为一项单独租赁进行会计处理，且满足假如变更在租赁开始日生效，该租赁会被分类为融资租赁条件的，出租人应当自租赁变更生效日开始将其作为一项租赁进行会计处理，并以租赁变更生效日前的租赁投资净额作为租赁资产的账面价值。

历年真题与例题解析

【多选题】依据企业会计准则的规定，下列各项通常构成出租人融资租赁债权的有（　　）。

A. 出租人承担的履约成本　　B. 承租人在租赁期内应支付租金总额

C. 承租人发生的初始直接费用　　D. 出租人发生的初始直接费用

【答案】BD

【解析】在租赁期开始日，出租人应当将租赁开始日最低租赁收款额与初始直接费用之和作为应收融资租赁款的入账价值，同时记录未担保余值；将最低租赁收款额、初始直接费用及未担保余值之和与其现值之和的差额确认为未实现融资收益。

【计算分析题·准则例题】2×19 年 12 月 1 日，甲公司与乙公司签订了一份租赁合同，从乙公司租入塑钢机一台。租赁合同主要条款如下：

（1）租赁资产：全新塑钢机。

（2）租赁期开始日：2×20 年 1 月 1 日。

（3）租赁期：2×20 年 1 月 1 日 ~2×25 年 12 月 31 日，共 72 个月。

（4）固定租金支付：自 2×20 年 1 月 1 日，每年年末支付租金 160 000 元。如果甲公司能够在每年年末的最后一天及时付款，则给予减少租金 10 000 元的奖励。

（5）取决于指数或比率的可变租赁付款额：租赁期限内，如遇中国人民银行贷款基准利率调整时，出租人将对租赁利率作出同方向、同幅度的调整。基准利率调整日之前各期和调整日当期租金不变，从下一期租金开始按调整后的租金金额收取。

（6）租赁开始日租赁资产的公允价值：该机器在 2×19 年 12 月 31 日的公允价值为 700 000 元，账面价值为 600 000 元。

（7）初始直接费用：签订租赁合同过程中乙公司发生可归属于租赁项目的手续费、佣金 10 000 元。

（8）承租人的购买选择权：租赁期届满时，甲公司享有优惠购买该机器的选择权，购买价为 20 000 元，估计该日租赁资产的公允价值为 80 000 元。

（9）取决于租赁资产绩效的可变租赁付款额：2×21 年和 2×22 年两年，甲公司每年按该机器所生产的产品——塑钢窗户的年销售收入的 5% 向乙公司支付。

（10）承租人的终止租赁选择权：甲公司享有终止租赁选择权。在租赁期间，如果甲公司终止租赁，需支付的款项为剩余租赁期间的固定租金支付金额。

（11）担保余值和未担保余值均为 0。

（12）全新塑钢机的使用寿命为 7 年。

分析：出租人乙公司的会计处理如下：

第一步，判断租赁类型。

本例存在优惠购买选择权，优惠购买价 20 000 元远低于行使选择权日租赁资产的公允价值 80 000 元，因此在 2×19 年 12 月 31 日就可合理确定甲公司将会行使这种选择权。另外，在本例中，租赁期 6 年，占租赁开始日租赁资产使用寿命的 86%（占租赁资产使用寿命的大部分）。同时，乙公司综合考虑其他各种情形和迹象，认为该租赁实质上转移了与该项设备所有权有关的几乎全部风险和报酬，因此将这项租赁认定为融资租赁。

第二步，确定租赁收款额。

（1）承租人的固定付款额为考虑扣除租赁激励后的金额。

(160 000 - 10 000) ×6 =900 000（元）

（2）取决于指数或比率的可变租赁付款额。

该款项在初始计量时根据租赁期开始日的指数或比率确定，因此本例题在租赁期开始日不做考虑。

（3）承租人购买选择权的行权价格。

租赁期届满时，甲公司享有优惠购买该机器的选择权，购买价为 20 000 元，估计该日租赁资产的公允价值为 80 000 元。优惠购买价 20 000 元远低于行使选择权日租赁资产的公允价值，因此在 2×19 年 12 月 31 日就可合理确定甲公司将会行使这种选择权。

结论：租赁付款额中应包括承租人购买选择权的行权价格 20 000 元。

（4）终止租赁的罚款。

虽然甲公司享有终止租赁选择权，但若终止租赁，甲公司需支付的款项为剩余租赁期间的固定租金支付金额。

结论：根据上述条款，可以合理确定甲公司不会行使终止租赁选择权。

（5）由承租人向出租人提供的担保余值：甲公司向乙公司提供的担保余值为 0 元。

综上所述租赁收款额为：900 000 +20 000 =920 000（元）

第三步，确认租赁投资总额。

租赁投资总额 = 在融资租赁下出租人应收的租赁收款额 + 未担保余值

本例中租赁投资总额 =920 000 +0 =920 000（元）

第四步，确认租赁投资净额的金额和未实现融资收益。

租赁投资净额在金额上等于租赁资产在租赁期开始日公允价值 700 000 + 出租人发生的租赁初始直接费用 10 000 =710 000（元）

未实现融资收益 = 租赁投资总额 - 租赁投资净额 =920 000 - 710 000 =210 000（元）

第五步，计算租赁内含利率。

租赁内含利率是使租赁投资总额的现值（即租赁投资净额）等于租赁资产在租赁开始日的公允价值与出租人的初始直接费用之和的利率。

本例中列出公式 15 000 ×(P/A，r，6) +2 000 ×(P/F，r，6) =710 000（元），计算得到租赁的内含利率为 7.82%。

第六步，账务处理。

2×20 年 1 月 1 日

借：应收融资租赁款——租赁收款额　　920 000
　贷：银行存款　　10 000
　　融资租赁资产　　600 000
　　资产处置损益　　100 000
　　应收融资租赁款——未实现融资收益　　210 000

重难点4：租赁的分拆与合并★★

一、租赁的分拆

1. 同时符合下列条件，使用已识别资产的权利构成合同中的一项单独租赁

（1）承租人可从单独使用该资产或将其与易于获得的其他资源一起使用中获利。

（2）该资产与合同中的其他资产不存在高度依赖或高度关联关系。

2. 承租人和出租人的处理

	准则	处理方法
承租人	《企业会计准则第21号：租赁》	在分拆合同包含的租赁和非租赁部分时，承租人应当按照各项租赁部分单独价格及非租赁部分的单独价格之和的相对比例分摊合同对价
出租人	《企业会计准则第14号：收入》	按交易价格分摊的规定分摊合同对价

注：租赁准则第十二条规定，为简化处理，承租人可以按照租赁资产的类别选择是否分拆合同包含的租赁和非租赁部分。承租人选择不分拆的，应当将各租赁部分及与其相关的非租赁部分分别合并为租赁，按照本准则进行会计处理。但是，对于按照《企业会计准则第22号——金融工具确认和计量》（2017）应分拆的嵌入衍生工具，承租人不应将其与租赁部分合并进行会计处理。

【单选题】甲公司从乙公司租赁一台卡车和一台货车用于运输业务，租赁期5年。乙公司同意在租赁期间内维护各项设备。合同固定对价为1 500 000元，按年分期支付，每年支付300 000元，合同对价包含了各项设备的维护费用。已知卡车和货车维护费用的单独价格为200 000元和100 000元，卡车和货车市场上单独售价分别为800 000元和600 000元。计算卡车的租赁付款额（折现前）为（　　）元。

A. 705 920　　B. 882 400

C. 529 440　　D. 617 680

【答案】A

【解析】甲公司租赁的卡车和货车分别属于单独租赁，原因如下：（1）甲公司可从单独使用这两台车中的每一台，或将其与易于获得的其他资源一起使用中获利；（2）这两台车不存在高度依赖或高度关联关系。因此，该项租赁合同中包含两个租赁部分和两个对应的非租赁部分（维护服务）。甲公司将合同对价分摊至两个租赁部分和非租赁部分。

分摊率＝1 500 000/[（800 000＋600 000）＋（200 000＋100 000）]＝88.24%

卡车的租赁付款额（折现前）＝800 000×88.24%＝705 920（元）

二、租赁的合并

【多选题】对于企业与同一交易方或其关联方在同一时间或相近时间订立的两份或多份包含租赁的合同，下列说法正确的有（　　）。

A. 该两份或多份合同基于总体商业目的而订立并构成一揽子交易，若不作为整体考虑

则无法理解其总体商业目的的，应当合并为一份合同进行会计处理

B. 该两份或多份合同中的某份合同的对价金额取决于其他合同的定价或履行情况，应当合并为一份合同进行会计处理

C. 该两份或多份合同让渡的资产使用权合起来构成一项单独租赁的，应当合并为一份合同进行会计处理

D. 两份或多份合同合并为一份合同进行会计处理的，仍然需要区分该一份合同中的租赁部分和非租赁部分

【答案】ABCD

【解析】租赁准则中对于租赁合并的条件原文。

重难点5：特殊租赁业务的会计处理★★

一、转租赁

【多选题】下列关于转租赁说法中正确的有（　　）。

A. 转租情况下，要求转租出租人对原租赁合同和转租赁合同分别根据承租人和出租人会计处理要求，进行会计处理

B. 承租人在对转租赁进行分类时，转租出租人应基于原租赁中产生的租赁资产进行分类

C. 若转租出租人实质上转移了与该项使用权资产有关的几乎全部风险和报酬，则该转租出租人应将该项转租赁分类为融资租赁

D. 原租赁为短期租赁，且转租出租人作为承租人已按照本准则采用简化会计处理方法的，应将转租赁分类为经营租赁

【答案】ACD

【解析】承租人在对转租赁进行分类时，转租出租人应基于原租赁中产生的使用权资产，而不是租赁资产（如作为租赁对象的不动产或设备）进行分类。原租赁资产不归转租出租人所有，原租赁资产也未计入其资产负债表。因此，转租出租人应基于其控制的资产（即使用权资产）进行会计处理。

二、生产商或经销商出租人的融资租赁会计处理

构成融资租赁的，生产商或经销商出租人在租赁期开始日应当按照租赁资产公允价值与租赁收款额按市场利率折现的现值两者孰低确认收入，并按照租赁资产账面价值扣除未担保余值的现值后的余额结转销售成本，收入和销售成本的差额作为销售损益。

【多选题】下列关于生产商或经销商出租人的融资租赁说法中正确的有（　　）。

A. 如果生产商或经销商出租其产品或商品构成融资租赁，则该交易产生的损益应相当于按照考虑适用的交易量或商业折扣后的正常售价直接销售标的资产所产生的损益

B. 构成融资租赁的，生产商或经销商出租人在租赁期开始日应当按照租赁资产公允价值与租赁收款额按市场利率折现的现值两者孰低确认收入

C. 生产商或经销商出租人应当在租赁期开始日将取得融资租赁所发生的成本计入损益

D. 生产商或经销商出租人应当在租赁期开始日将取得融资租赁所发生的成本计入租赁投资净额

【答案】ABC

【解析】由于取得融资租赁所发生的成本主要与生产商或经销商赚取的销售利得相关，生产商或经销商出租人应当在租赁期开始日将其计入损益。即，与其他融资租赁出租人不同，生产商或经销商出租人取得融资租赁所发生的成本不属于初始直接费用，不计入租赁投资净额。

【单选题】甲公司是一家设备生产商，与乙公司（生产型企业）签订了一份租赁合同，向乙公司出租所生产的设备，合同主要条款如下：该设备租赁期为9年，每年末支付租金80万元，年利率为5%，与市场利率相同，该设备租赁期开始日的公允价值为500万元，账面价值为400万元，甲公司发生的相关租赁成本为1万元，该设备剩余使用寿命为10年，租赁期届满时，乙公司可以100元购买该设备。则甲公司确定收入的金额为（　　）元。

A. 5 686 464. 46　　B. 4 000 000

C. 5 000 000　　D. 4 686 464. 46

【答案】C

【解析】甲公司应将该项租赁确认为融资租赁。构成融资租赁的，生产商或经销商出租人在租赁期开始日应当按照租赁资产公允价值与租赁收款额按市场利率折现的现值两者孰低确认收入。

租赁收款额的现值 = 800 000 ×（P/A，5%，9）+ 100 ×（P/F，5%，9）= 5 686 400 + 64. 46 = 5 686 464. 46（元），大于该设备租赁期开始日的公允价值为5 000 000元，因此将公允价值5 000 000元确认为收入。

重难点6：售后租回交易★★

【多选题】对于下列售后租回交易的说法中正确的有（　　）。

A. 若企业（卖方兼承租人）将资产转让给其他企业（买方兼出租人），并从买方兼出租人租回该项资产，则卖方兼承租人和买方兼出租人均应按照售后租回交易的规定进行会计处理

B. 企业应当按照《企业会计准则第14号——收入》的规定，评估确定售后租回交易中的资产转让是否属于销售，并区别进行会计处理

C. 如果承租人在资产转移给出租人之前已经取得对标的资产的控制，则该交易属于售后租回交易

D. 如果承租人未能在资产转移给出租人之前取得对标的资产的控制，但承租人在资产转移给出租人之前先获得标的资产的法定所有权，则该交易属于售后租回交易

【答案】ABC

【解析】在标的资产的法定所有权转移给出租人并将资产租赁给承租人之前，承租人可能会先获得标的资产的法定所有权。但是，是否具有标的资产的法定所有权本身并非会计处理的决定性因素。如果承租人在资产转移给出租人之前已经取得对标的资产的控制，则该交易属于售后租回交易。然而，如果承租人未能在资产转移给出租人之前取得对标的资产的控制，那么即便承租人在资产转移给出租人之前先获得标的资产的法定所有权，该交易也不属于售后租回交易。

售后租回交易中的资产转让是否属于销售：

	卖方兼承租人	买方兼出租人
属于销售	按照公允价值调整相关销售利得或损失	按市场价格调整租金收入
不属于销售	不终止确认所转让的资产，而应当将收到的现金作为金融负债，并按照《企业会计准则第22号——金融工具确认和计量》进行会计处理	不确认被转让资产，而应当将支付的现金作为金融资产，并按照《企业会计准则第22号——金融工具确认和计量》进行会计处理

如果销售对价的公允价值与资产的公允价值不同，或者出租人未按市场价格收取租金，企业应当进行以下调整：

（1）销售对价低于市场价格的款项作为预付租金进行会计处理；

（2）销售对价高于市场价格的款项作为买方兼出租人向卖方兼承租人提供的额外融资进行会计处理。

同时，承租人按照公允价值调整相关销售利得或损失，出租人按市场价格调整租金收入。

在进行上述调整时，企业应当按以下二者中较易确定者进行：

（1）销售对价的公允价值与资产的公允价值的差异；

（2）合同付款额的现值与按市场租金计算的付款额的现值的差异。

【综合题】甲公司（卖方兼承租人）以货币资金4 000万元的价格向乙公司（买方兼出租人）出售一栋建筑物，交易前该建筑物的账面原值是2 400万元，累计折旧是400万元。与此同时，甲公司与乙公司签订了合同，取得了该建筑物18年的使用权（全部剩余使用年限为40年），年租金为240万元，于每年年末支付。根据交易的条款和条件，甲公司转让建筑物符合《企业会计准则第14号——收入》（2017）中关于销售成立的条件。假设不考虑初始直接费用和各项税费的影响。该建筑物在销售当日的公允价值为3 600万元。甲、乙公司均确定租赁内含年利率为4.5%。

【解析】由于该建筑物的销售对价并非公允价值，甲公司和乙公司分别进行了调整，以按照公允价值计量销售收益和租赁应收款。

额外融资租赁款＝40 000 000－36 000 000＝4 000 000（元）

年付款额现值＝2 400 000×（P/A，4.5%，18）＝29 183 980（元）

与使用权资产相关的年付款额现值＝29 183 980－4 000 000＝25 183 980（元）

额外融资年付款额＝4 000 000/29 183 980×2 400 000＝328 948（元）

租赁相关的年付款额＝2 400 000－328 948＝2 071 052（元）

第一步，在租赁期开始日，甲公司对该交易的会计处理如下：

使用权资产＝（24 000 000－4 000 000）×25 183 980÷36 000 000＝13 991 100（元）

第二步，计算与转让至乙公司的权利相关的利得

出售该建筑物的全部利得＝36 000 000－20 000 000＝16 000 000（元），其中：

与该建筑物使用权相关利得＝16 000 000×（25 183 980÷36 000 000）＝11 192 880（元）；

与转让至乙公司的权利相关的利得＝16 000 000－11 192 880＝4 807 120（元）。

第三步，会计分录：

（1）与额外融资相关：

借：货币资金　　4 000 000

　　贷：长期应付款　　4 000 000

（2）与租赁相关：

借：货币资金　　36 000 000

　　使用权资产　　13 991 100

　　固定资产——建筑物——累计折旧　　4 000 000

　　租赁负债——未确认融资费用　　12 094 956

　　贷：固定资产——建筑物——原值　　24 000 000

　　　　租赁负债——租赁付款额（注）　　37 278 936

　　　　资产处置损益　　4 807 120

注：该金额为甲公司年付款2 400 000元中的2 071 052×18元。

后续甲公司支付的年付款额2 400 000元中2 071 052元作为租赁付款额处理；328 948元作为以下两项进行会计处理：（1）结算金融负债4 000 000元而支付的款项；（2）利息费用。以第一年年末为例：

借：租赁负债——租赁付款额　　2 071 052

　　长期应付款（注）　　148 948

　　利息费用（注）　　1 313 279

　　贷：租赁负债——未确认融资费用（注）　　1 133 279

　　　　银行存款　　2 400 000

注：利息费用=25 183 980×4.5%+4 000 000×4.5%=1 133 279+180 000=1 313 279（元）。

长期应付款减少额=328 948－180 000=148 948（元）。

综合考虑租期占该建筑物剩余使用年限的比例等因素，乙公司将该建筑物的租赁分类为经营租赁。

在租赁期开始日，乙公司对该交易的会计处理如下：

借：固定资产——建筑物　　36 000 000

　　长期应收款　　4 000 000

　　贷：货币资金　　40 000 000

租赁期开始日之后，乙公司将从甲公司处年收款额2 400 000元中的2 071 052元作为租赁收款额进行会计处理。从甲公司处年收款额中的其余328 948元作为以下两项进行会计处理：（1）结算金融资产4 000 000元而收到的款项；（2）利息收入。以第一年年末为例：

借：银行存款　　2 400 000

　　贷：租赁收入　　2 071 052

　　　　利息收入　　180 000

　　　　长期应收款　　148 948

重难点7：列报和披露★★

一、承租人的列报和披露

【多选题】下列关于承租人的列报的说法正确的有（　　）。

A. 承租人应当在资产负债表中单独列示使用权资产和租赁负债

B. 承租人应当在利润表中分别列示租赁负债的利息费用与使用权资产的折旧费用。其中，租赁负债的利息费用在财务费用项目列示

C. 偿还租赁负债本金和利息所支付的现金，在现金流量表中计入筹资活动现金流出

D. 支付的未纳入租赁负债计量的可变租赁付款额，在现金流量表中计入经营活动现金流出

【答案】ABCD

【多选题】下列关于承租人应当在财务报表附注中披露与租赁有关的信息说法正确的有（　　）。

A. 各类使用权资产的期初余额、本期增加额、期末余额以及累计折旧额和减值金额

B. 计入当期损益的未纳入租赁负债计量的可变租赁付款额

C. 租赁负债的利息费用

D. 有关简化处理方法的披露

【答案】ABCD

二、出租人的列报和披露

【多选题】下列关于出租人应当在财务报表附注中披露与融资租赁有关的信息说法正确的有（　　）。

A. 销售损益（生产商或经销商出租人）、租赁投资净额的融资收益以及与未纳入租赁投资净额的可变租赁付款额相关的收入

B. 资产负债表日后连续五个会计年度每年将收到的未折现租赁收款额，以及剩余年度将收到的未折现租赁收款额总额

C. 未折现租赁收款额与租赁投资净额的调节表

D. 租赁收入，并单独披露与未纳入租赁收款额计量的可变租赁付款额相关的收入

【答案】ABC

【解析】租赁收入，并单独披露与未纳入租赁收款额计量的可变租赁付款额相关的收入，为出租人应当在附注中披露与经营租赁有关的信息。

四、进阶练习

（一）单选题

1. 如果生产商或经销商出租其产品或商品构成融资租赁，赚取的销售利得应计入（　　）。

A. 初始直接费用　　B. 租赁投资净额

C. 销售费用　　D. 管理费用

2. 承租人对融资租入的资产采用公允价值作为入账价值的，分摊未确认融资费用应采用的分摊率是（　　）。

A. 合同规定利率

B. 使最低租赁付款额的现值与租赁资产公允价值相等的折现率

C. 银行同期贷款利率

D. 出租人的租赁内含利率

3. 在售后租回交易形成融资租赁的情况下，对所售资产的售价与其账面价值之间的差额，应当采用的会计处理方法是（　　）。

A. 计入当期损益

B. 计入递延收益

C. 售价高于其账面价值的差额计入递延收益，反之计入当期损益

D. 售价高于其账面价值的差额计入当期损益，反之计入递延收益

4. 甲公司采用融资租赁方式租入了一台塑钢机，该塑钢机的入账价值为 1 500 万元，租赁期为 15 年，与承租人有关的第三方提供的担保余值为 300 万元，该塑钢机的预计使用年限为 15 年，预计净残值为 150 万元。甲公司采用平均年限法对该塑钢机计提折旧。甲公司每年对该塑钢机计提的折旧额为（　　）万元。

A. 80　　B. 67.5　　C. 90　　D. 120

5. 甲公司以融资租赁方式租入需要安装的设备一台，该设备的公允价值等于最低租赁付款额现值 260 万元，租赁合同规定的最低租赁付款额为 350 万元，发生的初始直接费用为 20 万元。设备租入后，共发生安装调试费 10 万元，其中，从仓库领用材料 2 万元。该设备租赁期为 8 年，租赁期满后归甲公司拥有，安装完成后预计使用年限为 10 年，预计净残值为零。若采用年限平均法计提折旧，则甲公司该设备每年应计提的折旧额为（　　）万元。

A. 26　　B. 29　　C. 30　　D. 38

6. 甲公司（卖方兼承租人）以货币资金 30 000 000 元的价格向乙公司（买方兼出租人）出售一栋建筑物，交易前该建筑物的账面原值是 22 000 000 元，累计折旧是 2 000 000 元。与此同时，甲公司与乙公司签订了合同，取得了该建筑物 9 年的使用权（全部剩余使用年限为 20 年），年租金为 1 200 000 元，于每年年末支付。根据交易的条款和条件，甲公司转让建筑物符合《企业会计准则第 14 号——收入》（2017）中关于销售成立的条件。假设不考虑初始直接费用和各项税费的影响。该建筑物在销售当日的公允价值为 28 000 000 元。甲、乙公司均确定租赁内含年利率为 5%。计算在租赁开始日甲公司应确认的使用权资产的金额（　　）元。

A. 6 529 600　　B. 4 664 000　　C. 5 000 000　　D. 5 664 000

7. 甲公司从乙公司租赁一台风力发电机和一台水力发电机用于发电业务，租赁期 5 年。乙公司同意在整个租赁期内维护各项设备。合同固定对价为 4 000 000 元，按年分期支付，每年支付 800 000 元。合同对价包含了各项设备的维护费用。风力发电机和水力发电机维护服务的可观察单独价格分别为 200 000 元和 100 000 元，甲公司观察到乙公司在市场上单独出租租赁期为 5 年的风力发电机和水力发电机的价格分别为 2 200 000 元和 2 000 000 元。甲

公司将风力发电机和水力发电机分别确认为单独租赁，分摊租赁合同对价的分摊率为（　　）。

A. 88%　　B. 86.68%　　C. 88.89%　　D. 90%

8. 甲公司2×19年1月1日采用融资租赁方式出租一台大型设备。租赁合同规定：（1）该设备租赁期为8年，每年租金10万元；（2）或有租金为5万元；（3）履约成本为6万元；（4）承租人提供的租赁资产担保余值为8万元；（5）与承租人和出租人均无关联关系的第三方提供的租赁资产担保余值为5万元。甲公司2×19年1月1日对该租出大型设备确认的应收融资租赁款为（　　）万元。

A. 85　　B. 86　　C. 91　　D. 93

（二）多选题

1. 下列对于特殊租赁业务的处理说法正确的有（　　）。

A. 承租人在对转租赁进行分类时，转租出租人应基于原租赁中产生的租赁资产进行分类

B. 生产商或经销商出租人构成融资租赁业务的，在租赁期开始日应当按照租赁资产公允价值与租赁收款额按市场利率折现的现值两者孰低确认收入

C. 售后租回交易中的资产转让属于销售的，销售对价低于市场价格的款项作为预付租金进行会计处理

D. 售后租回交易中的资产转让属于销售的，销售对价高于市场价格的款项作为买方兼出租人向卖方兼承租人提供的额外融资进行会计处理

2. 下列对承租人应当在财务报表附注中披露的信息正确的有（　　）。

A. 租赁负债的利息费用　　B. 有关简化处理方法的披露

C. 与租赁相关的总现金流出　　D. 售后租回交易产生的相关损益

3. 下列项目中，构成最低租赁付款额的有（　　）。

A. 每期支付的租金

B. 承租人担保的资产余值

C. 与承租人和出租人均无关的第三方担保的资产余值

D. 履约成本

4. 在融资租赁情况下，承租人采用实际利率法分摊未确认融资费用时，下列表述中正确的有（　　）。

A. 以出租人的租赁内含利率为折现率将最低租赁付款额折现、且以该现值作为租入资产入账价值的，应当将租赁内含利率作为未确认融资费用的分摊率

B. 以合同规定利率为折现率将最低租赁付款额折现、且以该现值作为租入资产入账价值的，应当将合同规定利率作为未确认融资费用的分摊率

C. 以银行同期贷款利率为折现率将最低租赁付款额折现、且以该现值作为租入资产入账价值的，应当将银行同期贷款利率作为未确认融资费用的分摊率

D. 以租赁资产公允价值作为融资租入资产入账价值的，应当将租赁内含利率作为未确认融资费用的分摊率

5. 承租人确定融资租入资产入账价值时应考虑的因素有（　　）。

A. 各期支付的租金　　B. 最低租赁收款额现值

C. 承租人发生的初始直接费用　　　　　　D. 租赁内含利率

6. 下列关于租赁分拆与合并说法正确的有（　　）。

A. 在分拆合同包含的租赁和非租赁部分时，承租人应当按照各项租赁部分单独价格及非租赁部分的单独价格之和的相对比例分摊合同对价

B. 出租人应当分拆租赁部分和非租赁部分，按照交易价格分摊的规定分摊合同对价

C. 企业与同一交易方或其关联方在同一时间或相近时间订立的两份或多份包含租赁的合同，其让渡的资产使用权合起来构成一项单独租赁的，应当合并为一份合同进行会计处理

D. 企业与同一交易方或其关联方在同一时间或相近时间订立的两份或多份包含租赁的合同中的某份合同的对价金额取决于其他合同的定价或履行情况的，应当合并为一份合同进行会计处理

7. 甲企业（原租赁承租人）与乙企业（原租赁出租人）就2 000平方米办公场所签订了一项为期6年的租赁（原租赁）。在第4年年初，甲企业将该2 000平方米办公场所转租给丙企业，期限为原租赁的剩余3年时间（转租赁）。假设不考虑初始直接费用。下列说法正确的有（　　）。

A. 甲企业将该项转租赁分类为融资租赁

B. 甲企业将该项租赁分类为经营租赁

C. 在转租期间，中间出租人甲企业既要确认转租赁的融资收益，也要确认原租赁的利息费用

D. 甲企业应确认使用权资产的折旧费用和租赁负债的利息

8. 甲公司是一家设备的经销商，与乙公司签订了一份租赁合同，向乙公司出租其经销的设备A机器，租赁期自2×20年1月1日至2×23年12月31日，共4年，自2×20年起于每年末支付租金80万元，合同规定的年利率为4%，与市场利率相同，该设备2×20年1月1日的公允价值为300万元，账面价值为200万元，甲公司认为到租赁期满时该设备的余值为80万元，乙公司及其关联方未对余值提供担保。已知现值系数（P/A，4%，4）=3.6299；（P/F，4%，4）=0.8548。假设不考虑相关税费和其他因素影响，下列说法正确的有（　　）。

A. 该租赁为经营租赁

B. 租赁收款额的现值为2 903 920元

C. 销售成本为120万元

D. 甲公司在2×20年初确认收入后，无须调整租赁内含利率

9. 承租人应当根据理解财务报表的需要，披露有关租赁活动的其他定性和定量信息，此类信息包括（　　）。

A. 租赁活动的性质　　　　　　B. 可变租赁付款额

C. 续租选择权　　　　　　　　D. 承租人已承诺但尚未开始的租赁

10. 甲公司通过租赁方式取得一项公允价值为1 950万元的设备作为管理用固定资产，租赁期开始日为2×20年7月1日，该设备的预计使用年限为4年，合同规定的租赁期为2年，租赁期届满后归还出租方，合同年利率为6%，分别在2×20年和2×22年的6月30日支付租金1 000万元，承租方提供的租赁资产担保余值100万元，独立于承租人和出租人的第三方提供租赁资产担保余值为30万元，甲公司和出租方分别以银行存款支付律师费等初始

直接费用10万元，假定该设备已于2×20年6月30日达到可使用状态，甲公司从2×20年7月份开始计提折旧，已知现值系数（P/A，6%，2）=1.8334；（P/F，6%，2）=0.8900。下列处理中正确的有（　　）。

A. 该租赁为融资租赁

B. 承租方租入固定资产的入账价值是1 932.4万元

C. 该项租赁资产对承租方2×20年损益的影响金额是-515.77万元

D. 出租方应确认最低租赁收款额是2 130万元

11. 2×20年1月1日，甲公司与乙公司签订一项资产转让合同。合同约定，甲公司将其厂房以10 000万元的价格出售给乙公司，同时甲公司自2×20年1月1日至2×24年12月31日期间可继续使用该厂房，但每年年末需支付乙公司租金800万元，期满后乙公司收回厂房。当日，该厂房账面原值为15 000万元，已计提折旧2 000万元，未计提减值准备，预计尚可使用年限为35年，同等厂房的市场售价为14 000万元；市场上租用同等厂房需每年支付租金1 240万元。2×20年1月2日，甲公司收到乙公司支付的款项，并办妥厂房的产权变更手续。甲公司下列会计处理中正确的有（　　）。

A. 2×20年应确认资产处置损益3 000万元

B. 2×20年应确认管理费用1 400万元

C. 2×20年12月31日递延收益余额为3 000万元

D. 2×20年12月31日递延收益余额为2 400万元

五、进阶练习答案

一、单选题

1. 【答案】C

【解析】由于取得融资租赁所发生的成本主要与生产商或经销商赚取的销售利得相关，生产商或经销商出租人应当在租赁期开始日将其计入损益。即，与其他融资租赁出租人不同，生产商或经销商出租人取得融资租赁所发生的成本不属于初始直接费用，不计入租赁投资净额。

2. 【答案】B

【解析】承租人对融资租入的资产采用公允价值作为入账价值的，所采用的分摊率是使最低租赁付款额的现值与租赁资产公允价值相等的折现率。

3. 【答案】B

【解析】售后租回交易形成融资租赁，售价与资产账面价值之间的差额计入递延收益，并按该项租赁资产的折旧进度进行分摊，作为折旧费用的调整。

4. 【答案】A

【解析】应计折旧额=融资租入固定资产的入账价值-承租人担保余值=1 500-300=1 200（万元）；甲公司每年对该塑钢机计提的折旧额=1 200÷15=80（万元）。

5. 【答案】B

【解析】甲公司融资租赁方式租入设备的入账价值=260+20+10=290（万元），因租赁期届满后设备归甲公司所有，折旧年限为该设备的预计使用年限，则该设备每年应计提折旧额 =290 ÷10 =29（万元）。

6.【答案】B

【解析】甲公司租赁开始日确认的使用权资产 = 该建筑物的账面价值 × 使用权资产的租赁付款额现值 ÷ 该建筑物的公允价值

使用权资产的租赁付款额现值 =1 200 000 ×（P/A，5%，9）－2 000 000 =6 529 600（元）；使用权资产 =（22 000 000 －2 000 000）×6 529 600 ÷28 000 000 =4 664 000（元）。

7.【答案】C

【解析】可观察的单独价格 = 租赁 + 非租赁 =（2 200 000 +2 000 000）+（200 000 + 100 000）=4 500 000（元）；固定对价总额 =4 000 000 元；分摊率 = 固定对价总额 ÷ 可观察的单独价格 =4 000 000 ÷4 500 000 =88.89%。

8.【答案】D

【解析】应收融资租赁款即最低租赁收款额 =8 ×10 +8 +5 =93（万元）；不考虑或有资金与履约成本。

二、多选题

1.【答案】BCD

【解析】选项 A 中，承租人在对转租赁进行分类时，转租出租人应基于原租赁中产生的使用权资产分类，而不是租赁资产进行分类。

2.【答案】ABCD

【解析】承租人应当在财务报表附注中披露与租赁有关的下列信息：（1）各类使用权资产的期初余额、本期增加额、期末余额以及累计折旧额和减值金额。（2）租赁负债的利息费用。（3）有关简化处理方法的披露。（4）计入当期损益的未纳入租赁负债计量的可变租赁付款额。（5）转租使用权资产取得的收入。（6）与租赁相关的总现金流出。（7）售后租回交易产生的相关损益。（8）按照《企业会计准则第 37 号——金融工具列报》（2017）应当披露的有关租赁负债的信息，包括单独披露租赁负债的到期期限分析、对相关流动性风险的管理等。

3.【答案】AB

【解析】最低租赁付款额，是指在租赁期内，承租人应支付或可能被要求支付的款项（不包括或有租金和履约成本）加上由承租人或与其有关的第三方担保的资产余值。

4.【答案】ABC

【解析】以租赁资产公允价值作为入账价值的融资租赁资产，应当重新计算分摊率。该分摊率是使最低租赁付款额的现值与租赁资产公允价值相等的折现率，选项 D 错误。

5.【答案】ACD

【解析】融资租入资产应按租赁资产公允价值与最低租赁付款额现值两者中较低者加上初始直接费用入账，与最低租赁收款额现值无关。

6.【答案】ABCD

【解析】选项 A，在分拆合同包含的租赁和非租赁部分时，承租人应当按照各项租赁部分单独价格及非租赁部分的单独价格之和的相对比例分摊合同对价。租赁和非租赁部分的相对单独价格，应当根据出租人或类似资产供应方就该部分或类似部分向企业单独收取的价格确定。选项 B，出租人应当分拆租赁部分和非租赁部分，根据《企业会计准则第 14 号——收入》（2017）第二十条至第二十五条关于交易价格分摊的规定分摊合同对价。选项 C、D，企业与同一交易方或其关联方在同一时间或相近时间订立的两份或多份包含租赁的合同，在满足下列条件之一时，应当合并为一份合同进行会计处理：（1）该两份或多份合同基于总体商业目的而订立并构成一揽子交易，若不作为整体考虑则无法理解其总体商业目的。（2）该两份或多份合同中的某份合同的对价金额取决于其他合同的定价或履行情况。（3）该两份或多份合同让渡的资产使用权合起来构成一项单独租赁。

7. 【答案】AC

【解析】转租赁的期限覆盖了原租赁的所有剩余期限，综合考虑其他因素，甲企业判断其实质上转移了与该项使用权资产有关的几乎全部风险和报酬，甲企业将该项转租赁分类为融资租赁。选项 D 为经营租赁的会计处理方法。

8. 【答案】BD

【解析】租赁收款额的现值 = 800 000 ×（P/A，4%，4）= 2 903 920（元），约为租赁资产公允价值的 97%，综合考虑其他因素，甲公司认为与该项资产所有权有关的几乎所有风险和报酬已实质转移给乙公司，所以将该租赁认定为融资租赁。销售成本 = 账面价值 - 未担保余值的现值 = 2 000 000 - 683 840 = 1 316 160（元）。由于甲公司在确定营业收入和租赁投资净额（即应收融资租赁款）时，是基于租赁收款额按市场利率折现的现值，因此，甲公司无须重新计算租赁内含利率。

9. 【答案】ABCD

【解析】承租人应当根据理解财务报表的需要，披露有关租赁活动的其他定性和定量信息。此类信息包括：（1）租赁活动的性质。（2）未纳入租赁负债计量的未来潜在现金流出。未纳入租赁负债计量的未来潜在现金流出主要来源于下列风险敞口：一是可变租赁付款额，二是续租选择权与终止租赁选择权，三是担保余值，四是承租人已承诺但尚未开始的租赁。

10. 【答案】ABCD

【解析】最低租赁付款额的现值 = 1 000 × 1.8334 + 100 × 0.89 = 1 922.4（万元），大于该固定资产公允价值的 90%（1 950 × 90% = 1 755），确定为融资租赁，选项 A 正确；融资租入固定资产入账价值 = 1 922.4 + 10 = 1 932.4（万元），选项 B 正确；该项租赁资产对承租方 2 × 20 年损益的影响金额 = -（未确认融资费用摊销 + 折旧费用）= -[1 922.4 × 6% × 6/12 +（1 932.4 - 100）× 6/24] = -（57.67 + 458.10）= -515.77（万元），选项 C 正确；出租方应确认最低租赁收款额 = 1 000 × 2 + 100 + 30 = 2 130（万元），选项 D 正确。

11. 【答案】BD

【解析】售后租回形成经营租赁，售价低于公允价值，且售价低于账面价值的差额产生的损失 3 000 万元（15 000 - 2 000 - 10 000）能够通过未来少付租金得到补偿，所以出售时应确认递延收益 3 000 万元，不应确认资产处置损益。2 × 20 年递延收益的摊销金额 = 3 000/5 = 600（万元），2 × 20 年 12 月 31 日递延收益余额 = 3 000 - 600 = 2 400（万元），选项 A 和 C 错误，选项 D 正确；2 × 20 年应确认管理费用 = 600 + 800 = 1 400（万元），选项 B 正确。

第二十三章　财务报告

一、2020 年新教材内容主要变化

本章教材内容与2019 年相比发生的变化有：

1. 报表的格式进行了相应修订，主要表现为项目的拆分与名称的变化：

（1）资产负债表中：将“应收票据及应收账款”拆分为“应收票据”和“应收账款”两个项目；将“应付票据及应付账款”拆分为“应付票据”和“应付账款”两个项目；资产部分增加了“应收款项融资”项目；负债部分增加了“租赁负债”项目；所有者权益部分增加了“专项储备”项目（反映高危行业企业按照国家规定提取的安全生产费用期末余额。

（2）利润表中，“减：资产减值损失，信用减值损失”修改为“加：资产减值损失，信用减值损失（损失以“－”表示）”；

（3）所有者权益变动表，增加了“专项储备”项目（反映高危行业企业按照国家规定提取的安全生产费用期末余额）。

2. 现金流量表中，明确了因政府补助收到现金的填列口径，规定：企业实际收到的政府补助，无论是与资产相关还是与收益相关，均在“收到其他与经营活动有关现金”项目填列。

3. 所有者权益变动表中，明确了“其他权益工具持有者投入资本”项目的填列口径。

4. 第六节财务报表附注披露中，四、关联方披露（一）关联方关系的认定”增加了“12. 企业与其所属企业集团的其他成员单位（包括母公司与子公司）的合营企业或联营企业”“13. 企业的合营企业与企业的其他合营企业或联营企业”。

二、本章近五年考情统计分析

本章考题以单选题或多选题形式出现，也可与其他章节结合以计算分析题和综合题体现。本章属于不重要的考试章节之一，最近五年考试平均分值为6.4 分。

（一）近五年考试分值分布

题型	2015 年	2016 年	2017 年	2018 年	2019 年
单选题	6	—	6	2	—
多选题	6	4	4	—	2
计算题				2	
合计	12	4	10	4	2

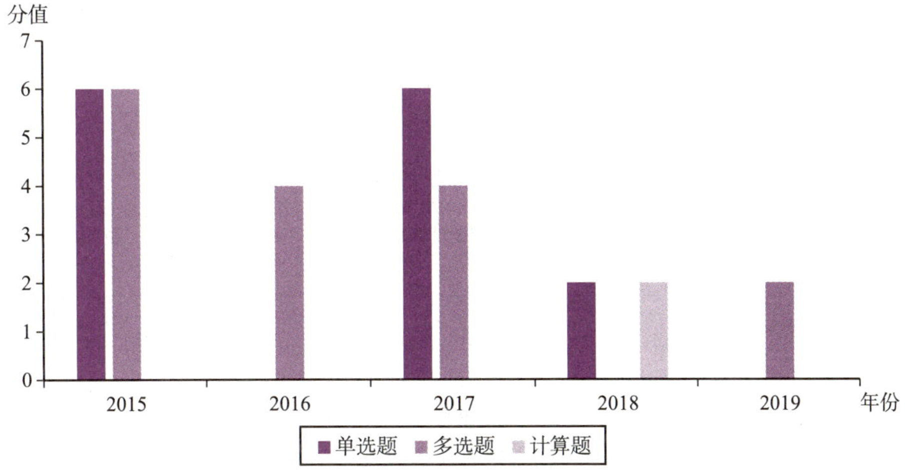

（二）近五年考试考点分布

近五年考试考点分布表

高频考点内容	年度及题型分布
资产负债表的填列	2016 年多选题、2017 年多选题、2019 年多选题
现金流量表项目的填列	2015 年多选题、2016 年多选题
所有者权益变动表	2018 年多选题
关联方的披露	2015 年 ~2018 年多选题
分部报告	2015 年多选题
中期财务报告	2015 年 ~2017 年计算题

三、重难点解析

本章内容是财务报告，是综合性较强的一章，知识点较多，容易与其他章节灵活地结合，可考性强，各年考核频繁。重难点主要包括：财务报告列报的基本要求，资产负债表的填列方法，现金流量表的编制方法，财务报表附注披露主要内容、分部报告、关联方披露，中期财务报告和中期财务报告附注等内容。

重难点 1：资产负债表的填列★★★

（一）资产负债表“期末余额”栏填列方法

方法	项目
根据总账科目的余额填列	“其他权益工具投资”“递延所得税资产”“长期待摊费用”“应付票据”“短期借款”“持有待售负债”“交易性金融负债”“租赁负债”“递延收益”“递延所得税负债”“实收资本（或股本）”“其他权益工具”“库存股”“资本公积”“其他综合收益”“专项储备”“盈余公积”

续表

方法	项目
根据几个总账科目的余额计算填列	“货币资金”“其他应付款”
根据明细账科目的余额分析计算填列	“开发支出”“应付账款”“预收款项”“交易性金融资产”“其他债权投资”“应收款项融资”“应交税费”“一年内到期的非流动资产”“应付职工薪酬”“预计负债”“未分配利润”
根据总账科目和明细账科目的余额分析计算填列	“长期借款”“应付债券”“其他流动资产”“其他流动负债”“其他非流动负债”
根据有关科目余额减去其备抵科目余额后的净额填列	“持有待售资产”“长期股权投资”“商誉”“在建工程”“固定资产”“无形资产”“投资性房地产”“生产性生物资产”“油气资产”“长期应收款”“长期应付款”
综合运用上述方法分析填列	“应收票据”“应收账款”“其他应收款”“预付款项”“债权投资”“合同资产”“合同负债”“存货”“其他非流动资产”

（二）资产负债表“年初余额”栏的填列方法

本表中的“年初余额”栏通常根据上年末相关项目的期末余额填列，且与上年末资产负债表“期末余额”栏相一致。如果企业发生了会计政策变更、前期差错更正，应当对“年初余额”栏中的有关项目进行相应调整。如果企业上年度资产负债表规定的项目名称和内容与本年度不一致，应当对上年年末资产负债表相关项目的名称和金额按照本年度的规定进行调整，填入“年初余额”栏。

【经典模拟题】

【单选题】2×19 年 1 月 1 日，海顺公司从众诚公司采用分期付款方式购买一台大型机器设备，合同价 4 300 万元。众诚公司已发出商品，海顺公司于收到商品当日取得该设备的控制权；同时约定，合同签订日支付 300 万元，剩余的部分按五次于每年末等额支付，该付款具有重大融资性质。购买当日该设备的公允价值为 3 764 万元，实际利率为 5%。众诚公司发出商品时开出增值税专用发票，注明的增值税额为 688 万元，海顺公司当天支付增值税额 688 万元。不考虑其他因素，2×19 年末，资产负债表中该“长期应付款”项目列示的金额为（　　）万元。

A. 3 500　　B. 3 200　　C. 2 837　　D. 2 664

【答案】C

【解析】本题考查知识点为资产负债表项目的特殊填列项目。

海顺公司 2×19 年末，该项“长期应付款”在资产负债表中列示的金额 =（4 000 – 800）–（536 – 173）=2 837（万元）。

本题的会计分录为：

2×19 年 1 月 1 日：

借：固定资产　　3 764

　　应交税费——应交增值税（进项税额）　　688

未确认融资费用　　536

贷：长期应付款　　4 000

银行存款　　988

2×19年末：

未确认融资费用的每期摊销额=（期初长期应付款余额－期初未确认融资费用余额）×实际利率

借：财务费用　　173

贷：未确认融资费用　　［（4 000－536）×5%］173

借：长期应付款　　800

贷：银行存款　　800

【小贴士】注意的特殊事项：

（1）长期待摊费用摊销年限（或期限）只剩一年或不足一年的，或者预计在一年内（含一年）进行摊销的部分，仍在“长期待摊费用”项目中列示，不转入“一年内到期的非流动资产”项目。

（2）流动负债与非流动负债划分中特殊问题。

负债在其对手方选择的情况下可通过发行权益进行清偿的条款与在资产负债表日负债的流动性划分无关。

（3）资产负债表日起一年内到期的负债。

本准则规定，对于在资产负债表日起一年内到期的负债，企业有意图且有能力自主地将清偿义务展期至资产负债表日后一年以上的，应当归类为非流动负债；不能自主地将清偿义务展期的，即使在资产负债表日后、财务报告批准报出日前签订了重新安排清偿计划协议，该项负债在资产负债表日仍应当归类为流动负债。

（4）在资产负债表日或之前企业违反长期借款协议。

企业在资产负债表日或之前违反了长期借款协议，导致贷款人可随时要求清偿的负债，应当归类为流动负债。这是因为，在这种情况下，债务清偿的主动权并不在企业，企业只能被动地无条件归还贷款，而且该事实在资产负债表日即已存在，所以该负债应当作为流动负债列报。

但是，如果贷款人在资产负债表日或之前同意提供在资产负债表日后一年以上的宽限期，在此期限内企业能够改正违约行为，且贷款人不能要求随时清偿的，在资产负债表日的此项负债并不符合流动负债的判断标准，应当归类为非流动负债。

企业的其他长期负债存在类似情况的，应当比照上述有关规定进行处理。

【经典模拟题】

【单选题】甲公司2×19年12月31日持有的下列资产、负债中，应当在2×19年12月31日资产负债表中作为流动性项目列报的是（　　）。

A. 作为衍生工具核算的2×19年2月签订的到期日为2×21年8月的外汇汇率互换合同

B. 当年支付定制生产用设备的预付款6 500万元，按照合同约定该设备预计交货期为2×21年2月

C. 预计将于2×20年4月底前出售的作为其他权益工具投资的股票投资

D. 长期待摊费用摊销年限（或期限）只剩一年或不足一年的，或者预计在一年内（含一年）进行摊销的部分。

【答案】C

【解析】选项 A，自报告之日起超过 12 个月到期且预期持有超过 12 个月的衍生工具应当划分为非流动资产或非流动负债。选项 B，预计交货期为 2021 年 2 月，是一年以后，作为非流动资产核算。选项 C，自资产负债表日起 12 个月内将出售的其他权益工具投资在资产负债表中列示为其他流动资产。选项 D，长期待摊费用摊销年限（或期限）只剩一年或不足一年的，或者预计在一年内（含一年）进行摊销的部分，仍在“长期待摊费用”项目中列示，不转入“一年内到期的非流动资产”项目。

【多选题】按照我国企业会计准则规定，下列关于资产负债表项目的填列，表述不正确的有（　　）。

A. 资产负债表中的“应付账款”项目应根据其总账余额填列

B. 企业在资产负债表日或之前违反了长期借款协议，导致贷款人可随时要求清偿的负债，一般应当归类为流动负债

C. 企业在资产负债表日或之前违反了长期借款协议，导致贷款人可随时要求清偿的负债，如果贷款人在资产负债表日或之前同意提供在资产负债表日后一年以上的宽限期，在此期限内企业能够改正违约行为，且贷款人不能要求随时清偿的，该项负债在资产负债表日应当归类为非流动负债

D. 资产负债表中的“长期待摊费用”项目根据“长期待摊费用”科目的期末余额减去将于一年内（含一年）摊销的数额后的金额填列

【答案】AD

【解析】选项 A，“应付账款”项目应根据其明细账贷方余额与“预付账款”明细账贷方余额合计数填列；选项 D，长期待摊费用摊销年限（或期限）只剩一年或不足一年的，或者预计在一年内（含一年）进行摊销的部分，仍在“长期待摊费用”项目中列示，不转入“一年内到期的非流动资产”项目。

重难点 2：现金流量表★★★

现金流量表以现金及现金等价物为基础编制。

划分为经营活动、投资活动和筹资活动的现金流量，按照收付实现制原则编制，将权责发生制下的盈利信息调整为收付实现制下的现金流量信息。

（一）现金流量表的填列方法

经营活动产生的现金流量	经营活动是指企业投资活动和筹资活动以外的所有交易和事项。
投资活动产生的现金流量	投资活动是指企业长期资产的购建和不包括在现金等价物范围内的投资及其处置活动。
筹资活动产生的现金流量	筹资活动是指导致企业资本及债务规模和构成发生变化的活动。这里所说的资本，既包括实收资本（股本），也包括资本溢价（股本溢价）；这里所说的债务，指对外举债，包括向银行借款、发行债券以及偿还债务等。

汇率变动对现金及现金等价物的影响	编制现金流量表时，应当将企业外币现金流量以及境外子公司的现金流量折算成记账本位币。 汇率变动对现金的影响应当作为调节项目，在现金流量表中单独列报。 在编制现金流量表时，对当期发生的外币业务，也可不必逐笔计算汇率变动对现金的影响，可以通过现金流量表补充资料中“现金及现金等价物净增加额”与现金流量表中“经营活动产生的现金流量净额”“投资活动产生的现金流量净额”“筹资活动产生的现金流量净额”三项之和比较，其差额即为“汇率变动对现金的影响”。
现金流量表补充资料	除现金流量表反映的信息外，企业还应在附注中披露将净利润调节为经营活动现金流量、不涉及现金收支的重大投资和筹资活动、现金及现金等价物净变动情况等信息。 （1）将净利润调节为经营活动现金流量。 现金流量表采用直接法反映经营活动产生的现金流量； 现金流量表补充资料采用间接法反映经营活动产生的现金流量。 （2）不涉及现金收支的重大投资和筹资活动。 企业应当在附注中披露不涉及当期现金收支、但影响企业财务状况或在未来可能影响企业现金流量的重大投资和筹资活动，主要包括： （1）债务转为资本，反映企业本期转为资本的债务金额； （2）一年内到期的可转换公司债券，反映企业一年内到期的可转换公司债券的本息； （3）融资租入固定资产，反映企业本期融资租入的固定资产。

【小贴士】(1) 通常情况下，应付票据及应付账款等商业应付款等属于经营活动，不属于筹资活动。(2) 对于企业日常活动之外的、不经常发生的特殊项目，如自然灾害损失、保险赔款、捐赠等，应当归并到相关类别中，并单独反映。比如，对于自然灾害损失和保险赔款，如果能够确指属于流动资产损失，应当列入经营活动产生的现金流量；属于固定资产损失，应当列入投资活动产生的现金流量。

【经典模拟题】

【单选题】下列各项中，能够引起现金流量表中筹资活动现金流量净额发生变动的是（　　）。

A. 将银行承兑汇票进行贴现，取得现金 200 万元

B. 由于自然灾害，使企业房屋毁损，收到保险公司赔款 180 万元

C. 将准备长期持有的股票出售，收到现金 2 900 万元

D. 企业发行 3 年期债券，收到现金 2 900 万元

【答案】D

【解析】选项 A，属于经营活动；选项 B，属于投资活动；选项 C，属于投资活动；选项 D，属于筹资活动。

【多选题】下列关于现金流量表的填列方法，表述正确的有（　　）。

A. 在编制现金流量表时，对当期发生的外币业务，不必逐笔计算汇率变动对现金的影响

B. 汇率变动对现金的影响应当作为调节项目，在现金流量表中单独列报

C. 企业在编写现金流量表时，应将不涉及现金收支的重大投资和筹资活动分别在投资活动和筹资活动现金流量部分单独列项目进行列报

D. 现金流量表补充资料采用间接法反映经营活动产生的现金流量

【答案】ABD

【解析】除现金流量表反映的信息外，企业还应在附注中披露将净利润调节为经营活动

现金流量、不涉及现金收支的重大投资和筹资活动、现金及现金等价物净变动情况等信息。选项 C 错误。

（二）现金流量表的编制方法及程序

1. 现金流量表主表——直接法

（1）经营活动的现金流量。

项目	编制方法
销售商品、提供劳务收到的现金（企业因销售商品、提供劳务而实际收现的价款及销项税额）	本项目 = 本期销售商品、提供劳务本期收现 + 前期销售商品、提供劳务本期收现 + 本期预收的账款 − 因商品退货造成的本期付现额 + 收回以前的坏账
收到的税费返还（企业收到现金的各种税费返还）	本项目反映企业收到返还的各种税费，如收到的增值税、所得税、消费税、关税和教育费附加返还款等。本项目可以根据有关科目的记录分析填列。
收到其他与经营活动有关的现金	本项目反映企业除上述各项目外，收到的其他与经营活动有关的现金，如罚款收入、经营租赁固定资产收到的现金、投资性房地产收到的租金收入、流动资产损失中由个人赔偿的现金收入、除税费返还外的其他政府补助收入及捐赠现金收入等。
购买商品、接受劳务支付的现金（企业因购买商品、接受劳务而在本期兑现的价款及进项税额）	本项目 = 本期购入商品、接受劳务本期兑现额 + 前期购入商品、接受劳务本期的付现额 + 本期预付款项 − 本期发生的因购货退回收到的现金。
支付的各项税费	该项目反映企业按规定支付的各种税费，包括企业本期发生并支付的税费，以及本期支付以前各期发生的税费和本期预交的税费，包括所得税、增值税、消费税、印花税、房产税、土地增值税、车船税、教育费附加、矿产资源补偿费等，但不包括计入固定资产价值、实际支付的耕地占用税，也不包括本期退回的增值税、所得税。本期退回的增值税、所得税在“收到的税费返还”项目反映。
支付其他与经营活动有关的现金	所有属于经营活动范畴但不属于上述内容的现金支付均在此列示。如：罚款支出、支付的差旅费、业务招待费、保险费、经营租赁支付的现金以及捐赠现金支出等。

【小贴士】与政府补助有关的现金流量表的列示：企业实际收到的政府补助，无论是与资产相关还是与收益相关，在编制现金流量表时均作为经营活动产生的现金流量列报。

【经典真题】

【多选题·2019】下列各项关于财务报表列报的表述中，正确的有（　　）。

A. 收到的扣缴个人所得税款手续费在利润表“其他收益”项目列报

B. 出售子公司产生的利得或损失在利润表“资产处置收益”项目列报

C. 收到与资产相关的政府补助在现金流量表中作为经营活动产生的现金流量列报

D. 自资产负债表日起超过 1 年到期且预期持有超过 1 年的以公允价值计量且其变动计入当期损益的金融资产在资产负债表中作为流动资产列报

【答案】AC

【单选题·2016】甲公司 2×15 年发生以下有关现金流量：（1）当期销售产品收回现金

36 000万元，以前期间销售产品本期收到现金20 000万元；（2）购买原材料支付现金16 000万元；（3）取得以前期间已交增值税返还款2 400万元；（4）将当期销售产品收到的银行承兑汇票贴现，取得现金8 000万元；（5）购买国债支付2 000万元。不考虑其他因素，甲公司2×15年经营活动产生的现金流量净额是（　　）万元。

A. 40 000　　B. 50 400　　C. 42 400　　D. 48 400

【答案】B

【解析】经营活动现金流量净额 = 36 000 + 20 000 − 16 000 + 2 400 + 8 000 = 50 400（万元）。

（2）投资活动的现金流量。

项目	编制方法
收回投资所收到的现金	收回投资所收到的现金 = 处置长期股权投资收到的现金 + 出售转让或到期收回金融资产本金而收到的现金。不包括持有债权投资或其他债权投资等收回的利息。
取得投资收益所收到的现金	企业因股权性投资及债权性投资而取得的现金股利、利息，以及从子公司、联营企业和合营企业分回利润而收到的现金。
处置固定资产、无形资产和其他长期资产而收到的现金净额	反映企业处置固定资产、无形资产和其他长期资产所取得的现金，扣除为处置这些资产而支付的有关费用后的净额。如处置固定资产、无形资产和其他长期资产所收回的现金净额为负数，应作为投资活动产生的现金流量，在“支付其他与投资活动有关的现金”项目中反映。
处置子公司及其他营业单位收到的现金净额	该项目反映企业处置子公司及其他营业单位所取得的现金，减去相关处置费用以及子公司及其他营业单位持有的现金和现金等价物后的净额。
购建固定资产、无形资产和其他长期资产所支付的现金	反映企业购建固定资产，取得无形资产和其他长期资产所支付的现金。
投资所支付的现金	反映企业进行权益性投资和债权投资支付的现金。包括企业取得的除现金等价物以外的短期股票投资、短期债券投资、长期股权投资（不包括子公司投资）、债权投资支付的现金，以及支付的佣金，手续费等附加费用。
取得子公司及其他营业单位支付的现金净额	该项目反映企业购买子公司及其他营业单位购买出价中以现金支付的部分，减去子公司及其他营业单位持有的现金和现金等价物后的净额。本项目可以根据“长期股权投资”“银行存款”等科目的记录分析填列。

【经典模拟题】

【单选题】企业购买股票所支付价款中包含的已经宣告但尚未领取的现金股利，在现金流量表中应记入的项目是（　　）。

A. 投资所支付的现金　　B. 支付的其他与投资活动有关的现金

C. 收到其他与投资活动有关的现金　　D. 取得投资收益收到的现金

【答案】B

【解析】企业购买股票和债券时，实际支付的价款中包含的已宣告但尚未发放的现金股利或已到期但尚未领取的债券的利息，应列在投资活动中的“支付其他与投资活动有关的现金”。

（3）筹资活动的现金流量。

项目	编制方法
吸收投资收到的现金	反映企业收到的投资者投入的现金，包括以发行股票筹集的资金实际收到款项净额（发行收入减去支付的佣金等发行费用后的净额）。
取得借款收到的现金	发行公司债券收到的现金＋银行借款收到的现金
“偿还债务支付的现金”项目	该项目反映企业偿还债务本金所支付的现金，包括偿还金融企业的借款本金、偿还债券本金等。本项目可以根据“短期借款”“长期借款”“应付债券”等科目的记录分析填列。
“分配股利、利润或偿付利息支付的现金”项目	该项目反映企业实际支付的现金股利、支付给其他投资单位的利润或用现金支付的借款利息、债券利息等。本项目可以根据“应付股利”“应付利息”“在建工程”“制造费用”“研发支出”“财务费用”等科目的记录分析填列。
支付其他与筹资活动有关的现金	该项目反映企业除上述各项目外所支付的其他与筹资活动有关的现金流出。本项目可以根据“长期应付款”等科目的记录分析填列。

【小贴士】发行股票筹集由企业直接支付的审计咨询等费用，在“支付其他与筹资活动有关的现金”项目中反映，不能从“吸收投资收到的现金”项目扣除。

【经典模拟题】

【单选题】众诚公司2×19年度对外公开发行股票1.2亿股，发行价为每股12元，代理发行的A证券公司为众诚公司支付的各种发行费用100万元。按协议发行款已划至众诚公司银行账户上。另外众诚公司支付咨询费20万元。众诚公司编制2×19年度现金流量表时，“吸收投资收到的现金”项目的金额为（　　）万元。

A. 144 000　　B. 143 980　　C. 143 900　　D. 143 880

【答案】C

【解析】反映企业收到的投资者投入的现金，包括以发行股票筹集的资金实际收到款项净额，发行收入减去支付的佣金等发行费用后的净额，应列示在“吸收投资收到的现金”项目；发行股票筹集由企业直接支付的审计咨询等费用，在“支付其他与筹资活动有关的现金”项目中反映。“吸收投资收到的现金”项目的金额＝12 000×12－100＝143 900（万元）

【小贴士】在编制现金流量表时，对于因销售商品或提供劳务从客户取得商业承兑汇票进行贴现的情况：①如果票据（银行承兑汇票）在贴现时终止确认，贴现取得的现金应作为经营活动现金流入；②如果票据（商业承兑汇票）在贴现时不满足终止确认条件，贴现取得的现金应作为筹资活动现金流入。

【经典真题】

【单选题】甲公司为增值税一般纳税企业。2×19年度主营业务收入为2 000万元，增值税销项税额260万元；应收账款期初余额为200万元，期末余额为150万元；预收账款期初余额为150万元，期末余额为160万元。不考虑其他因素，甲公司2×19年现金流量表中“销售商品、提供劳务收到的现金”项目的金额是（　　）万元。

A. 2 320　　　　B. 2 300　　　　C. 2 100　　　　D. 2 200

【答案】A

【解析】甲公司"销售商品、提供劳务收到的现金"项目的金额 =（2 000 +260）+（200 - 150）+（160 - 150）=2 320（万元）

2. 附表的编制——间接法

将净利润调节为经营活动现金流量。

间接法，是指以本期净利润为起点，通过调整不涉及现金的收入、费用、营业外收支以及经营性应收应付等项目的增减变动，调整不属于经营活动的现金收支项目，据此计算并列报经营活动产生的现金流量的方法。

采用间接法列报经营活动产生的现金流量时，需要对四大类项目进行调整：

（1）实际没有支付现金的费用；

（2）实际没有收到现金的收益；

（3）不属于经营活动的损益；

（4）经营性应收应付项目的增减变动。

经营活动产生的现金流量净额 = 净利润 + 不影响经营活动现金流量但减少净利润的项目 - 不影响经营活动现金流量但增加净利润的项目 + 与净利润无关但增加经营活动现金流量的项目 - 与净利润无关但减少经营活动现金流量的项目。

具体项目的填写

项目名称	填列方法
资产减值准备	本项目可根据"资产（信用）减值损失"科目的记录分析填列
固定资产折旧	本项目可根据"累计折旧"科目的贷方发生额分析填列
无形资产摊销	本项目可根据"累计摊销"科目的贷方发生额分析填列
长期待摊费用摊销	本项目可根据"长期待摊费用"科目的贷方发生额分析填列
处置固定资产、无形资产和其他长期资产的损失（减：收益）	本项目可根据"资产处置损益"等科目所属有关明细科目的记录分析填列，净收益以"-"号填列
固定资产报废损失	本项目可根据"营业外支出"等科目所属有关明细科目的记录分析填列
公允价值变动损失	本项目可以根据"公允价值变动损益"科目的发生额分析填列。如为持有损失，在将净利润调节为经营活动现金流量时，应当加回；如为持有利得，在将净利润调节为经营活动现金流量时，应当扣除
财务费用	本项目可根据"财务费用"科目的本期借方发生额分析填列；如为收益，以"-"号填列
投资损失（减：收益）	本项目可根据利润表中"投资收益"项目的数字填列；如为投资收益，以"-"号填列
存货的减少（减：增加）	如果存货的增减变化过程属于投资活动，如在建工程领用存货，应当将这一因素剔除
经营性应收项目的减少（减：增加）	本项目应当根据有关科目的期初、期末余额分析填列；如为增加，以"-"号填列
经营性应付项目的增加（减：减少）	本项目应当根据有关科目的期初、期末余额分析填列；如为减少，以"-"号填列

【经典模拟题】

【单选题】某企业当期净利润为700万元，其中处置相关资产产生的投资收益为100万元，财务费用为60万元（均与筹资活动有关），经营性应收项目增加85万元，经营性应付项目减少35万元，固定资产折旧为80万元（其中60万元影响损益，20万元计入在建工程），无形资产摊销为20万元（均影响损益）。没有其他影响经营活动现金流量的项目，则该企业当期经营活动产生的现金流量净额为（　　）万元。

A. 620　　B. 850　　C. 890　　D. 655

【答案】A

【解析】将净利润调整为经营活动现金流量净额时，财务费用不考虑与经营活动有关的部分，累计折旧不考虑计入在建工程部分。该企业当期经营活动产生的现金流量净额 = 700 - 100 + 60 - 85 - 35 + (80 - 20) + 20 = 620（万元）。

【多选题】下列项目中，应作为现金流量表补充资料“将净利润调节为经营活动现金流量”的调增项目的有（　　）。

A. 编报当期无形资产摊销和长期待摊费用摊销

B. 编报当期确认管理用固定资产折旧

C. 编报当期确认的投资收益

D. 编报当期发生的存货减少

【答案】ABD

【解析】选项A，无形资产摊销和长期待摊费用摊销，减少了净利润，没有影响经营活动现金流量，因此要调增处理；选项B，管理用固定资产折旧计入管理费用，减少了净利润，但是没有影响经营活动现金流量，所以要调增处理；选项C，期末确认的投资收益，不属于经营活动产生的收益，所以，在将净利润调节为经营活动现金流量时，需要调减处理；选项D，存货的减少可以理解为存货出售或计提减值准备，没有产生现金流量但增加了营业成本或减值损失，减少了净利润，所以要调增处理。

重难点3：所有者权益变动表的填列★★

（一）上年金额栏的填列方法

所有者权益变动表“上年金额”栏内各项数字，应根据上年度所有者权益变动表“本年金额”栏内所列数字填列。如果上年度所有者权益变动表规定的项目的名称和内容与本年度不一致，应对上年度所有者权益变动表各项目的名称和金额按照本年度的规定进行调整，填入所有者权益变动表“上年金额”栏内。

（二）本年金额栏的填列方法

一、“上年年末余额”项目	应根据上年资产负债表中“实收资本（或股本）”“其他权益工具”“资本公积”“其他综合收益”“盈余公积”“未分配利润”等项目的年末余额填列。
“会计政策变更”、“前期差错更正”项目	应根据“盈余公积”“利润分配”“以前年度损益调整”等科目的发生额分析填列，并在“上年年末余额”的基础上调整得出“本年年初金额”项目。

续表

二、本年年初余额		上述两项调整后为本年年初余额
三、“本年增减变动金额”项目	（一）“综合收益总额”项目	反映企业当年的综合收益总额，应根据当年利润表中“其他综合收益的税后净额”和“净利润”项目填列，并对应列在“其他综合收益”和“未分配利润”栏。
	（二）“所有者投入和减少资本”项目	1.“所有者投入的普通股”项目，反映企业接受投资者投入形成的实收资本（或股本）和资本公积，应根据“实收资本”“资本公积”等科目的发生额分析填列，并对应列在“实收资本”和“资本公积”栏。
		2.“其他权益工具持有者投入资本”项目，反映企业接受其他权益工具持有者投入资本，应根据“其他权益工具”等科目的发生额分析填列，并对应列在“其他权益工具”栏。
		3.“股份支付计入所有者权益的金额”项目，反映企业处于等待期中的权益结算的股份支付当年计入资本公积的金额，应根据“资本公积”科目所属的“其他资本公积”二级科目的发生额分析填列，并对应列在“资本公积”栏。
	（三）“利润分配”	1.“提取盈余公积”项目，反映企业按照规定提取的盈余公积，应根据“盈余公积”“利润分配”科目的发生额分析填列。
		2.“对所有者（或股东）的分配”项目，反映对所有者（或股东）分配的利润（或股利）金额，应根据“利润分配”科目的发生额分析填列。
	（四）“所有者权益内部结转”	1.“资本公积转增资本（或股本）”项目，反映企业以资本公积转增资本或股本的金额，应根据“实收资本”“资本公积”等科目的发生额分析填列。
		2.“盈余公积转增资本（或股本）”项目，反映企业以盈余公积转增资本或股本的金额，应根据“实收资本”“盈余公积”等科目的发生额分析填列。
		3.“盈余公积弥补亏损”项目，反映企业以盈余公积弥补亏损的金额，应根据“盈余公积”“利润分配”等科目的发生额分析填列。
		4.“设定受益计划变动额结转留存收益”项目和“其他综合收益结转留存收益”项目，应根据“其他综合收益”“盈余公积”“利润分配”等科目的发生额分析填列。

【经典真题】

【多选题·2018】下列各项中，可能调整年度所有者权益变动表中“本年年初余额”的交易或事项有（　　）。

A. 会计政策变更

B. 前期差错更正

C. 同一控制下企业合并

D. 因处置投资导致对被投资单位的后续计量由成本法转为权益法

【答案】ABC

【解析】选项 D，影响的是“本年年末余额”，而不影响“本年年初余额”。

重难点 4：分部报告★★★

企业（或企业集团，下同）在披露分部信息时，应当确定经营分部和报告分部。

分部报告是企业的财务会计报告中，按照确定的企业内部组成部分（经营分部）提供的有关各组成部分收入、资产和负债等信息的报告。

（一）经营分部的认定

认定条件	企业内同时满足下列条件的组成部分： 1. 该组成部分能够在日常活动中产生收入、发生费用； 2. 企业管理层能够定期评价该组成部分的经营成果，以决定向其配置资源、评价其业绩； 3. 企业能够取得该组成部分的财务状况、经营成果和现金流量等有关会计信息
认定依据	经营分部确定的依据： 企业应当以内部的组织结构、管理要求、内部报告制度为依据确定经营分部。
经营分部认定	经济特征不相似的经营分部，应当分别确定为不同的经营分部。企业存在相似经济特征的两个或多个经营分部，同时满足下列条件，可以合并为一个经营分部： 1. 各单项产品或劳务的性质相同或相似，包括产品或劳务的规格、型号、最终用途等； 2. 生产过程的性质相同或相似，包括采用劳动密集或资本密集方式组织生产、使用相同或相似设备和原材料、采用委托生产或加工方式等； 3. 购买产品或接受劳务的客户的类型相同或相似，包括大宗客户、零散客户等； 4. 销售产品或提供劳务的方式相同或相似，包括批发、零售、自产自销、委托销售、承包等。 5. 生产产品或提供劳务受法律、行政法规的影响相同或相似，包括经营范围或交易定价机制等。

【经典模拟题】

【多选题】下列关于经营分部认定，表述正确的有（　　）。

A. 企业应当以内部的组织结构、管理要求、内部报告制度为依据确定经营分部

B. 经济特征不相似的经营分部，应当分别确定为不同的经营分部

C. 各单项产品或劳务的性质相同或相似的两个或多个经营分部，可以合并为一个经营分部

D. 只有生产过程的性质相同或相似的两个或多个经营分部，不能合并为一个经营分部

【答案】ABD

【解析】企业存在相似经济特征的两个或多个经营分部，同时满足下列条件可以合并为一个经营分部：（1）各单项产品或劳务的性质相同或相似；（2）生产过程的性质相同或相似；（3）购买产品或接受劳务的客户的类型相同或相似；（4）销售产品或提供劳务的方式相同或相似；（5）生产产品或提供劳务受法律、行政法规的影响相同或相似。选项 C 错误。

（二）报告分部的确定

报告分部是指符合经营分部定义，按要求应当予以报告的分部。企业应该以经营分部为基础确定报告分部。

报告分部的确定	
1. 重要性标准的判断	经营分部满足下列条件之一的，应当确定为报告分部： （1）该分部的分部收入达到企业所有分部收入总额的 10% 或者以上。 （2）该分部的分部利润（亏损）的绝对额，占所有盈利分部利润合计额或者所有亏损分部亏损合计额的绝对额两者中较大者的 10% 或者以上。 （3）该分部的分部资产占所有分部资产合计额的 10% 或者以上。

续表

报告分部的确定	
2. 低于10%重要性标准的选择	经营分部未满足上述10%重要性标准的，可按照下列规定确定报告分部： （1）企业管理层认为披露该经营分部信息对会计信息使用者有用的，可以将其确定为报告分部。 （2）将该经营分部与一个或一个以上的具有相似经济特征、满足经营分部合并条件的其他经营分部合并，作为一个报告分部。 （3）不将该经营分部直接指定为报告分部，也不将该经营分部与其他未作为报告分部的经营分部合并为一个报告分部的，企业在披露分部信息时，应当将该经营分部的信息与其他组成部分的信息合并，作为其他项目单独披露。
3. 报告分部75%的标准	企业的经营分部达到规定的10%重要性标准认定为报告分部后，确定为报告分部的经营分部的对外交易收入合计额占合并总收入或企业总收入的比重应当达到75%的比例。如果未达到75%的标准，企业应增加报告分部的数量，将其他未作为报告分部的经营分部纳入报告分部的范围，直到该比重达到75%。此时，其他未作为报告分部的经营分部很可能未满足前述规定的10%重要性标准，但为了使报告分部的对外交易收入合计额占合并总收入或企业总收入的总体比重能够达到75%的比例要求，也应当将其确定为报告分部。
4. 报告分部的数量	报告分部的数量通常不应当超过10个。
5. 为提供可比信息确定报告分部	企业在确定报告分部时，除应当遵循相应的确定标准以外，还应当考虑不同会计期间分部信息的可比性和一致性。

【经典真题】

【多选题·2015】下列各经营分部中，应当确定为报告分部的有（　　）。

A. 该分部的分部负债占所有分部负债合计的10%或者以上

B. 该分部的分部利润（亏损）绝对额占所有盈利分部利润合计额或所有亏损分部亏损合计额较大者的10%或者以上

C. 该分部的分部收入占所有分部收入合计的10%或者以上

D. 该分部的分部资产占所有分部资产合计额的10%或者以上

【答案】BCD

【解析】选项A，该分部的分部资产占所有分部资产合计额的10%或者以上，应当确定为报告分部。

【经典模拟题】

【多选题】众诚公司2×19年的下列各项收入中，不属于分部收入的有（　　）。

A. 接受现金捐赠收入10万元

B. 成本法核算长期股权投资，取得股利收入26万元

C. 处置闲置房屋取得净收益135万元

D. 提供修理服务取得收入186万元

【答案】ABC

【解析】按照现行会计准则规定，分部收入通常为营业收入，不包括下列项目：（1）利息收入和股利收入；（2）资产处置净收益；（3）营业外收入；（4）处置投资产生的净收益等。选项D属于营业收入。

（三）分部信息的披露

企业披露的分部信息，应当有助于会计信息使用者评价企业所从事经营活动的性质和财务影响以及经营所处的经济环境。企业应当以对外提供的财务报表为基础披露分部信息；对外提供合并财务报表的企业，应当以合并财务报表为基础披露分部信息。企业应当在附注中披露报告分部的下列信息：

应披露报告分部的信息	
描述性信息	（1）确定报告分部考虑的因素
	（2）报告分部的产品和劳务的类型
每一报告分部的利润（亏损）总额相关信息	
每一报告分部的资产总额、负债总额相关信息	
除上述已经作为报告分部信息组成部分的披露内容外，企业还应当披露的信息	（1）每一产品和劳务或每一类似产品和劳务的对外交易收入。但是，披露相关信息不切实可行的除外。企业披露相关信息不切实可行的，应当披露这一事实。
	（2）企业取得的来自于本国的对外交易收入总额，以及企业从其他国家取得的对外交易收入总额。但是，披露相关信息不切实可行的除外。企业披露相关信息不切实可行的，应当披露这一事实。
	（3）企业取得的位于本国的非流动资产（不包括金融资产、独立账户资产、递延所得税资产）总额，以及企业位于其他国家的非流动资产（不包括金融资产、独立账户资产、递延所得税资产）总额。但是，披露相关信息不切实可行的除外。企业披露相关信息不切实可行的，应当披露这一事实。
	（4）企业对主要客户的依赖程度。企业与某一外部客户交易收入占合并总收入或企业总收入的10%或以上，应当披露这一事实，以及来自该外部客户的总收入和相关报告分部的特征。
	（5）报告分部信息总额与企业信息总额的衔接。报告分部收入总额应当与企业收入总额相衔接；报告分部利润（亏损）总额应当与企业利润（亏损）总额相衔接；报告分部资产总额应当与企业资产总额相衔接；报告分部负债总额应当与企业负债总额相衔接。
	（6）比较信息。

【经典模拟题】

【多选题】下列项目中，属于企业应当在附注中披露报告分部信息的有（　　）。

A. 报告分部信息总额与企业信息总额的衔接

B. 报告分部的产品和劳务的类型

C. 每一报告分部的利润（亏损）总额相关信息

D. 每一报告分部的资产总额、负债总额相关信息

【答案】ABCD

重难点5：关联方披露★★★

（一）关联方定义

关联方一般指有关联的各方，关联方关系是指有关联的各方之间存在的内在联系。

一方控制、共同控制另一方或对另一方施加重大影响，以及两方或两方以上同受一方控

制、共同控制或重大影响的，构成关联方。

（二）关联方关系的认定

从一个企业的角度出发，与其存在关联方关系的各方包括以下 13 种情况：

关　联　方	
1. 该企业的母公司，不仅包括直接或间接地控制该企业的其他企业，也包括能够对该企业实施直接或间接控制的单位等	（1）某一个企业直接控制一个或多个企业。
	（2）某一个企业通过一个或若干个中间企业间接控制一个或多个企业。
	（3）某一个企业直接地和通过一个或若干中间企业间接地控制一个或多个企业。
2. 该企业的子公司	包括直接或间接地被该企业控制的其他企业，也包括直接或间接地被该企业控制的企业、单位、基金等特殊目的实体。
3. 与该企业受同一母公司控制的其他企业	
4. 与对该企业实施共同控制的投资方	
5. 对该企业施加重大影响的投资方	这里的重大影响包括直接的重大影响和间接的重大影响。
6. 该企业的合营企业	两方或多方共同控制某一企业时，该企业则为投资者的合营企业。
7. 该企业的联营企业	联营企业和重大影响是相联系的，如果投资者能对被投资企业施加重大影响，则该被投资企业视为投资者的联营企业。
8. 该企业的主要投资者个人及与其关系密切的家庭成员	主要投资者个人，是指能够控制、共同控制一个企业或者对一个企业施加重大影响的个人投资者。
9. 该企业或其母公司的关键管理人员及与其关系密切的家庭成员	
10. 该企业主要投资者个人、关键管理人员或与其关系密切的家庭成员控制、共同控制的其他企业	（1）某一企业与受该企业主要投资者个人控制、共同控制的其他企业之间的关系
	（2）某一企业与受该企业主要投资者个人关系密切的家庭成员控制、共同控制的其他企业之间的关系
	（3）某一企业与受该企业关键管理人员控制、共同控制的其他企业之间的关系
	（4）某一企业与受该企业关键管理人员关系密切的家庭成员控制、共同控制的其他企业之间的关系
11. 该企业关键管理人员提供服务的提供方与服务接受方	（1）服务接受方在编制财务报表时，应当将服务提供方作为关联方进行披露
	（2）服务提供方在编制财务报表时，不仅仅因为向服务接受方提供了关键管理人员服务就将其认定为关联方，而应当按照《企业会计准则第 36 号——关联方披露》判断双方是否构成关联方并进行相应的会计处理
12. 企业与其所属企业集团的其他成员单位（包括母公司与子公司）的合营企业或联营企业	
13. 企业的合营企业与企业的其他合营企业或联营企业	

【小贴士】教材在关联方关系的认定中增加了“12. 企业与其所属企业集团的其他成员单位（包括母公司与子公司）的合营企业或联营企业”“13. 企业的合营企业与企业的其他合营企业或联营企业”。

（三）不构成关联方关系的情况

（1）与该企业发生日常往来的资金提供者、公用事业部门、政府部门和机构，以及与该企业发生大量交易而存在经济依存关系的单个客户、供应商、特许商、经销商和代理商之间，不构成关联方关系。

（2）与该企业共同控制合营企业的合营者之间，通常不构成关联方关系。

（3）仅仅同受国家控制而不存在其他关联方关系的企业，不构成关联方关系。

（4）受同一方重大影响的企业之间不构成关联方。例如，同一投资者的两家联营企业之间不构成关联方关系。

【经典真题】

【多选题·2018】不考虑其他因素，下列选项中应该作为甲公司关联方的有（　　）。

A. 甲公司的母公司控制的子公司乙公司

B. 甲公司经理之子控制的子公司丙公司

C. 甲公司持股25%的股权，并派出一名董事的丁公司

D. 甲公司聘请的会计师事务所

【答案】ABC

【解析】企业与会计师事务所之间只是审计和被审计关系，不构成关联方关系。

（四）关联方交易的类型

概念	类型
指在关联方之间转移资源或义务的事项，而不论是否收取价款。 （1）通常，只有关联方之间才会构成关联方交易； （2）资源和义务的转移是关联方交易的主要特征； （3）关联方之间资源和义务的转移价格是了解关联方交易的关键。	（1）购买或销售商品；（2）购买或销售除商品外的其他资产；（3）提供或接受劳务；（4）担保；（5）提供资金；（6）租赁；（7）代理；（8）研究与开发项目的转移；（9）许可协议；（10）代表企业或由企业代表另一方进行债务结算；（11）关键管理人员薪酬。

【经典模拟题】

【多选题】下列属于关联方交易的主要类型的有（　　）。

A. 购买或提供商品　　B. 担保

C. 许可协议　　D. 代理

【答案】ABCD

【解析】属于关联方之间的主要交易类型的有：（1）购买或销售商品；（2）购买或销售除商品以外的其他资产；（3）提供或接受劳务；（4）担保；（5）提供资金（贷款或股权投资）；（6）租赁；（7）代理；（8）研究与开发项目的转移；（9）许可协议；（10）代表企业或由企业代表另一方进行债务结算；（11）关键管理人员薪酬。

（五）关联方的披露

（1）企业无论是否发生关联方交易，均应当在附注中披露与该企业之间存在直接控制关系的母公司及所有子公司有关信息。

（2）企业与关联方发生关联交易的，应该在附注中披露该关联方关系的性质、交易类型及交易要素。

（3）对外提供合并财务报表的，对于已经包含在合并范围内各企业之间的交易不予披露。

【经典真题】

【多选题·2017】甲公司为集团母公司，其所控制的企业集团内部公司发生的下列交易事项中，应当作为合并财务报表附注中关联方关系及其交易披露的有（　　）。

A. 甲公司的子公司（乙、丙）的有关信息

B. 甲公司为其子公司（丁）银行借款提供的连带责任担保

C. 甲公司支付给其总经理的薪酬

D. 甲公司将其生产的产品出售给丙公司作为固定资产，出售中产生高于成本20%的毛利

【答案】ABC

【解析】选项A，企业无论是否发生关联方交易，均应当在附注中披露与该企业之间存在直接控制关系的母公司和子公司有关的信息；选项B、C，企业与关联方发生关联交易的，应当在附注中披露该关联方关系的性质、交易类型及交易要素。关联方交易的类型主要有购买或销售商品、提供或接受劳务、担保、提供租金、租赁、代理、关键管理人员薪酬等；选项D，对外提供合并财务报表的，对于已经包括在合并范围内各企业之间的交易不予披露。

重难点6：中期财务报告★★

（一）中期财务报告的定义及其构成

项目	含义/构成
中期财务报告定义	中期财务报告，是指以中期为基础编制的财务报告。“中期”，是指短于一个完整的会计年度（自公历1月1日起至12月31日止）的报告期间，它可以是一个月、一个季度或者半年，也可以是其他短于一个会计年度的期间，如1月1日至9月30日的期间等。因此，中期财务报告包括月度财务报告、季度财务报告、半年度财务报告，也包括年初至本中期末的财务报告。
中期财务报告的构成：至少应该包括	（1）资产负债表
	（2）利润表
	（3）现金流量表
	（4）附注

【小贴士】①资产负债表、利润表、现金流量表和附注是中期财务报告至少应当编制的法定内容，对其他财务报表或者相关信息，如所有者权益（或股东权益）变动表等，企业可以根据需要自行决定。②中期资产负债表、利润表和现金流量表的格式和内容，应当与上年度财务报表相一致。③中期财务报告中的附注相对于年度财务报告中的附注而言，是适当简化的。

（二）中期财务报告的编制要求

要求	内容
中期财务报告编制应遵循的原则	（1）与年度财务报告相一致的会计政策
	（2）重要性原则
	（3）及时性原则

续表

要求	内容
中期合并财务报表和母公司财务报表编报要求	企业上年度编制合并财务报表的，中期期末应当编制合并财务报表。上年度财务报告除了合并财务报表，还包括母公司财务报表的，中期财务报告也应当包括母公司财务报表。
比较财务报表编制要求	为了提高财务报表信息的可比性、相关性和有用性，企业在中期末除了编制中期末资产负债表、中期利润表和现金流量表之外，还应当提供前期比较财务报表。

【经典模拟题】

【多选题】下列各项有关中期比较财务报表编制的表述中，正确的有（　　）。

A. 中期末应该编制本中期末资产负债表和上年度末的资产负债表

B. 中期末应该编制本中期的利润、年初至本中期末的利润表和上年度年初至上年可比中期末的利润表

C. 中期末应该编制本中期末现金流量表和上年度年初至上年可比中期末的现金流量表

D. 中期末应该编制本中期末所有者权益变动表和上年度年初至上年可比中期末的所有者权益变动表

【答案】ABC

【解析】所有者权益变动表属于年度报表，中期末不编制所有者权益变动表。

（三）中期财务报告的确认与计量

中期财务报告的确认与计量的基本原则	（1）中期财务报告中各会计要素的确认和计量原则应当与年度财务报表所采用的原则相一致。 （2）在编制中期财务报告时，中期会计计量应当以年初至本中期末为基础，财务报告的频率不应当影响年度结果的计量。 （3）企业在中期不得随意变更会计政策，应当采用与年度财务报表相一致的会计政策。 对于会计估计变更，在同一会计年度内，以前中期财务报表项目在以后中期发生了会计估计变更的，以后中期财务报表应当反映该会计估计变更后的金额，但对以前中期财务报表项目金额不作调整。
季节性、周期性或者偶然性取得的收入的确认和计量	企业取得季节性、周期性或者偶然性收入，应当在发生时予以确认和计量，不应当在中期财务报表中预计或者递延，但会计年度末允许预计或者递延的除外。
会计年度中不均匀发生的费用的确认与计量	企业在会计年度中不均匀发生的费用，应当在发生时予以确认和计量，不应在中期财务报表中预提或者待摊，但会计年度末允许预提或者待摊的除外。

（四）中期会计政策变更的处理

变更发生的时间	会计处理方法
会计政策变更发生在会计年度内第1季度的处理	企业的会计政策变更发生在会计年度的第1季度，则企业除了计算会计政策变更的累积影响数并作相应的账务处理之外，在财务报表的列报方面，只需要根据变更后的会计政策编制第1季度和当年度以后季度财务报表，并对根据中期财务报告准则要求提供的以前年度比较财务报表最早期间的期初留存收益和比较财务报表的其他相关项目数字作相应调整。 在财务报表附注的披露方面，应当披露会计政策变更对以前年度的累积影响数（包括对比较财务报表最早期间期初留存收益的影响数和以前年度可比中期损益的影响数）和对第1季度损益的影响数，在当年度第1季度之后的其他季度财务报表附注中，则应当披露第1季度发生的会计政策变更对当季度损益的影响数和年初至本季度末损益的影响数。

变更发生的时间	会计处理方法
会计政策变更发生在会计年度内第1季度之外的其他季度的处理	企业的会计政策变更发生在会计年度内第1季度之外的其他季度，如第2季度、第3季度等，其会计处理相对于会计政策变更发生在第1季度而言要复杂一些。企业除了应当计算会计政策变更的累积影响数并作相应的账务处理之外，在财务报表的列报方面，还需要调整以前年度比较财务报表最早期间的期初留存收益和比较财务报表其他相关项目的数字，以及在会计政策变更季度财务报告中或者变更以后季度财务报告中所涉及的本会计年度内发生会计政策变更之前季度财务报表相关项目的数字。 在附注披露方面，企业需要披露会计政策变更对以前年度的累积影响数，主要有：（1）对比较财务报表最早期间期初留存收益的影响数；（2）以前年度可比中期损益的影响数，包括可比季度损益的影响数和可比年初至季度末损益的影响数；（3）对当年度变更季度、年初至变更季度末损益的影响数；（4）当年度会计政策变更前各季度损益的影响数。此外，在发生会计政策变更以后季度财务报表附注中也需要作相应披露。

【小贴士】在附注披露方面，企业需要披露会计政策变更对以前年度的累积影响数，主要有：（1）对比较财务报表最早期间期初留存收益的影响数；（2）以前年度可比中期损益的影响数，包括可比季度损益的影响数和可比年初至季度末损益的影响数；（3）对当年度变更季度、年初至变更季度末损益的影响数；（4）当年度会计政策变更前各季度损益的影响数。此外，在发生会计政策变更以后季度财务报表附注中也需要作相应披露。

【经典真题】

【多选题·2017】下列各项关于中期财务报告编制的表述中，正确的有（　　）。

A. 对于会计年度中不均匀发生的费用，在报告中如尚未发生，应当基于年度水平预计中期金额确认

B. 报告中期处置了合并报表范围内子公司的，中期财务报告中应当包括被处置公司当期期初至处置日的相关信息

C. 中期财务报告编制时采用的会计政策、会计估计应当与年度报告相同

D. 编制中期财务报告时的重要性应当以中期期末财务数据为依据，在估计年度财务数据的基础上确定

【答案】BC

【解析】选项A，企业在会计年度中不均匀发生的费用，应当在发生时予以确认和计量，不应在中期财务报表中预提或者待摊，但会计年度末允许预提或者待摊的除外。选项D，重要性的判断应当以中期财务数据为基础，而不得以预计的年度财务数据为基础。

【经典模拟题】

【多选题】下列各项有关中期财务报告的表述中，正确的有（　　）。

A. 中期财务报告的会计计量应当以年初至本中期末为基础

B. 中期资产负债表应当提供本中期末和上年度末的资产负债表

C. 中期财务报告重要性程度的判断应当以中期财务数据为基础

D. 企业上年度编制合并财务报表的，中期期末除应当编制合并财务报表还应当包括母公司财务报表

【答案】ABC

【解析】企业上年度编制合并财务报表的，中期期末应当编制合并财务报表；上年度财务报告除了合并财务报表，还包括母公司财务报表的，中期财务报告也应当包括母公司财务报表。选项D错误。

（五）中期财务报告附注的编制要求

基本要求	中期财务报告附注应当以年初至本中期末为基础披露。中期财务报告附注应当对自上年度资产负债表日之后发生的重要的交易或者事项进行披露。
中期财务报告附注至少应当包括的内容	1. 中期财务报表所采用的会计政策与上年度财务报表相一致的声明。
	2. 会计估计变更的内容、原因及其影响数；影响数不能确定，应当说明原因。
	3. 前期差错的性质及其更正金额；无法进行追溯重述的，应当说明原因。
	4. 企业经营的季节性或者周期性特征。
	5. 存在控制关系的关联方发生变化的情况；关联方之间发生交易的，应当披露关联方关系的性质、交易类型和交易要素。
	6. 合并财务报表的合并范围发生变化的情况。
	7. 对性质特别或者金额异常的财务报表项目的说明。
	8. 证券发行、回购和偿还情况。
	9. 向所有者分配利润的情况，包括在中期内实施的利润分配和已提出或者已批准但尚未实施的利润分配情况。
	10. 根据《企业会计准则第35号——分部报告》规定披露分部报告信息的，应当披露经营分部的分部收入与分部利润（亏损）。
	11. 中期资产负债表日至中期财务报告批准报出日之间发生的非调整事项。
	12. 上年度资产负债表日以后所发生的或有负债和或有资产的变化情况。
	13. 企业结构变化情况，包括如企业合并，对被投资单位具有重大影响、共同控制或者控制的长期股权投资的购买或者处置，终止经营等。
	14. 其他重大交易或者事项，包括重大的长期资产转让及其出售情况、重大的固定资产和无形资产取得情况、重大的研究和开发支出、重大的资产减值损失等。

【小贴士】企业在提供上述第5项和第10项有关关联方交易、分部收入与分部利润（亏损）信息时，应当同时提供本中期（或者本中期末）和本年度年初至本中期末的数据，以及上年度可比中期（或者可比期末）和上年度年初至上年可比中期末的比较数据。

【经典真题】

【多选题·2016】下列关于企业中期财务报告附注应当披露的内容中，正确的有（　　）。

A. 企业经营的季节性或周期性特征

B. 中期财务报告采用的会计政策与上年度财务报告相一致的声明

C. 会计估计变更的内容、原因及其影响数

D. 中期资产负债表日到中期财务报告批准日之间发生的非调整事项

【答案】ABCD

【经典模拟题】

【多选题】下列关于企业中期财务报告附注的编制表述中，正确的有（　　）。

A. 披露关联方之间发生交易的，应当披露关联方关系的性质、交易类型和交易要素

B. 中期财务报告附注应当以年初至本中期末为基础披露

C. 披露证券发行、回购和偿还情况

D. 披露上年度资产负债表日以后所发生的或有负债和或有资产的变化情况

【答案】ABCD

四、进阶练习

（一）单选题

1. 下列关于财务报告列报要求表述，不正确的是（　　）。

A. 财务报表项目的列报应当在各个会计期间保持一致，不得随意变更

B. 编制财务报表的基础是持续经营

C. 财务报表应当按照权责发生制编制

D. 财务报表项目的列报应当在各个会计期间保持一致；不得随意变更。这一要求不仅只针对财务报表中的项目名称，还包括财务报表项目的分类、排列顺序等方面

2. 财务报告各项目应该依据重要性原则单独或汇总列报，下列表述不正确的是（　　）。

A. 性质或功能不同的项目，一般应当在财务报表中单独列报

B. 性质或功能类似的项目，一般可以汇总列报，但是对其具有重要性的类别应该单独列报

C. 项目单独列报的原则仅适用于报表，不适用于附注

D. 企业对于各个项目重要性的判断标准一经确定，不得随意变更

3. 下列关于财务报告编制要求表述，不正确的是（　　）。

A. 一组类似交易形成的利得和损失以净额列示的，不属于抵销

B. 财务报表一般分为表首、正表两部分，其中，表首部分应该包括编报企业的名称、货币名称和单位、编制人等基本信息

C. 财务报告应依据重要性原则单独或汇总列报项目

D. 企业在编制年度财务报表时，如果存在年度财务报表涵盖的期间短于一年的情况，企业应当披露年度财务报表的实际涵盖期间及其短于一年的原因，并说明由此引起财务报表项目与比较数据不具可比性这一事实

4. 甲公司 20×8 年 12 月 31 日持有的部分资产和负债项目包括：（1）准备随时出售的交易性金融资产 1 900 万元；（2）因内部研发活动予以资本化的开发支出 2 100 万元，该开发活动形成的资产至 20×8 年底尚未达到预定可使用状态；（3）将于 20×9 年 3 月 2 日到期的银行借款 1 000 万元，甲公司正在与银行协商将其展期 2 年；（4）账龄在 1 年以上的应收账

款4 300万元。不考虑其他因素，上述资产和负债在甲公司20×8年12月31日资产负债表中应当作为非流动性项目列报的是（　　）。

A. 交易性金融资产　　B. 开发支出

C. 银行借款　　D. 应收账款

5. 甲公司2019年12月31日持有的下列资产、负债中，应当在2019年12月31日资产负债表中作为流动性项目列报的是（　　）。

A. 作为衍生工具核算的2019年2月签订的到期日为2021年8月的外汇汇率互换合同

B. 当年支付定制生产用设备的预付款6 500万元，按照合同约定该设备预计交货期为2021年2月

C. 预计将于2020年4月底前出售的作为其他权益工具投资的股票投资

D. 长期待摊费用摊销年限（或期限）只剩一年或不足一年的，或者预计在一年内（含一年）进行摊销的部分。

6. 甲公司2×19年12月31日有关资产、负债如下：

（1）作为其他债权投资核算的一项信托投资，期末公允价值1 200万元，合同到期日为2×21年2月5日，在此之前不能变现；

（2）因2×19年销售产品形成到期日为2×20年8月20日的长期应收款账面价值3 200万元；

（3）应付供应商货款6 000万元，该货款已超过信用期，但尚未支付；

（4）因被其他方提起诉讼计提的预计负债3 500万元，该诉讼预计2×20年3月结案，如甲公司败诉，按惯例有关赔偿款需在法院做出判决之日起60日内支付。

不考虑其他因素，甲公司2×19年12月31日的资产负债表中，上述交易或事项产生的相关资产、负债应当作为非流动性项目列报的是（　　）。

A. 其他债权投资1 200万元　　B. 长期应收款3 200万元

C. 应付账款6 000万元　　D. 预计负债3 500万元

7. 2×19年1月1日，众诚公司采用分期收款方式销售给海顺公司一台大型机器设备，合同价4 300万元。众诚公司已发出商品，并且于发出商品当日由海顺公司取得该设备的控制权；同时约定，合同签订日收取300万元，剩余的部分按五次于每年末等额收取，该收款具有重大融资性质。销售当日该设备的公允价值为3 764万元，实际利率为5%。众诚公司发出商品时开出增值税专用发票，注明的增值税额为688万元，并于当天收到增值税额688万元。不考虑其他因素，2×19年末，该长期应收款在众诚公司资产负债表“长期应收款”项目列示的金额为（　　）万元。

A. 3 500　　B. 3 200　　C. 2 837　　D. 2 664

8. 2×19年12月31日，海天公司持有的作为交易性金融资产核算的股票投资以公允价值计量，截至年末该股票投资公允价值上升了79万元；计提存货跌价准备600万元；应收账款计提坏账准备200万元；对债权投资计提减值1 500万元。在年末计提相关资产减值准备之前，当年已发生存货跌价准备转回70万元，债权投资减值转回260万元。假定不考虑其他因素。海天公司在2×19年度利润表中，对相关项目列示方法表述正确的是（　　）。

A. 管理费用列示730万元、信用减值损失列示1 240万元、公允价值变动收益列示79

万元

B. 管理费用列示 1 970 万元、公允价值变动收益列示 79 万元

C. 资产减值损失列示 530 万元、信用减值损失列示 1 440 万元、公允价值变动收益列示 79 万元

D. 资产减值损失列示 530 万元、信用减值损失列示 1 500 万元、公允价值变动收益列示 79 万元

9. 甲公司为生产制造企业，2×19 年发生现金流量：（1）安装设备达到可使用状态，工程总支出 1 200 万元；（2）购入作为交易性金融资产核算的股票支付现金 200 万元；（3）收到保险公司对厂房损毁的赔偿款 120 万元；（4）收到所得税返还款 260 万元；（5）收到现金股利 100 万元。不考虑其他因素。甲公司 2×19 年投资活动产生的现金流量净额是（　　）万元。

A. 20　　B. －1 180　　C. －940　　D. 920

10. 众诚公司 2×19 年度对外公开发行股票 1.2 亿股，发行价为每股 12 元，代理发行的 A 证券公司为众诚公司支付的各种发行费用 100 万元。另外众诚公司发行 3 年期债券 3 亿元，众诚公司与 B 证券公司签署承销协议，协议规定，B 公司代理发行该批债券，发行手续费为发行价款总额的 5%，宣传及印刷费用由 B 证券公司代为支付，并从发行收入总额中扣除。众诚公司支付咨询费 20 万元、公证费 3 万元。B 证券公司按面值发行，价款全部收到，支付宣传及印刷费 20 万元。按协议发行款已划至众诚公司银行账户上。众诚公司编制 2×19 年度现金流量表时，“取得借款收到的现金”项目的金额为（　　）万元。

A. 172 380　　B. 143 900　　C. 28 457　　D. 28 480

11. 下列关于财务报告的附注表述，不正确的是（　　）。

A. 附注中重要会计政策的说明中应当披露财务报表项目的计量基础

B. 附注中重要会计政策的说明中应当披露会计政策的确定依据

C. 企业应当披露会计估计中所采用的关键假设和不确定因素的确定依据

D. 附注中重要事项的说明一般应当按照利润表、资产负债表、现金流量表、所有者权益变动表的顺序及其报表项目列示的顺序

12. 下列各项中，不属于经营分部的确定需考虑的条件的是（　　）。

A. 各单项产品或劳务的性质相同或相似，如产品的规格、型号、最终用途

B. 生产过程的性质相同或相似

C. 购买产品或接受劳务的客户的类型相同或相似

D. 企业获利水平相同或相似

13. 众诚公司 2×19 年的下列各项收入中，属于分部收入的是（　　）。

A. 接受财产捐赠收入 10 万元

B. 权益法核算长期股权投资，确认的投资收益 87 万元

C. 处置闲置固定资产取得净收益 135 万元

D. 提供修理服务取得收入 186 万元

14. 下列关于关联方关系的表述中，不正确的是（　　）。

A. 受同一方重大影响的企业之间构成关联方

B. 某一企业与该企业发生大量交易而存在经济依存关系的单个客户、供应商、特许商、经销商或代理商，不构成企业的关联方

C. 某一企业与该企业共同控制合营企业的合营者，不构成企业的关联方

D. 某一企业与仅仅同受国家控制而不存在其他关联方关系的企业，不构成关联方

15. 下列项目中，关于关联方交易表述不正确的是（　　）。

A. 只有关联方之间才会构成关联方交易

B. 资源和义务的转移是关联方交易的主要特征

C. 关联方交易指在关联方之间转移资源或义务的事项，如果没有收取价款不能确认关联方交易

D. 关联方之间的担保，属于关联方交易

16. 企业要披露关联方交易的交易要素，以下不属于需要披露的交易要素内容的是（　　）。

A. 未结算应收项目的坏账准备金额　　B. 定价政策

C. 未结算项目的本期发生额　　D. 交易金额

17. 关联方披露准则当中所指关键管理人员不包括（　　）。

A. 董事长、董事　　B. 监事

C. 财务总监　　D. 总经理

18. 下列项目中，不属于中期财务报告必须列报或披露的内容是（　　）。

A. 资产负债表　　B. 所有者权益变动表

C. 现金流量表　　D. 附注

19. 下列项目中，关于中期会计政策变更的披露，表述不正确的是（　　）。

A. 会计政策变更发生在会计年度内不同期间，中期报告中披露内容不同

B. 会计政策变更发生在会计年度内第 1 季度，当期中期报告中应当披露会计政策变更对以前年度的累积影响数（包括对比较财务报表最早期间期初留存收益的影响数和以前年度可比中期损益的影响数）和对第 1 季度损益的影响数

C. 会计政策变更发生在会计年度内第 1 季度，在当年度第 1 季度之后的其他季度财务报表附注中，则应当披露第 1 季度发生的会计政策变更对当季度损益的影响数和年初至本季度末损益的影响数

D. 会计政策变更发生在会计年度内第 2 季度，信息披露内容可参考第 1 季度

20. 下列有关编制中期财务报告的相关表述中，不符合会计准则规定的是（　　）。

A. 中期财务报告编制时采用的会计政策、会计估计应当与本年度财务报告相同

B. 中期财务报告会计要素确认和计量原则应与年度财务报表所采用的原则相一致

C. 中期财务报告的重要性判断应以预计的年度财务报告数据为基础

D. 中期财务报告附注应当对自上年度资产负债表日之后发生的重要的交易或者事项进行披露

（二）多选题

1. 持续经营是会计的基本前提，也是会计确认、计量及编制财务报表的基础。评价持续经营能力时需要考虑的因素有（　　）。

A. 宏观政策风险　　B. 市场经营风险

C. 目前或长期的盈利能力　　D. 企业管理层改变经营政策的意向

2. 财务报表项目一般应当以总额列报，下列情况不属于抵销的有（　　）。

A. 一组类似交易形成的利得和损失以净额列示的，不属于抵销

B. 资产或负债项目按扣除备抵项目后的净额列示，不属于抵销

C. 非日常活动产生的利得和损失，以同一交易形成的收益扣减相关费用后的净额列示更能反映交易实质的，不属于抵销

D. 企业欠客户的应付款与其他客户欠本企业的应收款相抵按照净额列示，不属于抵销

3. 下列项目中，在编制资产负债表时应该作为非流动项目列报的有（　　）。

A. 甲公司违反借款协议被要求当年偿付的长期借款

B. 摊销年限（或期限）只剩一年或不足一年的长期待摊费用

C. 企业自用的厂房

D. 丙公司在资产负债表日前决定将具有自主展期清偿权利的已到期长期借款自主展期两年偿还

4. 甲公司 20×9 年度发生的有关交易或事项如下：

（1）出售固定资产收到现金净额 60 万元。该固定资产的成本为 90 万元，累计折旧为 80 万元，未计提减值准备。

（2）以现金 200 万元购入一项无形资产，本年度摊销 60 万元，其中 40 万元计入当期损益，20 万元计入在建工程的成本。

（3）以现金 2 500 万元购入一项固定资产，本年度计提折旧 500 万元，全部计入当期损益。

（4）存货跌价准备期初余额为零，本年度计提存货跌价准备 920 万元。

（5）递延所得税资产期初余额为零，本年因计提存货跌价准备确认递延所得税资产 230 万元。

（6）出售本年购入的交易性金融资产，收到现金 200 万元。该交易性金融资产的成本为 100 万元，持有期间公允价值变动收益为 50 万元。

（7）期初应收账款为 1 000 万元，本年度销售产品实现营业收入 6 700 万元，本年度因销售商品收到现金 5 200 万元，期末应收账款为 2 500 万元。甲公司 20×9 年度实现净利润 6 500 万元。

要求：下列各项关于甲公司 20×9 年度现金流量表列报的表述中，正确的有（　　）。

A. 经营活动现金流量净额 6 080 万元　　B. 投资活动现金流入 260 万元

C. 经营活动现金流入 5 200 万元　　D. 投资活动现金流出 2 800 万元

5. 下列各项交易或事项所产生的现金流量中，属于现金流量表中“经营活动产生的现金流量”的有（　　）。

A. 捐赠现金支出　　B. 出售投资性房地产收现的现金

C. 因投资性房地产的租金收到的现金　　D. 因投资性房地产的购入而支付的现金

6. 甲公司 2×19 年度涉及下列现金流量的交易或事项，影响甲公司个别报表筹资活动现金流量的有（　　）。

A. 因购买子公司的少数股权支付现金 680 万元

B. 为建造厂房发行债券收到现金 8 000 万元

C. 附追索权转让应收账款收到现金 200 万元

D. 支付分期付款购买固定资产的首付款 60 万元

7. 下列应在现金流量表中“取得借款收到的现金”项目中反映的有（　　）。

A. 发行债券取得的现金

B. 发行股票取得的现金

C. 向银行短期借款取得的现金

D. 发行债券企业承担审计费用、咨询费直接支付的现金

8. 2×19 年，众诚公司发生下列交易和事项，影响现金流量表中“经营活动现金流量——支付给职工及为职工支付现金”项目金额的有（　　）。

A. 支付生产人员工资 200 万元，支付管理人员工资 50 万元

B. 支付因建造在建工程发生的借款利息 2 万元

C. 支付解雇部分高管给予的补偿款 8 万元

D. 支付在建工程人员工资 6 万元

9. 下列关于所有者权益变动表的结构及填列方法，表述正确的有（　　）。

A. 所有者权益变动表是动态报表，反映某一时期构成所有者权益各组成部分增减变动情况

B. 所有者权益变动表“上年金额”栏内各项数字，应根据上年度所有者权益变动表“本年金额”栏内所列数字填列

C. 所有者权益变动表“本年金额”栏内各项数字一般应根据“实收资本（或股本）”“资本公积”“其他综合收益”“盈余公积”“利润分配”“库存股”“以前年度损益调整”等科目的发生额分析填列

D. 如果上年度所有者权益变动表规定的各个项目的名称和内容同本年度不一致，应对上年度所有者权益变动表各项目的名称和数字按本年度的规定进行调整，填入所有者权益变动表“本年金额”栏内

10. 下列各项关于财务报表列报的表述中，正确的有（　　）。

A. 出售子公司产生的利得或损失在利润表“资产处置收益”项目列报

B. 收到与资产相关的政府补助在现金流量表中作为经营活动产生的现金流量列报

C. 收到的扣缴个人所得税款手续费在利润表“其他收益”项目列报

D. 自资产负债表日起超过 1 年到期且预期持有超过 1 年的以公允价值计量且其变动计入当期损益的金融资产在资产负债表中作为流动资产列报

11. 下列有关分部报告的表述中，不正确的有（　　）。

A. 分部报告应当披露每个报告分部的净利润

B. 企业披露分部信息时，为可比起见，应当提供前期的比较数据

C. 在分部报告中应将金融资产作为分部资产单独予以披露

D. 企业披露分部信息时，应注意报告分部信息总额与企业信息总额的衔接

12. 下列项目中，关于中期财务报告表述正确的有（　　）。

A. 资产负债表、利润表、现金流量表和附注是中期财务报告至少应当编制的法定内容

B. 中期资产负债表、利润表和现金流量表的格式和内容，应当与上年度财务报表相一致

C. 中期报告不包括所有者权益变动表

D. 中期财务报告中的附注相对于年度财务报告中的附注而言，是适当简化的

13. 下列各项中，关于会计年度中不均匀发生的收入、费用的确认与计量表述正确的有（　　）。

A. 企业在会计年度中不均匀发生的费用，应当在发生时予以确认和计量，一般不应在中期财务报表中预提或者待摊

B. 员工培训费应当在中期财务报表中予以预提或者待摊

C. 企业取得季节性、周期性或者偶然性收入，应当在发生时予以确认和计量，一般不应当在中期财务报表中预计或者递延

D. 企业取得季节性、周期性或者偶然性收入，应当在会计年度末预计或者递延

14. 下列项目中，关于中期会计政策变更的处理表述正确的有（　　）。

A. 会计政策变更发生在会计年度内不同期间，中期报告中列报和披露方法不同

B. 企业的会计政策变更发生在会计年度内第 2 季度，只需计算会计政策变更的累积影响数并作相应的账务处理

C. 企业的会计政策变更发生在会计年度内第 1 季度之外的其他季度，其会计处理相对于会计政策变更发生在第 1 季度而言要简单一些

D. 企业的会计政策变更发生在会计年度内第 1 季度之外的其他季度，其会计处理相对于会计政策变更发生在第 1 季度而言要复杂一些

15. 下列关于企业中期财务报告附注应当披露的内容中，正确的有（　　）。

A. 前期差错的性质及其更正金额；无法进行追溯重述的，应当说明原因

B. 中期财务报告采用的会计政策与上年度财务报告相一致的声明

C. 向所有者分配利润的情况，包括在中期内实施的利润分配和已提出或者已批准但尚未实施的利润分配情况

D. 对性质特别或者金额异常的财务报表项目的说明

五、进阶练习答案

（一）单选题

1. **【答案】**C

【解析】除现金流量表按照收付实现制编制外，企业应当按照权责发生制编制其他财务报表。

2. **【答案】**C

【解析】项目单独列报的原则不仅适用于报表，还适用于附注。选项 C 错误。

3. **【答案】**B

【解析】财务报表一般分为表首、正表两部分，其中，表首部分应该包括编报企业的名称、货币名称和单位等基本信息，不应该包括编制人的信息。选项 B 错误。

4. **【答案】**B

【解析】选项A，交易性金融资产，准备随时出售，应归类为流动性项目；选项B，属于非流动性项目；选项C，该借款一年内到期，并且企业无权自主的将清偿义务推迟至资产负债表日起一年以上（需要与银行协商并且未协商确定完毕），因此应归类为流动性项目；选项D，企业应收账款均应归类为流动性项目。

5.【答案】C

【解析】选项A，自报告之日起超过12个月到期且预期持有超过12个月的衍生工具应当划分为非流动资产或非流动负债。选项B，预计交货期为2021年2月，是一年以后，作为非流动资产核算。选项C，自资产负债表日起12个月内将出售的其他权益工具投资在资产负债表中列示为其他流动资产。选项D，长期待摊费用摊销年限（或期限）只剩一年或不足一年的，或者预计在一年内（含一年）进行摊销的部分，仍在“长期待摊费用”项目中列示，不转入“一年内到期的非流动资产”项目。

6.【答案】A

【解析】选项A，其他债权投资，资料（1）作为其他债权投资核算的一项信托投资，期末公允价值1 200万元，合同到期日为2×21年2月5日，在此之前不能变现，仍然属于非流动性项目。选项B，长期应收款，资料（2）因2×18年销售产品形成到期日为2×20年8月20日的长期应收款账面价值3 200万元，属于流动性项目；选项C，应付账款，资料（3）应付供应商货款6 000万元，属于流动性项目；选项D，预计负债，资料（4）因被其他方提起诉讼计提的预计负债3 500万元，该诉讼预计2×20年3月结案，如甲公司败诉，按惯例有关赔偿款需在法院做出判决之日起60日内支付，所以不再属于非流动性项目，而属于流动性项目。

7.【答案】C

【解析】本题考查知识点：资产负债表项目的特殊填列项目。

众诚公司2×19年末，该长期应收款在资产负债表“长期应收款”项目列示的金额＝（4 000－800）－（536－173）＝2 837（万元）。

本题的会计分录为：

2×19年1月1日：

借：长期应收款	4 000	
银行存款	988	
贷：主营业务收入		3 764
未实现融资收益		536
应交税费——应交增值税（销项税额）		688

2×19年末：

未实现融资收益的每期摊销额＝（期初长期应收款余额－期初未实现融资收益余额）×实际利率

借：未实现融资收益 [（4 000－536）×5%]	173	
贷：财务费用		173
借：银行存款	800	
贷：长期应收款		800

8. 【答案】C

【解析】计提的存货跌价准备列入资产减值损失，应收账款坏账准备、债权投资减值均列入信用减值损失，交易性金融资产的公允价值变动损益单独列示在公允价值变动收益中。“资产减值损失”项目的列示金额 = 存货跌价准备 600 万元 - 当年已发生存货跌价准备转回 70 万元 = 530（万元）；“信用减值损失”项目列示金额 = 应收账款坏账准备 200 万元 + 债权投资计提的减值 1 500 万元 - 债权投资减值转回 260 万元 = 1 440（万元）；“公允价值变动收益”项目列示金额 = 持有的短期交易股票的公允价值变动 = 79（万元）。

9. 【答案】A

【解析】事项（1）属于投资活动，但不涉及现金流量变化；事项（4）属于经营活动；其余事项属于投资活动，投资活动产生的现金流量净额 = -200 + 120 + 100 = 20（万元）。

10. 【答案】D

【解析】发行股票产生的现金收入应列示在“吸收投资收到的现金”项目，发行债券产生的现金流入应列示在“取得借款收到的现金”项目，由企业直接支付的审计咨询等费用，在“支付其他与筹资活动有关的现金”项目中反映。所以“取得借款收到的现金”项目的金额 = 30 000 × (1 - 5%) - 20 = 28 480（万元）。

11. 【答案】D

【解析】选项 D，应当是附注中重要事项的说明，一般应当按照资产负债表、利润表、现金流量表、所有者权益变动表的顺序及其报表项目列示的顺序。

12. 【答案】D

【解析】企业存在相似经济特征的两个或多个经营分部，同时满足下列条件可以合并为一个经营分部：（1）各单项产品或劳务的性质相同或相似；（2）生产过程的性质相同或相似；（3）购买产品或接受劳务的客户的类型相同或相似；（4）销售产品或提供劳务的方式相同或相似；（5）生产产品或提供劳务受法律、行政法规的影响相同或相似。选项 D 错误。

13. 【答案】D

【解析】按照现行会计准则规定，分部收入通常为营业收入，不包括下列项目：（1）利息收入和股利收入；（2）资产处置净收益；（3）营业外收入；（4）处置投资产生的净收益等。选项 D，属于营业收入。

14. 【答案】A

【解析】选项 A，受同一方重大影响的企业之间不构成关联方。例如，同一投资者的两家联营企业之间不构成关联方关系。

15. 【答案】C

【解析】选项 C，关联方交易指在关联方之间转移资源或义务的事项，而不论是否收取价款。

16. 【答案】C

【解析】企业与关联方发生关联方交易的，应当在附注中披露该关联方关系的性质、交易类型及交易要素。交易要素至少应当包括：（1）交易的金额；（2）未结算项目的金额、条款和条件，以及有关提供或取得担保的信息；（3）未结算应收项目的坏账准备金额；（4）定价政策。

17.【答案】B

【解析】关键管理人员主要包括董事长、董事、董事会秘书、总经理、总会计师、财务总监、主管各项事务的副总经理以及行使类似政策职能的人员等。

18.【答案】B

【解析】资产负债表、利润表、现金流量表和附注是中期财务报告至少应当编制的法定内容，对其他财务报表或者相关信息，如所有者权益（或股东权益）变动表等，企业可以根据需要自行决定。

19.【答案】D

【解析】会计政策变更发生在会计年度内第1季度以外的其他季度，在附注披露方面，企业需要披露会计政策变更对以前年度的累积影响数，主要有：（1）对比较财务报表最早期间期初留存收益的影响数；（2）以前年度可比中期损益的影响数，包括可比季度损益的影响数和可比年初至季度末损益的影响数；（3）对当年度变更季度、年初至变更季度末损益的影响数；（4）当年度会计政策变更前各季度损益的影响数。此外，在发生会计政策变更以后季度财务报表附注中也需要作相应披露。

20.【答案】C

【解析】选项C，应当以中期财务数据为基础。

（二）多选题

1.【答案】ABCD

【解析】评价持续经营能力时需要考虑的因素：宏观政策风险、市场经营风险、企业目前或长期的盈利能力、偿债能力、财务弹性以及企业管理层改变经营政策的意向等。

2.【答案】ABC

【解析】企业欠客户的应付款不得与其他客户欠本企业的应收款相抵销，如果相互抵销就掩盖了交易的实质。选项D错误。

3.【答案】BCD

【解析】选项A甲公司违反借款协议，企业没有自主权，被要求当年偿付，属于流动负债；选项B在“长期待摊费用”项目，非流动项目列示；选项C，确认为固定资产，属于非流动资产；选项D，可以自主展期的长期借款在资产负债表日前决定展期的，应当作为非流动负债项目列示。

4.【答案】BCD

【解析】选项A，经营活动现金流量净额 = 净利润6 500 -（1）（60 - 10）+（2）40 +（3）500 +（4）920 -（5）230 -（6）（200 - 100）+（7）（1 000 - 2 500）= 6 080（万元）；选项B，投资活动现金流入 =（1）60 +（6）200 = 260（万元）；

选项C，经营活动现金流入 =（7）利润表6 700 +（年初1 000 - 年末2 500）= 5 200（万元）；选项D，投资活动现金流出 =（2）200 +（3）2 500 +（6）100 = 2 800（万元）。

5.【答案】AC

【解析】选项A，属于经营活动中“支付其他与经营活动有关的现金”；选项C，投资性房地产的租金收入属于经营活动中“收到其他与经营活动有关的现金”项；选项B、选项D为投资活动。

6. 【答案】ABCD

【解析】选项 A，购买子公司少数股权在个别报表中为投资活动现金流量，在合并报表中为筹资活动现金流量；选项 B，虽然发行的债券是为了建造厂房，但是发行债券收到的现金属于筹资活动，而不是投资活动；选项 C，附追索权转让应收账款收到现金属于筹资活动现金流量，而不附追索权转让应收账款收到现金属于经营活动现金流量；选项 D，分期付款购买固定资产属于筹资活动。

7. 【答案】AC

【解析】选项 B，发行股票取得的现金应在现金流量表“吸收投资收到的现金”项目中反映；选项 D，发行债券企业承担审计费用、咨询费直接支付的现金应在“支付其他与筹资活动有关的现金”项目中反映。

8. 【答案】AC

【解析】选项 B，属于筹资活动；选项 D，属于投资活动；选项 A、选项 C，属于经营活动，计入“支付给职工及为职工支付现金”项目。

9. 【答案】ABC

【解析】选项 D，应填入所有者权益变动表“上年金额”栏内。

10. 【答案】BC

【解析】选项 A，处置对子公司股权投资形成的利得或损失在“投资收益”项目列报；选项 D，应作为非流动资产列报。

11. 【答案】AC

【解析】选项 A，分部报告应当披露每个报告分部的营业利润，不是净利润；选项 C，分部资产不包括金融资产。

12. 【答案】ABD

【解析】资产负债表、利润表、现金流量表和附注是中期财务报告至少应当编制的法定内容，对其他财务报表或者相关信息，如所有者权益（或股东权益）变动表等，企业可以根据需要自行决定。

13. 【答案】AC

【解析】企业在会计年度中不均匀发生的费用，应当在发生时予以确认和计量，不应在中期财务报表中预提或者待摊，但会计年度末允许预提或者待摊的除外；企业取得季节性、周期性或者偶然性收入，应当在发生时予以确认和计量，不应当在中期财务报表中预计或者递延，但会计年度末允许预计或者递延的除外。

14. 【答案】AD

【解析】企业的会计政策变更发生在会计年度内第 1 季度之外的其他季度，其会计处理相对于会计政策变更发生在第 1 季度而言要复杂一些。企业除了应当计算会计政策变更的累积影响数并作相应的账务处理之外，在财务报表的列报方面，还需要调整以前年度比较财务报表最早期间的期初留存收益和比较财务报表其他相关项目的数字，以及在会计政策变更季度财务报告中或者变更以后季度财务报告中所涉及的本会计年度内发生会计政策变更之前季度财务报表相关项目的数字。

15. 【答案】ABCD

第二十四章　资产负债表日后事项

一、2020年新教材内容主要变化

2020年新教材与2019年教材相比，无变化。

二、本章近五年考情统计分析

本章考题近几年以单选题或多选题形式为主，2016年和2017年以主观试题为主。在计算分析题与综合题方面主要是与前期差错更正、收入、或有事项以及所得税等问题结合起来，最近五年平均考试分值为6分左右。

（一）近五年考试分值分布

题型	2015年	2016年	2017年	2018年	2019年
单选题	2	2	—	2	2
多选题			2	2	—
计算分析题		10			
综合题			10		
合计	2	12	12	4	2

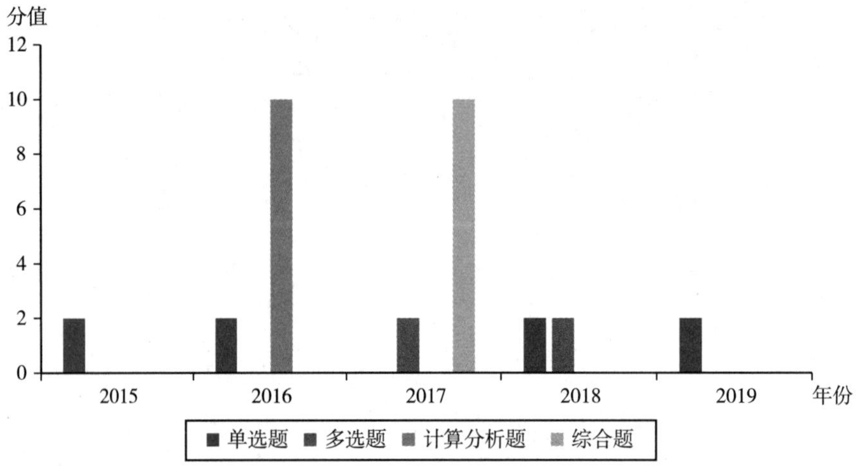

（二）近五年考试考点分布

近五年考试考点分布表

高频考点内容	年度及题型分布
一、调整事项的判断	2015年、2017年单选题、2018年、2019年多选题
二、调整事项的会计处理	2016年、2017年计算分析题
三、调整事项与或有事项关系	2018年单选题

三、重难点解析

本章介绍资产负债表日后事项的会计处理方法。主要内容包括资产负债表日后事项涵盖的期间；资产负债表日后事项的内容；调整事项的会计处理方法以及非调整事项的披露内容。其中，资产负债表日后事项中调整事项的判断以及处理是本章的重点内容。

重难点1：资产负债表日后事项涵盖的期间★

资产负债表日后事项是指资产负债表日至财务报告批准报出日之间发生的有利或不利事项。资产负债表日包括会计年度末和会计中期期末；财务报告批准报出日是指董事会或类似机构批准财务报告对外公布的日期；资产负债表日后事项既包括有利事项，也包括不利事项。

资产负债表日后事项涵盖的期间是自资产负债表日次日起至财务报告批准报出日（最终批准报出日）止的一段时间。

重难点2：资产负债表日后事项的内容★★

1. 调整事项

调整事项是指对资产负债表日已经存在的情况提供了新的或进一步证据的事项。调整事项通常包括：

（1）资产负债表日后诉讼案件结案，法院判决证实了企业在资产负债表日已经存在现时义务，需要调整原先确认的与该诉讼案件相关的预计负债，或确认一项新负债。

注意：如果在资产负债表日无法确定该或有事项符合预计负债的确认条件，而在日后事项期间确定的，则不构成调整事项。

（2）资产负债表日取得确凿证据，表明某项资产在资产负债表日发生了减值或者需要调整该项资产原先确认的减值金额。

（3）资产负债表日进一步确定了资产负债表日前购入资产的成本或售出资产的收入。

（4）资产负债表日后发现了财务报表舞弊或差错。

2. 非调整事项

非调整事项是指表明资产负债表日后发生的情况的事项。非调整事项的发生不影响资产负债表日企业的财务报表数字，只说明资产负债表日后发生了某些情况。其中重要的可能影响资产负债表日以后的财务状况和经营成果，不加以说明将会影响财务报告使用者作出正确估计和决策。因此，需要适当披露。

3. 调整事项与非调整事项的区别

这取决于该事项表明的情况在资产负债表日或资产负债表日以前是否已经存在。若该情况在资产负债表日或以前已经存在，则属于调整事项；反之，则属于非调整事项。

【经典真题】

【单选题·2018】甲公司2×16年度财务报表于2×17年3月20日经董事会批准对外提

供。2×17 年 1 月 1 日至 3 月 20 日，甲公司发生的有关交易或事项如下：（1）2×17 年 1 月 20 日，法院对乙公司就 2×16 年 8 月起诉甲公司侵犯知识产权案件作出终审判决，甲公司需支付乙公司的赔偿超过其 2×16 年末预计金额 200 万元；（2）根据 2×16 年 12 月 31 日甲公司与丙公司签订的销售协议，甲公司于 2×17 年 1 月 25 日将其生产的产品发往丙公司并开出增值税专用发票。丙公司收到货物后发现产品质量存在严重问题，随即要求退货。甲公司于 2×17 年 2 月 3 日收到丙公司退回的产品并开具红字发票；（3）2×17 年 2 月 15 日，甲公司收到丁公司 2×16 年 12 月销售货款；（4）2×17 年 3 月 10 日，甲公司与戊公司签订收购其持有的乙公司全部股权的协议。假定上述交易或事项均具有重要性，不考虑其他因素，应作为甲公司 2×16 年末资产负债表日后调整事项的是（　　）。

A. 销售退回

B. 签订收购股权协议

C. 法院判决的赔偿金额大于原预计金额

D. 收到丁公司货款

【答案】C

【解析】选项 A、B、D 都是在资产负债表日后事项期间发生的，与报告年度没有直接关系的重要事项，只需要在报表附注中披露即可。

【单选题·2016】甲公司 2×15 年 3 月 20 日披露 2×14 年财务报告。2×15 年 3 月 3 日，甲公司收到所在地政府于 3 月 1 日发布的通知，规定自 2×13 年 6 月 1 日起，对装机容量在 2.5 万瓦及以上有发电收入的水库和水电站，按照上网电量 8 厘/千瓦时征收库区基金。按照该通知界定的征收范围，甲公司所属已投产水电站均需缴纳库区基金。不考虑其他因素，下列关于甲公司对上述事项会计处理的表述中，正确的是（　　）。

A. 作为 2×15 年发生的事项在 2×15 年财务报表中进行会计处理

B. 作为会计政策变更追溯调整 2×14 年财务报表的数据并调整相关的比较信息

C. 作为重大会计差错追溯重述 2×14 年财务报表的数据并重述相关的比较信息

D. 作为资产负债表日后调整事项调整 2×14 年财务报表的当年发生数及年末数

【答案】D

【解析】甲公司于 2×14 年度报告报出日后期间收到政府文件，这不属于会计准则中规定的“编报前期财务报表时能够合理预计取得并应当加以考虑的可靠信息”，也不属于“前期财务报表批准报出时能够取得的可靠信息”，甲公司在编制 2×14 年度财务报表时无法取得或预计这一事项，所以该事项不属于前期差错；根据会计准则规定，不属于会计政策变更，因 2×14 年度财务报告尚未报出，应作为资产负债表日调整事项调整 2×14 年财务报表的当年发生数及年末数。

【多选题·2019】甲公司 2×18 年度财务报表于 2×19 年 3 月 20 日经董事会批准对外报出，其在 2×18 年度资产负债表日后事项期间发生的下列交易或事项中，属于调整事项的有（　　）。

A. 董事会通过 2×18 年度利润分配预案，拟每 10 股派发 1 元现金股利

B. 因 2×18 年 6 月收购的子公司当年度实际利润未达到承诺金额，确定应向交易对方收回部分已支付对价

C. 所持联营企业经审计的净利润与甲公司权益法核算时计算投资收益的联营企业未经审计净利润金额存在差异

D. 2×18 年 12 月已确认销售的一批商品因质量问题被买方退回，税务机关开具的红字增值税专用发票已取得

【答案】BCD

【解析】资产负债表日后，企业利润分配方案中拟分配的以及经审议批准宣告发放的现金股利或利润，属于资产负债表日后非调整事项，选项 A 不符合题意。

【多选题·2018】下列各项中，属于资产负债表日后调整事项的有（　　）。

A. 资产负债表日后事项期间发生重大火灾损失

B. 报告年度已售商品在资产负债表日后事项期间发生退回

C. 资产负债表日后事项期间发现报告年度不重要的会计差错

D. 报告年度按照暂估价值入账的固定资产在资产负债表日后事项期间办理完成竣工决算手续

【答案】BCD

【解析】资产负债表日后事项期间发生火灾属于本年发生的事项，与上年没有关系，属于非调整事项，选项 A 错误。

【多选题·2017】甲公司 2×16 年财务报表于 2×17 年 4 月 10 日批准对外报出，下列各项关于甲公司 2×17 年发生的交易或事项中属于 2×16 年资产负债表日后调整事项的有（　　）。

A. 3 月 2 日，发现 2×15 年度存在一项重大会计差错，该差错影响 2×15 年利润表及资产负债表有关项目

B. 3 月 10 日，2×16 年底的一项未决诉讼结案，法院判决甲公司胜诉并获赔偿 1 800 万元。但甲公司无法判断对方的财务状况和支付能力

C. 2 月 10 日，甲公司董事会通过决议将投资性房地产的后续计量由成本模式改为公允价值模式

D. 4 月 3 日，收到 2×16 年 11 月销售的一批已确认销售收入的商品发生 15% 的退货，按照购销合同约定，甲公司应当返还客户与该部分商品有关的货款

【答案】AD

【解析】选项 B，虽然已经结案，但是甲公司无法判断对方的财务状况和支付能力，不作为日后调整事项处理；选项 C，作为会计政策变更处理。

【多选题·2015】甲公司 20×4 年财务报告于 20×5 年 3 月 20 日对外报出，其于 20×5 年发生的下列交易事项中，应作为 20×4 年调整事项处理的有（　　）。

A. 1 月 20 日，收到客户退回部分商品，该商品于 20×4 年 9 月确认为销售收入

B. 3 月 18 日，甲公司的子公司发布 20×4 年经审计的利润，根据购买该子公司协议约定，甲公司在原已预计或有对价基础上向出售方多支付 1 600 万元

C. 2 月 25 日发布重大资产重组公告，发行股份收购一家下游企业 100% 股权

D. 3 月 10 日，20×3 年被提起诉讼的案件结案，法院判决甲公司赔偿金额与原预计金额相差 1 200 万元

【答案】ABD

【解析】选项C属于非调整事项。

重难点3：调整事项的处理原则★★★

对企业发生的调整事项，视同在报告年度发生，调整报告年度的财务报表。由于现金流量表采取收付实现制，所以涉及现金流量内容不须调整。具体操作原则是：

（1）涉及损益的事项，通过“以前年度损益调整”科目核算，调整后该科目的余额转入“利润分配——未分配利润”科目。涉及所得税的，如果调整在所得税汇算清缴前发生的，调整报告年度的应纳税所得额和应纳所得税额；如果调整在所得税汇算清缴后发生的，调整本年度应纳所得税额。

（2）涉及利润分配调整的事项，直接在“利润分配——未分配利润”科目核算；

（3）不涉及损益及利润分配的事项，调整相关科目。

（4）调整的财务报表相关项目数字包括：资产负债表日编制的财务报表相关项目的期末数或本年发生数；当期编制的财务报表相关项目的期初数或上年数；会计报表附注内容的调整。

重难点4：资产负债表日后调整事项的具体会计处理方法★★★

1. 资产负债表日后诉讼案件结案

主要处理包括：调整上期预计数与实际数的差异，将预计负债转为其他应付款；调整上期的应交所得税并转销递延所得税；将“以前年度损益调整”科目余额转入“利润分配——未分配利润”科目；调整报告年度财务报表相关项目。

2. 资产负债表日后调整原已计提的减值准备

主要处理包括：调整或新增资产减值准备的已提数和实际数的差异；调整所涉及的递延所得税，一般不涉及应交所得税；结转“以前年度损益调整”科目余额。

3. 资产负债表日后进一步确定了之前购入资产的成本或售出资产的收入

主要处理包括：如果是调整成本，只需将估算数调整到实际数，对折旧额或摊销额不必调整；如果是发生了销售折让，需调整报告年度的收入和应交所得税；如果是销售退回，应冲销报告年度的主营业务收入、主营业务成本，应交所得税的调整视其汇算清缴是否完成来确定。

4. 资产负债表日后发现了财务报表舞弊或差错

对于财务报表舞弊和差错，不必区分重要性，一律进行追溯重述。对于资产负债表日后事项之外的前期差错，要区分重要差错和不重要差错，决定是否采用追溯重述法。

重难点5：非调整事项的会计处理★★★

非调整事项与资产负债表日存在的状况无关，不应当调整资产负债表日的财务报表。但对于有重大影响事项，应在附注中进行披露。披露的内容包括每项非调整事项的性质、内容及其对财务状况和经营成果的影响。无法作出估计的，应当说明原因。

【单选题·2016】甲公司2×12年10月为乙公司的银行贷款提供担保。银行、甲公司、乙公司三方签订的合同约定：（1）贷款本金4 200万元，自2×12年12月21日起2年，年利率5.6%；（2）乙公司以房产为该贷款提供抵押担保。2×14年12月22日，该项贷款逾期未付，银行要求甲公司履行担保责任。2×14年12月30日，甲公司、乙公司与贷款银行协商签订补充协议，约定将乙公司的担保房产变现以偿付该项贷款本息。该房产预计处置价款可以覆盖贷款本息，甲公司在其2×14年财务报表未确认相关预计负债。2×15年5月，因乙公司该房产出售过程中出现未预期到的纠纷导致无法出售，银行向法院提起诉讼，判决甲公司履行担保责任。经庭外协商，甲公司需于2×15年7月和2×16年1月分两次等额支付乙公司所欠借款本息，同时获得对乙公司的追偿权，但无法预计能否取得。不考虑其他因素，甲公司对需履行的担保责任应进行的会计处理是（　　）。

A. 作为2×15年事项将需支付的担保款计入2×15年财务报表

B. 作为会计政策变更将需支付的担保款追溯调整2×14年财务报表

C. 作为重大会计差错更正将需支付的担保款追溯重述2×14年财务报表

D. 作为新发生事项，将需支付的担保款分别计入2×15年和2×16年财务报表

【答案】 A

【解析】 本题不属于政策变更，也不是前期差错更正。由于时间含义不明确，也不能作为资产负债表日后事项处理。由于该事项发生在2×15年，应由2×15年承担，2×16年没有责任承担，因此，选项A正确。

【计算分析题·2017】 甲公司为境内上市公司，2×16年度财务报表于2×17年2月28日经董事会批准对外报出。2×16年，甲公司发生的有关交易或事项如下：

（1）甲公司历年来对所售乙产品实行“三包”服务，根据产品质量保证条款，乙产品出售后两年内如发生质量问题，甲公司将负责免费维修、调换等（不包括非正常损坏）。甲公司2×16年年初与“三包”服务相关的预计负债账面余额为60万元，当年实际发生“三包”服务费用45万元。按照以往惯例，较小质量问题发生的维修等费用为当期销售乙产品收入总额的0.5%；较大质量问题发生的维修等费用为当期销售乙产品收入总额的2%；严重质量问题发生的维修等费用为当期销售乙产品收入总额的1%。根据乙产品质量检测及历年发生“三包”服务等情况，甲公司预计2×16年度销售乙产品中的75%不会发生质量问题，20%可能发生较小质量问题，4%可能发生较大质量问题，1%可能发生严重质量问题。甲公司2×16年销售乙产品收入总额为50 000万元。

（2）2×17年1月20日，甲公司收到其客户丁公司通知，因丁公司所在地于2×17年1月18日发生自然灾害，导致丁公司财产发生重大损失，无法偿付所欠甲公司货款1 200万元的60%。甲公司已对该应收账款于2×16年末计提200万元的坏账准备。

（3）根据甲公司与丙公司签订的协议，甲公司应于2×16年9月20日向丙公司销售一批乙产品，因甲公司未能按期交付，导致丙公司延迟向其客户交付商品而发生违约损失1 000万元。为此，丙公司于2×16年10月8日向法院提起诉讼，要求甲公司按合同约定支付违约金950万元以及由此导致的丙公司违约损失1 000万元。截至2×16年12月31日，双方拟进行和解，和解协议正在商定过程中。甲公司经咨询其法律顾问后，预计很可能赔偿金额在950万元至1 000万元之间。为此，甲公司于年末预计975万元损失并确认为预计负债。2×17年2月10日，甲公司与丙公司达成和解，甲公司统一支付违约金950万元和丙公司的违约损失300万元，丙公司同意撤诉。甲公司于2×17年3月20日通过银行转账支付上

述款项。本题不考虑相关税费及其他因素。

要求：

（1）根据资料（1），说明甲公司“三包”服务有关的预计负债确定最佳估计数时的原则，计算甲公司2×16年应计提的产品“三包”服务费用；并计算甲公司2×16年12月31日与产品“三包”服务有关的预计负债年末余额。

（2）根据资料（2）和（3），分别说明与甲公司有关的事项属于资产负债表日后调整事项还是非调整事项，并说明理由；如为调整事项，分别计算甲公司应调整2×16年年末留存收益的金额；如为非调整事项，说明其会计处理方法。

【答案及解析】

（1）该或有事项涉及多个项目，最佳估计数应按照各种可能结果及相关概率加权计算确定。

2×16年应计提的产品“三包”服务费用=50 000×0.5%×20%+50 000×2%×4%+50 000×1%×1%=50+40+5=95（万元）

甲公司2×16年12月31日与产品“三包”服务有关的预计负债的年末余额=60-45+95=110（万元）

（2）事项（2）属于日后非调整事项。

理由：2×17年1月20日甲公司得知丁公司所在地区于2×17年1月18日发生自然灾害，导致丁公司发生重大损失，无法支付货款1 200万元的60%，这个自然灾害是在2×17年发生的，甲公司在日后期间得知，在资产负债表日及以前并不存在，所以属于日后非调整事项。

会计处理：对于无法偿还部分，应当确认坏账准备，直接计入2×17年当期损益，会计分录如下：

借：信用减值损失　　520

　　贷：坏账准备　　520

事项（3）属于日后调整事项。

理由：该未决诉讼发生在2×16年，甲公司在2×16年年末确认了预计负债975万元，2×17年2月10日，甲公司和丙公司达成了和解，确定了最终支付的金额，2×16年的财务报表于2×17年2月28日对外报出，这里是日后期间确定了最终支付的金额，所以属于日后调整事项。

调整2×16年留存收益的金额：[(950+300)-(1 000+950)/2]=275（万元）

【计算分析题·2016】甲公司为境内上市公司。2×13年10月20日，甲公司向乙银行借款5亿元。借款期限为5年，年利率为6%，利息按年支付，本金到期一次偿还。借款协议约定：如果甲公司不能按期支付利息，则从违约日起按年利率7%加收罚息。2×13年、2×14年，甲公司均按期支付乙银行借款利息。2×15年1月起，因受国际国内市场影响，甲公司出现资金困难，当年未按期支付全年利息。为此，甲公司按7%年利率计提的该笔借款自2×15年1月起的罚息3 500万元。

2×15年12月20日，甲公司与乙银行协商，由乙银行向其总行申请减免甲公司的罚息。甲公司编制2×15年财务报表时，根据与乙银行债务重组的进展情况，预计双方将于近期达成减免罚息的协议，并据此判断2×15年原按照7%年利率计提该笔借款罚息3 500万元应全部冲回。2×16年4月20日，在甲公司2×15年度财务报告经董事会批准报出日之前，甲公司与乙银行签订了《罚息减免协议》，协议的主要内容与之前甲公司估计的情况基本相符，即从2×16年起，如果甲公司于借款到期时偿还本金，甲公司只需按照6%的年利率支付2×15年及以后各年的利息；同时，免除2×15年的罚息3 500万元。假定：甲公司上述借款按照摊余成本计量，不考虑折现及其他因素。

要求：

（1）判断甲公司能否根据2×15年资产负债表日债务重组的协商进度估计应付利息的金额并据此进行会计处理，说明理由。

（2）判断资产负债表日后事项期间达成的债务重组协议是否应作为甲公司2×15年调整事项，并说明理由。

（3）判断甲公司与乙银行签订《罚息减免协议》后，甲公司是否可于协议签订日确认债务重组收益，并说明理由。

（4）计算甲公司2×15年度该笔借款在资产负债表中列示的金额。

【答案及解析】

（1）甲公司不能够据此估计应付利息金额并进行会计处理。

理由：2×15年资产负债表日编制财务报表时，甲公司只是预计双方将于近期达成减免罚息协议，不能基本确定不需要支付罚息，根据谨慎性原则以及或有事项的判断原理，不能转回对应的利息费用。

（2）不应作为甲公司2×15年调整事项处理。

理由：协议签订日期为2×16年4月20日，虽然在资产负债表日前存在罚息减免可能性，但尚未达成协议，在签订协议时才转为确定事项，应将其作为非调整事项在2×15年报表中列报，并作为2×16年的债务重组处理。

（3）甲公司不可以在协议签订日确认重组收益。

理由：甲公司应当在重组日确认重组收益，不能在协议签订日确认重组收益。

（4）长期借款列示金额为5亿元；

应付利息金额=50 000×6%=3 000（万元）；

其他应付款列示金额为3 500+3 000=6 500（万元）。

四、进阶练习

（一）单选题

1. 下列关于资产负债表日后事项中正确的选项是（　　）。

A. 财务报告批准日是指企业股东大会通过的日期

B. 资产负债表日后事项只是针对不利事项而言的

C. 资产负债表日后事项既包括不利事项，也包括有利事项

D. 资产负债表日后事项是资产负债表日后发生的全部事项

2. 资产负债表日后事项涵盖的期间是指（　　）。

A. 资产负债表日起至财务报告批准报出日

B. 资产负债表日次日起至财务报告批准报出日

C. 资产负债表日次日起至财务报告实际报出日

D. 资产负债表日次日起至审计报告完成日

3. 下列在资产负债表日后事项期间发生的属于非调整事项的是（　　）。

A. 报告年度的销售退回　　B. 资产负债表日后发行股票

C. 需要对报告年度资产减值的调整额　　D. 发现的上年度发生的财务舞弊

4. 调整事项与非调整事项的区别是（　　）。

A. 该事项金额的大小　　B. 该事项的性质

C. 对财务报告的影响程度　　D. 在资产负债表日以前是否已经存在

5. 甲公司2×18年度财务报告经董事会批准于2×19年4月25日报出。甲公司在2×19年1月1日至4月25日之间发生的下列事项中，属于资产负债表日后调整事项的是（　　）。

A. 2×19年4月18日，公司仓库发生火灾导致存货部分毁损

B. 2×19年3月10日，发生产品销售退回，该批产品系2×18年12月对外销售

C. 2×19年2月18日，董事会提出资本公积转增资本方案

D. 2×19年3月20日，法院判决公司败诉，并需支付赔偿金额100万元，事件的起因是甲公司未履行应于本年1月15日到期的合同，公司决定上诉

6. 甲公司适用的企业所得税税率为25%，按照净利润的10%提取法定盈余公积。2×18年10月，甲公司因违约而被乙公司起诉。2×18年12月31日法院尚未判决。经法律咨询，认为很可能败诉，如果败诉，很可能被罚款500万元。甲公司为此确认了500万元的预计负债。2×19年3月20日，在公司财务报告批准对外报出之前，法院判决甲公司败诉，要求赔偿款乙公司600万元。甲公司服从判决，并于当日支付了赔偿款。不考虑其他因素，甲公司因此而调整2×18年度资产负债表盈余公积项目金额为（　　）万元。

A. 100　　B. 75　　C. 67.5　　D. 7.5

7. 甲公司2×18年12月31日存货跌价准备计提了200万元，2×19年2月10日，内部审计人员发现预计售价的算法存在错误，经测算上年存货跌价准备应计得300万元。税法规定，企业计提的各项减值损失在未发生实质性损失前不允许税前扣除。甲公司按净利润的10%提取法定盈余公积，其2×18年度的财务报告于2×19年4月20日经董事会批准对外报出；适用的所得税税率为25%，其2×18年度所得税汇算清缴工作于2×19年4月25日完成。下列关于上述事项对2×18年度利润表相关项目影响的说法中，正确的是（　　）。

A. 资产减值损失调增300万元　　B. 存货跌价准备调减100万元

C. 营业利润调减100万元　　D. 未分配利润调减67.5万元

8. 甲公司2×19年3月10日，经股东大会通过决议对2×18年度的利润分配方案为用资本公积转增股本，每10股转增5股，转股日为5月10日，甲公司财务报表批准报出日为2×19年4月30日，甲公司下列会计处理中正确的是（　　）。

A. 作为调整事项，调减2×18年度会计报表中盈余公积项目

B. 作为非调整事项，在2×18年会计报表附注中进行披露

C. 不作资产负债表日后事项，不需要在2×18年会计报表中进行披露

D. 不调整 2×18 报表项目，但需调整 2×19 年报表期初数

9. 甲公司为增值税一般纳税人，增值税率为 13%。2×19 年度的财务报告于 2×20 年 3 月 10 日对外报出，所得税率为 25%。2×20 年 3 月 5 日，上年销售的一批商品因质量问题被退回，该批商品的成本为 400 万元，售价为 500 万元。甲公司的所得税汇算清缴在 3 月 1 日完成，下列处理中正确的是（　　）。

A. 调减 2×19 年应交所得税 25 万元

B. 作为 2×20 年的会计事项不调整 2×19 年报表项目

C. 调增 2×19 年递延所得税资产 25 万元

D. 调减 2×20 年所得税费用 25 万元

10. 甲公司为增值税一般纳税人，2×19 年度的财务报表批准报出日为 2×20 年的 4 月 10 日。2×19 年甲公司实现净利润 9 000 万元。2×20 年 3 月 15 日，股东大会做出利润分配方案：按照净利润的 10% 提取法定盈余公积，分派现金股利 800 万元。甲公司据此做出了相应的会计处理，调整了 2×19 年财务报表的相关数字。审计人员提出疑问后，甲公司所做的下列处理中正确的是（　　）。

A. 调增未分配利润 80 万元　　B. 调增营业利润 800 万元

C. 调增盈余公积项目 80 万元　　D. 调减应付股利 800 万元

（二）多选题

1. 下列属于资产负债表日后事项中调整事项的有（　　）。

A. 报告期发生，在资产负债表日后事项期间结案的诉讼案件

B. 在资产负债表日后发生并在日后事项期间结案的诉讼案件

C. 在报告期未确定且日后判决确定可是被告支付存在不确定的事项

D. 报告期销售的商品在资产负债表日后事项期间被退回

2. 关于非调整事项下列说法正确的有（　　）。

A. 非调整事项一定是在资产负债表日后发生的

B. 非调整事项可能有有利事项，也可能不利事项

C. 重要的非调整事项需要披露

D. 非调整事项不管重要还是不重要都需要披露

3. 下列说法正确的有（　　）。

A. 调整事项涉及损益的，通过“以前年度损益调整”科目调整

B. 调整事项涉及损益的，通过“利润分配——未分配利润”科目调整

C. 涉及利润分配的事项，直接通过“利润分配——未分配利润”科目调整

D. 调整事项只需调整报告年度的会计报表

4. 下列属于非调整事项的有（　　）。

A. 报告年度的会计差错

B. 资产负债表日后资本公积转增资本

C. 资产负债表日后企业分配上年利润的方案

D. 资产负债表日后发生巨额亏损

5. 甲股份有限公司 2×18 年度财务报告经董事会批准对外公布的日期为 2×19 年 4 月 1

日。该公司2×19年1月1日至4月1日发生的下列事项中，应当作为资产负债表日后事项中调整事项的有（　　）。

A. 3月20日甲公司经中国证监会批准在5月10日发行债券10亿元

B. 3月20日发现2×18年8月接受捐赠获得的专利技术尚未入账

C. 3月26日甲公司被法院判决败诉，并要求支付赔款900万元，此项诉讼甲公司已于2×18年年末确认预计负债700万元

D. 3月15日与乙公司签订的合并协议执行完毕，该合并协议系甲公司于2×19年1月3日与乙公司签订

6. 非调整事项，应当在会计报表附注中披露的包括（　　）。

A. 非调整事项的性质

B. 非调整事项的内容

C. 非调整事项对财务状况和经营成果的影响

D. 非调整事项与调整事项的关系

7. 甲公司2×19年度财务报表于2×20年3月25日批准报出。2×19年年末甲公司应收乙公司账款500万元，乙公司产品因质量问题导致经营困难，甲公司按照该项应收账款余额10%计提了坏账准备。2×20年2月20日收到乙公司通报，乙公司财务困难情况更加严重。甲公司估计该项应收账款预计只能收回50%。甲公司适用的所得税税率为25%，甲公司已经按照净利润的10%的比例提取了法定盈余公积。下列关于甲公司对2×19年财务报告调整项目的说法中，正确的有（　　）。

A. 补提坏账准备200万元

B. 调增递延所得税资产50万元

C. 调减应交税金50万元

D. 在2×19年年度报表附注中披露这一事项

8. 2×19年8月1日，甲公司因合同违约被起诉。至2×19年12月31日，法院尚未判决。经咨询律师，甲公司认为有60%的可能性需要赔偿500万元，并预计承担诉讼费用5万元；2×20年3月1日，法院作出判决，甲公司需赔偿400万元和诉讼费用6万元。甲公司表示服从法院判决，当日支付了全部费用。甲公司2×19年度财务报告经董事会批准报出日为2×20年3月20日。不考虑其他因素，下列关于甲公司对2×19年年报所作处理正确的有（　　）。

A. 调减2×19年营业外支出100万元

B. 调减2×19年递延所得税资产25万元

C. 调增2×19年年利润表中管理费用1万元

D. 作为2×20年当期业务处理

9. 甲公司在2×19年度财务报告批准报出前发现公司2018年6月出租的投资性房地产漏记折旧500万元。根据甲公司的折旧政策，该投资性房地产2×18年应计提折旧为200万元，2×19年应计提折旧300万元。甲公司适用的所得税税率为25%，按照净利润的10%提取法定盈余公积。甲公司对2×19年度相关财务报表的处理中，正确的有（　　）。

A. 2×19年调增“其他业务成本”500万元

B. 2×19 年调增“其他业务成本”300 万元

C. 2×19 年调减“利润分配——未分配利润”135 万元

D. 2×19 年调减利润总额 300 万元

10. 甲公司 2×19 年度的财务报告批准报出日为 2×20 年 3 月 30 日。资产负债表日后期间发生下列情况：(1) 2×20 年 1 月 30 日接到通知，债务企业乙企业宣告破产，所欠甲公司账款 500 万元预计只能收回 20%。甲公司在 2×19 年 12 月 31 日以前已被告知乙企业资不抵债，面临破产，甲已经计提坏账准备 100 万元。(2) 2×20 年 3 月 15 日，甲公司收到丙企业销售退回通知，该批产品是 2×20 年 2 月 5 日出售的，退货原因是型号不符。(3) 2×20 年 3 月 26 日股东大会决定扩大现金分红比例，涉及金额 200 万元。(4) 3 月 28 日被丁公司起诉，原因是侵犯其专利权。下列说法中正确的有（　　）。

A. 事项（1）作为资产负债表日后调整事项处理

B. 事项（2）作为非调整事项处理

C. 事项（3）作为非调整事项处理

D. 事项（4）作为 2×20 年业务处理

（三）计算分析题

甲公司为增值税一般纳税人，销售商品、提供劳务适用的增值税税率为 13%，所得税税率为 25%。2×19 年度财务报告批准报出日为 2×20 年 4 月 25 日，甲公司 2×19 年账目已完成结账工作。2×20 年 3 月 25 日，注册会计师在审查 2×19 年年报时发现下列一些会计处理错误。

要求：根据下列资料，指明错误原因并加以更正。（假设更正符合企业所得税和递延所得税的要求，均可以根据会计调整情况进行调整。计量单位：万元）

（1）2×19 年 11 月 15 日，甲公司与乙公司签订协议，采用支付手续费方式委托甲公司销售 100 台 B 产品，代销协议规定的销售价格为每台 10 万元，甲公司按销售每台 B 产品价款的 10% 支付手续费。2×19 年 12 月 10 日，甲公司发出 100 台 B 产品。每台 B 产品成本为 8 万元。

截至 2×19 年 12 月 31 日，甲公司未收到乙公司转来的代销清单。甲公司经评估该项应收账款。估计可能发生坏账，并按应收账款的 5% 计提坏账准备。甲公司的会计处理如下：

2×19 年 12 月 10 日发出商品时：

借：应收账款	1 130	
贷：主营业务收入		1 000
应交税费——应交增值税（销项税额）		130
借：主营业务成本	800	
贷：库存商品		800
借：信用减值损失	56. 5	
贷：坏账准备		56. 5

（2）2×19 年 12 月 1 日，甲公司开始推行一项积分奖励计划，根据该计划，客户在甲公司每销费 20 元可获得 1 个积分，每个积分从次月起在购物时可以抵减 1 元。截至 2×19 年 12 月 31 日，客户共消费商品 200 万元，共获得 10 万积分，该批商品的成本为 150 万元。根

据历史经验，甲公司估计积分的兑换率为90%，甲公司的会计处理为：

借：银行存款　　226

　　贷：主营业务收入　　200

　　　　应交税费——应交增值税（销项税额）　　26

借：主营业务成本　　150

　　贷：库存商品　　150

（3）2×19年7月10日开始，甲公司自行研发某项新技术，截至2×19年12月31日，还处于调查研究阶段，共支出200万元，甲公司全部进行了费用化处理。2×20年1月15日，项目取得重要进展，甲公司认为符合资本化条件，应将全部研发支出资本化，对于上年发生的资本化处理转出，计入无形资产。其会计处理为：

借：无形资产　　200

　　贷：以前年度损益调整——管理费用　　200

（4）2×19年12月31日，甲公司获知丙公司资金周转困难，应收账款难以全额收回，按应收丙公司货款600万元的20%计提了坏账准备。2×20年2月20日，甲公司获知丙公司被法院依法宣告破产，甲公司估计应收丙公司款项600万元只能收回40%，甲公司进行的会计处理如下：

借：以前年度损益调整　　360

　　贷：坏账准备　　360

借：应交税费——应交所得税　　90

　　贷：以前年度损益调整　　90

（5）根据税收法规的规定，甲公司招用自主就业的士兵达到规定条件，申请对2×19年交纳的增值税进行部分减免。2×20年3月1日，甲公司收到当地税务部门返还其2×19年度已交所得税税款的通知，3月10日收到税务部门返还的增值税税款500万元。甲公司认为税务部门提供的税收返还凭证中注明上述返还款项为2×19年的增值税税款项，应追溯调整2×19年度财务报表，其会计处理为：

3月1日收到返还通知时：

借：应交税费——减免税款　　500

　　贷：以前年度损益调整　　500

（四）综合题

甲公司2×19年年度财务报告于2×20年3月31日批准报出。注册会计师2×20年3月在对甲公司2×19年年度财务报表进行审计时，关注到以下交易或事项的会计处理：

（1）2×19年12月10日，甲公司将其持有的以公允价值计量且其变动计入其他综合收益的非交易性权益工具投资出售，出售前其明细账户上的“成本”为500万元，“公允价值变动”为100万元，出售价为800万元。甲公司的会计处理为：

借：银行存款　　800

　　贷：其他权益工具投资——成本　　500

　　　　　　　　　　　　——公允价值变动　　100

　　　　投资收益　　200

（2）甲公司在2×18年5月31日开始建造办公楼，从银行取得一笔专门借款3 000万元，利率为6%，截至当年12月31日，累计支出2 000万元。2×19年1月1日借入一般借款4 000元，利率为5%，期限3年，2×19年办公楼建造支出的发生情况为3月1日，支出2 000万元，5月1日支出1 000万元。办公楼在年末尚未完工。上述两笔借款均为分年付息，企业每年末计息。甲公司年末计息的计算方法为：

专门借款的利息资本化金额为：3 000×6%＝180（万元）

一般借款的利息资本化金额为：2 000×5%＝100（万元）

一般借款的利息费用化金额为：2 000×5%＝100（万元）

甲公司的会计处理为：

借：在建工程	280	
财务费用	100	
贷：应付利息		380

（3）甲公司对其售出的产品作出承诺，产品售出后3年内如出现非意外事件造成的故障和质量问题，甲公司免费负责保修。2×18年末，“预计负债——产品质量保证”的期末余额为50万元，2×19年实际发生的维修费为40万元，预计2×20年的维修费为70万元，甲公司的会计处理为：

借：销售费用	60	
贷：预计负债——产品质量保证		60

（4）甲公司于2×19年1月1日购入20套商品房，每套商品房购入价为100万元，购入后按每套70万元的价格出售给20名高级管理人员，出售住房的合同中规定这部分管理人员至少为公司服务1年。甲公司将购入价2 000万元与售价1 400万元的差额600万元直接计入2×19年资产处置损益。甲公司的会计处理为：

借：银行存款	1 400	
资产处置损益	600	
贷：固定资产		2 000

（5）甲公司有一项短期利润分享计划，要求甲公司将其至2×19年12月31日止会计年度的税前利润的3%支付给2×19年年末在册的职工，该奖金在2×20年1月8日发放。甲公司直接参加生产的职工享有2%，总部管理人员享有1%。2×19年甲公司实现利润2 000万元。甲公司的会计处理为：

借：利润分配——应付现金股利	60	
贷：应付职工薪酬——利润分享计划		60

假定：

（1）不考虑所得税、增值税及其他相关税费。

（2）不考虑折现及其他因素。

要求：

根据资料（1）至（5），判断甲公司对相关事项的会计处理是否正确，并说明理由；对于不正确的事项，编制更正分录（无须通过“以前年度损益调整”科目核算）

五、进阶练习答案

（一）单选题

1. 【答案】C

【解析】资产负债表批准日是指董事会批准的财务报告报出日，选项 A 错误；资产负债表日后事项既包括不利事项，也包括有利事项，选项 B 错误；资产负债表日后事项不是资产负债表日后发生的全部事项，是那些对上期需调整或对未来有影响的事项，选项 D 错误。

2. 【答案】B

【解析】资产负债表日后事项的起点为资产负债表日的次日，截止时点是董事会批准财务报告报出时点，选项 B 是正确的。

3. 【答案】B

【解析】选项 B 为资产负债表日后发生的，与报告年度无关系，是非调整事项；其余选项都与报告年度有关，为非调整事项。

4. 【答案】D

【解析】决定某事项是调整事项还是非调整事项，主要由其发生的时间决定。如果在资产负债表日之前已经存在，在资产负债表日后得到证实，则为调整事项，与事项的金额、性质、对财务报告的影响程度都无关，因此选项 D 正确。

5. 【答案】B

【解析】选项 A、选项 C 和选项 D 都属非调整事项；选项 B 发生在报告期，在资产负债表日后得到证实，属于调整事项。

6. 【答案】D

【解析】甲公司调减 2×18 年度资产负债表中盈余公积项目的金额 =（600 - 500）×（1 - 25%）×10% =7.5（万元）。

7. 【答案】D

【解析】未分配利润调减金额 =（100 - 25）×90% =67.5（万元）。

8. 【答案】B

【解析】资本公积转增资本不是调整事项，选项 A 错误；作为非调整事项，资本公积转增资本将会改变企业的资本结构，影响较大，应当在财务报表附注中进行披露，选项 B 正确；选项 C 和选项 D 的说法没有依据，不正确。

9. 【答案】C

【解析】销售退回发生在所得税汇算清缴后，不能调整报告年度所涉及的应缴所得税，选项 A 错误；该事项为资产负债表日后事项，应该调整报告年度报表项目，选项 B 错误；销售退回涉及的多交所得税应当作为报告年度的递延所得税资产，选项 C 正确；所得税费用还是调整报告年度的，选项 D 错误。

10. 【答案】D

【解析】分配现金股利不是资产负债表日后调整事项，不应该调整 2×19 年财务报表。上述错误引起报告年度应付股利增加 800 万元和未分配利润减少 800 万元，更正只涉及这两个项目，不涉及盈余公积和营业利润，选项 B 和选项 C 错误；调整未分配利润应为 800 万元，选项 A 错误。

（二）多选题

1.【答案】AD

【解析】选项 B 为非调整事项；选项 C 虽然发生在报告期，但由于被告支付存在不确定性导致无法对该事项进行追溯调整，因此选项 C 不正确；选项 A 和选项 D 都符合资产负债表日后事项的要求，是正确选项。

2.【答案】ABC

【解析】不重要的非调整事项不需要披露，选项 D 错误。

3.【答案】AC

【解析】前期差错以及调整事项涉及损益的，都通过"以前年度损益调整"科目调整，会计政策变更涉及的调整损益通过"利润分配——未分配利润"进行调整，选项 B 错误；调整事项不仅要调整报告年度的财务报表，本年报表的年初数以及上年数也要进行调整，选项 D 错误。

4.【答案】BCD

【解析】报告年度的会计差错属于调整事项，选项 A 错误。

5.【答案】BC

【解析】选项 A 为资产负债表日后发生的重要事项，需对外披露，是非调整事项；选项 D 在资产负债表日后发生且已完成，属于当年发生的完成交易，不需要进行披露。选项 B 和选项 C 都发生在资产负债表日前，日后得以证实，是调整事项。

6.【答案】ABC

【解析】非调整事项与调整事项的关系不必披露，选项 D 错误。

7.【答案】AB

【解析】乙公司因经营困难导致甲公司应收账款产生坏账这一事实在资产负债表日之前已经存在，在资产负债表日后得以证实，这是调整事项，应当补提坏账准备 200 万元，同时确认递延所得税资产增加 50 万元，选项 A 和选项 B 正确；由于不涉及应纳税所得额，不涉及应交所得税，选项 C 错误；由于作为调整事项已经调整了报告年度的报表，不需要在报表附注中披露该事项，选项 D 错误。

8.【答案】ABC

【解析】该事项为资产负债表日后调整事项，选项 D 错误。由于法院判决赔偿数小于预计数，因此减调减报告年度营业外支出 100 万元，诉讼费计入管理费用使其增加 1 万元，递延所得税资产调减 24.75 万元，选项 A、选项 B 和选项 C 正确。

9.【答案】BCD

【解析】2×18 年和 2×19 年两年漏记的折旧不能都由 2×19 年承担，2×18 年漏记的折旧应调整 2×19 年的期初留存收益，选项 A 错误；选项 B 调增 2×19 年累计折旧 300 万元正确；选项 C 调减 2×19 年初的未分配利润 135 万元 [(200 − 200×25%)×(1 − 10%)] 正确；选项 D 调减 2×19 年利润总额 300 万元正确。

10.【答案】ACD

【解析】选项 B 涉及的该项业务是当年销售当年退回，是一种正常经营活动，不作为资产负债表日后事项处理，该选项错误，其余选项正确。

（三）计算分析题

【答案】

（1）错误。原因在于本题的销售方式是收取手续费的委托代销，甲公司虽然发出商品但乙公司并未控制权，甲公司不应在发出商品时确认收入，应当在受托方售出商品时确认收入。更正分录为：

借：以前年度损益调整——主营业务收入　　1 000
　　贷：应收账款　　1 000
借：发出商品　　800
　　贷：以前年度损益调整——主营业务成本　　800
借：坏账准备　　50
　　贷：以前年度损益调整　　50
借：应交税费——应交所得税　　50
　　贷：以前年度损益调整——所得税费用　　50
借：以前年度损益调整——所得税费用　　12.5
　　贷：递延所是税资产　　12.5

（2）错误。原因在于本题的销售方式为客户额外购买选择权，企业提供重大权利，应当将该项权利作为单项履约义务，将交易价格分摊至该项履约义务。本题积分的公允价值为 9 万元（$1\times10\times90\%$），分摊至积分的交易价格为：

$[9\div(200+9)]\times200=8.6$（万元）

更正分录为：

借：以前年度损益调整——主营业务收入　　8.6
　　贷：合同负债　　8.6
借：递延所得税资产　　2.15
　　贷：以前年度损益调整　　2.15

（3）错误。原因在于无形资产进入开发阶段后，此前的费用化部分不能转为资本化处理。更正分录为：

借：以前年度损益调整——管理费用　　200
　　贷：无形资产　　200

（4）错误。原因在于坏账准备计提错误。由于坏账可能达到 60%，但此前已计提 20%，只需再提 40% 即可，也就是提取 240 万元。另外，坏账准备计提是一个暂时性差异，不影响应交所得税的计算，但影响递延所得税。更正分录为：

借：坏账准备　　120
　　贷：以前年度损益调整　　120
借：以前年度损益调整　　90
　　贷：应交税费——应交所得税　　90
借：以前年度损益调整　　30

贷：递延所得税资产　　30

（5）错误。原因在于企业收到的增值税减免属于政府补助，应按政府补助准则的规定处理。在实际收到所得税返还时，直接计入当期其他收益，不应作为日后事项追溯调整 2×19 年度财务报表。更正分录为：

借：以前年度损益调整　　500

贷：其他收益　　500

（四）综合题

【答案及解析】

（1）甲公司对事项（1）会计处理不正确。

理由：根据会计准则规定，以公允价值计量且其变动计入其他综合收益的非交易性权益工具投资，除了获得的股利计入当期损益外，其他相关利得和损失均应计入当其综合收益，且后续不得转入损益。终止确认时，之前计入其他综合收益的累计利得或损失应当从其他综合收益中转出，计入留存收益。

更正分录：

借：投资收益　　200

贷：留存收益　　200

借：其他综合收益——其他权益工具投资公允价值变动　　100

贷：留存收益　　100

（2）甲公司对事项（2）的会计处理不正确。

理由：一般借款的利息资本化金额应该是由其占用时间的加权平均数计算确定，其资本化金额的计算应为：

（1 000×10/12＋1 000×8/12）×5%＝75（万元）

更正分录：

借：财务费用　　25

贷：在建工程　　25

（3）甲公司对事项（3）会计处理不正确。

理由：预计产品质量保证形成的预计负债是根据销售额和预计的维修费比例计算的。本期计提数就是实计发生数，与期初余额没有关系，不必将期初余额减掉，因此本期应计提 70 万元。

更正分录：

借：销售费用　　10

贷：预计负债——产品质量保证　　10

（4）甲公司对事项（4）的会计处理不正确。

理由：将商品房以低于其取得成本的价格向职工出售属于职工福利，出售住房的合同中规定了职工在购得住房后至少应当提供服务的年限，甲公司应当将该项差额作为长期待摊费用处理，并在合同或协议规定的服务年限内平均摊销，计入管理费用。

2×19 年应计入管理费用的金额＝600÷10＝60（万元）。

更正分录：

借：长期待摊费用　　540

　　管理费用　　60

　　贷：资产处置损益　　600

（5）甲公司对事项（5）的会计处理不正确。

理由：短期利润分享计划属于职工薪酬，并不是真正的利润分配，因此，还应该根据职工的工作性质计入相应的费用或成本。更正分录为：

借：生产成本　　40

　　管理费用　　20

　　贷：利润分配——应付现金股利　　60

第二十五章 持有待售的非流动资产、处置组和终止经营

一、2020 年新教材内容主要变化

本章无实质性变动。

二、本章近五年考情统计分析

本章既可以考客观题，也可以考主观题，主观题可以单独考，也可以与长期股权投资、差错更正、资产减值、所得税等内容结合出题，属于比较重要的章节，最近五年平均考试分值为 4.6 分。

（一）近五年考试分值分布

题型	2015 年	2016 年	2017 年	2018 年	2019 年
单选题	—	—	—	2	—
多选题	—	2	2	—	2
计算题	—	—	—	10	—
综合题	—	—	—	—	5
合计	0	2	2	12	7

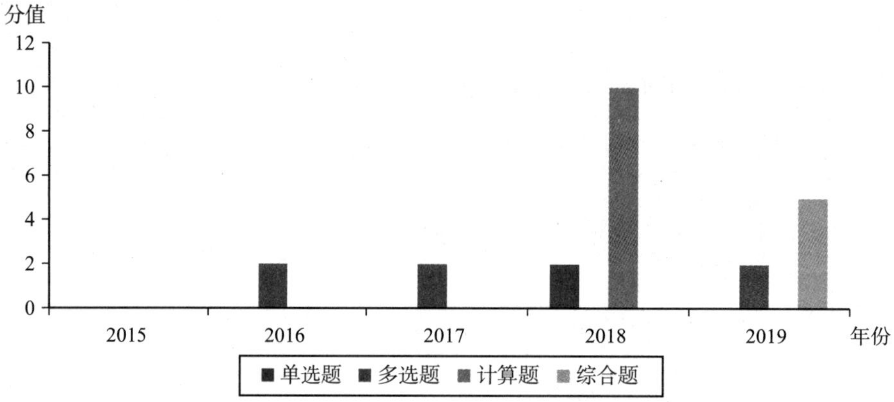

（二）近五年考试考点分布

近五年考试考点分布表

高频考点内容	年度及题型分布
划分为持有待售类别的处理原则及列报金额、处置	2016 年多选题
持有待售资产和持有待售负债项目的列报	2017 年多选题、2018 年单选题、2018 年多选题和计算题
终止经营的列报	2019 年多选题、2018 年多选题、计算题
持有待售的长期股权投资、与差错更正结合	2019 年综合题

三、重难点解析

本章介绍《企业会计准则第42号——持有待售的非流动资产、处置组和终止经营》的相关内容，主要包括持有待售类别的划分条件，持有待售非流动资产和处置组的初始计量、后续计量、列报和终止确认，终止经营的认定和列报等。

重难点1：持有待售非流动资产的计量★★★

Kj2025017

（一）划分为持有待售类别前的计量

企业将非流动资产首次划分为持有待售类别前，应当按照相关会计准则规定计量非流动资产或处置组中各项资产和负债的账面价值（计提折旧、计提减值等），按照该账面价值将其转为持有待售资产。以固定资产为例，会计分录如下：

借：持有待售资产

　　累计折旧

　　固定资产减值准备

　　贷：固定资产

（二）划分为持有待售类别时的计量（初始计量）

1. 计量原则

如果持有待售的非流动资产的账面价值高于其公允价值减去出售费用后的净额，企业应当将账面价值减记至公允价值减去出售费用后的净额，减记的金额确认为资产减值损失，计入当期损益，同时计提持有待售资产减值准备。会计分录如下：

借：资产减值损失

　　贷：持有待售资产减值准备

2. 取得日划分为持有待售类别的非流动资产的计量

应当在初始计量时比较假定其不划分为持有待售类别情况下的初始计量金额和公允价值减去出售费用后的净额，以两者孰低计量，差额计入当期损益（资产减值损失）。会计分录如下：

借：持有待售资产

　　资产减值损失

　　贷：银行存款等

（三）划分为持有待售类别后的计量

1. 补提减值

企业在资产负债表日重新计量持有待售的非流动资产时，如果其账面价值高于公允价值减去出售费用后的净额，应当将账面价值减记至公允价值减去出售费用后的净额，减记的金额确认为资产减值损失，计入当期损益，同时计提持有待售资产减值准备。会计分录如下：

借：资产减值损失

　　贷：持有待售资产减值准备

2. 转回减值

如果后续资产负债表日持有待售的非流动资产公允价值减去出售费用后的净额增加，以前减记的金额应当予以恢复，并在划分为持有待售类别后非流动资产确认的资产减值损失金额内转回，转回金额计入当期损益，划分为持有待售类别前确认的资产减值损失不得转回。会计分录如下：

借：持有待售资产减值准备

　　贷：资产减值损失

3. 折旧和摊销

持有待售的非流动资产不应计提折旧或摊销。

（四）持有待售资产的处置

将处置价款和账面价值之间的差额计入到当期损益，会计分录如下：

借：银行存款

　　持有待售资产减值准备

　　贷：持有待售资产

　　　　资产处置损益（倒挤差额，或借）

【经典真题】

【单选题·2018】20×7年12月15日，甲公司与乙公司签订具有法律约束力的股权转让协议，将其持有子公司——丙公司70%股权转让给乙公司。甲公司原持有丙公司90%股权，转让完成后，甲公司将失去对丙公司的控制，但能够对丙公司实施重大影响。截至20×7年12月31日止，上述股权转让的交易尚未完成。假定甲公司就出售的对丙公司投资满足持有待售类别的条件。不考虑其他因素，下列各项关于甲公司20×7年12月31日合并资产负债表列报的表述中，正确的是（　　）。

A. 对丙公司全部资产和负债按其净额在持有待售资产或持有待售负债项目列报

B. 将丙公司全部资产在持有待售资产项目列报，全部负债在持有待售负债项目列报

C. 将拟出售的丙公司20%股权部分对应的净资产在持有待售资产或持有待售负债项目列报，其余丙公司20%股权部分对应的净资产在其他流动资产或其他流动负债项目列报

D. 将丙公司全部资产和负债按照其在丙公司资产负债表中的列报形式在各个资产和负债项目分别列报

【答案】B

【解析】母公司出售部分股权，丧失对子公司控制权，但仍能施加重大影响的，应当在母公司个别报表中将拥有的子公司股权整体划分为持有待售类别，在合并财务报表中将子公司的所有资产和负债划分为持有待售类别分别进行列报。

【多选题·2017】2×16年9月末，甲公司董事会通过一项决议，拟将持有的一项闲置管理用设备对外出售。该设备为甲公司于2×14年7月购入，原价为6 000万元，预计使用10年，预计净残值为零，至董事会决议出售时已计提折旧1 350万元，未计提减值准备。甲公司10月3日与独立第三方签订出售协议，拟将该设备以4 100万元的价格出售给独立第三方，预计出售过程中将发生的处置费用为100万元。至2×16年12月31日，该设备出售尚未完成，但甲公司预计将于2×17年第一季度完成。不考虑其他因素，下列各项关于甲公司因设备对其财务报表影响的表述中，正确的有（　　）。

A. 甲公司2×16年末因持有该设备应计提650万元减值准备

B. 该设备在2×16年末资产负债表中应以4 000万元的金额列报为流动资产

C. 甲公司2×16年对该设备计提的折旧600万元计入当期损益

D. 甲公司2×16年末资产负债表中因该交易应确认4 100万元应收账款

【答案】AB

【解析】企业应将该设备划分为持有待售的非流动资产，其调整后的预计净残值＝公允价值减去处置费用后的净额＝4 100－100＝4 000（万元）；账面价值（6 000－1 350）4 650万元大于调整后的预计净残值4 000万元，因此应该在划分为持有待售当日计提减值准备，应计提的减值准备＝4 650－4 000＝650（万元），选项A正确；甲公司将该设备作为流动资产列报，列示金额4 000万元，选项B正确；2×16年度该设备计提折旧的金额＝6 000/10×9/12＝450（万元），选项C错误；2×16年末资产负债表中不确认应收款，选项D错误。

【多选题·2016】为整合资产，甲公司2×14年9月经董事会决议处置部分生产线。2×14年12月31日，甲公司与乙公司签订某生产线出售合同。合同约定：该项交易自合同签订之日起10个月内完成，原则上不可撤销，但因外部审批及其他不可抗力因素影响的除外。如果取消合同，主动提出取消的一方应向对方赔偿损失360万元。生产线出售价格为2 600万元，甲公司负责生产线的拆除并运送至乙公司指定地点，经乙公司验收后付款。

甲公司该生产线2×14年年末账面价值为3 200万元，预计拆除、运送等费用为120万元。2×15年3月，在合同实际执行过程中，因乙公司所在地方政府出台新的产业政策，乙公司购入资产属于新政策禁止行业，乙公司提出取消合同并支付了赔偿款。不考虑其他因素，下列关于甲公司对于上述事项的会计处理中，正确的有（　　）。

A. 自2×15年1月起对拟处置生产线停止计提折旧

B. 2×14年资产负债表中该生产线列报为3 200万元

C. 2×15年将取消合同取得的乙公司赔偿款确认为营业外收入

D. 自2×15年3月知晓合同将予取消时起，对生产线恢复计提折旧

【答案】AC

【解析】该资产符合持有待售资产的划分条件，应该在签订合同日将其转为“持有待售资产”，自下个月停止计提折旧，因此选项A正确；持有待售固定资产按照账面价值与公允价值减去处置费用后的净额孰低计量，列报金额为2 480万元（2 600－120），因此选项B错误；确定收到的赔偿款属于“营业外收入”，因此选项C正确；甲公司应当在停止将其划分为持有待售资产的次月，即4月，开始计提折旧，因此选项D错误。

【经典模拟题】

【单选题】甲公司计划出售一项固定资产，该固定资产于20×7年6月30日被划分为持有待售固定资产，公允价值为320万元，预计处置费用为5万元。该固定资产购买于20×0年12月11日，原值为1 000万元，预计净残值为零，预计使用寿命为10年，采用年限平均法计提折旧，取得时已达到预定可使用状态。不考虑其他因素，该固定资产20×7年6月30日应予列报的金额是（　　）万元。

A. 315　　B. 320　　C. 345　　D. 350

【答案】A

【解析】20×7年6月30日，甲公司该项固定资产的账面价值=1 000-1 000/10×6.5=350（万元），该项固定资产公允价值减去处置费用后的净额=320-5=315（万元），应对该项资产计提减值准备=350-315=35（万元），故该持有待售资产在资产负债表中列示金额应为315万元。

重难点2：持有待售的长期股权投资★★★

（一）对子公司投资分类为持有待售类别

分类为持有待售类别时	出售对子公司投资后保留的部分权益性投资
在母公司个别财务报表中将对子公司投资整体划分为持有待售类别；在合并财务报表中将子公司所有资产和负债划分为持有待售类别	①如果企业对被投资企业施加共同控制或重大影响，在编制母公司个别财务报表时，应当按照成本法转权益法的规定进行会计处理，在编制合并财务报表时，应当按照合并财务报表准则的有关规定进行会计处理； ②如果企业对被投资企业不具有控制、共同控制或重大影响，应当按照金融工具准则进行会计处理。

（二）对联营企业或合营企业投资分类为持有待售类别

分类为持有待售类别时	出售对联营企业或合营企业投资后保留的部分权益性投资
应当将拟出售的部分停止权益法核算，对于未划分为持有待售资产的剩余权益性投资，应当在划分为持有待售的那部分权益性投资出售前继续采用权益法进行会计处理	按照金融工具准则进行会计处理。

【经典真题】

【综合题（节选）·2019】戊公司是一家制造企业，甲公司持有其75%股权，投资成本为3 000万元。20×9年12月2日，甲公司董事会通过决议，同意出售所持戍公司55%股权。20×9年12月25日，甲公司与无关联关系的第三方签订不可撤销的股权转让合同，向第三方出售其所持戊公司55%股权，转让价格为7 000万元。甲公司预计，出售上述股权后将丧失对戊公司的控制，但能够对其具有重大影响。

20×9年12月31日，上述股权尚未完成出售。戍公司在20×9年12月31日全部资产的账面价值为13 500万元，全部负债的账面价值为6 800万元。甲公司预计上述出售将在一年内完成，因出售公司股权将发生的出售费用为130万元。

要求：

（1）根据上述资料，判断甲公司对戍公司的长期股权投资是否构成持有待售类别，并说明理由。

（2）根据上述资料，说明甲公司对戍公司的长期股权投资在其20×9年度个别财务报表和合并财务报表中分别应当如何列报。

【答案及解析】

（1）甲公司对戊公司的长期股权投资构成持有待售类别。划分为持有待售类别应同时满足：①在当前状况下即可立即出售；②出售极可能发生，即企业已经就一项出售计划作出决议且获得确定的购买承诺，预计出售将在一年内完成。甲公司20×9年12月25日签订不可撤销的股权转让合同，且预计上述出售将在一年内完成，满足划分为持有待售资产的条件。

（2）甲公司因出售对戊公司投资，相应导致丧失对戊公司的控制权，无论出售后企业是否保留部分权益性投资，应当在拟出售对子公司投资满足持有待售类别划分条件时，在甲公司个别财务报表中将对戊公司的长期股权投资整体划分为持有待售资产列报，拟转让部分长期股权投资账面价值=3 000×55%/75%=2 200（万元），公允价值减去出售费用后的净额=7 000－130=6 870（万元），未发生减值，持有待售资产列报金额为3 000万元。在其合并财务报表中，将子公司的所有资产和负债分别作为持有待售资产（13 500万元）和持有待售负债（6 800万元）列报。

重难点3：持有待售的处置组和终止经营★★

（一）持有待售的处置组的计量

1. 划分为持有待售类别前的计量

企业将处置组首次划分为持有待售类别前，应当按照相关会计准则规定计量处置组中各项资产和负债的账面价值。对于拟出售的处置组，企业应当在划分为持有待售类别前考虑进行减值测试。

2. 划分为持有待售类别时的计量（初始计量）

如果持有待售的处置组整体的账面价值高于其公允价值减去出售费用后的净额，企业应当将减值损失在符合42号准则计量规定的非流动资产（固定资产、无形资产、长期股权投资、成本模式计量的投资性房地产等）之间分摊，确认减值损失。

3. 划分为持有待售类别后的计量

（1）企业在资产负债表日重新计量持有待售的处置组时，首先按照相关会计准则规定计量处置组中的流动资产、适用其他准则计量规定的非流动资产和负债的账面价值（先搞定其他）。

（2）在进行上述计量后，比较持有待售的处置组整体账面价值与公允价值减去出售费用后的净额，如果账面价值高于其公允价值减去出售费用后的净额，应当将账面价值减记至公允价值减去出售费用后的净额，减记的金额确认为资产减值损失，计入当期损益，同时计提持有待售资产减值准备（再确认减值）。

（3）对于持有待售的处置组确认的资产减值损失金额，如果该处置组包含商誉，应当先抵减商誉的账面价值，再根据处置组中适用本准则计量规定的各项非流动资产账面价值所占比重，按比例抵减其账面价值（分摊减值）。

（4）如果后续资产负债表日持有待售的处置组公允价值减去出售费用后的净额增加，以前减记的金额应当予以恢复，并在划分为持有待售类别后适用本准则计量规定的非流动资产确认的资产减值损失金额内转回，转回金额应当根据处置组中除商誉外适用本准则计量规定的各项非流动资产账面价值所占比重，按比例增加其账面价值，转回金额计入当期损益，且不应当重复确认适用其他准则计量规定的非流动资产和负债按照相关准则规定已经确认的利得（减值转回）。

【小贴士】已抵减的商誉账面价值，以及适用本准则计量规定的非流动资产在划分为持有待售类别前确认的资产减值损失不得转回。

(5) 持有待售的处置组中的非流动资产不应计提折旧或摊销，持有待售的处置组中的负债和适用其他准则计量规定的非流动资产的利息或租金收入、支出以及其他费用应当继续予以确认。

(二) 终止经营

终止经营的定义。终止经营，是指企业满足下列条件之一的、能够单独区分的组成部分，且该组成部分已经处置或划分为持有待售类别：

(1) 该组成部分代表一项独立的主要业务或一个单独的主要经营地区；

(2) 该组成部分是拟对一项独立的主要业务或一个单独的主要经营地区进行处置的一项相关联计划的一部分；

(3) 该组成部分是专为转售而取得的子公司。

(三) 终止经营的列报

1. 持续经营损益

(1) 企业初始计量或在资产负债表日重新计量持有待售的非流动资产或处置组时，因账面价值高于其公允价值减去出售费用后的净额而确认的资产减值损失。

(2) 后续资产负债表日持有待售的非流动资产或处置组公允价值减去出售费用后的净额增加，因恢复以前减记的金额而转回的资产减值损失。

(3) 持有待售的非流动资产或处置组的处置损益。

2. 终止经营损益

(1) 终止经营的经营活动损益，如销售商品、提供服务的收入、相关成本和费用等。

(2) 企业初始计量或在资产负债表日重新计量符合终止经营定义的持有待售的处置组时，因账面价值高于其公允价值减去出售费用后的净额而确认的资产减值损失。

(3) 后续资产负债表日符合终止经营定义的持有待售处置组的公允价值减去出售费用后的净额增加，因恢复以前减记的金额而转回的资产减值损失。

(4) 终止经营的处置损益。

(5) 终止经营处置损益的调整金额。

(四) 特殊事项的列报

1. 企业专为转售而取得的持有待售子公司的列报

在合并资产负债表中，将企业专为转售而取得的持有待售子公司的全部资产和负债分别作为持有待售资产和持有待售负债项目列示。在合并利润表中，企业专为转售而取得的持有待售子公司的列示要求与其他终止经营一致，即将该子公司净利润与其他终止经营净利润合并列示在“终止经营净利润”项目中。

2. 不再继续划分为持有待售类别的列报

持有待售的对联营企业或合营企业的权益性投资不再符合持有待售类别划分条件或从持有待售的处置组中移除的，应当自划分为持有待售类别日起采用权益法进行追溯调整。持有待售的对子公司、共同经营的权益性投资不再符合持有待售类别划分条件的，同样应当自划分为持有待售类别日起追溯调整。上述情况下，划分为持有待售类别期间的财务报表应当做相应调整。

【经典真题】

【多选题·2019】下列各项关于终止经营列报的表述中，错误的有（　　）。

A. 终止经营的处置损益以及调整金额作为终止经营损益列报

B. 拟结束使用而非出售的处置组满足终止经营定义中有关组成部分条件的，自停止使用日起作为终止经营列报

C. 终止经营的经营损益作为持续经营损益列报

D. 对于当期列报的终止经营，在当期财务报表中将处置日前原来作为持续经营损益列报的信息重新作为终止经营损益列报，但不调整可比会计期间利润表

【答案】CD

【解析】选项C，应作为终止经营损益列报；选项D，对于当期列报的终止经营，企业应当在当期财务报表中，将原来作为持续经营损益列报的信息重新作为可比会计期间终止经营损益列报。这意味着对于可比会计期间的利润表，作为终止经营列报的不仅包括在可比会计期间即符合终止经营定义的处置组，还包括在当期首次符合终止经营定义的处置组。

【单选题·2017】下列各项中，应当进行追溯调整会计处理的是（　　）。

A. 分类为权益工具的金融工具因不再满足规定条件重分类为金融负债

B. 划分为持有待售的固定资产不再满足持有待售条件而不再继续划分为持有待售类别

C. 划分为持有待售的对联营企业投资因不再满足持有待售条件而不再继续划分为持有待售类别

D. 以摊余成本计量的金融资产重分类为以公允价值计量且其变动计入其他综合收益的金融资产

【答案】C

【解析】权益工具与金融负债的重分类、金融资产的重分类不需要进行追溯调整，因此选项A和选项D不正确。划分为持有待售的固定资产不再满足持有待售条件而不再继续划分为持有待售类别，应当按照以下两者孰低计量：（1）划分为持有待售类别前的账面价值，按照假定不划分为持有待售类别情况下本应确认的折旧或减值等进行调整后的金额；（2）可收回金额。不需要追溯调整期初留存收益，因此选项B错误。划分为持有待售的对联营企业投资因不再满足持有待售条件而不再继续划分为持有待售类别，应当自划分为持有待售类别日起采用权益法进行追溯调整，因此选项C正确。

四、进阶练习

（一）单选题

1. 下列各项交易，应当将固定资产划分为持有待售的是（　　）。

A. 甲公司于2×19年5月1日与A公司签订不可撤销的销售协议，并约定2×20年10月1日将一台生产设备转让给A公司

B. 乙公司管理层2×19年6月1日作出决议，计划将一栋自用办公楼于10月底出售给B公司

C. 丙公司2×19年7月1日与C公司签订一项销售协议，约定于12月1日将一条生产线出售给C公司，双方均已通过管理层决议

D. 丁公司2×19年8月1日与D公司达成协议，计划将于本年12月31日将一台管理用设备转让给D公司，但是此协议为口头协议，尚未签订正式的书面协议

2. A公司2×19年3月31日与乙公司签订一项不可撤销的协议。协议约定，将A公司管理用设备于9月30日处置给B公司，处置价款为800万元，处置费用为20万元。该设备为A公司2×17年9月30日达到预定使用状态的管理设备，入账成本为1 000万元，按照直线法计提折旧，预计净残值为0，预计使用寿命为10年。2×19年9月30日，该设备完成转让，当日，A公司收到处置价款800万元，发生处置费用20万元。假定不考虑其他因素，下列相关表述正确是（　　）。

A. 2×19年3月31日，A公司应确认处置损益20万元

B. 2×19年3月31日，A公司应计提资产减值损失70万元

C. 2×19年9月30日，A公司应确认处置损益20万元

D. 该项管理设备2×19年因计提折旧影响当期损益的金额为16.67万元

3. 下列关于持有待售类别的说法中，正确的是（　　）。

A. 持有待售的非流动资产不计提折旧、摊销和减值

B. 与持有待售类别相关的出售费用包括中介费用、财务费用、所得税等

C. 不再继续划分为持有待售类别的，应当按照划分为持有待售类别前的账面价值减去假定不划分为持有待售类别情况下本应确认的折旧、摊销或减值金额与可收回金额孰高确定账面价值

D. 对于拟出售的非流动资产或处置组，企业应当在划分为持有待售类别前考虑进行减值测试

4. 下列各项有关持有待售的非流动资产或处置组的计量，表述不正确的是（　　）。

A. 企业初始计量或在资产负债表日重新计量持有待售的非流动资产或处置组时，其账面价值高于公允价值减去出售费用后的净额的，应当将账面价值减记至公允价值减去出售费用后的净额，减记的金额确认为资产减值损失，计入当期损益，同时计提持有待售资产减值准备

B. 对于取得日划分为持有待售类别的非流动资产或处置组，企业应当在初始计量时比较假定其不划分为持有待售类别情况下的初始计量金额和公允价值减去出售费用后的净额，以两者孰低计量，产生的差额，应当计入当期损益

C. 对于持有待售的处置组确认的资产减值损失金额，应当先抵减处置组中商誉的账面价值，再根据处置组中各项可辨认资产账面价值所占比重，按比例抵减其账面价值

D. 划分为持有待售类别的非流动资产确认的资产减值损失可以转回

5. 下列关于企业对划分为持有待售的处置组进行列报时，表述正确的是（　　）。

A. 持有待售资产和持有待售负债以抵销后的净额列报

B. “持有待售资产”应在流动资产中列报

C. 对于当期首次满足持有待售类别报划分条件的非流动资产或处置组中的资产和负债，应当调整可比会计期间资产负债表

D. 非流动资产在资产负债表日后期间满足划分为持有待售类别划分条件的，应当作为资产负债表日后调整事项处理

（二）多选题

1. 下列关于划分为持有待售的处置组的说法中，正确的有（　　）。

A. 对于持有待售的处置组确认的资产减值损失金额，如果该处置组包含商誉，应当先抵减商誉的账面价值

B. 后续资产负债表日后如果持有待售的处置组公允价值减去出售费用后的净额增加，在划分为持有待售类别后确认的资产减值损失金额内转回以前减记的金额

C. 后续资产负债表日后如果持有待售的处置组公允价值减去出售费用后的净额增加，应当首先恢复商誉的减值金额

D. 后续资产负债表日后如果持有待售的处置组公允价值减去出售费用后的净额增加，划分为持有待售类别前确认的资产减值损失不得转回

2. 某项资产或处置组被划分为持有待售，但后来不再满足持有待售资产的确认条件，企业应当停止将其划分为持有待售，并按照下列两项金额中较低者计量（　　）。

A. 决定不再出售之日的公允价值

B. 决定不再出售之日的预计未来现金流量现值

C. 该资产或处置组被划分为持有待售之前的账面价值，按照其假定在没有被划归为持有待售的情况下原应确认的折旧、摊销或减值进行调整后的金额

D. 决定不再出售之日的可收回金额

3. 下列各项资产，不应该划分为持有待售类别的有（　　）。

A. 甲公司本期末达到预定用途的管理用设备，拟于3年后销售给A公司

B. 乙公司停止使用的生产线，准备在1年内对外销售

C. 丙公司2月14日与B公司签订不可撤销的协议，约定于11月11日销售给C公司的一项生产设备

D. 丁公司3月1日与C公司达成协议，约定将于9月1日出售给C公司的一项专利技术，但未签订书面合同

4. 下列各项中，属于终止经营损益的有（　　）。

A. 终止经营的经营活动损益

B. 企业初始量或在资产负债表日重新计量符合终止经营定义的持有待售的处置组时，因账面价值高于其公允价值减去出售费用后的净额而确认的资产减值损失

C. 后续资产负债表日符合终止经营定义的持有待售处置组的公允价值减去出售费用后的净额增加，因恢复以前减记的金额而转回的资产减值损失

D. 终止经营的处置损益

5. 下列关于划分为持有待售的处置组的说法中，正确的有（　　）。

A. 对于持有待售的处置组确认的资产减值损失金额，如果该处置组包含商誉，应当先抵减商誉的账面价值

B. 后续资产负债表日后如果持有待售的处置组公允价值减去出售费用后的净额增加，在划分为持有待售类别后确认的资产减值损失金额内转回以前减记的金额

C. 后续资产负债表日后如果持有待售的处置组公允价值减去出售费用后的净额增加，应当首先恢复商誉的减值金额

D. 后续资产负债表日后如果持有待售的处置组公允价值减去出售费用后的净额增加，划分为持有待售类别前确认的资产减值损失不得转回

（三）计算分析题

1. 20×8 年 1 月 1 日，甲公司持有联营企业（乙公司）30% 股权，账面价值为 3 200 万元，其中投资成本 2 600 万元，损益调整 600 万元。20×8 年 9 月 30 日，甲公司与市场独立第三方签订不可撤销协议，以 4 000 万元的价格出售对乙公司 30% 股权。至 20×8 年 12 月 31 日，上述股权出售尚未完成，甲公司预计将于 20×9 年 6 月底前完成上述股权的出售。

20×8 年度，乙公司实现净利润 1 600 万元，其他综合收益增加 200 万元，其中，1 月 1 日至 9 月 30 日期间实现净利润 1 000 万元，其他综合收益增加 200 万元。税法规定，资产按取得时的成本作为计税基础。

对于上述交易或事项，甲公司进行了以下会计处理：

借：长期股权投资　　540

　贷：投资收益　　480

　　其他综合收益　　60

其他有关资料：甲公司适用的企业所得税税率为 25%，未来年度能够取得足够的应纳税所得额用以抵扣可抵扣暂时性差异。本题不考虑除企业所得税外的其他税费及其他因素。

要求：根据上述资料，判断甲公司对上述交易或事项的会计处理是否正确，说明理由；如果会计处理不正确，编制更正甲公司 20×8 年度财务报表的会计分录。

2. 甲公司是一家经营日用品超市业务的境内上市公司，在全国拥有 500 多家超市（为非法人分支机构），其中在乙省拥有超市 80 家，2×17 年 11 月 20 日，甲公司董事会决定将其位于乙省某小镇的超市予以出售，有关资料如下：

（1）2×17 年 12 月 25 日，甲公司与丁公司签订转让丙超市的协议，协议规定转让价格为 500 万元；转让时间点为 2×18 年 2 月 10 日，转让日丙超市所有资产负债均由丁公司承接；如果任何一方违约，违约一方需按照转让价格的 20% 支付另一方违约金。该协议满足合同法规定的所有要件。甲公司、丁公司的管理层已经批准该协议。

（2）2×17 年 12 月 31 日，丙超市停止营业。当日，丙超市的资产总额为 800 万元，负债总额为 350 万元（其中，应付 2×17 年度超市房屋租赁费 50 万元，将于 2×18 年 1 月 10 日支付）。甲公司预计因出售丙超市需支付的相关税费为 60 万元。

（3）2×18 年 2 月 10 日，丙超市的资产总额为 750 万元（其中，银行存款 300 万元，库存商品 360 万元，应收账款 90 万元），负债总额为 300 万元（全部为应付账款）。

（4）2×18 年 2 月 10 日，甲公司与丁公司办理了丙超市相关资产和负债的交接手续。当日，丁公司向甲公司支付转让价款 500 万元，甲公司已收存银行。甲公司和丁公司不存在关联方关系，甲公司 2×17 年度财务报表于 2×18 年 3 月 15 日对外提供，除上述所给资料外，不考虑其他因素。

要求：

（1）判断甲公司出售丙超市是否构成终止经营并说明理由；

（2）判断甲公司出售丙超市的交易在 2×17 年度对外提供的财务报表中应当作为资产负债表日后调整事项处理还是作为非调整事项处理，并说明理由；

（3）说明拟出售丙超市的资产及负债在甲公司 2×17 年末资产负债表中应列报的项目名称及金额；

（4）计算拟出售丙超市的交易对甲公司 2×17 年度利润表的影响金额。

五、进阶练习答案

（一）单选题

1. 【答案】C

【解析】企业将固定资产划分为持有待售，应同时满足下列条件：一是可立即出售；二是出售极可能发生：即企业已经就一项出售计划作出决议且获得确定的购买承诺，预计出售将在一年内完成。有关规定要求企业相关权力机构或者监管部门批准后方可出售的，应当已经获得批准；上述选项只有选项 C 同时满足这些条件，因此可以划分为持有待售。

2. 【答案】B

【解析】2×19 年 3 月 31 日，该资产符合持有待售条件，应转为持有待售，当日原账面价值 = 1 000 - 1 000/10 × 1.5 = 850（万元），公允价值减去处置费用后的净额 = 800 - 20 = 780（万元），因此应计提减值 = 850 - 780 = 70（万元），不应确认处置损益，选项 B 正确，选项 A 不正确；2×19 年 9 月 30 日，A 公司应确认处置损益为 0，选项 C 不正确；该项管理设备 2×19 年因计提折旧影响当期损益的金额 = 1 000/10 × 3/12 = 25（万元），选项 D 不正确。

3. 【答案】D

【解析】持有待售的非流动资产不计提折旧、摊销，发生减值时，需要计提减值准备；与持有待售类别相关的出售费用不包括财务费用和所得税；不再继续划分为持有待售类别的，应当按照假定不划分持有待售类别情况下进行调整后的金额与可收回金额孰低确定账面价值。

4. 【答案】C

【解析】对于持有待售的处置组确认的资产减值损失金额，应当先抵减处置组中商誉的账面价值，再根据处置组中适用本准则计量规定的各项非流动资产账面价值所占比重，按比例抵减其账面价值，选项 C 错误。

5. 【答案】B

【解析】持有待售资产和负债不应当相互抵销，应在“持有待售资产”和“持有待售负债”中作为流动资产和流动负债单独列报，选项 A 错误；对于当期首次满足持有待售类别报划分条件的非流动资产或处置组中的资产和负债，不需要调整可比会计期间资产负债表，选项 C 错误；非流动资产在资产负债表日后期间满足划分为持有待售类别划分条件的，应当作为资产负债表日后非调整事项处理，选项 D 错误。

（二）多选题

1. 【答案】ABD

【解析】后续资产负债表日后如果持有待售的处置组公允价值减去出售费用后的净额增

加，以前减记的金额应当予以恢复，并在划分为持有待售类别后相关非流动资产确认的资产减值损失金额内转回，转回金额计入当期损益，但已抵减的商誉账面价值和划分为持有待售类别前确认的减值损失不得转回。

2.【答案】CD

【解析】某项资产或处置组被划分为持有待售，但后来不再满足持有待售的固定资产的确认条件，企业应当停止将其划分为持有待售，并按照下列两项金额中较低者计量：（1）该资产或处置组被划分为持有待售之前的账面价值，按照其假定在没有被划归为持有待售的情况下原应确认的折旧、摊销或减值进行调整后的金额；（2）决定不再出售之日的可收回金额。

3.【答案】ABD

【解析】选项A，并没有签订书面合同，也不是准备一年内出售，因此不符合持有待售的条件；选项B，并没有明确的出售目标，也没有出售协议；选项D，没有签订不可撤销的转让协议，因此不符合持有待售的条件。

4.【答案】ABCD

【解析】终止经营的相关损益具体包括：（1）终止经营的经营活动损益；（2）企业初始量或在资产负债表日重新计量符合终止经营定义的持有待售的处置组时，因账面价值高于其公允价值减去出售费用后的净额而确认的资产减值损失；（3）后续资产负债表日符合终止经营定义的持有待售处置组的公允价值减去出售费用后的净额增加，因恢复以前减记的金额而转回的资产减值损失；（4）终止经营的处置损益；（5）终止经营处置损益的调整金额，包括：最终确定处置条款，如与买方商定交易价格调整额和补偿金；消除与处置相关的不确定因素，如确定卖方保留的环保义务或产品质量保证义务；履行与处置相关的职工薪酬支付义务等。

5.【答案】ABD

【解析】后续资产负债表日后如果持有待售的处置组公允价值减去出售费用后的净额增加，以前减记的金额应当予以恢复，并在划分为持有待售类别后相关非流动资产确认的资产减值损失金额内转回，转回金额计入当期损益，但已抵减的商誉账面价值和划分为持有待售类别前确认的减值损失（属于资产减值准则规范的减值）不得转回，选项C错误。

（三）计算分析题

1.【答案及解析】

会计处理不正确，理由：对联营企业或合营企业的权益性投资全部或部分分类为持有待售资产的应当停止权益法核算。

更正分录：

借：投资收益	[（1 600 - 1 000）×30%] 180	
贷：长期股权投资		180
借：持有待售资产	3 560	
贷：长期股权投资——投资成本		2 600
——损益调整		900
——其他综合收益		60

借：所得税费用　225

　其他综合收益　（$60 \times 25\%$）15

　贷：递延所得税负债　{[$600 + (1\ 000 + 200) \times 30\%$] $\times 25\%$} 240

2. 【答案及解析】

（1）不构成终止经营。理由：出售丙超市满足持有待售类别划分条件（已签协议、转让一年内完成、已获批），但由于甲公司在全国拥有500多家超市，在乙省拥有80家，因此丙超市不代表一项独立的主要业务或一个单独的主要经营地区，也不构成拟对一项独立的主要业务或一个单独的主要经营地区进行处置的一项相关联计划的一部分，又不是转为转售而取得的子公司。不能单独区分，不具有一定规模。

（2）非调整事项。理由：出售丙超市不属于对资产负债表日已经存在的情况提供了新的或进一步证据的事项，是日后期间对持有待售的处置组进行出售的新业务。按照相关会计准则，即使日后期间满足持有待售类别划分条件，依然属于非调整事项。

（3）2×17年底超市（处置组）账面价值 $= 800 - 350 = 450$（万元），公允价值减去出售费用后的净额 $= 500 - 60 = 440$（万元），应计提减值准备 $= 450 - 440 = 10$（万元），冲减报表上持有待售资产的列报金额。持有待售资产 $= 800 - 10 = 790$（万元），持有待售负债 $= 350$ 万元。

（4）对利润表的影响金额即资产减值损失10万元。

第二十六章　企业合并

一、2020 年新教材内容主要变化

本章无实质变化。

二、本章近五年考情统计分析

本章既可以考客观题，也可以考主观题，尤其关注主观题往往与合并财务报表内容结合出题，属于非常重要的章节，最近五年平均考试分值为 7.2 分。

（一）近五年考试分值分布

题型	2015 年	2016 年	2017 年	2018 年	2019 年
单选题	—	2	—	—	—
多选题	—	—	—	—	—
计算题	—	—	—	—	—
综合题	4	18	4	4	4
合计	4	20	4	4	4

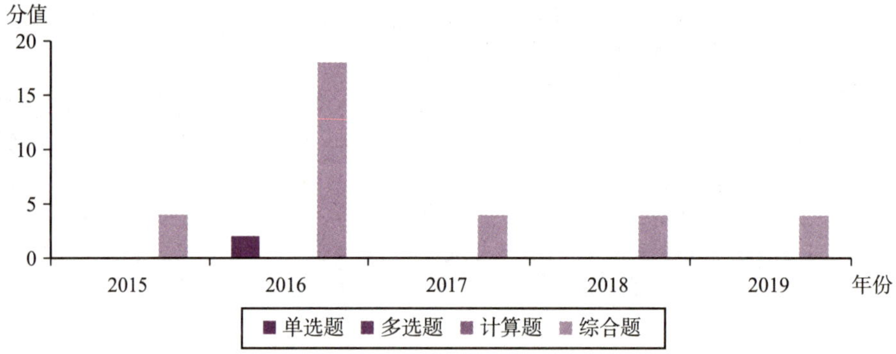

（二）近五年考试考点分布

近五年考试考点分布表

高频考点内容	年度及题型分布
或有对价	2016 年单选题、综合题
反向购买	2016 年综合题
或有对价与合并报表结合	2016 年综合题、2018 年综合题、2019 年综合题

三、重难点解析

本章介绍《企业会计准则第 20 号——企业合并》和《企业会计准则讲解》的相关内容，除了针对同一控制和非同一控制下企业合并的一般性会计处理以外，主要关注或有对价和反向购买的会计处理。

重难点1：或有对价★★★

（一）同一控制下企业合并涉及的或有对价

初始投资时，应按照《企业会计准则第13号——或有事项》（以下简称“或有事项准则”）的规定，判断是否应就或有对价确认预计负债或者确认资产，以及应确认的金额；确认预计负债或资产的，该预计负债或资产金额与后续或有对价结算金额的差额不影响当期损益，而应当调整资本公积（资本溢价或股本溢价），资本公积（资本溢价或股本溢价）不足冲减的，调整留存收益。

1. 或有对价涉及负债的确认

（1）确认或有对价。

借：长期股权投资

  贷：银行存款等

    预计负债

    资本公积——资本溢价/股本溢价［倒挤差额，或借］

（2）结算或有对价。

借：预计负债

  贷：银行存款

    资本公积——资本溢价/股本溢价［或借］

2. 或有对价涉及资产的确认

（1）确认或有对价。

借：长期股权投资

  其他应收款

  贷：银行存款等

    资本公积——资本溢价/股本溢价［倒挤差额，或借］

（2）结算或有对价。

借：银行存款

  贷：其他应收款

    资本公积——资本溢价/股本溢价［或借］

（二）非同一控制下企业合并涉及的或有对价

1. 购买日或有对价的处理

会计准则规定，购买方应当将合并协议约定的或有对价作为企业合并转移对价的一部分，按照其在购买日的公允价值计入企业合并成本。

（1）或有对价符合权益工具和金融负债定义。

借：长期股权投资

  贷：银行存款

    交易性金融负债

（2）或有对价符合金融资产定义及其确认条件。

借：长期股权投资

　　交易性金融资产

　　贷：银行存款等

2. 购买日后或有对价的处理

（1）购买日12个月内出现对购买日已存在情况的新的或进一步证据需要调整或有对价的，应当予以确认并调整合并成本和商誉。

借：长期股权投资

　　贷：交易性金融负债

或相反。

借：交易性金融资产

　　贷：长期股权投资

或相反。

（2）其他情况下发生的或有对价变化或调整，应当区分情况进行会计处理（不调整合并成本和商誉）

①或有对价为权益性质的，不进行会计处理。

②或有对价为金融资产或金融负债性质：按照公允价值计量，且公允价值变动计入当期损益。

借：交易性金融资产

　　贷：公允价值变动损益

或相反。

借：公允价值变动损益

　　贷：交易性金融负债

或相反。

【经典真题】

【单选题·2016】2×14年1月1日，甲公司通过向乙公司股东定向增发1 500万股普通股（每股面值为1元，市价为6元），取得乙公司80%的股权，并控制乙公司，另以银行存款支付财务顾问费300万元。双方约定，如果乙公司未来3年平均净利润增长率超过8%，甲公司需要另外向乙公司股东支付100万元的合并对价；当日，甲公司预计乙公司未来3年平均净利润增长率很可能达到10%。该项交易前，甲公司与乙公司及其控股股东不存在关联关系。不考虑其他因素，甲公司该项企业合并的合并成本是（　　）万元。

A. 9 000　　B. 9 100　　C. 9 300　　D. 9 400

【答案】B

【解析】财务顾问费属于为企业合并发生的直接费用，计入管理费用；某些情况下，合并各方可能在合并协议中约定，根据未来一项或多项或有事项的发生，购买方通过发行额外证券、支付额外现金或其他资产等方式追加合并对价，或者要求返还之前已经支付的对价。购买方应当将合并协议约定的或有对价作为企业合并转移对价的一部分，按照其在购买日的公允价值计入企业合并成本。因此，企业合并成本=1 500×6+100=9 100（万元）。

【综合题·2016】（建议考生学完合并财务报表再做本题）甲股份有限公司（以下简称“甲公司”）及其子公司2×13年、2×14年、2×15年进行的有关资本运作、销售等交易或事项如下：

（1）2×13年9月，甲公司与乙公司控股股东P公司签订协议，约定以发行甲公司股份为对价购买P公司持有的乙公司60%股权。协议同时约定：评估基准日为2×13年9月30日，以该基准日经评估的乙公司股权价值为基础，甲公司以每股9元的价格发行本公司股份作为对价。

乙公司全部权益（100%）于2×13年9月30日的公允价值为18亿元，甲公司向P公司发行1.2亿股，交易完成后，P公司持有股份占甲公司全部发行在外普通股股份的8%。上述协议分别经交易各方内部决策机构批准并于2×13年12月20日经监管机构核准。甲公司于2×13年12月31日向P公司发行1.2亿股，当日甲公司股票收盘价为每股9.5元（公允价值）；交易各方于当日办理了乙公司股权过户登记手续，甲公司对乙公司董事会进行改组。改组后乙公司董事会由7名董事组成，其中甲公司派出5名，对乙公司实施控制；当日，乙公司可辨认净资产公允价值为18.5亿元（有关可辨认资产、负债的公允价值与账面价值相同）；乙公司2×13年12月31日账面所有者权益构成为：实收资本40 000万元、资本公积60 000万元、盈余公积23 300万元、未分配利润61 700万元。

该项交易中，甲公司以银行存款支付法律、评估等中介机构费用1 200万元。

协议约定，P公司承诺本次交易完成后的2×14年、2×15年和2×16年三个会计年度乙公司实现的净利润分别不低于10 000万元、12 000万元和20 000万元。乙公司实现的净利润低于上述承诺利润的，P公司将按照出售股权比例，以现金对甲公司进行补偿。各年度利润补偿单独计算，且已经支付的补偿不予退还。

2×13年12月31日，甲公司认为乙公司在2×14年至2×16年期间基本能够实现承诺利润，发生业绩补偿的可能性较小。

（2）2×14年4月，甲公司自乙公司购入一批W商品并拟对外出售，该批商品在乙公司的成本为200万元，售价为260万元（不含增值税，与对第三方的售价相同），截至2×14年12月31日，甲公司已对外销售该批商品的40%，但尚未向乙公司支付货款。乙公司对1年以内的应收账款按照余额的5%计提坏账准备，对1～2年的应收账款按照20%计提坏账准备。

（3）乙公司2×14年实现净利润5 000万元，较原承诺利润少5 000万元。2×14年末，根据乙公司利润实现情况及市场预期，甲公司估计乙公司未实现承诺利润是暂时性的，2×15年、2×16年仍能够完成承诺利润；经测试该时点商誉未发生减值。

2×15年2月10日，甲公司收到P公司2×14年业绩补偿款3 000万元。

（4）2×14年12月31日，甲公司向乙公司出售一栋房屋，该房屋在甲公司的账面价值为800万元，出售给乙公司的价格是1 160万元。乙公司取得后作为管理用房，预计未来仍可使用12年，采用年限平均法计提折旧，预计净残值为零。

截至2×15年12月31日，甲公司原自乙公司购入的W商品累计已有80%对外出售，货款仍未支付。

乙公司2×15年实现净利润12 000万元，2×15年12月31日账面所有者权益构成为：实收资本 40 000 万元、资本公积 60 000 万元、盈余公积 25 000 万元、未分配利润 77 000 万元。

其他有关资料：

本题中甲公司与乙公司、P 公司在并购交易发生前不存在关联关系；本题中有关公司均按净利润的 10% 提取法定盈余公积，不计提任意盈余公积；不考虑相关税费和其他因素。

要求：

（1）判断甲公司合并乙公司的类型，说明理由。如为同一控制下企业合并，计算确定该项交易中甲公司对乙公司长期股权投资的成本；如为非同一控制下企业合并，确定该项交易中甲公司的企业合并成本，计算应确认商誉的金额；编制甲公司取得乙公司 60% 股权的相关会计分录。

（2）对于因乙公司 2×14 年未实现承诺利润，说明甲公司应进行的会计处理及理由，并编制相关会计分录。

（3）编制甲公司 2×15 年合并财务报表与乙公司相关的调整抵销会计分录。

【答案及解析】

（1）判断甲公司合并乙公司的类型，说明理由。如为同一控制下企业合并，计算确定该项交易中甲公司应确定对乙公司长期股权投资的成本；如为非同一控制下企业合并，确定该项交易中甲公司的企业合并成本，计算应确认的商誉金额；编制甲公司取得乙公司 60% 股权的相关会计分录。

甲公司对乙公司的合并属于非同一控制下企业合并。

理由：甲公司与乙公司、P 公司在本次重组交易前不存在关联关系。

甲公司对乙公司的企业合并成本 = 12 000 × 9.5 = 114 000（万元）

应确认商誉 = 114 000 − 185 000 × 60% = 3 000（万元）

借：长期股权投资	114 000	
贷：股本		12 000
资本公积		102 000
借：管理费用	1 200	
贷：银行存款		1 200

（2）对于因乙公司 2×14 年未实现承诺利润，说明甲公司应进行的会计处理及理由，并编制相关会计分录。

甲公司应将预期可能取得的补偿款计入预期获得年度（2×14 年）损益。

理由：该部分金额是企业合并交易中的或有对价，因不属于购买日 12 个月内可以对企业合并成本进行调整的因素，应当计入预期取得当期损益。

2×14 年末补偿金额确定时：

借：交易性金融资产（或以公允价值计量且其变动计入当期损益的金融资产）	3 000	
贷：投资收益		3 000

2×15 年 2 月收到补偿款时：

借：银行存款	3 000	

贷：交易性金融资产（或以公允价值计量且其变动计入当期损益的金融资产）

3 000

（3）编制甲公司2×15年合并财务报表与乙公司相关的调整抵销会计分录。

2×14年内部出售房屋：

借：年初未分配利润　360

　　贷：固定资产　360

借：累计折旧　30

　　贷：管理费用　30

2×14年内部出售商品：

借：应付账款　260

　　贷：应收账款　260

借：应收账款　13

　　贷：年初未分配利润　13

借：应收账款　39

　　贷：资产减值损失　39

借：年初未分配利润　36

　　贷：存货　36

借：存货　24

　　贷：营业成本　24

借：少数股东损益　（24×40%）9.6

　　少数股东权益　（60×20%×40%）4.8

　　贷：年初未分配利润　（60×60%×40%）14.4

2×15年合并调整抵销：

借：长期股权投资　10 200

　　贷：投资收益　7 200

　　　　年初未分配利润　3 000

借：投资收益　7 200

　　少数股东损益　4 800

　　年初未分配利润　（61 700+5 000−500）66 200

　　贷：提取盈余公积　1 200

　　　　年末未分配利润　77 000

借：实收资本　40 000

　　资本公积　60 000

　　盈余公积　25 000

　　年末未分配利润　77 000

　　商誉　3 000

　　贷：长期股权投资　124 200

　　　　少数股东权益　80 800

【经典模拟题】

【单选题】甲公司为增值税一般纳税人，适用的增值税税率为13%。2×19年1月1日，甲公司以增发的5 000万股普通股（每股面值1元，每股市价3元）和一批存货作为对价，从非关联方丙公司处取得乙公司70%的股权，能够对乙公司实施控制。该批存货的成本为800万元，公允价值（等于计税价格）为1 000万元。合并合同规定，如果乙公司未来两年的平均净利润增长率超过25%，则甲公司应另向丙公司支付3 000万元的合并对价。当日，甲公司预计乙公司未来两年的平均净利润增长率很可能将超过25%。不考虑其他因素影响，甲公司购买乙公司70%股权的合并成本为（　　）万元。

A. 19 130　　B. 16 130　　C. 19 000　　D. 18 800

【答案】A

【解析】合并成本 =5 000×3 +1 000×（1 +13%）+3 000 =19 130（万元）。分录如下：

借：长期股权投资	19 130	
贷：股本		5 000
资本公积——股本溢价		10 000
主营业务收入		1 000
应交税费——应交增值税（销项税额）		130
交易性金融负债		3 000
借：主营业务成本	800	
贷：库存商品		800

重难点2：反向购买★★

（一）企业合并成本的计算

反向购买中，法律上的子公司（购买方）的企业合并成本是指其如果以发行权益性证券的方式为获取在合并后报告主体的股权比例，应向法律上母公司（被购买方）的股东发行的权益性证券数量与其公允价值计算的结果。

计算公式：

合并成本 =（会计上购买方原普通股股数×法律上母公司的持股比例/购买方原股东在合并后报告主体占的股权比例 - 会计上购买方原普通股股数法律上母公司的持股比例）×购买方每股股票的公允价值

（二）合并财务报表的编制

除了股本的结构（股数）、少数股东权益、每股收益计算公式的分母体现正向购买以外，合并报表其余项目的计算均体现“反向”。

（1）合并财务报表中，法律上子公司的资产、负债应以其在合并前的账面价值进行确认和计量。

（2）合并财务报表中的留存收益和其他权益余额应当反映的是法律上子公司在合并前的留存收益和其他权益余额。

（3）合并财务报表中的权益性工具的金额应当反映法律上子公司合并前发行在外的股份

面值以及假定在确定该项企业合并成本过程中新发行的权益性工具的金额。但是，在合并财务报表中的权益结构应当反映法律上母公司的权益结构，即法律上母公司发行在外权益性证券的数量和种类。

（4）法律上母公司的有关可辨认资产、负债在并入合并财务报表时，应以其在购买日确定的公允价值进行合并，企业合并成本大于合并中取得的法律上母公司（被购买方）可辨认净资产公允价值的份额体现为商誉，小于合并中取得的法律上母公司（被购买方）可辨认净资产公允价值的份额确认为合并当期损益。

（5）合并财务报表的比较信息应当是法律上子公司的比较信息（即法律上子公司的前期合并财务报表）。

（6）法律上子公司的有关股东在合并过程中未将其持有的股份转换为法律上母公司股份的，该部分股东享有的权益份额在合并财务报表中应作为少数股东权益列示。因法律上子公司的部分股东未将其持有的股份转换为法律上母公司的股权，其享有的权益份额仍仅限于对法律上子公司的部分，该部分少数股东权益反映的是少数股东按持股比例计算享有法律上子公司合并前净资产账面价值的份额。

另外，对于法律上母公司的所有股东，虽然该项合并中其被认为被购买方，但其享有合并形成报告主体的净资产及损益，不应作为少数股东权益列示。

（三）每股收益的计算

发生反向购买当期，分段计算发行在外普通股加权平均数：

（1）自当期期初至购买日，发行在外的普通股数量应假定为在该项合并中法律上母公司向法律上子公司股东发行的普通股数量。

（2）自购买日至期末发行在外的普通股数量为法律上母公司实际发行在外的普通股股数。

反向购买后对外提供比较合并财务报表的，其比较前期合并财务报表中的基本每股收益，应以法律上子公司在每一比较报表期间归属于普通股股东的净损益除以在反向购买中法律母公司向法律上子公司股东发行的普通股股数计算确定（把购买方股数换成被购买方的）。

【经典真题】

【综合题·2016】（建议考生学完合并报表再做此题）甲公司为境内上市公司，专门从事能源生产业务。2×15 年，甲公司发生的企业合并及相关交易或事项如下：

（1）2×15 年 2 月 20 日，甲公司召开董事会，审议通过了以换股方式购买专门从事新能源开发业务的乙公司 80% 股权的议案。2×15 年 3 月 10 日，甲公司、乙公司及其控股股东丙公司各自内部决策机构批准了该项交易方案。2×15 年 6 月 18 日，证券监管机构核准了甲公司以换股方式购买乙公司 80% 股权的方案。

2×15 年 6 月 30 日，甲公司以 3∶1 的比例向丙公司发行 6 000 万股普通股，取得乙公司 80% 股权，有关股份登记和股东变更手续当日完成；同日，甲公司、乙公司的董事会进行了改选，丙公司开始控制甲公司，甲公司开始控制乙公司。甲公司、乙公司普通股每股面值均为 1 元，2×15 年 6 月 30 日，甲公司普通股的公允价值为每股 3 元，乙公司普通股的公允价值为每股 9 元。

2×15 年 7 月 16 日，甲公司支付为实施上述换股合并而发生的会计师、律师、评估师等费用350万元，支付财务顾问费1 200万元。

（2）甲公司、乙公司资产、负债等情况如下：

2×15年6月30日，甲公司账面资产总额17 200万元，其中固定资产账面价值4 500万元，无形资产账面价值1 500万元；账面负债总额9 000万元；账面所有者权益（股东权益）合计8 200万元，其中：股本5 000万元（每股面值1元），资本公积1 200万元，盈余公积600万元，未分配利润1 400万元。2×15年6月30日，甲公司除一项无形资产外，其他资产、负债的公允价值与其账面价值相同，该无形资产为一项商标权，账面价值1 000万元，公允价值3 000万元，按直线法摊销，预计尚可使用5年，预计净残值为零。

2×15年6月30日，乙公司账面资产总额34 400万元，其中固定资产账面价值8 000万元，无形资产账面价值3 500万元；账面负债总额13 400万元；账面所有者权益（股东权益）合计21 000万元，其中，股本2 500万元（每股面值1元），资本公积500万元，盈余公积1 800万元，未分配利润16 200万元。2×15年6月30日，乙公司除一项固定资产外，其他资产、负债的公允价值与其账面价值相同，该固定资产为一栋办公楼，账面价值3 500万元，公允价值6 000万元，按年限平均法计提折旧，预计尚可使用20年，预计净残值为零。

（3）2×15年12月20日，甲公司向乙公司销售一批产品，销售价格（不含增值税）为100万元，成本为80万元，款项已收取。截至2×15年12月31日，乙公司从甲公司购入的产品已对外出售50%，其余50%形成存货。

其他有关资料如下：

合并前，丙公司、丁公司分别持有乙公司80%和20%股权，甲公司与乙公司、丙公司、丁公司不存在任何关联方联系；合并后，甲公司与乙公司除资料（3）所述内部交易外，不存在其他任何内部交易。

甲公司和乙公司均按照年度净利润的10%计提法定盈余公积，不计提任意盈余公积。企业合并后，甲公司和乙公司没有向股东分配利润。

甲公司和乙公司适用的企业所得税税率均为25%。甲公司以换股方式购买乙公司80%股权的交易适用特殊税务处理规定，即，收购企业、被收购企业的原有各项资产和负债的计税基础保持不变，甲公司和乙公司合并前的各项资产、负债的账面价值和与其计税基础相同，不存在其他未确认暂时性差异所得税影响的事项。甲公司和乙公司预计未来年度均有足够的应纳税所得额用以抵扣暂时性差异。

除所得税外，不考虑增值税及其他相关税费，不考虑其他因素。

要求：

（1）根据资料（1）~（2）及其他有关资料，判断该项企业合并的类型及会计上的购买方和被购买方，并说明理由。

（2）根据资料（1）~（2）及其他有关资料，确定该项企业合并的购买日（或合并日），并说明理由。

（3）根据资料（1）~（2）及其他有关资料，计算甲公司取得乙公司80%股权投资的成本，并编制相关会计分录。

（4）根据资料（1）~（2）及其他有关资料，计算该项企业合并的合并成本和商誉（如有）。

（5）根据资料（1）~（2）及其他有关资料，计算甲公司购买日（或合并日）合并资产负债表中固定资产、无形资产、递延所得税资产（或负债）、盈余公积和未分配利润的列报金额。

（6）根据资料（3），编制甲公司2×15年度合并财务报表相关的抵销分录。

【答案及解析】

（1）合并类型：反向购买；会计上的购买方：乙公司；被购买方：甲公司；理由：2×15年6月30日，甲公司以3∶1的比例向丙公司发行6 000万股普通股，取得乙公司80%股权，有关股份登记和股东变更手续于当日完成；同日，甲公司、乙公司的董事会进行了改选，丙公司开始控制甲公司，甲公司开始控制乙公司，构成反向购买。

（2）购买日：2×15年6月30日。理由：2×15年6月30日，甲公司以3∶1的比例向丙公司发行6 000万股普通股，取得乙公司80%股权，有关股份登记和股东变更手续当日完成；同日，甲公司、乙公司的董事会进行了改选。实质上购买方取得对被购买方的控制权。

（3）甲公司取得乙公司80%股权投资的成本=6 000×3=18 000（万元），相关会计分录为：

借：长期股权投资　　18 000

　　贷：股本　　6 000

　　　　资本公积——股本溢价　　12 000

借：管理费用　　1 550

　　贷：银行存款　　1 550

（4）合并成本：企业合并后，乙公司原股东丙公司持有甲公司的股权比例为6 000/(6 000+5 000)=54.55%；假定乙公司发行本公司普通股对甲公司进行企业合并，在合并后主体享有同样的股权比例，乙公司应当发行的普通股股数为2 500×80%/54.55%－2 500=1 166.36（万股）。

企业合并成本=1 166.36×9=10 497.24（万元）

商誉=10 497.24－(8 200+2 000×75%)=797.24（万元）

（5）固定资产的列报金额=4 500+8 000=12 500（万元）

无形资产的列报金额=1 500+(3 000－1 000)+3 500=7 000（万元）

递延所得税资产的列报金额=0

递延所得税负债的列报金额=(3 000－1 000)×25%=500（万元）

盈余公积的列报金额=600+1 800×80%－600=1 440（万元）

未分配利润的列报金额=1 400+16 200×80%－1 400=12 960（万元）

（6）抵销分录为：

借：营业收入　　100

　　贷：营业成本　　100

借：营业成本　　10

　　贷：存货　　10

企业因该内部交易应确认的递延所得税资产=10×25%=2.5（万元）

借：递延所得税资产　　2.5

贷：所得税费用　　2.5

四、进阶练习

（一）单选题

1. 在同一控制下企业合并中涉及的或有对价，下列会计处理方法正确的是（　　）。

A. 合并日因或有对价确认预计负债或资产的，该预计负债或资产金额与后续或有对价结算金额的差额计入投资收益

B. 合并日12个月内出现对合并日已存在情况的新的或进一步证据需要调整或有对价的，应当予以确认并对长期股权投资成本进行调整

C. 合并日12个月后出现对合并日已存在情况的新的或进一步证据需要调整或有对价的，应当予以确认并将其计入公允价值变动损益

D. 合并日因或有对价确认预计负债或资产的，该预计负债或资产金额与后续或有对价结算金额的差额不影响当期损益，应当调整资本公积

2. A公司为一家规模较小的上市公司，B公司为某大型未上市的企业。为实现资源的优化配置，A公司2×19年1月1日向B公司原股东定向增发1 500万股本企业普通股以取得B公司全部的2 000万股普通股。当日，A公司每股股票的公允价值为20元，B公司每股股票的公允价值为15元。合并前，A公司和B公司的股本金额分别为500万元和2 000万元。假定不考虑其他因素，该项业务中购买方合并成本为（　　）万元。

A. 16 000　　B. 24 998.38　　C. 30 000　　D. 10 000

3. 下列关于反向购买后编制合并财务报告的说法中，正确的是（　　）。

A. 合并财务报表中，法律上子公司的资产、负债应以其在合并前的公允价值进行确认和计量

B. 合并财务报表中的权益结构应该反映法律上子公司发行在外的股票种类和数量

C. 合并财务报表中的少数股东权益是法律上子公司少数股东按照持股比例计算享有法律上子公司可辨认净资产公允价值份额

D. 计算合并财务报表当期每股收益时的普通股加权平均数，自当期期初至购买日，发行在外的普通股数量应假定为在该项合并中法律上母公司向法律上子公司股东发行的普通股数量；自购买日至期末发行在外的普通股数量为法律上母公司实际发行在外的普通股股数

（二）多选题

1. 在非同一控制下控股合并中，因未来存在一定不确定性事项而发生的或有对价，下列会计处理方法不正确的有（　　）。

A. 购买方应当将合并协议约定的或有对价作为企业合并转移对价的一部分，按照其在购买日的公允价值计入企业合并成本

B. 购买日后出现对购买日已存在情况的新的或者进一步证据而需要调整或有对价的，应当予以确认并对原计入合并商誉的金额进行调整

C. 自购买日起12个月以后出现对购买日已存在情况的新的或者进一步证据而需要调整或有对价的，应当予以确认并对原计入合并商誉的金额进行调整

D. 自购买日起12个月内出现新的情况需要调整或有对价的，应当予以确认并对原计入合并商誉的金额进行调整

2. 下列关于反向购买后编制合并财务报告的说法中，不正确的有（　　）。

A. 合并财务报表中，法律上母公司的资产、负债应以其在合并前的账面价值进行确认和计量

B. 合并财务报表中的权益性工具的金额应当反映法律上母公司合并前发行在外的股份面值以及假定在确定该项企业合并成本过程中新发行的权益性工具的金额

C. 合并财务报表的比较信息应当是法律上母公司的比较信息（即法律上母公司的前期合并财务报表）

D. 合并财务报表中的留存收益和其他权益余额应当反映的是法律上子公司在合并前的留存收益和其他权益余额

3. 下列事项中，属于企业合并准则中所界定的企业合并的有（　　）。

A. 甲公司通过发行普通股自乙公司原股东处取得乙公司的全部股权，交易事项发生后乙公司仍持续经营

B. 甲公司支付对价取得乙公司的全部净资产，并购完成后乙公司丧失法人资格

C. 甲公司以其资产作为出资投入乙公司，取得对乙公司的控制权，并购完成后乙公司仍维持其独立法人资格继续经营

D. 甲公司购买乙公司40%的股权，在乙公司董事会中派一名董事

（三）计算分析题

1. A公司为上市公司，2×11年6月以现金2亿元向第三方B公司收购其持有的C公司60%的股权。该交易为非同一控制下的企业合并，购买日为2×11年6月30日，A公司已向B公司全额支付2亿元的现金合并对价。此外，根据股权转让协议的约定，B公司就C公司的经营业绩向A公司做出业绩补偿承诺。B公司承诺C公司2×12年、2×13年、2×14年经审计扣除非经常性损益后归属于母公司股东的净利润分别不低于4 000万元、5 000万元、6 000万元。如果C公司未达到承诺业绩，B公司将在C公司每一相应年度的审计报告出具后30日内，按C公司实现的扣除非经常性损益后归属于母公司股东的净利润与同期承诺净利润差额，以现金方式对A公司进行补偿。

购买日A公司预计C公司能够完成业绩承诺指标，购买日至2×11年12月31日期间，C公司的实际经营业绩与原预测情况差异不大。然而，2×12年度，由于宏观经济增速放缓，且主要竞争对手公司在2×12年度推出了性价比更高的新产品，分流了C公司部分主要客户的采购量，导致C公司收入规模较原预测有所下滑，C公司扣除非经常性损益后归属于母公司股东的净利润仅为2 500万元。C公司管理层预计如果不能尽快推出同类竞争产品，2×13年、2×14年的情况也不容乐观。

要求：

（1）就B公司做出的业绩补偿承诺事项，说明A公司于企业合并的购买日（2×11年6月30日），在合并财务报表和个别财务报表中应如何进行会计处理；

（2）就2×12年C公司未完成承诺的业绩指标，说明A公司如何进行处理。

2. 2019年7月1日，A公司（上海证券交易所上市公司）以定向增发本公司普通股的

方式从集团外丁公司取得其对B公司100%的股权。该业务的相关资料如下。

（1）A公司以3股换1股的比例向C公司发行了6 000万股普通股以取得B公司2 000万股普通股。合并后A公司控制B公司，C公司控制A公司。

（2）2019年7月1日A公司普通股的公允价值为30元/股，可辨认净资产的公允价值为52 000万元，B公司普通股当日的公允价值为90元/股。A公司、B公司每股普通股的面值均为1元。

（3）其他相关资料：

①A公司、B公司的会计年度和采用的会计政策相同，合并前不存在任何关联方关系；

②A公司、B公司均按照10%提取盈余公积。

要求：

（1）根据上述资料，编制A公司个别财务报表中购买日的相关会计分录。

（2）判断该项业务是否属于反向购买，并说明判断依据。如果属于，计算B公司的合并成本；如果不属于，计算A公司的合并成本。

（3）计算购买日确认的商誉金额

五、进阶练习答案

（一）单选题

1.【答案】D

【解析】在同一控制下企业控股合并中，因或有对价确认预计负债或资产的，该预计负债或资产金额与后续或有对价结算金额的差额不影响当期损益，应当调整资本公积（资本溢价或股本溢价），资本公积（资本溢价或股本溢价）不足冲减的，调整留存收益，因此选项A错误；选项B和选项C，说的是非同一控制下企业合并的处理。

2.【答案】D

【解析】合并后B公司原股东持有A公司和B公司组成的合并报告主体的股权比例 = 1 500/(500 + 1 500) × 100% = 75%，对A公司形成控制，因此该业务属于反向购买，B公司为会计上的购买方，虚拟增发的普通股股数 = 2 000/75% − 2 000 = 666.67（万股），合并成本 = 666.67 × 15 = 9 999.99 ≈ 10 000（万元）。

3.【答案】D

【解析】合并财务报表中，法律上子公司的资产、负债应以其在合并前的账面价值进行确认和计量，选项A错误；合并财务报表中的权益结构应该反映法律上母公司发行在外的股票种类和数量，选项B错误；合并财务报表中的少数股东权益是法律上子公司少数股东按照持股比例计算享有法律上子公司合并前所有者权益账面价值份额，选项C错误。

（二）多选题

1.【答案】BCD

【解析】选项B，购买日后12个月内出现对购买日已存在情况的新的或者进一步证据而需要调整或有对价的，应当予以确认并对原计入合并商誉的金额进行调整；选项C，自购买日起12个月以后发生的或有对价变化或调整，应当区分以下情况进行会计处理：或有对价为权益性质的，不进行会计处理；或有对价如果属于金融工具的确认与计量准则规定的金融工具的，应采用公允价值计量，公允价值变动计入当期损益；选项D，根据或有对价变动调整合并成本要同时满足两个条件，一个是购买日后12个月以内，另一个是对购买日已存在的情况提供新的或进一步的证据。

2.【答案】ABC

【解析】选项A，合并财务报表中，法律上母公司的资产、负债应以其在合并前的公允价值进行确认和计量；选项B，合并财务报表中的权益性工具的金额应当反映法律上子公司合并前发行在外的股份面值以及假定在确定该项企业合并成本过程中新发行的权益性工具的金额，而合并报表上的权益结构，应当反映法律上母公司的权益结构（数量和种类）；选项C，合并财务报表的比较信息应当是法律上子公司（会计上购买方）的比较信息（即法律上子公司的前期合并财务报表）。

3.【答案】ABC

【解析】选项D，属于对联营企业投资，不是企业合并。

（三）计算分析题

1.【答案及解析】

（1）由于购买日A公司预计C公司能够完成业绩承诺指标，或有对价的公允价值为0，不予确认；购买日至2×11年12月31日期间，C公司的实际经营业绩与原预测情况差异不大，不需要确认或有对价公允价值的变动。

（2）2×12年12月31日距离购买日已经超过12个月不属于计量期间调整，然而，值得注意的是，即使间隔时间短于12个月，由于C公司未完成业绩承诺指标是因为宏观经济增速放缓，且主要竞争对手公司在2×12年度推出了性价比更高的新产品，分流了C公司部分主要客户的采购量，导致C公司收入规模较原预测有所下滑，并不属于“购买日已经存在的情况”，因此，该或有对价的变化即使发生在购买日后12个月内，也不属于计量期间调整事项，不应再对购买日合并成本及商誉的金额进行调整，即个别报表层面不调整长期股权投资成本，合并报表层面不调整商誉。应当将该或有对价的变动确认为以公允价值计量且其变动计入当期损益的金融资产。

需要说明的是，假设本题中A公司收购C公司为同一控制下的企业合并，则A公司收到B公司支付的业绩补偿款属于同一控制下企业合并的或有对价。那么A公司收到B公司的现金补偿款作为合并支付对价的调整应计入资本公积。

另外，本题中，A公司于2×12年12月31日除了应考虑对或有对价的后续计量外，由于标的企业的实际业绩情况与承诺业绩有较大落差，合并形成的相关资产所能创造的净现金流量可能已远低于原预计金额，属于资产发生减值的迹象。因此，A公司除应每年对商誉进行减值测试外，还应当按照《企业会计准则第8号——资产减值》的规定，对所购买的C公司的相关资产进行详细的减值测试。

2.【答案及解析】

（1）A公司个别财务报表中合并日的账务处理：

借：长期股权投资　　　　（6 000×30）180 000

　　贷：股本　　　　　　　　　　　　6 000

资本公积——股本溢价　　174 000

（2）①判断：A 公司在该项合并中向 B 公司原股东 C 公司增发了 6 000 万股普通股，合并后 B 公司原股东 C 公司持有 A 公司股权的比例为 66.67% [6 000/(3 000 +6 000)]，能够控制 A 公司。对于该项合并，虽然在合并中发行权益性证券的一方为 A 公司，但因其生产经营决策的控制权在合并后由 B 公司原股东 C 公司取得，B 公司属于购买方（法律上的子公司），A 公司属于被购买方（法律上的母公司），形成反向购买。

②假定 B 公司发行本公司普通股在合并后主体享有同样的股权比例，则 B 公司应当发行的普通股股数 =2 000/66.67% －2 000 =1 000（万股），所以，B 公司的合并成本 =1 000 × 90 =90 000（万元）。

（3）合并商誉 =90 000 －52 000 =38 000（万元）。

第二十七章 合并财务报表

一、2020 年新教材内容主要变化

本章内容涉及财务报表项目名称的部分，按照最新的合并财务报表格式进行了修改。

二、本章近五年考情统计分析

本章既可以考客观题，也可以考主观题，主观题往往与长期股权投资、企业合并等内容结合出综合题，属于非常重要的章节，最近五年平均考试分值为 19. 2 分。

（一）近五年考试分值分布

题型	2015 年	2016 年	2017 年	2018 年	2019 年
单选题	—	—	2	—	—
多选题	—	2	—	2	—
计算题	—	—	—	—	—
综合题	18	18	18	18	18
合计	18	20	20	20	18

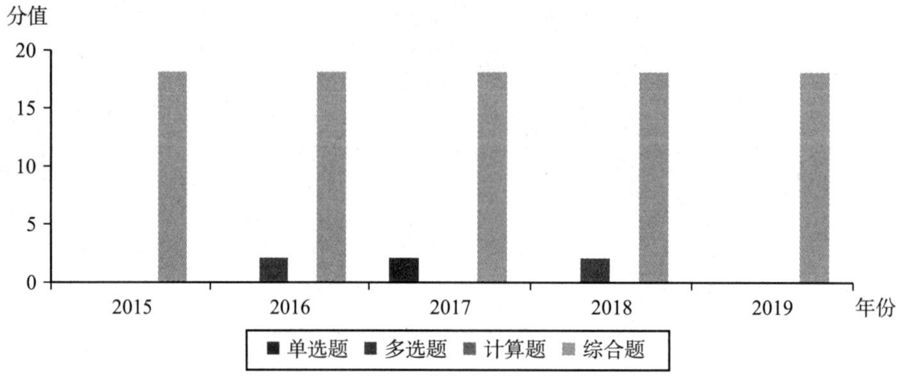

（二）近五年考试考点分布

近五年考试考点分布表

高频考点内容	年度及题型分布
合并报表前期准备事项	2016 年单选题、2017 年单选题、2019 年单选题
投资性主体	2016 年多选题
控制的概念	2018 年多选题
同一控制下企业合并、购买少数股权与收入、政府补助、借款费用等结合	2019 年综合题
非同一控制企业合并、合并现金流量表和合并资产负债表的列报、关联方披露、合并财务报表相关的调整与抵销处理	2018 年综合题

续表

高频考点内容	年度及题型分布
多次交易实现非同一控制下企业合并、合并报表层面与联营企业之间内部交易调整抵销、常规内部交易调整抵销	2017 年综合题
或有对价、反向购买、与合并报表结合	2016 年综合题
多次交易实现非同一控制下企业合并，处置子公司股权丧失控制权（成本法转金融资产），个别报表与合并报表相关处理	2015 年综合题
非同一控制企业合并、合并现金流量表和合并资产负债表的列报、关联方披露、合并财务报表相关的调整与抵销处理	2018 年综合题

三、重难点解析

本章介绍《企业会计准则第 33 号——合并财务报表》的相关内容，主要包括长期股权投资与所有者权益的合并处理、内部债权债务的合并处理、内部商品交易的合并处理、内部固定和无形资产交易的合并处理、特殊交易在合并报表中的会计处理，以及所得税会计的合并处理等。

重难点 1：长期股权投资与所有者权益的合并处理★★★

（一）同一控制下企业合并

1. 合并日合并财务报表的编制

母公司长期股权投资与子公司所有者权益的抵销：

借：股本

资本公积

其他综合收益

盈余公积

未分配利润

贷：长期股权投资

少数股东权益［子公司所有者权益×少数股东持股比例］

2. 合并日后合并财务报表的编制

（1）将长期股权投资成本法核算的结果调整为权益法核算的结果。

①调整被投资单位实现的盈利。

借：长期股权投资

贷：投资收益

②调整被投资单位发生的亏损。

借：投资收益

贷：长期股权投资

③调整被投资单位分派的现金股利。

借：投资收益

　　贷：长期股权投资

④调整子公司发生的其他综合收益变动。

借：长期股权投资

　　贷：其他综合收益

或编制相反分录。

⑤调整子公司发生的其他所有者权益变动。

借：长期股权投资

　　贷：资本公积

或编制相反分录。

第二年及以后连续编制合并财务报表时，继续编制上述调整分录，只不过需要将损益类项目换成“年初未分配利润”。

（2）合并抵销处理。

①母公司长期股权投资与子公司所有者权益的抵销。

借：股本

　　资本公积

　　其他综合收益

　　盈余公积

　　未分配利润

　　贷：长期股权投资

　　　　少数股东权益［子公司所有者权益×少数股东持股比例］

借：资本公积［以母公司资本溢价或股本溢价的贷方余额为限］

　　贷：盈余公积［归属于当前母公司部分］

　　　　未分配利润［归属于当前母公司部分］

【小贴士】在合并财务报表中，子公司少数股东分担的当期亏损超过了少数股东在该子公司期初所有者权益中享有份额的（即发生超额亏损），其余额仍应当冲减少数股东权益，即少数股东权益可以出现负数（实体理论）。

②母公司的投资收益与子公司当年利润分配的抵销处理。

借：投资收益

　　少数股东损益

　　年初未分配利润

　　贷：提取盈余公积

　　　　对所有者（或股东）的分配

　　　　年末未分配利润

（二）非同一控制下企业合并

购买日合并报表的编制。

（1）将子公司各项可辨认资产负债由账面价值调整为公允价值。

借：固定资产——原价/无形资产/存货等

贷：资本公积

借：资本公积

贷：递延所得税负债

（2）母公司长期股权投资与子公司所有者权益的抵销。

借：股本

资本公积

其他综合收益

盈余公积

未分配利润

商誉［借方差额］

贷：长期股权投资

少数股东权益［子公司所有者权益×少数股东持股比例］

（三）购买日后合并财务报表的编制

1. 对子公司个别财务报表进行调整

根据母公司在购买日设置的备查簿中登记的该子公司有关可辨认资产、负债的公允价值，对子公司的个别财务报表进行调整，使子公司的个别财务报表反映为在购买日公允价值基础上确定的可辨认资产、负债等在本期资产负债表日应有的金额。

调整分录（以管理用固定资产为例，假定固定资产公允价值大于账面价值）如下：

（1）投资当年：

借：固定资产——原价［调整固定资产原值］

贷：资本公积

借：资本公积

贷：递延所得税负债

借：管理费用［当年按公允价值与账面价值差额应补提折旧］

贷：固定资产——累计折旧

借：递延所得税负债［转回］

贷：所得税费用

（2）连续编制合并财务报表：

借：固定资产——原价［调整固定资产原值］

贷：资本公积——年初

借：资本公积——年初

贷：递延所得税负债

借：年初未分配利润［以前年度累计补提折旧］

贷：固定资产——累计折旧

借：递延所得税负债

贷：年初未分配利润［以前年度累计转回递延所得税负债］

借：管理费用［当年补提的折旧额］

贷：固定资产——累计折旧

借：递延所得税负债［当年的转回额］

　　贷：所得税费用

2. 长期股权投资由成本法调整为权益法

长期股权投资成本法核算的结果调整为权益法核算的结果的会计处理与同一控制下企业合并的调整处理类似，但非同一控制下根据子公司发生的盈亏调整长期股权投资时，需要先根据子公司可辨认资产、可辨认负债购买日评估增值或减值的相关调整分录对子公司账面净利润进行调整。

3. 抵销分录

（1）母公司长期股权投资与子公司所有者权益的抵销：

借：股本

　　资本公积

　　其他综合收益

　　盈余公积

　　年末未分配利润［子公司］

　　商誉［借方差额］

　　贷：长期股权投资

　　　　少数股东权益［子公司所有者权益×少数股东持股比例］

　　　　未分配利润［贷方差额，母公司］

（2）母公司的投资收益与子公司当年利润分配的抵销处理：

借：投资收益

　　少数股东损益

　　年初未分配利润

　　贷：提取盈余公积

　　　　对所有者（或股东）的分配

　　　　年末未分配利润

【经典真题】

【多选题·2017】2×16 年甲公司所属企业集团内各公司发生的下列交易或事项中，不考虑其他因素，会引起甲公司合并财务报表中归属于母公司所有者的权益金额减少的有（　　）。

A. 2 月 3 日，甲公司向其控股 60% 的子公司（乙公司）捐赠货币资金 3 000 万元

B. 12 月 31 日，甲公司的子公司（丁公司）持有的其他权益工具投资公允价值相对年初下降 1 200 万元

C. 8 月 20 日，甲公司的子公司（戊公司）以资本公积金转增股本，每 10 股转增 3 股

D. 9 月 10 日，甲公司控股 70% 的子公司（丙公司）向所有股东按持股比例派发 1 亿元的股票股利

【答案】AB

【解析】选项 C，资本公积金转增股本属于所有者权益内部变动，不影响所有者权益总

额；选项 D，派发股票股利属于所有者权益内部变动，不影响所有者权益总额。

【多选题·2011】甲公司 20×0 年 1 月 1 日购入乙公司 80% 股权，能够对乙公司的财务和经营政策实施控制。除乙公司外，甲公司无其他子公司。20×0 年度，乙公司按照购买日可辨认净资产公允价值为基础计算实现的净利润为 2 000 万元，无其他所有者权益变动。20×0 年末，甲公司合并财务报表中少数股东权益为 825 万元。20×1 年度，乙公司按购买日可辨认净资产公允价值为基础计算的净亏损为 5 000 万元，无其他所有者权益变动。20×1 年末，甲公司个别财务报表中所有者权益总额为 8 500 万元。下列各项关于甲公司 20×0 年度和 20×1 年度合并财务报表列报的表述中，正确的有（　　）。

A. 20×1 年度少数股东损益为 0

B. 20×0 年度少数股东损益为 400 万元

C. 20×1 年 12 月 31 日少数股东权益为 0

D. 20×1 年 12 月 31 日股东权益总额为 5 925 万元

E. 20×1 年 12 月 31 日归属于母公司股东权益为 6 100 万元

【答案】BDE

【解析】20×0 年少数股东损益 =2 000×20% =400（万元），选项 B 正确；

20×1 年少数股东损益 = −5 000×20% = −1 000（万元），选项 A 错误；

20×1 年 12 月 31 日少数股东权益 =825 −5 000×20% = −175（万元），选项 C 错误；20×1 年 12 月 31 日归属于母公司的股东权益 =8 500 +（2 000 −5 000）×80% =6 100（万元），选项 E 正确；20×1 年 12 月 31 日股东权益总额 =6 100 −175 =5 925（万元），选项 D 正确。

【经典模拟题】

【单选题】2017 年 1 月 1 日，长江公司以现金 500 万元收购黄河公司 80% 的股份。在购买日，黄河公司净资产的账面价值为 600 万元，各项资产和负债的公允价值与账面价值相等。黄河公司 2017 年度实现净利润 55 万元，并支付现金股利 16.5 万元，假定长江公司除黄河公司外没有其他子公司，则 2017 年末，长江公司的合并财务报表中的少数股东权益为（　　）万元。

A. 125.6　　B. 127.7　　C. 132.7　　D. 120.2

【答案】B

【解析】少数股东权益 =（600 +55 −16.5）×（1 −80%）=127.7（万元）

【单选题】下列关于母公司投资收益与子公司利润分配的抵销分录的表述，错误的是（　　）。

A. 抵销母公司投资收益和少数股东损益均按调整后净利润份额计算

B. 抵销母公司投资收益是按调整后的净利润份额计算，而少数股东损益不需调整净利润

C. 抵销期末未分配利润按照期初和调整后的净利润减去实际分配后余额计算

D. 抵销子公司利润分配相关项目按照子公司实际提取和分配数计算

【答案】B

【解析】抵销母公司的投资收益和少数股东损益的确认均需按照调整后的净利润份额来

计算。

【多选题】2015 年 1 月 1 日，甲公司购入乙公司 80% 股权（非同一控制下控股合并），能够对乙公司的财务和经营政策实施控制。除乙公司外，甲公司无其他子公司。当日乙公司可辨认净资产公允价值为 2 000 万元。2015 年度乙公司以购买日可辨认净资产公允价值为基础计算实现净利润 300 万元，分配现金股利 100 万元，无其他所有者权益变动。2015 年年末，甲公司个别财务报表中所有者权益总额为 8 000 万元。下列项目中正确的有（　　）。

A. 2015 年 12 月 31 日归属于母公司股东的权益为 8 240 万元

B. 2015 年 12 月 31 日少数股东权益总额为 440 万元

C. 2015 年 12 月 31 日归属于母公司股东的权益为 8 160 万元

D. 2015 年度少数股东损益为 60 万元

【答案】BCD

【解析】选项 A、选项 C，2015 年 12 月 31 日归属于母公司股东的权益 = 8 000 +（300 − 100）× 80% = 8 160（万元）；选项 B，2015 年 12 月 31 日少数股东权益总额 =（2 000 + 300 − 100）× 20% = 440（万元）；选项 D，2015 年度少数股东损益 = 300 × 20% = 60（万元）。

重难点 2：内部交易的抵销处理★★★

（一）内部债权债务的合并处理

1. 内部债权债务项目本身的抵销

借：债务类项目

　　贷：债权类项目

2. 内部投资收益（利息收入）和利息费用的抵销

借：投资收益

　　贷：财务费用/在建工程等

如果集团内部一方持有另一方的债券是在证券市场上从第三方手中购进的情况下，债权投资与应付债券抵销时，可能会出现差额，应当计入合并利润表的投资收益或财务费用项目。即此种情况下：

（1）当应付债券的摊余成本大于债权投资的摊余成本时：

借：应付债券［个别报表的摊余成本］

　　投资收益［差额倒挤］

　　贷：债权投资［个别报表的摊余成本］

（2）当应付债券的摊余成本小于债权投资的摊余成本时：

借：应付债券［个别报表的摊余成本］

　　贷：债权投资［个别报表的摊余成本］

　　　　财务费用［差额倒挤］

3. 内部应收账款计提坏账准备的抵销

（1）发生当年：

借：应收账款——坏账准备

　　贷：信用减值损失

（2）连续编制合并财务报表：

①将上期抵销的资产减值损失对本期期初未分配利润的影响抵销（抄、替换）：

借：应收账款——坏账准备

　　贷：年初未分配利润

②将本期计提（或冲回）的坏账准备数额抵销，抵销分录与计提（或冲回）分录借贷方向相反，即：

借：应收账款——坏账准备

　　贷：信用减值损失

或编制相反分录。

（二）内部存货交易抵销

1. 内部销售收入、内部销售成本和未实现内部销售利润的抵销

（1）交易发生当年：

借：营业收入（内部销售方售价）

　　贷：营业成本（倒挤）

存货（期末结存存货中包含的未实现内部销售利润）

【小贴士】期末结存存货中包含的未实现内部销售利润＝期末内部购销形成的存货价值×内部销售方的毛利率），或＝（内部销售方售价－内部销售方成本）×期末结存存货的比例。

（2）连续编制合并财务报表：

①假定上期未实现内部销售商品全部对集团外销售：

借：年初未分配利润（上期末存货中包含的未实现内部销售利润）

　　贷：营业成本

②假定当期内部购进商品全部对集团外销售：

借：营业收入

　　贷：营业成本

③期末抵销未实现内部销售利润：

借：营业成本

　　贷：存货

2. 存货跌价准备的合并处理

（1）交易发生当年：

站在集团整体的角度看应抵销的金额，存货跌价准备的抵销应以存货中包含的未实现内部销售利润为限。抵销分录如下：

借：存货——存货跌价准备

　　贷：资产减值损失

（2）连续编制合并财务报表：

①首先，抵销存货跌价准备期初数（抄）：

借：存货——存货跌价准备

　　贷：年初未分配利润

②然后，抵销个别报表本期销售存货结转的存货跌价准备：

借：营业成本
　　贷：存货——存货跌价准备
③最后，抵销个别报表补提或者转回的存货跌价准备：
借：存货——存货跌价准备
　　贷：资产减值损失
或编制相反分录。

（三）内部固定资产、无形资产交易的合并处理

1. 内部交易固定资产（或无形资产）持有期间的抵销

（1）交易发生当年。

①将本期购入的固定资产（或无形资产）原价中包含的未实现内部销售利润抵销。

a. 一方销售商品，另一方购入后作为固定资产（或无形资产）。
借：营业收入
　　贷：营业成本
　　　　固定资产/无形资产——原价［本期购入的固定资产或无形资产原价中包含的未实现内部销售利润］

b. 一方销售固定资产（或无形资产），另一方购入后仍作为固定资产（或无形资产）。
借：资产处置收益
　　贷：固定资产/无形资产——原价

②将本期多提折旧或摊销抵销。
借：固定资产/无形资产——累计折旧/累计摊销［本期多提折旧或摊销额］
　　贷：管理费用等

（2）连续编制合并财务报表。

①将期初固定资产（或无形资产）原价中包含的未实现内部销售利润抵销。
借：年初未分配利润
　　贷：固定资产/无形资产——原价［期初固定资产或无形资产原价中包含的未实现内部销售利润］

②将期初累计多提折旧或摊销抵销。
借：固定资产/无形资产——累计折旧/累计摊销［以前年度累计多提的折旧或摊销额］
　　贷：年初未分配利润

③将本期多提折旧或摊销抵销。
借：固定资产/无形资产——累计折旧/累计摊销［本期多提的折旧或摊销额］
　　贷：管理费用等

2. 发生变卖或报废情况下内部固定资产（或无形资产）交易的抵销

发生变卖情况，将上述抵销分录中的“固定资产（或无形资产）——原价”项目和“固定资产（或无形资产）——累计折旧（或累计摊销）”项目用“资产处置收益”项目代替。

发生报废情况，将上述抵销分录中的“固定资产（或无形资产）——原价”项目和“固定资产（或无形资产）——累计折旧（或累计摊销）”项目用营业外收支项目代替。

（1）将期初固定资产（或无形资产）原价中未实现内部销售利润抵销。

借：年初未分配利润

　　贷：资产处置收益/营业外收入/营业外支出［期初固定资产或无形资产原价中包含的未实现内部销售利润］

（2）将期初累计多提折旧或摊销抵销。

借：资产处置收益/营业外收入/营业外支出［以前年度累计多提的折旧或摊销额］

　　贷：年初未分配利润

（3）将本期多提折旧或摊销抵销。

借：资产处置收益/营业外收入/营业外支出［本期多提的折旧或摊销额］

　　贷：管理费用等

（四）所得税相关的合并处理

1. 内部应收款项相关所得税的合并处理

（1）交易发生当年。

借：所得税费用［坏账准备余额×所得税税率］

　　贷：递延所得税资产

（2）连续编制合并财务报表。

①首先抵销上期所得税费用对本期期初未分配利润的影响（抄）。

借：年初未分配利润［期初坏账准备余额×所得税税率］

　　贷：递延所得税资产

②然后抵销个别报表（内部债权方）中递延所得税资产本期发生额（期末期初余额的差额）。

个别报表递延所得税资产的期末余额＝期末坏账准备余额×所得税税率

a. 坏账准备期末余额大于期初余额（个别报表补提）。

借：所得税费用［坏账准备增加额×所得税税率］

　　贷：递延所得税资产

b. 坏账准备期末余额小于期初余额（个别报表转回）。

借：递延所得税资产

　　贷：所得税费用［坏账准备减少额所得税税率］

2. 内部存货交易相关所得税会计的合并处理

（1）交易发生当年。

借：递延所得税资产［本期合并工作底稿上递延所得税资产的调整金额］

　　贷：所得税费用

本期合并工作底稿上递延所得税资产的调整金额＝合并财务报表层面应确认的递延所得税资产－购货方个别财务报表中已确认的递延所得税资产

（2）连续编制合并财务报表。

①调整合并报表层面递延所得税资产期初数（抄）。

借：递延所得税资产

　　贷：年初未分配利润

②调整合并报表层面本期递延所得税资产的发生额。

确认递延所得税时，只需看本期所编制的内部交易抵销分录中“存货”项目（不需考虑其明细项目的差异）账面价值增减变动了多少，因抵销分录不影响存货的计税基础，所以“存货”项目账面价值减少多少，就产生了多少可抵扣暂时性差异，以该差异乘以税率，即为本期合并报表上递延所得税资产的期末余额，再减去期初数（从上期抄过来的），即为本期递延所得税资产的调整金额。

借：递延所得税资产

　　贷：所得税费用

或编制相反分录。

3. 内部固定资产交易等相关所得税会计的合并处理

（1）交易发生当年。

借：递延所得税资产

　　贷：所得税费用

（2）连续编制合并财务报表。

①调整合并报表层面递延所得税资产期初数（抄）。

借：递延所得税资产

　　贷：年初未分配利润

②调整合并报表层面本期递延所得税资产的发生额。

原理同存货。

【经典真题】

【多选题·2017】2×15年12月31日，甲公司以某项固定资产及现金与其他三家公司共同出资设立乙公司，甲公司持有乙公司60%股权，能够对其实施控制。当日，双方办理了与固定资产所有权转移的相关手续。该固定资产的账面价值为2 000万元，公允价值为2 600万元。乙公司预计上述固定资产尚可使用10年，预计净残值为0，采用年限平均法计提折旧，年计提折旧额直接计入当期管理费用。不考虑其他因素，下列各项关于甲公司在编制合并财务报表时会计处理的表述中，正确的有（　　）。

A. 2×15年合并利润表资产处置收益项目抵销600万元

B. 2×16年合并利润表管理费用项目抵销60万元

C. 2×17年末合并资产负债表未分配利润项目的年初数抵销540万元

D. 2×17年末合并资产负债表固定资产项目抵销480万元

【答案】ABCD

【解析】甲公司向乙公司投出资产属于内部交易，其抵销分录为：

2×15年：

借：资产处置收益　　　　（2 600－2 000）600

　　贷：固定资产——原值　　　　600

2×16年：

借：年初未分配利润　　　　600

贷：固定资产——原值　600

借：固定资产——累计折旧　60

贷：管理费用　60

2×17年：

借：年初未分配利润　600

贷：固定资产——原值　600

借：固定资产——累计折旧　60

贷：年初未分配利润　60

借：固定资产——累计折旧　60

贷：管理费用　60

因此，2×15年抵销利润表中资产处置收益600万元；2×16年合并利润表中管理费用抵销60万元；2×17年年末合并资产负债表中未分配利润抵销金额=600-60=540（万元）；2×17年年末合并资产负债表中抵销固定资产项目的金额=600-60-60=480（万元）。

【单选题·2010】甲公司及其子公司（乙公司）2×18年至2×20年发生的有关交易或事项如下：

（1）2×18年12月25日，甲公司与乙公司签订设备销售合同，将生产的一台A设备销售给乙公司，售价（不含增值税）为500万元。2×18年12月31日，甲公司按合同约定将A设备交付乙公司，并收取价款。A设备的成本为400万元。乙公司将购买的A设备作为管理用固定资产，于交付当日投入使用。乙公司采用年限平均法计提折旧，预计A设备可使用5年，预计净残值为零。

（2）2×20年12月31日，乙公司以260万元（不含增值税）的价格将A设备出售给独立的第三方，设备已经交付，价款已经收取。

甲公司和乙公司均为增值税一般纳税人，适用的增值税税率均为16%。根据税法规定，乙公司为购买A设备支付的增值税进项税额可以抵扣；出售A设备按照适用税率缴纳增值税。甲公司在2×20年度合并利润表中因乙公司处置A设备确认的损失是（　　）万元。

A. -60　　B. -40　　C. -20　　D. 40

【答案】C

【解析】甲公司在2×20年度合并利润表中因乙公司处置A设备确认的损失=（400-400/5×2）-260=-20（万元）。

【经典模拟题】

【单选题】甲公司拥有乙公司60%的有表决权的股份，能够控制乙公司的财务和经营决策。2015年8月1日，甲公司将生产的产品出售给乙公司，售价500万元（不含增值税），成本为400万元，至2015年年末，乙公司已对外出售该批存货的80%，且未对剩余部分计提减值准备。则甲公司2015年合并利润表中因该事项应列示的营业成本为（　　）万元。

A. 320　　B. 400　　C. 240　　D. 160

【答案】A

【解析】应列示的营业成本=400×80%=320（万元）。

【单选题】甲公司和乙公司是丙公司的子公司。2017 年 6 月 30 日，甲公司将自己生产的产品销售给乙公司作为固定资产使用。甲公司取得销售收入 160 万元，销售成本为 120 万元。乙公司以 160 万元的价格作为该固定资产的原价入账。该固定资产用于行政管理部门，不需要安装并当月投入使用，预计使用年限为 5 年。采用年限平均法计提折旧，预计净残值为零。则丙公司 2017 年末编制合并财务报表时，“固定资产”项目抵销的金额是（　　）万元。

A. 36　　B. 40　　C. 44　　D. 32

【答案】A

【解析】“固定资产”项目抵销的金额 =（160 − 120）−（160 − 120）/5 ×6/12 =36（万元）。

合并报表抵销分录：

借：营业收入　　160

　　贷：营业成本　　120

　　　　固定资产　　40

借：固定资产　　4

　　贷：管理费用　　4

【单选题】乙公司是甲公司的全资子公司。2016 年 4 月 1 日，甲公司以 100 万元从乙公司购进一项无形资产，乙公司取得无形资产的原值为 90 万元，已累计摊销 20 万元。甲公司购入后作为无形资产并于当月投入使用，预计尚可使用 5 年，净残值为零，采用直线法摊销（与税法要求一致）。假定不考虑相关税费，则甲公司 2016 年年末编制合并财务报表时，应抵销无形资产的金额是（　　）万元。

A. 24.50　　B. 25.50　　C. 27.50　　D. 30.50

【答案】B

【解析】应抵销无形资产的金额 =［100 −（90 −20）］−［100 −（90 −20）］/5 ×9/12 =25.5（万元）。

重难点 3：特殊交易在合并财务报表中的会计处理★★★

（一）购买子公司少数股东股权的处理

母公司购买子公司少数股东拥有的子公司股权的，在合并财务报表中，因购买少数股权新取得的长期股权投资与按照新增持股比例计算应享有子公司自购买日或合并日开始持续计算的可辨认净资产份额之间的差额，应当调整母公司个别报表中的资本公积（资本溢价或股本溢价），资本公积不足冲减的，调整留存收益。调整分录如下：

借：资本公积

　　贷：长期股权投资

或做相反分录。

子公司自购买日开始持续计算的可辨认净资产 = 购买日子公司可辨认净资产 + 子公司累计实现的调整后的净利润 − 子公司分配的现金股利 ± 子公司实现的其他综合收益 ± 子公司实现的其他权益变动

（二）通过多次交易实现非同一控制下企业合并

1. 构成一揽子交易

按一项取得控制权的交易处理。符合下列一种或多种情况的，通常应将多次交易事项作为“一揽子交易”处理：

（1）交易是同时或者在考虑了彼此影响的情况下订立的；

（2）交易整体才能达成一项完整的商业结果；

（3）一项交易的发生取决于至少一项其他交易的发生；

（4）一项交易单独看是不经济的，但是和其他交易一并考虑时是经济的。

2. 不构成一揽子交易

原投资为金融资产	个别报表调公允（先卖后买），“其他综合收益”转“留存收益”，合并报表不需调整。个别报表账务处理如下（针对原投资部分）： 借：长期股权投资 　　贷：交易性金融资产 　　　　投资收益（公允价值与账面价值的差额，或借） 或者： 借：长期股权投资 　　贷：其他权益工具投资 　　　　留存收益（公允价值与账面价值的差额，或借）
原投资为长期股权投资（权益法）	个别报表维持账面，合并报表调公允（先卖后买），“其他综合收益”“资本公积——其他资本公积”转“投资收益”或“留存收益”。合并报表调整分录如下（针对原投资部分）： 借：长期股权投资 　　贷：长期股权投资 　　　　投资收益（公允价值与账面价值的差额，或借）

（三）通过多次交易分步实现同一控制下企业合并

1. 比较报表的调整

在编制合并财务报表时，应视同参与合并的各方在最终控制方开始控制时即以目前的状态存在进行调整，在编制比较报表时，以不早于合并方和被合并方同处于最终控制方控制之下的时点开始，将被合并方的有关资产、负债并入合并方合并财务报表的比较报表中，并将合并而增加的净资产在比较报表中调整所有者权益项下的相关项目。

2. 原股权投资权益法核算的冲回

为避免对被合并方净资产的价值进行重复计算，合并方在取得被合并方控制权之前持有的股权投资，在取得原股权之日与合并方和被合并方同处于同一方最终控制之日孰晚日起至合并日之间已确认有关损益、其他综合收益以及其他净资产变动，应分别冲减比较报表期间的期初留存收益、当期损益或其他综合收益等。

（四）不丧失控制权情况下处置部分对子公司投资的处理

母公司在不丧失控制权的情况下部分处置对子公司的长期股权投资的，处置价款与处置长期股权投资相对应享有子公司自购买日或合并日开始持续计算的净资产份额之间的差额，应当调整资本公积（资本溢价或股本溢价），资本公积不足冲减的，调整留存收益（2012 综合题）。调整分录如下：

借：投资收益［冲减个别报表确认的投资收益］
　　商誉［恢复个别报表冲销长期股权投资减少的商誉金额］
　　贷：留存收益、其他综合收益、资本公积等［出售投资部分在合并报表层面所做的权益法调整］

（五）丧失控制权情况下处置部分对子公司投资的处理

1. 一次交易

（1）一般处理原则。

①终止确认原子公司相关资产负债、商誉等的账面价值，并终止确认少数股东权益（包括属于少数股东的其他综合收益）的账面价值。

②按照丧失控制权日的公允价值重新计量剩余股权，按剩余股权对被投资方的影响程度，作为长期股权投资或金融工具进行核算（先卖后买）。

③处置股权取得的对价与剩余股权的公允价值之和，减去按原持股比例计算应享有原有子公司自购买日开始持续计算的可辨认净资产账面价值份额与商誉之和，形成的差额计入丧失控制权当期的投资收益。

④与原有子公司股权投资相关的其他综合收益、其他所有者权益变动，应当在丧失控制权时转入当期损益，不允许重分类进损益的其他综合收益除外。

（2）具体会计处理。

①未丧失重大影响。

a. 个别报表。

将剩余投资由成本法追溯调整为权益法。

b. 合并报表（先卖后买）。

合并报表层面将全部投资按照公允价值卖掉，将剩余投资按照公允价值再买回来。

合并报表当期的处置投资收益＝（处置股权取得的对价＋剩余股权公允价值）－原有子公司自购买日开始持续计算的可辨认净资产×原持股比例－商誉＋其他综合收益（允许转损益的）、其他所有者权益变动×原持股比例

②丧失重大影响。

a. 个别报表（先卖后买）。

将剩余投资按照公允价值转为金融资产，差额计入投资收益。

b. 合并报表（先卖后买）。

合并报表当期的处置投资收益的计算同第一种情形。

2. 多次交易

（1）不构成一揽子交易。

在丧失对子公司控制权以前的各项交易，应按照不丧失控制权的情况下部分处置对子公司长期股权投资的规定进行会计处理（权益性交易）。

（2）构成一揽子交易。

应将各项交易作为一项处置原有子公司并丧失控制权的交易进行会计处理，其中，对于丧失控制权之前的每一次交易，处置价款与处置投资对应的享有该子公司自购买日开始持续计算的净资产账面价值的份额之间的差额，在合并财务报表中应当计入其他综合收益，在丧

失控制权时一并转入丧失控制权当期的损益。

（六）因子公司少数股东增资导致母公司股权稀释（被动稀释）

1. 丧失控制权（但保留共同控制或重大影响）

（1）个别报表。

①按照新的持股比例确认本投资方应享有的原子公司因增资扩股而增加净资产的份额，与应结转持股比例下降部分所对应的长期股权投资原账面价值之间的差额计入当期损益（投资收益）；

计算公式：投资收益 = 增资金额 × 最新持股比例 - 下降比例占原比例的比值 × 长期股权投资原账面价值

②按照新的持股比例视同自取得投资时即采用权益法核算进行追溯调整。

（2）合并报表。

参照主动稀释丧失控制权处理。

2. 未丧失控制权

如果由于子公司的少数股东对子公司进行增资，导致母公司股权稀释但未丧失控制权，母公司应当按照增资前的股权比例计算其在增资前子公司账面净资产中的份额，该份额与增资后按母公司持股比例计算的在增资后子公司账面净资产份额之间的差额计入资本公积，资本公积不足冲减的，调整留存收益（权益性交易）。

（七）逆流交易的合并处理

如果母子公司之间发生逆流交易，则所发生的未实现内部交易损益，应当按照母公司对该子公司的分配比例在“归属于母公司所有者的净利润”和“少数股东损益”之间分配抵销。

子公司之间出售资产所发生的未实现内部交易损益，应当按照母公司对出售方子公司的持股比例在“归属于母公司所有者的净利润”和“少数股东损益”之间分配抵销。

抵销分录如下：

借：少数股东权益

　　贷：少数股东损益（内部逆流交易抵销分录减少的子公司净利润 × 少数股东持股比例）

第二年连续编制合并财务报表时，上述分录重新做，将“少数股东损益”换成“年初未分配利润”。

【经典真题】

【综合题（节选）· 2019】甲公司相关年度发生的交易或事项如下：

（5）20×9 年 4 月 1 日，甲公司支付价款 14 600 万元自外部独立第三方购买其所持丙公司 30% 股权，从而使丙公司成为甲公司的全资子公司。甲公司另向提供服务的中介机构支付费用 300 万元。

其他有关资料：第一，合并日，丙公司在其个别财务报表中资产、负债的账面价值与其在乙公司合并财务报表中的账面价值相同。第二，甲公司和丙公司均按照净利润的 10% 提取法定盈余公积，不计提任意盈余公积。第三，本题不考虑相关税费及其他因素。

要求：根据资料（5），判断甲公司20×9年4月购买丙公司30%股权的性质，计算对丙公司30%股权投资在甲公司个别财务报表中应确认长期股权投资的金额，并编制相关会计分录。

【答案及解析】甲公司20×9年4月购买丙公司30%股权的性质属于同一控制下购买子公司少数股东股权，按照支付的价款和相关税费作为该部分长期股权投资的初始成本。

甲公司个别报表应确认长期股权投资的金额=14 600+300=14 900（万元）

借：长期股权投资　　14 900

　　贷：银行存款　　14 900

【综合题（节选）·2015】甲公司原持有乙公司30%的股权。1月1日，甲公司进一步取得乙公司50%的股权（非一揽子交易），支付银行存款13 000万元，原投资账面价值为5 400万元，投资成本明细4 500万元，损益调整840万元，其他权益变动60万元，原投资在购买日的公允价值为6 200万元。

要求：计算合并报表进一步取得50%投资确认的投资收益并做出相关的会计处理。

【答案及解析】合并报表中确认的投资收益=(6 200－5 400)+60=860（万元）。

借：长期股权投资　　800

　　贷：投资收益　　800

借：资本公积——其他资本公积　　60

　　贷：投资收益　　60

【综合题（节选）·2014】甲公司在若干年前参与设立了乙公司并持有其30%的股权，将乙公司作为联营企业，采用权益法核算。20×6年1月1日，甲公司自A公司（非关联方）购买了乙公司60%的股权并取得了控制权，购买对价为3 000万元，发生与合并直接相关费用100万元，上述款项均以银行存款转账支付。

20×6年1月1日，甲公司原持有对乙公司30%长期股权投资的账面价值为600万元（长期股权投资账面价值的调整全部为乙公司实现净利润，乙公司不存在其他综合收益及其他影响权益变动的因素）；当日乙公司净资产账面价值为2 000万元，可辨认净资产公允价值为3 000万元，乙公司100%股权的公允价值为5 000万元，30%股权的公允价值为1 500万元，60%股权的公允价值为3 000万元。

要求：

（1）计算甲公司在进一步取得乙公司60%股权后，个别财务报表中对乙公司长期股权投资的账面价值，并编制相关会计分录；

（2）计算甲公司合并财务报表中与乙公司投资相关的商誉金额，计算该交易对甲公司合并财务报表损益的影响。

【答案及解析】

（1）甲公司个别财务报表中长期股权投资的账面价值=600+3 000=3 600（万元）。

会计分录如下：

借：长期股权投资　　3 000

　　贷：银行存款　　3 000

借：管理费用　　100

贷：银行存款　　100

（2）甲公司合并财务报表中的商誉计算过程：

商誉＝甲公司原持有股权的公允价值＋新增的购买成本－乙公司可辨认净资产公允价值的份额＝(1 500＋3 000)－3 000×90%＝4 500－2 700＝1 800（万元）。

该交易对甲公司合并财务报表的损益影响＝－100＋(1 500－600)＝800（万元）。

【综合题（节选）·2012】甲公司为我国境内的上市公司，于20×6年9月30日出售其所持子公司（丙公司）股权的10%，所得价款3 500万元收存银行，同时办理了股权划转手续。甲公司出售丙公司股权后，仍持有丙公司90%股权并保持对丙公司的控制。

甲公司所持丙公司100%股权系20×4年3月1日以30 000万元投资设立，丙公司注册资本为30 000万元，自丙公司设立起至出售股权止，丙公司除实现净利润4 500万元外，无其他所有者权益变动。

要求：

（1）说明甲公司出售丙公司股权在合并财务报表中的处理原则；

（2）计算甲公司出售丙公司股权在合并资产负债表中应计入相关项目的金额。

【答案及解析】

（1）公司出售丙公司股权并未丧失控制权情况下，在合并财务报表中的处理原则为：处置价款与处置长期股权投资相对应享有丙公司净资产的差额计入所有者权益（或资本公积）。

（2）甲公司出售丙公司股权在合并资产负债表中应计入所有者权益（资本公积）的金额＝3 500－(30 000＋4 500)×10%＝50（万元）

【单选题】20×1年1月1日，甲公司支付800万元取得乙公司100%的股权。购买日乙公司可辨认净资产的公允价值为600万元。20×1年1月1日至20×2年12月31日期间，乙公司以购买日可辨认净资产公允价值为基础计算实现的净利润为50万元（未分配现金股利），持有其他债权投资的公允价值上升20万元。

除上述外，乙公司无其他影响所有者权益变动的事项。20×3年1月1日，甲公司转让所持有乙公司70%的股权，取得转让款项700万元；甲公司持有乙公司剩余30%股权的公允价值为300万元。转让后，甲公司能够对乙公司施加重大影响。

甲公司因转让乙公司70%股权在20×3年度合并财务报表中应确认的投资收益是（　　）万元。

A. 91　　B. 111　　C. 140　　D. 150

【答案】D

【解析】合并报表中确认的投资收益＝(700＋300)－(600＋50＋20)－(800－600)＋20＝150（万元）。

【经典模拟题】

【计算分析题】2×18年1月1日，甲公司以每股3元的价格购入A上市公司股票500万股，并由此持有A公司5%股权。投资前甲公司与A公司不存在关联方关系。甲公司将对A公司的该项投资分类为以公允价值计量且其变动计入其他综合收益的金融资产，假定2×19年12月31日A公司股价为每股4元。

2×20 年 1 月 1 日，甲公司以现金 2.2 亿元为对价，向 A 公司大股东收购 A 公司 55% 的股权，从而取得对 A 公司的控制权；A 公司当日股价为每股 4 元（与上年末相等），A 公司可辨认净资产的公允价值为 3 亿元。甲公司购买 A 公司 5% 股权和后续购买 55% 的股权不构成“一揽子交易”（不考虑所得税等影响）。甲公司按照 10% 提取法定盈余公积。

要求：计算甲公司购买日个别报表上长期股权投资的初始成本、合并报表上确认的合并成本及商誉金额，并编制相关的会计分录。

【答案及解析】

（1）长期股权投资初始成本（即合并成本）＝原持有股权在购买日的公允价值 2 000 万元＋购买日应支付的对价 22 000 万元＝24 000（万元）。

商誉＝24 000－（享有 A 公司于购买日的可辨认净资产公允价值的份额）18 000（30 000×60%）＝6 000（万元）。

（2）账务处理如下（完整的会计分录）。

2×18 年 1 月 1 日：

借：其他权益工具投资——成本　　1 500

　　贷：银行存款　　1 500

2×19 年 12 月 31 日：

借：其他权益工具投资——公允价值变动　　500

　　贷：其他综合收益　　[500×（4－3）] 500

2×20 年 1 月 1 日：

借：长期股权投资　　24 000

　　贷：其他权益工具投资　　2 000

　　　　银行存款　　22 000

借：其他综合收益　　500

　　贷：盈余公积　　50

　　　　利润分配——未分配利润　　450

【计算分析题】2×18 年 1 月 1 日，甲公司以现金 4 000 万元取得 A 公司 20% 股权并具有重大影响，按权益法进行核算。当日，A 公司可辨认净资产公允价值为 1.8 亿元。2×20 年 1 月 1 日，甲公司另支付现金 9 000 万元取得 A 公司 35% 股权，并取得对 A 公司的控制权。2×20 年 1 月 1 日，甲公司原持有的对 A 公司 20% 股权的公允价值为 5 000 万元，账面价值为 4 600 万元（其中，与 A 公司权益法核算相关的累计净损益为 150 万元、累计其他综合收益为 450 万元）；A 公司可辨认净资产公允价值为 2.2 亿元（不考虑所得税等影响）。

要求：计算甲公司购买日个别报表上长期股权投资的账面价值、合并报表上确认的合并成本及商誉金额，并编制合并报表上的调整分录。

【答案及解析】

（1）2×18 年 1 月 1 日：

借：长期股权投资　　4 000

　　贷：银行存款　　4 000

原 20% 投资按照权益法调整：

借：长期股权投资——损益调整　　150
　　贷：投资收益　　150
借：长期股权投资——其他综合收益　　450
　　贷：其他综合收益　　450

（2）购买日个别报表上长期股权投资账面价值 = 原长期股权投资账面价值 4 600 万元 + 追加投资支付对价 9 000 万元 = 13 600（万元）。

借：长期股权投资　　9 000
　　贷：银行存款　　9 000

（3）合并成本 = 原长期股权投资公允价值 5 000 万元 + 追加投资支付对价 9 000 万元 = 14 000（万元）。

商誉 = 合并成本 14 000 万元 – 享有 A 公司在购买日的可辨认净资产公允价值的份额为 12 100 万元（22 000 × 55%）= 1 900（万元）。

（4）合并报表层面的调整分录：

借：长期股权投资　　400
　　贷：投资收益　　（5 000 – 4 600）400
借：其他综合收益　　450
　　贷：投资收益　　450

（5）抵销分录：

借：子公司所有者权益　　22 000
　　商誉　　1 900
　　贷：长期股权投资　　14 000
　　　　少数股东权益　　9 900

四、进阶练习

（一）单选题

1. 甲公司 20 × 8 年 6 月购入境外乙公司 60% 股权，并能够控制乙公司。甲公司在编制 20 × 8 年度合并财务报表时，为使乙公司的会计政策与甲公司保持一致，对乙公司的会计政策进行了调整。下列各项中，不属于会计政策调整的是（　　）。

A. 将固定资产折旧方法由年限平均法调整为双倍余额递减法

B. 按照公历年度统一会计年度

C. 将发出存货成本的计量方法由先进先出法调整为移动加权平均法

D. 将投资性房地产的后续计量由成本模式调整为公允价值模式

2. 甲公司拥有对四家公司的控制权，其下属子公司的会计政策和会计估计均符合会计准则规定，不考虑其他因素，甲公司在编制 2 × 16 年合并财务报表时，对其子公司进行的下述调整中，正确的是（　　）。

A. 将子公司（乙公司）1 年以内应收账款坏账准备的计提比例由 3% 调整为与甲公司相同的计提比例 5%

B. 对 2×16 年通过同一控制下企业合并取得的子公司（丁公司），将其固定资产、无形资产的折旧和摊销年限按照与甲公司相同的期限进行调整

C. 将子公司（丙公司）投资性房地产的后续计量模式由成本模式调整为与甲公司相同的公允价值模式

D. 将子公司（戊公司）闲置不用但没有明确处置计划的机器设备由固定资产调整为持有待售非流动资产并相应调整后续计量模式

3. 甲公司及子公司对投资性房地产采用不同的会计政策。具体为：子公司乙对作为投资性房地产核算的房屋采用公允价值模式进行后续计量；子公司丙对作为投资性房地产核算的土地使用权采用成本模式计量，按剩余 15 年期限分期摊销计入损益；子公司丁对出租的房屋采用成本模式计量，并按房屋仍可使用年限 10 年计提折旧；子公司戊对在建的投资性房地产采用公允价值模式进行后续计量。甲公司自身对作为投资性房地产的房屋采用成本模式进行后续计量，并按房屋仍可使用年限 20 年计提折旧。不考虑其他因素，下列关于甲公司在编制合并财务报表时，对纳入合并范围的各子公司投资性房地产的会计处理中，正确的是（　　）。

A. 将投资性房地产的后续计量统一为成本模式，同时统一有关资产的折旧或摊销年限

B. 对于公允价值能够可靠计量的投资性房地产采用公允价值计量，其他投资性房地产采用成本模式计量

C. 区分在用投资性房地产与在建投资性房地产，在用投资性房地产统一采用成本模式计量，在建投资性房地产采用公允价值模式计量

D. 子公司的投资性房地产后续计量均应按甲公司的会计政策进行调整，即后续计量采用成本模式并考虑折旧或摊销，折旧或摊销年限根据实际使用情况确定

4. 甲公司于 2019 年 3 月 1 日支付 4 500 万元取得乙公司 80% 股权，当日乙公司可辨认净资产公允价值为 5 000 万元，账面价值为 4 000 万元，乙公司各项资产、负债的计税基础与其原账面价值相同。在合并前，甲公司与乙公司没有关联方关系。甲乙公司适用的所得税税率均为 25%。该业务的合并商誉为（　　）万元。

A. 500　　　　B. 700　　　　C. 1 300　　　　D. 1 500

5. 关于母公司在报告期内增减子公司在合并财务报表的反映，下列说法中不正确的是（　　）。

A. 因同一控制下企业合并增加的子公司，在编制合并利润表时，应当将该子公司自取得控制权日至报告期末的收入费用和利润纳入合并利润表

B. 因非同一控制下企业合并增加的子公司，在编制合并利润表时，应当将该子公司自取得控制权日起至报告期末止的收入费用和利润纳入合并利润表

C. 母公司在报告期内处置子公司，应当将该子公司期初至丧失控制权之日止的收入费用利润纳入合并利润表

D. 在报告期内上年已纳入合并范围的某子公司发生巨额亏损导致所有者权益为负数，但仍持续经营的，该子公司仍应纳入母公司合并范围

（二）多选题

1. 下列各项中，满足控制条件的有（　　）。

A. 拥有对被投资方的权力

B. 通过参与被投资方的相关活动而享有可变回报

C. 有能力运用对被投资方的权力影响其回报金额

D. 参与被投资方的财务和生产经营决策

2. 甲公司（非投资性主体）为乙公司、丙公司的母公司，乙公司为投资性主体，拥有两家全资公司，两家子公司均不为乙公司的投资活动提供相关服务，丙公司为股权投资基金，拥有两家联营企业，丙公司对其拥有的两家联营企业按照公允价值考核和评价管理层业绩。不考虑其他因素，下列关于甲公司、乙公司和丙公司对其所持股权投资的会计处理中，正确的有（　　）。

A. 乙公司不应编制合并财务报表

B. 丙公司在个别报表中对其拥有的两家联营企业的投资应按照公允价值计量，公允价值变动计入当期损益

C. 乙公司在个别报表中对其拥有的两家子公司应按照公允价值计量，公允价值变动计入当期损益

D. 甲公司在编制合并财务报表时，应将通过乙公司间接控制的两家子公司按公允价值计量，公允价值计入当期损益

3. 下列关于通过多次交易分步处置对子公司股权直至丧失控制权且属于一揽子交易的会计处理的表述中，正确的有（　　）。

A. 应当将各项交易作为一项处置子公司股权投资并丧失控制权的交易进行会计处理

B. 个别财务报表中，在丧失控制权之前每一次处置价款与所处置的股权对应的长期股权投资账面价值之间的差额，应先确认为其他综合收益

C. 个别报表在丧失控制权时需要将原确认的其他综合收益转为当期损益

D. 合并报表中，对于丧失控制权之前的每一次交易，处置价款与处置投资对应的享有该子公司自购买日开始持续计算的可辨认净资产账面价值的份额之间的差额，应计入当期损益

4. A 公司及其子公司发生了如下现金流量：（1）A 公司自其子公司 B 公司的少数股东处以 5 000 万元价款购入 B 公司 10% 的股权投资；（2）A 公司以其持有的一项土地使用权换入其子公司 C 公司的其他权益工具投资，支付补价 500 万元；（3）A 公司以 600 万元银行存款出售其持有 D 公司（A 公司的子公司）5% 的股权投资，出售股权投资后，仍能够对 D 公司实施控制；（4）A 公司出售其持有 E 公司（A 公司的联营企业）全部股权投资，取得价款 3 000 万元。不考虑其他因素，A 公司编制合并现金流量表时进行的下列处理，不正确的有（　　）。

A. A 公司取得 B 公司少数股权支付的价款重分类为“支付其他与筹资活动有关的现金”进行列报

B. A 公司向 C 公司支付的价款作为“处置固定资产、无形资产和其他长期资产收回的现金净额”列报

C. A 公司出售 D 公司股权投资取得的价款重分类为“收到其他与筹资活动有关的现金”进行列报

D. A 公司出售 E 公司取得的现金在“处置子公司及其他营业单位收到的现金净额”列报

5. 下列有关交叉持股合并处理的说法中，正确的有（　　）。

A. 对于母公司持有的子公司股权，与通常情况下母公司长期股权投资与子公司所有者权益的合并抵销处理相同

B. 子公司相互之间持有的长期股权投资，应当比照母公司对子公司的股权投资的抵销方法，将长期股权投资与其对应的子公司所有者权益中所享有的份额相互抵销

C. 对于子公司持有母公司股权所确认的投资收益（如利润分配或现金股利），应当进行抵销处理

D. 子公司将所持有的母公司股权分类为公允价值计量的金融资产的，同时冲销子公司累计确认的公允价值变动

（三）综合题

1. 甲公司相关年度发生的交易或事项如下：

（1）20×8 年 1 月 1 日，甲公司以发行 4 000 万股普通股（面值 1 元/股）为对价，从控股股东乙公司处购买其持有的丙公司 70% 股权。当日，甲公司所发行股份的公允价值为 7 元/股，丙公司账面所有者权益为 22 000 万元，其中股本 2 000 万元。资本公积 8 000 万元，盈余公积 8 000 万元，未分配利润 4 000 万元，另外，甲公司以银行存款支付中介机构费用 1 000 万元。

甲公司当日对丙公司的董事会进行改选，改选后能够控制丙公司的相关活动。

（2）20×8 年 3 月 10 日，甲公司将其生产的成本为 600 万元的商品以 800 万元的价格出售给丙公司。至 20×8 年 12 月 31 日，丙公司自甲公司购入的商品已对外出售 40%，售价为 400 万元；其余 60% 部分尚未对外销售，形成存货。

20×8 年 7 月 2 日，甲公司以 1 800 万元的价格将一项专利技术转让给丙公司使用。该专利技术的成本为 1 200 万元，已摊销 120 万元，未计提减值准备。丙公司将受让的专利技术用于内部管理，原预计使用 10 年，已使用 1 年，预计尚可使用 9 年，预计净残值为零，采用直线法摊销。

至 20×8 年 12 月 31 日，丙公司尚未交付上述交易的价款；甲公司对账龄在 1 年以内包括关联方在内的应收款项，按照其余额的 5% 计提坏账准备。

（3）20×8 年度，丙公司实现净利润 3 000 万元，因持有金融资产确认其他综合收益 600 万元。20×8 年 12 月 31 日，丙公司账面所有者权益为 25 600 万元，其中股本 2 000 万元，资本公积 8 000 万元，其他综合收益 600 万元，盈余公积 8 300 万元，未分配利润 6 700 万元。

（4）丙公司 20×9 年第一季度实现净利润 1 000 万元，其他综合收益未发生变化。20×9 年 3 月 31 日，丙公司账面所有者权益为 26 600，其中股本 2 000 万元，资本公积 8 000 万元，其他综合收益 600 万元，盈余公积 8 300 万元，未分配利润 7 700 万元。

（5）20×9 年 4 月 1 日，甲公司支付价款 14 600 万元自外部独立第三方购买其所持丙公司 30% 股权，从而使丙公司成为甲公司的全资子公司。甲公司另向提供服务的中介机构支付费用 300 万元。

其他有关资料：第一，合并日，丙公司在其个别财务报表中资产、负债的账面价值与其在乙公司合并财务报表中的账面价值相同。第二，甲公司和丙公司均按照净利润的 10% 提取法定盈余公积，不计提任意盈余公积。第三，本题不考虑相关税费及其他因素。

要求：

（1）根据上述资料，判断甲公司取得丙公司股权的合并类型，并说明理由；编制合并日个别报表与合并报表相关会计分录。

（2）根据上述资料，编制甲公司 20×8 年度合并财务报表相关的调整和抵销分录。

（3）根据资料（5），判断甲公司 20×9 年 4 月购买丙公司 30% 股权的性质，计算对丙公司 30% 股权投资在甲公司个别财务报表中应确认长期股权投资的金额，并编制相关会计分录。

（4）根据上述资料，编制甲公司购买丙公司 30% 股权时合并财务报表相关的调整和抵销分录。

2. 甲公司为一上市集团公司，持有乙公司 80% 股权，对其具有控制权；持有丙公司 30% 股权，能对其实施重大影响。20×6 年及 20×7 年发生的相关交易或事项如下：

（1）20×6 年 6 月 8 日，甲公司将生产的一批汽车销售给乙公司，销售价格为 600 万元，汽车已交付乙公司，款项尚未收取。该批汽车的成本为 480 万元。20×6 年 12 月 31 日，甲公司对尚未收回的上述款项计提坏账准备 30 万元。20×7 年 9 月 2 日，甲公司收到乙公司支付的上述款项 600 万元。乙公司将上述购入的汽车作为行政管理部门的固定资产于当月投入使用，该批汽车采用年限平均法计提折旧，预计使用 6 年，预计无净残值。

（2）20×6 年 7 月 13 日，丙公司将成本为 400 万元的商品以 500 万元的价格出售给甲公司，货物已交付，款项已收取，甲公司将上述购入的商品向集团外单位出售，其中 50% 商品在 20×6 年售完，其余 50% 商品的在 20×7 年售完。在丙公司个别财务报表上，20×6 年度实际的净利润为 3 000 万元；20×7 年度实际的净利润为 3 500 万元。

（3）20×6 年 8 月 1 日，甲公司以 9 000 万元的价格从非关联方购买丁公司 70% 股权，款项已用银行存款支付，丁公司股东的工商变更登记手续已办理完成。购买日丁公司可辨认净资产的公允价值为 12 000 万元（含原未确认的无形资产公允价值 1 200 万元），除原未确认的无形资产外，其余各项可辨认资产、负债的公允价值与账面价值相同。上述无形资产系一项商标权，采用直线法摊销，预计使用 10 年，预计无残值，甲公司根据企业会计准则的规定将购买日确定为 20×6 年 8 月 1 日。

丁公司 20×6 年 8 月 1 日个别资产负债表中列报的货币资金为 3 500 万元（全部为现金流量表中所定义的现金），列报的所有者权益总额为 10 800 万元，其中实收资本为 10 000 万元，盈余公积为 80 万元，未分配利润为 720 万元。在丁公司个别利润表中，20×6 年 8 月 1 日起至 12 月 31 日止期间实际净利润 180 万元，20×7 年度实际净利润 400 万元。

（4）20×7 年 1 月 1 日，甲公司将专门用于出租办公楼租赁给乙公司使用，租赁期为 5 年，租赁期开始日为 20×7 年 1 月 1 日，年租金为 50 万元，于每年末支付。出租时，该办公楼的成本为 600 万元，已计提折旧 400 万元，甲公司对上述办公楼采用年限平均法计提折旧，预计使用 30 年，预计无净残值。

乙公司将上述租入的办公楼专门用于行政管理部门办公。20×7 年 12 月 31 日，乙公司向甲公司支付每年租金 50 万元。

其他有关资料：

第一，本题所涉销售或购买的价格是公允的。20×6 年以前，甲公司与子公司以及子公司相互之间无集团内部交易，甲公司及其子公司与联营企业无关联方交易。

第二，甲公司及其子公司按照净利润的10%计提法定盈利公积，不计提任意盈余公积。

第三，甲公司及其子公司，联营企业在其个别财务报表中已按照企业会计准则的规定对上述交易或事项分别进行了会计处理。

第四，不考虑税费及其他因素。

要求：

（1）根据资料（2），计算甲公司在20×6年和20×7年个别财务报表中应确认的投资收益。

（2）根据资料（3），计算甲公司购买丁公司的股权产生的商誉。

（3）根据资料（3），说明甲公司支付的现金在20×6年度合并现金流量表中列报的项目名称，并计算该列报项目的金额。

（4）根据资料（4），说明甲公司租赁给乙公司的办公楼在20×7年12月31日合并资产负债表中列报的项目名称，并陈述理由。

（5）根据上述资料，说明甲公司在其20×6年度合并财务报表中应披露的关联方名称，分别不同类别的关联方简述应披露的关联方信息。

（6）根据上述资料，编制与甲公司20×7年度合并资产负债表和合并利润表相关的调整分录和抵销分录。

3. 甲公司为境内上市公司且属于增值税一般纳税人。2×15年和2×16年，甲公司发生的有关交易或事项如下：

（1）2×15年6月30日，甲公司以2 400万元购入乙公司26%股权，能够对乙公司施加重大影响，采用权益法核算；款项通过银行转账支付，股权过户登记手续于当日办理完成。当日，乙公司可辨认净资产公允价值为10 000万元，各项可辨认资产、负债的公允价值与其账面价值相同。

2×15年9月30日，甲公司出售其生产的丙产品给乙公司，增值税专用发票上注明的销售价款为2 000万元，增值税额为340万元。截至2×15年12月31日，乙公司已对外出售所购丙产品的50%。甲公司生产该批丙产品的成本为1 300万元。

（2）2×15年11月20日，甲公司与丁公司签订购买乙公司股权的协议，该协议约定，以2×15年10月31日经评估确定的乙公司可辨认净资产公允价值14 800万元为基础，甲公司以4 800万元购买丁公司持有的乙公司30%股权。上述协议分别经交易各方内部决策机构批准，并于2×15年12月31日经监管机构核准。

2×16年1月1日，交易各方办理了乙公司股权过户登记手续。当日，甲公司对乙公司董事会进行改组，改组后的董事会由9名董事组成，其中甲公司派出6名。按乙公司章程规定，所有重大的经营、财务和分配等事项经董事会成员三分之二及以上表决通过后方可实施。

2×16年1月1日，乙公司账面所有者权益构成为：实收资本10 000万元、资本公积1 200万元、盈余公积800万元、其他综合收益700万元、未分配利润500万元；乙公司可辨认净资产的公允价值为15 000万元，除一块土地使用权增值1 800万元外（该土地使用权属于乙公司办公用房所占土地，尚可使用30年，预计无残值，按直线法摊销），其他各项可辨认资产、负债的公允价值与其账面价值相同。甲公司原持有乙公司26%股权的公允价值为3 900

万元；甲公司购买乙公司30%股权的公允价值为4 800万元。

（3）2×15年，乙公司按其净资产账面价值计算实现的净利润为2 200万元，其中7月至12月实现的净利润为1 200万元；2×15年7至12月其他综合收益增加700万元。

2×16年，乙公司于2×15年向甲公司购买的丙产品已全部实现对外销售。2×16年，乙公司按其净资产账面价值计算实现的净利润为2 500万元，其他综合收益增加650万元。

其他有关资料：

第一，甲公司适用的所得税税率为25%，甲公司购入乙公司股权按照实际成本作为计税基础，甲公司预计未来有足够的应纳税所得额用以抵扣可抵扣暂时性差异。乙公司各项资产、负债按照取得时的成本作为计税基础，涉及企业合并的，以购买日（或合并日）的账面价值作为计税基础，其中因企业合并产生的商誉于处置合并相关资产时可税前扣除。甲公司拟长期持有乙公司股权。

第二，甲公司投资乙公司前，甲公司、乙公司、丁公司之间不存在关联方关系。

第三，乙公司除实现净利润、其他综合收益外，无其他权益变动事项；乙公司按其实现净利润的10%计提法定盈余公积，没有进行其他分配。

第四，本题不考虑除所得税以外的其他相关税费以及其他因素。

要求：

（1）计算2×15年12月31日甲公司持有的乙公司股权在其个别财务报表中列报的长期股权投资金额，编制甲公司取得及持有乙公司投资相关的会计分录。

（2）计算2×15年12月31日合并报表投资收益的列示金额。

（3）判断甲公司增持乙公司30%股权的交易类型，并说明理由；确定甲公司对乙公司的企业合并成本，如判断属于非同一控制下企业合并的，计算应予确认的商誉金额；判断乙公司应于何时纳入甲公司合并财务报表范围，并说明理由。

（4）编制甲公司2×16年末与其合并财务报表相关的调整或抵销分录。

4. 甲公司为一上市的集团公司，原持有乙公司30%股权，能够对乙公司施加重大影响。甲公司20×3年及20×4年发生的相关交易事项如下：

（1）20×3年1月1日，甲公司从乙公司的控股股东——丙公司处受让乙公司50%股权，受让价格为13 000万元，款项已用银行存款支付，并办理了股东变更登记手续。购买日，乙公司可辨认净资产的账面价值为18 000万元，公允价值为20 000万元（含原未确认的无形资产公允价值2 000万元），除原未确认入账的无形资产外，其他各项可辨认资产及负债的公允价值与其账面价值相同。上述无形资产系一项商标权，自购买日开始尚可使用10年，预计净残值为零，采用直线法摊销。

甲公司受让乙公司50%后，共计持有乙公司80%股权，能够对乙公司实施控制。甲公司受让乙公司50%股权时，所持乙公司30%股权的账面价值为5 400万元，其中投资成本4 500万元，损益调整870万元，其他权益变动30万元；公允价值为6 200万元。

（2）20×3年1月1日，乙公司个别财务报表中所有者权益为18 000万元，其中实收资本为15 000万元，资本公积为100万元，盈余公积为290万元，未分配利润为2 610万元。

20×3年度，乙公司个别财务报表实现净利润500万元，因其他债权投资公允价值变动产生的其他综合收益60万元。

（3）20×4 年 1 月 1 日，甲公司向丁公司转让所持乙公司 70% 股权，转让价格为 20 000 万元，款项已经收到，并办理了股东变更登记手续。出售日，甲公司所持乙公司剩余 10% 股权的公允价值为 2 500 万元。转让乙公司 70% 股权后，甲公司不能对乙公司实施控制、共同控制或施加重大影响。甲公司对其分类为以公允价值计量且其变动计入当期损益的金融资产。

其他有关资料：

甲公司与丙公司、丁公司于交易发生前无任何关联关系。甲公司受让乙公司 50% 股权后，甲公司与乙公司无任何关联方交易。

乙公司按照净利润的 10% 计提法定盈余公积，不计提任意盈余公积。20×3 年度及 20×4 年度，乙公司未向股东分配利润。

不考虑相关税费及其他因素。

要求：

（1）根据资料（1），计算甲公司 20×3 年度个别财务报表中受让乙公司 50% 股权后长期股权投资的初始投资成本，并编制与取得该股权相关的会计分录。

（2）根据资料（1），计算甲公司 20×3 年度合并财务报表中因购买乙公司发生的合并成本及应列报的商誉。

（3）根据资料（1），计算甲公司 20×3 年度合并财务报表中因购买乙公司 50% 股权应确认的投资收益。

（4）根据资料（1）和（2）编制甲公司 20×3 年度合并资产负债表和合并利润表相关的调整及抵销分录。

（5）根据上述资料，计算甲公司 20×4 年度个别财务报表中因处置 70% 股权应确认的投资收益，并编制相关会计分录。

（6）根据上述资料，计算甲公司 20×4 年度合并财务报表中因处置 70% 股权应确认的投资收益。

5. 甲股份有限公司（以下简称“甲公司”）20×2 及 20×3 年发生了以下交易事项：

（1）20×2 年 4 月 1 日，甲公司以定向发行本公司普通股 2 000 万股为对价，自乙公司取得 A 公司 30% 股权，并于当日向 A 公司派出董事，参与 A 公司生产经营决策。当日，甲公司发行股份的市场价格为 5 元/股，另支付中介机构佣金 1 000 万元；A 公司可辨认净资产公允价值为 30 000 万元，除一项固定资产公允价值为 2 000 万元、账面价值为 800 万元外，其他资产、负债的公允价值与账面价值相同。A 公司增值的固定资产原取得成本为 1 600 万元，原预计使用年限为 20 年，自甲公司取得 A 公司股权时起仍可使用 10 年，采用年限平均法计提折旧，预计净残值为零。

A 公司 20×2 年实现净利润 2 400 万元，假定 A 公司有关损益在年度中均衡实现；20×2 年 4 月至 12 月产生其他综合收益 600 万元。

甲公司与乙公司及 A 公司在发生该项交易前不存在关联方关系。

（2）20×3 年 1 月 2 日，甲公司追加购入 A 公司 30% 股权并自当日起控制 A 公司。购买日，甲公司用作合并对价的是本公司一项土地使用权及一项专利技术。土地使用权和专利技术的原价合计为 6 000 万元，已累计摊销 1 000 万元，公允价值合计为 12 600 万元。

购买日，A 公司可辨认净资产公允价值为 36 000 万元；A 公司所有者权益账面价值为

26 000 万元，具体构成为：股本 6 667 万元、资本公积（资本溢价）4 000 万元、其他综合收益 2 400 万元、盈余公积 6 000 万元、未分配利润 6 933 万元。

甲公司原持有 A 公司 30% 股权于购买日的公允价值为 12 600 万元。

（3）20×3 年 6 月 20 日，甲公司将其生产的某产品出售给 A 公司。该产品在甲公司的成本为 800 万元，销售给 A 公司的售价为 1 200 万元（不含增值税市场价格）。

A 公司将取得的该产品作为管理用固定资产，预计可使用 10 年，预计净残值为零，采用年限平均法计提折旧。

截至 20×3 年 12 月 31 日，甲公司应收 A 公司上述货款尚未收到。甲公司对 1 年以内应收账款（含应收关联方款项）按照期末余额的 2% 计提坏账准备。

甲公司应收 A 公司货款于 20×4 年 3 月收到，A 公司从甲公司购入的产品处于正常使用中。

其他资料：

本题不考虑所得税等相关税费。

要求：

（1）确定甲公司 20×2 年 4 月 1 日对 A 公司 30% 股权投资成本，说明甲公司对该项投资应采用的核算方法及理由，编制与确认该项投资相关的会计分录。

（2）计算甲公司 20×2 年因持有 A 公司 30% 股权应确认的投资收益，并编制 20×2 年与调整该项股权投资账面价值相关的会计分录。

（3）确定甲公司合并 A 公司的购买日、企业合并成本及应确认的商誉金额，分别计算甲公司个别财务报表、合并财务报表中因持有 A 公司 60% 股权投资应计入损益的金额，确定购买日甲公司个别财务报表中对 A 公司 60% 股权投资的账面价值并编制购买日甲公司合并 A 公司的抵销分录。

（4）编制甲公司 20×3 年合并财务报表时，与 A 公司内部交易相关的抵销分录。

（5）编制甲公司 20×4 年合并财务报表时，与 A 公司 20×3 年内部交易相关的抵销分录。

6. 甲公司为生产加工企业，其在 20×6 年度发生了以下与股权投资相关的交易：

（1）甲公司在若干年前参与设立了乙公司并持有其 30% 的股权，将乙公司作为联营企业，采用权益法核算。20×6 年 1 月 1 日，甲公司自 A 公司（非关联方）购买了乙公司 60% 的股权并取得了控制权，购买对价为 3 000 万元，发生与合并直接相关费用 100 万元，上述款项均以银行存款转账支付。20×6 年 1 月 1 日，甲公司原持有对乙公司 30% 长期股权投资的账面价值为 600 万元（长期股权投资账面价值的调整全部为乙公司实现净利润，乙公司不存在其他综合收益及其他影响权益变动的因素）；当日乙公司净资产账面价值为 2 000 万元，可辨认净资产公允价值为 3 000 万元，乙公司 100% 股权的公允价值为 5 000 万元，30% 股权的公允价值为 1 500 万元，60% 股权的公允价值为 3 000 万元。

（2）20×6 年 6 月 20 日，乙公司股东大会批准 20×5 年度利润分配方案，提取盈余公积 10 万元，分配现金股利 90 万元，以未分配利润 200 万元转增股本。

（3）20×6 年 1 月 1 日，甲公司与 B 公司出资设立丙公司，双方共同控制丙公司。丙公司注册资本 2 000 万元，其中甲公司占 50%。甲公司以公允价值为 1 000 万元的土地使用权出资，B 公司以公允价值为 500 万元的机器设备和 500 万元现金出资。该土地使用权系甲公司于 10 年前以出让方式取得，原值为 500 万元，期限为 50 年，按直线法摊销，预计净残值为零，至投资设立丙公司时账面价值为400万元，后续仍可使用40年。

丙公司20×6年实现净利润220万元。

(4) 20×6年1月1日，甲公司自C公司购买丁公司40%的股权，并派人参与丁公司生产经营决策，购买对价为4 000万元，以银行存款转账支付。购买日，丁公司净资产账面价值为5 000万元，可辨认净资产公允价值为8 000万元，3 000万元增值均来自于丁公司的一栋办公楼。该办公楼的原值为2 000万元，预计净残值为零，预计使用寿命为40年，采用年限平均法计提折旧，自甲公司取得丁公司股权之日起剩余使用寿命为20年。

丁公司20×6年实现净利润900万元，实现其他综合收益200万元。

其他资料：

本题中不考虑所得税等税费及其他相关因素。

要求：

(1) 根据资料(1)，计算甲公司在进一步取得乙公司60%股权后，个别财务报表中对乙公司长期股权投资的账面价值，并编制相关会计分录；计算甲公司合并财务报表中与乙公司投资相关的商誉金额，计算该交易对甲公司合并财务报表损益的影响。

(2) 根据资料(2)，针对乙公司20×5年利润分配方案，说明甲公司个别财务报表中的相关会计处理，并编制相关会计分录。

(3) 根据资料(3)，编制甲公司对丙公司出资及确认20×6年投资收益相关的会计分录。

(4) 根据资料(4)，计算甲公司对丁公司的初始投资成本，并编制相关会计分录。计算甲公司20×6年因持有丁公司股权应确认的投资收益金额，并编制调整长期股权投资账面价值相关的会计分录。

五、进阶练习答案

(一) 单选题

1. 【答案】A

【解析】选项A，属于会计估计调整。

2. 【答案】C

【解析】企业在编制合并财务报表之前只需要统一母子公司之间的会计政策，不需要统一会计估计，因此选项A、B不对；选项D，划分为持有待售非流动资产须同时符合以下条件：(1) 根据类似交易中出售此类资产或处置组的惯例，在当前状况下即可立即出售；(2) 出售极可能发生，即企业已经就一项出售计划作出决议且获得确定的购买承诺，预计出售将在一年内完成。该固定资产只是闲置不用，并未满足这三个条件中的任何一个，因此不能划分为持有待售的非流动资产。

3. 【答案】D

【解析】编制合并财务报表前，应当尽可能统一母公司和子公司的会计政策，统一要求子公司所采用的会计政策与母公司保持一致，但不会统一有关资产的折旧或摊销年限。

4. 【答案】B

【解析】本题属于非同一控制下的企业合并，且从集团角度考虑，会计上认可被合并方的公允价值，从税法角度考虑认可被合并方的账面价值（原计税基础不发生改变）。乙公司可辨认净资产公允价值5 000万元大于原账面价值4 000万元，按照净额计算，形成应纳税暂时性差异，需要确认递延所得税负债，递延所得税负债=(5 000－4 000)×25%=250（万元）；企业合并商誉=企业合并成本－被合并方可辨认净资产公允价值×持股比例=4 500－(5 000－250)×80%=700（万元）。本题的相关调整抵销分录为：

借：评估增值的净资产	1 000	
贷：资本公积		1 000
借：资本公积	250	
贷：递延所得税负债		250
借：乙公司所有者权益项目	4 750	
商誉	700	
贷：长期股权投资		4 500
少数股东权益		950

5.【答案】A

【解析】选项A，因同一控制下企业合并增加的子公司，在编制合并利润表时，应当将该子公司合并当期期初至报告期末的收入费用和利润纳入合并利润表。

（二）多选题

1.【答案】ABC

【解析】控制，是指投资方拥有对被投资方的权力，通过参与被投资方的相关活动而享有可变回报，并且有能力运用对被投资方的权力影响其回报金额。选项D，不能确定是否满足达到控制的条件。

2.【答案】ABC

【解析】选项A、C，如果母公司是投资性主体，则母公司应当仅将为其投资活动提供相关服务的子公司（如有）纳入合并范围并编制合并财务报表，其他子公司不应当予以合并，母公司对其他子公司的投资应当按照公允价值计量且其变动计入当期损益；乙公司的两家子公司不为乙公司提供服务，因此不应纳入乙公司合并范围，乙公司不需要编制合并报表；选项B，丙公司对其拥有的两家联营企业按照公允价值考核和评价管理层业绩，说明丙公司将其作为“直接指定为以公允价值计量且其变动计入当期损益的金融资产”核算；选项D，一个投资性主体的母公司如果其本身不是投资性主体，则应当将其控制的全部主体，包括投资性主体以及通过投资性主体间接控制的主体，纳入合并财务报表范围。

3.【答案】ABC

【解析】选项D，合并报表中，对于丧失控制权之前的每一次交易，处置价款与处置投资对应的享有该子公司自购买日开始持续计算的可辨认净资产账面价值的份额之间的差额，应计入其他综合收益，丧失控制权时转为当期损益。

4.【答案】BD

【解析】选项A，购买子公司少数股东股权支付的现金，母公司个别报表属于投资活动现金流出，而合并报表层面属于权益性交易，属于筹资活动现金流出；选项B，A公司个别报表作为“投资支付的现金”列报，C 公司个别报表作为“收回投资支付的现金”列报，合并报表当中需要予以抵销；选项 C，处置子公司股权不丧失控制权收到的现金，母公司个别报表属于投资活动现金流入，而合并报表层面作为权益性交易，属于筹资活动现金流入；选项 D，应作为“收回投资收到的现金”列报。

5.【答案】ABCD

【解析】交叉持股，在编制合并财务报表时，①对于母公司持有的子公司股权，与通常情况下母公司长期股权投资与子公司所有者权益的合并抵销处理相同；②对于子公司持有的母公司股权，应当按照子公司取得母公司股权日所确认的长期股权投资的初始投资成本，将其转为合并财务报表中的库存股，作为所有者权益的减项，在合并资产负债表中所有者权益项目下以“减：库存股”项目列示；③对于子公司持有母公司股权所确认的投资收益（如利润分配或现金股利），应当进行抵销处理；④子公司将所持有的母公司股权分类为以公允价值计量且其变动计入其他综合收益的金融资产的，按照公允价值计量的，同时冲销子公司累计确认的公允价值变动。

（三）综合题

1.【答案及解析】

（1）甲公司取得丙公司股权的合并类型为同一控制下企业合并。理由：甲公司从控股股东乙公司处购买其持有的丙公司 70% 股权，甲公司和丙公司同受乙公司控制。

甲公司对丙公司的初始投资成本 = 22 000 × 70% = 15 400（万元）

甲公司个别报表确认长期股权投资分录：

借：长期股权投资	15 400	
贷：股本		4 000
资本公积		11 400

发生直接相关费用分录：

借：管理费用	1 000	
贷：银行存款		1 000

合并报表抵销分录：

借：股本	2 000	
资本公积	8 000	
盈余公积	8 000	
未分配利润	4 000	
贷：长期股权投资		15 400
少数股东权益		6 600

（2）内部交易存货的调整抵销分录：

借：营业收入	800	
贷：营业成本		680
存货	（200 × 60%）	120

内部交易无形资产的调整抵销分录：

借：资产处置收益	720	

贷：无形资产——原价　　（1 800 - 1 200 + 120）720

借：无形资产——累计摊销　　（720/9/2）40

贷：管理费用　　40

内部债权债务的调整抵销分录：

借：应付账款　　2 600

贷：应收账款　　2 600

借：应收账款——坏账准备　　130

贷：信用减值损失　　（2 600 × 5%）130

长期股权投资按照权益法调整：

借：长期股权投资　　2 520

贷：投资收益　　（3 000 × 70%）2 100

其他综合收益　　（600 × 70%）420

权益法调整后长期股权投资的金额 = 15 400 + 2 520 = 17 920（万元）。

长期股权投资与所有者权益的抵销：

借：股本　　2 000

资本公积　　8 000

其他综合收益　　600

盈余公积　　8 300

未分配利润　　6 700

贷：长期股权投资　　17 920

少数股东权益　　7 680

投资收益与子公司利润分配等项目的抵销：

借：年初未分配利润　　4 000

投资收益　　2 100

少数股东损益　　900

贷：提取盈余公积　　300

年末未分配利润　　6 700

（3）甲公司 20 × 9 年 4 月购买丙公司 30% 股权的性质属于同一控制下购买子公司少数股东股权。

甲公司个别报表应确认长期股权投资的金额 = 14 600 + 300 = 14 900（万元）

借：长期股权投资　　14 900

贷：银行存款　　14 900

（4）个别报表追加的长期股权投资在合并报表层面的调整金额 = 14 900 - 26 600 × 30% = 6 920（万元），做调减处理。

借：资本公积　　6 920

贷：长期股权投资　　6 920

借：长期股权投资　　3 220

贷：年初未分配利润　　（3 000 × 70%）2 100

其他综合收益 (600×70%) 420

投资收益 (1 000×70%) 700

权益法调整后的长期股权投资金额 = 成本法下长期股权投资初始成本 15 400 + 追加投资成本 14 900 - 合并报表调减的金额 6 920 + 完整的权益法调整金额 3 220 = 26 600（万元），与追加投资时点子公司所有者权益总额相等，此时母公司 100% 持股，不再有少数股东权益存在。

借：股本 2 000

资本公积 8 000

盈余公积 8 300

未分配利润 7 700

其他综合收益 600

贷：长期股权投资 26 600

2. 【答案及解析】

（1）甲公司 20×6 年个别报表中应确认投资收益 = [3 000 - (500 - 400) × (1 - 50%)] × 30% = 885（万元）；

甲公司 20×7 年个别报表中应确认的投资收益 = [3 500 + (500 - 400) × 50%] × 30% = 1 065（万元）。

（2）甲公司购买丁公司股权应确认商誉 = 9 000 - 12 000 × 70% = 600（万元）。

（3）甲公司支付的现金在 20×6 年度合并现金流量表中列报的项目名称为"取得子公司及其他营业单位支付的现金净额"，列报金额 = 9 000 - 3 500 = 5 500（万元）。

（4）甲公司租赁给乙公司的办公楼在 20×7 年 12 月 31 日的合并资产负债表中列报项名称为"固定资产"。

理由：母公司将办公楼出租给子公司属于集团公司之间的内部交易，要进行抵销处理，视同交易从未发生，因此在合并报表层面该办公楼属于自用房地产，即固定资产。

（5）甲公司在其 20×6 年度合并财务报表中应披露的关联方：乙公司、丙公司、丁公司。

对于乙公司和丁公司，应披露子公司的名称、业务性质、注册地、注册资本及其变化、母公司对该子公司的持股比例和表决权比例。

对于丙公司，应披露关联方关系的性质。

（6）甲公司 20×7 年合并报表与乙公司股权相关调整抵销分录如下：

①甲公司与乙公司内部商品交易的抵销：

借：年初未分配利润 120

贷：固定资产 120

借：固定资产 [(600 - 480)/6 × 6/12] 10

贷：年初未分配利润 10

借：固定资产 [(600 - 480)/6] 20

贷：管理费用 20

②甲公司与乙公司内部债权债务的抵销：

借：应收账款　　30

　　贷：年初未分配利润　　30

借：信用减值损失　　30

　　贷：应收账款　　30

③甲公司与乙公司内部租赁交易的抵销：

借：固定资产　　200

　　贷：投资性房地产　　200

借：营业收入　　50

　　贷：管理费用　　50

借：投资性房地产　　20

　　贷：营业成本　　20

借：管理费用　　20

　　贷：固定资产　　20

④甲公司20×7年合并报表与丁公司股权相关调整抵销分录如下：

a. 对丁公司未确认的无形资产价值进行调整：

借：无形资产　　1 200

　　贷：资本公积　　1 200

借：年初未分配利润　　（1 200/10×5/12）50

　　管理费用　　（1 200/10）120

　　贷：无形资产　　170

b. 对长期股权投资按照权益法进行调整：

借：长期股权投资　　287

　　贷：年初未分配利润　　［（180－50）×70%］91

　　　　投资收益　　［（400－120）×70%］196

c. 抵销分录：

借：实收资本　　10 000

　　资本公积　　1 200

　　盈余公积　　（80＋180×10%＋400×10%）138

　　未分配利润　　（720＋180－50－180×10%＋400－120－400×10%）1 072

　　商誉　　600

　　贷：长期股权投资　　（9 000＋287）9 287

　　　　少数股东权益　　［（10 000＋1 200＋138＋1 072）×30%］3 723

借：投资收益　　196

　　少数股东损益　　84

　　年初未分配利润　　（720＋180－50－180×10%）832

　　贷：提取盈余公积　　40

　　　　年末未分配利润

　　　　（720＋180－50－180×10%＋400－120－400×10%）1 072

3.【答案及解析】

（1）2×15 年甲公司持有的乙公司股权在其个别报表中列示的长期股权投资金额为 3 003 万元。

取得乙公司股权的分录：

借：长期股权投资——投资成本　　2 400

　贷：银行存款　　2 400

初始投资成本 2 400 万元小于应享有乙公司投资时点可辨认净资产公允价值份额 2 600 万元（10 000×26%），需要调整长期股权投资的初始投资成本。

借：长期股权投资——投资成本　　200

　贷：营业外收入　　200

子公司调整后的净利润 =1 200 -（2 000 -1 300）×（1 -50%）=850（万元）。

借：长期股权投资——损益调整　　（850×26%）221

　贷：投资收益　　221

借：长期股权投资——其他综合收益　　（700×26%）182

　贷：其他综合收益　　182

2×15 年 12 月 31 日长期股权投资的余额 =2 400 +200 +221 +182 =3 003（万元）。

（2）2×15 年 12 月 31 日合并报表投资收益的列示金额 =221 +182 =403（万元）。

借：营业收入　　（2 000×26%）520

　贷：营业成本　　338

　　投资收益　　［（2 000 -1 300）×26%］182

（3）甲公司增持乙公司 30% 股权，属于通过多次交易分步取得股权，最终形成非同一控制下控股合并的情况。

2×16 年 1 月 1 日纳入合并财务报表范围。理由：2×16 年 1 月 1 日，交易各方办理了乙公司股权过户登记手续。当日，甲公司对乙公司董事会进行改组，改组后的董事会由 9 名董事组成，其中甲公司派出 6 名。按乙公司章程规定，所有重大的经营、财务和分配等事项经董事会成员三分之二及以上表决通过后实施，实现了企业合并；且甲公司投资乙公司前，甲公司、乙公司、丁公司之间不存在关联方关系，所以属于通过多次交易分步取得股权，最终形成非同一控制下企业控股合并的情况，并自购买日即 2×16 年 1 月 1 日纳入甲公司合并财务报表范围。

合并成本 =3 900 +4 800 =8 700（万元）。

合并商誉 =8 700 -（15 000 -1 800×25%）×56% =552（万元）。

（4）分录如下：

借：无形资产　　1 800

　贷：资本公积　　1 350

　　递延所得税负债　　450

借：管理费用　　60

　贷：无形资产　　60

借：递延所得税负债　　15

贷：所得税费用 15

调整后的净利润 =2 500 -60 +15 =2 455（万元）。

借：长期股权投资 （2 455 ×56%）1 374.8

贷：投资收益 1 374.8

借：长期股权投资 364

贷：其他综合收益 364

借：长期股权投资 3 900

贷：长期股权投资 3 003

投资收益 897

借：其他综合收益 182

贷：投资收益 182

借：实收资本 10 000

资本公积 （1 200 +1 350）2 550

其他综合收益 （700 +650）1 350

盈余公积 （800 +250）1 050

年末未分配利润 （500 +2 455 -250）2 705

商誉 552

贷：长期股权投资 （8 700 +1 374.8 +364）10 438.8

少数股东权益 7 768.2

借：投资收益 1 374.8

少数股东损益 1 080.2

年初未分配利润 500

贷：提取盈余公积 250

年末未分配利润 2 705

4.【答案及解析】

（1）个别报表中的投资成本 =5 400 +13 000 =18 400（万元）。

借：长期股权投资 13 000

贷：银行存款 13 000

（2）合并报表中的成本 =6 200 +13 000 =19 200（万元），商誉 =19 200 -20 000 ×80% = 3 200（万元）。

（3）合并报表中确认的投资收益 =6 200 -5 400 +30 =830（万元）。

【提示】权益法增资转为非同一控制下企业合并时，合并报表中需要将原股权投资确认的资本公积转入投资收益。

（4）资产负债表日的合并报表调整和抵销分录如下：

借：无形资产 2 000

贷：资本公积 2 000

借：管理费用 200

贷：无形资产——累计摊销 （2 000/10）200

调整之后的净利润 =（500 – 2 000/10）= 300（万元）。

借：长期股权投资　800

　贷：投资收益　800

借：资本公积　30

　贷：投资收益　30

借：长期股权投资　240

　贷：投资收益　（300 × 80%）240

借：长期股权投资　（60 × 80%）48

　贷：其他综合收益　48

借：实收资本（股本）　15 000

　资本公积　（100 + 2 000）2 100

　其他综合收益　60

　盈余公积　（290 + 500 × 10%）340

　年末未分配利润　（2 610 + 500 – 200 – 50）2 860

　商誉　3 200

　贷：长期股权投资　19 488

　　少数股东权益　4 072

借：投资收益　240

　少数股东损益　60

　年初未分配利润　2 610

　贷：提取盈余公积　50

　　年末未分配利润　2 860

（5）个别报表中确认的投资收益 =（20 000 – 18 400 × 70%/80%）+（2 500 – 18 400 × 10%/80%）+ 30 = 4 130（万元）。

借：银行存款　20 000

　贷：长期股权投资　16 100

　　投资收益　3 900

借：资本公积　30

　贷：投资收益　30

借：交易性金融资产　2 500

　贷：长期股权投资　2 300

　　投资收益　200

（6）合并报表中确认的投资收益 =（20 000 + 2 500）–［（18 000 + 2 000 + 500 + 60 – 200）× 80% + 3 200］+ 60 × 80% = 3 060（万元）。

5. **【答案及解析】**

（1）甲公司对 A 公司投资成本为 10 000 万元。

该项投资应采用权益法核算，理由是甲公司向 A 公司董事会派出成员，参与其生产经营决策，能够施加重大影响。

借：长期股权投资　　10 000

　　贷：股本　　2 000

　　　　资本公积　　8 000

借：资本公积　　1 000

　　贷：银行存款　　1 000

（2）甲公司因持有A公司投资应确认的投资收益 =［2 400 -（200 -80）］×9 ÷12 ×30% = 513（万元）。

借：长期股权投资　　693

　　贷：投资收益　　513

　　　　其他综合收益　　180

（3）购买日为20×3年1月2日。

企业合并成本 =12 600 +12 600 =25 200（万元）。

商誉 =25 200 -36 000 ×60% =3 600（万元）。

个别报表中应确认的损益为7 600万元。

借：长期股权投资　　12 600

　　累计摊销　　1 000

　　贷：无形资产　　6 000

　　　　资产处置损益　　7 600

合并报表中应确认计入损益 =7 600 +12 600 -10 693 +180 =9 687（万元）。

甲公司在个别财务报表中长期股权投资的账面价值 =10 693 +12 600 =23 293（万元）。

购买日合并抵销分录：

借：股本　　6 667

　　资本公积　　14 000

　　其他综合收益　　2 400

　　盈余公积　　6 000

　　未分配利润　　6 933

　　商誉　　3 600

　　贷：长期股权投资　　25 200

　　　　少数股东权益　　14 400

（4）编制甲公司20×3年合并财务报表时，与A公司内部交易相关的抵销分录。

借：营业收入　　1 200

　　贷：营业成本　　800

　　　　固定资产　　400

借：固定资产——累计折旧　　20

　　贷：管理费用　　20

借：应付账款　　1 200

　　贷：应收账款　　1 200

借：应收账款——坏账准备　　24

贷：信用减值损失 24

（5）编制甲公司20×4年合并财务报表时，与A公司内部交易相关的抵销分录。

借：年初未分配利润 400

贷：固定资产 400

借：固定资产——累计折旧 20

贷：年初未分配利润 20

借：固定资产——累计折旧 40

贷：管理费用 40

借：信用减值损失 24

贷：年初未分配利润 24

6.【答案及解析】

（1）甲公司个别财务报表中长期股权投资的账面价值 =600 +3 000 =3 600（万元）。

会计分录如下：

借：长期股权投资 3 000

贷：银行存款 3 000

借：管理费用 100

贷：银行存款 100

甲公司合并财务报表中的商誉 = 甲公司原持有股权的公允价值 + 新增的投资成本 - 乙公司可辨认净资产公允价值的份额 =1 500 +3 000 -3 000 ×90% =4 500 -2 700 =1 800（万元）。

该交易对甲公司合并财务报表的损益影响金额 = -100 +（1 500 -600）=800（万元）。

（2）自20×6年1月1日起，甲公司对乙公司持股90%并采用成本法核算。对乙公司宣告分配的现金股利按照应享有的份额确认投资收益，不区分是属于取得投资之前的利润还是取得投资之后的利润。

对乙公司提取盈余公积和以未分配利润转增股本，不属于分配现金股利或利润，甲公司不进行会计处理。

甲公司应确认的投资收益 =90 ×90% =81（万元），会计分录如下：

借：应收股利——乙公司 81

贷：投资收益 81

（3）

借：累计摊销 100

长期股权投资 1 000

贷：无形资产 500

资产处置损益 600

借：投资收益 182.5

贷：长期股权投资 [（220 -600 +600/40）×50%] 182.5

（4）甲公司对丁公司的初始投资成本 =4 000（万元），会计分录如下：

借：长期股权投资 4 000

贷：银行存款 4 000

甲公司应确认投资收益

=（900－3 000/20）×40%＝750×40%＝300（万元）

甲公司在权益法下应享有的丁公司其他综合收益的份额

＝丁公司合并报表其他综合收益×甲公司的持股比例

＝200×40%＝80（万元）

会计分录如下：

借：长期股权投资	300	
贷：投资收益		300
借：长期股权投资	80	
贷：其他综合收益		80

或

借：长期股权投资	380	
贷：投资收益		300
其他综合收益		80

第二十八章　每股收益

一、2020 年新教材内容主要变化

本章教材内容与 2019 年相比没有发生实质性的变化。

二、本章近五年考情统计分析

本章考题以单选题或多选题形式出现，本章属于不重要的考试章节之一，最近五年考试分值均为 2 分。

（一）近五年考试分值分布

题型	2015 年	2016 年	2017 年	2018 年	2019 年
单选题		—	2	2	2
多选题	2	2		—	—
合计	2	2	2	2	2

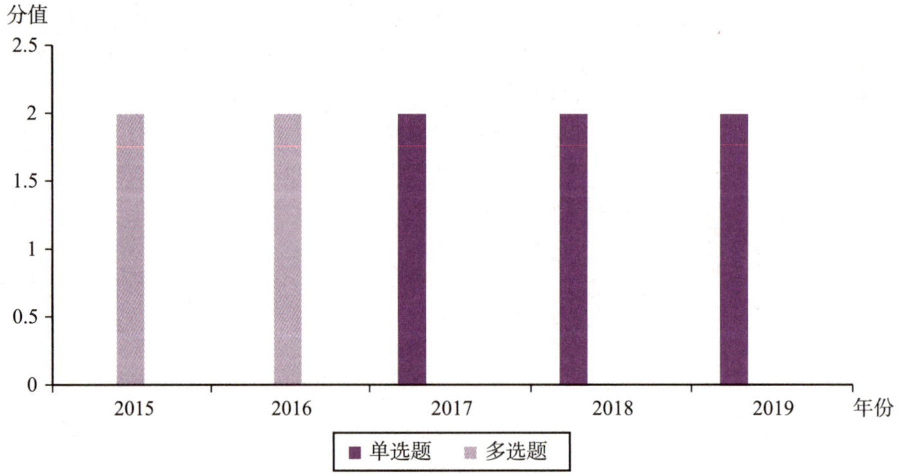

（二）近五年考试考点分布

近五年考试考点分布表

高频考点内容	年度及题型分布
基本每股收益	2017 年单选题、2018 年单选题
稀释每股收益	2015 年多选题、2019 单选题
每股收益的列报	2016 年多选题

三、重难点解析

本章内容是每股收益，是一独立的、知识点单一的章节，历年考试均为客观题单章考核。本章重点主要包括：基本每股收益的计算；稀释每股收益计算的原则，可转换公司债券，认股权证，股份期权，限制性股票，企业承诺将回购其股份的合同，多项潜在普通股；每股收益的重新计算和列报等内容。

重难点1：基本每股收益★★★

基本每股收益是按照归属于普通股股东的当期净利润除以当期实际发行在外普通股的加权平均数计算确定。

（一）分子的确定

计算基本每股收益时，分子为归属于普通股股东的当期净利润，即企业当期实现的可供普通股股东分配的净利润或应由普通股股东分担的净亏损金额。发生亏损的企业，每股收益以负数列示。

（二）分母的确定

计算基本每股收益时，分母为当期发行在外普通股的加权平均数，即期初发行在外普通股股数根据当期新发行或回购的普通股股数与相应时间权数的乘积进行调整后的数量。

发行在外的普通股加权平均数＝期初发行在外普通股股数＋当期新发行普通股股数×已发行时间÷报告期时间－当期回购普通股股数×已回购时间÷报告期时间

已发行时间、报告期时间和已回购时间，一般按照天数计算；在不影响计算结果合理性的前提下，也可以采用简化的计算方法，如按月计算。

【小贴士】（1）基本每股收益仅考虑当期实际发行在外的普通股股票。

（2）公司库存股不属于发行在外的普通股，且无权参与利润分配，应当在计算分母时扣除。

（3）以合并财务报表为基础计算的每股收益，分子应当是归属于母公司普通股股东的合并净利润，即扣减少数股东损益后的余额。

【经典模拟】

【多选题】A上市公司20×9年初发行在外的普通股30 000万股，4月1日新发行认股权证3 000万份，每份认股权证可以在一年以后以8元/股的价格认购A公司一股普通股；7月1日回购3 000万股，以备将来奖励职工。A公司当年实现的净利润为15 000万元，归属于普通股股东的净利润为12 000万元，A公司当年普通股每股平均市价为10元。下列说法正确的有（　　）。

A. A公司应采用当期实现的净利润15 000万元计算基本每股收益

B. A公司20×9年的基本每股收益为0.42元

C. A公司20×9年的稀释每股收益为0.41元

D. A公司不应该将认股权证计入基本每股收益

【答案】BCD

【解析】选项A，A公司应采用归属于普通股股东的净利润为12 000万元计算基本每股收益；选项B，A公司20×9年发行在外普通股加权平均数＝30 000×12/12－3 000×6/12＝28 500（万股），所以当年A公司基本每股收益＝12 000/28 500＝0.42（元/股）；选项C，认股权证调整增加的普通股股数 = 3 000 - 3 000 × 8/10 = 600（万股），稀释每股收益 = 12 000/(28 500 + 600 × 9/12) = 0.41（元/股）；选项 D，当年发行的认股权证为稀释性潜在普通股，不计入基本每股收益的计算。

重难点 2：稀释每股收益

（一）基本计算原则

稀释每股收益是以基本每股收益为基础，假设企业所有发行在外的稀释性潜在普通股均已转换为普通股，从而分别调整归属于普通股股东的当期净利润以及发行在外普通股的加权平均数计算而得的每股收益。

稀释性潜在普通股	潜在普通股是指赋予其持有者在报告期或以后期间享有取得普通股权利的一种金融工具或其他合同。 目前，我国企业发行的潜在普通股主要有可转换公司债券、认股权证、股份期权等。 稀释性潜在普通股，是指假设当期转换为普通股会减少每股收益的潜在普通股。对于亏损企业而言，稀释性潜在普通股假设当期转换为普通股，将会增加每股亏损的金额。计算稀释每股收益时只考虑稀释性潜在普通股的影响，而不考虑不具有稀释性的潜在普通股。 需要特别说明的是，潜在普通股是否具有稀释性的判断标准是看其对持续经营每股收益的影响；也就是说，假定潜在普通股当期转换为普通股，如果会减少持续经营每股收益或增加持续经营每股亏损，表明具有稀释性，否则，具有反稀释性。
分子的调整	计算稀释每股收益时，应当根据下列事项对归属于普通股股东的当期净利润进行调整：(1) 当期已确认为费用的稀释性潜在普通股的利息。(2) 稀释性潜在普通股转换时将产生的收益或费用。上述调整应当考虑相关的所得税影响。对于包含负债和权益成分的金融工具，仅需调整属于金融负债部分的相关利息、利得或损失。
分母的调整	计算稀释每股收益时，当期发行在外普通股的加权平均数 = 计算基本每股收益时普通股的加权平均数 + 假定稀释性潜在普通股转换为已发行普通股而增加的普通股股数的加权平均数 (1) 假定稀释性潜在普通股转换为已发行普通股而增加的普通股股数，应当根据潜在普通股的条件确定。当存在不止一种转换基础时，应当假定会采取从潜在普通股持有者角度看最有利的转换率或执行价格。 (2) 假定稀释性潜在普通股转换为已发行普通股而增加的普通股股数，应当按照其发行在外时间进行加权平均。

【经典模拟题】

【单选题】下列关于稀释每股收益的说法不正确的为（　　）。

A. 稀释每股收益是以基本每股收益为基础计算的

B. 在计算稀释每股收益时，对于包含负债成分和权益成分的金融工具不仅仅需要调整属于金融负债部分的相关利息、利得或损失

C. 以前期间发行的稀释性潜在普通股，应当假设在当期期初转换，并调整计算发行在外的普通股加权平均数

D. 企业应根据稀释性潜在普通股转换时将产生的收益或费用对归属于普通股股东的当期净利润进行调整

【答案】B

【解析】在计算稀释每股收益时，对于包含负债成分和权益成分的金融工具仅需要调整属于金融负债部分的相关利息、利得或损失。选项 B 错误。

（二）可转换公司债券

对于可转换公司债券，可以采用假设转换法判断其稀释性，并计算稀释每股收益。

首先，调整分子和分母	1. 计算增加的发行在外的普通股股数——假设这部分可转换公司债券在当期期初（或发行日）即已转换成普通股，从而增加了发行在外的普通股股数的加权平均数（属于分母的调整）。 2. 可转换公司债券在当期期初（或发行日）即已转换成普通股，节约了公司债券的利息费用，即增加了归属于普通股股东的当期净利润（属于分子的调整）。
然后，计算每股收益，确定稀释性。	1. 用增加的净利润除以增加的普通股股数，得出增量股的每股收益。 2. 与原来的每股收益比较——如果增量股的每股收益小于原每股收益，则说明该可转换公司债券具有稀释作用，应当计入稀释每股收益的计算中。

【经典模拟题】

【单选题】某公司20×9年1月2日发行面值为1 000万元，票面利率为4%的可转换债券，每100元债券可转换为1元面值普通股80股。该公司20×9年净利润为7 500万元，20×9年初发行在外普通股6 000万股，债券利息不符合资本化条件，直接计入当期损益，所得税税率25%，不考虑可转换公司债券在负债和权益成分之间的分拆。该公司20×9年的稀释每股收益为（　　）元。

A. 1.125　　B. 1.1074　　C. 1.095　　D. 0.03

【答案】B

【解析】基本每股收益＝7 500/6 000＝1.125（元），假设转换所增加的净利润＝1 000×4%×(1－25%)＝30（万元），假设转换所增加的普通股股数＝1 000/100×80＝800（万股），增量股的每股收益＝30/800≈0.03（元），增量股的每股收益小于基本每股收益，可转换公司债券具有稀释作用；稀释每股收益＝(7 500＋30)/(6 000＋800)＝1.1074（元）。

（三）认股权证、股份期权

定义	1. 认股权证：指公司发行的、约定持有人有权在履约期间内或特定到期日按约定价格向本公司购买新股的有价证券。 2. 股份期权：指公司授予持有人在未来一定期限内以预先确定的价格和条件购买本公司一定数量股份的权利，股份期权持有人对于其享有的股份期权，可以在规定的期间内以预先确定的价格和条件购买公司一定数量的股份，也可以放弃该种权利。
稀释性判断	1. 对于盈利企业，认股权证、股份期权等的行权价格低于当期普通股平均市场价格时，具有稀释性。 2. 对于亏损企业，认股权证、股份期权的假设行权一般不影响净亏损，但增加普通股股数，从而导致每股亏损金额的减少，实际上产生了反稀释的作用，因此，这种情况下，不应当计算稀释每股收益。
分子的调整	对于稀释性认股权证、股份期权，计算稀释每股收益时，一般无须调整分子净利润金额。
分母的调整	按照下列步骤对分母普通股加权平均数进行调整： 1. 假设这些认股权证、股份期权在当期期初（或发行日）已经行权，计算按约定行权价格发行普通股将取得的股款金额。 2. 假设按照当期普通股平均市场价格发行股票，计算需发行多少普通股能够带来上述相同的股款金额。 3. 比较行使股份期权、认股权证将发行的普通股股数与按照平均市场价格发行的普通股股数，差额部分相当于无对价发行的普通股，作为发行在外普通股股数的净增加。 增加的普通股股数＝拟行权时转换的普通股股数－行权价格×拟行权时转换的普通股股数÷当期普通股平均市场价格 4. 将净增加的普通股股数乘以其假设发行在外的时间权数，据此调整计算稀释每股收益的分母数。

【经典模拟题】

【单选题】甲公司2×19 年度归属于普通股股东的净利润为2 760 万元，发行在外的普通股加权平均数为3 000 万股，当年度该普通股平均市场价格为每股8 元。2×19 年1 月1 日，甲公司对外发行认股权证2 000 万份，行权日为2×20 年6 月30 日，每份认股权可以在行权日以4 元的价格认购甲公司1 股新发的股份。甲公司2×19 年度稀释每股收益金额是（　　）元。

A. 0.8　　B. 0.54　　C. 0.92　　D. 0.69

【答案】D

【解析】基本每股收益 =2 760/3 000 =0.92（元）

调整增加的普通股股数 =2 000 －2 000 ×4/8 =1 000（万股）

甲公司2019 年度稀释每股收益金额 =2 760/(3 000 +1 000) =0.69（元）。

（四）限制性股票

1. 等待期内基本每股收益的计算

基本每股收益仅考虑发行在外的普通股，按照归属于普通股股东的当期净利润除以发行在外普通股的加权平均数计算。限制性股票由于未来可能被回购，性质上属于或有可发行股票，因此在计算基本每股收益时不应当包括在内。上市公司在等待期内基本每股收益的计算，应视其发放的现金股利是否可撤销采取不同的方法：

现金股利可撤销	等待期内计算基本每股收益时，分子应扣除当期分配给预计未来可解锁限制性股票持有者的现金股利；分母不应包含限制性股票的股数。
现金股利不可撤销	等待期内计算基本每股收益时，分子应扣除归属于预计未来可解锁限制性股票的净利润；分母不应包含限制性股票的股数。

2. 等待期内稀释每股收益的计算

上市公司在等待期内稀释每股收益的计算，应视解锁条件不同采取不同的方法：

解锁条件仅为服务期限条件的	公司应假设资产负债表日尚未解锁的限制性股票已于当期期初（或晚于期初的授予日）全部解锁，并参照本章中股份期权的有关规定考虑限制性股票的稀释性。行权价格低于公司当期普通股平价市场价格时，应当考虑其稀释性，计算稀释每股收益。 行权价格： =限制性股票的发行价格 + 资产负债表日尚未取得的职工服务的公允价值 稀释每股收益： =当期净利润 ÷（普通股加权平均数 + 调整增加的普通股加权平均数） =当期净利润 ÷ [普通股加权平均数 +（限制性股票股数 − 行权价格 × 限制性股票股数 − 当期普通股平均市场价格）*] * 限制性股票若为当期发行的，则还需考虑时间权数计算加权平均数。
解锁条件包含业绩条件的	公司应假设资产负债表日即为解锁日并据以判断资产负债表日的实际业绩情况是否满足解锁要求的业绩条件。 1. 若满足业绩条件的，应当参照上述解锁条件仅为服务期限条件的有关规定计算稀释性每股收益； 2. 若不满足业绩条件的，计算稀释性每股收益时不必考虑此限制性股票的影响。

【经典模拟题】

【单选题】A 为上市公司，采用授予职工限制性股票的形式实施股权激励计划。2×19年1月1日，以非公开发行的方式向100名管理人员每人授予100股自身股票（每股面值为1元），授予价格为每股9元。当日，100名管理人员进行出资认购，总认购款为90 000元，A公司履行了相关增资手续。A公司估计该限制性股票股权激励在授予日的公允价值为每股18元。激励计划规定，若授予对象从2×19年1月1日起在A公司连续服务3年，则所授予股票将于2×22年1月1日全部解锁；其间离职的，A公司将按照原授予价格回购相关股票。2×19年1月1日至2×22年1月1日期间，所授予股票不得上市流通或转让；激励对象因获授限制性股票而取得的现金股利由公司代管，作为应付股利在解锁时向激励对象支付；对于未能解锁的限制性股票，公司在回购股票时应扣除激励对象已享有的该部分现金分红。2×19年度，A公司实现净利润6 000 000元，发行在外普通股（不含限制性股票）加权平均数为2 000 000股，宣告发放现金股利每股1元；A公司估计三年中离职的管理人员合计为10人，当年年末有5名管理人员离职。假定A公司2×19年度当期普通股平均市场价格为每股35元。不考虑其他因素，2×19年度的稀释每股收益为（一年按照360天计算）（　　）元。

A. 2.9955　　B. 2.9927　　C. 2.98　　D. 3.00

【答案】B

【解析】基本每股收益 =［6 000 000 − 1 ×（100 − 10）×100］÷2 000 000 = 2.9955（元），行权价格 = 9 + 18 × 2/3 = 21（元）<35（元）。

发行在外的限制性股票在2×19年末的加权平均数

= 100 × 100 × 359/360 +（100 − 5）× 100 × 1/360 = 9 998.61（股）。

稀释每股收益 = 6 000 000 ÷［2 000 000 +（9 998.61 − 9 998.61 × 18/35］= 2.9927（元）。

（五）企业承诺将回购其股份的合同

企业承诺将回购其股份的合同中规定的回购价格高于当期普通股平均市场价格时，应当考虑其稀释性。计算稀释每股收益时，与前面认股权证、股份期权的计算思路恰好相反，具体步骤为：

（1）假设企业于期初按照当期普通股平均市场价格发行普通股，以募集足够的资金来履行回购合同；合同日晚于期初的，则假设企业于合同日按照自合同日至期末的普通股平均市场价格发行足量的普通股。该假设前提下，由于是按照市价发行普通股，导致企业经济资源流入与普通股股数同比例增加，每股收益金额不变。

（2）假设回购合同已于当期期初（或合同日）履行，按照约定的行权价格回购本企业股票。

（3）比较假设发行的普通股股数与假设回购的普通股股数，差额部分作为净增加的发行在外普通股股数，再乘以相应的时间权重，据此调整计算稀释每股收益的分母数。

增加的普通股股数 = 回购价格 × 承诺回购的普通股股数/当期普通股平均市场价格 − 承诺回购的普通股股数

【经典模拟题】

【单选题】某公司2×19年度归属于普通股股东的净利润为500万元，发行在外普通股加权平均数为1 200万股。2×19年4月1日，该公司与股东签订一份远期回购合同，承诺一年后以每股10元的价格回购其发行在外的300万股普通股。假设，该普通股2×19年3月至12月平均市场价格为8元。2×19年度基本每股收益和稀释每股收益为（　　）。

A. 0.42和0.40　　B. 0.40和0.42　　C. 0.44和0.42　　D. 0.44和0.40

【答案】A

【解析】

基本每股收益＝500/1 200＝0.42（元/股）

调整增加的普通股股数＝300×10/8－300＝75（万股）

稀释每股收益＝500/（1 200＋75×9/12）＝0.40（元/股）

（六）多项潜在普通股

企业对外发行不同潜在普通股的，单独考察其中某潜在普通股可能具有稀释作用，但如果和其他潜在普通股一并考察时可能恰恰变为反稀释作用。

为了反映潜在普通股最大的稀释作用，应当按照各潜在普通股的稀释程度从大到小的顺序计入稀释每股收益，直至稀释每股收益达到最小值。

通常情况下，股份期权和认股权证排在前面计算，因为其假设行权一般不影响净利润。

对外发行多项潜在普通股的企业应当按照下列步骤计算稀释每股收益：

（1）列出企业在外发行的各潜在普通股。

（2）假设各潜在普通股已于当期期初或发行日转换为普通股，确定其对归属于普通股股东当期净利润的影响金额。

【小贴士】可转换公司债券的假设转换一般会增加当期净利润金额；股份期权和认股权证的假设行权一般不影响当期净利润。

（3）确定各潜在普通股假设转换后将增加的普通股股数。

【小贴士】值得注意的是，稀释性股份期权和认股权证假设行权后，计算增加的普通股股数不是发行的全部普通股股数，而应当是其中无对价发行部分的普通股股数。

（4）计算各潜在普通股的增量股每股收益，判断其稀释性。增量股每股收益越小的潜在普通股稀释程度越大。

（5）按照潜在普通股稀释程度从大到小的顺序，将各稀释性潜在普通股分别计入稀释每股收益中。

分步计算过程中，如果下一步得出的每股收益小于上一步得出的每股收益，表明新计入的潜在普通股具有稀释作用，应当计入稀释每股收益中；反之，则表明具有反稀释作用，不计入稀释每股收益中。

（6）最后得出的最小每股收益金额即为稀释每股收益。

【经典真题】

【单选题·2019】甲公司为上市公司，其20×8年度基本每股收益为0.43元/股。甲公司 20×8 年度发生的可能影响其每股收益的交易或事项如下：（1）发行可转换公司债券，其当年增量股的每股收益为 0.38 元；（2）授予高管人员 2 000 万股股票期权，行权价格为 6 元/股；（3）接受部分股东按照市场价格的增资，发行在外普通股股数增加 3 000 万；（4）发行认股权证 1 000 万份，每份认股权证持有人有权利以 8 元的价格认购甲公司 1 股普通股。甲公司 20×8 年度股票的平均市场价格为 13 元/股。不考虑其他因素，下列各项中，对甲公司 20×8 年度基本每股收益不具有稀释作用的是（　　）。

A. 股票期权　　B. 认股权证

C. 可转换公司债券　　D. 股东增益

【答案】D

【解析】增量股每股收益小于基本每股收益时，可以判断出该事项具有稀释性。可转换公司债券增量股每股收益小于基本每股收益，具有稀释作用；对于盈利企业，认股权证和股票期权等的行权价低于当期普通股平均市场价格时，具有稀释作用；因按市价增资导致发行在外的股数增加不具有稀释作用。

【多选题·2015】对于盈利企业，下列各项潜在普通股中，具有稀释性的有（　　）。

A. 发行的行权价格低于普通股平均价格的期权

B. 签订的承诺以高于当期普通股平均市场价格回购本公司股份的协议

C. 发行的购买价格高于当期普通股平均市场价格的认股权证

D. 持有的增量股每股收益大于当期基本每股收益的可转换公司债券

【答案】AB

【解析】选项 C，对于盈利企业，发行的购买价格低于当期普通股平均市场价格的认股权证，具有稀释性；选项 D，对于盈利企业，持有的增量股每股收益小于当期基本每股收益的可转换公司债券，具有稀释性。

重难点 3：每股收益的列报

（一）重新计算

1. 派发股票股利、公积金转增资本、拆股和并股

企业派发股票股利、公积金转增资本、拆股或并股等，会增加或减少其发行在外普通股或潜在普通股的数量，但并不影响所有者权益金额，这既不影响企业所拥有或控制的经济资源，也不改变企业的盈利能力，即意味着同样的损益现在要由扩大或缩小了的股份规模来享有或分担。因此，为了保持会计指标的前后期可比性，企业应当在相关报批手续全部完成后，按调整后的股数重新计算各列报期间的每股收益。上述变化发生于资产负债表日至财务报告批准报出日之间的，应当以调整后的股数重新计算各列报期间的每股收益。

【经典真题】

【单选题·2018】甲公司 20×6 年度和 20×7 年度归属于普通股股东的净利润分别为 3 510 万元和 4 260 万元。20×6 年 1 月 1 日，甲公司发行在外普通股为 2 000 万股。20×6 年 7 月 1 日，甲公司按照每股 12 元的市场价格发行普通股 500 万股。20×7 年 4 月 1 日，甲公司以 20×6 年 12 月 31 日股份总额 2 500 万股为基数，每 10 股以资本公积转增股本 2 股。不考虑

其他因素，甲公司在20×7年度利润表中列报的20×6年度基本每股收益是（　　）元。

A. 1.17　　B. 1.30　　C. 1.40　　D. 1.56

【答案】B

【解析】3 510÷[（2 000+500×6/12）×1.2]=1.30（元）

2. 配股

配股在计算每股收益时比较特殊，因为它是向全部现有股东以低于当前股票市价的价格发行普通股，实际上可以理解为按市价发行股票和无对价送股的混合体。也就是说，配股中包含的送股因素具有与股票股利相同的效果，导致发行在外普通股股数增加的同时，却没有相应的经济资源流入。因此，计算基本每股收益时，应当考虑配股中的送股因素，将这部分无对价的送股（注意不是全部配发的普通股）视同列报最早期间期初就已发行在外，并据以调整各列报期间发行在外普通股的加权平均数，计算各列报期间的每股收益。

为此，企业首先应当计算出一个调整系数，再用配股前发行在外普通股的股数乘以该调整系数，得出计算每股收益时应采用的普通股股数。

每股理论除权价格=（行权前发行在外普通股的公允价值总额+配股收到的款项）/行权后发行在外的普通股股数

调整系数=行权前发行在外普通股的每股公允价值/每股理论除权价格

因配股重新计算的上年度基本每股收益=上年度基本每股收益/调整系数

本年度基本每股收益=归属于普通股股东的当期净利润/（配股前发行在外普通股股数×调整系数×配股前普通股发行在外的时间权重+配股后发行在外普通股加权平均数）

【经典真题】

【多选题·2016】下列各项中，应该重新计算各项报表期间每股收益的有（　　）。

A. 报告年度以盈余公积转为股本

B. 报告年度资产负债表日后期间分拆的股份

C. 报告年度以发行股份为对价实现非同一控制下的企业合并

D. 报告年度因发现企业前期重大会计差错而对财务报告进行调整

【答案】ABD

【解析】选项C，通过发行股票实现非同一控制下的企业合并，企业的资产与所有者权益均发生变动，不需要重新计算各列报期的每股收益。

（二）列报

对于普通股或潜在普通股已公开交易的企业以及正处于公开发行普通股或潜在普通股过程中的企业，如果不存在稀释性潜在普通股则应当在利润表中单独列示基本每股收益；如果存在稀释性潜在普通股则应当在利润表中单独列示基本每股收益和稀释每股收益。

编制比较财务报表时，各列报期间中只要有一个期间列示了稀释每股收益，那么所有列报期间均应当列示稀释每股收益，即使其金额与基本每股收益相等。

企业对外提供合并财务报表的，仅要求其以合并财务报表为基础计算每股收益，并在合并财务报表中予以列报；与合并财务报表一同提供的母公司财务报表中不要求计算和列报每股收益，如果企业自行选择列报的，应以母公司个别财务报表为基础计算每股收益，并在其个别财务报表中予以列报。

企业应当在附注中披露与每股收益有关的下列信息：

（1）基本每股收益和稀释每股收益分子、分母的计算过程。

（2）列报期间不具有稀释性但以后期间很可能具有稀释性的潜在普通股。

（3）在资产负债表日至财务报告批准报出日之间，企业发行在外普通股或潜在普通股发生重大变化的情况。

企业如有终止经营的情况，应当在附注中分别持续经营和终止经营披露基本每股收益和稀释每股收益。

【经典模拟题】

【多选题】根据《企业会计准则第34号——每股收益》列报的规定，下列会计处理方法中正确的有（　　）。

A. 列报期间不具有稀释性但以后期间很可能具有稀释性的潜在普通股

B. 在资产负债表日至财务报告批准报出日之间，企业发行在外普通股或潜在普通股发生重大变化的情况

C. 企业应当在利润表中单独列示基本每股收益和稀释每股收益

D. 企业应当在附注中披露基本每股收益和稀释每股收益分子、分母的计算过程

【答案】ABCD

【解析】企业应当在附注中披露与每股收益有关的下列信息：

（1）基本每股收益和稀释每股收益分子、分母的计算过程。

（2）列报期间不具有稀释性但以后期间很可能具有稀释性的潜在普通股。

（3）在资产负债表日至财务报告批准报出日之间，企业发行在外普通股或潜在普通股股数发生重大变化的情况。

四、进阶练习

（一）单选题

1. 2×19年7月1日，A公司发行1 000万股普通股取得B公司100%的股权，合并后B公司仍维持其独立法人资格继续经营。A公司与B公司在合并前无任何关联方关系。合并前，A公司发行在外的普通股股数为5 000万股，除企业合并过程中定向增发的股票外股数未发生其他变动。A公司2×19年实现净利润7 000万元，B公司2×19年实现净利润1 000万元，利润在每个月均匀发生。A公司与B公司采用的会计政策相同。不考虑其他因素，2×19年合并利润表中基本每股收益为（　　）元。

A. 1.36　　B. 1.2　　C. 1.13　　D. 1.32

2. 下列关于稀释每股收益的计算，处理不正确的是（　　）。

A. 企业应根据稀释性潜在普通股转换时将产生的收益或费用对归属于普通股股东的当期净利润进行调整

B. 当期发行的稀释性潜在普通股，应当假设在发行日转换，并调整计算发行在外的普

通股加权平均数

C. 以前期间发行的稀释性潜在普通股，应当假设在当期期初转换，并调整计算发行在外的普通股加权平均数

D. 计算合并财务报表的每股收益时，分子应包括母公司和子公司当期净利润

3. 甲公司2×19年4月1日为建造生产线发行两年期可转换公司债券。该债券面值为1 000万元，票面利率为5%，每100元债券可转换为90股面值1元的普通股。该公司2×19年实现净利润2 000万元，2×19年年初发行在外普通股为2 200万股，所得税税率为25%，假设不考虑可转换公司债券负债成分和权益成分的分拆。不考虑其他因素，该公司2×19年稀释每股收益为（　　）元。

A. 0.70　　B. 0.89　　C. 0.91　　D. 0.92

4. 2×19年1月1日，甲上市公司对外发行20 000万份股份期权，行权日为2×20年7月1日，行权价格5元/股。甲上市公司2×19年度实现的净利润为40 000万元，其中归属于普通股股东的为36 000万元，归属于优先股股东的为4 000万元；发行在外普通股加权平均数为60 000万股。甲上市公司普通股平均市场价格为8元，甲上市公司2×19年稀释每股收益为（　　）元。

A. 0.67　　B. 0.60　　C. 0.53　　D. 0.59

5. A为上市公司，采用授予职工限制性股票的形式实施股权激励计划。2×19年7月1日，以非公开发行的方式向200名管理人员每人授予100股自身股票（每股面值为1元），授予价格为每股6元。当日，200名管理人员进行出资认购，总认购款为120 000元，A公司履行了相关增资手续。A公司估计该限制性股票股权激励在授予日的公允价值为每股12元。激励计划规定，若授予对象从2×19年1月1日起在A公司连续服务3年，则所授予股票将于2×22年1月1日全部解锁；其间离职的，A公司将按照原授予价格回购相关股票。2×19年1月1日至2×22年1月1日期间，所授予股票不得上市流通或转让；激励对象因获授限制性股票而取得的现金股利由公司代管，作为应付股利在解锁时向激励对象支付；对于未能解锁的限制性股票，公司在回购股票时应扣除激励对象已享有的该部分现金分红。2×19年度，A公司实现净利润6 000 000元，发行在外普通股（不含限制性股票）加权平均数为2 000 000股，宣告发放现金股利每股1元；A公司估计三年中离职的管理人员合计为30人，当年年末有10名管理人员离职。假定A公司2×19年度当期普通股平均市场价格为每股30元。不考虑其他因素，2×19年度的稀释每股收益为（　　）元。（一年按照360天计算）

A. 2.98　　B. 3.00　　C. 2.99　　D. 3.01

6. 甲公司有一项回购合同，同时发行一项股份期权，下列业务的处理中正确的是（　　）。

A. 如果甲公司当期盈利，其发行的股份期权的行权价格高于当期普通股平均市场价格时，具有稀释性

B. 如果甲公司当期盈利，其发行的股份期权的行权价格低于当期普通股平均市场价格时，具有反稀释性

C. 如果甲公司当期盈利，其回购合同中规定的回购价格高于当期普通股平均市场价格时，具有稀释性

D. 如果甲公司当期盈利，无论回购合同中规定的回购价格高于或低于当期普通股平均市场价格时，均具有稀释性

7. 下列关于存在多项潜在普通股时稀释每股收益的处理，表述不正确的是（　　）。

A. 企业对外发行不同潜在普通股，单独考查某一潜在普通股可能具有稀释作用，如果与其他潜在普通股一同考察时，可能恰恰变为具有反稀释作用

B. 增量股每股收益小于基本每股收益的稀释性潜在普通股，不一定计入稀释每股收益

C. 增量股每股收益越大，稀释性越大

D. 企业的稀释性潜在普通股不一定都计入稀释每股收益中

8. 甲公司2×19年度净利润为35 000万元（不包括子公司利润或子公司支付的股利），发行在外普通股30 000万股，持有子公司乙公司80%的普通股股权。乙公司2×19年度净利润为2 415万元，发行在外普通股400万股，普通股平均市场价格为8元。2×19年年初，乙公司对外发行350万份可用于购买其普通股的认股权证，行权价格为4元，甲公司持有15万份认股权证。假设母子公司之间没有其他需抵销的内部交易。甲公司取得对乙公司投资时，乙公司各项可辨认资产的公允价值与其账面价值一致。甲公司合并报表的稀释每股收益为（　　）元。

A. 1.17　　B. 1.21　　C. 1.23　　D. 4.2

9. 甲公司2×18年归属于普通股股东的净利润为1 800万元，当年年初发行在外的普通股股数为1 100万股，7月1日增发700万股。2×19年3月30日甲公司之前发行的400万份认股权证全部行权，甲公司因此增发400万股普通股，4月1日甲公司宣告发放股票股利，以2×19年3月31日的普通股股数为基准，每10股送3股。甲公司2×19年比较报表中的基本每股收益为（　　）元。

A. 1.15　　B. 0.95　　C. 0.66　　D. 0.63

10. 下列关于每股收益列报的说法中，不正确的是（　　）。

A. 在个别报表上，母公司应以个别财务报表为基础计算每股收益，并在个别财务报表中予以列示

B. 与合并报表一同提供的母公司财务报表中，不要求计算和列报每股收益，企业可以自行选择列报

C. 合并报表中需要分别以个别报表和合并报表为基础计算每股收益在合并报表中予以列报

D. 财务报表附注中必须披露基本每股收益和稀释每股收益分子、分母的计算过程

（二）多选题

1. 下列关于基本每股收益的表述中，正确的有（　　）。

A. 发生亏损的企业，每股收益以负数列示

B. 计算基本每股收益时，分子应当是归属于普通股股东的当期净利润

C. 以母公司个别财务报表为基础计算的每股收益，分子应当是归属于母公司普通股股东的当期合并净利润

D. 公司库存股不属于发行在外的普通股，且无权参与利润分配，应当在计算每股收益分母时扣除

2. 下列各项与稀释每股收益相关的表述中，正确的有（　　）。

A. 稀释每股收益以基本每股收益为基础

B. 稀释性潜在普通股是指可转换公司债券和认股权证

C. 盈利企业签订的回购价格高于当期普通股平均市场价格的股份回购合同具有稀释性

D. 潜在普通股都具有稀释性

3. 企业在计算稀释每股收益时，下列各项属于对普通股股东的当期净利润进行调整的有（　　）。

A. 当期已确认为费用的稀释性潜在普通股的利息

B. 稀释性潜在普通股转换时将产生的收益或费用

C. 稀释性潜在普通股转换时将产生的收益或费用进行调整时，应当考虑相关的所得税影响

D. 对于包含负债和权益成分的金融工具，仅需调整属于金融负债部分的相关利息、利得或损失

4. 下列关于可转换债券计算稀释每股收益的说法中，正确的有（　　）。

A. 对于可转换公司债券，可以采用假设转换法判断其稀释性，并计算稀释每股收益

B. 分子的调整项目为当期已确认为费用的利息等的税后影响额

C. 分母的调整项目为假定可转换公司债券当期期初（或发行日）转换为普通股的股数加权平均数

D. 计算稀释每股收益时，以基本每股收益为基础

5. 下列关于限制性股票等待期内稀释每股收益的计算说法中，正确的有（　　）。

A. 解锁条件仅为服务期限条件的，锁定期内计算稀释每股收益时，分子应加回计算基本每股收益时已扣除的当期分配给预计未来解锁限制性股票持有者的现金股利或归属于预计未来可解锁限制性股票的净利润

B. 解锁条件包含业绩条件的，若满足业绩条件的，计算稀释性每股收益时不必考虑此限制性股票的影响

C. 解锁条件包含业绩条件的，若不满足业绩条件的，计算稀释性每股收益时不必考虑此限制性股票的影响

D. 限制性股票若为当期发行的，则还需考虑时间权数计算加权平均数

6. 下列关于限制性股票等待期内基本每股收益的计算说法中，正确的有（　　）。

A. 限制性股票由于未来可能被回购，性质上属于或有可发行股票，因此在计算基本每股收益时不应当包括在内

B. 现金股利不可撤销的限制性股票，等待期内计算基本每股收益时，分子应扣除当期分配给预计未来可解锁限制性股票持有者的现金股利

C. 现金股利可撤销的限制性股票，等待期内计算基本每股收益时，分母不应包含限制性股票的股数

D. 现金股利不可撤销的限制性股票，等待期内计算基本每股收益时，分子应扣除归属于预计未来可解锁限制性股票的净利润

7. 下列关于稀释每股收益的表述中，正确的有（　　）。

A. 甲公司本年盈利，当期普通股平均市场价格为8元，回购价格为每股5元的承诺股份回购合同具有稀释性

B. 乙公司本年亏损，当期普通股平均市场价格为10元，回购价格为每股8元的承诺股份回购合同具有稀释性

C. 丙公司本年盈利，当期普通股平均市场价格为12元，发行的行权价格为每股9元的认股权证具有稀释性

D. 丁公司本年亏损，当期普通股平均市场价格为8元，发行的行权价格为每股10元的股票期权具有反稀释性

8. 对于企业中存在多项潜在普通股的处理，下列说法中正确的有（　　）。

A. 企业对外发行不同潜在普通股的，应单独考查其中某潜在普通股可能具有稀释作用，不应该是综合考虑

B. 如果存在多项潜在普通股，应该根据增量股的每股收益判断对每股收益的稀释程度

C. 企业每次发行的潜在普通股应当视作不同的潜在普通股

D. 如果存在多项潜在普通股，应该按照各项潜在普通股稀释程度从大到小的顺序，将各项潜在普通股分别计入稀释每股收益中

9. 甲公司2×19年归属于普通股股东的净利润为2 500万元，2×19年4月1日按市价新发行普通股400万股，此次增发使发行在外普通股总数增加为1 000万股。2×19年1月1日（日后期间）分配股票股利，以2×19年12月31日总股本1 000万股为基数每10股送4股，假设不存在其他股数变动因素。下列说法正确的有（　　）。

A. 日后期间分配股票股利，需对资产负债表期间的每股收益进行重新计算

B. 发行股票股利后，2×19年底的普通股加权平均数是1 260股

C. 重新计算的2×19年基本每股收益为1.98元

D. 在重新计算时，应该考虑新发行股份的时间权数

10. 下列项目中，企业应当在附注中披露的与每股收益有关的信息有（　　）。

A. 基本每股收益分子、分母的计算过程

B. 列报期间不具有稀释性，但以后期间很可能具有稀释性的潜在普通股

C. 稀释每股收益分子、分母的计算过程

D. 在资产负债表日至所得税汇算清缴日之间，企业发行在外普通股或潜在普通股发生重大变化的情况

（三）综合题

甲公司是一家上市公司，为建立长效激励机制，吸引和留住优秀人才，制定和实施了限制性股票激励计划。甲公司发生的与该计划相关的交易或事项如下：

（1）20×6年1月1日，甲公司实施经批准的限制性股票激励计划，通过定向发行股票的方式向20名管理人员每人授予50万股限制性股票，每股面值1元，发行所得款项8 000万元已存入银行，限制性股票的登记手续已办理完成。甲公司以限制性股票授予日公司股票的市价减去授予价格后的金额确定限制性股票在授予日的公允价值为12元/股。

上述限制性股票激励计划于20×6年1月1日经甲公司股东大会批准。根据该计划，限制性股票的授予价格为8元/股。限制性股票的限售期为授予的限制性股票登记完成之日起

36 个月，激励对象获授的限制性股票在解除限售前不得转让、用于担保或偿还债务。限制性股票的解锁期为 12 个月，自授予的限制性股票登记完成之日起 36 个月后的首个交易日起，至授予的限制性股票登记完成之日起 48 个月内的最后一个交易日当日止。解锁期内，同时满足下列条件的，激励对象获授的限制性股票方可解除限售：激励对象自授予的限制性股票登记完成之日起工作满 3 年；以上年度营业收入为基数，甲公司 20×6 年度、20×7 年度及 20×8 年度 3 年营业收入增长率的算术平均值不低于 30%。限售期满后，甲公司为满足解除限售条件的激励对象办理解除限售事宜，未满足解除限售条件的激励对象持有的限制性股票由甲公司按照授予价格回购并注销。

（2）20×6 年度，甲公司实际有 1 名管理人员离开，营业收入增长率为 35%。甲公司预计，20×7 年度及 20×8 年度还有 2 名管理人员离开，每年营业收入增长率均能够达到 30%。

（3）20×7 年 5 月 3 日，甲公司股东大会批准董事会制定的利润分配方案，即以 20×6 年 12 月 31 日包括上述限制性股票在内的股份 45 000 万股为基数，每股分配现金股利 1 元，共计分配现金股利 45 000 万元。根据限制性股票激励计划，甲公司支付给限制性股票持有者的现金股利可撤销，即一旦未达到解锁条件，被回购限制性股票的持有者将无法获得（或需要退回）其在等待期内应收（或已收）的现金股利。

20×7 年 5 月 25 日，甲公司以银行存款支付股利 45 000 万元。

（4）20×7 年度，甲公司实际有 1 名管理人员离开，营业收入增长率为 33%。甲公司预计，20×8 年度还有 1 名管理人员离开，营业收入增长率能够达到 30%。

（5）20×8 年度，甲公司没有管理人员离开，营业收入增长率为 31%。

（6）20×9 年 1 月 10 日，甲公司对符合解锁条件的 900 万股限制性股票解除限售，并办理完成相关手续。

20×9 年 1 月 20 日，甲公司对不符合解锁条件的 100 万股限制性股票按照授予价格予以回购，并办理完成相关注销手续。在扣除已支付给相关管理人员股利 100 万元后，回购限制性股票的款项 700 万元已以银行存款支付给相关管理人员。

其他有关资料：第一，甲公司 20×5 年 12 月 31 日发行在外的普通股为 44 000 万股。第二，甲公司 20×6 年度、20×7 年度及 20×8 年度实现的净利润分别为 88 000 万元、97 650 万元、101 250 万元。第三，本题不考虑相关税费及其他因素。

要求：（1）根据资料（1），编制甲公司与定向发行限制性股票相关的会计分录。

（2）根据上述资料，计算甲公司 20×6 年度、20×7 年度及 20×8 年度因限制性股票激励计划分别应予确认的损益，并编制甲公司 20×6 年度相关的会计分录。

（3）根据上述资料，编制甲公司 20×7 年度及 20×8 年度与利润分配相关的会计分录。

（4）根据资料（6），编制甲公司解除限售和回购并注销限制性股票的会计分录。

（5）根据上述资料，计算甲公司 20×6 年度、20×7 年度及 20×8 年度的基本每股收益。

五、进阶练习答案

（一）单选题

1.【答案】A

【解析】非同一控制下企业合并中作为对价发行的普通股股数应当从购买日起计算，2×19年发行在外的普通股股数＝5 000＋1 000×6/12＝5 500（万股）；B公司2×19年实现净利润1 000万元，A应当从B公司分享利润1 000×6/12＝500（万元），合并净利润＝7 000＋500＝7 500（万元）；基本每股收益＝7 500/5 500＝1.36（元）。

2.【答案】D

【解析】选项D，分子应为母公司普通股股东享有的当期合并净利润部分，即扣除少数股东损益。

3.【答案】A

【解析】该公司为了建造生产线而发行债券的，债券的利息计入在建工程，不影响损益，所以不会使得净利润增加。

普通股股数的增加＝1 000/100×90＝900（万股）

稀释的每股收益＝2 000/(2 200＋900×9/12)＝0.70（元）

4.【答案】C

【解析】调整增加的普通股股数＝20 000－20 000×5÷8＝7 500（万股），稀释的每股收益＝36 000/(60 000＋7 500)＝0.53（元）。

5.【答案】C

【解析】行权价格＝6＋12×2/3＝14（元）；

由于行权价格低于当期普通股平均市场价格，因此应当考虑限制性股票的稀释性；

发行在外的限制性股份在2×19年的加权平均数＝200×100×(179/360)＋(200－10)×100×(1/360)＝9 997.22（股）；

稀释每股收益＝6 000 000÷[2 000 000＋(9 997.22－14×9 997.2÷30)]＝2.99（元）。

6.【答案】C

【解析】在盈利企业中，发行的股份期权的行权价格低于当期普通股平均市场价格时，具有稀释性，回购合同中规定的回购价格高于当期普通股平均市场价格时，具有稀释性。所以选项A、B、D不正确。

7.【答案】C

【解析】增量股每股收益越小，稀释性越大，因此选项C错误。

8.【答案】B

【解析】①乙公司调整增加的普通股股数＝350－350×4/8＝175（万股）

②乙公司的稀释每股收益＝2 415/(400＋175)＝4.2（元）

③归属于甲公司普通股股东的甲公司净利润＝35 000（万元）

④乙公司净利润中归属于普通股且由甲公司享有的部分＝4.2×400×80%＝1 344（万元）

⑤乙公司净利润中归属于认股权证且由甲公司享有的部分＝4.2×175×15/350＝31.5（万元）

⑥甲公司合并报表的稀释每股收益＝(35 000＋1 344＋31.5)/30 000＝1.21（元）

9.【答案】B

【解析】由于甲公司2×19年发放股票股利，所以2×19年比较报表中2×18年的基本每股收益需要重新计算，重新计算的基本每股收益 =1 800/[(1 100 +700 ×6/12) ×1.3] =0.95（元）。

10.【答案】C

【解析】合并报表中仅要求其以合并报表为基础计算每股收益并在合并报表中予以列报，与合并财务报表一同提供的母公司财务报表中不要求计算和列报每股收益，企业可以自行选择进行列报。

（二）多选题

1.【答案】ABD

【解析】选项C，以母公司个别财务报表为基础计算的每股收益，分子应当是归属于母公司全部普通股股东的当期净利润。

2.【答案】AC

【解析】稀释性潜在普通股是指可转换公司债券和认股权证、股份期权等，选项B错误；潜在普通股是否具有稀释性的判断标准是看其对持续经营每股收益的影响，假定潜在普通股当期转换为普通股，如果会减少经营每股收益或增加经营每股亏损，表明具有稀释性，否则具有反稀释性。选项D错误。

3.【答案】ABCD

【解析】计算稀释每股收益时，应当根据下列事项对归属于普通股股东的当期净利润进行调整：(1）当期已确认为费用的稀释性潜在普通股的利息。(2）稀释性潜在普通股转换时将产生的收益或费用。上述调整应当考虑相关的所得税影响。对于包含负债和权益成分的金融工具，仅需调整属于金融负债部分的相关利息、利得或损失。

4.【答案】ABCD

【解析】对于可转换公司债券，可以采用假设转换法判断其稀释性，并计算稀释每股收益；计算稀释每股收益时，以基本每股收益为基础，分子的调整项目为当期已确认为费用的利息等的税后影响额；分母的调整项目为假定可转换公司债券当期期初（或发行日）转换为普通股的股数加权平均数。

5.【答案】ACD

【解析】解锁条件包含业绩条件的，若满足业绩条件的，应当参照解锁条件仅为服务期限条件的有关规定计算稀释性每股收益。

6.【答案】ACD

【解析】①现金股利可撤销的限制性股票，等待期内计算基本每股收益时，分子应扣除当期分配给预计未来可解锁限制性股票持有者的现金股利；分母不应包含限制性股票的股数。②现金股利不可撤销的限制性股票，等待期内计算基本每股收益时，分子应扣除归属于预计未来可解锁限制性股票的净利润；分母不应包含限制性股票的股数。③基本每股收益仅考虑发行在外的普通股，按照归属于普通股股东的当期净利润除以发行在外普通股的加权平均数计算。限制性股票由于未来可能被回购，性质上属于或有可发行股票，因此在计算基本每股收益时不应当包括在内。

7.【答案】BC

【解析】企业承诺将以高于当期普通股平均市价的价格回购其股份的，相当于多发行一部分筹资股，股数增加，分母变大，对于盈利企业具有稀释性，对于亏损企业具有反稀释性，所以选项B说法正确，选项A不正确；认股权证和股份期权等的行权价格低于当期普通股平均市场价格时，相当于发行了一部分无对价股票，对盈利企业具有稀释性，对亏损企业具有反稀释性，所以选项C说法正确，所以选项D说法错误。

8.【答案】ABC

【解析】如果存在多项潜在普通股，应该按照各项潜在普通股稀释程度从大到小的顺序，将各项稀释性潜在普通股分别计入稀释每股收益中。选项D错误。

9.【答案】ABCD

【解析】日后期间分配股票股利，需对资产负债表期间的每股收益进行重新计算，选项A正确；发行的股票股利后，2×19年底的普通股加权平均数=600×1.4×3/12+1 000×1.4×9/12=1 260（股），选项B正确；经重新计算的2×19年基本每股收益=2 500/1 260=1.98（元），所以选项C正确；在重新计算时，是应该考虑当年新发行的股份的时间权数的，选项D正确。

10.【答案】ABC

【解析】企业应当在附注中披露的与每股收益有关的信息有：

（1）基本每股收益和稀释每股收益分子、分母的计算过程。

（2）列报期间不具有稀释性，但以后期间很可能具有稀释性的潜在普通股。

（3）在资产负债表日至财务报告批准报出日之间，企业发行在外普通股或潜在普通股股数发生重大变化的情况。选项D错误。

（三）综合题

【答案及解析】

（1）根据资料（1），编制甲公司与定向发行限制性股票相关的会计分录。

借：银行存款	8 000	
贷：股本		1 000
资本公积		7 000
借：库存股	8 000	
贷：其他应付款		8 000

（2）根据上述资料，计算甲公司20×6年度、20×7年度及20×8年度因限制性股票激励计划分别应予确认的损益，并编制甲公司20×6年度相关的会计分录。

20×6年度应予确认的损益=（20－1－2）×50×12÷3=3 400（万元）

20×7年度应予确认的损益=（20－2－1）×50×12÷3×2－3 400=3 400（万元）

20×8年度应予确认的损益=（20－2）×50×12－6 800=4 000（万元）

借：管理费用	3 400	
贷：资本公积		3 400

（3）根据上述资料，编制甲公司20×7年度及20×8年度与利润分配相关的会计分录。

借：利润分配——应付现金股利或利润	44 850	
其他应付款	150	
贷：应付股利		45 000

借：其他应付款　　850

　　贷：库存股　　850

借：应付股利　　45 000

　　贷：银行存款　　45 000

借：利润分配——应付现金股利或利润　　50

　　贷：其他应付款　　50

借：其他应付款　　50

　　贷：库存股　　50

（4）根据资料（6），编制甲公司解除限售和回购并注销限制性股票的会计分录。

借：其他应付款　　6 300

　　贷：库存股　　6 300

借：其他应付款　　700

　　贷：银行存款　　700

借：股本　　100

　　资本公积　　700

　　贷：库存股　　800

（5）根据上述资料，计算甲公司20×6年度、20×7年度及20×8年度的基本每股收益。

20×6年度的基本每股收益＝88 000÷44 000＝2（元）

20×7年度的基本每股收益＝(97 650－850）÷44 000＝2.2（元）

20×8年度的基本每股收益＝(101 250－50）÷44 000＝2.3（元）

第二十九章 公允价值计量

一、2020 年新教材内容主要变化

本章教材内容与2019 年相比没有发生实质性的变化。

二、本章近五年考情统计分析

本章考题以单选题或多选题形式出现，本章属于不重要的考试章节之一，最近五年每年考试分值最多为2 分。

（一）近五年考试分值分布

题型	2015 年	2016 年	2017 年	2018 年	2019 年
单选题		—	2	2	2
多选题		2	—	—	—
合计		2	2	2	2

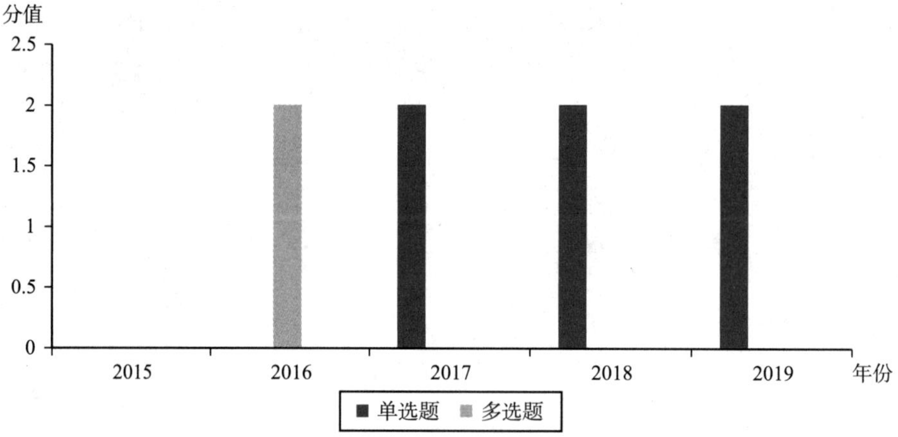

（二）近五年考试考点分布

近五年考试考点分布表

高频考点内容	年度及题型分布
公允价值计量要求	2017 年单选题、2018 年单选题、2019 年单选题
公允价值计量的具体应用	2016 年多选题

三、重难点解析

本章学习公允价值。本章重点内容包括：公允价值计量的基本要求，公允价值的初始计量、估值技术、输入值和公允价值层次等公允价值具体应用的方法。

重难点1：公允价值计量的基本要求★★

（一）相关资产或负债

企业以公允价值计量相关资产或负债，应当考虑该资产或负债的特征以及该资产或负债是以单项还是以组合的方式进行计量等因素。

1. 相关资产或负债的特征

（1）资产状况和所在位置。

市场参与者以公允价值计量一项非金融资产时，通常会考虑该资产的地理位置和环境、使用功能、结构、新旧程度、可使用状况等。因此，企业计量其公允价值时，也应考虑这些特征，对类似资产的可观察市场价格或其他交易信息进行调整，以确定该资产的公允价值。

（2）对资产出售或使用的限制。

企业以公允价值计量相关资产，应当考虑出售或使用该资产所存在的限制因素。

【小贴士】企业为合理确定相关资产的公允价值，应当区分该限制是针对资产持有者的，还是针对该资产本身的。

【经典模拟题】

【多选题】下列各项中，有关计量资产或负债公允价值时应该考虑的特征有（　　）。

A. 资产的地理位置和环境、使用功能、结构、新旧程度、可使用状况等

B. 资产或负债是以单项还是以组合的方式进行计量

C. 企业为合理确定相关资产的公允价值，应当考虑针对资产持有者的限制

D. 企业为合理确定相关资产的公允价值，应当考虑针对资产本身的限制

【答案】ABD

【解析】企业以公允价值计量资产时，不应考虑针对该资产持有者的限制因素。选项C错误。

2. 计量单元

计量单元，是指相关资产或负债以单独或者组合方式进行计量的最小单位。企业在确认相关资产或负债时就已经确定了该资产或负债的计量单元。

【小贴士】企业以公允价值计量相关资产或负债，该资产或负债可以是单项资产或负债，比如一台机器设备、一项专利权或者一项金融资产或负债，也可以是资产组合、负债组合或者资产和负债的组合。企业是以单项还是以组合的方式对相关资产或负债进行公允价值计量，取决于该资产或负债的计量单元。

【经典模拟题】

【多选题】下列属于公允价值计量准则规范的计量单元的有（　　）。

A. 一辆汽车

B. 一条生产线

C. 一项交易性金融负债

D. 一条生产线中的某设备，该设备的价值与其他设备不能合理区分

【答案】ABC

【解析】计量单元，是指相关资产或负债以单独或者组合方式进行计量的最小单位。选项 D，设备不能单独出售，说明不能单独计量，因此不属于一个计量单元。

（二）有序交易

企业以公允价值计量相关资产或负债，应当假定市场参与者在计量日出售资产或者转移负债的交易，是当前市场情况下的有序交易。企业应用于相关资产或负债公允价值计量的有序交易，是在计量日前一段时期内该资产或负债具有惯常市场活动的交易，不包括被迫清算和抛售。

1. 有序交易的确定

当企业遇到下列情况时，相关资产或负债的交易活动通常不应作为有序交易：

（1）在当前市场情况下，市场在计量日之前一段时间内不存在相关资产或负债的惯常市场交易活动。

（2）在计量日之前，相关资产或负债存在惯常的市场交易，但资产出售方或负债转移方仅与单一的市场参与者进行交易。

（3）资产出售方或负债转移方处于或者接近于破产或托管状态，即资产出售方或负债转移方已陷入财务困境。

（4）资产出售方为满足法律或者监管规定而被要求出售资产，即被迫出售。

（5）与相同或类似资产或负债近期发生的其他交易相比，出售资产或转移负债的价格是一个异常值。

2. 有序交易价格的应用

企业判定相关资产或负债的交易是有序交易的，在以公允价值计量该资产或负债时，应当考虑该交易的价格，即以该交易价格为基础确定该资产或负债的公允价值。企业在公允价值计量过程中赋予有序交易价格的权重时，应当考虑交易量、交易的可比性、交易日与计量日的临近程度等因素。

【小贴士】企业判定相关资产或负债的交易不是有序交易的，在以公允价值计量该资产或负债时，不应考虑该交易的价格，或者赋予该交易价格较低权重。

企业根据现有信息不足以判定该交易是否为有序交易的，在以公允价值计量该资产或负债时，应当考虑该交易的价格，但不应将该交易价格作为计量公允价值的唯一依据或者主要依据。相对于其他已知的有序交易价格，企业应赋予该交易较低权重。

【经典模拟题】

【多选题】下列关于公允价值计量相关资产或负债的有序交易的说法中，正确的有（　　）。

A. 企业判定相关资产或负债的交易不是有序交易的，在以公允价值计量该资产或负债时，不应考虑该交易的价格，或者赋予该交易价格较低权重

B. 企业在公允价值计量过程中赋予有序交易价格的权重时，应当考虑交易量、交易的可比性、交易日与计量日的临近程度等因素

C. 企业根据现有信息不足以判定该交易是否为有序交易的，应以交易价格作为该项资

产或负债的公允价值

D. 企业应用于相关资产或负债公允价值计量的有序交易不包括被迫清算和抛售

【答案】ABD

【解析】企业根据现有信息不足以判定该交易是否为有序交易的，在以公允价值计量该资产或负债时，应当考虑该交易的价格，但不应将该交易价格作为计量公允价值的唯一依据或者主要依据。选项 C 错误。

（三）主要市场或最有利市场

企业以公允价值计量相关资产或负债，应当假定出售资产或者转移负债的有序交易在该资产或负债的主要市场进行。不存在主要市场的，企业应当假定该交易在相关资产或负债的最有利市场进行。

主要市场，是指相关资产或负债交易量最大和交易活跃程度最高的市场。最有利市场，是指在考虑交易费用和运输费用后，能够以最高金额出售相关资产或者以最低金额转移相关负债的市场。

1. 主要市场或最有利市场的识别

企业根据可合理取得的信息，能够在交易日确定相关资产或负债交易量最大和交易活跃程度最高的市场的，应当将该市场作为相关资产或负债的主要市场。

企业根据可合理取得的信息，无法在交易日确定相关资产或负债交易量最大和交易活跃程度最高的市场的，应当在考虑交易费用和运输费用后能够以最高金额出售该资产或者以最低金额转移该负债的市场作为最有利市场。

2. 主要市场或最有利市场的应用

（1）主要市场。

企业应当以主要市场上相关资产或负债的价格为基础，计量该资产或负债的公允价值。

【小贴士】企业应当以主要市场上相关资产或负债的价格为基础，计量该资产或负债的公允价值。且应当考虑运输费用，不考虑交易费用。

（2）最有利市场。

不存在主要市场或者无法确定主要市场的，企业应当以相关资产或负债最有利市场的价格为基础，计量其公允价值。企业在确定最有利市场时，应当考虑交易费用、运输费用等。

【小贴士】（1）企业在确定最有利市场时，应当考虑交易费用；但交易费用不属于相关资产或负债的特征，在确定公允价值时不予考虑。（2）最有利市场的选择标准是价格扣除交易费用和运输费的净额最高者；但是最有利市场下的公允价值 = 最有利市场的价格 − 运输费用

【经典模拟题】

【多选题】下列关于主要市场或最有利市场的说法中，正确的有（　　）。

A. 企业应当以主要市场上相关资产或负债的价格为基础，计量该资产或负债的公允价值

B. 企业正常进行资产出售或者负债转移的市场是主要市场或最有利市场

C. 相关资产或负债的主要市场要求企业于计量日在该市场上实际出售资产或者转移负债

D. 最有利市场的选择标准是价格扣除交易费用和运输费的净额最高者；但是最有利市场下的公允价值 = 最有利市场的价格 − 运输费用

【答案】AD

【解析】选项B，说法过于绝对，通常情况下，如果不存在相反的证据，企业正常进行资产出售或者负债转移的市场可以视为主要市场或最有利市场；选项C，相关资产或负债的主要市场应当是企业可进入的市场，但不要求企业于计量日在该市场上实际出售资产或者转移负债。

（四）市场参与者

企业以公允价值计量相关资产或负债，应当充分考虑市场参与者之间的交易，采用市场参与者在对该资产或负债定价时为实现其经济利益最大化所使用的假设。

1. 市场参与者的特征

市场参与者，是指在相关资产或负债的主要市场（或者在不存在主要市场情况下的最有利市场）中，相互独立的、熟悉资产或负债情况的、能够且愿意进行资产或负债交易的买方和卖方。

市场参与者应当具备下列特征：

（1）市场参与者应当相互独立，不存在关联方关系。

【小贴士】如果市场参与者之间存在关联方关系，则其交易不能作为市场参与者之间的交易，其交易价格不能作为计量相关资产公允价值的基础；如果企业有证据表明，关联方之间的交易是按市场条款达成的，则关联方之间的交易可以作为市场参与者之间的交易，交易价格可作为公允价值计量的基础。

（2）市场参与者应当熟悉情况，根据可获得的信息，包括通过正常的尽职调查获取的信息，对相关资产或负债以及交易具备合理认知。

（3）市场参与者应当有能力并自愿进行相关资产或负债的交易，而非被迫或以其他强制方式进行交易。

2. 市场参与者的确定

企业在确定市场参与者时，应当考虑所计量的相关资产或负债、该资产或负债的主要市场（或者在不存在主要市场情况下的最有利市场）以及在该市场上与企业进行交易的市场参与者等因素，从总体上识别市场参与者。

3. 市场参与者的应用

企业以公允价值计量相关资产或负债，应当基于市场参与者之间的交易确定该资产或负债的公允价值。如果市场参与者在交易中考虑了相关资产或负债的特征以及相关风险等，并根据这些特征或风险对该资产或负债的交易价格进行了调整，那么企业也应当采用市场参与者在对该资产或负债定价时所使用的这些假设。

企业应当从市场参与者角度计量相关资产或负债的公允价值，而不应考虑企业自身持有资产、清偿或者以其他方式履行负债的意图和能力。

【经典模拟题】

【多选题】下列各项中，属于市场参与者特征的有（　　）。

A. 市场参与者应当熟悉情况，根据可获得的信息，对相关资产或负债以及交易具备合理认知

B. 市场参与者应当有能力并自愿进行相关资产或负债的交易，而非被迫或以其他强制方式进行交易

C. 如果市场参与者之间存在关联方关系，则其交易仍然可以作为市场参与者之间的交易

D. 市场参与者应当相互独立，不存在关联方关系

【答案】ABD

【解析】如果市场参与者之间存在关联方关系，则其交易不能作为市场参与者之间的交易，其交易价格不能作为计量相关资产公允价值的基础。选项 C 错误。

【经典真题】

【单选题·2018】甲公司在非同一控制下企业合并中取得 10 台生产设备，合并日以公允价值计量这些生产设备。甲公司可以进入 X 市场或 Y 市场出售这些生产设备，合并日相同生产设备每台交易价格分别为 180 万元和 175 万元。如果甲公司在 X 市场出售这些合并中取得的生产设备，需要支付相关交易费用 100 万元，将这些生产设备运到 X 市场需要支付运费 60 万元。如果甲公司在 Y 市场出售这些合并中取得的生产设备，需要支付相关交易费用 80 万元，将这些生产设备运到 Y 市场需要支付运费 20 万元。假定上述生产设备不存在主要市场，不考虑增值税及其他因素，甲公司上述生产设备的公允价值总额是（　　）万元。

A. 1 640　　B. 1 650　　C. 1 730　　D. 1 740

【答案】C

【解析】依据《公允价值计量》准则，企业根据可合理取得的信息，无法在交易日确定相关资产或负债交易量最大和交易活跃程度最高的市场的，应当在考虑交易费用和运输费用后能够以最高金额出售该资产或者以最低金额转移该负债的市场作为最有利市场。X 市场：$180 \times 10 - 100 - 60 = 1\ 640$（万元），Y 市场：$175 \times 10 - 80 - 20 = 1\ 650$（万元），所以 Y 市场为最有利市场。10 台生产设备的公允价值总额：$175 \times 10 - 20 = 1\ 730$（万元）。故选项 C 正确。

重难点 2：公允价值初始计量★★★

企业应当根据交易性质和相关资产或负债的特征等，判断初始确认时的公允价值是否与其交易价格相等。企业在取得资产或者承担负债的交易中，交易价格是取得该资产所支付或者承担该负债所收到的价格，即进入价格。而相关资产或负债的公允价值是脱手价格，即出售该资产所能收到的价格或者转移该负债所需支付的价格。

【经典模拟题】

【多选题】下列各项中的交易价格，不可以作为公允价值计量的有（　　）。

A. 关联方之间的交易

B. 被迫进行的交易

C. 交易价格所代表的计量单元不同于以公允价值计量的相关资产或负债的计量单元

D. 进行交易的市场不是该资产或负债的主要市场（或者在不存在主要市场情况下的最有利市场）

【答案】ABCD

【解析】在下列情况中，企业以公允价值对相关资产或负债进行初始计量的，不应将取得资产或者承担负债的交易价格作为该资产或负债的公允价值：

（1）关联方之间的交易。但企业有证据表明关联方之间的交易是按照市场条款进行的该交易价格可作为确定其公允价值的基础。

（2）被迫进行的交易，或者资产出售方（或负债转移方）在交易中被迫接受价格的交易。

（3）交易价格所代表的计量单元不同于以公允价值计量的相关资产或负债的计量单元。

（4）进行交易的市场不是该资产或负债的主要市场（或者在不存在主要市场情况下的最有利市场）。

重难点3：估值技术★★

企业以公允价值计量相关资产或负债，应当使用适用于当前情况的估值技术，且企业使用该估值技术时有足够可利用数据和其他信息支持。企业使用估值技术的目的是估计市场参与者在计量日当前市场情况下的有序交易中出售资产或者转移负债的价格。

估值技术通常包括市场法、收益法和成本法，企业应当根据实际情况从这三种方法中选择一种或多种估值技术，用于估计相关资产或负债的公允价值。

（一）估值技术

	方法	具体方法
1	市场法	市场法是利用相同或类似的资产、负债或资产和负债组合的价格以及其他相关市场交易信息进行估值的技术。
2	收益法	收益法是企业将未来金额转换成单一现值的估值技术。企业使用的收益法包括现金流量折现法、多期超额收益折现法（一般用于无形资产）、期权定价模型（一般用于衍生金融工具）等估值方法。
3	成本法	成本法，是反映当前要求重置相关资产服务能力所需金额的估值技术，通常是指现行重置成本法。

（二）估值技术的选择

企业在某些情况下使用单项估值技术是恰当的，如企业使用相同资产或负债在活跃市场上的公开报价计量该资产或负债的公允价值。但在有些情况下，企业可能需要使用多种估值技术，如企业对未上市企业股权投资的估值，将采用市场法和收益法。企业应当运用更多职业判断，确定恰当的估值技术。

【经典真题】

【单选题·2019】甲公司持有非上市的乙公司5%股权。以前年度，甲公司采用上市公司比较法、以市盈率为市场乘数估计所持乙公司股权投资的公允价值。由于客观情况发生变化，为使计量结果更能代表公允价值，甲公司从20×9年1月1日起变更估值方法，采用以市净率为市场乘数估计所持乙公司股权投资的公允价值。对于上述估值方法的变更，甲公司正确的会计处理方法是（　　）。

A. 作为会计估计变更进行会计处理，并按照《企业会计准则第39号——公允价值计

量》的规定对估值技术及其应用的变更进行披露

B. 作为会计估计变更进行会计处理，并按照《企业会计准则第 28 号——会计政策、会计估计变更和差错更正》的规定对会计估计变更进行披露

C. 作为前期差错更正进行会计处理，并按照《企业会计准则第 28 号——会计政策、会计估计变更和差错更正》的规定对前期差错更正进行披露

D. 作为会计政策变更进行会计处理，并按照《企业会计准则第 28 号——会计政策、会计估计变更和差错更正》的规定对会计政策变更进行披露

【答案】 A

【经典模拟题】

【单选题】 众诚公司采用成本法确定其相关资产的公允价值。2×16 年 1 月 1 日拥有一条生产线用于生产产品，其账面原值为 2 000 万元，预计使用年限为 12 年，预计净残值为 0，众诚公司采用直线法对其计提折旧。2×19 年，因出现产品的替代产品导致产品的市场份额骤降出现减值迹象。2×19 年 12 月 31 日，众诚公司对该生产线进行减值测试。在确定公允价值的过程中，采用以生产线的历史成本为基础，根据同类生产线的价格上涨指数来确定公允价值的物价指数法。假设自 2×16 年至 2×19 年，此类数控设备价格指数按年分别上涨了 15%、10%、12% 和 8%。此外，在考虑实体性贬值、功能性贬值和经济性贬值后，在购买日该生产线的成新率为 50%。不考虑其他因素，众诚公司预计该设备的公允价值为（　　）万元。

A. 653.53　　B. 1 307　　C. 1 530.14　　D. 3 060.28

【答案】 C

【解析】 企业根据成本法估计相关资产或负债的公允价值，因此该设备的公允价值 = 2 000 ×（1 +15%）×（1 +10%）×（1 +12%）×（1 +8%）×50% =1 530.14（万元）。

重难点 4：输入值★★★

企业以公允价值计量相关资产或负债，应当考虑市场参与者在对相关资产或负债进行定价时所使用的假设，包括有关风险的假设，例如，所用特定估值技术的内在风险等。市场参与者所使用的假设即为输入值，可分为可观察输入值和不可观察输入值。

企业使用估值技术时，应当优先使用可观察输入值，仅当相关可观察输入值无法取得或取得不切实可行时才使用不可观察输入值。企业通常可以从交易所市场、做市商市场、经纪人市场、直接交易市场获得可观察输入值。

【经典真题】

【单选题·2017】 企业在按照会计准则规定采用公允价值计量相关资产或负债时，下列各项有关确定公允价值的表述中，正确的是（　　）。

A. 在确定资产的公允价值时，可同时获取出价和要价的，应使用要价作为资产的公允价值

B. 使用估值技术确定公允价值时，应当使用市场上可观察输入值，在无法取得或取得

可观察输入值不切实可行时才能使用不可观察输入值

C. 在根据选定市场的交易价格确定相关资产或负债的公允价值时，应当根据交易费用对有关价格进行调整

D. 以公允价值计量资产或负债，应当首先假定出售资产或转移负债的有序交易在该资产或负债的最有利市场进行

【答案】B

【解析】选项 A，当相关资产或负债具有出价和要价时，企业可以使用出价和要价价差中在当前市场情况下最能代表该资产或负债公允价值的价格记录该资产或负债；选项 C，在根据选定市场的交易价格确定相关资产或负债的公允价值时，应当根据资产或负债的特征对有关价格进行调整，与交易费用无关；选项 D，以公允价值计量资产或负债应当首先假定出售资产或转移负债的有序交易在该资产或负债的主要市场进行，不存在主要市场的才可以选择最有利市场。

【经典模拟题】

【单选题】下列关于输入值的表述中，不正确的是（　　）。

A. 市场参与者所使用的假设即为输入值，可分为可观察输入值和不可观察输入值

B. 企业使用估值技术时，应同时使用可观察输入值和不可观察输入值

C. 企业应当选择与市场参与者在相关资产或负债交易中会考虑的、并且与该资产或负债特征相一致的输入值

D. 企业使用估值技术时，应当优先使用可观察输入值，仅当相关可观察输入值无法取得或取得不切实可行时才使用不可观察输入值。

【答案】B

【解析】选项 B，企业使用估值技术时，应优先使用可观察输入值，仅当相关可观察输入值无法取得或取得不切实可行时才使用不可观察输入值。

重难点 5：公允价值层次★★★

（一）输入值的层次

企业应当将估值技术所使用的输入值划分为三个层次，并最优先使用活跃市场上相同资产或负债未经调整的报价（第一层次输入值），最后使用不可观察输入值（第三层次输入值）。

	定义	注意
第一层次输入值	第一层次输入值是企业在计量日能够取得的相同资产或负债在活跃市场上未经调整的报价。	异常的市场报价不应作为第一层次输入值； 因发生影响公允价值计量的重大事件等导致活跃市场的报价不代表计量日的公允价值。
第二层次输入值	第二层次输入值是除第一层次输入值外相关资产或负债直接或间接可观察的输入值。	第二层次输入值包括：活跃市场中类似资产或负债的报价；非活跃市场中相同或类似资产或负债的报价；除报价以外的其他可观察输入值，包括在正常报价间隔期间可观察的利率和收益率曲线等；市场验证的输入值等。

续表

	定义	注意
第三层次输入值	第三层次输入值是相关资产或负债的不可观察输入值	第三层次输入值包括不能直接观察和无法由可观察市场数据验证的利率、股票波动率、企业合并中承担的弃置义务的未来现金流量、企业使用自身数据作出的财务预测等。

（二）公允价值计量结果所属的层次

公允价值计量结果所属的层次，由对公允价值计量整体而言重要的输入值所属的最低层次决定。企业应当在考虑相关资产或负债特征的基础上判断输入值的重要性，并考虑公允价值计量本身，而不是公允价值的变动以及这些变动的会计处理。企业应当在书面文件中记录其如何评估输入值对于公允价值计量的重要性，并一致应用该政策。

公允价值计量结果所属的层次，取决于估值技术的输入值，而不是估值技术本身。

企业只有在相关资产或负债几乎很少存在市场交易活动，导致相关可观察输入值无法取得或取得不切实可行的情况下，才能使用第三层次输入值，即不可观察输入值。

【经典真题】

【单选题·2017】企业在按照会计准则规定采用公允价值计量相关资产或负债时，下列各项有关确定公允价值的表述中，正确的是（　　）。

A. 在确定资产的公允价值时，可同时获取出价和要价的，应使用要价作为资产的公允价值

B. 使用估值技术确定公允价值时，应当使用市场上可观察输入值，在无法取得或取得可观察输入值不切实可行时才能使用不可观察输入值

C. 在根据选定市场的交易价格确定相关资产或负债的公允价值时，应当根据交易费用对有关价格进行调整

D. 以公允价值计量资产或负债，应当首先假定出售资产或转移负债的有序交易在该资产或负债的最有利市场进行

【答案】B

【解析】选项 A，当相关资产或负债具有出价和要价时，企业可以使用出价和要价价差中在当前市场情况下最能代表该资产或负债公允价值的价格记录该资产或负债；选项 C，在根据选定市场的交易价格确定相关资产或负债的公允价值时，应当根据资产或负债的特征对有关价格进行调整，与交易费用无关；选项 D，以公允价值计量资产或负债应当首先假定出售资产或转移负债的有序交易在该资产或负债的主要市场进行，不存在主要市场的才可以选择最有利市场。

【经典模拟题】

【多选题】下列关于公允价值层次的表述中，正确的有（　　）。

A. 活跃市场类似资产或负债的公允价值应该归类为第二层次输入值

B. 企业在估计资产或负债的价值时，可以随意选用不同层次的输入值

C. 公允价值计量结果所属的层次，取决于估值技术

D. 企业将估值技术所使用的输入值划分为三个层次

【答案】AD

【解析】选项B，企业应最优先使用活跃市场上相同资产或负债未经调整的报价即第一层次输入值，最终使用不可观察输入值即第三层次输入值；选项C，公允价值计量结果所述的层次，取决于估值技术的输入值，而不是估值技术本身。

重难点6：公允价值计量的具体应用★★

（一）非金融资产的公允价值计量

非金融资产的最佳用途	最佳用途，是指市场参与者实现一项非金融资产或其所属的一组资产和负债的价值最大化时该非金融资产的用途。企业判定非金融资产的最佳用途，应当考虑该用途是否为法律上允许、实物上可能以及财务上可行的使用方式。 通常情况下，企业对非金融资产的当前用途可视为最佳用途。
非金融资产的估值前提	企业以公允价值计量非金融资产，应当在最佳用途的基础上确定该非金融资产的估值前提，即单独使用该非金融资产还是将其与其他资产或负债组合使用： （1）通过单独使用实现非金融资产最佳用途的，该非金融资产的公允价值应当是将该资产出售给同样单独使用该资产的市场参与者的当前交易价格。 （2）通过与其他资产或负债组合使用实现非金融资产最佳用途的，该非金融资产的公允价值应当是将该资产出售给以同样组合方式使用资产的市场参与者的当前交易价格，并且假定市场参与者可以取得组合中的其他资产或负债。

【经典模拟题】

【单选题】下列关于非金融资产估值前提的说法中，不正确的是（　　）。

A. 企业应当在最佳用途的基础上确定该非金融资产的估值前提

B. 通过单独使用实现最佳用途的，该资产的公允价值应当是将其出售给同样单独使用该资产的市场参与者的当前交易价格

C. 通过与其他资产或负债组合使用实现最佳用途的，该资产的公允价值应当是将其出售给以同样组合方式使用资产的市场参与者的当前交易价格，并且假定市场参与者可以取得组合中的其他资产或负债

D. 企业应单独使用该非金融资产

【答案】D

【解析】企业以公允价值计量非金融资产，应当在最佳用途的基础上确定该非金融资产的估值前提，即单独使用该非金融资产还是将其与其他资产或负债组合使用：

（1）通过单独使用实现非金融资产最佳用途的，该非金融资产的公允价值应当是将该资产出售给同样单独使用该资产的市场参与者的当前交易价格。

（2）通过与其他资产或负债组合使用实现非金融资产最佳用途的，该非金融资产的公允价值应当是将该资产出售给以同样组合方式使用资产的市场参与者的当前交易价格，并且假定市场参与者可以取得组合中的其他资产或负债。

（二）确定负债或企业自身权益工具公允价值的方法

具有可观察市场报价的相同或类似负债或企业自身权益工具	如果存在相同或类似负债或企业自身权益工具可观察市场报价，企业应当以该报价为基础确定负债或企业自身权益工具的公允价值
被其他方作为资产持有的负债或企业自身权益工具	对于不存在相同或类似负债或企业自身权益工具报价但其他方将其作为资产持有的负债或企业自身权益工具，企业应当根据下列方法估计其公允价值： （1）如果对应资产存在活跃市场的报价，并且企业能够获得该报价，企业应当以对应资产的报价为基础确定该负债或企业自身权益工具的公允价值。 （2）如果对应资产不存在活跃市场的报价，或者企业无法获得该报价，企业可使用其他可观察的输入值，例如对应资产在非活跃市场中的报价。 （3）如果（1）、（2）中的可观察价格都不存在，企业应使用收益法、市场法等估值技术。
未被其他方作为资产持有的负债或企业自身权益工具	不存在相同或类似负债或企业自身权益工具报价，并且其他方未将其作为资产持有的，企业应当从承担负债或者发行权益工具的市场参与者角度，采用估值技术确定该负债或企业自身权益工具的公允价值。

（三）不履约风险

企业以公允价值计量相关负债，应当考虑不履约风险，并假定不履约风险在负债转移前后保持不变。不履约风险，是指企业不履行义务的风险，包括但不限于企业自身信用风险。企业以公允价值计量相关负债时，应该考虑其信用风险（信用状况）的影响，以及其他可能影响负债履行的因素。

企业以公允价值计量负债或自身权益工具，应当考虑该负债或自身权益工具存在限制转移因素。

【经典模拟题】

【多选题】下列关于企业以公允价值计量负债和自身权益工具的说法中，正确的有（　　）。

A. 企业应同时使用可观察输入值和不可观察输入值来确定负债或企业自身权益工具的公允价值

B. 不存在相同或类似负债或企业自身权益工具报价，并且其他方未将其作为资产持有的，企业应当从承担负债或者发行权益工具的市场参与者角度，采用估值技术确定该负债或企业自身权益工具的公允价值

C. 相关负债或企业自身权益工具被其他方作为资产持有的，企业应当在计量日从持有对应资产的市场参与者角度，以对应资产的公允价值为基础，确定该负债或企业自身权益工具的公允价值

D. 相关负债或企业自身权益工具没有被其他方作为资产持有的，企业应当从承担负债或者发行权益工具的市场参与者角度，采用估值技术确定该负债或企业自身权益工具的公允价值

【答案】BCD

【解析】选项 A，在任何情况下，企业都应当最优先使用相关的可观察输入值，只有在相关可观察输入值无法取得或取得不切实可行的情况下，才可以使用不可观察输入值。

四、进阶练习

（一）单选题

1. 下列事项中，不属于《企业会计准则第 39 号——公允价值计量》准则规范的相关资产或负债的是（　　）。

A. 以非货币性资产形式取得的政府补助，公允价值不能可靠计量的除外

B. 投资性房地产

C. 以公允价值计量且其变动计入当期损益的金融资产

D. 存货准则中规定的可变现净值

2. 下列关于公允价值计量相关资产或负债的有序交易的说法中，不正确的是（　　）。

A. 企业成为交易的一方时，通常假定该企业有充分的信息来判断该交易是否为有序交易

B. 企业根据现有信息不足以判定该交易是否为有序交易的，在以公允价值计量该资产或负债时，应当考虑该交易的价格，但不应将该交易价格作为计量公允价值的唯一依据或者主要依据

C. 在有序交易下，企业应以该交易价格为基础确定该资产或负债的公允价值

D. 企业应用于相关资产或负债公允价值计量的有序交易包括抛售

3. 下列关于主要市场或最有利市场的说法中，不正确的是（　　）。

A. 主要市场，是指相关资产或负债交易量最大和交易活跃程度最高的市场

B. 企业应当以主要市场上相关资产或负债的价格为基础，计量该资产或负债的公允价值

C. 对相同资产或负债而言，任何企业都具有相同的主要市场

D. 企业以公允价值计量相关资产或负债，应当假定出售资产或者转移负债的有序交易在该资产或负债的主要市场进行，不存在主要市场的，企业应当假定该交易在相关资产或负债的最有利市场进行

4. 下列关于市场参与者的说法中，不正确的是（　　）。

A. 企业在确定市场参与者时应考虑所计量的相关资产和负债

B. 市场参与者应当有能力并自愿进行相关资产或负债的交易

C. 企业应从自身持有资产、清偿或者以其他方式履行负债的意图和能力角度计量相关资产或负债的公允价值

D. 市场参与者应该相互独立，不存在关联方关系

5. 企业在按照会计准则规定采用公允价值计量相关资产或负债时，下列各项有关确定公允价值的表述中，正确的是（　　）。

A. 在确定资产的公允价值时，可同时获取出价和要价的，应使用要价作为资产的公允价值

B. 使用估值技术确定公允价值时，应当使用市场上可观察输入值

C. 被迫进行的交易，其交易价格不能作为相关资产或负债的公允价值

D. 关联方之间的交易价格，不能作为相关资产或负债的公允价值

6. 下列关于输入值的表述中，不正确的是（　　）。

A. 市场参与者所使用的假设是输入值，企业使用估值技术时，只能使用可观察输入值

B. 企业使用估值技术时，应优先使用可观察输入值，仅当相关可观察输入值无法取得或取得不切实可行时才使用不可观察输入值

C. 企业应当选择与市场参与者在相关资产或负债交易中会考虑的、反映该资产或负债特征的输入值

D. 企业不应考虑与计量单元不一致的溢价或折价

7. 下列关于公允价值层次的表述中，正确的是（　　）。

A. 企业应当将估值技术用手输入值分为四个层次

B. 相关资产或负债的不可观察输入值为第二层次的输入值

C. 活跃市场中类似资产或负债的报价属于第一层次输入值

D. 企业应最优先使用活跃市场上相同资产或负债未经调整的报价即第一层次输入值，最终使用不可观察输入值即第三层次输入值

8. 企业在判断非金融资产的最佳用途时，下列说法不正确的是（　　）。

A. 应当考虑市场参与者在对该非金融资产定价时所考虑的资产使用在法律上的限制

B. 应当从独立的第三方的角度考虑非金融资产的最佳用途

C. 应当考虑该用途是否为法律上允许、实物上可能以及财务上可行的使用方式

D. 应当考虑市场参与者在对该非金融资产定价时所考虑的资产实物特征

9. 下列关于确定负债或企业自身权益工具公允价值的方法的说法中，不正确的是（　　）。

A. 企业以公允价值计量负债，并且该负债存在限制转移因素的，如果企业在公允价值计量的输入值中已经考虑了这些因素，则不应再单独设置相关输入值，也不应对其他输入值进行相关调整

B. 具有可随时要求偿还特征的金融负债的公允价值，不应低于债权人要求偿还时的应付金额

C. 不存在相同或类似负债或企业自身权益工具报价，并且其他方未将其作为资产持有的，企业应当从承担负债或者发行权益工具的市场参与者角度，采用估值技术确定其公允价值

D. 企业以公允价值计量相关负债，不必考虑不履约风险

10. 2×16 年 12 月 31 日，甲公司购入一项设备，支付买价 480 万元，另支付运输费 5 万元。该项固定资产预计使用年限为 8 年，甲公司采用直线法计提折旧，预计净残值为零。2×19 年 12 月 31 日，甲公司对该项资产进行减值测试。在确定其公允价值时，甲公司根据相关信息得知市场上在 1 个月前有相关交易发生，成交价为 500 万元，成新率为 80%。已知该项设备的成新率为 50%，2×19 年 12 月 31 日甲公司确定该项设备的公允价值为（　　）万元。

A. 500　　　B. 250　　　C. 375　　　D. 300

（二）多选题

1. 下列关于公允价值的说法中，正确的有（　　）。

A. 公允价值是指市场参与者在计量日发生的有序交易中，出售一项资产所能收到或转移一项负债所需支付的价格

B. 存货可变现净值、资产减值准则中规范的未来现金流量现值等计量属性，不遵循公允价值计量的相关规定

C. 应当采用公允价值计量的资产在计量日，如果不能观察到相关资产或负债的交易价格或者其他市场信息，可以采用其他属性计量

D. 企业应当将公允价值计量所使用的输入值划分为三个层次

2. 下列各项关于资产、负债初始计量的表述中，正确的有（　　）。

A. 交易性金融资产按照公允价值计量

B. 无形资产按照成本计量

C. 长期股权投资按照公允价值计量

D. 应付职工薪酬——非货币性福利按照公允价值计量

3. 下列关于交易费用的说法正确的有（　　）。

A. 企业在确定相关资产的公允价值时，不需要扣除交易费用，但是在确定该资产的主要市场和最有利市场时可能需要考虑交易费用或运输费用

B. 交易费用是在进行相关资产或负债交易时不可避免会发生的费用，交易费用直接由交易引起，并且是企业进行交易所必须的

C. 企业在根据主要市场或最有利市场的交易价格确定相关资产或负债的公允价值时，不应根据交易费用对该价格进行调整

D. 企业在根据主要市场或最有利市场的交易价格确定相关资产或负债的公允价值时，应根据交易费用对该价格进行调整

4. 下列各项中，关于市场参与者的表述正确的有（　　）。

A. 市场参与者应当相互独立，不存在关联方关系

B. 市场参与者应当熟悉情况，根据可获得的信息，包括通过正常的尽职调查获取的信息，对相关资产或负债以及交易具备合理认知

C. 企业在确定市场参与者时，应当考虑所计量的相关资产或负债、该资产或负债的主要市场（或者在不存在主要市场情况下的最有利市场）以及在该市场上与企业进行交易的市场参与者等因素，从总体上识别市场参与者

D. 企业应当从市场参与者角度计量相关资产或负债的公允价值，且应考虑企业自身持有资产、清偿或者以其他方式履行负债的意图和能力

5. 下列项目中，关于资产或负债公允价值初始计量表述正确的有（　　）。

A. 企业以公允价值对相关资产或负债进行初始计量的，不应将关联方之间的交易取得资产或者承担负债的交易价格作为该资产或负债的公允价值

B. 进行交易的市场不是该资产或负债的主要市场（或者不存在主要市场情况下的最有利市场）

C. 企业以公允价值对相关资产或负债进行初始计量的，不应将被迫进行的交易取得资产或者承担负债的交易价格作为该资产或负债的公允价值

D. 企业取得资产或承担负债的进入价格不一定等于该资产或负债的脱手价格

6. 关于估值技术，下列说法中不正确的有（　　）。

A. 估值技术通常包括市场法、收益法和成本法，企业应当根据实际情况从这三种方法

中选择一种或多种估值技术，用于估计相关资产或负债的公允价值

B. 公允价值计量结果所属的层次，取决于估值技术的输入值，而不是估值技术本身

C. 企业一定采用单一的估值技术确定相关资产或负债的公允价值

D. 企业在公允价值计量中可以随意变更已使用的估值技术

7. 下列关于输入值的说法中，正确的有（　　）。

A. 企业使用估值技术时，只能使用可观察输入值

B. 市场参与者所使用的假设即为输入值，可分为可观察输入值和不可观察输入值

C. 第一层次输入值是企业在计量日能够取得的相同资产或负债在活跃市场上未经调整的报价

D. 第三层次输入值是相关资产或负债的不可观察输入值

8. 对于负债和企业自身权益工具的公允价值计量的说法中，正确的有（　　）。

A. 在任何情况下，企业都应当最优先使用相关的可观察输入值

B. 如果存在相同或类似负债或企业自身权益工具可观察市场报价，企业应当以该报价为基础确定负债或企业自身权益工具的公允价值

C. 企业以公允价值计量相关负债，应当考虑不履约风险，并假定不履约风险在负债转移前后保持不变

D. 企业以公允价值计量负债或自身权益工具，并且该负债或自身权益工具存在限制转移因素的，如果企业在公允价值计量的输入值中已经考虑了这些因素，则不应再单独设置相关输入值，但是应对其他输入值进行相关调整

9. 下列关于公允价值计量的说法中，正确的有（　　）。

A. 企业使用估值技术计量相关资产或负债的公允价值时，应当首先考虑市场法

B. 企业估计相关资产或负债的公允价值时，应当优先考虑第一层次输入值

C. 企业以公允价值计量非金融资产，应当考虑市场参与者通过直接将该资产用于最佳用途产生经济利益的能力

D. 企业以公允价值计量相关资产或负债时，应当假定出售资产或者转移负债的有序交易在该资产或负债的主要市场（或不存在主要市场情况下的最有利市场）进行

10. 下列关于公允价值计量的说法中，正确的有（　　）。

A. 企业以公允价值计量相关资产或负债时，应当假定出售资产或者转移负债的有序交易在该资产或负债的主要市场（或不存在主要市场情况下的最有利市场）进行

B. 关联方之间发生的交易，其交易价格不可能作为出售该资产或转移该负债的公允价值

C. 企业使用估值技术计量相关资产或负债的公允价值时，各估值技术不存在优先级，按照企业的情况自行选择；估值方法一经确定，不能随意变更

D. 企业估计相关资产或负债的公允价值时，应当优先考虑第一层次输入值

五、进阶练习答案

（一）单选题

1.【答案】D

【解析】存货准则中规定的可变现净值、资产减值准则中规范的预计未来现金流量现值等计量属性，不遵循公允价值计量准则规范的相关规定。

2. 【答案】D

【解析】企业应用于相关资产或负债公允价值计量的有序交易不包括被迫清算和抛售。

3. 【答案】C

【解析】对相同资产或负债而言，不同企业可能具有不同的主要市场，选项 C 错误。

4. 【答案】C

【解析】企业应当从市场参与者角度计量相关资产或负债的公允价值，而不应考虑企业自身持有资产、清偿或者以其他方式履行负债的意图和能力。选项 C 错误。

5. 【答案】C

【解析】①当相关资产或负债具有出价和要价时，企业可以使用出价和要价价差中在当前市场情况下最能代表该资产或负债公允价值的价格记录该资产或负债；选项 A 错误。②使用估值技术确定公允价值时，应当使用市场上可观察输入值，在无法取得或取得可观察输入值不切实可行时才能使用不可观察输入值。选项 B 错误。③企业有证据表明，关联方之间的交易是按照市场条款进行的，该交易价格可以作为相关资产或负债的公允价值，选项 D 错误。

6. 【答案】A

【解析】企业使用估值技术时，应优先使用可观察输入值，仅当相关可观察输入值无法取得或取得不切实可行时才使用不可观察输入值。选项 A 错误。

7. 【答案】D

【解析】企业应当将估值技术用手输入值分为三个层次，选项 A 错误；相关资产或负债的不可观察输入值为第三层次的输入值，选项 B 错误；第二层次输入值包括：活跃市场中类似资产或负债的报价，选项 C 错误。

8. 【答案】B

【解析】应当从市场参与者的角度考虑非金融资产的最佳用途，选项 B 错误。

9. 【答案】D

【解析】企业以公允价值计量相关负债，应当考虑不履约风险，并假定不履约风险在负债转移前后保持不变。选项 D 错误。

10. 【答案】C

【解析】甲公司该项设备的公允价值 =500/80% ×60% =300（万元）。

（二）多选题

1. 【答案】ABD

【解析】应当采用公允价值计量的资产在计量日，企业无论是否能够观察到相关资产或负债的交易价格或者其他市场信息，（如类似资产或者负债的报价、市场利率或其他输入值等）其公允价值计量的目标应当保持一致，即估计市场参与者在计量日的有序交易中出售一项资产或者转移一项负债的价格。选项 C 不正确。

2. 【答案】ABD

【解析】选项 C，通过同一控制下企业合并取得的长期股权投资，初始计量采用账面价值，通过同一控制下企业合并和企业合并以外的方式取得的长期股权投资，初始计量采用公允价值。

3. 【答案】ABC

【解析】企业在根据主要市场或最有利市场的交易价格确定相关资产或负债的公允价值时，不应根据交易费用对该价格进行调整，选项 D 错误。

4. 【答案】ABC

【解析】企业应当从市场参与者角度计量相关资产或负债的公允价值，而不应考虑企业自身持有资产、清偿或者以其他方式履行负债的意图和能力。选项 D 错误。

5. 【答案】BCD

【解析】关联方之间的交易。但企业有证据表明关联方之间的交易是按照市场条款进行的，该交易价格可以作为确定其公允价值的基础。选项 A 错误。

6. 【答案】CD

【解析】①企业在某些情况下使用单项估值技术是恰当的，如企业使用相同资产或负债在活跃市场上的公开报价计量该资产或负债的公允价值。但在有些情况下，企业可能需要使用多种估值技术，如企业对未上市企业股权投资的估值，将采用市场法和收益法；选项 C 错误。②企业在公允价值计量中使用的估值技术一经确定，不得随意变更。选项 D 错误。

7. 【答案】BCD

【解析】选项 A，企业使用估值技术时，应当优先使用可观察输入值，仅当相关可观察输入值无法取得或取得不切实可行时才使用不可观察输入值，选项 A 不正确。

8. 【答案】ABC

【解析】企业以公允价值计量负债或自身权益工具，并且该负债或自身权益工具存在限制转移因素的，如果企业在公允价值计量的输入值中已经考虑了这些因素，则不应再单独设置相关输入值，也不应对其他输入值进行相关调整。选项 D 不正确。

9. 【答案】BCD

【解析】企业使用估值技术计量相关资产或负债的公允价值时，各估值技术不存在优先级，按照企业的情况自行选择；估值方法一经确定，不能随意变更。选项 A 不正确。

10. 【答案】ACD

【解析】企业有证据表明，关联方之间的交易是按照市场条款进行的，该交易价格可以作为确定其公允价值的基础；选项 B 不正确。

第三十章 政府及民间非营利组织会计

一、2020 年新教材内容主要变化

2020 年本章教材内容无变化。

二、本章近两年考情统计分析

本章为 2018 年新增内容，主要讲述了政府及民间非营利组织的会计核算方法，属于比较重要的章节。

（一）近两年考试分值分布

题型	2018 年	2019 年
单选题	2	—
多选题	—	4
计算分析题	10	—
合计	12	4

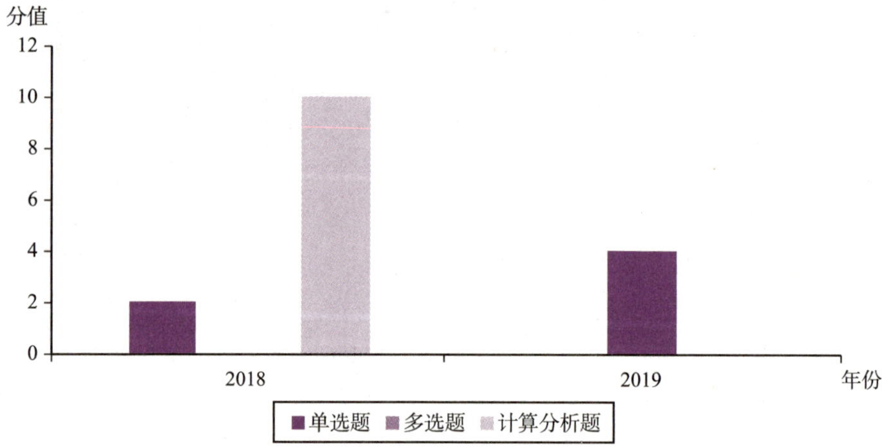

（二）近两年考试考点分布

高频考点内容	年度及题型分布
特定业务的会计核算	2018 年计算分析题
非营利组织会计	2018 年单选题

三、重难点解析

本章主要阐述政府及民间非营利组织的会计核算方法，其知识体系、内容与前面的其他章节有着本质的差别，应注意区分，认真对待。本章主要内容包括：政府会计概述、政府单位特定业务的会计核算和民间非营利组织会计。

重难点1：国库集中支付业务的账务处理★★

（一）直接支付

业务事项	预算会计	财务会计
（1）收到“财政直接支付入账通知书”时	借：行政支出、事业支出等 贷：财政拨款预算收入	借：库存物品/固定资产/应付职工薪酬/业务活动费用/单位管理费用等 贷：财政拨款收入
（2）年末，根据本年度财政直接支付预算指标数与当年财政直接支付实际支出数的差额	借：资金结存——财政应返还额度 贷：财政拨款预算收入	借：财政应返还额度 贷：财政拨款收入
（3）下年度恢复财政直接支付额度后，单位以财政直接支付方式发生实际支出时	借：行政支出/事业支出等 贷：资金结存——财政应返还额度	借：库存物品/固定资产/应付职工薪酬/业务活动费用/单位管理费用等 贷：财政应返还额度

（二）授权支付业务

业务事项	预算会计	财务会计
（1）收到代理银行盖章的“授权支付到账通知书”时	借：资金结存——零余额账户用款额度 贷：财政拨款预算收入	借：零余额账户用款额度 贷：财政拨款收入
（2）按规定支用额度时，按照实际支用的额度	借：行政支出/事业支出等 贷：资金结存——零余额账户用款额度	借：库存物品/固定资产/应付职工薪酬/业务活动费用/单位管理费用等 贷：零余额账户用款额度
（3）年末，依据代理银行提供的对账单作注销额度的相关账务处理	借：资金结存——财政应返还额度 贷：资金结存——零余额账户用款额度	借：财政应返还额度 贷：零余额账户用款额度
（4）下年年初恢复额度时	借：资金结存——零余额账户用款额度 贷：资金结存——财政应返还额度	借：零余额账户用款额度 贷：财政应返还额度——财政授权支付
（5）年末，政府单位本年度财政授权支付预算指标数大于零余额账户用款额度下达数的，根据未下达的用款额度	借：资金结存——财政应返还额度 贷：财政拨款预算收入	借：财政应返还额度 贷：财政拨款收入
（6）下年度收到财政部门批复的上年末未下达零余额账户用款额度时	借：资金结存——零余额账户用款额度 贷：资金结存——财政应返还额度	借：零余额账户用款额度 贷：财政应返还额度

【经典真题】

【计算分析题·2018】 甲单位为事业单位，其涉及财政拨款的收支业务通过财政授权支付方式结算。2×17年度，甲单位发生的有关经济业务或事项如下：

2×17年3月15日，甲单位根据经过批准的部门预算和用款计划，向同级财政部门申请财政授权支付用款额度2 000万元。4月8日，财政部门经审核后，以财政授权支付方式下达了1 800万元用款额度。4月10日，甲单位收到了代理银行转来的“授权支付到账通知书”。

根据上述资料，编制甲单位2×17年度与预算会计相关的会计分录。

【答案】

借：资金结存——零余额账户用款额度　1 800

　　贷：财政拨款预算收入　1 800

【解析】事业单位在收到“授权支付到账通知书”时，要同时做财务会计与预算会计分录。

财务会计：

借：零余额账户用款额度

　　贷：财政拨款收入

预算会计：

借：资金结存——零余额账户用款额度

　　贷：财政拨款预算收入

重难点2：非财政拨款收支业务★

（一）事业（预算）收入

业务事项		财务会计	预算会计
采用财政专户返还方式	实际收到或应收应上缴财政专户的事业收入时	借：银行存款/应收账款等 　贷：应缴财政款	—
	向财政专户上缴款项时	借：应缴财政款 　贷：银行存款等	—
	收到从财政专户返还的时	借：银行存款等 　贷：事业收入	借：资金结存——货币资金 　贷：事业预算收入
采用预收款方式	实际收到款项时	借：银行存款等 　贷：预收账款	—
	按合同完成进度确认收入时	借：预收账款 　贷：事业收入	—
采用应收款方式	根据合同完成进度计算本期应收的款项	借：应收账款 　贷：事业收入	—
	实际收到款项时	借：银行存款等 　贷：应收账款	借：资金结存——货币资金 　贷：事业预算收入
其他方式下		借：银行存款/库存现金等 　贷：事业收入	借：资金结存——货币资金 　贷：事业预算收入

（二）捐赠（预算）收入和支出

业务事项		财务会计	预算会计
接受捐赠的货币资金	按照实际收到的金额	借：银行存款/库存现金 贷：捐赠收入	借：资金结存——货币资金 贷：其他预算收入——捐赠预算收入
接受捐赠的存货、固定资产等	按照确定的成本	借：库存物品/固定资产等 贷：银行存款等［相关税费支出］ 捐赠收入	借：其他支出［支付的相关税费等］ 贷：资金结存
	如按照名义金额入账	借：库存物品/固定资产等 贷：捐赠收入 借：其他费用 贷：银行存款等［相关税费支出］	借：其他支出［支付的相关税费等］ 贷：资金结存

（三）债务预算收入和债务还本支出

业务事项	财务会计	预算会计
取得借款	借：银行存款 贷：短期借款/长期借款——本金	借：资金结存——货币资金 贷：债务预算收入
计提利息	借：在建工程等（资本化的专门借款利息） 其他费用（费用化利息） 贷：应付利息（短期借款、分期付息） 长期借款——应计利息（到期一次还本付息）	—
支付利息	借：应付利息 贷：银行存款	借：其他支出 贷：资金结存——货币资金
偿还借款	借：短期借款、长期借款——本金 长期借款——应计利息 贷：银行存款	借：债务还本支出（支付的本金金额） 其他支出（支付的利息金额） 贷：资金结存——货币资金

（四）投资支出

业务事项		财务会计	预算会计
以货币资金对外投资		借：短期投资/长期股权投资/长期债券投资等 贷：银行存款等	借：投资支出 贷：资金结存——货币资金
利息或股利	收到价款中包含	借：银行存款 贷：短期投资/应收股利/应收利息等	借：资金结存——货币资金 贷：投资支出
	持有股权投资期间	借：银行存款 贷：应收股利/应收利息	借：资金结存——货币资金 贷：投资预算收益
出售、对外转让或到期收回		借：银行存款 贷：短期投资/长期股权投资/长期债券投资（对外投资的账面余额） 应收股利/应收利息（尚未领取的现金股利、利润或尚未收取的利息） 银行存款（发生的相关税费等支出） 投资收益（差额，也可能在借方）	借：资金结存——货币资金 贷：投资支出（当年）或其他结余（以前年度）（取得投资时“投资支出”科目的发生额） 投资预算收益（差额，也可能在借方）

【经典模拟题】

【计算分析题】甲事业单位收到乙企业捐赠的一批电脑，根据乙企业提供的相关凭证，该批电脑有特殊用途，市面上没有可参考的公允价值，以名义金额入账，甲单位以银行存款支付了运费5 000元。假设不考虑相关税费。不考虑其他因素，根据上述资料，编制甲单位相关的会计分录。

【答案及解析】

财务会计：

借：固定资产　　1

　　贷：捐赠收入　　1

借：其他费用　　5 000

　　贷：银行存款　　5 000

预算会计：

借：其他支出　　5 000

　　贷：资金结存——货币资金　　5 000

【小贴士】行政事业单位在接受固定资产捐赠时，承担运费的一方，需要对运费部分同时做财务会计分录和预算会计分录（无偿调拨净资产同理）。

【单选题】关于捐赠（预算）收入和支出，下列表述中正确的是（　　）。

A. 对于事业单位接受的非现金资产，发生的相关税费在预算会计中计入“其他费用”科目

B. 对于事业单位接受的非现金资产，发生的相关税费在财务会计中计入非现金资产成本

C. 对于事业单位接受的非现金资产，按照名义金额入账时，发生的相关税费在财务会计中计入非现金资产成本

D. 捐赠预算收入指单位接受的现金捐赠和非现金捐赠收入

【答案】B

【解析】对于事业单位接受的非现金资产，发生的相关税费，在预算会计中计入“其他支出”科目，在财务会计中计入非现金资产成本，选项A错误；选项B正确；对于事业单位接受的非现金资产，按照名义金额入账时，发生的相关税费在财务会计中计入“其他费用”科目，选项C错误；捐赠预算收入指单位接受的现金资产，选项D错误。

重难点3：无偿调拨净资产★★

业务事项	财务会计	预算会计
单位按照规定取得无偿调入的非现金资产	借：库存物品/长期股权投资/固定资产/无形资产/公共基础设施/政府储备物资/文物文化资产/保障性住房等（相关资产在调出方的账面价值加相关税费、运输费等） 贷：零余额账户用款额度/银行存款等（调入过程中发生的归属于调入方的相关费用） 无偿调拨净资产（差额）	借：其他支出（调入方实际发生的费用金额） 贷：资金结存

续表

业务事项	财务会计	预算会计
单位按照规定经批准无偿调出非现金资产	借：无偿调拨净资产（调出资产的账面余额或账面价值） 　　固定资产累计折旧/无形资产累计摊销/公共基础设施累计折旧（摊销）/保障性住房累计折旧（相关资产已计提的累计折旧或累计摊销） 　　贷：库存物品/长期股权投资/固定资产/无形资产/公共基础设施/政府储备物资/文物文化资产/保障性住房等（调出资产的账面余额） 借：资产处置费用（调出过程中发生的归属于调出方的相关费用） 　　贷：零余额账户用款额度/银行存款等 年末，单位应将“无偿调拨净资产”科目余额转入累计盈余，借记或贷记“无偿调拨净资产”科目，贷记或借记“累计盈余”科目。	借：其他支出 　　贷：资金结存

【小贴士】通常情况下，无偿调拨非现金资产不涉及资金业务，因此不需要进行预算会计核算（除非以现金支付相关费用等）。

【经典真题】

【计算分析题·2018】甲单位为事业单位，其涉及财政拨款的收支业务通过财政授权支付方式结算。2×17 年度，甲单位发生的有关经济业务或事项如下：

2×17 年 5 月 5 日，甲单位接受其他事业单位无偿调入物资一批，根据调出单位提供的相关凭证注明，该批物资在调出方的账面价值为 300 万元，甲单位经验收合格后入库。物资调入过程中甲单位以银行存款支付了运输费 20 万元。

不考虑其他因素，根据上述资料，编制甲单位 2×17 年度相关的会计分录。

【答案】

财务会计：

借：库存物品　320

　　贷：银行存款　20

　　　　无偿调拨净资产　300

预算会计：

借：其他支出　20

　　贷：资金结存——货币资金　20

【解析】单位按照规定取得无偿调入的非现金资产时，承担运费的一方，需要对运费部分同时做财务会计分录和预算会计分录。

财务会计：

借：非现金资产（相关资产在调出方的账面价值加相关税费、运输费等）

　　贷：零余额账户用款额度、银行存款等（调入过程中发生的归属于调入方的相关费用）

　　　　无偿调拨净资产（差额）

预算会计：

借：其他支出（调入方实际发生的费用金额）

　　贷：资金结存

重难点4：固定资产★

（一）取得固定资产

业务事项	财务会计	预算会计
购入不需安装的固定资产验收合格时	借：固定资产（按照确定的固定资产成本） 　贷：财政拨款收入/零余额账户用款额度/应付账款/银行存款等 购入需要安装的固定资产，在安装完毕交付使用前通过“在建工程”科目核算，安装完毕交付使用时再转入“固定资产”科目。	借：行政支出/事业支出/经营支出等（按照实际支付的款项） 　贷：财政拨款预算收入/资金结存
自行建造的固定资产交付使用时	借：固定资产（按照在建工程成本） 　贷：在建工程 已交付使用但尚未办理竣工决算手续的固定资产，按照估计价值入账，待办理竣工决算后再按照实际成本调整原来的暂估价值。	—
融资租赁取得的固定资产	借：固定资产［不需安装］或在建工程［需安装］（其成本按照租赁协议或者合同确定的租赁价款、相关税费以及固定资产交付使用前所发生的可归属于该项资产的运输费、途中保险费、安装调试费等确定） 　贷：长期应付款（按照租赁协议或者合同确定的租赁付款额） 　　财政拨款收入/零余额账户用款额度/银行存款等（按照支付的运输费、途中保险费、安装调试费等金额）	借：行政支出/事业支出/经营支出等（按照实际支付的税费等金额） 　贷：财政拨款预算收入/资金结存
接受捐赠的固定资产	借：固定资产［不需安装］或在建工程［需安装］（按照确定的固定资产成本） 　贷：零余额账户用款额度/银行存款（按照发生的相关税费、运输费等） 　　捐赠收入（差额） 接受捐赠的以名义金额计量的固定资产，其会计处理参照库存物品。	借：其他支出 　贷：资金结存（按照实际支付的税费、运输费等金额）
无偿调入的固定资产	借：固定资产［不需安装］或在建工程［需安装］（按照确定成本） 　贷：零余额账户用款额度/银行存款等（按照发生的相关税费、运输费等） 　　无偿调拨净资产（差额）	借：其他支出 　贷：资金结存（按照实际支付的税费、运输费等金额）

（二）固定资产后续支出

通常情况下，将固定资产转入改建、扩建时

借：在建工程

　　固定资产累计折旧

　　贷：固定资产

（三）对固定资产计提折旧

单位按月计提固定资产折旧时，按照应计提折旧金额

借：业务活动费用、单位管理费用、经营费用、加工物品、在建工程等

　　贷：固定资产累计折旧

（四）处置固定资产

业务事项	财务会计	预算会计
报经批准出售、转让固定资产	借：资产处置费用（按照被出售、转让固定资产的账面价值） 　　固定资产累计折旧 　　贷：固定资产 同时 借：银行存款等（按照收到的价款） 　　贷：银行存款（按照处置过程中发生的相关费用） 　　　　应缴财政款等（差额）	—
报经批准对外捐赠固定资产	借：资产处置费用（按照被出售、转让固定资产的账面价值） 　　固定资产累计折旧 　　贷：固定资产	借：其他支出 　　贷：资金结存（按照实际支付的相关费用金额）
报经批准无偿调出固定资产	借：固定资产累计折旧 　　无偿调拨净资产（差额） 　　贷：固定资产 借：资产处置费用 　　贷：银行存款等（按照无偿调出过程中发生的归属于调出方的相关费用）	借：其他支出 　　贷：资金结存
转入待处置资产时	借：待处理财产损溢——待处理财产价值 　　固定资产累计折旧 　　贷：固定资产［账面余额］	—
报经批准予以处置	借：资产处置费用 　　贷：待处理财产损溢——待处理财产价值	—
支付清理费用	借：待处理财产损溢——处理净收入 　　贷：银行存款	—
收到残料变价收入	借：银行存款 　　贷：待处理财产损溢——处理净收入	—
结转处置固定资产净收入	借：待处理财产损溢——处理净收入 　　贷：应缴财政款	—

【经典模拟题】

【计算分析题】2×20年6月12日，甲学校经批准购入一批教学器材，取得的增值税专用发票上注明的设备价款为300 000元，增值税税额为39 000元，该学校以银行存款支付了相关款项，同时本月末，学校财务部门计提业务部门本月固定资产折旧20 000元。不考虑其他因素，根据上述资料、编制甲单位相关的会计分录。

【答案】

（1）购买教学器材：

财务会计：

借：固定资产　　300 000

　　应交增值税——应交税金（进项税额）　　39 000

贷：银行存款 339 000

预算会计：

借：事业支出 339 000

贷：资金结存——货币资金 339 000

（2）当月计提折旧：

借：业务活动费用 20 000

贷：固定资产累计折旧 20 000

重难点5：应付职工薪酬★★

业务事项		财务会计	预算会计
计算确认当期应付职工薪酬	从事专业及其辅助活动人员的职工薪酬	借：业务活动费用/单位管理费用 贷：应付职工薪酬	—
	应由在建工程、加工物品、自行研发无形资产负担的职工薪酬	借：在建工程/加工物品/研发支出等 贷：应付职工薪酬	—
	从事专业及其辅助活动以外的经营活动人员的职工薪酬	借：经营费用 贷：应付职工薪酬	—
	因解除与职工的劳动关系而给予的补偿	借：单位管理费用 贷：应付职工薪酬	—
从职工薪酬中代扣各种款项	代扣代缴个人所得税	借：应付职工薪酬——基本工资 贷：其他应交税费——应交个人所得税	—
	代扣社会保险费和住房公积金	借：应付职工薪酬——基本工资 贷：应付职工薪酬——社会保险费/住房公积金	—
	代扣为职工垫付的水电费、房租等费用时	借：应付职工薪酬——基本工资 贷：其他应收款等	—
向职工支付工资、津贴补贴等薪酬		借：应付职工薪酬 贷：财政拨款收入/零余额账户用款额度/银行存款等	借：行政支出/事业支出/经营支出等 贷：财政拨款预算收入/资金结存
按照规定缴纳职工社会保险费和住房公积金		借：应付职工薪酬——社会保险费/住房公积金 贷：财政拨款收入/零余额账户用款额度/银行存款等	借：行政支出/事业支出/经营支出等 贷：财政拨款预算收入/资金结存
从应付职工薪酬中支付的其他款项		借：应付职工薪酬 贷：零余额账户用款额度/银行存款等	借：行政支出/事业支出/经营支出等 贷：资金结存等

【经典真题】

【计算分析题·2018】甲单位为事业单位，其涉及财政拨款的收支业务通过财政授权支付方式结算。2×17年度，甲单位发生的有关经济业务或事项如下：

2×17年度，甲单位为开展专业业务活动及其辅助活动的人员发放工资600万元，津贴250万元，奖金100万元，代扣代缴个人所得税30万元；另支付其他相关费用800万元。

根据上述资料，编制甲单位2×17年度与预算会计相关的会计分录。

【答案】

（1）实际支付职工薪酬：

借：事业支出　（600+250+100-30）920

　　贷：资金结存——零余额账户用款额度　920

（2）上缴代扣的个人所得税时：

借：事业支出　30

　　贷：资金结存——零余额账户用款额度　30

（3）支付其他相关费用：

借：事业支出　800

　　贷：资金结存——零余额账户用款额度　800

重难点6：民间非营利组织特定业务的会计核算★★

（一）捐赠收入的核算

（1）接受捐赠时：

借：银行存款等

　　贷：捐赠收入——限定性收入（有限定用途）

　　　　　　　　——非限定性收入（无限定用途）

（2）如果限定性捐赠收入的限制在确认收入的当期得以解除：

借：捐赠收入——限定性收入

　　贷：捐赠收入——非限定性收入

（3）期末：

借：捐赠收入——限定性收入

　　贷：限定性净资产

借：捐赠收入——非限定性收入

　　贷：非限定性净资产

（二）会费收入

（1）收到时。

①当期会费：

借：银行存款等

　　贷：会费收入——非限定性收入（无限定用途）

　　　　　　　　——限定性收入（有限定用途）

②本年收到以后年度会费：

借：银行存款等

　　贷：预收账款

（2）期末。

借：会费收入——限定性收入

　　贷：限定性净资产

借：会费收入——非限定性收入

　　贷：非限定性净资产

（三）业务活动成本

（1）发生的业务活动成本：

借：业务活动成本

　　贷：银行存款等

（2）会计期末

借：非限定性净资产

　　贷：业务活动成本

【经典模拟题】

【计算分析题】2×19 年 5 月 21 日，甲基金会与乙企业签订了一份捐赠协议。协议规定乙企业将向该基金会捐赠 150 000 元，其中 140 000 元用于资助贫困地区的道路建设；10 000 元用于此次捐赠活动的管理，剩余费用可在捐赠事项结束后，由基金会自由支配，款项将在协议签订后的下个月汇至该基金会银行账户。根据此协议，2×19 年 6 月 8 日，该基金会收到了乙企业捐赠的款项 150 000 元。2×19 年 6 月 25 日，该基金会将 140 000 元转赠给当地的政府部门用于道路建设，并发生了 5 000 元的管理费用。根据上述材料，编制甲基金会相关的会计分录。

【答案】

（1）2×19 年 5 月 21 日，不满足捐赠收入的确认条件，不需要进行账务处理。

（2）2×19 年 6 月 8 日，按照收到的捐款金额，确认捐赠收入：

借：银行存款　　150 000

　　贷：捐赠收入——限定性收入　　150 000

（3）2×19 年 6 月 25 日，按照实际发生的金额，确认业务活动成本：

借：业务活动成本　　140 000

　　管理费用　　5 000

　　贷：银行存款　　145 000

同时，部分限定性捐赠收入的限制在确认收入的当期得以解除，将其转为非限定性捐赠收入：

借：捐赠收入——限定性收入　　150 000

　　贷：捐赠收入——非限定性收入　　150 000

【小贴士】如果该基金会接受捐赠的当年未发生捐赠，期末：

借：捐赠收入——限定性收入　　150 000

　　贷：限定性净资产　　150 000

次年捐赠发生时：

借：业务活动成本　　140 000

　　管理费用　　5 000

　　贷：银行存款　　145 000

同时，限定性净资产的限制得以解除，将其转为非限定性净资产：

借：限定性净资产　　150 000

　　贷：非限定性净资产　　150 000

四、进阶练习

（一）单选题

1. 下列各项关于非营利组织会计处理的表述中，正确的是（　　）。

A. 捐赠收入于捐赠方作出书面承诺时确认

B. 接受的劳务捐赠按照公允价值确认捐赠收入

C. 如果捐赠方没有提供有关凭证，受赠的非现金资产按照名义价值入账

D. 收到受托代理资产时确认受托代理资产，同时确认受托代理负债

2. 关于非财政拨款收支业务中的预算收入，下列说法正确的是（　　）。

A. 事业收入是指事业单位开展专业业务活动及其辅助活动实现的收入，不包括从同级政府财政部门取得的各类财政拨款

B. 事业收入是指事业单位开展专业业务活动及其辅助活动实现的收入，包括从同级政府财政部门取得的各类财政拨款

C. 单位在预算会计中应当设置“事业收入”科目，采用收付实现制核算

D. 单位在财务会计中应当设置“事业预算收入”科目，采用权责发生制核算

3. 事业单位应当在预算会计中设置（　　）科目，核算滚存的财政拨款结转资金。

A. 累计盈余　　B. 累计结转

C. 财政拨款结转　　D. 财政应返还额度

4. 甲社会团体的个人会员每年应交纳会费 200 元，交纳期间为每年 1 月 1 日至 12 月 31 日，当年未按时交纳会费的会员下年度自动失去会员资格。该社会团体共有会员 800 人。至 2019 年 12 月 31 日，500 人交纳当年会费，230 人交纳了 2019 年度至 2021 年度的会费，70 人尚未交纳当年会费，该社会团体 2019 年度应确认的会费收入为（　　）元。

A. 160 000　　B. 46 000　　C. 100 000　　D. 114 000

5. 2019 年 11 月 25 日，甲民间非营利组织按照与乙企业签订的一份捐赠协议，向乙企业指定的一所贫困地区医院捐赠医疗器械 30 台，甲民间非营利组织收到乙企业捐赠的医疗器械时进行的下列会计处理中，错误的是（　　）。

A. 确认受托代理负债

B. 确认受托代理资产

C. 按照乙企业提供的凭据上标明的金额（与公允价值相近）作为入账价值

D. 确认固定资产

6. 某事业单位的收入、费用发生额如下：财政拨款收入为 2 000 万元，上级补助收入为 850 万元，附属单位上缴收入为 370 万元，经营收入为 500 万元，投资收益为 120 万元，业务活动费用为 950 万元，单位管理费用为 700 万元，经营费用为 400 万元，资产处置费用为 280 万元。不考虑其他因素，该事业单位的本期盈余金额为（　　）万元。

A. 3 410　　B. 2 070　　C. 1 510　　D. 1 270

7. 下列各项中，民间非营利组织应确认捐赠收入的是（　　）。

A. 接受志愿者无偿提供的劳务　　B. 受到捐赠人口头约定捐赠承诺

C. 受到捐赠人书面协议捐赠承诺　　D. 受到捐赠人限定了用途的现金

8. 关于非财政拨款收支业务，下列会计处理表述中错误的是（　　）。

A. 事业预算收入按照实际收到的金额扣除增值税销项税之后的金额入账

B. 事业收入在预算会计中采用收付实现制核算，在财务会计中采用权责发生制核算

C. 对于纳入单位预算管理的现金收支业务进行预算会计核算的同时要进行财务会计核算

D. 债务预算收入是指事业单位按照规定从银行和其他金融机构等借入的、纳入部门预算管理的、不以财政资金作为偿还来源的债务本金

9. 下列关于民间非营利组织净资产的说法中，不正确的是（　　）。

A. 按照净资产是否受到限制，民间非营利组织净资产分为限定性净资产和非限定性净资产

B. 调整以前期间非限定性收入、费用项目直接通过收入、费用科目核算

C. 满足一定条件可以将限定性净资产重分类为非限定性净资产

D. 同受两项或多项限制的限定性净资产只有在限定性净资产的最后一项限制解除时，才能认为其限制已经解除

10. 民间非营利组织的财务报表不包括（　　）。

A. 业务活动表　　B. 资产负债表

C. 利润表　　D. 现金流量表

（二）多选题

1. 关于政府会计，下列表述中正确的有（　　）。

A. 政府会计应当实现预算会计和财务会计双重功能

B. 政府会计主体应当编制决算报告和财务报告

C. 政府会计实行收付实现制

D. 政府会计主体分别建立预算会计和财务会计两套账

2. 属于政府预算会计要素的有（　　）。

A. 预算支出　　B. 净资产

C. 预算收入　　D. 预算结余

3. 政府会计中资产的计量属性包括（　　）。

A. 历史成本　　B. 重置成本

C. 现值　　D. 名义金额

4. 2019 年 12 月 13 日，某基金会获得一笔 50 万元的捐款收入，捐赠人要求该补助用于资助改善贫困地区人们的医疗状况，至 2019 年 12 月 31 日该笔支出尚未发生。对于该事项的核算，下列说法中正确的有（　　）。

A. 该笔收入在 12 月 31 日要转入到限定性净资产

B. 该笔收入在 12 月 31 日要转入到非限定性净资产

C. 该笔收入属于非交换交易收入

D. 该笔收入因为规定了资金的使用用途，属于限定性收入

5. 2019 年 5 月 14 日，某行政单位批准以其一部公务轿车置换另一单位的一批库存物品，库存物品已验收入库。该公务轿车账面余额为 20 万元，已计提折旧 8 万元，公允价值 15 万元。置换过程中该单位收到对方支付的补价 2 万元已存入银行，另外以现金支付运输费 1 万元。假定不考虑其他因素，该行政单位进行的下列处理中，表述正确的有（　　）。

A. 库存物品的入账成本为 15 万元

B. 固定资产的账面价值要转销为 0

C. 产生其他收入 2 万元

D. 运输费要单独做一笔分录，记入“其他支出”科目

6. 关于民间非营利组织特定业务的核算，下列说法中不正确的有（　　）。

A. 捐赠收入均属于限定性收入

B. 对于劳务捐赠，应当予以确认，并在会计报表附注中作相关披露

C. 对于接受的附条件捐赠，如果存在需要偿还全部或部分捐赠资产或者相应金额的现时义务时，按照需要偿还的金额冲减捐赠收入

D. 一次性收到会员缴纳的多期会费时，应当分期确认会费收入

7. 下列各项中，属于民间非营利组织的有（　　）。

A. 医院　　B. 基金会

C. 民办非企业单位　　D. 社会团体

8. 关于受托代理业务与捐赠业务的区别，下列说法正确的有（　　）。

A. 受托代理业务中，民间非营利组织并不是受托代理资产的最终受益人，只是代受益人保管这些资产，而接受捐赠的资产，民间非营利组织对于资产以及资产带来的收益具有控制权

B. 受托代理业务中，民间非营利组织只是起到中介人的作用，没有权力改变受益人和受托代理资产的用途，而对于限定性捐赠，民间非营利组织具有一定的自主权，可以在资产提供者的限定范围内选择具体的受益人

C. 受托代理业务中，委托人通常明确指出具体的受益人姓名或单位名称

D. 受托代理业务通常应签订明确的书面协议，且是委托方、受托方和受益人三方共同签订

9. 关于民间非营利组织会计，下列说法中正确的有（　　）。

A. 以权责发生制为会计核算基础

B. 在采用历史成本计价的基础上，引入公允价值计量基础

C. 分为资产、负债、净资产、收入、费用五大要素

D. 以收付实现制为会计核算基础

10. 会计期末，民间非营利组织应将各费用类科目的余额转入“非限定性净资产”科目的借方，贷记的会计科目可能有（　　）。

A. 业务活动成本　　B. 管理费用

C. 筹资费用　　D. 其他费用

（三）计算分析题

2019年6月某民间非营利组织发生下列有关业务：

（1）6月1日，该组织与甲企业签订了一份捐赠协议。协议规定，自2019年6月1日至2019年12月31日，甲企业在此6个月的期间内每售出一件产品，即向该组织捐赠1元钱，以资助贫困地区的儿童，款项将在每月20日按照销售量计算后汇至该组织的银行账户。

（2）6月5日，收到政府补助150万元，协议规定该资金只能用于该组织的仓库建设，如果违反协议将退还政府补助。

（3）6月18日，乙企业将通过该组织向A市的一家儿童福利院捐赠全新的台式电脑20台，每台电脑的账面价值为10 000元。乙企业在协议签订当天内将电脑运至该组织。

（4）6月20日，该组织收到了甲企业捐赠的款项15万元。

（5）6月25日，该组织派工作人员将乙企业电脑送至福利院，并负责安装。

（6）6月末，应付职工工资8万元，均为一线服务人员和其他人员工资。

（7）6月末，计提固定资产折旧1万元，均为业务活动使用固定资产。

要求：根据上述资料，编制相关会计分录。

五、进阶练习答案

（一）单选题

1. 【答案】D

【解析】一般情况下，对于无条件捐赠，应当在捐赠收到时确认收入，对于附条件的捐赠，应当在取得捐赠资产控制权时确认收入，选项A错误；接受的劳务捐赠不予确认捐赠收入，但应在附注中披露，选项B错误；如果捐赠方没有提供有关凭证，受赠的非现金资产应以其公允价值作为入账价值，选项C错误。

2. 【答案】A

【解析】事业收入是指事业单位开展专业业务活动及其辅助活动实现的收入，不包括从同级政府财政部门取得的各类财政拨款。为了核算事业收入，单位在预算会计中应当设置“事业预算收入”科目，采用收付实现制核算；在财务会计中应当设置“事业收入”科目，采用权责发生制核算。

3. 【答案】C

【解析】事业单位应当在预算会计中设置“财政拨款结转”科目，核算滚存的财政拨款结转资金。累计盈余、累计结转、财政应返还额度都是财务会计科目。

4. 【答案】B

【解析】会费收入反映的是当期会费收入的实际发生额，不包括预计交纳的会费金额。本题中，有70人尚未交纳当年会费，不满足会费收入确认条件。该社会团体2019年度应确

认的会费收入 = 200 ×（500 + 230）= 146 000（元）。

5.【答案】D

【解析】甲民间非营利组织在该项业务当中，只是起到中介人的作用，应作为受托代理业务核算，收到受托代理资产时，应该确认受托代理资产和受托代理负债，不能确认为固定资产，选项 D 错误。

6.【答案】C

【解析】本期盈余反映单位本期各项收入、费用相抵后的金额。年末，将该科目余额转入“本年盈余分配”。该行政单位的本期盈余金额 = 2 000 + 850 + 370 + 500 + 120 − 950 − 700 − 400 − 280 = 1 510（万元）。

7.【答案】D

【解析】对于其接受的劳务捐赠，不予确认，但应在会计报表附注中做相关披露；捐赠人的捐赠承诺函，本身并不满足非交换交易收入的确认条件，并不是民间非营利组织的捐赠收入；收到捐赠人限定了用途的现金，计入捐赠收入——限制性收入，选项 D 正确。

8.【答案】A

【解析】事业收入按照实际收到的金额扣除增值税销项税之后的金额入账，事业预算收入按照实际收到的金额入账，选项 A 错误。

9.【答案】B

【解析】调整以前期间非限定性收入、费用项目应该通过“非限定性净资产”科目核算。

10.【答案】C

【解析】民间非营利组织答案要素中不包含利润要素，所以不编制利润表。民间非营利组织的会计报表至少应当包括以下三张基本报表：资产负债表、业务活动表和现金流量表。

（二）多选题

1.【答案】AB

【解析】预算会计实行收付实现制，财务会计实行权责发生制，选项 C 错误；政府预算会计和财务会计“适度分离”，并不是要求政府会计主体分别建立预算会计和财务会计两套账，对同一笔经济业务或事项进行会计核算，而是要求政府预算会计要素和财务会计要素相互协调，决算报告和财务报告相互补充，共同反映政府会计主体的预算执行信息和财务信息，选项 D 错误。

2.【答案】ACD

【解析】政府预算会计要素包括预算收入、预算支出与预算结余。政府财务会计要素包括资产、负债、净资产、收入和费用。

3.【答案】ABCD

【解析】政府资产的计量属性主要包括历史成本、重置成本、现值、公允价值和名义金额。

4.【答案】ACD

【解析】因该笔捐赠收入收到时规定了其用途，且期末并未解除限制，因此期末要将限定性收入结转到限定性净资产，选项 A、D 正确，捐赠是非交换交易的一种，该笔收入属于非交换交易收入，选项 C 正确。

5.【答案】CD

【解析】库存物品的入账成本 = 15 - 2 + 1 = 14（万元）

财务会计分录为：

借：库存物品　　14
　　固定资产累计折旧　　8
　　银行存款　　2
　　贷：固定资产　　20
　　　　库存现金　　1
　　　　应缴财政款　　1
　　　　其他收入　　2

预算会计分录为：

借：其他支出　　1
　　贷：资金结存——货币资金　　1

6. 【答案】ABC

【解析】选项 A，捐赠收入可能属于限定性收入，也可能属于非限定性收入；选项 B，民间非营利组织对于其接受的劳务捐赠，不应予以确认，但应当在会计报表附注中作相关披露；选项 C，对于接受的附条件捐赠，如果存在需要偿还全部或部分捐赠资产或者相应金额的现时义务时，按照需要偿还的金额，借记“管理费用”科目，贷记“其他应付款”等科目。

7. 【答案】ABCD

【解析】民间非营利组织是指通过筹集社会民间资金举办的、不以营利为目的，从事教育、科技、文化、卫生、宗教等社会公益事业，提供公共产品的社会服务组织。

8. 【答案】ABCD

9. 【答案】ABC

【解析】民间非营利组织以权责发生制为基础进行会计核算，选项 D 错误。

10. 【答案】ABCD

【解析】会计期末，“业务活动成本”“管理费用”“筹资费用”“其他费用”等的余额均转入“非限定性净资产”科目。

（三）计算分析题

【答案】

（1）2019 年 6 月 1 日，不满足捐赠收入的确认条件，不需要进行账务处理。

（2）6 月 5 日，收到政府补助收入：

借：银行存款　　150
　　贷：政府补助收入——限定性收入　　150

（3）6 月 18 日，收到乙企业捐赠的电脑：

借：受托代理资产——电脑　　20
　　贷：受托代理负债　　20

（4）6 月 20 日，按照收到的捐款金额，确认捐赠收入：

借：银行存款　　15
　　贷：捐赠收入——限定性收入　　15

（5）6 月 25 日，电脑送到福利院：

借：受托代理负债　　20

　　贷：受托代理资产——电脑　　20

（6）6 月末，应付职工的工资：

借：业务活动成本　　8

　　贷：应付工资　　8

（7）6 月末，计提固定资产折旧：

借：业务活动成本　　1

　　贷：累计折旧　　1